年鉴2011

QINGPU NIANJIAN

《青浦年鉴》编纂委员会 编

方志出版社

图书在版编目(CIP)数据

青浦年鉴. 2011/《青浦年鉴》编辑部编. —北京:方志出版社,2011.10
ISBN 978-7-5144-0264-3

Ⅰ.①青… Ⅱ.①青… Ⅲ.①青浦区—2011—年鉴 Ⅳ.①Z525.13

中国版本图书馆CIP数据核字(2011)第208828号

青浦年鉴(2011)

编　　者:《青浦年鉴》编辑部
责任编辑:夏红兵
美术编辑:王　茵
出 版 者:方 志 出 版 社
(北京市建国门内大街5号中国社会科学院科研大楼12层)
邮编　100732
网址　http://www.fzph.org
发　　行:方志出版社发行部
(010)85195814　85196281
经　　销:新华书店总店北京发行所
法律顾问:北京市大禹律师事务所
印　　刷:上海江杨印刷厂
开　　本:880×1240　1/16
印　　张:29
字　　数:1254千字
版　　次:2011年10月第1版　2011年10月第1次印刷
印　　数:0001~1000册

ISBN 978-7-5144-0264-3/K·214　定价:220.00元

《青浦年鉴》编纂委员会

《青浦年鉴（2011）》编辑人员

3月30日，司法部部长吴爱英（前右二）在区委书记高亢（左一），区委常委、政法委书记李萍（左三）等陪同下视察青浦区基层司法所建设 （区司法局　供稿）

9月17日，商务部部长陈德铭（左二）在区委副书记、区长张国洪（左一），区委常委、副区长张汪耀（右二）等陪同下考察西虹桥商务区国家会展选址。图为视察上海西虹桥商务开发有限公司

（西虹桥商务开发有限公司　供稿）

6月6日，公安部党委副书记、副部长，上海世博会安全保卫工作协调小组组长，上海世博会安全保卫工作指挥部副总指挥刘京（前左三）到区世博安保增援警力朱家角职校屯兵点检查指导世博安保工作

（公安青浦分局　供稿）

12月15日，市长韩正（右三）在区委副书记、区长张国洪（右一）等陪同下视察上海经济适用房华新基地
（华新镇　供稿）

9月20日 市政协主席冯国勤（左一）、上海市慈善基金会主席陈铁迪（右二）在区委书记高亢（右一）陪同下到青浦为农民工子女学校学生开展慈善助学活动 （区教育局 供稿）

7月1日，市委副书记殷一璀（左七）在区委书记高亢（左五）、副区长陶夏芳（右三）等陪同下视察华新镇民办幼儿园于谦书院 （华新镇 供稿）

2月19日，市委常委、市委政法委书记吴志明（右）在副区长、公安青浦分局局长陈振华（左）陪同下视察西岑检查站工作

（公安青浦分局　供稿）

12月18日，市委常委、统战部部长杨晓渡出席在朱家角皇家金煦花园酒店举行的后世博经济——民营企业可持续发展高峰论坛

（淀山湖新城发展有限公司　供稿）

2月4日，副市长赵雯（前中）在区委副书记、区长张国洪（前右）等陪同下到青浦调研知识产权工作

（区科委　供稿）

3月11日，上海警备区副司令员江勤宏（前中）在区委书记高亢（前右）、区政协主席张布尔（前左）陪同下察看青浦区退役士兵就业招聘会现场

（区民政局　供稿）

4月17日，区委书记高亢（左三），副书记胡燕平（右二），区委常委、政法委书记李萍（右一）察看外青松公路白鹤检查站道口安检工作 （青浦报社　供稿）

2月10日，区委副书记、区长张国洪（前左三）在三元河菜场察看蔬菜、副食品等供应情况 （青浦报社　供稿）

9月10日，区人大常委会主任巢卫林（前右二）、副区长陶夏芳（右一）慰问教师 （区教育局　供稿）

7月31日，区政协主席张布尔（前中）慰问世博卫士——交通民警和协管员 （区政协　供稿）

3月26日，青浦区“一城两翼”发展战略启动仪式举行　（淀山湖新城发展有限公司　供稿）

青浦区“一城两翼”
规划示意图

东翼
新城
西翼

7月6日，加快青浦工业园区发展动员大会暨园区三大开发公司揭牌仪式举行　（青浦工业园区　供稿）

6月25日，徐泾大型居住社区经济适用房基地开工仪式举行 （区政府 供稿）

11月22日，2010青浦工业园区产业项目集中开工仪式举行 （青浦报社 供稿）

9月13日，民盟中央和上海市政协水安全与水环境保护专题调研座谈会在青浦区召开

（区水务局　供稿）

9月17日，2010上海淀山湖湖区经济分论坛在朱家角皇家金煦花园酒店举行

（湖区建设开发有限公司　供稿）

1月7日，上海市电力公司青浦供电公司挂牌仪式举行　　（青浦供电公司　供稿）

2月11日，上海青浦巴士公共交通有限公司揭牌暨社区巴士青浦11路开通仪式举行　（区交运局　供稿）

2月1日，复旦大学附属中山医院青浦分院二期扩建工程奠基仪式举行　　（中山医院青浦分院　供稿）

10月26日，复旦大学上海医学院教学医院签约揭牌仪式举行，中山医院青浦分院成为复旦大学上海医学院的教学医院

（中山医院青浦分院　供稿）

3月28日，上海豪港网络信息科技有限公司青浦工厂奠基仪式举行　　（青浦报社　供稿）

9月16日，上海市防震减灾科普教育基地暨青浦区青少年实践中心地震科普馆揭牌仪式举行
（区科委 供稿）

8月开张的绿港购物广场　　（青浦报社　供稿）

6月27日试营业的上海意邦国际建材品牌中心旗舰店　　（青浦报社　供稿）

3月16日试运行的轨道交通2号线徐泾东站地面入口

（青浦报社 供稿）

4月29日正式通车的淀山湖大道西大盈港双桥 （尔冬强 摄）

位于青浦城区青湖路、华青路交汇处的现代化办公大楼——芊岱大厦
（尔冬强 摄）

位于青浦城区的夏雨幼儿园 （尔冬强 摄）

位于朱家角新市镇内的别墅建筑——江南园 （青浦报社 供稿）

位于青浦城区的帕缇欧香住宅小区
（青浦报社 供稿）

8月通过上海市节能省地型“四高”优秀小区综合验收的中信泰富朱家角新城A5-3地块翠苑一期住宅建筑
（青浦报社 供稿）

水乡明珠淀山湖　　（青浦报社　供稿）

大淀湖中鱼虾肥　　（青浦报社　供稿）

大莲湖湿地修复示范区 （湖区建设开发有限公司 供稿）

淀浦河生态湿地 （青浦报社 供稿）

9月18～24日在世博会B区国际组织联合馆展示的上海西郊淀山湖湿地版面　（湖区建设开发有限公司　供稿）

青浦城区保安路绿地世博主题景点
（区委宣传部　供稿）

环城河上的“迎世博”绿化景致
（青浦报社 供稿）

青浦城区青舟路立体花坛
（区绿化市容局 供稿）

嘉松公路G50赵巷出口绿地 （青浦报社 供稿）

1月14日，“蓝天下的至爱”大型募捐活动举行 （区委宣传部 供稿）

4月16日，青浦白鹤草莓节（首届）举行 （白鹤镇 供稿）

5月16日，“和谐水乡，欢庆世博”青浦群文专场巡回演出第三场在浦东三林市民中心举行

（区文广局　供稿）

4月15日，首届“上海朱家角国际水彩画双年展”开幕仪式举行　　（青浦报社　供稿）

9月16日，青浦区第三届运动会暨2010上海淀山湖文化旅游艺术节开幕式举行　　（青浦报社　供稿）

6月26日，青浦区第三届运动会“赵巷”杯乒乓球比赛举行　　（区体育局　供稿）

9月12日，2010"港隆"杯上海世界华人龙舟邀请赛举行

（区体育局　供稿）

3月5日，"世博我参与　巾帼展风采"——纪念"三八"国际劳动妇女节100周年大会暨世博海宝操大赛举行　　（区体育局　供稿）

8月8日，2010年"全民健身日"青浦区主题活动暨第三届运动会秧歌比赛举行　　（区体育局　供稿）

2010青浦便览

QINGPU BIANLAN

人口状况

户籍人口数
461851人
其中：非农业人口
309098人

常住人口数
1080672人
其中：来沪人员数
605658人
（根据第六次人口普查结果推算）

地区生产总值（GDP）

增长13.1%

521.5亿元　589.7亿元

2009年　2010年

地区生产总值结构

第三产业
222.0亿元
占37.7%

第一产业
9.0亿元
占1.5%

第二产业358.7亿元占60.8%

工业总产值

增长16.5%

1402.2亿元　1633.7亿元

2009年　2010年

农业总产值

增长4.6%

21.6亿元　22.6亿元

2009年　2010年

财政收入

增长15.0%

164.5亿元　188.7亿元

2009年　2010年

合同外资额

增长44.9%

5.2亿美元　7.5亿美元

2009年　2010年

社会消费品零售总额

增长20.6%

207.7亿元　250.6亿元

2009年　2010年

全社会固定资产投资总额

增长60.5%

173.2亿元　278.0亿元

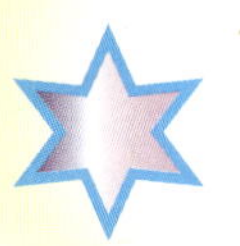

2009年　2010年

农村居民人均可支配收入

增长11.6%

11594元　12936元

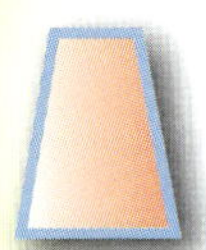

2009年　2010年

城镇居民人均可支配收入

增长10.1%

22848元　25152元

2009年　2010年

年末城乡居民储蓄余额

增长18.1%

271.6亿元　320.8亿元

2009年　2010年

编辑说明

一、《青浦年鉴(2011)》是中共上海市青浦区委员会、上海市青浦区人民政府主办的综合性地方年鉴,记载2010年度青浦区自然、政治、经济、文化、社会等方面的情况,为各级党政机关、有关部门和社会各界人士及中外投资者了解青浦提供较全面、系统的信息资料,并为青浦区今后的编史修志工作作好资料积累。

二、《青浦年鉴(2011)》以马克思主义、毛泽东思想、邓小平理论和"三个代表"重要思想为指导,坚持以科学发展观为统领,全面、客观地记载2010年青浦区贯彻落实中共十七大,中共上海市委九届十次、十一次、十二次全会和中共青浦区委三届十二次、十三次、十四次、十五次全会等精神,努力打造"绿色青浦"和建设社会主义新农村所取得的新成就、新经验及发生的新情况、新问题等。服务现实,借鉴后人。

三、《青浦年鉴(2011)》框架主要按类目、分目、条目3个层次设计,以条目为主要载体,共收录条目1272条。全书共设31个类目,依次为特载、专记、专文、大事记、概貌、中共上海市青浦区委员会、上海市青浦区人民代表大会、上海市青浦区人民政府、政协上海市青浦区委员会、纪检·监察、民主党派·工商联、人民团体·社会团体、政法·武装、农业、工业·建筑业、旅游业、商贸服务·经济合作交流、民营企业·开发区、金融、综合经济管理、环境·水务、建设与管理、公用事业、住房保障与房屋管理、信息业与信息化建设、教育·科技、文化与广播影视、卫生·体育、社会保障、社会生活和镇·街道。卷首安排反映2010年青浦区重大政治、文化、社会活动等照片以及2010年青浦主要经济指标示例图及青浦区行政区划图。卷末设荣誉榜、重要文件目录、统计资料和全书索引。

四、《青浦年鉴(2011)》所刊数据,除国家统计部门正式公布的外,均由区内各相关单位提供,并经供稿单位领导审核。全书中出现的各有关单位、专业术语,首次出现时用全称,随文括注简称,此后再出现时一般用简称。

五、《青浦年鉴(2011)》收录内容时限为2010年1月1日至12月31日。个别内容为反映其发生、发展的全过程作适当的上溯或下延。

六、《青浦年鉴(2011)》中之"上年",即为2009年;之"年末"、"至年底",即为2010年年底。

《青浦年鉴》编辑部

2011年10月

目 录

政协上海市青浦区委员会

纪检·监察

民主党派·工商联

人民团体·社会团体

政法·武装

农　业

工业·建筑业

旅 游 业

金 融

综合经济管理

环境·水务

建设与管理

公用事业

住房保障和房屋管理

信息业与信息化建设

教育·科技

卫生·体育

社会保障

社会生活

镇·街道

荣誉榜

重要文件目录

统计资料

索　　引

中共上海市青浦区委员会常务委员会工作报告

中共上海市青浦区委三届十五次全会

（2010年12月30日）

中共上海市青浦区委书记　高　亢

2010年是上海世博会的举办之年，也是实施"十一五"规划的最后一年。面对复杂形势和严峻考验，区委常委会高举中国特色社会主义伟大旗帜，以邓小平理论和"三个代表"重要思想为指导，深入贯彻落实科学发展观，按照市委"五个确保"的目标要求，团结带领全区人民，积极参与和服务世博，加快转变经济发展方式，大力推进城乡统筹发展，着力保障和改善民生，切实维护社会和谐稳定，顺利完成全年各项目标任务，基本实现"十一五"规划目标，认真编制"十二五"规划，经济建设、政治建设、文化建设、社会建设以及生态文明建设和党的建设取得了新的成效。

一、认真做好参与和服务世博各项工作

上海世博会是我国继奥运会之后举办的又一次世界性盛会，举国关注、举世瞩目。今年以来，按照市委要求，成立了世博工作领导小组，下设五个指挥部及其工作组，明确工作职责，切实加强对世博工作的组织协调、督查考核。围绕科学办博、勤俭办博、廉洁办博、安全办博的要求，坚持把参与和服务世博作为各项工作的重中之重，全力以赴、集中攻坚，为举办一届成功、精彩、难忘的上海世博会作出了贡献。

具体来说，开展了以下几方面工作：一是切实加强世博安保工作。按照"四个确保、四个不发生"的要求，全面落实安保责任和工作措施，切实加强世博期间安全保卫工作。全面加强社会面防控，大力开展社会治安综合治理专项行动，切实强化对重点人员、重点目标和危险物品的管理，深入推进"平安世博·平安卫士"主题实践活动，有力维护了社会面和谐稳定。全力实施"环沪护城河"工程，抽调500余名民警和海事工作人员，在800余名增援警力和民兵志愿者的协助下，全面加强10个水陆道口和32个无名道口的管控工作，检查车辆104万辆次，船舶10万艘次，人员230万人次，筑牢了进沪的第一道防线。二是扎实推进城市文明建设。围绕做好城市文明指数测评工作，组建和完善市民巡访团队伍，积极开展主题巡访活动，逐步形成"宣传促进——联动共进——问题改进"的工作机制。每月开展窗口服务日、环境清洁日和公共秩序日活动，加大环境卫生整治力度，严厉打击偷倒乱倒渣土等违法行为。一些城市管理顽症得到有效治理，人民群众文明素质不断提升，窗口服务、文明施工等指数测评名列全市前茅。三是着力保障世博运行。精心组织11000余名群众参加世博会试运行观展活动，配合组委会完成实战演练，顺利完成世博赠票赠卡任务。开通世博公交38路专线，开设青浦城区连接轨道交通

的快速公交线路，切实加强道路排堵保畅工作。认真做好世博场馆建设参与企业和世博食品供应企业的服务工作，确保食品卫生和农产品供应安全。*四是认真做好服务和接待工作*。世博期间，共接待游客406万人次，接待国内外世博来宾367批次、7581人次，其中外国国家元首、政府首脑和政要25位。积极参与8个对口国家馆日和2个国际组织荣誉日活动，搭建合作交流平台。以世博为媒介，大力宣传青浦人文优势和发展成就，进一步展示青浦良好形象。*五是广泛动员市民参与*。深入开展"迎世博、讲文明、树新风"活动，圆满完成世博园区市民广场30场青浦专场演出，广泛调动市民参与和服务世博的热情。精心打造朱家角世博主题实践区，认真策划开展世博主题实践区系列活动。大力弘扬志愿服务精神，动员组织4万多名世博志愿者，深入开展志愿服务活动，参与世博、服务世博、奉献世博成为市民的自觉行动。*六是深入开展世博先锋行动*。深入开展以"世博先锋行动"为主题的创先争优活动，组织党员积极参与社区平安建设志愿服务，引导党员力量向急难险重任务汇聚，充分发挥各级党组织的战斗堡垒作用和广大党员的先锋模范作用。组织开展世博立功竞赛评选表彰，全区共有300多个先进集体和3100多名先进个人分别得到国家和市、区表彰。规范审批程序，加强经费审核，落实监督检查责任制，确保勤俭办博、廉洁办博。

二、科学谋划青浦新一轮发展

坚持一手抓当前工作，一手抓长远谋划，认真总结"十一五"发展经验，立足新形势、新任务，精心编制"十二五"规划，明确未来五年的发展思路。

深化"一城两翼"战略布局。紧紧抓住虹桥商务区建设、郊区新城建设、小城镇发展改革试点等契机，依据现实基础和发展条件，围绕建设"绿色青浦"总体目标，以"产城一体、水城融合"为理念，以淀山湖新城建设为核心，以产业发展为依托，着力构建架构合理、功能凸显、协同发展的"一城两翼"发展格局。进一步明确淀山湖新城、西虹桥商务区和环淀山湖地区等重点区域的功能定位和产业布局。加大资源整合力度，重组建立淀山湖新城建设公司、西虹桥商务开发公司和湖区建设开发公司，重组设立青浦工业园区、张江高新青浦园区和青浦出口加工区三大公司，为"一城两翼"建设提供体制机制保障。高起点做好相关规划编制工作，加快推进重点区域发展。

认真编制"十二五"规划。认真组织学习党的十七届五中全会、中央经济工作会议和九届市委十三次全会精神，准确把握中央和市委关于编制"十二五"规划的指导思想、基本要求和目标任务。坚持立足青浦区情，深入分析研究"十二五"发展的目标、路径和举措，组织开展"十二五"规划大讨论，广泛听取各方意见和建议，完善并形成区委对编制"十二五"规划的建议，强调必须坚持以科学发展为主题，以"转变经济发展方式，加快推进'一城两翼'建设"为主线，以创新驱动、转型发展为突破口，全面推动经济社会又好又快发展，开创"十二五"时期青浦科学发展的新局面。

三、加快转变经济发展方式

按照调结构、促转型的要求，加强形势研判，优化产业布局，落实政策措施，着力提高经济发展的质量和效益，努力在加快发展转型中保持经济平稳较快发展。全年实现地区生产总值589.7亿元，同比增长13.1%；全口径财政收入188.7亿元，同比增长15%；区级地方财政收入59亿元，同比增长21.1%；全区可安排使用收入89.1亿元，同比增长13.6%；城镇和农村居民家庭人均可支配收入分别达到25152元和12936元，同比分别增长10.1%和11.6%。

加快推进产业结构优化升级。培育发展高新技术产业和战略性新兴产业，主动对接市高新技术产业化发展规划，研究出台《青浦区2010年高新技术产业化工作要点》和相关扶持政策，加快市级产业基地建设，促进新材料、生物医药、先进重大装备、电子信息制造等高新技术产业集聚发展。落实项目推进责任制，加大对企业的服务力度，年内24个重大产业项目顺利开工建设。完善现代服务业发展规划，积极推进徐泾、赵巷、华新、重固等重点区域现代服务业发展，加大会展会务、休闲旅游等重大项目的引进力度，服务业发展态势良好。加快生产性服务业和创意产业发展，培育发展"五天实业"、"水都南岸"等创意产业孵化区，积极引进各类总部经济，加快推动现代物流业发展。大力推进农业区域化布局、规模化种养、产业化经营，促进农民专业合作社规范化发展，培育特色优势农业。加大政策扶持力度，为全市稳定蔬菜市场价格作出了贡献。

不断提高自主创新能力。充分发挥企业在创新中的主体作用，加快推动科技成果产业化，深入推进信息化应用，着力提高区域自主创新能力。继续实施"三个一百"科技工程和"科技型中小企业成长计划"，加快培育科技小巨人企业，大力推动科技型企业上市。加强产学研合作，建立和完善院士专家企业工作站，积极与交通大学、同济大学等开展区校合作项目。不断完善创新服务体系，区科技综合服务平台成功创建国家级创新驿站基层站点。加大对企业技术改造的资金扶持力度，鼓励传统产业企业加快技术改造步伐。加快科技投融资体系建设，加强银企合作，大力开展知识产权、商标质押信贷工作，引进创业风险投资。

继续深化改革开放。坚持以制度创新推动发展转型，不断深化重点领域、关键环节的改革措施。制定出台《关于进一步推进本区国资国企改革发展的实施意见》以及3个配套文件，不断完善国资国企监管体系。充分发挥2个国家级和1个市级开发区的品牌和政策效应，进一步完善招商工作体系和考核激励机制，提高招商引资实效。制定关于规范财政专项扶持政策意见和推进中小企业改制上市试行意见，鼓励和扶持中小型民营企业做大做强。深化行政审批制度改革，完善重大项目"绿色通道"制度，减少审批环节，提高审批效率。

加强环境保护和资源节约。积极实施第四轮环保三年行动计划，大力开展黑臭河道整治，完成第二污水处理厂三期扩建工程，国家环保模范城区创建工作原则通过考核验收。加快环湖生态带建设，积极实施淀山湖湿地修复工程，完成淀浦河（朱家角镇区段）沿岸和嘉松公路沿线绿化工程。严格实行"批项目、核能耗、核总量"制度，强化重点行业、重点领域和重点单位耗能监管，单位生产总值综合能耗进一步下降。充分挖掘土地存量，加大劣势企业淘汰力度，清理盘活闲置土地和厂房，加大土地垦复力度，努力解决城市建设和产业项目的急需用地。

四、着力推动城乡统筹发展

坚持城乡一体化发展的要求，有效配置各类公共资源，进一步加快新城建设，完善城镇体系，促进城市功能转型，努力提升城镇化水平。

加快新城建设。完成淀山湖新城总体规划修编工作，新城各单元控制性详细规划和城市风貌设计取得阶段性成果。着力推进重大基础设施建设，淀山湖大道、西大盈港双桥等重大工程顺利建成通车，城中北路、浦仓路改扩建工程有序推进，轨道交通17号线专项规划已经公示。着力提升新城功能，积极引进优质公共服务资源。抽调优秀年轻干部充实动迁队伍，健全机制，落实责任，强化考核，合力推进重大项目建设。

加快城镇体系建设。以小城镇发展改革试点为契机，有效配置公共资源，努力构建功能完善的城镇体系。成立领导小组，开展调研摸底，完善城乡建设用地布局，认真开展金泽镇、练塘镇小城镇发展改革试点前期准备工作。加强镇区建设和管理，完善基础设施和公共服务设施，改善镇区环境面貌，提升城镇发展水平。开展旧公房成套改造和综合整治，实施老旧小区物业管理专项补贴，进一步改善老城区居住环境。

加快新农村建设。坚持城乡一体、均衡发展，加大工业反哺农业、城市支持农村的力度，进一步提升农村发展水平。推动土地管理制度创新，稳定完善农村土地承包关系，推进土地承包经营权流转市场建设，积极探索集体建设用地流转。加强农村基础设施建设，积极实施村庄改造，进一步推进农村社区综合服务中心和标准化卫生室建设，加快农村道路标准化建设，优化公交"村村通"线路，农村生产生活条件不断改善。进一步完善强农惠农政策，大力实施"西劳东输、青劳外输"，促进农民非农就业，拓宽农民增收渠道。

五、积极推进社会主义民主政治建设

坚持党的领导、人民当家做主和依法治国有机统一，不断扩大社会主义民主，落实依法治国基本方略，推进公民有序政治参与，充分调动全区各方面的积极性。

支持人大及其常委会围绕工作大局依法行使职权。制定《中共青浦区委关于进一步加强人大工作的若干意见》，支持和保证人大及其常委会依法行使职权。支持人大围绕全区工作大局开展监督和调研工作，听取和审议迎世博市容环境建设和管理、"十一五"规划主要指标完成和"十二五"规划编制、第四轮环保三年行动计划推进等情况的专项工作报告，开展对《中华人民共和国老年人权益保障法》贯彻实施情况的执法检查，专题调研先进制造业发展等情况，有力推动"一府两院"工作。支持人大加强代表工作，组织开展市、区两级人大代表集中联系社区活动，加快建立各镇、街道人大代表工作室，推进代表书面意见处理及督办。

支持政协围绕团结和民主的主题履行职能。认真落实《中共青浦区委关于进一步加强人民政协工作的实施意见》，支持政协围绕团结和民主两大主题履行职能，丰富政治协商形式，完善民主监督机制，提高参政议政实效。支持政协围绕全区中心工作，组织世博会服务保障工作专题视察，开展迎世博"啄木鸟活动"，认真组织"十二五"规划、新城建设专题讨论，开展推进湖区经济发展课题调研，为全区经济社会发展建言献策。支持政协团结各界，实行主席会议成员联系走访委员制度，举办民营企业家座谈会、银企座谈会等，广泛团结社会各界人士。

发展壮大最广泛的爱国统一战线。进一步发挥统一战线优势，积极探索新形势下的统战工作，努力提升统战工作科学化水平。建立区委组织部、统战部联席会议制度，完成基层民主党派支部换届，加大培养党外代表人士工作力度。加强少数民族工作，开展民族团结进步教育，加强对来沪少数民族人员的服务和引导。依法加强宗教事务管理，建立治理非正常宗教活动长效机制。加强工商联和商会工作，积极促进非公经济健康发展。切实加强港澳台统战工作，提高侨务工作水平。

加强法制建设和基层民主建设。深入开展领导干部下村讲法、法律"五进"等活动，顺利完成"五五"普法工作，群众法制观念进一步增强。认真做好社区矫正和安置帮教工作。依法妥善处理劳动争议案件，积极创建劳动关系和谐企业。推进基层民主政治建设，完善社区居民自治制度和民主参与机制，积极开展和谐社区创建工作。深化村务公开民主管理，建立"四议两公开"("四议"即党支部会提议、"两委"会商议、党员大会审议、村民代表会议或村民会议决议，"两公开"即决议公开、实施结果公开)工作机制，做好村(居)干部述职民主评议工作，切实保障群众的知情权、参与权、表达权和监督权。支持工会、共青团、妇联等人民团体依照法律和各自章程积极开展工作，进一步调动和激发广大职工、青年、妇女的积极性、主动性和创造性。党管武装工作进一步加强。

六、大力推进以改善民生为重点的社会建设和管理

把保障和改善民生作为推动各项工作的出发点和落脚点，更加注重社会建设和管理，不断提高公共服务水平，切实维护社会和谐稳定，努力实现发展成果由人民共享。

加强社会管理创新。坚持以人为本、服务为先、社会参与、共建共享，转变社会管理理念，推动社会管理创新。加强调查研究，积极探索城市管理"大联动"工作机制。切实加强和改进居民区党组织和居委会建设，推进徐泾、重固等镇新建住宅区党组织和居委会建制工作，夯实社区管理基础。进一步理顺居民区党组织、居委会、业委会、物业公司之间的关系，规范社区事务受理服务中心运行机制，社区居民生活服务体系进一步完善。

完善基本公共服务体系。编制中长期教育改革和发展规划纲要，着力推进教育综合改革，切实加强师资队伍建设，推动基础教育均衡化、优质化发展，全国社区教育实验区建设有序推进，"青浦实验"课改项目成果获教育部一等奖。加快医疗机构建设，中山医院创建三级医院工作进展顺利，朱家角人民医院迁建工程正式启动。深入推进社区卫生服务综合改革，实施社区团队和"户籍制"医生制度，基本医疗服务质量不断提高。广泛开展全民健身运动，成功举办世界华人龙舟邀请赛、区第三届运动会。巩固全国科普示范城区创建成果，提高市民科学文化素质。成功创建全国残疾人工作示范城市。人口和计划生育工作进一步加强。第六次人口普查工作顺利推进。档案工作进一步加强。

做好就业和保障工作。制定实施鼓励企业吸纳就业困难人员、促进创业带动就业、职业(创业)见习、低收入农户家庭补贴等多项就业扶持政策，千方百计拓宽就业渠道。全年新增就业岗位30777个，其中解决农村富余劳动力实现非农就业13688人，城镇登记失业人数控制在市政府下达指标内。

不断完善社会保障体系,统筹提高农保退休人员养老金水平和各类老年人的养老补贴标准;进一步巩固和完善新型农村合作医疗制度,实施镇保人员参加农村合作医疗门急诊保险,提高医疗保障水平。加强住房保障工作,推进大型居住社区建设,加快经济适用房、动迁安置房等保障性住房建设,进一步扩大廉租房覆盖面。

维护社会和谐稳定。加强信访机制建设,畅通社情民意反映渠道,依法规范信访秩序,引导中介组织、社会力量参与矛盾纠纷化解。加强形势研判分析,推行重大事项社会稳定风险分析和评估制度,切实抓好源头预防工作。完善人民调解、行政调解、司法调解相衔接的大调解体系,促进矛盾化解。发挥镇(街道)综治中心的作用,基本形成"矛盾联调、治安联防、工作联动、问题联治、平安联创"的维稳工作格局。深入推进平安建设,加大对违法犯罪活动的打击力度,深入推进治安重点地区专项治理,人民群众安全感明显提高。完善应急联动机制,提高突发性事件应急反应能力。加强消防和安全生产工作,开展消防和安全生产隐患排查治理,切实消除安全隐患。加强校园安全防范工作,对全区中小学、幼儿园落实"一校(园)一警"(即每所学校建立治安警务室,配备一名民警)措施,确保校园安全。全面启动实有人口管理和实有房屋管理全覆盖工作,探索建立人口有序流动、规范管理和总量控制的长效机制。

七、大力加强宣传思想文化工作

坚持用科学理论武装干部、教育群众,加强宣传舆论工作,深入开展精神文明创建活动,为改革发展稳定提供强大精神动力和良好舆论环境。

加强理论学习和宣传。发挥宣教平台、主流媒体、互联网及新兴媒体的作用,切实加强宣传思想工作,深入开展社会主义核心价值体系教育,增强理论说服力和感召力。围绕参与和服务世博、落实"一城两翼"战略布局等重点工作,认真组织好宣传报道和群众性主题活动,为重点工作顺利推进营造良好氛围。加强突发事件新闻应急管理及舆论监督整改,建立快速反应处置机制,切实加强网络舆论收集、引导和管理。深入挖掘各类先进典型,大力开展先进典型宣传活动。精心组织重大新闻宣传报道,扎实开展对外宣传工作。

深化精神文明创建工作。积极开展群众性精神文明创建工作,举办"美好家园"文明创建专项活动,营造共建"美好家园"的社会氛围。建立委办局协同街镇社区结对共创机制,制定并落实考核督查办法,顺利通过国家卫生区复审。以世博会志愿者工作为平台,大力弘扬奉献精神,完善文明创建工作长效机制,提升社会思想道德水平。

大力发展文化事业。加快文化服务设施建设,城区有线电视老网改造工程全面完成,青浦影城和永乐影城建成开业,社区文化活动中心建设有力推进。深入开展群众性文化活动,成功举办淀山湖文化旅游艺术节,传统民族节日和地方特色文化活动积极开展。第三次全国文物普查实地调查工作全面完成,国家级非物质文化遗产保护项目的抢救性工作有效实施,练塘镇被评为中国历史文化名镇,文化遗产传承与保护工作进一步加强。

八、不断提高党的建设科学化水平

以深入学习实践科学发展观活动和创先争优活动为抓手,认真落实中央和市委关于加强党的建设的新要求,扎实推进各项工作,党的建设科学化水平不断提高。

加强学习型党组织建设。坚持以党委(党组)中心组学习为载体,进一步完善学习交流、督查、自评等各项制度,认真开展党委(党组)联组学习,推动理论学习的制度化和规范化。大力开展理论武装和实践创新,先后开展参与和服务世博、"一城两翼"建设和党的十七届四中、五中全会精神的专题学习活动,组织赴周边地区学习考察,切实增强贯彻落实科学发展观的自觉性和主动性。发挥党校、行政学院在建设学习型党组织中的重要作用,不断增强各级干部推动科学发展的能力。

加强领导班子和干部队伍建设。深入推进干部人事制度改革,完善干部选拔任用机制,优化领导班子配备。加大干部挂职锻炼、轮岗交流和青年干部培养力度,不断增强干部应对复杂局面、处理实际问题的能力。加强分类指导,建立领导干部考核评价体系,完善干部综合考核评价办法。进一步理顺区管企业领导人员管理体制。研究编制"十二五"人才发展规划,抓住人才培育、引进、使用三个环节,加强各类人才队伍建设,构筑区域人才高地。

严格执行《党政干部选拔任用条例》,从提名、推荐、考察和讨论决定等环节着手,进一步完善党政干部选拔任用机制,切实提高选人用人的公信度和满意度。进一步扩大选人视野,继续探索开展干部竞争性选拔,参加全市公开选拔党政机关领导干部和公开招聘国有企业领导人员工作。加强选人用人的监督检查,加大对基层单位贯彻《党政干部选拔任用条例》和有关法规、文件的指导力度,进一步加强干部选拔任用全过程监督。认真学习贯彻"四项监督制度"(即《党政领导干部选拔任用工作责任追究办法(试行)》、《党政领导干部选拔任用工作有关事项报告办法(试行)》、《地方党委常委会向全委会报告干部选拔任用工作并接受民主评议办法(试行)》、《市县党委书记履行干部选拔任用工作职责离任检查办法(试行)》),扎实开展干部选拔任用"一报告两评议"(即指有干部任免权的单位党组织向党员干部大会报告工作时,要专题报告年度干部选拔任用工作情况,并在党员干部大会上对干部选拔任用工作进行民主评议,同时按照干部管理权限对新提拔的部分干部进行民主测评)、党委书记履行干部选拔任用工作职责离任检查工作。上次"一报告两评议"以来,区委共提拔任用区管领导干部20名,根据市委"一报告两评议"有关要求,对8名新任用的正职干部进行民主评议。

加强基层组织建设。认真总结第二批学习实践活动经验,扎实开展第三批学习实践活动,学习实践活动取得积极成效。积极开展创先争优活动,大力推进农村、社区、机关、"两新"组织党建工作,基层组织建设不断加强。深入推进"班长"工程,坚持基层党组织书记轮训制度,加强大学生"村官"队伍建设,不断提高基层干部整体素质。认真开展机关"五型"党组织建设,顺利完成机关党组织换届选举工作,机关党建工作取得新发展。结合开展"世博先锋行动",组织动员驻区单位党组织和广大党员主动联系社区,积极参与各类世博服务工作,党员联系群众、服务群众的作用进一步发挥。进一步完善党员代表议事会制度,推行"四议两公开"工作法,推进基层组织党务公开,认真开展代表联系村(居)活动,党内民主建设进

一步加强。加强基层党建信息化建设，充分利用现代远程教育平台等网络资源，党员教育培训的内容和形式进一步拓展。

*加强党风廉政建设和反腐败工作。*认真落实党风廉政建设责任制，积极开展党风廉政建设专项检查，切实把惩防体系建设各项工作落到实处。深入学习《廉政准则》，大力实施廉政文化创新工程。认真开展巡察和"回头看"工作，切实提高巡察工作实效。制定《关于规范青浦区公务员离职后从业行为的实施细则》，开展公务员辞职（退休）后从业行为自查自纠工作。加强财政性资金和社会公共资金监管，开展"小金库"专项清理，推进行政审批标准化建设，"制度加科技"预防腐败工作取得积极成效。开展建设工程领域突出问题专项治理，规范权力运行。认真贯彻落实中央厉行节约要求，继续严格控制公用业务费开支总量。制定问责问效实施办法，切实加强效能建设。认真做好案件查办工作，纠风工作和源头治理腐败工作取得新成效。

同志们，以上报告的是区委常委会2010年的主要工作。回顾一年的工作，深感成绩来之不易。面对复杂的国内外形势和自身发展转型的考验，我们坚持解放思想、真抓实干，牢牢把握发展机遇，创新发展理念，围绕建设"绿色青浦"总体目标，加快落实"一城两翼"战略布局，建立健全更加符合科学发展的体制机制；坚持加快转变发展方式，推动产业结构调整，促进城乡统筹发展，加强资源节约和环境保护，不断提高经济发展的质量和效益；坚持走群众路线，把改善民生作为工作的出发点和落脚点，切实增强群众观念，做好群众工作，让改革发展的成果更多地惠及人民群众；坚持夯实基层基础，加强基层组织建设，充分发挥党员的先锋模范作用，不断提高基层党组织的影响力、凝聚力和战斗力。这些成绩的取得，是市委、市政府正确领导的结果，是全区人民团结奋斗的结果，是广大党员、干部特别是基层干部扎实工作的结果，其中也凝聚着各位区委委员的智慧和辛劳。在此，我代表区委常委会对大家一年来的辛勤工作表示衷心的感谢。

在总结成绩的同时，我们也分析了工作中存在的问题和不足，主要是：宏观经济平稳运行面临复杂形势，经济发展的结构性矛盾依然突出，转变经济发展方式的任务还很艰巨，统筹区域发展的力度还需进一步加大；社会建设还需进一步加强，社会管理体制机制不够健全，基本公共服务体系还不完善，群众生活有待进一步改善；维护社会稳定任务艰巨，影响社会稳定的因素依然较多，一些历史遗留矛盾尚未得到有效化解；广大党员干部科学发展的意识逐步增强，但落实科学发展观的实践能力有待进一步提升，少数党员干部精神状态不够振奋，工作作风不够扎实，基层基础工作需要进一步加强。面对这些不足和问题，我们必须增强忧患意识和责任意识，在今后工作中加倍努力地克服和解决。

希望同志们对我们的工作提出更多的意见和建议，帮助我们把工作做得更好。

上海市青浦区人民代表大会常务委员会工作报告

上海市青浦区第三届人民代表大会第六次会议

（2010年1月21日）

上海市青浦区人大常委会主任　巢卫林

各位代表：

现在，我代表区三届人大常委会，向大会报告工作，请予审议，并请列席人员提出意见。

2009年是应对国际金融危机、保持经济平稳较快发展和实施迎世博600天行动计划的关键一年。一年来，区人大常委会在中共青浦区委的领导下，坚持以邓小平理论和"三个代表"重要思想为指导，深入学习实践科学发展观，围绕全区工作大局，依法履行职责，顺利完成了全年各项工作任务，为落实"四个确保"、建设"绿色青浦"发挥了应有的作用。

一、努力推动经济平稳较快发展

面对经济发展面临的严峻挑战，常委会把保增长作为履行职责的首要任务，依法行使重大事项决定权、监督权，推动经济平稳较快发展。

扩大政府投资、集中推进产业重点项目建设是落实保增长的重要举措。常委会审议通过了区政府关于2009年政府性项目安排方案的议案和调整政府性项目举债规模的议案，依法作出了相关决议，要求区政府及相关职能部门严格把握政策和投资导向，进一步明确项目准入要求，规范审批报告制度，不断优化项目结构，强化项目基础工作，加快项目建设进度，积极实施还贷计划。常委会对本区产业重点项目推进情况开展了监督检查，建议区政府及相关职能部门进一步加强组织领导，落实监管措施和责任主体，着力破解动迁难度较大、土地指标短缺等瓶颈问题，加快产业重点项目建设进度。常委会主任会议成员还听取了区政府关于服务中小企业情况的通报，提出了改进工作的建议。

提升自主创新能力，加快产业结构调整，是实现经济发展方式转变的战略任务和主攻方向。着眼于推动各项支持企业科技创新政策的有效落实，常委会听取和审议了区政府关于推进企业科技创新工作情况的报告，建议区政府进一步加强对科技创新工作的领导，加大科技政策宣传力度，拓宽科技服务领域，协调解决科技型企业发展中存在的融资难、用地紧等问题，促进科技型企业做大做强。区政府认真研究常委会的意见，建立推进高新技术产业发展领导小组，完善并落实高新技术成果转化、扶持企业等政策，实施“助企业、促创新、渡难关”十项行动计划，启动知识产权质押贷款，引入外部风险投资资金，有力推进了企业科技创新工作。同时，常委会以评估本区“十一五”规划纲要主要指标完成以及2009年上半年计划执行情况为切入点，督促区政府积极应对宏观形势变化，一手抓发展，一手防风险，集中力量培育提升支柱产业，改造提升传统优势产业，积极促进产业梯度转移，狠抓节能减排工作，推动结构优化调整和发展方式转变，努力实现“十一五”规划纲要和年度计划确定的目标任务。

常委会继续加强对财政预算、审计工作的监督，听取和审议了区政府关于2009年上半年预算执行、2008年决算、2008年本级预算执行及其他财政收支的审计和2007年度审计整改工作情况的报告，审查批准了2008年度财政决算，建议区政府注重对房地产等企业税收的征管，努力组织财政收入；规范各部门预算行为，严格控制预算支出，强化对专项资金的检查；充分发挥审计结果整改督办联席会议作用，对审计查出的问题，责成有关部门切实进行整改。听取了区政府关于2009年计划、预算执行和2010年计划、预算（草案）情况的汇报，提出了夯实经济发展基础，营造良好社会环境，发挥财政调控职能，加强预算管理等建议。跟踪督查了土地出让金清理情况，督促区政府进一步规范土地出让金管理。常委会着力推动政府部门预算公开，区政府首次将部门预算的专项资金明细情况提交人代会审议。

二、着力督促解决民生问题

常委会把保民生作为基本职责，通过审议“一府两院”有关专项工作报告、组织执法检查、开展专题调研等方式，努力促进民生问题的解决。

就业是关系千家万户的民生之本。常委会高度关注本区就业形势，建立执法检查组，以监督检查本区促进就业的中长期规划和年度计划、相关政策以及专项经费，建立健全公共就业服务体系、提供就业创业服务、开展就业援助等情况为重点，对本区贯彻实施《中华人民共和国就业促进法》（以下简称就业促进法）的情况进行执法检查。在为期3个多月的执法检查过程中，检查组成员深入基层，全面了解和掌握本区促进就业工作情况。在此基础上，常委会听取和审议了区人大常委会执法检查组关于检查就业促进法实施情况的报告和区政府关于实施就业促进法情况的报告，提出了进一步加强宣传教育和职业培训，引导劳动者树立正确的就业观念，提高就业技能；进一步促进产业发展与扩大就业相协调，完善各项就业政策，提高服务管理水平等建议。

公共交通、物业管理、实事工程建设等与人民群众日常生活密切相关。常委会听取和审议了区政府关于公交建设和管理工作情况的报告，要求区政府及有关职能部门全面落实公交优先发展战略，深化公交体制改革，加大财政投入力度，优化公交线网布局，提高公交服务质量，加快形成规范有序的公交运行新格局。区政府积极采纳常委会的意见，制定并实施《青浦区公交体制改革方案》，研究连接轨道交通的公交布局，完善“村村通”公交线网，加大对公交运行秩序的管理和执法力度，取得了阶段性工作成效。常委会开展对本区物业管理三年行动计划实施、实事工程建设等情况的监督检查，提出了尽快解决业委会和物业管理用房、加大维修资金归集和监管力度，完善实事工程项目建设的决策和工作机制、强化实事工程项目的筛选工作等建议。常委会主任会议成员还听取了区政府关于农民建房等情况的通报，提出了相关工作建议。

常委会高度重视代表和群众反映的有关民生问题的研究处理，督促解决实际问题。一是认真受理人民群众来信来访，通过人大信访督办，使盈浦街道西园新村老年活动室和停车棚安排、金泽镇河祝村拦路港支河口征地补偿结算等问题得到了较好的解决。二是把代表多次反映的修缮航运新村居民住宅楼、建造博文学校等问题列为常委会挂牌督办项目进行督办，函告区政府及其职能部门抓紧整改落实。区政府接函后，加强工作调研和协调，拟定了航运新村房屋修缮方案，博文学校已于去年8月开工建造。三是对群众反映强烈的2009年农村合作医疗门诊报销比例下降等问题，及时开展专题调研，把调研掌握的情况通报给区政府及其职能部门。区政府对此十分重视，提前研究制定了2010年农村新型合作医疗实施意见，适当提高了农村合作医疗门诊报销比例，并于2009年11月1日起实施。

三、切实维护和保障社会和谐稳定

常委会把保稳定作为监督工作的重要内容，以社会管理的基础性工作和人民群众普遍关注的问题为切入点，开展监督和检查，着力维护和保障社会和谐稳定。

社区警务工作在社会治安防范中起着基础性作用。常委会听取和审议了区政府关于社区警务工作情况的报告，建议区政府进一步优化社区警务考核机制，加强社区民警队伍建设，保障社区警务工作深入推进。区政府对此高度重视，对社区民警警力配备和开展社区警务工作的时间、方法等作出了明确规定，将内部考评和外部测评有机结合，完善社区警务考核机制，开展针对性指导培训，提升社区民警业务能力，并配置了流动警务车，开通了社区警务信息平台，使社区警务工作成效更加明显。

做好法院执行、人民调解工作，对于维护社会稳定具有重要作用。常委会通过召开座谈会、查阅案件卷宗、发放调查问卷等方式，了解掌握区法院执行工作情况。在此基础上，听取和审议了区法院关于执行工作情况的报告，要求区法院进一步加大执行工作力度，探索执行工作方法，加强执行队伍建设。常委会听取了区政府关于司法所人民调解工作情况的汇报，建议区政府重视对新时期民事纠纷新情况、新问题的研究，加强对基层人民调解工作的组织领导和人民调解队伍建设。同时，常委会健全与区法院、区检察院的工作联系和沟通机制，定期与区法院联办“青法论坛”、召开信访联席会议，听取区检察院关于诉讼监督工作等情况汇报，促进“两院”公正司法。

此外，常委会还对本区落实台湾同胞投资权益保护、实行教育经费区级统筹、加强档案管理等工作情况开展了监督检查，提出进一步加强台湾同胞投资权益保护的政策解释工作、提升各项服务水平，完善教育经费统筹的测算方式、提高教育经费投入使用的绩效，加强对档案工作的指导、管理和逐级考核等建议；专题调研了本区来沪务工人员集中居住推进、机关事业单位编制管理、《上海市精神卫生条例》实施等情况，组织代表视察了企业安全生产、看守所管理等工作，肯定成绩，指出不足，分别提出改进工作的意见建议。

四、积极参与和支持迎世博工作

常委会把保世博作为治理城市管理“顽症”、提升青浦整体形象的重要抓手，根据青浦的实际情况，抓住重点，着力推进迎世博行动计划的落实。

环境卫生整治是迎世博工作的重点之一。常委会听取和审议了区政府关于水环境综合整治情况的报告，建议区政府进一步完善和落实本区水系规划，推进污水治理基础设施建设，强化农业面源污染治理，理顺河道保洁长效管理体制机制，巩固和扩大水环境治理成果。常委会还以挂牌督办的形式，对整治青东农场区域环境、加强畜禽牧场管理、治理“城中村”环境脏乱差、清除青东地区河道黑臭等情况继续开展跟踪督查。区政府持续推进上述区域环境污染治理工作，青东农场区域总体规划已经通过专家评审会评审，待有关部门批复后，污水处理方案有望正式实施，垃圾堆场治理工作已经结束；全区规模化养殖场退养工作已全部完成，6 家标准化养殖场改建工作正在按计划推进；青东地区黑臭河道集中整治工作已经完成，基本消除了河道黑臭现象；“城中村”环境卫生治理工作深入开展，环境面貌得到有效控制和改善。常委会还会同区政府举办了《上海市市容环境卫生管理条例》实施暨世博会倒计时一周年宣传活动，开展了对本区迎世博加强市容环境建设和管理 600 天行动计划推进情况的监督调研，组织代表视察了市容环境卫生整治工作。

世博在即，常委会十分关注本区迎世博窗口服务、平安建设等工作情况。着眼本区旅游资源整合、旅游环境建设及景点管理服务等情况，常委会在深入调研、实地察看的基础上，听取和审议了区政府关于迎世博旅游工作推进情况的报告，督促区政府进一步加强组织领导，加快整合旅游资源，优化旅游环境，提升旅游品质，认真制定好促进旅游业后续发展的规划。常委会积极配合市人大常委会的专项监督工作，采取听汇报、视察检查、召开座谈会等形式，开展对“实有人口、实有房屋”全覆盖管理和服务、清真食品工作等情况的监督调研，推动区政府在社会治安、食品卫生等领域加强长效管理，确保迎世博 600 天行动计划的顺利推进。

五、充分支持和保障代表履职

围绕充分发挥代表作用这一主题，常委会努力为代表履职创造条件、提供服务，支持和保障代表依法履职。

*拓宽代表知情参政渠道。*常委会通过组织全体代表开展知政性视察和约见区政府领导，评议区政府上半年重点工作；邀请 1857 人次代表列席常委会会议和主任会议，参加学习培训、视察、检查和调研，参与区政府信访接待，旁听法院庭审等活动；做好向代表寄送各种信息资料等经常性工作，为代表知情参政创造了应有的条件。

*密切常委会与代表、代表与选民的联系。*坚持常委会主任会议成员、驻会委员每周四走访代表制度，了解、关心代表的履职情况和学习、工作、生活情况，全年走访代表 85 人；组织 54 名代表向选民报告履行职务情况并接受评议，组织全体代表到所在选区开展接待选民日活动，接待选民 945 人次；通过在代表所属选区公布代表基本信息等形式，加强代表与原选区选民和群众的联系。

*加强书面建议督办。*常委会把督办代表书面建议作为重要工作内容，通过集中听取和审议区政府办理工作情况的报告，安排常委会主任会议成员和驻会委员分别督办一件代表书面建议、开展专题督办调研，组织部分代表有选择地对代表书面建议办理工作进行视察，召开办理落实情况交流会，完善代表书面建议网上办理系统，在青浦人大网站上公开代表书面建议内容和办理答复情况等方式，促使有关承办单位进一步提高办理工作的质量和效率。在区政府及各承办部门的共同努力下，区三届人大五次会议以来代表提出的 87 件书面建议，有 37 件所涉及的问题得到了解决，剔除留作参考的书面建议，解决采纳率为 52.11%。

常委会充分认识到，代表履职活动的深入开展，履职内容的不断丰富，对常委会服务保障工作和代表履职水平提出了更高的要求。为此，常委会创新方式，完善机制，着力抓好三项工作。一是对代表在联系、接待选民等活动中收集提交的意见建议，进行分类处理，使这些意见建议都能转交有关国家机关办理，并通过组织代表接待选民、人代会前走访选民等活动，请代表将相应的办理结果情况反馈给提出意见建议的选民和群众。二是为方便代表向本区国家机关反映人民群众关注的热点、难点问题和提出意见、建议，启用“区人大代表专用信封”，并明确本区国家机关和有关职能部门在收到代表信件之日起的 30 个工作日内以书面形式回复来信的代表。三是建立代表履职激励机制，首次开展优秀人大代表、先进代表小组和优秀代表书面建议评选活动，在 12 月份召开的代表履职经验交流会上表彰了首批 24 位优秀人大代表、3 个先进人大代表小组和 12 件优秀人大代表书面建议，以进一步调动代表履职热情，促进代表履职意识和能力的提高。

六、扎实推进基层人大工作

常委会注重对镇人大、街道区人大代表联络处工作的联系和指导，发挥镇人大、街道区人大代表联络处在推进本区民主政治建设中的作用。一是完善并落实镇人大、街道区人大代表联络处每季一次工作例会制度，及时通报重点工作，组织镇人大正副主席、街道区人大代表联络处正副主任开展工作交流，探讨履职实践中的新情况、新问题，总结推广工作经验。二是坚持邀请镇人大正副主席、街道区人大代表联络处正副主任列席常委会会议，参与常委会重要活动，了解常委会工作情况。三是支持和指导镇人大、街道区人大代表联络处开展对政府职能部门的工作评议、代表小组学习、代表向选民述职并接受评议等活动；有关工委到练塘、金泽等镇进行财政预算监督业务知识辅导，帮助镇人大提高预算审查水平。四是选择就业促进法实施情况执法检查和社区警务、水环境综合整治等议题与镇人大、街道区人大代表联络处上下联动，增强工作合力。

七、不断加强常委会自身建设

常委会按照新形势的要求，进一步加强自身建设，努力提高履职水平。

*开展深入学习实践科学发展观活动。*按照区委统一部署，以“创新人大工作、增强履职实效、服务科学发展”为实践载体，扎实推进学习调研、分析检查、整改落实等阶段的工作，坚持人大工作正确的政治方向，自觉用科学发展观统领人大工作，努力做到在大局中思考，在大局中行动，在实践中创新。同时，常委会通过举办经济形势报告会、监督法和就业促进法讲座、调研报告写作知识业务讲座等学习培训活动，促使常委会组成人员、机关干部进一步认清新形势新任务，了解法律法规，掌握履职知识。

*全面修订议事规则和工作制度。*根据市人大常委会的指导性意见，常委会在总结本区人大工作实践经验的基础上，全面修订了《青浦区人民代表大会议事规则》、《青浦区人民代表大会常务委员会议事规则》以及《青浦区人民代表大会关于代表议案、建议、批评和意见的规定》、《青浦区人民代表大会常务委员会关于任免国家机关工作人员的规定》等14项议事规则和工作制度。

*切实抓好组织和作风建设。*常委会重视健全组织机构，设立区人大常委会华侨民族宗教事务工作委员会，为常委会更好履职提供组织保证。切实改进工作作风，开展监督工作“回头看”活动，注重对各项监督工作效果进行检查评估，深入了解实情，针对存在问题，强化跟踪督查，务求工作实效。密切联系人民群众，通过面向社会征集常委会年度监督议题，邀请公民旁听人代会、常委会会议，主动公布履职情况等方式，自觉接受人民群众的监督。

同时，常委会依法任免区人大常委会和“一府两院”的工作人员56人次。完成了市人大常委会交办的水污染防治法律法规实施、稳定和促进就业、农民专业合作社发展、农民增收、科技创新、建设工程质量安全等情况的监督调研任务。做好市人大青浦代表小组代表评议市政府工作、闭会期间专题调研、视察等活动的服务工作。

一年来，常委会工作所取得的成绩，是在区委正确领导下，常委会全体组成人员、工作委员会组成人员、全体代表、街道区人大代表联络处和常委会机关工作人员共同努力的结果，是全区人民积极支持和参与的结果，也是“一府两院”密切配合和各镇人大大力支持的结果。在此，我代表区人大常委会向大家表示衷心的感谢！

回顾总结一年来的工作，我们清醒地认识到，常委会工作离青浦民主法制建设新要求、人大代表和人民群众的新期盼，还有一定的差距，主要是：监督工作需进一步加大力度，增强针对性和实效性；代表工作需进一步加强对代表的培训和引导，不断增强代表的履职意识；自身建设需进一步改进作风、深入调研，提高发现问题、破解难题的能力。我们将高度重视这些存在的问题和不足，努力在今后的工作中加以改进。

各位代表，2010年是上海世博会的举办年，也是本区加快经济发展方式转变、全面完成“十一五”规划、编制“十二五”规划的重要一年。在新的一年里，青浦转变经济发展方式的任务还十分艰巨，社会发展中的新老矛盾和问题还比较突出，社会主义民主法制建设任务还很繁重。为此，常委会要深入贯彻党的十七大、十七届三中、四中全会精神，按照中央和市委经济工作会议、市人大工作会议提出的要求，坚持以科学发展观为统领，坚持党的领导、人民当家做主和依法治国的有机统一，集中全体代表和全区人民的智慧，充分发挥地方国家权力机关的职能作用，全面履行法定职责，为确保世博会成功举办，确保经济发展方式转变取得新进展，确保民生持续改善，确保社会和谐稳定，确保“十一五”规划目标全面实现和高质量编制好“十二五”规划提供有力的支持和保障。

一、突出重点、抓住关键，进一步增强监督工作实效

做好人大监督工作的关键是增强监督实效。常委会要在敢于监督、善于监督上下工夫，聚焦监督重点，加强工作调研，抓住关键问题，提升监督实效，切实体现人大监督工作的权威性、针对性和有效性。一是推进经济发展方式转变。听取和审议区政府关于“十一五”规划主要指标完成和“十二五”规划编制、推动产业结构调整优化等情况的报告，督促区政府完善和落实各项政策措施，促进经济在发展中实现发展方式的转变。加强经济运行情况分析，审查、批准财政性投资项目和财政决算，听取和审议计划、预算执行和审计工作报告，促进财政资金规范合理使用，提高资金使用绩效。二是推动做好世博会的相关工作。监督检查区政府关于市容环境建设和管理、第四轮环保三年行动计划推进、迎世博安全保卫、安全生产、窗口服务行业管理等工作情况，督促政府提高城镇建设和管理水平，切实做好世博会的相关工作。三是保障民生持续改善。听取和审议区政府关于就业保障、公共交通、医疗卫生、公共文化体育等方面专项工作情况的报告，着力推动民生问题的解决。四是促进社会和谐稳定。听取和审议“一府两院”关于法制宣传教育、审判、检察等方面专项工作情况的报告，监督检查有关法律法规的贯彻实施情况，及时受理督办人民群众来信来访，确保社会和谐稳定。常委会要继续加强对重要议题审议意见和常委会挂牌督办项目整改落实情况的跟踪监督，促使整改落到实处。要按照监督法的要求，规范和改进常委会履行监督职权的形式，采取主任会议成员集体调研等方式，及时了解和掌握本区经济社会发展重点工作推进情况，分析存在问题，找准薄弱环节，提出针对性建议，支持和推动“一府两院”做好相关工作。

二、完善机制、优化服务，进一步加强和改进代表工作

支持和保障代表履职是常委会的重要职责，也是提高常委会履职水平的重要基础。常委会要从坚持和完善人民代表大会制度出发，尊重代表主体地位，服务保障代表履职。一是认真督办代表建议、批评、意见。对代表提出的书面建议，要继续通过常委会主任会议成员和驻会委员调研督办、组织代表视察检查、召开办理落实情况交流会等方式，督促承办部门提高涉及问题的解决率和代表的满意度；对代表在联系、接待选民等活动过程中收集提交的意见建议，要完善梳理分析、分办转办、答复反馈机制，确保代表掌握办理情况并及时告知提

出问题的选民和群众;对代表通过"区人大代表专用信封"提出的意见建议及有关国家机关办理答复的情况,要主动了解掌握,协调解决存在的不足和问题。二是扩大代表对常委会工作的参与。坚持邀请代表列席常委会会议和参加各种检查、视察、调研活动,及时向代表寄送有关文件和资料,为代表知情知政创造条件;坚持开展常委会主任会议成员和驻会委员联系走访代表活动,认真听取代表提出的意见建议,自觉接受代表对常委会工作的监督。三是促进代表履职水平的提高。支持更多代表通过联系接待选民和群众,参加信访等途径了解和反映社情民意。通过举办形势报告会,听取政府重点工作情况通报,以及召开代表履职经验交流会等方式,引导代表立足全区大局提出建设性意见和建议,鼓励代表向群众宣传党的方针政策,更好地发挥主体作用。

三、加强联系、精心指导,进一步促进基层人大工作

联系、指导镇人大、街道区人大代表联络处工作是常委会工作的一项重要内容。常委会要坚持组织镇人大正副主席、街道区人大代表联络处正副主任列席常委会会议,参与常委会重要活动,参加常委会举办的工作研讨会、法律知识和业务知识讲座,帮助镇人大正副主席、街道区人大代表联络处正副主任提高履职能力。要坚持和完善镇人大、街道区人大代表联络处每季一次工作例会制度,及时提出阶段性工作指导意见,加强工作交流和沟通,促进基层人大工作有序推进;支持镇人大、街道区人大代表联络处探索实践行使职权的新方法和新途径,推动基层人大工作创新发展,并及时加以总结推广。要完善上下联动工作机制,继续选择事关全区经济社会发展、人民群众切身利益的重点议题与镇人大、街道区人大代表联络处联动,开展监督检查,增强履职效果。

四、开拓进取、求真务实,进一步提高常委会履职水平

自身建设事关人大及其常委会职权的正确行使和作用的充分发挥。常委会要重视组成人员的思想政治学习和业务学习,通过专题讲座、工作研讨、通报工作情况等形式,进一步增强全体组成人员党的观念、政治观念、大局观念、群众观念和法治观念。要在宪法和法律的框架内,解放思想,勇于开拓,研究和探索行使好重大事项决定权的方式方法;深化对专项工作的评议,积累工作经验,探索更加有效的监督方式。要密切常委会同人民群众的联系,深入基层、深入实际,开展调查研究,认真反映和整合社情民意,及时作出工作安排,推动有关部门解决好群众反映强烈、带有普遍性的问题。要加强机关干部队伍建设,通过组织学习、专题培训、实践锻炼等方式,努力提高干部队伍的素质和能力,搞好服务保障,当好集体参谋助手。

各位代表,坚持和完善人民代表大会制度,做好人大工作,是发展社会主义民主政治的根本要求,是推进改革发展的时代要求,是促进社会和谐稳定的现实要求。不久前召开的市人大工作会议进一步明确了今后一个时期加强人大工作、发挥人大作用的任务和要求,为我们做好新形势下的人大工作指明了方向。当前,青浦正处于发展转型的关键时期,各方面工作任务十分繁重。在新的一年里,我们要在中共青浦区委的领导下,进一步坚定信心、奋发进取、扎实工作,为不断开创青浦人大工作新局面,加快建设"绿色青浦"作出新的更大贡献!

上海市青浦区人民政府工作报告

上海市青浦区第三届人民代表大会第六次会议

(2010年1月19日)

上海市青浦区人民政府代区长　张国洪

各位代表:

现在,我代表青浦区人民政府,向大会作政府工作报告,请予审议,并请各位政协委员和其他列席人员提出意见。

一、2009年工作回顾

2009年是新世纪以来我区经济发展形势最为严峻、困难最为集中的一年。面对国际金融危机的严重冲击和自身发展转型的双重挑战,我们在市委、市政府和区委的领导下,以邓小平理论和"三个代表"重要思想为指导,深入学习实践科学发展观,认真贯彻落实中央和市委、市政府的一系列决策部署,紧紧围绕"四个确保"要求,坚定信心、振奋精神、迎难而上、奋力拼搏,经济社会发展取得新的进展。

(一)采取和落实一系列政策措施,经济保持了平稳健康发展的势头。坚持把"保增长"作为经济工作的首要任务，积极采取和落实一系列促进投资、扩大生产、活跃消费、服务企业的政策和措施，努力克服金融危机带来的不利影响，经济运行呈现逐季回升的态势。完成地区生产总值521.6亿元，同比增长9%，三次产业结构比例为1.6:58.6:39.8。完成全口径财政收入164.5亿元，同比增长6.2%，其中区级地方财政收入48.8亿元，同比增长10.5%。大力促进先进制造业能级提升，制定实施了加快高新技术产业化的政策意见，高新技术产业规模产值占全区的比重达到39.4%，同比提高9.6个百分点。市级生物医药产业基地挂牌成立，市级新材料、软件和信息服务业基地通过认定。青浦工业园区规模产值占全区的比重达到41.5%，同比提高3.5个百分点。加快推进现代服务业重大项目建设，上海意邦国际建材家居品牌中心（一期）、上海西郊国际农产品交易中心（一期）相继建成，朱家角金煦花园酒店、上海竞衡假日酒店相继开业。环淀山湖休闲旅游区被评为新“沪上八景”。大力发展新型商业业态，认真落实“家电下乡”等鼓励消费的政策，社会消费品零售总额同比增长17.9%。积极发展现代农业，农业生产的规模化、组织化、品牌化程度不断提高。新建273.67公顷设施菜田和2个标准化畜禽养殖场，落实种粮直补等农业补贴政策，粮食生产任务全面完成。继续推进“三一联动”，成功举办了练塘茭白节和淀山湖捕捞节。加大对民营企业的扶持力度，积极开展小额贷款公司试点，努力搭建“银企合作”平台。新增民营企业8787家，民营企业工业总产值同比增长26.7%，税收占全区的比重同比提高1.2个百分点，保持了健康发展的良好态势。加强中小企业上市培育，2家民营企业成功上市。推进民营企业自主创新，27个项目被科技部列为2009年度国家科技型中小企业创新基金项目，6家企业被认定为2009年度市科技“小巨人”（培育）企业。

（二）持续加大公共财政投入，社会事业和民生工作得到加强。努力促进保民生和保增长紧密结合，对社会民生的财政投入同比增长14.5%，城镇和农村居民家庭人均可支配收入分别达到22848元和11594元，同比分别增长8.1%和8.6%。认真落实促进就业计划，全区新增就业岗位29719个，其中解决农村富余劳动力就业8643人，城镇登记失业人数控制在市政府下达指标内。加强劳动保障监察和劳动争议处理，进一步完善劳资纠纷预警机制。继续完善社会保障体系，全区社会保障覆盖率达到了98.1%。投入8.76亿元，解决了9921名水源涵养林涉地农民的社会保障问题。提高各类老年人的养老补贴标准和农保养老金标准。稳步推进住房保障工作，新增廉租住房政策受益家庭84户，落实经济适用房200套，解决农民建房1656户，完成52.4万平方米旧住房综合改造。对困难群众的综合帮扶工作得到加强，社会救助工作力度进一步加大。加快发展老龄事业，新增养老床位410张。全国残疾人工作示范城市创建工作扎实推进。继续推进教育综合改革，大力促进各类教育优质均衡发展，我区被评为“全国推进义务教育均衡发展工作先进地区”。实验中学、白鹤中学新校区建成启用，青少年活动中心已开工建设，朱家角中学通过创建市实验性、示范性高中总结评审。完成10所来沪从业人员子女学校纳入民办教育管理工作，来沪从业人员子女享受义务教育的比例达到85.5%。深化社区卫生服务综合改革，开展户籍制医生服务试点，新建80家市级标准化村卫生室，覆盖率达到79.3%。朱家角人民医院迁建工程正在实施。调整完善农村合作医疗实施意见，提高农村医疗保障水平，“医卡通”实时结报成功运行。甲型H1N1流感防控工作取得阶段性成果。健康城区建设工作、人口计生工作取得新的进展。妇女儿童事业健康发展。成功举办第六届淀山湖文化艺术节、第十二届朱家角古镇旅游节、“绿地集团杯”世界华人龙舟赛等重大活动。青浦籍运动员在全运会上取得了优异成绩。新建一批社区公共文化体育设施。我区顺利通过全国科技进步区（县）考核和全国文化先进区复评。完成《青浦县志（1985～2000）》编纂工作。积极推进公交管理体制改革，组建了国有公交公司。社区工作得到加强，村（居）委会换届工作顺利完成。外事工作和合作交流工作顺利推进。民族宗教、对台和侨务工作得到加强。深入开展安全生产“三项行动”，加强交通消防安全监管和应急管理，加大了产品质量、食品药品安全的工作力度，安全形势总体稳定可控。加强社会治安综合治理，扎实推进平安实事项目建设，开展治安整治专项行动和“两个实有”（即实有人口、实有房屋普查工作）全覆盖管理，我区有9个街镇创建成为市平安社区。认真开展了社会突出矛盾排查化解，努力消除社会不稳定因素，信访工作进一步加强。

（三）扎实推进迎世博各项工作，城乡建设和管理进一步加强。按照迎世博工作的要求，加快推进功能性、枢纽型、网络化基础设施建设。轨道交通2号线徐泾站主体结构实现封顶。沪常高速西段前期工作已经完成，崧泽高架、嘉闵高架前期工作正在按照计划推进。淀山湖大道二期和盈港路东段改造工程正加快建设。进一步加大城镇管理工作力度，重点加强对朱家角镇区和奥特莱斯周边、沪渝高速公路和嘉松公路沿线，以及青浦城区和各个镇区等重点区域的市容环境综合整治，城镇环境面貌进一步改善。加大城市管理顽症的治理力度，集中开展了建筑渣土偷乱倒专项整治。继续完善城镇网格化管理机制，管理区域扩展到徐泾、朱家角镇区和香花桥街道部分城镇化地区，覆盖范围达到50.2平方公里。进一步加大违法建筑的整治力度，拆除违法建筑28.3万平方米。扎实推进新农村建设，深入开展村级组织综合配套改革，农村社区建设和管理进一步加强，我区荣获“全国村务公开民主管理示范区”和“全国农村社区建设实验全覆盖示范单位”称号。进一步加大农村基础设施建设力度，积极推进农村道路标准化建设，完成60座农村危桥改造，调整优化了“村村通”公交线路。完成2230户村庄改造工作和93个健康村的建设，全区健康村覆盖率达到83.2%。建成了农家书屋等一批农村公共文化活动设施。

（四）积极创建国家环境保护模范城区，生态环境质量进一步改善。第四轮环保三年行动计划79项任务已启动实施61项，完成14项。太湖流域水环境综合治理项目有序推进。国家环境保护模范城区创建工作已经通过环保部技术评估。建立生态补偿机制，生态补偿转移支付达到2亿多元。大力推进环保基础设施建设，青浦第二污水处理厂三期投入试运行，朱家角、练塘污水处理厂的升级改造已经完成，商榻污水处理厂等迁建扩建工程已经启动，建成105公里污水管网，新增污水日处理量8万吨，新增化学需氧量削减量1510吨。扎实开展水系沟通三年行动计划和青西地区农村生活污水治理工作,完成96公里黑臭河道和57公里"村沟宅河"的整治。淀浦河西段综合整治工程、淀山湖生态湿地工程(一期)及周边水系生态修复工程基本完工。全区水环境质量进一步改善。开展了医疗废物处置等环保执法行动,对群众反映强烈、污染严重的企业依法予以关停。全区绿化覆盖率达到42.3%,空气质量优良率达到92.3%。加大节能降耗工作力度,加强重点行业、重点领域和重点单位的能耗监管,完成了一批节能技改项目。调整淘汰82项落后生产能力,万元生产总值综合能耗继续下降。积极推进全国节水型城区创建。深入开展循环经济试点,10家企业获得上海市清洁生产示范企业称号,青浦工业园区创建国家生态工业园区建设规划通过市级评审。

(五)注重服务和管理创新,政府自身建设力度不断加大。以转变政府职能为核心,积极推进行政体制机制改革,完成区、镇两级政府机构改革任务。深化行政审批制度改革,优化行政审批手续,加快审批速度,建设项目审批时限进一步缩减。继续深入开展联系服务企业活动。深入推进电子政务建设和政府网上办事,进一步拓宽信息公开渠道,建立政府新闻发布制度,扩大政府信息主动公开范围,全年公开政务信息2746条。进一步加强审计工作,推行审计工作报告和审计整改报告的网上公开。认真做好意见和提案的办理工作,不断增强接受人大和政协监督的自觉性。稳步推进财政管理体制改革,进一步优化支出结构,严格执行厉行节约的有关规定。完成了对口支援都江堰的年度工作任务。巩固深化廉政建设专项治理工作,公务员队伍建设进一步加强。

各位代表,过去的一年,全区上下面对严峻复杂的经济形势,始终保持昂扬向上的精神状态,克难前行,奋力拼搏,取得了来之不易的成绩。我们深切地体会到,市委、市政府和区委的正确领导,是我们做好工作的根本保证;全区人民的共同努力,是我们抵御风险、战胜困难的力量源泉。在此,我代表青浦区人民政府,向在各行各业、各个岗位上辛勤劳动、默默奉献的全区人民,致以崇高的敬意!向给予政府工作大力支持的人大代表和政协委员,向各民主党派、人民团体和社会各界人士,向全体离退休老同志,向驻青部队和驻青单位,向关心和支持青浦发展的香港、澳门特别行政区同胞、台湾同胞、海外侨胞和国际友人,表示诚挚的感谢!

各位代表,回顾2009年工作,我们也清醒地认识到,前进的道路上还有不少困难和问题,主要是:产业结构调整和转型升级任务艰巨,经济持续回升的基础还不牢固;影响科学发展的瓶颈依然不少,资源和环境的约束日益加大,破解难题的办法还不够多;城镇综合服务功能还不够完善,城镇建设和管理水平有待进一步提高;就业、住房、公交等与人民群众密切相关的民生工作还存在许多不足;少数政府工作人员宗旨意识、责任意识不强,服务水平和工作效率不高。对此,我们必须高度重视,认真加以解决。

二、2010年的主要工作

2010年是上海世博会的举办之年,也是实施"十一五"规划的最后一年。做好今年的工作,对全面完成"十一五"规划目标任务、启动实施"十二五"规划至关重要。当前,虽然国际国内经济形势仍然比较复杂,但总体企稳向好。从上海发展趋势和市委、市政府战略部署看,我们正面临着诸多有利条件和难得的发展机遇。随着虹桥商务区的开发建设和长三角联动发展的深入推进,青浦作为长三角地域中心的独特区位优势进一步凸显。世博会的举办将成为展示和推介青浦、促进旅游等相关产业发展的重要平台。青浦新城已经列入上海重点建设的郊区新城,金泽镇列入全国小城镇发展改革试点。这些都将对我区经济社会发展产生重大而深远的影响。青浦的发展已站在新的起点,我们要善于抓住和用好机遇,进一步增强发展的紧迫感和责任感,进一步增强工作的主动性和前瞻性,努力实现青浦经济社会的跨越式发展。

做好2010年政府工作,要全面贯彻党的十七届四中全会、中央经济工作会议和九届市委九次、十次全会、市经济工作会议以及三届区委十二次全会精神,按照市委、市政府"五个确保"的目标要求,积极参与和服务世博,加快转变经济发展方式,大力推进新城建设,着力保障和改善民生,切实维护社会和谐稳定,努力实现"十一五"规划目标,认真编制好"十二五"规划,不断开创青浦科学发展新局面。

综合考虑各方面因素,今年经济社会发展的主要预期目标是:地区生产总值同比增长10%左右;全口径财政收入同比增长10%;万元地区生产总值综合能耗进一步下降;新增就业岗位25100个,城镇登记失业人数控制在市政府下达指标内;城镇和农村居民家庭人均可支配收入持续稳定增长。

2010年要着力做好以下六方面工作:

(一)全力以赴参与世博、服务世博,为世博会成功举办作出积极贡献

全力以赴做好世博各项工作,牢牢把握世博机遇,在参与世博、服务世博的过程中,充分展示精神风貌和良好形象,促进经济社会发展。

积极参与和服务世博。抓住世博契机,大力发展休闲旅游产业。加快编制环湖地区发展规划,研究制定相关产业发展的扶持政策,大力推进环湖地区旅游产业发展,努力把环湖地区建设成为具有国际水准的休闲度假区。积极参与长三角区域旅游联动发展,发挥朱家角世博主题实践区的示范效应,不断提升生态旅游品牌的知名度。着力推进旅游产品创新,积极培育旅游新热点,促进青东地区奥特莱斯和青西地区朱家角古镇、东方绿舟等旅游景点的"商旅文"联动发展。抓紧完善旅游配套设施,加快启动建设旅游集散中心,加快推进朱家角地区3家高星级酒店建设,着力提升传统景区景点的发展活力,引导和扶持现有的疗养培训机构开展升级改造。以世博为媒介,大力开展宣传和推介,进一步加强招商引资工作,深入广泛开展与其他地区的合作交流。鼓励和组织各类企业参与世博、支持世博,使世博会成为展示青浦的最佳平台。进一步强化窗口服务行业的培训和管理,大力推行标准化、规范化服务,重点提高交通、商贸、餐饮、住宿、旅游等窗口服务质量。当好东道主,热情周到地做好世博期间的对口接待服务工作。深入开展志愿者服务活动,努力形成人人参与世博、人人服务世博、人人奉献世博的良好氛围。

大力提升城市文明程度和管理水平。深入开展"迎世博、讲文明、树新风"系列活动,积极推进"文明观博"培训,

继续开展每月的窗口服务日、环境清洁日和公共秩序日活动,普及文明礼仪,培育文明风尚。切实把加强城镇管理作为改善投资环境、提升政府管理水平、提高市民文明素质的重要工作予以扎实推进。深入开展市容环境综合整治,进一步加大对城市管理顽症的治理力度,提高朱家角镇区和奥特莱斯周边、沪渝高速公路和嘉松公路沿线,以及青浦城区和各个镇区等重点区域市容环境的管理水平。加强轨道交通2号线徐泾站周边地区的综合管理,努力营造整洁有序的市容环境。同时,进一步美化重点区域的城市景观布置。切实落实市容环境卫生长效管理机制,继续拓展城镇网格化管理的区域和功能,将赵巷、华新和重固镇区纳入管理范围。进一步完善拆除违法建筑工作机制,继续加大对违法搭建的整治力度,坚决遏制新的违法建筑的产生。加大对人民群众反映强烈的环境突出问题的整治力度,大力推进区生活垃圾综合处理厂工艺改造和青东农场区域环境问题综合整治。认真做好国家卫生区复审迎检工作。依法打击非法运营行为,维护客运市场的正常秩序。继续加强社区和居委会建设,着力改善物业管理服务工作。

切实加强世博安全保卫工作。要把确保世博期间的公共安全作为重中之重,进一步提升安全保障的能力和水平。严格落实安全检查制度,切实把好水路、陆路道口安全关。继续深入开展与世博相关的主要旅游景点、重点地区和公共场所的治安专项整治行动,依法严厉打击各类违法犯罪活动。坚持防范重心下沉,进一步强化基层警务建设,积极组织开展群防群治,进一步健全人防、物防、技防各项措施,不断完善社会治安动态防控体系。完善突发公共事件应急处置机制,加快区应急联动中心建设,不断提高反恐应急能力,有效预防和及时处置突发性和群体性事件。扎实推进安全生产“三项建设”(即法制体制机制建设、保障能力建设、监管队伍建设),强化企业安全生产主体责任,深入开展事故隐患排查治理,加大对重点行业、重点场所的检查,确保安全生产始终处于受控状态。着力加强对食品药品安全和产品质量的监管,全力确保交通安全和消防安全,为世博会成功举办营造安全、稳定、和谐的社会环境。

(二)大力培育新的经济增长点,促进经济结构优化调整

坚持把保持经济平稳较快发展和转变经济发展方式结合起来,在发展中推进产业结构优化调整,深入实施“两个优先”发展战略,进一步提高经济发展的质量和效益。

紧紧围绕高新技术产业化,大力提升先进制造业水平。贯彻实施高新技术产业化发展规划,全面落实各项扶持政策,加快推进我区市级生物医药、新材料、软件和信息服务业等产业基地建设,重点建设一批技术基础较好、产业化程度较高、产业带动力强的高新技术产业项目,进一步提高产业集聚度、关联度,促进高新技术产业集聚发展。加快完善科技综合服务平台,推动科技投融资体系建设,继续推进产学研合作,鼓励和引导高校、科研单位为企业提供技术支持。加强知识产权保护。大力支持企业开展技术改造,鼓励企业应用新技术、新设备、新材料,适应市场变化,推进产品创新。按照生产、生活、生态相协调、相统一的要求,进一步提升青浦工业园区的开发、建设和管理水平,切实发挥青浦工业园区在发展高新技术产业中的主体作用。着力推进各镇、街道工业区的发展,积极实施传统产业改造升级。进一步健全镇(街道)和青浦工业园区合力招商机制,坚持以符合产业发展导向、有效增加就业和地方收入为目标,不断加大招商引资工作力度。积极营造有利于中小企业特别是民营企业发展的良好环境,加强对民营企业的金融服务和上市培育工作,加大对实业型、规模型、科技型民营企业的扶持力度,积极发展总部型、研发型、服务型民营企业。

主动对接虹桥商务区,大力发展现代服务业。牢牢抓住上海加快建设国际贸易中心的机遇,认真落实现代服务业发展的扶持政策,促进先进制造业和商业商务融合发展。抓住虹桥商务区建设的契机,促进青东地区向以服务经济为主的产业结构转型。深入研究、加快完善青东地区现代服务业发展规划,大力整合青东现代服务业的发展资源,加快建设与虹桥商务区发展相配套的现代服务业功能区。抓紧开展纳入虹桥商务区的19平方公里区域的城市设计规划工作,今年要推进区域内44公顷公共设施用地中23公顷商业商务用地的土地出让工作,加快建设商务配套设施,大力吸引企业总部入驻,积极发展服务外包、文化创意和生产性服务业。着力提升赵巷市郊大型商业圈的服务质量和管理水平,加快推进现代服务业重点项目建设,不断增强商业商务的集聚效应。充分利用青西地区丰富的水资源优势,大力发展湖区经济,重点开发度假休闲旅游、会务会展和生态居住功能。

积极推进资源能源的节约集约利用,不断增强可持续发展能力。坚持低碳理念,推进节能降耗,严格执行强制性能耗标准和能效标志制度,严把高能耗建设项目准入关。加大产业结构调整力度,继续淘汰落后生产能力。进一步加大对重点用能单位的监控力度,继续推广合同能源管理,支持企业抓好节能改造。积极开展清洁生产和循环经济试点,扎实推进全国节水型社会试点区创建。统筹协调城市总体规划和土地利用规划,严格落实土地管理制度,大力开展土地整理复垦,稳步开展增减挂钩试点,积极探索农村集体建设用地流转试点和农村宅基地置换试点工作。积极实施“腾笼换鸟”,加快盘活闲置土地等存量资源,认真落实利用空置厂房发展服务业的政策措施,切实提高资源利用效率。进一步完善动拆迁机制,依法加大征地动拆迁力度。

(三)加快推进新城建设,切实提高城镇化水平

牢牢抓住上海加快郊区新城建设的机遇,突出重点、集中资源,大力推进新城建设,加快新市镇建设步伐,进一步提升城镇综合承载能力。

着力优化城镇体系建设规划。根据经济社会发展的需要,进一步优化新城规划,深化规划内涵,将新城的规划范围向西拓展至淀山湖东岸,把青浦新城规划建设成为城市现代化和历史文脉相得益彰的湖滨宜居新城。按照“产城一体、水城融合”的发展理念,加快完善新城各功能片区的控详规划和各项专业规划,深化细化青浦新城功能布局。加快新城开发建设步伐,积极实施“东扩西进”开发策略,加快建设新城东片,启动建设新城西片。抓住全国小城镇发展改革试点的机遇,抓紧编制金泽小城镇试点的相关规划和具体实施方案,明确产业发展定位,优化镇区布局,完善基础设施网络。认真做好练塘全国小城镇发展改革试点申报工作。

大力推进城镇交通基础设施建设。新城建设必须以基

础设施为重点。进一步完善新城建设的投融资机制。加快建设由轨道交通、高速公路、城市快速道路和客车专用道路等构成的相互衔接、分类分层的城市交通路网体系。认真做好轨道交通20号线前期工作,完成工程可行性报告研究,积极争取早日立项。充分发挥轨道交通2号线徐泾站的枢纽作用,完善公共停车场等配套设施,加快建设连接青浦城区的公交线路,确保与轨道交通2号线同步运营。继续配合做好沪常高速、嘉闵高架建设各项工作。在世博会举办前,贯通淀山湖大道,完成嘉松公路综合改造。基本完成朱枫公路四期、外青松公路南段改建和崧泽大道改造工程,加快实施城中南北路改造和秀横公路新建工程。实施"断头路"贯通工程,解决道路交通瓶颈问题。深入推进公交运营体制改革,进一步加大政府对公共交通的投入力度,优化完善公交运营网络,狠抓公交硬件设施的改善和公交服务质量的提高,加快提升公共交通事业发展水平。适时开辟社区公交线路,方便群众出行。

加快完善城镇生活服务功能。新城建设必须以功能提升为核心。进一步提高城区商业发展水平,推进夏阳湖国际酒店及周边商业办公中心建设,加快城区商业布局调整和功能提升。完善优质社会事业资源的布局配置,推进学校、医院等配套设施建设。加强房地产市场监管,增加普通商品房市场供给,保持房地产市场健康发展。加大住房保障工作力度,认真做好廉租对象申请的审核和配租工作,提高实物配租比例,实现新增廉租对象应保尽保,落实300套经济适用房。积极配合做好徐泾、华新大型社区建设的有关工作。加强市政配套设施建设,启动青浦第二水厂三期扩建、原水厂三期扩建和青浦第三水厂新建等集约化供水项目。

切实加强生态环境建设和保护。推进水环境治理和保护,做好水文章,是新城建设必须牢牢把握的关键环节。按照第四轮环保三年行动计划和太湖流域水环境综合治理工程的要求,完成练塘污水处理厂扩建、商榻污水处理厂迁建,加快实施徐泾、华新污水处理厂扩建和青浦第三污水处理厂、城镇污水处理厂污泥处置项目建设,有序推进各镇、街道和青东农场地区污水管网建设,不断提高全区污水处理率。加快推进青西地区农村生活污水治理,启动青东地区农村生活污水治理。滚动实施水系沟通三年行动计划,加快环湖生态带和淀山湖湿地建设。认真做好环保部对我区创建国家环境保护模范城区验收的各项准备工作,继续深入推进国家生态区和生态工业园区建设。

(四)加强以改善民生为重点的社会建设,进一步提高人民群众生活水平

切实把保障和改善民生作为政府工作的根本出发点和落脚点,坚持以人为本,坚持尽力而为、量力而行,统筹兼顾、突出重点,使经济社会发展成果更多地惠及人民群众。

加强就业保障工作。进一步加大促进就业工作力度,千方百计拓宽就业渠道,继续落实各项促进就业政策,进一步完善补贴机制,确保就业形势基本稳定。加强促进就业平台建设,不断提高促进就业工作的效率和水平。继续加大创业带动就业力度,加快推进创业园区建设,重点扶持社区失业青年和大学生群体创业。结合充分就业社区建设,完善各类就业援助机制,确保"零就业家庭"和"双困"人员的动态安置率始终保持100%。按照产业发展对高技能人才的需求,进一步整合社会各方和教育培训资源,积极构建院校与企业之间高技能人才的培养平台,加快建立职业教育、产业发展、促进就业紧密结合的高技能人才培养制度。健全劳动关系三方协调机制,规范企业用工行为,促进劳动关系和谐发展。加大对恶意欠薪欠保和非法职业中介的执法力度,加强劳动争议处理机制建设,切实维护劳动者的合法权益。进一步提高农保养老金水平和各类养老补贴标准。加快改善困难群众居住条件,完成2.97万平方米旧住房综合整治,从今年起用三年时间,基本完成全区8.6万平方米老公房成套改造。深入推进社会救助体系建设和慈善事业发展,继续做好全国残疾人工作示范城市创建工作。大力发展老龄事业,逐步建立为老服务体系,稳步推进街镇敬老院改扩建,新增养老床位500张,为6300名老年人提供居家养老和社区助老服务。

加快发展社会事业。切实把教育摆在优先发展的战略地位,加快教育现代化步伐,努力办好让人民满意的教育。深化素质教育,强化特色教育,不断提高学生综合素质和实践创新能力。进一步强化教育公共服务能力,推进全国社区教育实验区建设,加快构建终身教育体系。继续做好来沪从业人员子女学校纳入民办教育管理工作。建成博文学校、金泽中学和青少年活动中心,加快推进豫才学校建设,继续实施"校舍安全"工程。认真贯彻落实医疗卫生体制改革精神,继续实施公共卫生体系建设三年行动计划,着力提高基本医疗和公共卫生发展水平。深入推进社区卫生服务综合改革,有效推进医疗资源纵向整合试点。加快推进中山医院青浦分院创建三级医院各项工作,确保扩建工程按时开工建设。建成朱家角人民医院。加快实施区精神卫生中心迁建工程。继续认真做好甲型H1N1等传染性疾病防控工作。进一步做好人口计划生育工作,积极推进健康城区建设。广泛开展形式多样的群众文化活动,继续办好淀山湖文化艺术节等节庆活动。着力推进街镇社区文化活动中心建设,加快完善公共文化服务体系。以全国第三次文物普查为契机,进一步加强物质和非物质文化遗产保护工作。加大体育设施建设力度,积极推进中小学体育设施向社区开放,促进群众特色体育活动广泛开展。完成少体校迁建工程。全力办好区第三届运动会,继续办好世界华人龙舟赛。进一步完善人才工作机制,着力引进一批紧缺和急需的人才,积极营造良好的人才发展环境。

大力维护社会稳定。继续加大对社会矛盾的排查化解力度,建立健全社会风险评估机制,从源头上预防和化解社会矛盾。加强实有人口服务和管理工作,稳步推进外来人口集中居住点建设,健全居住证与就业、就医、就学、计生等工作的联动机制,落实实有人口管理与服务长效常态机制。加强基层司法所规范化建设,构建大调解格局,促进人民调解、行政调解、司法调解相互衔接配合。加强法制宣传和法律援助,注重发挥各类社会组织提供服务、反映诉求、规范行为的积极作用,引导群众依法维权。健全初次信访事项评估督查、疑难信访事项核查终结等工作机制,着力解决一批疑难复杂信访问题。

充分发挥工会、共青团、妇联等人民团体密切联系群众和参与社会事务管理的作用,做好民族宗教工作,切实维护民族团结。加强对台工作，支持海外侨胞、归侨侨眷参与我区现代化建设。加强全民国防教育，积极支持国防和军队建设，进一步做好优抚安置工作。

（五）扎实推进新农村建设，促进农村经济社会全面发展

坚持工业反哺农业、城市支持农村的方针，着力完善体制机制，继续加大对"三农"工作的投入，不断提升农村整体发展水平。

加快发展现代农业。坚持整合资源、集聚优势，加快推进现代农业园区、农业休闲旅游区、特色水产优势区和加工物流区的建设，进一步落实农业功能布局总体规划。加快完善农业服务体系，积极培育各种农业社会化服务组织，鼓励龙头企业与农民建立紧密型利益联结机制，着力提高农业组织化程度，促进农民专业合作社规范发展。进一步引进和培育农业经营人才。加大对农业基础设施和产业化项目的投入，继续推进标准化农田设施、特色农产品生产基地、标准化水产畜牧养殖场和生产示范区建设。加大农产品认证和安全监管力度，切实保障食用农产品安全。积极稳妥做好稳定和完善农村土地承包关系工作，完成土地承包经营权流转信息平台建设。进一步加强"三一联动"，深入挖掘农耕文化，积极发展休闲体验农业，继续办好农业节庆活动，提高农业旅游的发展水平。

加强农村基层基础建设。加大财政转移支付力度，进一步完善生态补偿机制和生态保护考核评价办法，促进城乡经济社会协调发展。巩固深化村级组织综合配套改革成果，积极培育和发展农村社区自治性群众组织、社会化服务组织、文化型社团组织。继续推进农村公共服务设施建设，完成32887户镇级有线电视网络改造，建成23个村级社区事务代理室和33个标准化卫生室。广泛开展"千村万户"信息化普及培训。深入开展自然村落综合整治和"清洁家园"活动，完成2500户村庄改造工作和87公里"村沟宅河"整治。积极推进农药化肥减施替代工程，探索农作物废弃物合理再利用的途径。深化农村公路管理养护体制改革，进一步加大农村道路建设和危桥改造力度，优化公交"村村通"线路，合理调整运营班次，不断改善农民群众的出行条件。

稳步提高农民生活水平。千方百计拓宽农民增收渠道，建立健全农民增收长效机制。认真落实支农惠农政策，大力培育"有文化、懂技术、会经营"的新型农民，增加农民经营性收入。继续推进"西劳东输、青劳外输"，鼓励和扶持农民自主创业、自谋职业，新增非农就业岗位5000个，增加农民工资性收入。发展壮大农村集体资产，保障农民对集体资产的收益权，提高农民财产性收入。认真做好新型农村社会养老保险试点工作，合理调整新型农村合作医疗保险办法，进一步拓展农村合作医疗"医卡通"的功能和使用范围，不断提高农村社会保障水平。着力改善农村群众的居住条件，继续推进农村贫困户危房翻建和农民建房工作。

（六）加强政府自身建设，不断提升政府服务水平

围绕建设服务政府、责任政府、法治政府和廉洁政府，以职能转变为核心，大力推进政府管理创新，不断提升政府的行政效能、服务效率和管理水平。

扎实推进政府工作制度建设。大力推进依法行政，严格执行执法主体资格制度，完善执法程序，增强执法透明度，促进行政执法行为更加规范。依法开展行政复议和应诉工作。健全科学民主的决策机制，严格执行重大政策、重大项目安排和大额度资金使用的集体讨论决定制度。完善公众参与、专家咨询和政府决策相结合的决策机制，加大决策跟踪反馈力度，不断提高政府决策水平。坚持用制度管权、管事、管人，大力推行行政问责制，强化责任追究，坚决做到有责必问、有错必纠。进一步强化政府职能部门的职责意识和整体意识，加快建立协同工作机制，促进条块结合、形成合力。自觉接受区人大及其常委会的监督，主动接受区政协的民主监督，认真听取民主党派、工商联、无党派人士和各人民团体的意见。继续发挥好新闻舆论和社会公众的监督作用。

进一步完善公共财政体系。着力优化财政支出结构，重点加大对基础设施、公共服务、民生保障和支持经济发展等方面的投入，大力压缩一般性支出。加快部门预算改革，进一步加强非税收入管理，规范预算外资金的使用和监督，启动国库单一账户制度改革。以部门预算、预算执行为重点，依法有序扩大预算公开。加大投融资监管力度，进一步提高债务管理的精细化水平。健全财政转移支付制度，加快完善街镇财力保障体制，加强对镇级财政的指导、监督和管理。加大政府购买服务力度，通过招投标、委托服务、管理承包等市场化手段，鼓励和引导社会组织提供公共产品和公共服务。

着力提高行政效能和行政透明度。继续深化行政审批制度改革，进一步完善企业登记注册并联审批和建设工程行政审批程序，健全集中办理审批事项的工作机制，提高审批效率。继续完善项目推进工作机制，切实落实跟踪服务和"绿色通道"制度，确保重大产业和基础设施项目、重要民生和社会事业工程按时开工、早出成效。着力提高行政透明度，积极推动信息公开向基层延伸，加快建设一批社区信息公开服务示范点。完善信息公开渠道，充分发挥政府新闻发布制度在推进政府信息公开中的积极作用。进一步加大对财政性资金、政府性投资项目的审计，继续推进审计结果公开，加大审计整改力度。

加强勤政廉政建设和作风建设。进一步解放思想、转变观念，始终保持迎难而上、奋发有为的精神状态，敢于面对困难、勇于破解难题，敢于承担责任、勇于争创一流。切实加强公务员队伍理想信念教育，大力发扬艰苦奋斗、勤俭节约的优良传统，牢固树立公仆意识，恪守为民之责，善谋富民之策，多办利民之事。大力推进惩防体系建设，认真抓好工程领域和"小金库"专项治理，切实加大从源头上防治腐败的工作力度。深入开展纠风工作，完善政风行风评议制度，坚决纠正损害群众利益的不正之风。巩固学习实践科学发展观活动成果，自觉运用科学发展观指导实践、推动工作。坚持办实事、求实效，集中精力、真抓实干，帮助基层、企业、群众解决实际困难。

各位代表，编制好"十二五"规划，是今年的一项重要工作。我们将坚持开门办规划，积极问计于民，广泛征询各方意见，使编制过程成为集思广益、达成共识的过程，切实把握经济社会发展的特点和规律，进一步明确发展思路和发展目标，聚焦转变经济发展方式、加强以改善民生为重点的社会建设、完善城镇建设和管理、破解城乡二元结构、加强政府自

身建设等重大课题，突出规划的战略性、导向性和操作性，科学合理地制定好规划。

各位代表，新的一年，面对新形势、新任务、新要求，我们深感肩负的责任重大而光荣。人民群众的信任和支持，给了我们无穷的力量和必胜的信心。我们坚信，在中共上海市委、市政府和中共青浦区委的坚强领导下，全区上下团结一致、振奋精神、努力拼搏、迎难而上，就一定能够战胜前进道路上的任何困难和挑战。让我们更加紧密地团结在以胡锦涛同志为总书记的党中央周围，以邓小平理论和"三个代表"重要思想为指导，深入贯彻落实科学发展观，开拓进取、真抓实干，为开创青浦更加美好的明天而努力奋斗！

政协上海市青浦区委员会常务委员会工作报告

政协上海市青浦区第三届委员会第四次会议

（2010 年 1 月 18 日）

上海市青浦区政协主席　张布尔

各位委员：

我受政协上海市青浦区第三届委员会常务委员会的委托，向大会作工作报告，请予审议。

一、2009 年工作回顾

2009 年是中华人民共和国成立 60 周年，人民政协成立 60 周年，也是青浦撤县建区 10 周年。面对国际金融危机的严重冲击，在中共青浦区委的领导下，全区上下团结一心，攻坚克难，确保了经济平稳较快发展、民生持续得到改善、社会和谐稳定、迎世博工作有序推进，取得了来之不易的成绩。过去的一年，对于人民政协事业也具有重要意义。胡锦涛总书记在庆祝人民政协成立 60 周年大会上发表重要讲话，中共上海市委、青浦区委相继召开了政协工作会议，市委、区委下发了关于进一步加强人民政协工作的实施意见，给我区政协工作带来了新的动力和活力。

一年来，区政协常委会在中共青浦区委的正确领导下，坚持以邓小平理论和"三个代表"重要思想为指导，深入贯彻落实科学发展观，认真学习贯彻中共十七大、十七届四中全会、市委九届八次、九次全会和区委三届十一次全会精神，团结和依靠广大政协委员，紧紧围绕"四个确保"工作目标，切实履行政治协商、民主监督、参政议政职能，为促进我区经济和社会发展贡献了智慧和力量。

（一）为确保经济平稳较快发展建言献策

围绕保增长调结构开展协商讨论。区政协组织全体委员利用年初"两会"及年中全会，认真听取了区政府工作报告和其他报告，委员们重点围绕区政府主要工作开展了讨论，并积极提出意见建议。会后，组织人员将议政建言的内容整理后报送区委、区政府，其中不少建议被采纳，或转化为部门的工作内容。年初全会期间，共有 6 篇调研报告在大会上进行了交流发言，就城乡经济社会一体化发展、加快推进新农村建设、营造金融危机形势下的和谐劳资关系等发表看法和见解。此外，区政协常委会还邀请区政府主要领导就"四个确保"工作实施情况、2010 年主要工作思路等作了专门通报，邀请区政府分管领导就"调整优化产业结构，进一步推动我区经济发展"作了情况通报，委员们就扶持企业上市、推进节能降耗、优化投资环境等提出了意见建议，得到了区委、区政府领导的重视和肯定。

围绕中小企业发展组织有关活动。举办了"直面困难、积极应对，促进我区企业发展"恳谈会和委员沙龙活动。活动中，工商联界别委员结合各自企业发展情况、遇到的困难和问题，围绕劳动用工、社会治安、土地使用等方面，与区政府有关职能部门进行了面对面沟通和交流，通过坦诚交换意见，大家对政企携手、共克时艰，促进我区经济平稳较快发展充满信心。区政协经济委员会与区工商联联合举办了银企交流合作座谈会，为青浦民营企业与金融机构之间架起沟通了解、交流合作的桥梁，收到了较好的效果。同时，为帮助委员进一步了解金融危机的发展趋势，区政协邀请复旦大学资深教授作经济形势报告会，就金融危机发生的深层次原因、具体特征以及应对危机的手段方法等进行了专题辅导，增强了委员应对金融危机，转危为机的决心。

围绕促进经济发展开展调查研究。一年来，区政协主席会议成员先后到区行政服务中心、盈浦街道、白鹤镇、重固镇、区爱卫办、工业园区等部门和单位，开展集体调研，了解基层情况，与基层同志一起分析工作中存在的困难和问题，并积极提出意见和建议。区政协领导赴上海博大(企业)集团有限公司、上海科泰电源股份有限公司等近20家民营企业和部分侨资、台资企业开展调研,深入了解委员企业在金融危机背景下的发展情况,帮助协商解决融资、土地、市场等困难,鼓励企业继续保持良好的发展势头,为青浦经济发展多作贡献。根据对30家委员企业的统计,2009年完成工业总产值83.3亿元,同比增长16%,上缴税收3.2亿元,同比增长30%,在青浦经济建设中发挥了领头羊作用。同时,政协各专门委员会也主动与政府有关职能部门开展对口联系活动,为促进地区经济发展建言献策。

(二)为确保民生持续得到改善履职出力

认真做好提案工作。区政协三届三次全会以来,共收到提案211件,经审查立案168件。通过向区委、区政府领导报送5期提案专报,由主席、副主席带领提案人、提案委员会委员和相关专委会、界别委员对12件重点提案进行集中促办,努力推进提案的"二次答复"工作等一系列措施,使政协提案所提的意见建议进一步得到了采纳或落实。如《关于加强平等协商集体合同工作监管》的提案,引起了有关部门的重视,并在随后出台的文件中采纳了提案的相关建议;《关于发掘人文资源,开设'青浦报业展示馆'的建议》的提案,受到了区委宣传部的重视和采纳,有关工作正有序推进。在提案办理过程中,委员们对承办人员的工作态度均表示满意或基本满意。通过区政协和承办单位的共同努力,使政协提案在促进我区经济平稳较快发展、提高城市建设和管理水平、推进和谐社会建设等方面发挥了积极作用。

广泛收集社情民意。一年来,区政协召开反映社情民意座谈会8次,并通过电子邮件、提案转化、在调研活动中提炼等形式广泛收集社情民意,共收到信息79条,编发社情民意简报4期,向区委、区政府领导反映信息33条。区委常委会议、区政府常务会议对每期社情民意简报逐条进行研究分析,并落实办理,有的还作了专门批示。区政府办公室对每期简报上所反映的问题均逐条向政协进行答复,区政协办公室也及时将这些办理信息反馈给有关委员。通过政府部门卓有成效的办理工作,群众特别关注的公共交通、环境卫生、医疗服务等方面的问题,大多得到了重视和解决。此外,区政协还拓宽了信息上报渠道,向上海市政协反映信息20条,向市委办公厅反映信息36条。

关注社会热点问题。区政协围绕政府重点工作,以"重民生、促就业"为题举办了专题讨论会,就"4050"失业妇女就业、充分就业社区建设、推进产业结构调整创造更多就业岗位等提出了意见建议。召开特邀监督员工作会议,听取了我区党风廉政建设、反腐败工作和政风行风建设等方面工作的情况通报。围绕新城规划、水环境保护、教育均衡化、高新技术产业发展等进行了年终大视察。组织委员对群众关注的居民住宅小区维修资金的收取、管理和使用情况开展专题视察,并将委员的意见建议汇总整理后,向区委、区政府报送了《关于切实加强对我区商品房维修资金收集、使用和管理的几点建议》的建言献策专报。同时,区政协还组织部分常委和委员参加了有关重大民生决策事项的协商讨论,如2010年政府实事工程安排、老城区停车场设置、居住小区的合并、公共交通进社区方案、外青松公路及朱枫公路改造等专题协商会和水价调整、房屋动拆迁等听证会。委员们在会上真诚提出意见建议,很多建议得到了区政府的重视和采纳。

(三)为确保社会和谐稳定凝聚人心

专题调研社会稳定工作。为深入了解我区社会稳定工作中出现的新情况、新问题,区政协主席会议成员赴区公安分局开展了专题调研,听取了我区当前社会稳定形势和近期维稳工作的汇报,大家提出了要进一步发挥公安机关在社会治安综合治理和平安建设中的重要作用;准确把握维护社会秩序与保障群众合法权益之间的平衡点;继续加强基层基础建设,发挥好社区警务站的作用等意见建议。同时,区政协社会和法制委员会还围绕影响社会稳定的未成年人犯罪问题进行调查研究,提出要平等保护涉罪外来未成年人的各项刑事诉讼权益;加强社会综合治理,注重源头预防等建议,并向区委、区政府报送了《关于青浦区未成年人犯罪的调查及工作建议》的建言献策专报。

积极服务社会办实事。区政协联合有关部门连续第三年举办退伍军人安置工作推进招聘会,广大企业家委员在承诺自身企业不减薪、不裁员的同时,积极挖掘就业岗位,为妥善安置退伍军人发挥更大作用,产生了较好的社会反响。区政协经济委员会联合区工商联举办了"爱心捐赠、放飞希望——青浦区民营企业家专项慈善基金帮助农民工子女学习教育活动",募集资金294.5万元用于开展本区外来民工子女的捐资助学,受到了农民工子女学校教师、学生以及家长的好评。医药界委员进农村、社区为近500人次开展了义务诊疗服务,深受农民群众和社区居民的欢迎。区政协之友社也开展了帮困助学活动,将书画义卖所筹款项用于资助贫困学生。区政协领导和机关干部也与我区贫困家庭结对帮扶,定期捐款捐物上门慰问。

广泛团结社会各界人士。区政协结合国庆、中秋、元旦等节庆,组织举办了青浦区各界人士"庆祝中华人民共和国、人民政协成立60周年"文艺晚会和迎新茶话会等活动,增进了社会各界人士的交流和友谊。区政协领导逐一走访区各民主党派,听取意见,沟通情况,加强与党派团体的联系。邀请区各民主党派、工商联负责人和无党派代表人士参加政协的重要会议、重大活动,并安排他们作重点发言。重阳节前夕,主席会议成员及之友社部分领导上门探望了80岁以上之友社社员,送上节日的问候。区政协经济委员会联合区工商联与区公安消防支队举办了"庆八一、迎世博、建和谐——魅力消防,平安青浦"警民联谊活动,文艺界委员为消防官兵奉献了精彩的文艺演出,企业界委员捐赠了慰问品,通过联谊活动,进一步加深了警民鱼水情。区政协之友社举办了纪念新中国成立60周年、人民政协成立60周年座谈会、文艺联欢会和书画展。此外,区政协还接待了国际友人和各地政协43批796人次来青访问,交流了经验,增进了友谊。

(四)为确保世博会筹办有序推进贡献力量

开展迎世博专题视察。2009年是上海推进迎世博600天行动计划的关键一年。区政协围绕我区迎世博600天行动纲要推进情况,就平安建设、安全生产、环境整治、"三浜治理"和道路绿化建设、旅游等工作开展了专题视察。在视察过程中,委员们既肯定了成绩,同时针对工作中的一些薄弱环节也提出了相关意见和建议。如加强"三车"整治、提高文明执法程度；利用世博会机遇，调整和完善旅游景点，优化我区旅游环境；加大城中村的整治力度，探索进行整体动迁安置；坚持疏堵结合，对夜排档进行集中经营和管理；加强城区码头街、聚星街的市容环境整治，提升青浦的城市形象等。

举办世博知识讲座。邀请上海市政协副主席、2010 年上海世博会执委会副主任周汉民作题为“上海世博会与和谐社会建设”的专题报告。报告从世博会历史发展留给我们的思考，筹办上海世博会面临的机遇与挑战，世博会筹备工作最新进展，世博会对创建和谐社会的意义等方面作了精彩讲解，使委员们对世博会的历史、举办的意义等有了更深入的理解。同时，为进一步提高广大委员的文明素养，以良好的礼仪形象投入到迎世博工作中去，区政协邀请上海海事大学教授、上海电视台《东方大讲坛》特约主讲嘉宾鲍日新作了“礼仪，让你的角色形象更美好”为主题的知识讲座，帮助和指导政协委员从外观视觉、肢体语言、语言表达、交流技巧等方面培养良好的文明礼仪习惯，以自己的实际行动践行“城市，让生活更美好”的世博主题。

编撰文史服务世博。为更好地介绍、宣传青浦，服务、参与世博，区政协去年组织人员对《话说青浦》丛书重新修订后进行再版，对青浦的名胜古迹、水源流韵、风俗物产、历代人杰以及文人墨客对青浦的高吟雅咏，作了较为全面、深入和详尽的介绍。同时，为纪念新中国成立 60 周年和青浦解放 60 周年，区政协文史资料委员会和区档案局共同策划、编印了《青浦 1949》一书。通过一些老同志亲身经历、亲眼所见、亲耳所闻的回忆录，以及根据现存档案资料挖掘整理的有关内容，让广大读者了解 1949 年青浦社会状况，更加珍惜今天来之不易的幸福生活。

此外，不少委员企业也积极投入服务世博、奉献世博活动，努力为成功举办世博会贡献力量。如上海博大企业（集团）有限公司参与了 2010 年上海世博会永久性五大场馆——中国馆、世博中心、主题馆、演艺中心、世博轴的建设，捐赠、建设了 2010 年上海世博会中国馆大台阶。亚士漆（上海）有限公司全程参与了上海市迎世博 600 天城市市容环境综合整治行动，完成了全市 8 个主城区共计 108 个小区旧墙翻新工程，累计翻新面积约 1000 万平方米，完成了上海市延安高架、南北高架、卢浦大桥、南浦大桥以及 23 座苏州河景观桥梁等涂装工程。

（五）为进一步做好政协工作强基固本

开展深入学习实践科学发展观活动。根据区委的统一部署，区政协从去年 3 月中旬开始，依次从学习调研、分析检查、整改落实三个阶段，开展了深入学习实践科学发展观活动。通过认真研读科学发展观重要论述，举办辅导讲座、专题报告会，外出学习取经等各层面的学习，进一步增强了全体委员和政协机关干部贯彻落实科学发展观的自觉性和责任感。通过围绕“进一步发挥委员主体作用”和“发挥政协界别作用”深入开展调查研究，不断探索深化政协履职的制度化、规范化、程序化。通过召开座谈会、走访委员、委员单位以及向政协委员、政协参加单位发放意见建议征询表等形式，广泛征求意见建议。通过分别召开党组民主生活会、机关班子民主生活会、党支部组织生活会，认真开展批评和自我批评。通过组织开展“三个一”活动即号召政协委员为“四个确保”献一计、为民办一件实事、反映一条社情民意，将学习实践活动与推进政协工作有机结合。

在开展此次“学实活动”中，区政协全面回顾了本届政协以来的工作，并按照科学发展观要求和政协工作实际，总结经验、发现不足、落实整改，努力把科学发展观的要义、核心、方法融入到政协工作中去，履行好职能，发挥好作用，不断提高政协工作水平。

注重理论研究和宣传工作。区政协承办了苏浙沪十五县（市、区）政协工作研讨会青浦例会。会上，我区以及常熟、昆山、海宁、海盐、奉贤、南汇等地政协结合各自实际，围绕“如何进一步发挥委员主体作用”的交流主题，从不同视角开展了经验交流和探讨。区政协也应邀参加了在常熟与海宁举办的工作研讨会，进一步加强了与周边地区基层政协的相互联系与沟通，推动了政协理论研究。同时，区政协还积极向市政协理论研究会投稿，有的篇目被研究会会刊录用。区政协十分重视宣传工作，以纪念人民政协成立 60 周年为契机，通过在《青浦报》、青浦区政府网站进行专题报道，在电视台作委员专访等形式，广泛宣传人民政协的光辉历程以及政协组织在青浦经济社会发展中发挥的作用。另外，积极向《联合时报》、《浦江纵横》等报纸杂志投稿，共刊发各类稿件 25 篇，充分展示区政协工作的亮点。

完善工作制度。区政协依照政协章程，以规范政治协商程序、增强民主监督力度、提高参政议政实效为重点，结合实际相继制订或修订了《常务委员会工作规则》、《提案工作条例》、《主席会议工作规则》、《重点提案促办试行办法》、《秘书长会议议事要则》、《政协机关内部管理制度》等 7 项规章制度，不断规范行文、开会、办事的流程，进一步完善了履行职能的工作程序和机制，努力推进政协履行职能的制度化、规范化、程序化建设，有力地保证了政协工作的有序开展。

各位委员、同志们，区政协一年来各项工作取得的一些成绩与进展，离不开区委的正确领导，离不开区人大、区政府及各镇、街道、有关部门的大力支持，离不开全体政协委员、各民主党派、工商联、有关人民团体和各界人士的广泛参与。借此机会，我谨代表区政协常务委员会向长期关心、支持区政协工作的各方面领导和同志们、朋友们表示衷心的感谢和崇高的敬意！

在肯定成绩的同时，我们也清醒地看到，工作中还存在一些差距和不足。概括起来讲，主要是：履行职能的质量和水平还有待于进一步提高，政协委员参与活动的责任意识有待于进一步增强，政协对新社会阶层的联系面、团结面还有待于进一步拓宽等。这些问题我们将在今后工作中作进一步探索，努力加以改进。

二、2010 年主要任务

2010 年是全面完成“十一五”计划，制定“十二五”规划承上启下的重要一年，也是上海世博会的举办之年。新一年区政协常委会工作的指导思想和总体要求是：在中共青浦区委的领导下，坚持以邓小平理论和“三个代表”重要思想为指导，深入贯彻落实科学发展观，深入学习贯彻胡锦涛总书记在人民政协成立 60 周年庆祝大会上的重要讲话精神，认真学习贯彻中共十七大、十七届四中全会和市委、区委全会精神，市委、区委政协工作会议精神，牢牢把握团结和民主两大主题，按照市委实现“五个确保”的目标要求，紧紧围绕区委、区政府中心工作，切实履行政协职能，为加快建设“绿色青浦”作出应有的贡献。为此，要重点做好以下工作：

(一)倡导优良学风，建设学习型政协

学习是人民政协的优良传统，是人民政协工作的重要组成部分，进一步组织委员加强理论学习，以更好地把握大局，增进共识，提高能力。

强化学习意识。区政协要着眼于巩固多党合作的思想政治基础，从战略高度出发，充分认识人民政协学习工作的极端重要性和紧迫性。牢固树立全员学习、终身学习的思想，真正把学习作为一种良好习惯自觉地加以坚持，作为一种工作手段不断加以强化，作为一项重要任务认真加以完成。广大政协委员必须进一步加强学习的主动性。要把学习当做一种自觉要求，坚持学以明志；要把学习当做一种精神追求，坚持学以立德；要把学习当做一种工作责任，坚持学以致用；要把学习当做一种生活态度，坚持学以养性。

突出学习重点。要深入学习统一战线理论、人民政协理论及现代经济、管理、法律知识，主动掌握党和国家以及本市、本区的重大方针政策，不断增进对中国特色社会主义的政治认同和思想认同，不断增强走中国特色社会主义政治发展道路的自觉性和坚定性，不断提高履职本领。当前，尤其要着重深入学习贯彻胡锦涛总书记在庆祝人民政协成立60周年大会上的重要讲话精神，学习贯彻好中共十七届四中全会、市委、区委全会精神，认真贯彻落实好上海市委、青浦区委召开的政协工作会议精神，为促进青浦经济社会又好又快发展发挥政协的优势和作用。

增强学习实效。区政协要发扬理论联系实际的优良学风，切实提高学习研究的针对性，不断充实新知识、拓展新视野、提出新思路。要区分学习对象安排学习内容，丰富学习形式，进一步抓好政协党组集中学习、常委会专题学习、委组联组学习，不断提高学习效果。要善于抓转化，坚持学习与思考相结合、与运用相结合、与创新相结合，注重联系我区可持续发展的现实需要，联系人民政协工作的生动实践来加强学习、谋划工作、促进发展。

(二)认真履行职能，服务经济社会发展

区政协要继续把推动和服务科学发展作为履行职能的第一要务，把政治协商的重点放在关系发展全局的大事上来，把民主监督的重点放在优化发展的环境上来，把参政议政的重点放在围绕发展提出建设性意见上来。

抓好重点议题的协商。从巩固党的执政地位，提高党的执政能力的高度出发，主动争取区委、区政府的重视和支持，多沟通信息、多交换意见，围绕“十二五”规划编制、推进新城建设、提高城镇化水平、新农村建设、社会事业发展和社会和谐稳定等事关青浦经济社会发展的重大问题，认真开展调查研究和专题协商，提出具有前瞻性、综合性、可操作性的意见建议。对区委、区政府提请协商的一些重大问题，要认真组织委员做好协商前的各项准备工作，围绕议题收集材料，分析情况，聚民智，集民意，使协商有的放矢，意见有理有据，建议切实可行。

加大视察监督的力度。从有利于改革、发展、稳定的大局着眼，有选择、有重点地听取有关通报，开展视察、督查等活动。重点围绕区委、区政府2010年重点工作、“十一五”规划完成情况、“迎世博”工作推进情况、党风廉政建设和反腐败斗争等问题，开展民主监督，不断推进各项工作落到实处，取得实效。大力支持政协委员在受邀单位开展特邀监督员工作，保障政协委员履行民主监督职能；要运用政协网上提案办理系统和提案办理座谈会，密切提案人与提案办理部门的联系，加大督办力度，不断增强民主监督的针对性和实效性。继续加强社情民意信息收集、分析和提炼，协助区委、区政府汇集分析社会舆情，化解社会矛盾。

提高建言立论的水平。要在突出重点、突破瓶颈、凸显成效上下工夫，围绕转变经济发展方式、推进产业结构调整、改善民生、加强外来人口管理、应对老龄化社会、生产和食品药品安全等区委、区政府迫切需要研究解决的重要问题，以及老百姓重点关注的民生问题，深入进行调查研究，以政协论坛、大会发言、建议报告等形式，积极向区委、区政府提出意见和建议，协助党和政府做好问政于民、问需于民、问计于民的工作。各党派团体、专门委员会也要根据自己的专业优势，选择若干课题，认真开展专题调研，为促进发展献计献策。

(三)弘扬团结民主，促进社会和谐稳定

实现团结和民主，是人民政协性质的集中体现。区政协要适应新时期经济社会结构的深刻变化，坚持平等协商议事，努力营造和谐氛围，调动各方力量，为青浦发展献计出力。

密切与党派团体的合作。坚持定期召开党派团体负责人座谈会制度，及时通报区政协有关工作，了解党派团体履职情况；经常性地拜访党派团体负责人，与民主党派联合开展视察、考察等活动；在开展调研活动、举办专题讲座、进行咨询论证时，积极邀请党派团体参与；各党派团体的优秀调研成果，要更多地转化为政协提案、大会发言和主席会议、常委会议建议案，提请党政部门参考。同时，区政协要为党派团体开展工作、发挥作用努力搭建平台、创造条件，使政协更好地成为中共与各党派团体合作共事的舞台和发扬社会主义民主、促进社会主义政治文明建设的重要场所。

加强与政协委员的沟通。坚持主席会议成员走访委员制度，听取意见，增进了解，加强联络。充分发挥委员在界别中的代表性和影响力，鼓励委员密切与所在界别群众的联系，多做教育引导、解惑释疑、化解矛盾的工作，为妥善处置人民内部矛盾献计出力。不断丰富民主形式，扩大委员对政协工作的参与面，对区政大事的参与率，对社会政治生活的参与度，鼓励委员讲真话、讲实话，使一切有利于促进经济社会发展、维护人民群众利益的意见、建议都能够得到反映，使一切有利于实现社会公平正义、维护社会稳定和构建和谐社会的愿望、要求都能够得到充分表达。

扩大与社会各界的联系。发挥政协联系广泛、包容性强的优势，进一步增进各界人士的团结。加强同区内少数民族、宗教界人士的联系，充分发挥民族宗教界委员的作用，广泛宣传民族宗教政策，积极维护少数民族群众的合法权益。坚持加强同我区侨台界人士的联系，重点是做好港澳台同胞、海外侨胞、归侨侨眷，以及在我区投资的港澳台同胞的联系工作，通过走访、座谈、联谊等多种途径和形式，经常听取他们的意见，鼓励引导他们为促进海内外合作交流，繁荣青浦经济和社会各项事业献计出力。加强同新的社会阶层和代表人士的团结联谊，把社会各阶层的力量汇聚起来，最大限度地调动一切积极因素，共同致力于改革开放和现代化建设事业。以上海举办2010年世博会为契机，发挥政协联系广泛、团结各界的优势，凝聚社会各界的智慧和力量，促进形成人人参与世博、服务世博、奉献世博的良好氛围，营造整治有序、文明祥和、安全稳定的社会环境，为上海举办一届成功、精彩、难忘的世博会作出积极的贡献。

（四）注重自身建设，不断推进政协工作

加强自身建设，是政协工作永葆生机和活力的重要保证。区政协要乘市委、区委召开政协工作会议的东风，进一步明确政协工作的新任务、新要求，不断把政协工作推向前进。

进一步增强委员履职责任感。引导广大政协委员以更饱满的热情、更强烈的政治责任感，积极参加履行职能的各项活动，把责任心和事业心落实到了解民情、反映民意、集中民智的实践中，体现在提案、视察、调研等工作中，反映在不断提高履职的水平上。要经常了解政协委员的意见和建议，不断改进工作和服务方法，精心合理安排各项活动，及时反馈政协委员参政议政的成果和有关情况，使政协成为全体委员施展才华的大舞台。政协委员中的中共党员要保持先进性，增强党的观念，继承和发扬优良传统，努力成为履行职能的模范。

进一步提高政协工作质量。要围绕青浦经济社会发展的大局，找准服务区中心工作的最佳结合点、履行职能的最佳切入点和发挥作用的最佳着力点。要切实发挥好政协常委会的领导作用、政协专委会的基础作用、政协机关的服务保障作用，进一步明确工作发展的方向，识大局、谋全局。要及时归纳提炼本届政协以来履行职能的成熟经验，特别是梳理好富有特色、成效显著的工作项目和品牌工作，增强工作的原则性、系统性、预见性和创造性，确保今年各项工作出成果、出成效。要进一步提升政协各类会议质量，提高委员参会率，注重会议成果转化。

进一步加强理论研究和宣传工作。要对人民政协在履行职能过程中经常碰到的一些基本问题，以及影响全局和长远发展的重大问题进行深入的研究和探讨，通过参加市政协理论研究会、苏浙沪十五县（市、区）政协工作研讨会等有关活动，学习借鉴、博采众长，以科学的理论指导实践，进一步推动人民政协工作向纵深发展。要继续重视政协宣传工作，找准政协工作与舆论宣传的结合点，增强对政协宣传工作的说服力和感染力，增强宣传工作的社会效益。要在办好《青浦政协》刊物以及政协网站的基础上，密切与新闻单位的合作，充分运用网络、广播、电视、报刊等新闻媒体，建立立体宣传格局，聚焦政协职能的履行，展示政协委员的风采，为推动和促进政协工作创造良好的舆论氛围。

各位委员、同志们，胡锦涛同志在庆祝人民政协成立60周年大会上的重要讲话，对政协工作提出了新的要求，寄予了更高的期望。让我们高举中国特色社会主义伟大旗帜，以邓小平理论和“三个代表”重要思想为指导，更加自觉地深入贯彻落实科学发展观，更加坚定地坚持中国特色社会主义政治发展道路，在中共青浦区委的坚强领导下，解放思想、开拓创新、求真务实、奋发有为，为推进青浦改革发展各项事业、加快建设“绿色青浦”作出新的更大的贡献！

青浦区迎接、参与、服务2010年上海世博会活动纪实

举世瞩目的2010年上海世博会(以下简称世博会),云集了包括190个国家、56个国际组织在内的246个官方参展者,超出以往历届世博会。上海世博会参观者达7000多万人次,创下参观人数新纪录。上海世博会以“城市,让生活更美好”为主题,充分展示了丰富多彩的当代文明成就,汇集了人类探索城市发展的共同智慧,创造了多项世博会的新纪录,谱写了世界博览史的辉煌篇章。“成功、精彩、难忘”的上海世博会的举办,凝聚了无数人的积极参与、忘我投入、无私奉献,其中就包括青浦人民。

在迎接、举办上海世博会期间,中共上海市青浦区委员会(以下简称区委)、上海市青浦区人民政府(以下简称区政府)高度重视相关工作,认真贯彻落实中共上海市委(以下简称市委)、上海市人民政府(以下简称市政府)的指示和部署,把迎接世博、参与世博、服务世博工作作为区委、区政府工作的重中之重来抓,同时,也将之视为建设“绿色青浦”的一个重要契机,并动员广大市民以主人翁的姿态积极投身到有关世博的各项工作中。

广泛动员 积极推进 营造氛围 迎接世博

从2008年4月起,青浦区就全面启动“迎世博”(以下省略引号)筹备工作。4月2日,区长蒋耀主持召开迎世博600天行动计划务虚会,要求建立区迎世博工作领导小组及其办公室、启动编制迎世博600天行动计划等。4月28日,区委下发《中共上海市青浦区委、上海市青浦区人民政府关于建立青浦区“迎世博”工作领导小组的通知》(青委〔2008〕47号),成立由区委书记巢卫林任组长;区委副书记、区长蒋耀任第一副组长;区委副书记胡燕平任常务副组长;区委常委、政法委书记李萍,区委常委、宣传部部长孙萍,区人大常委会副主任张海珍,副区长史家明、陈勇章和区政协副主席顾峰任副组长的青浦区迎世博工作领导小组,下设办公室,由区委副书记胡燕平任主任;组建城市管理、窗口服务、社会动员、城市建设、平安建设5个指挥部。6月30日,区长蒋耀主持召开迎世博600天行动计划编制工作会议,并指出:要建立健全组织机构,落实经费保障,加快编撰包括“一个纲要、五项计划、两份清单、一张表格”的迎世博行动总体计划,把建设“绿色青浦”、创模工作、创建全国文明城区等工作融入到世博600天行动中。7月7日,区委副书记胡燕平主持召开迎世博600天工作联席会议,分解重点项目、具体目标和工作职责,为提高世博会的知晓度和认知度“预热升温”。9月,出台《青浦区迎世博600天行动纲要》(以下简称《纲要》),同时出台《青浦区城市管理指挥部迎世博600天行动计划》、《青浦区窗口服务指挥部迎世博600天行动计划》、《青浦区社会动员指挥部迎世博600天行动计划》、《青浦区城市建设指挥部迎世博600天行动计划》和《青浦区平安建设指挥部迎世博600天行动计划》。《纲要》明确青浦区迎世博工作的总体要求、基本原则和主要任务等,要求相关各方坚持科学办博和节约办博,综合利用现有的相关配套、市政公用、城市基础和服务设施,加强组织管理和统筹协调,做好安全和应急处置预案,为迎世博营造良好环境,确保按时间节点完成世博会筹备工作,让全区人民亲身体验“城市,让生活更美好”这一世博主题。是月起,全区各方积极贯彻响应《纲要》精神,纷纷开展迎世博相关活动:

9月8日,上海市青浦区迎世博600天行动暨“世博进社区”主题宣传日启动仪式在青浦博物馆南广场隆重举行。区领导胡燕平、孙萍、王海林、沈红慧等出席仪式,青浦区迎世博5个指挥部的副总指挥,工、青、妇分管领导,各街镇党(工)委宣传委员、文明办干部,各界志愿者代表参加活动。仪式上,成立青浦区世博志愿者队伍,胡燕平向志愿者代表授旗。来自各行各业的青年志愿者代表集体倡议,立志为世博奉献自己的力量。是日,青浦区总工会在区委党校举办“青浦职工话世博”座谈会。座谈会上,工业园区招商中心的陆蓓蕾等10位来自全区不同系统、行业的工会干部代表和职工代表围绕世博各项工作,联系各自实际开展迎世博工作的思路和做法进行座谈,动员和激励全区职工迎接世博、建设世博、服务世博、奉献世博,为办好一届成功、精彩、难忘的世博会贡献智慧和力量。区总工会在会上号召全区工会组织在开展迎接世博、建功世博、服务世博的大行动中,充分展示工人阶级的主力军和主人翁风采,在全区职工群众中形成“人人都是东道主、个个争当主力军”的生动局面,最大限度地动员和组织职工为办好2010年上海世博会当好主力军,作出新贡献。青浦区少工委在珠溪中学大操场举行“当好小小东道主,雏鹰文明迎世博——青浦区少先队‘迎世博600天行动’启动仪式”。仪式上,区红领巾理事会向全区少先队员发出“当好小小东道主、雏鹰文明迎世博”的倡议,号召全区少先队员学习世博、走近世博,学好英语、当好小小东道主,为2010年上海世博会圆满成功举办尽力。与此同时,全区46所中小学大队部统一举行“迎世博600天行动”的启动仪式。团区委结合区委迎世博600天行动主题宣传活动,开展青浦青年城市寻访活动,共有11个骑游队、300余位团员青年参加。由赵巷镇党委主办、百联奥特莱斯承办的“青春迎世博,文明进行时”主题实践系列活动暨奥特莱斯青年中心成立仪式在上海奥特莱斯品牌直销广场隆重举行,赵巷镇和奥特莱斯青年代表300余人参加活动。活动向奥特莱斯广大青年发出主题为“从现在开始,做世博文明的宣传者,做诚信经营的示范者,做优质服务的实践者,做优美环境的维护者,做志愿服务的践行者”的倡议。

9月17日,青浦区举行迎世博600天行动计划动员大会,对青浦积极参与世博会下阶段筹办工作进行动员和部署。区委书记、区人大常委会主任巢卫林,区委副书记、区长高亢(2008年8月27日任),区政协主席张布尔出席会议,区委副书记胡燕平主持会议。区领导张汪耀、孙萍、张海珍、陈勇章、顾峰等出席会议。巢卫林在讲话中指出,2010年上海世博会以“城市,让生活更美好”为主题,不仅让我们高度重视和加强城市的科学发展和管理,还要兼顾城市发展与农村建设,加大支持“三农”的力度,实现城乡统筹发展。他强调,要把上海筹办世博会当做推动青浦城乡文明建设迈上崭新台阶的重要契机,按照市委、市政府的统一部署,围绕“市容市貌明显改观、各项窗口服务明显优化、城市管理明显改善、城市文明程度明显提高、市民文明素质和精神面貌明显提升”的目标,立足实际、突出重点、借鉴经验、发挥特色,着力加强城市建设和管理,着力提升市民素质,着力优化管理服务,着力促进平安建设。全区各级党政组织切实加强领导,牢固树立“全区一盘棋”的思想,发扬顽强拼搏、团结协作的作风,确保迎世博各项目标任务全面完成。高亢就全区《迎世博600天行动纲要》进行动员部署。要求统一思想,提高责任意识、机遇意识和行动意识,切实增强实施行动纲要、优化城市品质、改善人民生活的自觉性。要进一步完善运行机制,提高管理服务的能力和水平,发扬勤俭、务实、创新的精神,确保取得长效;要实现各项窗口服务明显优化;要大力提高城市文明度和世博参与度,实现市民文明素质和精神面貌明显提升;要完善基础设施、改善生态环境,促进城市功能提升和形态完善;要有效强化平安保障,积极促进社会和谐。会上,明确5个指挥部下阶段工作任务,即:窗口服务指挥部:一要加强协调,合力推进。要制订好计划,分解各项任务目标,制定具体措施;要狠抓推进,按照纲要和计划,不断深化各项工作,做到定期检查、评估各项任务完成情况,并在2010年世博会举办之前做好检查测试、督促整改、防漏补缺等工作,为迎接世博会做好充分准备。二要突出重点,激励机制。要通过实施《青浦区迎世博600天窗口服务行业行动纲要》,从整体上提升每个窗口服务行业的服务能级、质量和水准,全区整体推进;各窗口要立足行业部门特点、实际,创新工作举措,自主开展烘托主题、体现特色的服务创新活动;要以一线窗口为重点,凝聚各方力量,广泛开展专题培训和技能竞赛等活动,全面提升职工的职业素养和服务技能。社会动员指挥部:一要加强媒体宣传。要在区“两台一报一网”开设迎世博宣传报道专栏,通过推出迎世博新闻动态报道和监督报道,以专栏、专版等形式,大力宣传世博理念、主题和青浦区迎世博各项工作的推进情况,大力宣传在迎世博过程中的先进典型、先进事迹、专项活动和具有典型意义的道德案例,大力宣传我区各行各业以及广大市民积极参与世博、支持世博的良好氛围,为迎世博各项工作提供良好的舆论宣传支持。二要扩大社会宣传。通过开发多方资源,依托多类载体,创新多种样式,有节奏、广覆盖地推进社会宣传工作。突出公共场所宣传,充分利用城区内的各类宣传阵地布置主题宣传。强化重点区域宣传,在A9(现G50)、A30(现G1501)高速、318国道等沿线设立大型宣传牌,在各镇、街道醒目位置布置大型迎世博主题宣传牌。要注重提高市民对世博的知晓率,通过举办世博主题展览、世博论坛等活动,激发市民积极参与世博、支持世博,以主人翁姿态投身世博的热情。三要夯实基础创建。加强文明单位(行业、窗口)创建活动,推进文明社区(小区)、镇(村)创建活动,开展文明公共场所创建活动。四要深化道德实践。在全区上下大力普及文明礼仪,继续开展“万户家庭学礼仪”活动,推进“迎世博,学双语”普及教育,扎实开展“文明伴我行”专题系列活动,积极引导市民自觉践行城市精神,进一步树立公共意识、践行公共道德、规范公共行为。五要提升市民素质。围绕“城市,让生活更美好”的世博会主题,开展以“和谐世博、文明家园”为主题的群众性文化活动,继续办好青浦市民读书节、青浦淀山湖文化艺术节等活动,提升市民文化修养和道德素质,让更多的市民在文化艺术中陶冶情操,丰富生活,进一步提升青浦城区的文明程度,展现青浦市民的文明风采。六要强化志愿者服务。健全志愿者招募、注册、培训、调配、管理、交流,传播“理解、沟通、欢聚、合作”的上海世博会理念,宣传“城市,让生活更美好”的上海世博会主题,倡导“奉献、友爱、互助、进步”的志愿者精神,充分展示青浦人民热情友好、文明和善的优秀品质。城市管理指挥部:要改观重点范围、重点路段和重点区域即“四线、一点”[四线:高速公路沿线[A9、A30、A5(现G15)、苏虹高速]、国道沿线(318)、省际公路沿线(朱枫公路、北青公路)、区内重要道路沿线(嘉松公路、外青松公路、漕盈路);一点:旅游景点(主要是朱家角古镇旅游区、东方绿舟区域、淀山湖风景区）］面貌，实施市容市貌改观工程、市民生活改善工程和城市管理水平提升等“三大工程”，完成22项重点任务，配合市有关职能部门完成8项重点任务，努力提升城市管理水平。城市建设指挥部：一要加快基础设施建设，促进经济持续健康发展。加快推进盈港路和淀山湖大道贯通工程，从而进一步加强与中心城区的连接和改善区域骨干公路网结构，发挥青浦在服务世博会、服务长三角中的作用。二要落实公交优先发展战略，改善市民出行条件。结合轨道交通2号线建设，实施徐泾公交换乘枢纽建设，达到地面交通和轨道交通的零换乘。三要重视环境建设和整治，提高群众生活水平。在加强对淀山湖环境保护的同时，积极做好淀山湖的开发建设，实施环湖生态道、环湖栈道、环湖生态带贯通工程，不断优化淀山湖的环湖风光。实施嘉松公路两侧环境整治，不断优化环境。平安建设指挥部：一要有效化解人民内部矛盾。充分发挥党的政治优势，搭建多种形式的沟通平台，拓宽社情民意表达渠道，有效疏导群众情绪，教育、引导和帮助群众依法表达诉求；建设公正高效权威的司法制度，减少社会对抗、建立人民调解与行政调解、司法调解相衔接的大调解工作格局，妥善解决人民内部矛盾。二要切实加强社会治安防范。加强社会治安防控体系建设，构建党委领导、政府负责、社会协调、公众参与的社会治安综合治理工作格局，落实单位守控、村居巡控、街镇管控等治安防控模式，充分发挥专群结合、点线面结合、人物技防结合的治安防控体系的重要作用，提高动态环境下的整体治安防范能力，实现对各种不安全不稳定因素的有效控制；切实加强预警和应急体系建设，完善公共突发事件预警机制和各类应急预案，提高处置应急突发事件的能力。三要扎实推进平安实事工程。积极消除安全防范隐患，提高居民群众的安全感；大力开展平安城区、平安社区、平安小区（单位）和平安家庭的创建活动，继续加大平安建设宣传力度，营造全社会参与平安建设的良好氛围。进一步加强公共安全宣传，普及公共场所防爆、防火、防盗知识，增强群众公共安全意识和自我保护意识。

9月25日，青浦区迎世博600天行动社会动员指挥部召开工作会议，进一步部署迎世博600天行动宣传教育及精神文明各项工作。会上，区委宣传部副部长、区文明办主任、区迎世博600天行动社会动员指挥部副指挥朱建忠与各镇、街道以及相关成员单位签订《青浦区迎世博社会动员责任书》，区委宣传部副部长、区迎世博600天行动社会动员指挥部副指挥蔡双琪与青浦广播电视台、青浦报社和区政府网站签订《青浦区迎世博社会动员新闻宣传责任书》。次日，又召开迎世博加强市容环境建设和管理600天行动动员大会，全面部署迎世博市容环境建设和管理各项任务。会上，区政府与区相关职能部门、各镇、街道代表签订《上海市青浦区迎世博加强市容环境建设和管理600天行动责任书》，并下达《上海市青浦区迎世博加强市容环境建设和管理600天行动计划任务书》。26日，青浦区窗口服务指挥部召开迎世博600天行动动员大会。区委常委、副区长、区窗口服务指挥部总指挥张汪耀在会上强调，全区各窗口服务单位要紧紧抓住迎世博这一契机，围绕“四个一流”（即服务设施一流、服务品质一流、服务水平一流、服务环境一流）、“四个无障碍”（即重点窗口服务语言交流无障碍、刷卡消费无障碍、残障设施无障碍、便捷服务无障碍）、“四个标志”（即文明风貌的展示之窗、引领消费的时尚之地、海纳百川的美食之都、诚信服务的礼仪之城）迎世博总体目标，不断提升窗口行业服务形象，不断完善城市窗口服务功能，推进全区窗口服务行业水平和能级全面提升。12月4日，青浦区召开迎世博加强市容环境建设和管理600天行动推进会。会议要求，进一步统一思想、加强领导，全面推进迎世博加强市容环境建设和管理600天行动计划；进一步完善方案、落实措施，全面开展城市管理顽症问题的治理工作；进一步强化责任、明确要求，确保迎世博加强市容环境建设和管理各项工作有序有效有力推进。

12月15日，青浦区召开迎世博工作推进会，对前阶段迎世博工作进行总结，全面部署下阶段工作。区委副书记、区世博办主任胡燕平主持会议并讲话。区领导李萍、孙萍、陈勇章等出席会议。胡燕平在讲话中充分肯定5个指挥部在前100天中所作的努力和取得的成绩，思想得到进一步统一，目标有了进一步明确。在下阶段工作中，要突显“五个结合”，即：硬件建设和软件提升相结合、样板引领与面上推广相结合、项目推进与舆论支持相结合、政府主导与市民参与相结合、业务工作与迎博行动相结合。在具体实施过程中，要注重“三抓”，即：抓重点、抓推进、抓突破。同时，“四线一点”是综合系统工程，是每个指挥部的工作重点，要聚焦重点，形成合力；要加强领导，加强沟通，加强指导，各指挥部领导工作重心下移，深入工作一线，善于借势借力，开展调查研究，少花钱，多督促，做到资源整合，齐头并进，不断提高工作实效。

2009年2月19日，青浦区召开迎世博加强市容环境建设和管理600天行动推进会。副区长陈勇章在会上就做好市政管理和城管执法工作提出要求：一是要围绕目标、把握节点，确保圆满完成“迎世博”加强市容环境建设和管理600天行动的各项计划任务。要进一步细化工作任务，确保不折不扣地完成；要进一步加大督查力度，确保各项工作有序、有效、有力推进；要进一步明确整治重点，加强“四线一点”等重点区域的市容环境整治工作。二是要完善体制、理顺机制，切实加强市政管理和城管执法工作。要积极推进我区城管执法体制、机制改革，使我区城管执法工作向合法化、规范化发展；要完善镇、街道市政管理机构设置，整合好管理资源；要建立健全城镇管理常态长效机制，发挥好联席会议制度和网格化管理的作用。三是要突出重点、落实措施，扎实推进区政府明确的各项重点工作。要按照区政府2009年重点工作安排，确保年内完成；要切实加强农村环境卫生管理，改善农村环境卫生面貌；要大力开展城区主要道路的市容环境综合整治工作，切实提升主干道市容景观形象；要积极推进各类绿地建设和改造，优化绿化景观；要进一步加大宣传力度，加强队伍自身建设，树立行业形象。是日，青浦区迎世博社区干部动员大会在区博物馆举行。区委常委、宣传部部长、区迎世博社会动员指挥部总指挥孙萍在讲话中赞扬广大基层干部群众参与世博、奉献世博的热情，要求广大社区干部以市内和区内先进单位为榜样，认清形势、服务大局，深刻领会举办世博会的重要意义，把上海世博会作为推进“绿色青浦”建设的重要契机，作为提高群众生活质量、改善人居环境的有效载体;作为改变社区面貌、改善社区管理、提升社区功能的重要途径,全心投入、主动对接,充分发挥社区干部在迎世博工作中的重要作用,结合市、区迎世博主题活动在宣传发动上下功夫,结合文明创建在强化管理上下功夫,结合改善民生在优化服务上下功夫。

3月6日,青浦区迎世博工作推进大会在区委党校会议中心举行。区委书记、区人大常委会主任、区迎世博工作领导小组组长巢卫林出席会议并讲话。区委副书记、区长、区迎世博工作领导小组第一副组长高亢主持会议。区领导胡燕平、张汪耀、孙萍等出席会议。巢卫林指出,要统一思想、提高认识,正确理解迎世博工作的重要意义。认真做好世博会筹办工作,是改善地区发展环境的重要契机,是进一步改善民生的重要抓手,是加快城乡统筹发展步伐的重要举措,也是推动区域合作发展的重要舞台,所以广大干部群众要进一步增强参与世博会筹办的责任感和使命感。他强调,要以文明指数测评为动力,进一步提高城乡文明程度。各单位、各部门要加大城乡环境治理力度,重点净化、绿化、美化交通干道、旅游景区和重点水域;要强化秩序文明,加强公共交通管理,重点解决机动车、非机动车停放无序以及行人和非机动车闯红灯等问题;要强化窗口服务行业管理,重点提高旅游接待、商业娱乐、社会服务等领域窗口服务质量;要抓紧解决公共道德问题,大力促进市民公共道德的养成。要以基础设施建设为主线,进一步加大城市建设的力度。一是完善城镇建设规划,二是加快道路设施建设,三是推进公用设施建设。要以整治突出问题为抓手,进一步提高城镇管理水平,包括城市"三乱"(即乱刻划、乱张贴、乱涂写)问题、偷倒乱倒渣土问题、空中的污染问题。要以有效化解矛盾为重点,进一步推进平安建设工作,重点是完善社会矛盾的排查和化解机制及特别注重动拆迁矛盾的化解。要以有效动员和强化监督为保障,进一步增强宣传动员效果。要加强领导、落实责任,切实为迎世博工作提供组织保证。要紧密结合深入学习实践科学发展观活动,把迎世博工作作为实践科学发展观的重要内容,进一步加强领导,落实责任,确保迎世博各项目标任务顺利完成。

5月21日,青浦区迎世博指挥部工作会议在区直机关大楼632会议室召开。区领导胡燕平、李萍、张汪耀、孙萍、陈勇章等出席会议。会议回顾了前一阶段迎世博工作,研究了工作中实际问题。会议要求各方面要着力做好以下工作:一是着力解决城市管理难题,确保市容环境持续得到改善。要继续做好渣土整治工作,进一步密切相关部门的配合,形成常态的高强度管控;加强流动户外广告管理和对乱刻画乱涂写乱散发乱张贴乱悬挂宣传品或者标语等行为的管理;探索完善城市管理的责任机制、督察机制和协同机制。二是着力改善窗口服务,精心打造世博主题实践区。要抓紧服务设施的建设和改造,为完善服务功能打好硬件基础;切实加强对从业人员职业道德教育和专业技能培训,全面提高窗口行业的社会责任感和从业人员的综合素质;精心打造朱家角世博主题实践区,继续完善朱家角基础设施建设,优化古镇旅游品牌,打好古镇文化牌,及早谋划、精心筹备倒计时300天和世博区县论坛等大型活动。三是着力创新社会动员模式,广泛深入开展世博宣传。要配合各指挥部做好"三五"[即:窗口服务日(每月5号)、环境清洁日(每月15号)、公共秩序日(每月25号)]行动的宣传报道,扩大社会影响力;会同有关部门做好城市"名片"的更新工作,体现出城市的审美品位和文化内涵;做好迎世博提升城市文明程度的专题调研,总结提炼提升城市文明程度的经验;整合宣传力量,延伸工作触角,把世博知识、世博理念传到千家万户,传给基层民众;注重引导网络媒体民意,及时回应群众的利益关切。四是着力加强建设工程管理,认真落实迎世博民生项目。要加强建设工程管理,确保文明施工专项整治取得实效,不断提升城市建设管理水平;切实做好各项民生改善工程,让老百姓体会到迎世博带来的好处;加快推进城中村的动迁计划。五是着力夯实社会稳定基础,保障社会的平安和谐。要结合迎世博安全保卫工作,细致排查不稳定因素,加强安全防范;扎实推进平安实事项目,提高市民的安全度;协同城市管理部门做好整治工作。六是着力开展"三五"集中行动。要加强领导,明确责任,在区委、区政府领导下,形成相关指挥部组织策划,各职能部门、街镇具体组织实施、社会团体积极参与,全社会广泛支持的工作机制;强化检查、监督、考核、奖惩制度,加强对各级各单位落实情况的指导监督、检查和评比,组织市民巡访团对集中行动的实施情况进行巡访和通报;精心组织,加强宣传,通过各种有效形式,广泛动员群众积极参与主题实践活动,养成良好的文明习惯。要处理好3天与30天的关系、点上示范与面上带动的关系,使青浦在服务质量、环境卫生、公共秩序三方面得到全面提升。要加强各指挥部之间的协调以及成员单位的责任落实,形成统分结合、责任明确的管理机制。

7月3日,青浦区召开迎世博市容环境建设和管理工作推进会。副区长、区迎世博城市管理指挥部指挥陈勇章出席会议并讲话。会议要求,要认真总结《"迎世博"加强市容环境建设和管理600天行动计划》实施300天以来所取得的成效,进一步梳理工作推进过程中存在的问题;要增强紧迫感和责任感,加大工作力度,突出民生、凸显效果,确保实现市容市貌明显改观、市民生活环境明显改善、城市管理水平明显提升的工作目标;要利用迎世博契机,从制度、人员、经费三方面进一步建立健全城市管理常态长效机制。

7月15日,青浦区召开世博会安全保卫群防群治工作动员部署大会。区委书记、区人大常委会主任巢卫林,区委副书记、区长高亢,区委副书记、副区长张国洪,区委常委、区政法委书记李萍,副区长、公安青浦分局局长陈振华出席大会。会议部署了青浦区世博会安全保卫群防群治工作的各项任务。要求全区各单位、各部门要统一思想,充分认识世博安保工作的重要性与紧迫性;把握关键,增强责任意识和忧患意识,动员一切力量,按照打防结合、预防为主的工作方针,切实做好世博安保群防群治工作;做好基层基础工作,以基层的稳定促进社会稳定,以基层的平安促进社会平安;进一步完善矛盾纠纷排查机制,把矛盾解决在萌芽状态;进一步加强社会治安工作,严打严治,重点打击两抢一盗等犯罪行为,加强人防与技防;确保责任落实到位,层层化解;确保协调配合到位,加强信息沟通和信息通报,保持信息畅通;确保督促检查到位,随时发现问题,随时整改。会上,巢卫林、高亢代表区委、区政府与各街镇、行业部门代表签订《世博会安全保卫工作责任书》,李萍具体部署区安全保卫、群防群治工作各项任务。

7月17日,青浦区召开世博会安保工作专题会议,研究完善安保工作指挥体系。公安青浦分局局长、区世博安保指挥部副总指挥陈振华要求,进一步统一思想,充分认识世博安保工作的重要性和紧迫性;加强组织领导,完善工作机制,把各项工作分解落实到位;细化职责,迅速启动各项工作;整合资源,切实抓好统筹协调;强化保障,确保各项安保措施运转高效。

8月21日,青浦区召开迎世博工作专题推进会。区委书记、区人大常委会主任巢卫林作重要讲话,区委副书记、区长高亢主持会议。区领导张国洪、胡燕平、孙萍、陶夏芳、陈勇章等出席会议。巢卫林强调:一要进一步认清当前形势,增强迎世博工作的责任意识。充分认识前一阶段的工作差距、600天行动的后期目标和日益增长的群众诉求给迎世博工作带来的压力和挑战,以更强的责任感和使命感投入到下一步工作中去。二要进一步提升工作理念,提高迎世博工作的运筹水平。要把迎世博工作和改善民生结合起来,进一步赢得社会支持;把迎世博工作和引导群众参与结合起来,进一步夯实文明基石;把迎世博工作和长效管理结合起来,进一步提升管理水平。三要进一步完善机制,加大迎世博工作的执行力度。要加强领导与配合,加强发现与执行,加强考核与监督,攻坚克难、精益求精、团结协作,高标准、高水平、高质量地做好迎世博各项工作。孙萍和陈勇章分别代表区迎世博社会动员指挥部和城市管理指挥部作情况通报和工作部署。

8月26日,青浦区迎世博窗口指挥部召开关于开展迎世博重要节日专项集中整治行动会议。会议对专项集中整治行动时间、内容和要求作了布置,要求各责任单位按照责任书约定的各项任务编制集中整治行动具体项目行动方案并实施。

12月15日,青浦区迎世博工作推进会在区委党校召开。区委书记高亢(2009年7月31日市委文件任命,9月28日媒体公布)出席会议并作重要讲话,区委副书记胡燕平主持会议,区领导张汪耀、李萍、孙萍、陈勇章等出席会议。高亢在讲话中强调:一要进一步提高思想认识,把迎世博工作提高到更加突出的位置。要明确主体意识。各镇、街道和有关职能部门要进一步强化迎世博工作的主体责任,形成主要领导负总责、班子成员齐抓共管的局面,全力以赴做好本单位迎世博各项工作。要增强责任意识。要正视差距、正视问题,坚定信心,严格标准,迎难而上。实施属地化、网格化和目标化管理,各街镇要加强问题发现的密度、力度和速度,及时做好自己职能范围内的事情,及时报有关部门,并配合做好相关工作;职能部门迅速回应、及时处理有关问题。要强化主动意识。要牢固树立一盘棋的思想,各司其职、各负其责,心往一处想、劲往一处使,全力抓好工作推进。二要进一步落实工作措施。要明确职责,抓好“绿色青浦”考核和区级机关绩效考核。要靠前指挥,各指挥部要主动担当牵头职责,发挥协调作用,强化监督过程,确保各项迎世博工作顺利推进。要聚焦重点,确保重点范围、重点路段、重点区域、重点单位等关键点不出问题,以点带面做好工作。三要进一步完善工作机制。要完善立体监督机制,构建区领导、市民巡访团和相关职能部门纵横交错的立体巡访督察网络,形成突击性和经常性相结合、重点和全面相结合、志愿者与专职人员相结合机制。要建立市容整改机制,确保人员部署到位,遇事责任明确,问题及时发现,脏乱及时清理。要探索长效管理机制,把迎世博工作和改进管理、改善服务和优化环境结合起来,建立快速反应系统,探索长效管理机制,保持常态文明水平。会上,张汪耀、李萍、孙萍、陈勇章分别代表区迎世博窗口服务指挥部、平安建设指挥部、社会动员指挥部、城市管理指挥部通报前阶段工作进展情况,并部署下阶段工作。12月17日,青浦区平安志愿者服务队成立暨世博安保志愿服务启动仪式举行。区委书记高亢出席会议并作动员讲话。区领导李萍、陈振华、王海林、顾峰等出席仪式。

2009年12月17日,青浦区平安志愿者服务队成立暨世博安保志愿服务启动仪式举行 (青浦报社供稿)

2010年3月3日,青浦区召开世博工作动员大会,深入贯彻落实胡锦涛总书记关于办好世博“六个确保”的精神和市委九届十一次全会精神,全面部署青浦区迎世博冲刺阶段和办博阶段的主要任务,动员全区各级组织、各行各业和广大市民全力以赴,为办好上海世博会作出应有的贡献。区委书记高亢出席会议并作重要讲话。区委副书记、区长张国洪(2010年1月22日任)主持会议。区人大常委会主任巢卫林,区政协主席张布尔,区委副书记胡燕平等出席会议。区迎世博工作领导小组全体成员,各指挥部副指挥、办公室正副主任,各街镇、各部委办局、各区属事业单位、区级公司和人民团体的主要领导、分管领导、在青市属单位的有关领导以及社会各界代表等参加会议。高亢指出,参与、服务和保障世博是青浦人民今年的头等大事。全区上下要贯彻落实胡锦涛同志关于办好世博“六个确保”的要求和市委第十一次全体会议精神，扎实做好各项世博工作。一要增强责任意识，全力保障世博安全。要按照“四个确保”（即确保党和国家领导人及重要外宾在沪绝对安全，确保世博会开闭幕式、开园仪式等重大活动的安全顺利进行，确保世博园等重点地区的安全稳定，确保社会面治安秩序的持续平稳）和“六个不发生”（即不发生危害国家安全和社会政治稳定的重大政治性事件、不发生暴力恐怖袭击事件、不发生大规模群体性事件、不发生个人极端暴力事件、不发生群死群伤等灾害事故、不发生影响国家形象和世博运行的突出问题）的要求落实措施保障，完善重大事件应急预案，加强重点地区和人员的防范，加强社会面防控，大力化解社会矛盾，切实抓好安全生产，认真落实安保责任制；要围绕办好世博这个中心任务落实组织保障，切实形成上下贯通、内外衔接、快速反应、协调运行的工作网络；要为开展世博工作落实必要的资金保障。二要倡导主人翁精神，周到做好世博服务。要深入开展市容环境综合整治，加强治理城市管理顽症，切实改善城乡环境面貌；要严密措施、细化方案、确保安全、精心准备，做好国际贵宾和兄弟省市的来青接待工作；要改善服务细节，营造良好的窗口服务环境；要深入开展志愿者服务活动，努力形成人人参与世博、人人服务世博、人人奉献世博的良好氛围。三要营造和谐氛围，精心组织世博宣传。要充分发挥媒体在世博新闻宣传中的理念传播、氛围营造和信息服务的功能，形成良好舆论环境；深入开展“迎世博、讲文明、树新风”系列活动，继续开展“三五”集中行动和“一起为世博加油”特色活动；着力培育先进典型，引领社会文明风尚；积极推进“文明观博”培训；加强重点区域、重点路段、重点单位的环境宣传，大力宣传青浦人文优势和发展成就，提升青浦的知名度和美誉度；精心打造世博主题实践区，策划、组织开展世博主题实践区系列活动。四要抓住发展契机，充分发挥世博效应。在全力以赴办好世博会的同时，要统筹好经济社会发展和民生工作，做到“两促进、两不误”；抓好世博契机，大力发展休闲旅游产业，着力打造环湖经济；大力开展宣传和推介，进一步加强招商引资工作，加强地区之间的合作交流。高亢要求，全区各级领导同志要切实负起责任，做好表率、带好队伍、备好方案、抓好落实。要有充分的思想准备和心理准备，发扬不怕疲劳、连续作战的精神，保持精益求精、克难奋进的劲头，彰显勇于担当、敢于负责的品格，举轻若重、周密部署，反复推敲每一个工作细节，查深查细每一个工作环节，尽可能把困难估计得更充分一些，把各种因素考虑得更周全一些。要带头参与世博先锋行动，为党员和群众树立标杆，做服务世博、社会和基层的模范，以忘我的工作和出色表现，向党和人民交出一份满意答卷。各基层党组织都要努力成为坚强的战斗堡垒；广大党员要积极参与世博“岗位行动、家园行动、志愿行动”，在岗位上做标兵，在社会上做楷模，团结和带领广大市民群众关心世博、参与世博、奉献世博。张国洪强调，全区上下要树立安全是世博会成功前提的意识、环境是市民素质和城市管理水平的意识、市民是服务保障世博主人翁的意识、宣传是舆论导向和推介平台的意识、接待是形象展示和播种情谊的意识。各部门、各镇（街道）要进一步增强大局观念，确保组织落实到位；进一步把握办博要求，确保任务落实到位；进一步强化责任制度，确保责任落实到位；进一步完善方案细节，确保措施落实到位；进一步发挥世博效应，确保科学发展到位，把世博会带来的无形资源转化为谋划下一步发展的思路和举措，使世博会真正成为促进青浦科学发展的重要推动力。要以百倍的豪情、顽强的斗志、严谨的态度、踏实的作风，认真做好各项工作，不辱使命、不负重托，全区动员、全力拼搏，为确保办成一届成功、精彩、难忘的世博会作出应有的贡献。胡燕平总结了青浦区迎世博工作取得的成果，对下一阶段迎博、办博作了全区动员、全面部署。要求防患未然，切实加强世博安全保卫工作，坚决防止盲目乐观和麻痹松懈情绪，以万分的努力杜绝万一的可能；落实责任，继续做好文明指数测评迎检工作，把文明指数测评作为推动当前迎博工作和下阶段办博工作的重要抓手，作为提升我区各项工作上水平的有效载体；细化任务，积极做好各项世博服务接待工作，进一步强化窗口服务行业的培训和管理；凝聚力量，组建热情、规范、高效的志愿者队伍，做好世博园区志愿者、城市志愿服务站点志愿者和城市文明志愿者的分类管理、培训和服务工作；科学管理，有效提升城市综合管理水平和运行服务能力，保持群众生产生活正常秩序；广泛动员，努力营造文明祥和的社会氛围，及时宣传迎博办博期间涌现的先进典型，发挥先进典型的引领示范作用。

3月10日，青浦区召开参与上海市“看世博、谋发展、促合作”主题活动专题会。副区长陈勇章主持会议并讲话。会议指出，此次主题活动是上海市依托世博平台，放大世博效应，宣传上海投资环境，寻求合作，助推发展的一次创新举措。青浦区作为活动主体之一，要重点做好以下工作：一是抓住机遇，全面展示青浦风采，以主题活动为契机，把青浦的特色和亮点推向全国；二是深挖发展潜力，以巩固现有成果为基础，推动青浦区在谈项目的签约工作取得进展；三是深入细化接待方案，全面提升青浦区接待水平；四是积极争取各方支持，通过活动使市有关部门和单位对青浦区的支持力度进一步加大，为全区经济快速发展创造有利条件。

3月12日，公安青浦分局召开世博安保誓师动员大会。副区长、公安青浦分局局长陈振华在会上要求：一要切实提高思想认识，充分认清世博安保工作面临的客观严峻形势和自身工作状态上存在的问题，进一步增强工作的责任感和紧迫感；二要以决战决胜的姿态全身心地投入世博安保实战，进一步加强打击整治、社会面控制、安保方案制定和队伍教育管理工作，全力以赴确保“平安世博”目标的实现；三要讲求工作效能，抓好责任落实、统筹兼顾和协同配合三个环节，切实通过世博安保工作提升能力水平，为世博会成功举办营造出安全、稳定、和谐的社会环境。

各级、各类动员大会和推进会后，全区方方面面积极响应、切实贯彻落实，并根据相关部署，全力投入到各项迎世博准备工作中。在2008年12月间和2009年2月～2010年4月间，全区开展迎世博倒计时500天、400天、1周年、300天、200天、100天等系列活动，此起彼伏地掀起迎世博阶段性高潮：

2008年12月17日，在迎世博倒计时500天重要节点上，青浦区迎世博志愿者活动全面启动。上午，青浦区迎世博志愿者工作会议在区委党校召开。会议回顾总结近年来志愿者活动的主要工作，表彰志愿者先进组织和个人，全面启动青浦区迎世博志愿者招募工作。区委副书记胡燕平出席会议并讲话。区领导孙萍、张海珍、顾峰等出席会议。胡燕平强调：要树立“平等、接纳、尊重”的志愿者理念，培养具有爱心、服务广泛、素质优良的志愿者队伍，进一步提高青浦迎世博志愿者工作水平，全力推行迎世博行动计划的实施。至会议召开，青浦区志愿者注册人数已占全区总人口的12.2%，服务领域和社会影响不断扩大。下午，各志愿者总队、各街镇志愿者分会分别开展形式丰富的志愿服务活动。区总工会组织职工志愿者服务队赴庆华社区开展以“共迎世博·共建和谐”为主题的为社区居民服务活动；青年志愿者开展“迎世博、讲文明、树新风”活动，提供免费理发、修鞋、磨剪刀等便民服务，帮助老人解决生活困难；妇女志愿者宣传妇女维权和妇女卫生等知识；医务志愿者开设义诊台，为社区居民解疑释惑，诊疗各种常见病、多发病，分发各种健康宣传资料；煤气公司和供电公司的志愿者为居民提供用电用煤知识咨询等服务，等等。在活动中，志愿者向居民宣传世博知识，发放宣传资料，营造共迎世博、共建文明、共享和谐的社会氛围。晚上，由区文明办、区志愿者协会主办的青浦区第四届志愿者嘉年华活动在仁恒运杰小区会所隆重举行，全区各条战线近300名先进志愿者代表参加活动。

12月18日，“精彩世博、文明青浦”——青浦区世博知识宣讲系列活动在重固镇举行。该活动由青浦区迎世博工作领导小组办公室、区推进学习型社会建设指导委员会共同主办，分设“世博知识进机关”、“世博知识进学校”、“世博知识进社区”、“世博知识进农村”、“世博知识进企业”5个会场。区委党校教研室主任、区世博办专职干部鲁家峰及4位世博社区宣讲员分别在重固镇会务中心、社区学校、社区文化活动中心、郏店村、上海利德木业有限公司等地同时开展世博知识宣讲。区推进学习型社会建设指导委员会成员单位领导、各镇党委(街道党工委)副书记、宣传委员、副镇长(街道副主任)、区社区学院领导及各镇街道中小幼成学校负责人、重固镇机关干部代表、中小幼成教师代表、居民代表、村民代表、企业员工代表等400多人参加活动。通过活动，广大干部和群众系统了解了世博会历史、文化，以及举办上海世博会的意义和要求。此次活动后，各镇、街道全面铺开世博知识宣讲活动，宣传世博理念、普及世博知识、培育市民文明素质。区成立由14名社区学校专职教师组成的世博知识宣讲团，还有80多名社区学校专职教师作为世博知识推广人员志愿者，在全区各社区、学校、村委会、居委会等积极宣讲世博知识。

2009年2月15日，青浦区全面开展迎世博、讲文明、树新风——“人人动手，清洁环境，养成讲卫生爱环境好习惯”集中整治活动，共同创造清洁、有序、优美的城市环境。各镇、街道各单位党员干部群众积极行动，从自己做起，从身边做起，从小事做起，参与由单位或社区组织的环境卫生整治活动，擦洗公共设施，清除公共部位乱堆物，清扫道路，清除乱招贴。全区11个镇(街道)有200余个单位、近3万人用不同的方式参与环境卫生整治活动，全区整治居民楼1474幢，清除卫生死角452处，清理垃圾杂物30余吨，处理蚊蝇孳生地256处。是日，青浦区启动以“我要守秩序，我要讲文明”为主题的“全民参与，遵守秩序，养成守序有礼好习惯”集中行动，共同塑造有序有礼社会氛围，展现公共秩序文明与城市和谐风貌。在区迎世博社会动员指挥部的统一部署下，全区各主要道路、医院、大型超市和车站等大型公共场所都开展了宣传和志愿者活动。区建交委组织志愿者分别在盈港汽车站、朱家角汽车站、盈港世纪联华超市候车站、青浦中医医院候车站开展“迎世博，文明伴我行”宣传活动，积极宣传“先下后上，文明让座”的理念，对上下车不文明礼让等现象提出教育劝导。各公交车驾驶员利用车辆广播，向车内乘客播放宣传口号和温馨提示，宣传文明让座。区经委在世纪联华超市开展“文明排队，守序有礼”活动，制作温馨小提示，张贴宣传海报，并组织服务人员对顾客进行宣传教育。夏阳街道、盈浦街道的社区干部和志愿者们在城区的6个市级文明路口，进行宣传和体验活动。

3月27日，由区迎世博工作城市管理指挥部、社会动员指挥部、窗口服务指挥部、城市建设指挥部、平安建设指挥部共同组织，围绕“和谐的城市，谦让的我”主题，全区开展遵守秩序、改善环境、提升窗口服务质量的集中活动。活动分多个方面同时展开：“整治环境，清洁家园”活动。一大早，在区委书记、区人大常委会主任巢卫林，区委副书记、区长高亢，区委副书记胡燕平的带领下，区世博办、区文明办、区绿化和市容管理局、区爱卫办和夏阳街道干部群众100多人，对华青路(淀浦河路)崧浦大桥进行清扫，共清除各类垃圾32吨。与此同时，各委办局、街镇也开展迎世博环境整治活动，清理所辖区域卫生死角和单位内部的环境卫生。“文明出行，遵守法规”活动。上午8时，在城区6个市级文明路口，50多名社区干部和志愿者进行纷纷走上街头，在城区各主要路口协助维持交通秩序，宣传文明出行。区委常委、政法委书记李萍，区委常委、宣传部部长孙萍来到几处市级文明路口慰问志愿者。在公园路青安路路口，两位区领导穿上志愿者的红马夹，一起宣传“文明出行，遵守法规”。随后，两位区领导来到青浦长途客运站参加区文明办和公安青浦分局交警支队(以下简称青浦交警支队)共同举办大型交通安全宣传日活动。会场内，车管宣传民警以及志愿者们通过宣传展版、发放交通安全知识问卷和宣传品等形式向乘客宣传交通安全。毓秀小学的学生们现场书写温馨提示，提醒和告诫驾驶员和广大乘客遵守交通规则，做交通文明人。“文明排队，守序就医”活动。中山医院青浦分院、青浦区中医医院的医务志愿者们在挂号窗前帮助维持秩序，遇到有困难和疑问的患者，主动上前帮助；看到插队等不文明行为，立刻上前劝阻，引导患者守序就医。通过志愿者维持秩序、电子屏温馨提示等方式，进一步营造“排队等候我温馨”的环境氛围。“左行右立，守序有礼”活动。团区委组织青年志愿者分别在青浦农工商超市、东方商厦和世纪联华超市3家商场开展“左行右立，文明乘梯”宣传服务活动。20余位街道青年志愿者分成3组，守候在大卖场的自动扶梯口，与商场青年员工志愿者一起，向市民宣传“文明乘梯”的理念，倡导市民遵循“左行右立”的国际惯例，遇到不文明的乘梯行为及时劝阻。“先下后上，文明让座”活动。区内4家公交运营公司及盈港汽车站组织22名志愿者，分别在青浦客运站、朱家角汽车站、世纪联华超市港湾式候车站、青浦中医医院站，开展“先下后上，文明让座”宣传活动。“世博知识进社区”活动。在区委宣传部、区文明办和区社区学院共同策划下，青溪讲坛——世博知识进社区在11个镇（街道）同时展开，掀起了广大社区居民“了解世博、参与世博、奉献世博”又一轮高潮。迎世博系列宣传活动。全区各主要宣传阵地布置有关宣传内容，各媒体滚动播报宣传口号，《青浦报》和青浦电视台跟踪采访部分志愿者和市民，专题报道此次集中活动。同时，《青浦报》专版述评青浦区迎世博各项工作的进展情况，青浦电视台通过制作专题片总结前阶段青浦区迎世博工作，扩大世博宣传效果，动员全区群众参与。

4月15日，根据市“迎世博、讲文明、树新风”——“环境清洁日”的总体要求，青浦在全区范围内再次开展迎世博“人人动手，清洁环境”集中行动。上午，全区各机关和各街镇组织干部进行清洁城区、镇区卫生死角的活动；全区环卫工人及城管队员对集市周边乱设摊、乱停放自行车、地面不整洁等现象进行整治，清洗公共厕所外立面、沿路废物箱、垃圾房等环卫设施；各街镇居委会、物业公司等单位结合文明小区、文明社区创建活动，积极发动广大社区居民和志愿者开展清洁小区活动，清除小区楼道、绿化带、道路上的无主垃圾，清洁小区居住楼的大门、楼梯栏杆、信箱、体育健身设施、书报栏等公共设施，清洗小区垃圾箱（房）；组织志愿者清洁城区主要道路上的电话亭、邮筒、变电箱、书报亭、自行车棚、路牌、交通护栏、交通标牌、治安亭等设施，清除道路两侧各类围栏、卷帘门等建筑物外立面的乱张贴、乱刻画、乱涂写等不文明现象。该活动共有11343人参加，清理小区（含村）116个，清洁道路67.2万平方米，清除垃圾798吨，清理堆物126吨，清理河道11667米，清除三乱6838处，清洁绿地43169平方米，清洁废物箱2608个，擦洗护栏7512米，清洁公共场地22493平方米，整理阳台窗口4535个，清理遮阳棚2298个，清洗电话亭227处，规范自行车停放2428辆，清洗候车亭136个。

5月1日，是上海世博会召开倒计时1周年纪念日。为进一步宣传世博，动员全区市民参与世博、服务世博，激发广大干部群众和志愿者迎世博的自豪感和责任感，在全区形成喜迎世博、共建世博、共享世博的热潮，区迎世博工作领导小组办公室组织区迎世博工作社会动员指挥部、城市管理指挥部、窗口服务指挥部、城市建设指挥部、平安建设指挥部及各有关单位于4月底起，以“精彩世博、文明青浦”为主题，在全区范围内广泛开展“迎世博倒计时1周年”系列活动：青浦区迎世博导游风采大赛。4月28日，由区文明办、区总工会、区旅游局共同主办的青浦区迎世博导游风采大赛决赛暨旅游诚信企业授牌仪式在青浦工业园区举行。全区28家旅行社和各大景区（点）100多名导游员报名参加大赛。经过角逐，其中4名选手荣获“优秀导游奖”，3名选手荣获“魅力导游奖”，2名选手荣获“阳光导游奖”和1名选手荣获“风采导游奖”，活动还对青浦区9家旅游诚信企业和3位旅游服务明星进行授牌颁奖。“我们大家的世博”主题展览。4月28日，由上海市历史博物馆、区迎世博工作社会动员指挥部和青浦博物馆等单位联合举办的“我们大家的世博——中国2010年上海世博会主题展览”在青浦博物馆开展。展览包括历届世博会概况、上海世博会概览和市民文明礼仪等内容，共有展板76块、历届世博会相关文物48件，包括1851年首届伦敦世博会水晶宫图案镀金果盘、1889年巴黎世博会图案圆盘、民国上海汪裕泰茶号发票等珍贵文物。展览为期一个半月。第三届青浦市民读书节。4月29日，“我爱读书，我爱生活”青浦区第三届市民读书节在达芙妮国际控股有限公司开幕。该届读书节旨在通过青溪讲坛、“心灵阳光”读书月、“责任与能力”青浦青年辩论赛等系列活动，引领广大市民特别是党员干部、未成年人、来沪务工人员参与读书活动。《上海市市容环境卫生管理条例》实施宣传活动。4月30日，在桥梓湾广场举行《上海市市容环境卫生管理条例》实施暨世博会倒计时1周年宣传活动。活动通过现场咨询、展板展示、宣传片放映、单行本赠送、宣传材料发放、签名承诺等方式，进一步宣传“遵守市容条例，告别生活陋习，维护城市环境，迎接世博盛会”主题，让广大市民了解《上海市市容环境卫生管理条例》的内容，自觉遵守条例，积极配合和主动参与城市环境建设，迎接世博盛会召开。“我奉献，你满意”窗口服务志愿者行动。五一前后，全区窗口服务行业在社区开展各类特色服务，让老百姓在家门口享受到健康咨询、医疗卫生、网络通讯、物业维修等服务。“喜迎世博盛会，共创美好未来——青浦卫生关爱您的健康”的“送医下乡”大型志愿为民服务活动。4月30日，全区卫生系统9家基层单位的近70名医疗卫生志愿者为村民进行义诊；开展卫生常识、健康教育、政策解读等内容的宣传展板展览；由卫生系统人员自编自导自演健身操表演、戏曲连唱、沪剧独唱、情景剧、诗朗诵、小品和快板等文艺节目，受到群众的热烈欢迎。集中开展各项志愿者服务活动。5月1日，在区委常委、宣传部部长孙萍的带领下，区文明办、世博办全体人员与广大志愿者们一起，共同在朱家角古镇开展“精彩世博会，文明朱家角”志愿者服务，开展景点介绍、维持秩序、文明游览、文明餐饮等活动；团区委组织广大志愿者在朱家角古镇、桥梓湾广场、浦阳阁、奥特莱斯品牌直销广场等区域开展全市性的“我微笑·我捡起”志愿行动，号召广大志愿者参与洁净市容环境的工作。全面启动青浦区世博志愿者招募。1日，团区委、区志愿者协会在城区桥梓湾广场、朱家角镇财苑广场开展世博会志愿者的现场招募活动，现场接受世博会志愿者报名登记，全天共招募到世博会志愿者217名。“青溪讲坛”——市民世博知识培训活动。1日，区社区学院和各街镇社区学校统一开设世博专题讲座，进一步提高群众的知晓率、支持率、参与率。当天共有近千名市民参加“青溪讲坛”世博知识培训。“人人参与迎世博，文明出行你和我”志愿者服务活动。1日，由区交运局、区城市交通行政执法大队部分干部、职工与公交车驾驶员、出租车驾驶员组成的志愿者服务队，在乘客集中的青浦汽车站、朱家角汽车站、青浦世纪联华候车站、青浦中医医院候车站和中山医院青浦分院候车站等站点，维持站点秩序，分发世博宣传资料，提供咨询服务，并对不文明现象提出教育劝导。“护环境，迎世博”专项环境整治活动。1日，区迎世博城市管理指挥部发动全区各街镇开展“护环境，迎世博”专项环境整治活动。全区集中整治乱堆物、乱设摊、乱晾晒、乱张贴等10种不文明现象，同时组织下属各村和居委会选择辖区内一条主要道路和一个主要公共场所同步开展环境整治活动。共整治15条道路的环境卫生，清理乱堆物267.4吨，整治乱设摊221处，清理乱晾晒219处，清理乱张贴1296处。爱国卫生大扫除和陋习劝阻活动。1日，全区广泛开展“爱国卫生大扫除，行为陋习齐劝阻”活动，以发动更多的市民参与环境整治，参与社会监督，营造良好的迎世博社会氛围。区爱卫办在汽车站、世纪联华大卖场等公共场所举办“人人参与护环境，清洁家园迎世博”大型宣传咨询活动，向行人发放《全民健康生活方式行动核心知识信息读本》等健康知识宣传教育资料万余份；为行人提供免费测量血压服务135人次；上万名区爱国卫生义务监督员和健康志愿者到街上、小区、农村以及旅游景区（点）等区域，参加家庭、社区、单位环境卫生义务劳动，向行人进行“四不”等宣传教育和劝阻活动。该活动覆盖人群2万余人，行为陋习劝阻对象1200多人，较好地营造了迎世博、讲卫生、爱环境、促健康的社会氛围，增强了市民群众的环境责任意识。“文明停车，方便你我”宣传教育活动。1日，青浦交警支队在全区开展“文明停车，方便你我”宣传教育活动。民警们在城区主要道路向驾驶员发放文明停车的宣传资料，对违法停放车辆的驾驶员进行劝阻，倡导文明停车的交通意识，确保主干道道路的安全畅通。同时，在朱家角镇318公路——朱枫路口组织交通文明志愿者，通过发放宣传资料、交通安全宣传品、协助交警维护路口交通秩序，倡导市民积极参与到交通文明活动中。市民巡访集中行动。1日，青浦区市民巡访团组织人员以城区道路、交通路口、窗口单位为重点，以环境卫生、文明出行，遵守公共秩序等为主要内容，对全区主要道路、环境卫生、居住小区、集贸市场、医院、车站、公园等窗口单位开展实地巡访。开展倒计时1周年集中宣传报道活动。青浦电视台、青浦广播电台于1日当天，在新闻栏目推出倒计时1周年活动专题报道，深入社区、深入基层，深入群众，采访报道各行各业迎世博的热烈氛围。青浦政府网站于1日推出“精彩世博、你我同行”专题网页，设置最新动态、“三五”活在行动、市民巡访、世博知识、世博大家谈等栏目，同时还开设世博志愿者网上招募栏目。《青浦报》于4日推出3个整版的世博特刊，主题分别为“三五”集中行动、志愿者招募、公共秩序等。同时，结合倒计时1周年，突出青浦城区和作为上海世博会主题实践区的朱家角镇，重点营造迎世博环境氛围。在青浦城区重点道路，布置国旗和迎世博招风旗，共计约400余对；以“三五”行动、世博志愿者招募为主题，在青浦城区和朱家角镇，分别新制作2块大型宣传牌；在全区各电子显示屏，播放迎世博公益宣传片、宣传口号等。

6月25日，区迎世博社会动员指挥部牵头组织开展以“和谐的城市，谦让的我”为主题的“公共秩序日”集中行动。是日上午7:30～8:30以及下午16:30～17:30两个交通高峰时段，青浦交警支队和夏阳、盈浦街道的志愿者们在城区10个市级文明路口开展“文明行路志愿者大行动”活动。他们协助交警、协管员一起维护交通秩序，汽车、自行车、助动车等各类车辆都在整齐划一地排在白线后等候。在青浦汽车站和城区多个港湾式候车站，来自交运部门的22名志愿者向行人宣传“先下后上，文明让座”、对不文明礼让等现象提出教育劝导、为不熟悉路况和车次的群众提供帮助，许多公交车辆广播里也播放着文明礼让的宣传口号和温馨提示。当天上午，青浦交警支队在全区范围内专项开展驾驶员系带安全带行车活动，引导司机安全行车，共出动警力55人次，受教育者达百人以上。世纪联华超市、农工商超市、东方商厦等大型超市和商场及新华书店组织开展了“左行右立，守序有礼”宣传活动，制作温馨提示，组织服务员对顾客进行文明宣传。中山医院青浦分院、青浦中医医院等6家医疗卫生服务机构组织志愿者宣传排队就医，现场维持秩序，一边的电子显示屏也不断滚动播放着宣传口号。同时，区志愿者协会、区市民巡访团组织相关人员开展巡访抽查和评估活动。各街镇巡访团也同时开展巡访活动。

从6月底起，在全区范围内开展形式多样、内容丰富的迎世博倒计时300天系列活动，展示全区推进迎世博600天行动的成效，展示“微笑的城市，满意的你”、“洁净的城市，可爱的家”、“和谐的城市，谦让的我”文明风采，生动演绎“精彩世博，文明青浦”的主题。开展迎世博百场文艺社区巡演。围绕“畅想世博，文明青浦”的主题，开展百场迎世博文艺巡演，每个街镇将不少于10场，通过小品、舞蹈、戏曲等文艺形式，让广大市民感知世博、感受文明，更深地体会“城市，让生活更美好”这一世博主题，自觉地遵守公共秩序、讲求公共道德、规范公共行为，从现在做起，从身边的小事做起，养成文明习惯，主动地参与迎世博的各项工作，共同建设和谐美好的家园。7月5日，百场文艺社区巡演在朱家角镇启动。开展千名志愿者大行动。7月4～5日，组织广大志愿者在朱家角古镇主题实践区、青浦公园路开展以不乱穿马路、不乱闯红灯和先下后上、左行右立为主要内容的交通文明行动。同时，开展以劝阻乱扔垃圾为主要内容的“我微笑·我捡起”宣传活动，号召广大志愿者参与洁净市容环境的工作。开展万户动手美家园活动。7月2～6日，区总工会号召全区各单位职工提前半小时上班，集中开展清洁环境大行动；香花桥街道调动来沪人员较多的大型企业，积极行动起来，美化周边环境；区妇联广泛动员全区各家庭积极参与到清洁环境的行动中来，“从我做起，从身边做起、从小事做起”，提高广大群众自觉维护环境卫生的意识；区爱卫办组织开展清洁家园卫生大检查活动。四是迎世博青年辩论赛。7月2日，由区文明办和团区委主办的“福泉山杯”青浦青年辩论赛举行决赛。经过紧张激烈的角逐，区教育局青年代表队获得冠军，最佳辩手由该队选手郭群莉获得；区法院青年代表队获得第二名；区镇街道青年代表队和区卫生局青年代表队并列第三。开展领导干部进村讲世博活动。“七一”前后，区四套班子和部分处级领导干部到各村（居）讲授以宣传世博为主题的党课，村（居）基层党组织负责人联系实际畅谈各项工作，同时放一部世博宣传片，赠送一本世博读物，开一次党员座谈会，形成领导干部带头讲、支部书记具体讲、党员群众一起讲的宣传氛围。举办公务员世博知识大培训。7月4日，青浦区公务员世博知识培训在区委党校举行，区世博办专职干部徐彩红老师作“世博会，我们共同的心愿”专题讲座，全面阐述上海世博会的机遇、介绍上海世博会筹办的最新进展和迎世博各项行动，并就如何带头做世博知识的传播者、做文明风尚的践行者、做管理能力的提升者、做热心公益的志愿者等方面与广大公务员作了交流。举办迎世博300天行动的成果展。7月2～6日，集中区内媒体对青浦区迎世博600

天行动启动以来的成果进行全面展示，对迎世博300天系列活动进行专题报道，深入采访志愿者、普通市民和工作一线的执法人员；同时，在各主要宣传阵地布置有关世博宣传内容，进一步营造良好的环境氛围。开展迎世博社会大巡访。7月5～6日，区志愿者协会组织百名市民巡访员对市容环境、公共秩序、窗口服务、宣传氛围、活动开展情况进行全面巡访，全区共巡访164个点，提出整改意见，形成评估报告。

7月25日，青浦区迎世博社会动员指挥部组织开展以“和谐的城市，谦让的我”为主题的“公共秩序日”集中行动。上午7:30～8:30和下午16:30～17:30，青浦交警支队和夏阳、盈浦街道开展“文明出行，遵守法规”活动。在城区10个市级文明路口，50多名交通志愿者协助交警、协管员一起维护交通秩序，宣传文明出行。在青浦汽车站和城区多个港湾式候车站里，区交运局组织20多名志愿者开展“先下后上，文明让座”宣传活动，对上下车不文明礼让等现象提出教育劝导；利用公交车辆广播向车内乘客播放宣传口号和温馨提示，宣传文明让座。在世纪联华超市、农工商超市、东方商厦等大型超市卖场及新华书店等多个大型公共场所开展“左行右立，守序有礼”宣传活动，制作了温馨小提示，组织志愿者、服务员进行文明宣传。在中山医院青浦分院、青浦中医医院等6家医疗卫生服务机构，志愿者们忙碌穿梭于门诊大厅维持秩序，电子显示屏也滚动播放着宣传口号。与此同时，区志愿者协会、区市民巡访团会同各街道、镇组织相关人员开展巡访抽查和评估活动。

8月5日，青浦区迎世博窗口服务指挥部组织开展以“微笑的城市，满意的你”为主题的“窗口服务日”系列活动。区卫生系统开展以“擦亮医院窗口，关爱您的健康”为主题的集中行动，展现医护人员的良好形象，受到病人和家属的普遍好评。当天，中山医院青浦分院安排门诊各科室提前半小时开诊，预检、挂号收费窗口提前1小时上班。组织党员、团员志愿者在活动现场开展倡导文明就医活动，引导患者及家属文明就医；及时劝阻吸烟；帮助维持秩序，保持良好的就诊环境；加强导医，倡导“五主动”（即主动问候，主动帮忙，主动告知，主动解释，主动沟通）服务方法。区中医医院组织针灸理疗科、中医内科等科室专家在门诊大厅内开展“迎世博、优服务”冬病夏治健康咨询活动，受到群众的欢迎，前来咨询的群众络绎不绝，志愿者还现场发放各类健康教育资料。区妇幼保健所针对新生入托入园体检，开展“关爱儿童、关注未来”迎世博窗口服务日主题活动。是日前后，其他窗口部门也开展了加强服务管理、提高服务质量、优化服务环境的活动。4日，区旅游局与区文化市场行政执法大队联合举办新《旅行社条例》专题讲座，让旅行社更好地了解新条例特点、规范旅行社行业经营行为。4～6日，区文化市场行政执法大队对区内印刷复制企业进行专项执法检查，有效规范区内印刷市场的经营秩序，为上海世博会营造健康、良好的社会文化环境。5～7日，区房地局组织全区物业企业负责人和小区经理开展物业管理工作专题培训，学习物业管理法律、法规，剖析物业管理中的问题和难题，并从物业管理实务操作角度出发，引导物业企业制定经营战略、搭建良好的客户服务平台、有效处理及解决客户的各类投诉。

8月15日，为认真贯彻落实市迎世博600天行动城市管理指挥部《关于深入开展迎世博、讲文明、树新风——“环境清洁日”集中行动的通知》精神，青浦区于开展迎世博“环境清洁日”集中行动。上午，青浦区广泛动员机关干部、企事业单位职工和市民群众积极参与集中行动。区有关领导亲自带队，深入基层参加市容环境整治活动。各街镇、机关和企事业单位积极组织开展省际、区际和镇际交界处市容环境集中整治活动，对主要道路道口、道路两侧100米范围内以及高速公路出入口周边市容环境进行集中整治，包括消除区域内暴露垃圾，粉刷高速公路出入口两侧破损破旧的建筑立面，拆除道路两侧不规范设置的各类小杂牌、乱广告，保持省际、区际和镇际交界处区域范围内市容环境整洁。该活动共发动广大干部群众3753人，清除暴露垃圾206.4吨，清除乱招贴539处，整治乱停车13处，处理蚊蝇孳生地264处，拆除道路两侧不规范设置的各类小杂牌、横幅248块（条），有效改善了市容环境，树立了市民自觉维护市容环境卫生的责任意识。

8月25日，青浦区迎世博社会动员指挥部组织开展以“和谐的城市，谦让的我”为主题的“公共秩序日”集中行动。活动以打造城市文明新空间为重点，倡导礼貌让座，文明谦和；倡导排队候车，先下后上；倡导“左行右立”，文明乘梯；倡导文明排队，礼让光荣，呼吁广大市民告别陋习，养成文明出行、遵守公共秩序的行为习惯。上午7:30～11:30，在城区10个市级文明路口，青浦交警支队联合夏阳街道、盈浦街道开展“文明出行，遵守法规”活动。50多名交通志愿者头戴橙色志愿者帽，手挥小红旗在路口协助交警维持交通秩序，宣传文明出行。在青浦世纪联华超市、农工商超市、东方商厦、成泰百货、苏宁电器、新华书店等公共场所，开展“左行右立，守序有礼”活动。青年志愿者们通过制作温馨小提示，对顾客进行宣传教育，向市民宣传“文明乘梯”的理念，倡导市民遵循“左行右立”，使文明乘梯、文明出行，成为广大市民形成一种自觉意识。在青浦客运站、朱家角汽车站、青浦中医医院站、世纪联华超市港湾式候车站，志愿者对上下车不文明礼让现象提出教育劝导。各公交车驾驶员利用车辆广播，向车内乘客播放宣传口号和温馨提示，宣传文明让座。在中山医院青浦分院、青浦区中医医院内，医务志愿者们在挂号窗前帮助维持秩序，引导患者守序就医。与此同时，各镇、街道开展形式多样的主题活动。一是在辖区范围内重要地段和中心镇区的市容环境集中整治行动。消除乱设摊、跨门经营、乱堆物、“小三乱”（即乱张贴、乱刻画、乱涂写）等现象，进一步推进落实市容环卫责任区制度。二是开展辖区内主要道路及绿地清洁保洁活动。消除道路隔离带、绿化带和道路两侧以及绿地内的暴露垃圾，保持道路、绿地的环境卫生整洁、干净。三是开展辖区内主要道路两侧非机动车乱停放集中整治活动。

9月5日，青浦区世博办在上海桥梓湾广场举行“一起为世博加油”——青浦区迎世博主题系列活动启动仪式。活动在全区10个广场同时举行，由百家文明单位带头，千支队伍深入社区开展服务，号召万人共同参与，全力以赴推进世博会筹办工作，在全区上下营造参与世博、服务世博、奉献世博的良好氛围，以整洁、美观、文明、有序的城市面貌迎接国庆60周年的到来。区委书记、区人大常委会主任巢卫林，区

2009 年 9 月 5 日，“一起为世博加油”——“迎世博”主题系列活动启动
（供电青浦分公司供稿）

委副书记、区长高亢，区委副书记、副区长张国洪，区委副书记胡燕平，区委常委、副区长张汪耀，区委常委、宣传部部长孙萍出席仪式。市委宣传部副部长、文明办主任马春雷，团市委副书记钟晓敏也应邀出席仪式。胡燕平主持仪式，高亢在仪式上致辞。仪式上，主席台全体领导向我区首批迎世博示范点授牌。巢卫林等领导共同启动“身边的微笑”摄影活动，并为“相约世博，绿色出行”文明驾驶活动车队粘贴“文明出行”标签。张国洪为青浦区迎世博社区宣讲队和迎世博志愿者服务队授旗。全区 10 个服务行业的代表进行了微笑服务宣言，市民代表宣读“文明行车倡议书”。高亢在致辞中，要求全区上下以高度的责任意识、饱满的参与热情和只争朝夕的工作状态，共同致力于“更美的城市，更好的生活，更深的情谊”世博愿景，营造共迎世博盛会、共克管理难题、共谱文明新曲、共创美好生活的良好氛围，高标准、高水平、高质量做好迎世博的各项工作，以整洁、美观、文明、有序的城市面貌和良好的市民素质迎接世博会。此次“一起为世博加油”主题系列活动共有多达 40 余项，涵盖了主题展览、文明驾驶、旅游技能展示、迎世博摄影展、公交迎世博、青年大巡访、市容环境整治、为民服务、迎世博知识竞赛等内容，参与人数约 5 万人。

9 月 15 日，为认真贯彻落实上海市迎世博 600 天行动城市管理指挥部《关于深入开展迎世博、讲文明、树新风——“环境清洁日”集中行动的通知》精神，根据市城市管理指挥部的统一部署和要求，在全区开展迎世博“环境清洁日”集中行动。上午，区有关领导亲自带队，深入基层参加市容环境整治活动。各街镇及各机关、企事业单位积极组织开展省际、区际、镇际交界处市容环境集中整治；清理居住小区房屋夹弄、阳台雨棚、天井小院、车棚车库等环境卫生死角；组织辖区内单位、商店和商铺开展“市容环境门责制”活动。据统计，活动共发动广大干部群众 7792 人，清除省际、区际、镇际道路两侧暴露垃圾 320 吨；清理居住小区内房屋夹弄、阳台雨棚、天井小院、车棚车库小区绿化带内各类垃圾 88.5 吨；为达到门店门责有序管理、整洁美观的目标，对 2000 余经营户开展宣传教育活动，重点抓好餐饮、水果店、摩托车修理店、铝合金装潢店等的整治，提高沿街门店业主文明经营、规范经营意识；要求店主自觉遵守门前管理，履行自身职责，提高自律意识，通过整治有效地遏制了跨门经营、占道经营和乱设摊现象。

9 月 25 日，青浦区迎世博社会动员指挥部组织开展“9·25 公共秩序日”集中行动。活动以打造城市文明新空间为重点，倡导文明出行，遵守法规；倡导左行右立，守序有礼；倡导先下后上，文明让座；倡导文明排队，守序就医。呼吁广大市民告别陋习，养成文明出行、遵守公共秩序的行为习惯。上午 7:30～11:30，在城区 10 个市级文明路口，青浦交警支队联合夏阳街道、盈浦街道开展“文明出行，遵守法规”活动。50 多名交通志愿者在路口协助交警维持交通秩序，宣传文明出行。在青浦世纪联华超市、农工商超市、东方商厦、成泰百货、苏宁电器、青浦新华书店等商业公共场所，开展“左行右立，守序有礼”活动。青年志愿者们通过制作温馨小提示，对顾客进行宣传教育，向市民宣传“文明乘梯”的理念，倡导市民遵循“左行右立”的国际惯例，使文明乘梯、文明出行，成为广大市民形成一种自觉意识。在青浦客运站、朱家角汽车站、青浦世纪联华超市港湾式候车站、青浦中医医院站，志愿者对上下车不文明礼让现象提出教育劝导。各公交车驾驶员利用车辆广播，向车内乘客播放宣传口号和温馨提示，宣传文明让座。在中山医院青浦分院、青浦区中医医院，医务志愿者们在挂号窗前帮助维持秩序，引导患者守序就医。与此同时，各街镇在主要路口开展交通志愿者上岗活动。

10 月 13 日，是上海世博会召开倒计时 200 天。为进一步宣传世博，动员全区市民了解世博、参与世博、服务世博、共享世博，以高度的责任感美化环境、优化服务、强化秩序，通过百家单位示范引领，千支队伍为民服务，万名志愿者齐行动，营造共迎世博盛会、共克管理难题、共谱文明新曲、共创美好生活的良好社会氛围，全面推动迎世博各项工作，提升市民素质和城市文明程度，青浦区在迎世博倒计时 200 天之际开展“一起为世博加油”系列活动：“微笑迎世博，满意在青浦”百家单位优秀服务品牌示范——区迎世博窗口服务指挥部积极组织全区窗口系统服务单位和服务窗口，开展百家单位窗口行业优秀服务品牌示范活动，东方商厦青浦店、朱家角古镇旅游公司、中山医院青浦分院、工商青浦分局、公安青浦分局、青浦巴士、城管大队、青浦供电分公司、邮政局、农业银行青浦支行等窗口系统发挥示范引领，统一宣传标志，注重行业规范，强化优质服务，加强总结创新，巩固优秀成果，提高文明行业创建水平，营造迎世博文明环境，创建青浦礼仪家园。其中，东方商厦青浦店于是日在上海桥梓湾广场开展“文明迎世博，服务在东方”活动，现场为顾客展示丝巾的各种系法，传授保养首饰的知识，提供免费礼品包装、清洗黄金、清洗眼镜、切西洋参片等便民服务。通过服务技能展示，营造良好的窗口形象。万名世博志愿者齐行动。区迎世博社会动员指挥部组织全区各行各业志愿者参与交通路口文明、市容环境文明、文体活动指导等志愿服务活动。其中，教育局组织全区中小学生开展“迎世博，学子在行动”志愿服务统一行动，全区各中学的500多名团员学生代表，分别开展了文明出行——交通协管志愿服务活动、“我微笑·我捡起”环境清洁志愿服务活动、“左行右立”文明乘梯志愿服务活动、“先下后上——文明乘车”志愿服务活动和“城市啄木鸟——去除广告垃圾”环境清洁志愿服务活动。“同一片蓝天”——建设社会主义新农村、为外来建设者送文艺巡演。10日，由区文明办、区总工会和区文广影视局主办的“同一片蓝天”——建设社会主义新农村、为外来建设者送文艺巡演活动在赵巷青雅实业有限公司上演，为外来建设者送上第二故乡的温暖，培养外来建设者的家园之感，丰富市民精神文化生活，营造和谐社会环境，推动新农村建设。“水乡情”书画展。从9月30日起，区文明办、区文广影视局等单位在曲水园举办青浦区“水乡情”书画展。以书法、绘画等艺术形式，弘扬社会正气，展现青浦地域文化，传承优秀传统文化，激励广大群众为精神文明建设、和谐社会作出贡献，向上海世博会、伟大祖国60华诞献礼，推动全区精神文明建设和文化发展。“喝彩青浦，精彩瞬间”摄影大赛启动。区文广影视局围绕“城市，让生活更美好”主题，举办“喝彩青浦、精彩瞬间”庆国庆、迎世博摄影大赛。用镜头的语言，展现青浦市民文明风尚，提升市民综合素质和城市文明程度。“邻里相谐，共迎世博”邻里节全面启动。全区各街镇结合实际，因地制宜地开展一系列具有地方特色的邻里节活动。通过社区文化盛会，同娱同乐，互帮互助，增进邻里交流，营造守望相助、和睦相处的融洽邻里氛围，同创和谐社区，共建和谐青浦。“淀山湖水乡菜”金牌菜品评选。评选活动由区文明办、旅游局、总工会主办。根据创新、美味、健康、水乡特色等标准，在12日的决赛菜品中评出“淀山湖水乡菜”15道金牌菜。此次活动是青浦打造美食文化的第一步，今后将在“淀山湖水乡菜”金牌菜的基础上，进一步挖掘青浦传统美食，在世博期间向海内外游客推出“淀山湖水乡菜”菜系，形成青浦美食文化，打造青浦美食之旅，更好地为世博期间国内外旅游者服务。世博知识进社区。是日，区社区学院在夏阳、盈浦和香花桥3个街道同时开展世博专题宣讲活动。通过各街镇社区学校和小区市民学校的世博专题宣讲活动，进一步在基层民众中普及世博知识，焕发市民主人翁自豪感和责任感，积极投身迎世博行动。青溪讲坛开设艺术欣赏专题系列讲座。通过艺术欣赏专题系列讲座，提高市民艺术人文修养和审美情趣，提升市民文明素质和文化品位，为共同创造美好城市、建设美好家园、享受美好生活，丰富欣赏技巧、拓展心灵空间、提供创造灵感。“奔向世博，拼搏200”迎世博环境专项整治。区迎世博城市管理指挥部在全区组织开展环境清洁集中活动，区有关领导亲自带队积极参与，深入到联系好的基层单位参加市容环境整治活动。各街镇以及各机关、企事业单位也积极组织开展整治道路两侧乱堆物、乱设摊、乱晾晒、乱张贴等四种不文明现象的活动，同时各街镇下属村（居）的保洁员和世博志愿者选择辖区内一条主要道路和一个主要公共场所，同步开展环境整治活动。该活动全区共发动广大干部群众6144人，清洁保洁道路155条段，清除两侧暴露垃圾1080吨，清除乱张贴4645处，整治乱设摊982处，清理乱晾晒1229处。“颂祖国、迎世博”——第三届中小学生集邮节启动。12日，区文明办、教育局、邮政局、集邮协会和徐泾镇联合举办青浦区第三届中小学生集邮节启动仪式。集邮节期间，在全区中小学中将开展画信活动展评、集邮小报展评、纪念封设计制作展评、征文（书信）演讲活动评比、邮票设计评比、“一片贴片”邮集展评、集邮教学（讲座）活动评比、虎年集邮书画大赛、集邮节系列活动成果展示数十项丰富多彩的活动。各街镇举办各具特色的迎世博主题系列实践活动。朱家角镇成立志愿者协会，开展“朱家角镇迎世博倒计时200天暨志愿者协会现场招募活动”，活动共招募志愿者200多人。盈浦街道、香花桥街道、华新镇、重固镇、朱家角镇、金泽镇等组织开展“奔向世博，拼搏200”环境清洁活动，发动机关科室、各事业单位、村（居）委会以及社区群众、党员和志愿者参与活动。金泽镇向全镇干部群众发出“迎世博，争做文明上海人”倡议书，开展“精彩世博、文明先行”宣传活动；组织机关青年志愿者在318国道金溪路路口进行交通秩序维护，对不文明的交通行为进行劝解。

12月5日，根据区迎世博窗口服务指挥部统一部署，全区各窗口服务单位再次开展迎世博“12·5窗口服务日”活动。区行政服务中心开展“窗口服务标准化、为民办事讲实效”主题活动。活动推出多条便民服务措施：一是规范停车，向全体工作人员发起“从我做起，从停车做起，营造良好环境共同努力”的倡议活动。二是进一步政务公开。在各窗口受理台配置政务公开栏，放置各窗口审批项目的流程及相关申请表格。三是增加便民贴心服务。在中心底楼总服务台放置入驻单位办公电话一览表、配备便民服务箱，提供针线、老花镜、风油精等。各窗口单位在受理台放置了便民服务箱和饮水机，解决了前来办事人员的饮水问题。活动共接待前来办事、咨询人数484人次，受理项目372件。青浦图书馆推出“文明阅读、文明服务”系列活动。内容包括“文明阅读、文明服务”签名活动、图书馆不文明现象展示、“文明阅读、文明服务”书签发放等。设立“文明阅读、文明服务”签名墙，工作人员和读者通过签名的形式承诺遵守图书馆的服务承诺和《读者文明公约》，杜绝不文明现象，共同营造和维护图书馆温馨雅致的读书氛围。区文化执法大队联合区旅游局、工商青浦分局对区内旅行社进行专项执法检查，以有效规范区内旅游市场经营秩序。

12月5日是国际志愿者日，青浦区举办2009“一起为世博加油”志愿者系列活动。全区400余名志愿者参加4日晚举行的志愿者嘉年华活动。是日，各相关部门和各街镇开展形式多样的志愿者服务。团区委组织20余名热心公益的网络青年，在徐泾镇开展世博志愿巡访活动。志愿者们围绕环境文明、秩序文明和服务文明，对明珠路，京华路，盈港东路等几条主干道上的交通状况、环境状况等进行巡访。随后将巡访成果发布在阿拉酷网络社区“青春世博”版块中，利用网络的力量征集更多市民创新且具有实效的建议。公安青浦分局开展“快进快出、文明停车”文明劝导活动、签订《团员青年参与世博、服务世博先锋行动承诺书》等形式多样的主题活动，组织团员青年佩戴世博志愿者标识，在世纪联华北广场及城区主要车站和路口，通过设摊咨询、发放防范宣传资料、“珍惜生命平安出行”主题签名等形式向行人开展迎世博安全宣传，共发放宣传资料5000余份、印有防范知识的小礼品300件，起到了良好的社会效果。朱家角镇志愿者协会开展以“奉献爱心·倡导文明·共享世博”为主题的志愿者集中行动。青年志愿者们分别在朱家角古镇区的北大街、美周弄、西井街等路段开展环境卫生治理，并进行流动循环式行动，引领居民、商户和游客养成良好的卫生文明习惯，共同维护古镇的美丽整洁；各村（居）党员志愿者们给孤寡老人们送日用品，与老人们拉家常、聊世博，共同守护老人们的身心健康。徐泾中学红领巾志愿服务小队在家乐福商场的电梯口开展文明守序左行右立的志愿者活动，帮助商场的工作人员将商品摆放整齐；在广场公园，向路人宣传爱护绿化爱护公物；在交通要道的车站，志愿者们向乘车的人们宣传文明乘车；在菜市场和十字路口等公共场所，开展文明劝序、清洁家园等活动，进一步弘扬“奉献、友爱、互助、进步”的志愿者精神。

2010年1月21日，是上海世博会倒计时100天宣传日。其间，青浦区开展了形式多样的宣传活动。1月16日，区迎世博社会动员指挥部和区总工会联合主办青浦职工迎世博文明承诺行动启动仪式暨大众健身体育比赛，进一步组织动员全区职工以庄严承诺和文明言行全力以赴迎接世博、参与世博、服务世博。市总工会副主席汪兰洁出席启动仪式并讲话。区委副书记、区迎世博工作领导小组办主室主任胡燕平宣布文明承诺行动正式启动。600余名职工代表现场作出“为迎接2010年上海世博会，切实做到：在社会上，文明礼貌守秩序；在工作中，爱岗敬业作贡献；在家庭里，敬老爱幼重和谐”的庄严承诺。仪式上，向职工代表发放“青浦职工迎世博文明承诺行动书”，每位职工代表都在文明承诺签名板上留下了庄严一笔。区爱卫会围绕“奔向世博——冲刺世博”的活动主题，在迎世博倒计时100天当天在区内全面启动星期四爱国卫生义务劳动。区委常委、宣传部部长孙萍，副区长陶夏芳、陈勇章等区领导带头参加在青浦客运站的卫生义务劳动。区交运局、盈浦街道的党政领导以及区爱卫办全体工作人员与爱国卫生义务监督员共计130人参加义务劳动。是日，全区各级党政机关、机关干部、社区居民、企事业单位广大职工参加了居住区、单位内外、门前“三包”责任区的义务劳动。区直机关党工委开展“为群众作表率，为世博作贡献”主题实践活动。活动要求各区直机关党员深化认识，不断增强党员干部参与世博、服务世博、奉献世博、为国争光的责任感和使命感。各单位机关党组织要结合实际，围绕世博大局安排好今年机关党建各项工作。通过专题组织生活会等形式，认真开展“世博在眼前、我该怎么办”大讨论活动。要以“知我世博”为目标，在区直机关中进行世博知识普及活动，认真学习“文明观博”知识。要积极配合参与迎世博、讲文明、树新风“三五”集中行动，动员组织区直机关党员投身到“岗位行动、家园行动、志愿行动”中去，以“拉得出、顶得上、干得好”为目标，哪里有需要，哪里就有党员，用党员的志愿行动展现区直机关共产党员的战斗力和风采，在岗位上做标兵，在社会上做楷模。机关党员要积极参加平安志愿者工作，主动到居住地报名，亮出党员身份，在清洁小区环境、促进邻里和谐、维护安全稳定等方面成为带头人，共同参与和谐家园建设，维护社会和谐稳定，以实际行动为平安世博作出贡献。公安青浦分局于1月19日开展“春雷一号”的集中行动，共出动警力1500余名，破获各类案件50余起，抓获各类违法犯罪嫌疑人150多人，清查网吧、浴室、宾旅馆、ok厅等各类场所500余家，检查各类机动车1800余辆次、盘查人员超过2200人次。区卫生系统开展迎世博倒计时100天系列活动：区医疗急救中心于1月19～20日举行院前急救技能竞赛，进一步规范院前急救管理，完善工作流程和服务环节，激发职工“学技术、比技能、创一流”的热情，提高一线急救工作人员的技能水平；区疾控中心开展“牵手迎世博，家书送健康”健康教育周活动。通过全区50多所中小学校和希望学校的孩子们发放《致全区家长的一封公开信》，向学生家长传递文明迎世博，健康生活的信息，通过小手牵大手的形式，让全区中小学生家长养成文明的习惯，注意文明礼仪和健康习惯，同时言传身教，敦促学生注重文明习惯和健康行为，做文明的新一代；香花桥街道社区卫生服务中心开展“无偿献血，我们在你身边”志愿者活动，通过开展咨询引导、疏导交通、项目体检、心理辅助等，帮助解决疑难问题，表达“我们在你身边”的服务理念。1月19日，香花桥街道举行迎世博倒计时100天赠书活动，活动号召在全区各级工会掀起学习世博知识的新热潮，促进迎世

1月29日，小手牵大手，共铸平安世博——青浦公安分局2010年爱民实践系列之警校联动活动举行　　（公安青浦分局供稿）

博各项活动扎实开展，要求各村(居)、各企业营造融洽的学习氛围、和谐的社区氛围和积极的服务氛围；同时组织70余名世博志愿者和“女子民兵连”队员在胜利路、外青松公路开展“文明讲秩序，世博更和谐”活动，对行人车辆宣传文明出行。同时，为进一步做好迎世博第六个100天工作，在区迎世博窗口服务指挥部的组织下，公安110、工商行政管理青浦分局和区经委、市容与绿化管理局、民政局等各成员单位就第五次文明指数测评所反映的问题，认真提出整改措施，及时改进存在的问题。

世博志愿者在宣誓　　（区委宣传部供稿）

3月12日，上海世博会第一个城市志愿服务站外建站在S32高速公路练塘服务区正式落地，这标志着青浦区世博会城市志愿服务站硬件配套安装工作全面进入施工阶段。世博会期间，青浦区共设立20个世博会城市志愿服务站，全区2000余名志愿者轮流上岗，为到青浦的国内外游客和市民群众提供有关世博信息咨询、语言翻译、文明宣传和应急救援等志愿服务。17日，青浦世博会工作站在东方绿舟举办首期世博会城市志愿服务站志愿者候选人岗前培训班，标志着全区2000多名世博会城市志愿服务站志愿者候选人的培训工作已全面启动。培训班为期15天左右，采用“送教上门”，深入基层、方便就近方式、分批完成规定培训课程。21日，青浦区400多名世博会志愿者在上海政法学院接受红十字现场初级急救培训，培训侧重于医学急救知识与实际操作技能结合，课程涵盖止血、包扎、骨折固定、搬运、心肺复苏及避险逃生知识等，并当场进行模拟演练。

通过广泛动员、大力发动和扎实、有序推进，青浦区迎世博各项工作进一步加强，城乡建设、城市文明程度、城市管理水平进一步提升。至2010年3～4月间，轨道交通2号线徐泾站主体结构实现封顶；沪常高速西段前期工作已经完成，崧泽高架、嘉闵高架前期工作正在按照计划推进；淀山湖大道二期和盈港路东段改造工程正加快建设。进一步加大城镇管理工作力度，重点加强对朱家角镇区和奥特莱斯周边、沪渝高速公路和嘉松公路沿线以及青浦城区和各个镇区等重点区域的市容环境综合整治，城镇环境面貌进一步改善；加大城市管理顽症的治理力度，集中开展建筑渣土偷乱倒专项整治；继续完善城镇网格化管理机制，管理区域扩展到徐泾、朱家角镇区和香花桥街道部分城镇化地区，覆盖范围达到50.2平方公里；进一步加大违法建筑的整治力度，拆除违法建筑28.3万平方米；扎实推进新农村建设，深入开展村级组织综合配套改革，农村社区建设和管理进一步加强；进一步加大农村基础设施建设力度，积极推进农村道路标准化建设，完成60座农村危桥改造，调整优化“村村通”公交线路，建成农家书屋等一批农村公共文化活动设施等。全区上下调动一切积极因素，营造出迎世博的良好氛围，并全力以赴地以高涨的热情、积极的姿态准备好投入到参与世博、服务世博、奉献世博的过程中，以充分展示青浦人民的精神风貌和良好形象，促进青浦经济社会的进一步发展。

有序组织　形成合力
参与世博　服务世博

2010年3月25日，区委下发《中共上海市青浦区委关于成立青浦区世博工作领导小组及其有关工作机构的通知》(青委〔2010〕39号)，成立由区委记高亢任组长，区委副书记、区长张国洪任副组长，区四套班子领导巢卫林、张布尔、胡燕平、陆建铭、周荣新、李子骏、翟必槐、张汪耀、李萍、孙萍、李跃旗、陈振华任成员的青浦区世博工作领导小组。领导小组下设安保指挥部、主运行青浦区指挥部、外事工作指挥部、接待服务指挥部、宣传及媒体服务指挥部和办公室。安保指挥部由高亢任总指挥，胡燕平任常务副总指挥，李萍、陈振华、王维立任副总指挥，并在公安青浦分局设办公室。该部主要职责：负责世博会运营期间各项安保工作任务的组织指挥、协调和涉世博突发事件的应急处置等工作；做好涉世博情报信息收集研判、风险评估和人员背景审查、身份核对等工作；负责全区群防群治工作；负责社区、街面和重要目标、重点单位内部治安防控工作；负责维护社会稳定工作。负责区内陆路道口、水路卡口和长途客运站等口岸查控查堵工作；负责区内旅游景点、商业闹市和人流密集区域的安全防范，积极做好客流高峰日游客疏导工作；做好世博会期间社会宣传和各类涉博、涉青舆情收集，及时开展舆论引导；负责协调组织军队、武警对口增援本区安全保卫工作；负责做好世博会安全保卫工作经费、装备、技术、通讯、物资等保障工作；完成市世博会安保指挥部和区世博工作领导小组交办的其他事项。主运行青浦区指挥部由张国洪任总指挥，张汪耀、李跃旗、陶夏芳、朱明福、陈勇章、陈振华任副总指挥，并在区政府办公室设办公室。该部主要职责：在上海世博会主运行指挥部的统一部署下，确保落实在全区的主运行各项工作的有序开展；确保朱家角景区、奥特莱斯商业区等重点区域的环境和秩序等；确保食品卫生和农产品供应的安全；全力做好公共交通、医疗服务等保障性工作；全力保持重点地区、重要沿线等市容市貌的整洁；负责世博会期间本区其他相关重要事项的处理；完成市世博会主运行指挥部和区世博工作领导小组交办的其他事项。外事工作指挥部由巢卫林任总指挥，周荣新、李子骏、陈勇章任副总指挥，并在区政府外事办设办公室。该部主要职责：根据市世博会外事工作指挥部的部署和要求，加强领导，统筹协调本区涉世博外事工作；组织协调本区各有关单位、镇、街道有效开展各项工作，确保工作落实到位；指导、协调本区承担重要外宾的接待和外事活动的组织，拟订工作原则、制定工作规范，明确工作目标，组织实施方案；配合市世博会外事工作指挥部及其成员单位，认真做好所承担的外事接待和参展方友好结对的相关活动；完成市世博会外事工作指挥部和区世博工作领导小组交办的其他事项。接待服务指挥部由张布尔任总指挥，陆建铭、翟必槐、张映华、陶夏芳、顾峰、赵磊任副总指挥，并在区合作交流办公室设办公室，还内设联络协调组、后勤保障组及接待组。该部主要职责：做好中央及有关部委办领导来青参与世博活动的相关接待服务工作；做好各省市世博考察代表团来青参与世博活动的相关接待服务工作；做好国内友好城市来青参与世博活动的相关接待服务工作；做好青浦区友好地区代表团的接待工作；做好青浦区对口地区代表团的接待工作；统筹协调区内宾接待服务工作；协调全区接待资源，拟订全区接待服务工作的项目、流程等内容的标准化模块；完成市世博会接待服务指挥部和区世博工作领导小组交办的其他事项。宣传及媒体服务指挥部由胡燕平任总指挥，孙萍任常务副总指挥，韦明、蔡双琪任副总指挥，并设在区委宣传部设办公室。该部主要职责：做好上海世博会进展和世博会期间重大活动的新闻宣传；做好青浦区在服务、参与、奉献世博方面的新闻宣传，包括经济发展、安全保障、窗口接待、城市建设、城乡环境、精神文明建设、志愿者活动等，充分展示青浦对外良好形象，展示青浦人民奉献世博的良好精神风貌；做好上海世博会举办期间青浦区突发事件的新闻发布、舆论引导和网络舆情应对；做好中央媒体、市级媒体、外省市媒体及境外媒体的采访接待工作；做好上海世博会举办期间社会舆情和网络舆情的收集、监测和研判，有效加以引导；做好具有青浦特色的世博宣传品（青浦概览、宣传折页、碟片等）的制作及发放工作和户外公益广告宣传；配合做好园区志愿者的调配工作，做好青浦志愿者站点及城市志愿者各项服务工作；完成市世博会宣传及媒体服务指挥部和区世博工作领导小组交办的其他事项。办公室由胡燕平任主任，韦明、金浩、胡海民、管云昌任副主任。主要职责：负责区世博工作领导小组有关会议、活动、文件处理、各类文稿起草等；编发世博信息简报，协调本区涉世博工作运行中的其他简报工作；对青浦区涉世博重要工作以及领导有关要求落实情况进行督办；完成市世博会办公室和区世博工作领导小组交办的其他事项。

全区各职能部门和相关单位加强配合、形成合力，营造上下联动、齐抓共管格局，严阵以待、蓄势待发，做好参与世博、服务世博的各项工作中。

3月23日，青浦区召开平安建设暨世博安保社会面防控工作会议。区委副书记、区长张国洪主持会议。区委书记、世博安保总指挥高亢出席会议并要求全区上下一定要齐心协力、全力以赴，维护好世博期间的社会稳定，要突出重点，把可能影响世博安全的人、事、物排摸清楚，要把可能影响世博安全的防范措施落实到位，要把可能影响世博安全的薄弱环节管控牢固，全力做好世博安保各项工作，要不断夯实基层基础，充分发挥群防群治作用，切实落实世博安保工作责任制，为成功举办2010年上海世博会作出积极的贡献。区委常委、政法委书记、区世博安保副总指挥李萍在会上对世博安保社会面防控工作作动员部署，要求各单位要克服麻痹思想，提高对世博安保重要性的认识，以高度的政治责任感做好世博安保社会面防控工作；要进一步强化保障工作，确保安保责任落实到位，最大限度地把各项工作做深、做细、做扎实。

4月1日，区委书记高亢（左二）在中国2010年上海世博会长湖申线水上检查点检查海事安保工作　（区交运局供稿）

4月7日，青浦区邀请毗邻的江苏省苏州市及下辖的昆山市、吴江市和浙江省嘉善县以及直接与青浦接壤的7个镇、经济开发区的政法综治部门和公安部门的领导召开上海世博青浦毗邻地区协作会议。区委常委、人武部部长王维立主持会议。副区长、公安分局局长陈振华在会上强调青浦区将与毗邻地区一起全力以赴做好世博期间重点人员、重点物品、重点部位的管控工作，并请求毗邻地区协作做好接壤地区群众宣传、引导工作，最大限度地消除不和谐因素，共同构筑安全、坚固的“护城河”。

4月14～16日、4月21～23日，区旅

游局组织开展世博旅游安保培训，确保全区各项旅游安保工作措施全面落实，共有200余人参加。培训内容有消防知识、防火控制管理、消防救援知识，安保事件的预防与处理等，并消防演习与演练，对各单位进行世博安保预案制订的辅导。为更好地服务世博、奉献世博，围绕旅游“食、住、行、游、购、娱”六要素，对全区旅游从业人员开展“吃得安心、住得称心、行得省心、游得舒心、购得放心、娱得开心”的对接世博“六心”服务全员培训；对宾馆前台服务人员和专、兼职导游开展双语、礼仪和世博旅游安保培训等（全区累计世博旅游专项培训7568人次）。为扩大培训面，进一步提升旅游从业人员的服务水平，区旅游局还制作1万份“六心”服务宣传册和8千张“六心”服务宣传光碟，发放至每个旅游行业员工手上，便于员工进行学习。

4月20日，青浦区20个世博会城市志愿服务站投入试运行。首轮站点志愿者统一着装就岗，开始提供志愿服务，吹响了青浦区世博演练集结号。20个城市志愿服务站，分别设置于凯特利广场、朱家角财苑广场、东方绿舟和G50高速金泽入口等重要商圈、旅游景点及交通枢纽处外建站，中国电信城中东路营业厅、居礼酒店等服务窗口和餐饮住宿场所内设站，在布局上充分考虑便民、安全等因素；在硬件配置上，充分考虑世博志愿服务高效、人本、互动要求，每个服务站点，统一配置笔记本电脑、电话和手机以及灭火器、医疗救护包等。运行第一天，各站点忙碌有序，共为市民、游客提供242次“信息查询”和117次“文明宣传”；并对出现的各类问题及站点硬件故障及时作出信息反馈，基本达到首日试运行目标要求。

4月21～26日，为上海世博会试运行阶段。全区各方有序组织市民观博，尽力满足广大市民观博热情。为方便市民观博，区交运局特开通世博38路至松江9号线佘山站（世博期间，世博38路总计运送世博客流188000人次）。整个试运行阶段，青浦有针对性地组织11330人次观博，并及时搜集相关信息反馈给区世博办。7月，“世博大礼包”青浦区观博月期间，根据青浦汽车站、朱家角汽车站和徐泾东站客流变动情况，及时调整世博38路以及轨道2号线徐泾东站接驳线路的班次运营计划，较好地满足了市民观博出行需求。

4月28日，区文明办、团区委和区青联在陈云故居暨青浦革命历史纪念馆共同主办“青春世博、文明青浦”系列主题活动暨世博会城市志愿服务站点启动仪式。区委常委、宣传部部长孙萍参加启动仪式，并对青浦区世博志愿服务站点和青年志愿者工作提出三点要求：加强志愿者队伍建设，完善世博志愿服务站点运行管理；加强多方资源整合，深化青春世博行动；加强长效机制探索，实现志愿者工作长远发展。仪式上，上海世博会城市志愿服务站点志愿者、行业青年志愿者、学生志愿者代表作交流发言，并向区电力、电信、公安、卫生、工商、环保等17家行业青年志愿者服务队代表授旗、颁发“站长证书”、发放《站点管理手册》及《站点工作手册》。

6月11日，青浦区世博会园区高峰志愿者出征仪式在上海大学房地产学院举行。副区长陶夏芳向高峰志愿者代表授旗，她希望所有高峰志愿者能牢记自己光荣使命，能秉承“奉献、友爱、互助、进步”志愿者精神，用最良好精神风貌，呈上最动人微笑。出征仪式上，高峰志愿者代表就开展志愿服务意义作交流发言并进行庄严出征宣誓。上海大学党委副书记鲁雄刚在仪式上赠言全体志愿者，以坚持不懈毅力和百倍信心投身志愿服务工作，个个争做自信、健康、阳光“小白菜”和“蓝精灵”，为上大争光，为青浦添彩。

6月18日，区委书记、区世博安保总指挥高亢率区世博工作安保指挥部有关领导赴白鹤检查站、世博安保增援警力赵屯屯兵点检查、指导世博安保工作。随后召开的区世博安保指挥部全体成员单位会议上，高亢同志要求各单位要着力建立长效机制，坚决克服麻痹思想，确保安保任务的圆满完成；要调整力量，突出重点，加强重点人、重点区域的管控；要继续做好增援武警、学警、世博志愿者等安保力量的保障工作；要抓好“世博大礼包”发放后的客运保障工作和观博安全宣传工作。

6月22～23日、29～30日，区旅游局举办世博接待酒店服务人员培训班，区内30余家星级饭店和社会旅馆的96名员工参加培训。世博会前期，区旅游局全力做好世博旅游安全保障、服务接待等工作，为国内外游客提供良好的旅游环境和高水准旅游服务。完成朱家角旅游咨询服务中心的建设，并在世博会期间发挥积极作用，共接待游客咨询服务22.34万人次，发放各类资料30万份；为满足不同国籍游客需求，有效解决外语导游人才匮乏等问题，完成提供中、英、日、韩、法、俄、西班牙文等7种语言的集智能多媒体导游与GPS定位电子地图导航于一体的朱家角古镇电子智能导游系统工程；设置179块旅游道路指示标志，为到青游客提供道路标识便利；编制内容完整、特色鲜明的《青浦旅游导游

4月21日，青浦区保世博建设工程安全文明施工现场推进会召开

（区建交委供稿）

5 月 10 日，由公安、武警、海事部门组成的青浦安保部门联合检查队在水上巡逻 （青浦报社供稿）

词》；推出一批具有青浦元素的世博旅游纪念品，并在朱家角古镇、青浦宾馆设立 3 个世博旅游纪念品销售点。世博期间，全区共接待游客 406 万人次，其中：上海游客约占 50%，外省市游客占 35%，港澳台及境外游客占 15%；旅游收入 21.13 亿元；平均客房出租率 67.28%，比上年增长 61.55%；区内旅行社组织世博游团队约 700 批次，组织观博人数 7.8 万。接待国内外来宾 367 批、7581 人次，其中外国国家元首、政府首脑和政要 25 人。积极参与 8 个对口国家馆日和 2 个国际组织荣誉日活动，搭建合作交流平台。

7 月 29 日，区委书记、区世博安保工作指挥部总指挥高亢率区世博安保工作指挥部领导成员先后到赵巷镇、金泽镇、盈浦街道检查世博安保社会面防控工作。高亢同志要求：各单位思想上高度重视，继续做好世博安保工作；抓好对主要矛盾的分析研判，积极排摸可能影响青浦区社会稳定的各类因素，要加大宣传表彰力度，积极宣传报道世博安保工作中涌现的优秀人和事。

整个世博会期间，青浦切实加强世博安全保卫工作，深入开展基础排查，强化信息收集研判、核查处置机制，加强敏感节点期间社会政治和治安稳定工作；开展“环沪护城河”工程，密切与江浙两省政法综治部门的统筹协作，主动与毗邻的市县区开展协调联动，签订《世博安保协作备忘录》，建立长期协作机制，严格落实道口安检、口岸的查检工作，切实把好水路、陆路道口安全关；加强对朱家角主题实践区、奥特莱斯等主要旅游景点、重点地区和公共场所的安全防控工作，招募 4 万多名世博平安志愿者，参与社区巡防、驻点守控、矛盾化解等方面工作；积极组织开展群防群治，进一步健全人防、物防、技防各项措施，各单位普遍建立行业志愿者队伍，落实内部安防措施，夯实平安世博的群众基础；扎实推进安全生产“三项建设”，强化企业安全生产主体责任，深入开展事故隐患排查治理，加大对重点行业、重点场所的检查，确保安全生产始终处于受控状态；着力加强对食品药品安全和产品质量的监管，全力确保交通安全和消防安全；组织全区机关党员干部积极参与“世博先锋行动”，主动服务世博、奉献世博；组织广大群众有序、文明观博，圆满完成市委赋予青浦的世博工作各项目标任务。

表彰先进 激励后续 世博精神 绽放异彩

2010 年月 6 起，按照市委有关指示，青浦区积极酝酿、筹划世博工作相关表彰活动。

6 月 1 日，公安青浦分局、区委政法委、区总工会和团区委联合制定下发《关于开展争创青浦区“平安世博 · 平安卫士”主题实践活动的通知》，深入推进争创青浦区“平安世博 · 平安卫士”主题实践活动。6 ~ 10 月，分 3 批，共评选出“世博安保先锋”个人 180 名（其中：群众 120 名、公安民警 60 名）和“世博安保先锋”集体 30 个，其中：吴强等 5 名个人和 1 个公安集体先后荣获上海市“世博安保先锋”荣誉称号，刘建林荣获上海市“平安卫士”荣誉称号。6 月 24 日，召开“平安世博 · 平安卫士”主题实践活动“世博安保先锋”表彰会，表彰 5 ~ 6 月评选出来的 60 名“世博安保先锋”个人和 10 个“世博安保先锋”集体。8 月 19 日，召开“平安世博 · 平安卫士”主题实践活动“世博安保先锋”表彰暨先进事迹报告

6 月 24 日，争创青浦区“平安世博 · 平安卫士”主题实践活动“世博安保先锋”表彰推进会举行 （公安青浦分局供稿）

会，表彰7～8月评选出的60名“世博安保先锋”个人和10个“世博安保先锋”集体。会上，6名报告团成员分别报告了青浦区地方海事处、公安青浦分局交警支队二中队、朱家角古镇区治安管理队以及香花桥司法所所长沈飞、凤溪派出所治安警长倪秀锋、白鹤镇综治办专职副主任刘建林等的先进事迹。“世博安保先锋”、公安民警、平安志愿者及各界群众代表等500多人聆听了报告会。11月22日，召开“平安世博·平安卫士”主题实践活动“世博安保先锋”第三次表彰暨电影招待会，表彰9～10月评选出的60名“世博安保先锋”个人和10个“世博安保先锋”集体。

8月31日，区委、区政府发出《中共上海市青浦区委员会、上海市青浦区人民政府关于表彰青浦区“服务世博、奉献世博”立功竞赛活动第一批先进集体和记功、嘉奖、优秀个人的决定》（青委〔2010〕98号），以下简称《决定》，《决定》指出：按照中央“六个确保”、市委、市政府“五保五落实”和区委、区政府有关参与世博、服务世博、奉献世博的部署和要求，全区各单位和广大干部群众热情投身“服务世博、奉献世博”立功竞赛活动，全力以赴、齐心协力，顽强拼搏、勇挑重担，为世博会成功开幕、开园，为世博会平稳有序运行，为确保世博期间社会和谐稳定作出了重要贡献。为表彰在“服务世博、奉献世博”立功竞赛活动中作出突出贡献的集体和个人，进一步增强全区各单位和广大干部群众的责任感、使命感，团结、激励广大干部群众增强东道主意识，发扬主人翁精神，为举办一届成功、难忘、精彩的世博会作出新贡献，区委、区政府决定，授予公安青浦分局交通警察支队三中队等100个单位“青浦区世博工作先进集体”称号；给予陈洪宝等103位同志记三等功、张建林等154人嘉奖，授予谢继恩等743位同志“青浦区世博工作优秀个人”称号。《决定》希望受到表彰的集体和个人不自满、不松劲、不懈怠，为世博再立新功；希望全区各单位和广大干部群众以受到表彰的集体和个人为榜样，深入贯彻落实市委、市政府对下一阶段世博工作的要求，再接再厉、善始善终，以勤奋的工作和出色的表现，为举办一届成功、精彩、难忘的世博会作出新的更大的贡献。9月3日，青浦区举行“服务世博、奉献世博”立功竞赛交流大会。会上，区委书记、区世博安保总指挥高亢充分肯定了前阶段各单位、各部门坚持奋发有为、全力以赴参与和服务世博各项工作所取得的阶段性成效，并要求在下半程世博各项工作要突出重点，再接再厉，继续保持良好的精神状态，进一步强化大局意识和责任意识，积极营造创先争优的良好氛围，确保顺利完成世博各项任务。会议由区委副书记、区长张国洪主持。巢卫林、胡燕平等四套班子领导出席会议。区委副书记、区世博安保常务副总指挥胡燕平宣读表彰决定。区领导为受到表彰先进集体和先进个人代表颁奖，7名先进集体和优秀个人代表作交流发言。

2011年1月5日，区委、区政府发出《中共上海市青浦区委员会、上海市青浦区人民政府关于表彰青浦区“服务世博、奉献世博”立功竞赛活动第二批先进集体和记功、嘉奖、优秀个人的决定》（青委〔2011〕1号），授予公安局青浦分局警务督察支队等100个单位“青浦区世博工作先进集体”称号；给予金人伟等105人记三等功、董永其等166人嘉奖，授予徐英等730人“青浦区世博工作优秀个人”称号。

是日，青浦区召开世博工作总结表彰大会。区委副书记、区长张国洪主持会议。区人大常委会主任巢卫林，区政协主席张布尔出席。区委副书记胡燕平宣读表彰决定。区委常委翟必槐、张汪耀、李萍、孙萍、李跃旗、王维立出席会议。区领导为受表彰先进集体和优秀个人代表颁奖。区委书记高亢出席会议并讲话，他强调，我们要全面贯彻中央和上海总结表彰大会精神，认真总结青浦参与和服务世博会的成功经验，进一步动员全区各级组织和广大党员干部群众，弘扬世博精神，不断开拓创新，为加快推进“一城两翼”建设，构建社会主义和谐社会作出新的贡献。他指出，我们着眼世博目标、落实有效措施，圆满地完成了参与和服务世博各项任务。一是始终将世博安保工作放在首要位置，按照“四个确保”、“六个不发生”的要求，全面落实安保责任和工作措施。二是将世博会筹办作为提高城乡文明程度的重要契机，加强城市管理、提高服务水平，让城乡居民得到实惠。三是认真做好参与世博场馆建设和世博食品供应企业的服务工作，为世博会召开和顺利运行提供服务保障。四是周密做好国际贵宾的接待工作。五是在迎世博和世博会举办期间广泛发动群众，充分依靠群众，调动市民参与和服务世博的热情。世博会给我们留下的丰富成果和先进理念是推动科学发展宝贵而巨大的精神财富，对于我们在新的历史时期全力推进经济社会又好又快发展具有十分重要的意义。他强调，青浦正处在转型发展的重要时期，面临着重大发展机遇，也遇到了诸多发展瓶颈。全区各级党组织和广大干部群众要围绕工作大局，大力弘扬世博精神，认真学习世博先进理念，巩固世博工作成果，抓住世博后续效应，积极营造创先争优的良好氛围，努力把参与和服务世博形成的经验成果、精神财富转化为推动科学发展的强大动力，更加奋发有为地推进青浦区改革开放和现代化建设。

整个世博工作中，青浦区政法系统有1家单位获全国世博工作先进集体，2人获全国世博工作先进个人；7家单位获上海世博工作优秀集体，12人分别荣获上海世博工作一等功、二等功及优秀个人称号。青浦区世博会志愿者工作站获上海世博工作优秀集体和中国2010年上海世博会志愿者工作优秀组织奖。全区共有300多个先进集体和3100多名先进个人分别得到国家和市、区表彰。

“成功、精彩、难忘”的2010年上海世博会永远留在了青浦人民的印象中、记忆里，上海世博会“城市，让生活更美好”的主题也将为青浦人民所铭记，上海世博“为国争光的爱国精神，全心为民的服务精神，团结拼搏的团队精神，严谨科学的实干精神，追求卓越的创新精神，爱岗敬业的奉献精神”更将激励青浦人民开拓创新、奋发有为，为建设更加美好的家园、为构建社会主义和谐社会而努力拼搏，贡献出更多的智慧和力量。

（王卫红）

2010 年度青浦区村级集体经济财务情况报告

自 2008 年实施进一步深化村级组织综合配套改革以来，区对村级组织的财政转移支付力度明显加大，这为保障村级组织正常运转、推进社会主义新农村建设起了重要作用。但是，由于我区村级集体经济在市郊各区（县）中相对薄弱，地区之间又极不平衡，因此，村级集体经济财务收支状况仍然相当严峻。现将我们对 2010 年度全区村级集体经济财务运行的调查和分析情况报告如下：

一、2010 年度全区村级集体经济财务收支情况

（一）总收入

全区 191 个村（含 7 个农村居委会，下同），2010 年度总收入为 64826 万元，比上年增加 3826 万元，增长 6.27%；平均每个村（居）339.40 万元，比上年增加 19 万元。

1. 收入规模。191 个村（居）集体中，总收入 100 万元以下的有 3 个，占 1.57%；100 万元～200 万元的有 45 个（其中 150 万元以上的有 35 个），占 23.56%；200 万元～300 万元的有 59 个，占 30.89%；300 万元～400 万元的有 31 个，占 16.23%；400 万元～500 万元的有 25 个，占 13.09%；500 万元～600 万元的有 11 个，占 5.76%；600 万元～700 万元的有 2 个，占 1.05%；700 万元～800 万元的有 7 个，占 3.66%；800 万元～900 万元的有 4 个，占 2.10%；900 万元～1000 万元的有 1 个，占 0.52%；1000 万元以上的有 3 个，占 1.57%。

2. 收入构成。在总收入 64826 万元中，经营性收入为 21008 万元，占 32.41%，其中：租赁等经营性收入为 18619 万元、发包及上缴收入为 1523 万元、投资收益 866 万元。财政补助收入为 22457 万元，占 34.64%。其中：财政转移支付 16061 万元，占总收入 24.78%，来源为村级组织综合配套改革两级财政给予的保障资金 15280 万元和有关街镇追加的转移支付 781 万元；财政专项补助收入 2178 万元，占总收入 3.36%；其他补助收入 4218 万元，占总收入 6.50%。招商引资财力返回为 12204 万元，占 18.83%。其他收入为 9157 万元，占 14.12%，主要包括利息收入，土地征用、房屋动迁等账外资产补偿收入，以及土地垦复补贴收入和资产盘盈等。

（二）总支出

191 个村（居）集体，2010 年度总支出为 58299 万元，比上年增加 4499 万元，增长 8.36%；平均每个村（居）305 万元，比上年增加 24 万元。

1. 支出规模。191 个村（居）集体中，总支出 100 万元以下的有 4 个，占 2.09%（当年赤字村 3 个）；100 万元～200 万元的有 52 个，占 27.23%（当年赤字村 15 个）；200 万元～300 万元的有 64 个，占 33.51%（当年赤字村 23 个）；300 万元～400 万元的有 36 个，占 18.85%（当年赤字村 13 个）；400 万元～500 万元的有 15 个，占 7.85%（当年赤字村 5 个）；500 万元～600 万元的有 6 个（当年赤字村 1 个），占 3.14%；600 万元～700 万元的有 5 个，占 2.62%（当年赤字村 1 个）；700 万元～800 万元的有 4 个，占 2.09%；800 万元～900 万元的有 3 个，占 1.57%；900 万元～1000 万元的有 1 个，占 0.52%；1000 万元以上的有 1 个，占 0.52%。

2. 支出构成。在总支出 58299 万元中，经营支出 3588 万元（主要是出租房屋折旧费与维修费），占 6.15%；人员报酬费用 19540 万元（包括村干部报酬、其他管理人员报酬及补贴和其他人员报酬及补贴，其中村干部报酬 7275 万元，平均每人 7.46 万元），占 33.52%；管理费用（人员报酬除外）11253 万元，占 19.30%，其中接待费 2937 万元，平均每个村（居）15.38 万元；公共福利支出 13274 万元（包括村民福利支出、文教卫生支出、养老统筹和养老金支出、社区活动支出和其他公共服务支出等），占 22.77%；支农支出 5848 万元（包括基础设施建设和维护支出以及农业生产服务支出等），占 10.03%；其他支出 4796 万元，占 8.23%。

（三）年度收益

191 个村（居）集体，2010 年度总收益为 6527 万元，比上年减少 760 万元，减 10.43%；平均每个村（居）34 万元。

在 191 个村（居）集体中，本年收益出现赤字的有 61 个，占 31.94%；本年收益小于 20 万元的有 26 个，占 13.61%；20 万元～40 万元的有 37 个，占 19.37%；40 万元～60 万元的有

20个，占10.47%；60万元～80万元的有12个，占6.28%；80万元～100万元的有10个，占5.24%；100万元～150万元的有13个，占6.80%；150万元～200万元的有5个，占2.62%；200万元～300万元的有3个，占1.57%；超过300万元的有4个，占2.10%。

二、需要关注和解决的问题

（一）村级集体经济发展不平衡的问题仍比较突出。由于村（居）集体所处地理位置不同，特别是青西地区受环境保护等因素的制约，青东与青西村级集体经济发展差异明显。在收入规模上，青东村（居）集体总收入明显大于青西村（居）集体。青东3个镇（赵巷、徐泾和华新）村（居）集体总收入为23988万元，占全区村（居）集体总收入的37%（村〔居〕数占21%）；平均每个村（居）600万元；超过800万元的有8个村（居），其中3个村（居）超千万。青西3个镇（朱家角、练塘和金泽）村（居）集体总收入为18907万元，占全区村（居）集体总收入的29%（村〔居〕数占43%）；平均每个村（居）228万元。青东与青西平均村（居）总收入之比为2.6∶1。在收入来源上，青东村（居）集体的经营性收入明显高于青西村（居）集体。青东3个镇村（居）集体经营性收入为11121万元，占总收入46.4%，如加上招商财力返回收入5309万元后，两块收入占总收入的比例达68.5%，接近七成。青西3个镇村（居）集体经营性收入为2813万元，占总收入14.9%，加上招商财力返回收入3549万元后，两块收入占总收入的比例为33.6%。青西村级集体经济组织的运转越来越依赖于财政扶持，其村级总收入一半以上来源于各类财政补助（占50.9%），练塘镇村级各类财政补助收入占比高达72.7%。在收入水平上，青东村（居）集体的平均收入水平也明显高于青西村（居）集体。最高的是徐泾镇，平均每个村（居）的总收入为853万元，最低的是练塘镇，平均每个村（居）的总收入为197万元，两者之比为4.3∶1。从单个村看，总收入最高的是徐泾镇光联村，其总收入为2367万元，最低的是朱家角镇水产村，其总收入为76万元，两者之比为31.1∶1。

（二）村级集体依靠自身拓宽收入渠道的难度加大。全区村级集体经济总收入主要来自三方面，即：不动产租赁等经营性收入、招商引资产生的税收返回和财政转移支付在内的各级财政补助收入。“十一五”期间，全区村级集体经济总收入增加2.08亿元，平均年递增8%，可以说村级集体经济呈较快发展态势。但从2010年比2005年增加的2.08亿总收入来源看，各级财政补助收入增加了1.73亿元，其中：财政转移支付增加1.45亿元，占增加额的83.2%；经营性收入虽有增加，但增加总额不到1000万元。可见村级集体经济总收入的增长主要来自于财政扶持。目前，村集体经济组织所拥有的不动产规模已基本定型，招商引资又处于无地招商的困境，租金收入和税收增长多数村已没有大的空间。青东地区有些村（居）虽然有一定的资金实力，但由于受土地指标的限制，无法扩大物业资产规模，增加资产租赁经营收入。同时，随着城市化的推进，集体土地被征用后，因村级原有物业资产的拆迁、招商实地型企业的搬迁，将导致青东地区租金收入和招商税收的减少。青西地区由于受到资金、环保和产业政策的制约，发展集体经济更是举步维艰。

（三）村集体收支赤字呈现回升趋势。近年来，村集体经济虽然有了较快的发展，但随着社区管理和公共服务的不断加强，村集体经济组织仍面临支出不断增加的压力，2010年每个村（居）平均总支出比2005年增加96万元，增长45.9%；比村级组织综合配套改革实施前的2007年增加65万元，增长27.1%；“十一五”期间支出平均年递增7.9%，与收入几乎同步增长。自2008年全区推行村级组织综合配套改革以后，收支赤字的村（居）数从2005年的84个逐年减少到2009年的44个，减少近一半，但2010年赤字村数又回升至61个，接近2008年的66个。如果没有财政转移支付收入，2010年全区将有84%的村（居）出现收支赤字。

（四）村集体的人员报酬负担过重且呈刚性增长。2010年度全区村（居）集体人员报酬费用总额为19540万元，占总支出33.5%（最高的金泽镇为44.2%），平均每个村（居）为102万元。报酬支出占总支出的比重逐年上升，与2005年相比增加9.1个百分点，“十一五”期间报酬支出平均年递增15.0%，2007年以来平均递增12.1%。人员费用居高不下并快速增长，其主要原因：一是推行村级组织综合配套改革以后，村干部报酬考核注重社区管理和公共服务，由于职责相同了，因而街镇在确定村干部报酬时易产生攀比心理，致使村干部报酬增长过快，造成其他条线管理人员的报酬也水涨船高。2010年尤为突出，村管理人员报酬每村（居）达55万元，占报酬费用总额的53.9%。二是随着新农村建设步伐加快，卫生创建、平安建设等社区管理和公共服务力度加大，各类服务人员数量激增。以赵巷镇为例，2010年度由村集体经济组织支付报酬的各类人员（两委干部除外）多达568人，平均每个村（居）63人，比2005年增加211人，增长59%，平均每个村（居）增加23人。此外，随着上海最低工资标准的逐年提高，这类人员的报酬或补贴水平也相应提高，是人员报酬费用快速增长的原因之一。

（五）村集体面临基础设施建设等新支出快速增长压力。当前，村集体经济组织又面临新的费用支出压力，主要表现为：一是公共福利支出的范围扩大、金额不断增加。2010年村（居）集体公共福利支出达13274万元，平均每村（居）近70万元，比2005年增长51.5%，比2007年增长70.0%。福利开支范围包括文教、医疗卫生、计划生育、五保户补助、助残、移风易俗、村民活动室、环境保护和献血补助等支出。二是为农服务等支农支出逐年增长。2010年支农支出5848万元，平均每村（居）31万元，比2005年增长2.5倍，比2007年增长22.9%。三是村民对村级道路等公益性基础设施建设的需求日益提高，基础设施建设投入费用压力更大。如2010年赤字村中，华新镇华益村虽收入达552万元，但还是赤字54万元；收入最高的徐泾镇光联村，2010年支出更高达1685万元。

（六）预算编制和执行情况还未列入村干部考核内容。部分村（居）不从实际出发，不根据量入为出的原则编制预算，甚至编制虚假预算、赤字预算。预算编制后又不按预算执行，费用开支超预算后也不按规定程序调整预算，凭几个人说了算。出现这种情况的主要原因是缺乏相应的监督机制，没有把预算编制与执行作为干部考核的一项重要内容。

（七）村干部的绩效考核有待进一步完善。现行村干部考核办法除了预算编制与执行情况未列入考核外，还存在考核重点不突出、与全区推进的重点工作没有紧密结合，考核的项目越来越多，奖金越来越高等问题，奖励资金也没有完全落实。这些都影响绩效考核作用的发挥。

三、几点建议

（一）要进一步增强村干部对发展村级集体经济的紧迫感、责任心。当前，由于种种原因，发展村级集体经济的困难很多，尤其青西地区难度更大。但是，在推进社会主义新农村建设中，发展壮大村级集体经济，提升村集体的经济实力，让广大农民群众分享集体经济发展成果，仍然是村干部的一项主要职责。为此，要通过多种形式的教育，提高村干部思想认识，振奋村干部精神，增强对发展村级集体经济的紧迫感、责任心。要鼓励和支持村干部紧密结合当地实际，以新的思路和新的举措，盘活村级集体“三资”存量，拓展村级集体“三资”增量，发展壮大村级集体经济。要对在新形势下发展壮大村级集体经济作出突出贡献的单位和村干部，进行表彰和奖励，宣传他们的先进事迹，发扬他们的先进思想。

（二）要进一步强化村级集体年度财务收支预决算的管理与监督。编制村级集体年度财务收支预算计划，要坚持量入为出、留有余地的原则，严控和压缩非经营性开支，严禁搞赤字预算和虚假预算。要严格执行年度财务收支预算计划，对确有特殊原因需进行预算调整的，必须按规定的规范程序办理，不准由少数人说了算，不准弄虚作假，转移费用开支。凡费用开支不按规定调整预算计划，在决算过程中发现超预算计划的，不论金额大小，一律不予列支，由有关责任人承担。对因执行预算不力或严重失职，造成赤字的，要追究村级组织主要领导的责任。要将预算编制和执行情况列入村干部考核内容。

（三）要进一步完善村干部绩效考核制度。对于村干部的绩效考核，要突出重点，并与全区推进的重点工作相结合。当前，可将违法用地纠正情况、违法建筑整治情况、重大环境污染事故发生情况、重大群体性事件发生情况，以及食品、生产、消防等安全事故发生情况列为考核的重要内容，并实行一票否决制。与此同时，还要积极探索建立村干部报酬与搞好行政管理与服务、发展村级集体经济相挂钩的制度，妥善处理村干部报酬问题。

（四）要进一步争取各级财政加大转移支付的力度。自2008年实施深化村级组织综合配套改革以来，区财政转移支付力度明显加大，但考虑到我区特别是青西地区村级集体经济比较薄弱，公共费用开支呈刚性增长，农村基础设施建设又欠账多、需求大，迫切需要进一步加大财政转移支付的力度。因此，要争取各级财政转移支付向农业比重大，为水资源、环境保护作出重要贡献的地区倾斜；向集体经济薄弱、发展难度大的地区倾斜。同时，要扩大公共财政在农村基础设施建设等方面的投入，进一步贯彻落实“城市支持农村，工业反哺农业”的政策。

（五）要进一步探索在新形势下发展村级集体经济的新路子。当前，发展村级集体经济的一个突出难题是：制约越来越多，空间越来越小，难度越来越大。要根据市政府对我区的功能定位和区委关于推进“一城两翼”建设的总体要求，按照国家有关政策规定，紧密结合农村实际，积极探索在新形势下维护、盘活村级集体“三资”增量新路子，并注重研究村级集体“三资”存量补偿方式和拓展、壮大村级集体“三资”增量的参与方式、经营模式。

（区农委　区委区政府研究室）

1月

7日　青浦区人民政府与中国联通上海分公司签署《战略合作框架协议书》。根据协议内容，上海联通将把青浦作为战略发展区域及业务发展、网络建设的重点区域，在2009～2011年内投入3.9亿元，为青浦城市建设和功能定位的落实提供综合信息服务。

14日　上午，"蓝天下的至爱——万人捐、帮万家，让特困家庭过好年"慈善募捐活动在区会务中心举行，活动募集善款7687.32万元。

15日　中共上海市青浦区第三届委员会第十二次全体会议在区会务中心举行。全会由区委常委会主持。区委书记高亢作工作报告。区委副书记、代区长张国洪传达九届市委十次全会精神，并作关于《青浦区2009年经济社会发展情况和2010年经济社会发展工作安排》的讲话。区委副书记胡燕平对《中共青浦区委常委会2010年工作要点（讨论稿）》作说明。

16日　在央视网和上海春秋国际旅行社联合举办的第一届"中国十大魅力休闲旅游湖泊"评选活动中，青浦淀山湖被授予评委会特别奖。

18日　下午，政协上海市青浦区第三届委员会第四次会议在区会务中心开幕。会议于1月22日上午闭幕。

19日　上午，上海市青浦区第三届人民代表大会第六次会议在区会务中心开幕。会议于1月22日下午闭幕。

21日　以"奔向世博——冲刺世博"为主题的迎世博倒计时100天活动正式启动。

26日　上午，"青浦朱家角工业园区企业易贷通"合作签约仪式在朱家角镇综合经济城举行。

2月

1日　下午，复旦大学附属中山医院青浦分院扩建工程奠基仪式举行。

2日　中共上海市青浦区纪律检查委员会三届五次全会在区会务中心召开。

是日　《青浦县志（1985～2000）》发行仪式在区直机关318会议室举行。全书216万字。正文设40个编、155章、563节。

3日　上午，上海市老年基金会青浦区分会揭牌仪式在区会务中心举行。

4日　下午，副市长赵雯到青浦区调研知识产权工作。赵雯一行在区领导张国洪、张汪耀等陪同下，视察上海德力西集团有限公司产品陈列室、亚士漆（上海）有限公司创新成果展示中心。

是日　下午，中国致公党上海市青浦区支部委员会成立。

2月11日，青浦区首条社区巴士——青浦11路正式开通

（区政府网站供稿）

是日　华东师范大学数学系青少年数学创新型人才培养基地揭牌仪式在青浦区实验中学举行。

是日　青浦区首例审计调查报告通过“青浦审计”网站向社会公开。

10 日　中国农工民主党上海市青浦区总支部委员会成立。

11 日　青浦区首条社区巴士——青浦 11 路正式开通。

21 日　16 时 13 分,嘉松中路 4490 弄 400 号 ~418 号上海月胜废品收购有限公司一加工车间发生火灾。事故造成 6 人死亡、8 人受伤。

22 日　下午,青浦区贯彻实施《上海市公共场所控制吸烟条例》启动仪式在桥梓湾广场举行。

25 日　青浦区东方幼儿园与上海鹊群种苗专业合作社签约,共建青浦区首家幼儿科普教育实践基地。

3 月

2 日　上午,青浦区迎接国家卫生区复审动员大会在区直机关 318 会议室召开。

3 日　上午,青浦区在区会务中心召开世博工作动员大会,全面部署迎博冲刺阶段和办博阶段主要工作。

4 日　青浦区深入学习实践科学发展观活动总结大会在区会务中心举行。

9 日　由青浦区红十字会和落户于朱家角镇的上海佩纳沙士吉打机械有限公司共同援建的云南省红河州元阳县上海青浦显博小学正式竣工。

10 日　朱家角镇获得首批“全国特色景观旅游名镇”称号。

12 日　上午,上海世博会第一个城市志愿者服务站外建站正式落地青浦。

是日　青浦区科技创业中心被国家科技部认定为“大学生科技创业见习基地试点单位”。

16 日　轨道交通 2 号线西延伸段投入试运行,徐泾东站启用。该轨交线路全长 64 公里,连接浦东国际机场和虹桥机场。徐泾东站是上海市最大的地下单线车站,长度为 564 米。

17 日　上海市教育委员会发文命名朱家角中学为“上海市实验性示范性高中”。

18 日　下午,上海新闻出版印刷行业职业教育国家级重点学校——上海新闻出版职业技术学校落户青浦工业园区。

19 日　上午,青浦区“十二五”规划编制工作动员大会在区直机关 318 会议室召开。

是日　上海市首届清明文化节在青浦福寿园人文公园开幕。于 4 月 16 日结束。

是日　凯博休闲农庄、金家农家乐、四季百果园、上海人然合一现代农业生态园和寻梦园 5 个农业旅游景点被命名为上海市首批“世博观光农园”。

23 日　上午,青浦区召开平安建设暨世博安保社会面防控工作会议,全面部署平安建设和世博安保社会面防控各项任务。

24 日　下午,副市长胡延照到青浦区调研市郊春耕备耕、夏熟作物生长情况。胡延照一行在副区长陈勇章等陪同下,视察练塘镇青浦农技中心科技创新基地的春播种子存储仓库和基地丰产方小麦长势等情况。

26 日　上午,上海淀山湖新城发展有限公司、上海西虹桥商务开发有限公司、上海湖区经济开发有限公司三大投资开发公司成立仪式在朱家角皇家金煦花园酒店举行,标志着青浦区“一城两翼”战略规划正式启动。

28 日　上海豪港网络信息科技有限公司青浦工厂奠基仪式在青浦工业园区举行。青浦工厂首期注册资本 350 万美元,用地面积 2.67 公顷。

30 日　上午,司法部部长吴爱英在市司法局党委书记、局长吴军营,副书记李和平陪同下,到香花桥街道实地视察基层司法所建设情况。区领导高亢、李萍等陪同视察。

4 月

2 日　上午,区领导高亢、巢卫林、胡燕平等到东乡烈士陵园祭扫革命烈士。区领导张国洪、张布尔等到西乡烈士陵园祭扫革命烈士。

10 日　青浦区首家科技创业投资基金——上海领锐科技创业投资基金正式成立。

13 日　下午,朱家角镇举办平安世博誓师大会暨世博主题实践区应急综合演练。

14 日　中国东方航空公司与青浦工业园区在上海西郊宾馆举行投资签约仪式。东航再度投资 10 亿元设立技术研发应用中心。

15 日　首届上海朱家角国际水彩画双年展在朱家角课植园内的上海金华艺术馆开幕。该展览汇聚了中国、英国、美国、俄罗斯、澳大利亚、日本、韩国等国内外水彩画大师的 258 幅新作。

16 日　上午,市人大常委会副主任杨定华到青浦区调研。杨定华一行在区人大常委会主任巢卫林等陪同下,到朱家角镇沈巷村了解民情民意,倾听群众呼声。

是日　上午,首届青浦白鹤草莓节在赵屯草莓基地开幕。市人大常委会副主任杨定华,区领导高亢、张国洪、巢卫林、张布尔、胡燕平等出席开幕式。草莓节于 4 月 18 日结束。

是日　青浦区首届西洋牡丹嘉年华活动(花卉节)在上海人然合一现代农业生态园开幕。

19 日　青浦区第一家五星级酒店——上海朱家角皇家金煦花园酒店正式开业。该酒店总投资 3.6 亿元,占地面积 3.33 公顷。

20 日　青浦区首条世博公交专线——世博 38 路正式开通。该公交专线不设中途站,直达轨道交通 9 号线佘山站。线路全程 18.8 公里。

21 日　注册在练塘镇的民营企业——上海安诺其纺织化工股份有限公司首次公开发行股票并在深交所创业板上市交易。发行股份总数 2700 万股,发行价 21.20 元/股。

22 日　上午,日本尤妮佳集团在世界范围内最大的生产基地——上海青浦第三工厂开业典礼在青浦工业园区举行。该工厂总投资2.3亿美元，建筑面积近14万平方米。

23日　中共中央政治局原常委、中央政法委员会原书记罗干在市委常委、统战部部长杨晓渡，区领导高亢、张国洪等陪同下，视察上海大观园和朱家角古镇。

28日　上午，青浦区世博志愿者工作会议在区会务中心召开。

29日　上午，西大盈港双桥举行通车仪式。该双桥位于连接青浦新城与朱家角的主干道上，是青浦新城区城中西路延伸段的一个重要节点。主桥为中承式无推力拱桥，全长201.96米，单幅主桥宽度26米。

是日　上海哥大生命医药科技有限公司签约落户青浦工业园区。该项目一期注册资金1000万美元，占地面积2.59公顷。

4月29日，西大盈港双桥通车　（区政府网站供稿）

5月

2日　中共中央政治局委员、国务院副总理王岐山在市委常委、副市长屠光绍，区委书记高亢，区委副书记、区长张国洪等陪同下，视察朱家角古镇。

6日　德国海德堡印刷设备（上海）有限公司厂房扩建开工仪式在青浦工业园区举行。此次开工的三、四期新厂房，建筑面积5万平方米，总投资14615万美元。

是日　下午，副市长唐登杰到青浦区看望慰问参与世博安保的工作人员和维护世博旅游秩序的平安志愿者。唐登杰一行在区领导张国洪、张汪耀、陈振华等陪同下，视察了沪青平公路西岑检查站和世博会主题实践区之一的朱家角镇。

10日　16时30分许，位于香花桥街道漕盈路（天一路口北侧200米）的上海骠马设备安装工程有限公司在电焊作业时发生爆燃。事故造成1人死亡、1人轻伤。

12～16日　美国蓝海电视台（BONTV）到青浦区拍摄春季旅游风光片，制作《TripTips青浦旅游贴士》海外全英文节目。

14日　上午，青浦区首个来沪人员人民调解委员会暨调解工作室在华新镇凤溪社区成立。

18日　上海普惠发动机维修有限公司获中国首个“能源与环境设计先锋（LEED）”白金认证。

是日　上海拓璞精密五金有限公司开工奠基仪式在青浦工业园区举行。该公司注册资本800万美元，总投资1500万美元，用地面积3.33公顷，一期用地1.73公顷。

27日　上午，市委常委、常务副市长杨雄率市有关部门负责人到青浦区调研“十二五”规划编制工作。区领导高亢、张国洪、张汪耀、张正翔等陪同调研。

6月

1日　国家太湖流域环境综合治理项目青浦片区最大的水利单体工程——叶水路港泵闸工程正式启动。

2日　青浦区首个蓝莓研究所在青浦现代农业园区挂牌成立。

5日　青浦区世博大礼包发放工作正式启动。全区发放总量约23万余户。

7日　下午，中共中央政治局委员、上海市委书记俞正声到青浦区就谋划“十二五”规划进行专题调研。俞正声和市委常委、市委秘书长丁薛祥在区领导高亢、张国洪、李跃旗、陶夏芳、张正翔等陪同下，视察了五天创业产业孵化园、上海惠普飞机发动机维修有限公司、上海弘阳农产品有限公司和淀山湖大道西大盈港双桥。

8日　青浦区首家汽车服务科学商店启动仪式在夏阳街道新青浦社区广场举行。

11日　青浦区世博会园区高峰志愿者出征仪式在上海大学房地产学院举行。

是日　晚，2010年上海世博会园区外文化展演剧目——中国首出实景园林版昆曲《牡丹亭》在朱家角课植园进行首轮公演。

13日　赵巷国家级枇杷生产标准化示范区通过国家标准化委员会专家组验收。

14日　由具荣会教育长率领的韩国忠清南道保宁市教育代表团一行6人，到青浦区进行为期4天的友好交流访问。

16日　青浦区第三届运动会“德力西”杯龙舟赛在夏阳湖畔举行。

17日　副市长沈骏到青浦区调研保障性住房建设土地储备情况。沈骏一行在区领导张国洪、朱明福、张正翔等陪同下，到徐泾基地动迁指挥部，了解基地动迁体制、机制、人员队伍工作进度，并察看了徐泾基地地块。

是日　工业和信息化部在青浦区召开政府部门互联网安全接入试点工作会议。

是日　青浦区首届宗教文化大专班毕业典礼在区委党校举行。

18 日　青浦区老年协会成立仪式在区直机关东裙楼三楼会议室举行。

21 日　云南省红河州绿春县党政代表团到青浦区学习考察。双方就两地经济建设、社会发展、对口援助等方面问题广泛交流意见。

24 日　1 时 29 分，练塘镇东风街 148 弄一老式二层砖木结构房屋着火。过火面积约 200 平方米，火灾造成 3 人死亡，2 人骨折受伤。

25 日　上午，青浦徐泾大型居住社区经济适用房基地开工仪式举行。该基地位于徐泾镇二联村，毗邻轨道交通 2 号线徐泾东站，属于上海虹桥综合交通枢纽功能拓展区和珠光路站大型居住区范围。基地北至徐灵路，南至龙联路，西至诸卫路，东至规划路，规划用地面积约 30 公顷，共分为 D、E、F、G 四个地块开发。此次开工建设项目为 D 地块，建设用地面积 6.98 公顷。

是日　上午，重固镇境内的福泉山遗址被授牌成为国家 AAA 级旅游景区和上海市爱国主义教育基地。

26 日　上午，西郊国际"上海台湾农产品交易中心"试营业暨采供签约仪式在上海西郊国际农产品交易中心举行。

7 月

1 日　青浦区庆祝中国共产党成立 89 周年暨深入开展创先争优活动推进大会在区会务中心举行。

6 日　上午，加快青浦工业园区发展动员大会暨园区三大开发公司揭牌仪式在青浦工业园区举行。占地 56.2 平方公里的青浦工业园区自此由新组建的上海青浦工业园区发展（集团）有限公司、上海张江高新技术产业开发区青浦园区有限公司和上海青浦出口加工区开发有限公司分别运作，称"一园三区"。

是日　下午，青浦区院士专家企业工作室——亚士创能科技院士专家企业工作室在亚士漆（上海）有限公司揭牌成立。

9 日　上午，商务部副部长易小准到青浦区考察。易小准一行在区领导张国洪、张汪耀等陪同下，实地察看了朱家角和西虹桥商务区。

12 日　上海证券公司徐泾营业部在徐泾镇振泾路 238 号 5 楼开业。

14 日　德国永恒力叉车股份公司、日本天田株式会社（AMADA）分别与青浦工业园区集团公司签订投资协议，正式落户青浦工业园区。德国永恒力叉车股份公司青浦新工厂占地面积约 6.67 公顷，总投资 5160 万美元。日本天田株式会社（AMADA）青浦项目占地面积约 5.33 公顷，总投资 3000 万美元。

16 日　下午，青浦区首家人民调解驻派出所工作室在赵巷镇派出所揭牌成立。

19 日　中共青浦区委三届十三次全会在区会务中心举行。全会审议并通过了《中国共产党上海市青浦区第三届委员会第十三次全体会议决议》和《中国共产党上海市青浦区第三届委员会第十三次全体会议关于递补区委委员的决定》。区委书记高亢作讲话，区委副书记、区长张国洪作关于《上半年经济社会发展情况和下半年经济社会发展工作安排》的讲话。

28 日　"川气东送"——上海市天然气主干网建设开工典礼在徐泾镇金云村举行。"川气东送"项目西起四川省达州市宣汉县，途经重庆、湖北、安徽、浙江、江苏等省（市），东至上海市，全长 1700 多公里。上海主干网自 S32 申嘉湖高速公路，沿 G15 沈海高速公路、G50 沪渝高速公路以及嘉松公路直至 G42 沪蓉高速公路，全长 39 公里。

是日　上海德力西集团有限公司被命名为上海市首批企业文化建设示范基地。

30 日　由东方绿舟和上海市龙舟协会主办的"第二届上海国际友好城市青少年夏令营龙舟挑战赛"在东方绿舟举行。

8 月

2 日　海通证券公司青浦营业部在青浦城区公园路 458 号开业，成为海通证券上海地区第 30 家营业部。

是日　由上海电视大学和青浦电视大学选送、朱家角镇文体中心创作并演出的田山歌《插秧天》参演第二届北京传统音乐节"国粹与原生态"专场音乐会。

4 日　下午，普陀区与青浦区城乡党组织结对共建签约仪式在区会务中心举行。除了两区区委层面的结对外，普陀区共有 16 个基层单位与青浦区的 12 个村、2 个镇、5 个部门结对共建。

是日　位于金地格林郡金域广场二楼的青浦影城正式营业。该影城设 6 个专业化影厅，其中最大的影厅设有 110 余个座位，具备 3D 放映功能。

5 日　下午，上海博文学校落成典礼暨交接仪式举行。该校为九年一贯制学校，设有 54 班，占地面积 4.7 公顷，建筑面积 24900 多平方米，可容纳 2400 多名学生就读。

8 日　上午，2010 年"全民健身日"青浦区主题活动暨第三届运动会秧歌比赛在区体育馆举行。全区共有 7 支代表队 84 人参赛。

11 日　华夏银行青浦支行在青浦区城中北路 780 号开业。

12 日　下午，虹口区与青浦区城乡党组织结对共建签约仪式在区会务中心举行。除了两区区委层面的结对外，虹口区科委、商务委、投资促进办、教育局、卫生局、文化局、旅游局分别与青浦区科委、经委、教育局、卫生局、文广影视局、旅游局结对。虹口区 8 个社区（街道）分别与青浦区金泽镇、练塘镇、重固镇的 8 个村结对共建。

17 日　下午，副市长赵雯到青浦区调研旅游业发展情况，并就青浦区旅游业"十二五"规划召开座谈会。

20 日　青浦区全面启动第一次全国水利普查工作。此次普查工作为期 3 年（2010 年 1 月～2012 年 12 月）。

23 日　上午，来自 35 个国家的 93 位外宾到东方绿舟，参加世博会国际参展方进青浦区互动交流活动。

24 日　豫才学校开工建设。该校位于华青南路东侧、318 国道北侧，包括 1 所九年一贯制学校和 1 所幼儿园，总建筑面积 19033.10 平方米。

26日　上午，上海市青浦区第三届人民代表大会第七次会议在区会务中心举行。会议为期1天半。

28日　青浦区第三届运动会游泳比赛在青浦游泳馆举行。全区各镇、街道和机关企事业单位16个代表队近80名运动员参赛。比赛设16个竞赛项目。最终，重固镇代表队夺得7金、3银2铜，赵巷镇代表队夺得3金、7银、5铜，华新镇代表队夺得3金、1银、5铜。

9月

2日　列支敦士登代理国家元首、摄政王储阿洛伊斯·列支敦士登，首相兼财政、家庭部长克劳斯·屈策尔，上海世博会列支敦士登总代表诺伯特·赫姆勒等一行，在外交部欧洲司有关领导的陪同下，参观游览朱家角古镇。副区长陈勇章陪同参观。

3日　下午，青浦区"服务世博、奉献世博"立功竞赛活动交流大会在区会务中心举行。

4日　白鹤镇赵屯蔡家村村民在北凌巷9号民宅前发现大量清代瓷器。此次出土的瓷器以青花瓷为主，兼有少量粉彩、青瓷、白瓷，款识多为清乾隆、嘉庆、咸丰年间，完整器共计130余件。

5日　斯洛伐克总统伊万·加什帕罗维奇率代表团参观游览朱家角古镇。区委副书记、区长张国洪陪同参观。

9日　青浦区邮政局向阳邮政所营业员陆美华拾金不昧，在营业室拣到客户遗失的3.2万元后立即报案并归还失主。

10日　上午，虹口区社区（街道）与练塘镇举行城乡党组织结对共建签约仪式。虹口区的四川北、曲阳、江湾镇、欧阳4个社区（街道）分别与练塘镇的东库村、芦潼村、蒸夏村和东淇村进行城乡党组织结对共建。

是日　上午，晚清著名小说家、医学家陆士谔铜像在朱家角镇银杏树广场落成。

12日　2010"港隆"杯上海世界华人龙舟邀请赛在淀浦河畔举行。共有来自美国、加拿大、德国、日本、新加坡、菲律宾等国家和中国香港、澳门、台湾等地区的20支龙舟队300多名运动员参赛。经过比赛，上海港隆国际龙舟队夺得冠军，中国澳门龙舟队和淮海工学院太阳雨龙舟队分别获得第二、三名。

14日　以保宁市经济开发局局长李龙雨为团长的韩国保宁市经济代表团到青浦区进行为期4天的友好交流访问。

15日　由弗莱堡市副市长冯·基尔希巴赫率领的德国巴登符腾堡州政府企业代表团到青浦区参观访问。区委常委、副区长李跃旗会见代表团一行并进行座谈。

16日　上午，青浦区国家级沙田湖水产养殖标准化示范区通过国家标准化委员会专家组验收。

是日　下午，上海市防震减灾科普教育基地暨青浦区青少年实践中心地震科普馆揭牌仪式在区青少年实践中心举行。

是日　上海天玑科技股份有限公司落户青浦工业园区。

是日　晚，青浦区第三届运动会暨2010上海淀山湖文化旅游艺术节开幕式在区体育场举行。区领导高亢、巢卫林、张布尔、胡燕平等出席开幕仪式并观看演出。艺术节有各类活动50余项，150场次，参与群众80多万人次，于10月29日结束。

17日　2010上海淀山湖湖区经济·青浦论坛在朱家角镇举行。副市长赵雯，区委书记高亢，市旅游局局长道书明，区委常委、副区长李跃旗等出席开幕仪式。

18～27日　"上海之源"中国2010年上海世博会社区居民活动青浦专场在世博园区市民广场举行。共演出30场、15个优秀群文节目。

20日　上午，上海市慈善基金会在青浦区徐泾民主小学开展"放飞希望"关爱农民工子女捐赠活动。市政协主席、市慈善基金会理事长冯国勤，市慈善基金会名誉理事长陈铁迪，市慈善基金会监事长罗世谦，区领导高亢、张国洪、巢卫林、张布尔以及青浦区部分民营企业家出席捐赠活动。

是日　青浦区第三届运动会"港隆"杯足球比赛（成年组）在区体育中心足球场开赛。全区各镇、街道及企事业单位18个代表队200多名运动员参赛。最终，夏阳街道代表队获得第一名，华新镇代表队获得第二名，园区一香花桥代表队获得第三名。

24日　以"寻上海之角、觅鱼米江南"为主题的第二届淀山湖捕捞节在大淀湖畔举行。

25日　青浦区首届奇石、根雕、古玩、陶瓷文化艺术节在上海人然合一现代农业生态园区举办。于10月10日结束。

27日　青浦区医疗急救中心与上海市公安局警务航空

9月12日，失主将印有"拾金不昧　品德高尚"的锦旗送到青浦邮政局

（区邮政局供稿）

9 月 27 日,上海西郊国际农产品交易中心(一期)展示直销中心开始试营业
(区政府网站供稿)

队合作,成功进行首次在青浦地区的航空救护。

是日　下午,上海西郊国际农产品交易中心(一期)展示直销中心开始试营业。该交易中心地处青浦区华新镇,占地面积 133.33 多公顷。此次试营业的展示直销中心是整个项目的核心部分,建筑面积约 4 万平方米,设 50 个场馆。

28 日　上海奥仑实业有限公司奠基仪式在青浦工业园区举行。该项目建设用地面积 12.6 公顷,厂房、研发中心等建筑面积 15 万平方米,总投资 4 亿元。

是日　上海市市政公路工程行业协会青浦区办事处成立。

29 日　朱家角人文艺术馆正式开馆迎客。新落成的朱家角人文艺术馆修旧如旧,占地面积 0.16 公顷,建筑面积 1809 平方米。

30～31 日　青浦区第三届运动会田径比赛在区体育中心举行。全区各镇、街道和委办局 20 个代表队近 300 名运动员参赛。最终,区教育局、华新镇和徐泾镇代表队分别获得团体总分前三名。

10 月

14 日　世博招商外资项目——吉富新能源科技(上海)有限公司落户青浦出口加工区。该项目一期投资总额 7000 万美元,注册资本 2400 万美元。

16～17 日　青浦区第三届运动会门球比赛在白鹤镇社区公共运动场举行。全区各镇、街道及企事业单位 21 支门球代表队共 130 多名运动员参赛。最终,盈浦街道门球队和徐泾镇门球队分别获得男、女子团体第一名。

22 日　晚,首届香花桥街道艺术节在上海博文学校大操场开幕。

23 日　青浦区第三届运动会钓鱼比赛在淀山湖金龟岛渔村举行。全区各参赛代表团 20 支代表队 100 多名运动员参赛。经过两个多小时的垂钓,华新镇代表队获得团体第一名,徐泾镇、盈浦街道代表队分别获得第二、三名。

24 日　由上海交通大学与山东力诺瑞特新能源有限公司共同建设的“太阳能研究院”签字暨揭牌仪式在青浦工业园区举行。

11 月

1 日　前来参加上海世博会闭幕式活动的亲民党主席宋楚瑜等一行游览朱家角古镇。区委常委、统战部部长陆建铭陪同参观。

是日　上午,青浦区首家旅行社行业企业党支部——中共上海景泰旅行社有限公司支部正式成立。

6 日　青浦区第三届运动会第八套广播体操比赛在区体育馆举行。全区各镇、街道和各委办局 13 家代表队 270 多名运动员参赛。最终,区教育局和徐泾镇代表队共同获得一等奖,赵巷镇、华新镇和重固镇代表队获得二等奖,白鹤镇、区水务局和税务局获得三等奖。

8 日　青浦区第三届运动会闭幕式、2010 年全民健身节启动仪式在区体育馆举行。以“运动、健康、和谐”为主题的青浦区第三届运动会于 4 月 17 日正式开赛,9 月 16 日在区体育中心举行开幕式,历时近 8 个月。全区 11 个镇(街道)、45 个机关企事业单位和 1 所高校组建了 37 个参赛代表团共 1 万多名运动员,分别参加青少年组 11 个项目和成年组 18 个项目的比赛,产生奖牌 210 枚。

是日　全国人大常委会副委员长、民建中央主席陈昌智到青浦区调研。民建中央副主席、上海市政协副主席、民建上海市委主委周汉民,区领导胡燕平、陆建铭、张映华、陈勇章、沈红慧等陪同调研。

9 日　上午,青浦区公民警校揭牌仪式暨首届培训班开班典礼在区会务中心举行。

是日　均瑶集团投资青浦区世界外国语小学教育项目合作协议签约仪式在均瑶大厦举行。标志着民办世界外国语小学及幼儿园青浦分校落户青浦淀山湖新城。该项目位于淀山湖新城西片主轴干道南侧、西大盈港以西 1 号地块,规划小学 35 班、幼儿园 15 班,总占地面积约 5 公顷。

10 日　下午,青浦永乐国际影城正式开业。该影城拥有 7 个现代化放映厅,近 800 个座位,其中 7 个影厅均采用国际一流品质的数字放映设备及 JBL 杜比立体声音响系统。

15 日　青浦区街镇首个来沪人员就业服务窗口在朱家角镇保障中心正式设立并对外服务。

15～16 日　青浦区首届农贸市场个体经营户业务技能竞赛运动会在白鹤镇农贸市场举行。

16 日　光大证券公司青浦营业部在青浦城区华青路 485 号开业。

22 日　上午,青浦工业园区产业项目集中开工仪式在上海晨兴希姆通电子科技有限公司建设工地举行。此次集中开工建设的产业项目共 25 个,总投资额约 33.7 亿元。

25 日　晚，青浦工业园区成立 15 周年主题晚会在区科技文化活动中心举行。

26 日　下午，地处嘉松中路 4739 号旁的徐泾北大型居住社区经济适用房 A 块地项目正式开工。

28 日　由上海社科院历史研究所与福寿园集团合作建立的全国首家人文纪念研究机构——上海人文纪念研究所在青浦福寿园人文纪念博物馆正式揭牌成立。

30 日　中共青浦区委三届十四次全会在区会务中心举行。全会审议并通过了《中共青浦区委关于制定青浦区国民经济和社会发展第十二个五年规划的建议》、《中国共产党青浦区第三届委员会第十四次全体会议决议》。区委书记高亢作讲话，区委副书记、区长张国洪作关于《中共青浦区委关于制定青浦区国民经济和社会发展第十二个五年规划的建议（讨论稿）》的说明。

11 月 26 日，徐泾北大型居住社区经济适用房项目开工仪式

（区政府网站供稿）

12 月

8 日　上午，副市长胡延照到青浦区检查蔬菜生产及秋播越冬作物生长情况。胡延照一行在区领导高亢、陈勇章等陪同下，到重固镇徐姚村蔬菜生产基地了解蔬菜生产情况。

10 日　美国丝涟公司中国工厂开业典礼在青浦工业园区高新技术成果转化基地举行。

13 日　练塘镇荣获第五批“中国历史文化名镇”称号。

15 日　市委副书记、市长韩正带领市政府有关职能部门负责人到青浦区调研。韩正一行在区领导高亢、张国洪、李跃旗、朱明福、陈勇章等陪同下，实地调研上海经济适用房华新基地、白鹤镇弘阳农产品生产基地、大莲湖湿地和水都南岸。

16 日　下午，副市长赵雯到青浦区调研旅游工作，区领导高亢、张国洪、李跃旗等陪同调研。

18 日　后世博经济——民营企业可持续发展高峰论坛在朱家角皇家金煦花园酒店三楼大厅举行。

21 日　中国的高度，世界的速度——日立电梯（中国）有限公司 15 周年庆新闻发布会暨上海研发中心竣工庆典在青浦工业园区举行。日立电梯上海研发中心试验塔共 32 层，高 172.6 米，可测试 10 米/秒的超高速电梯。

29 日　上海科泰电源股份有限公司首次公开发行股票并在深交所创业板上市交易。发行股份总数 2000 万股，发行价 40 元/股。

是日　下午，青浦区首家房地物业纠纷人民调解委员会在朱家角镇成立。

30 日　中共青浦区委三届十五次全会在区会务中心举行。全会审议了区委常委会 2010 年工作报告、2011 年工作要点，审议并通过了《中国共产党上海市青浦区第三届委员会第十五次全体会议决议》。区委书记高亢作讲话，区委副书记、区长张国洪作关于《今年经济社会发展情况和明年经济社会发展工作安排》的讲话，区委副书记胡燕平对《中共青浦区委常委会 2011 年工作要点（讨论稿）》作说明。

地域、行政区划、人口

■地域 青浦区位于北纬30°59′~31°16′、东经120°53′~121°17′之间，地处上海市西南部，太湖下游，黄浦江上游。东与虹桥综合交通枢纽毗邻，西连江苏省的吴江、昆山两市，南与松江区、金山区及浙江省嘉善县接壤，北与嘉定区相接，处于长江三角洲经济圈的中心地带。总面积668.49平方公里。地形东西两翼宽阔，中心区域狭长，形如展翅飞翔的蝴蝶。地势平坦，平均海拔高度在2.8米~3.5米之间。境内江河纵横交错，湖泊星罗棋布，内河航运具有得天独厚的优势，可通行50吨~300吨货船，是苏浙沪的重要水上通道。陆路交通十分便捷，南北向有15国道(G15)沈海高速和1501国道(G1501)上海绕城高速，东西向有50国道(G50)沪渝高速、42国道(G42)沪蓉高速、32省道(S32)申嘉湖高速和26省道(S26)沪常高速6条高速公路穿境而过，嘉闵高架和崧泽高架直通虹桥综合交通枢纽。 (赵冬英)

■行政区划 2010年年末，全区共有8个镇、3个街道，分别是赵巷镇、徐泾镇、华新镇、重固镇、白鹤镇、朱家角镇、练塘镇、金泽镇、夏阳街道、盈浦街道、香花桥街道。辖184个行政村和85个居民委员会。 (赵冬英)

■人口 2010年年末，青浦区有常住人口108.06万人，其中来沪人口(居住半年以上)60.56万人，占56.04%。户籍人口46.19万人，总户数16.31万户，平均每户人口3人。户籍人口中，男性22.75万人，女性23.43万人；农业人口15.27万人，非农业人口30.91万人。年内，户籍人口实际出生2949人，出生率6.40‰；死亡人数3321人，死亡率7.21‰，自然增长率-0.81‰。年末，60岁以上人口10.27万人，占户籍人口比重的22.23%，比上年提高了0.81%。(赵冬英)

气象、水文

■气候特点 2010年气温比常年偏高。降水比常年偏少，分布不均，汛期降水量比常年偏少，梅雨期降水量接近常年。日照比常年偏少。受台风影响的程度较弱。

年平均气温16.5℃，比常年高0.7℃。1月、2月、8月、9月、12月的平均气温比常年偏高0.7℃以上，4月的平均气温比上年偏低1.9℃，3月、5月、7月、10月、11月的平均气温基本与常年持平(见图1)。年最高气温39.3℃，出现在8月12日，创1978年以来历史纪录最高极值。全年≥35℃的高温日数18天，分别出现在6~8月。连续多日的高温天气过程3段，分别为7月29日~8月3日、8月11~15日、8月23~25日。年最低气温-7.5℃，出现在1月14日。全年≤-5℃低温日数1天。初霜日出现在11月26日，初冰日出现在12月7日。12月15日受北方强冷空气南下影响，出现寒潮天气过程1次，24小时平均气温下降达6.7℃。各季度气温状况：冬季(2009年12月~2010年2月)平均气温5.8℃，比常年偏高0.9℃。春季(3~5月)平均气温17.4℃，比常年偏高3.2℃。夏季(6~8月)平均气温27.8℃，比常年偏高1.5℃。秋季(9~11月)平均气温12.5℃，比常年偏低5.2℃。

年降水量1025.1毫米，比常年少9%。降水日数134天，比常年少0.6天。年内，2月、3月、7月、9月、10月、12月的降水量都比常年偏多，其中3月的降水量比常年多90%；其余各月的降水量都比常年偏少，其中11月的降水量仅为常年的20%(见图2)。日降雨量≥50毫米的暴雨日数1天，出现在7月4日，雨量71.0毫米。降雪日数7天，积雪日数3天，初雪日出现在12月15日。汛期(6~9月)降水量439.4毫米，为常年的77%。梅雨量225.3毫米，接近常年。梅雨日数31天，比常年多8天，出现在6月17日~7月17日。年内明显的连阴雨天气过程8次，出现在2~7月、9月，其中7月3~16日的过程最长，达14天，过程雨量175.4毫米。

年日照1680.4小时，为常年的92%。年内，8月、12月的日照比常年偏多10%，1月、3月、9月与常年基本持平，其余各月的日照都比常年偏少(见图3)。

年内，明显的干旱天气过程3次，出现在7月17日~8月25日(为伏旱)、10月26日~12月11日、12月16日~次年2月28日(为秋冬旱期)。大风日数3天，分别出现在7月4日、8月15日、12月30日，比常年少4.5天。大雾日数13天，比常年少24.8天。雷暴日数31天，比常年多4.9天。 (胡伟田)

热带气旋、强对流天气过程实况及灾情 年内，共受到热带气旋过程影响1次。9月1日，受强热带风暴“狮子山”和冷空气的共同影响，全区部分镇出现暴雨。较强的强对流天气过程2次，分别出现在7、8月。7月4日，全区出现暴雨，并伴有强雷电和雷雨大风；8月15日，受副热带高压和北方弱冷空气的共同影响，全区出现雷雨大风和短时强降水。造成金泽镇8个村停电，60多户房屋和6个养鱼棚舍遭雷击和大风受损，部分农宅和电器遭雷击受损。 （胡伟田）

2010年气温、降水量、日照和灾害性天气与历史资料对比分析

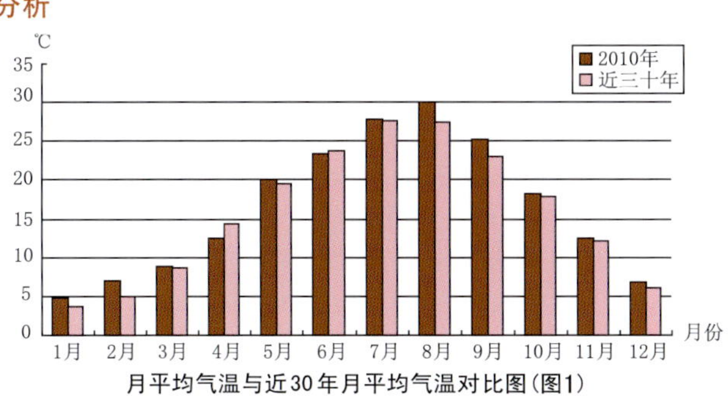

月平均气温与近30年月平均气温对比图(图1)

说明：年内，1月、2月、8月、9月、12月的平均气温比常年偏高0.7℃以上，4月的平均气温比上年偏低1.9℃，3月、5月、7月、10月、11月的平均气温基本与常年持平。

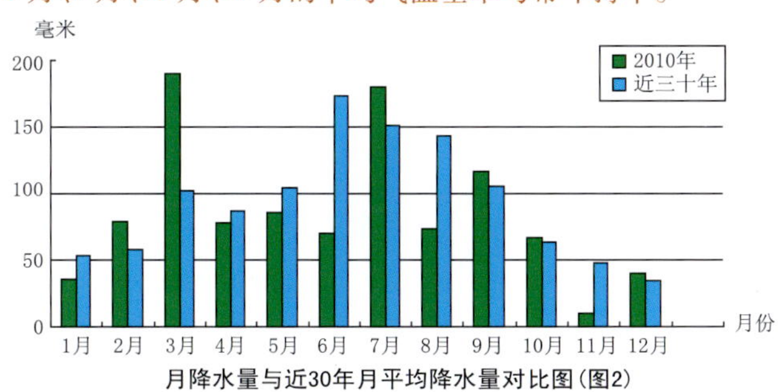

月降水量与近30年月平均降水量对比图(图2)

说明：年内，2月、3月、7月、9月、10月、12月的降水量都比常年偏多，其中3月的降水量比常年多90%；其余各月的降水量都比常年偏少，其中11月的降水量仅为常年的20%。

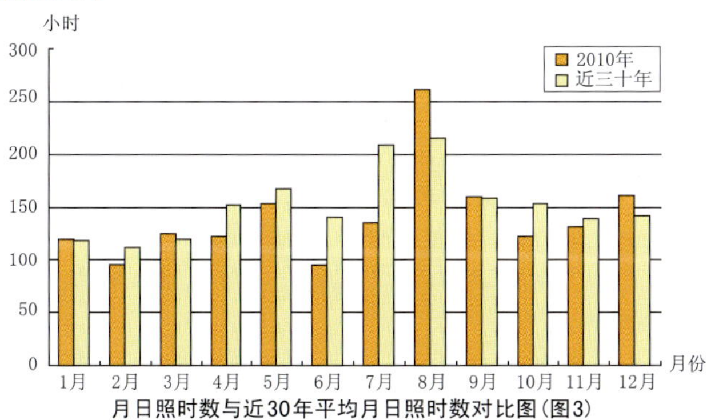

月日照时数与近30年平均月日照时数对比图(图3)

说明：年内，8月、12月的日照比常年偏多10%，1月、3月、9月与常年基本持平，其余各月的日照都比常年偏少。

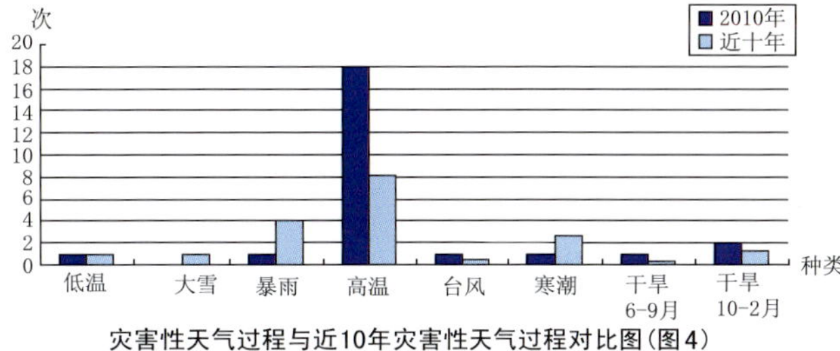

灾害性天气过程与近10年灾害性天气过程对比图(图4)

说明：2010年最主要的灾害性天气是高温。年最高气温39.3℃，创1978年以来历史纪录最高极值。 （胡伟田）

水文 青浦位于长江三角洲太湖平原东侧，地处苏、浙、沪两省一市交界处，属黄浦江水系。境内河网密布、河道纵横交错，水流交互贯通，河、湖上口面积计112.46平方公里，占全区总面积的16.65%。河网密度每平方公里达3.33公里。西部地区湖荡簇聚，东部地区水面积较少。由于地形关系，东部河流多呈南北走向，西部主要河流多呈东西走向或西北东南走向。境内主要河道有太浦河、泖河、拦路港、油墩港、吴淞江、大蒸塘、淀浦河等。其中，太浦河是太湖洪水东泄的主要通道，源于江苏省太湖，汇入青浦境内泖河；淀浦河是连接青浦、松江、闵行三区，横穿青浦腹地的骨干河道，源于淀山湖，汇入黄浦江；拦路港是连接淀山湖和黄浦江的南北向主要通道。淀山湖是上海最大的淡水湖，位于青浦西部、沪苏边界，总面积62.0平方公里，上海境内47.5平方公里，约占76.7%。按水文情势分，青浦境内水系可分为三类：一是感潮较强地区，为泖河、大蒸塘及两侧河流；二是感潮较弱地区，为青浦腹部地区河流；三是感潮极弱地区，为商榻地区河流。

根据上海市水环境监测中心青浦分中心对全区骨干河道及淀山湖湖区的水质检测结果分析：按地表水环境质量标准(GB3838－2002)评价，骨干河道总磷指标集中在Ⅲ类；高锰酸盐指数指标集中在Ⅲ类、Ⅳ类；溶解氧指标集中在Ⅳ类；氨氮指标集中在劣Ⅴ类。太浦河、拦路港水质指标为Ⅱ类～Ⅳ类，主要集中在Ⅲ类。淀山湖湖区溶解氧指标基本集中在Ⅰ类和Ⅱ类；氨氮指标集中在Ⅱ类、Ⅲ类；总磷、高锰酸盐指数指标基本为Ⅲ类。总体上，青浦西部地区水质状况好于青浦腹部地区和东部地区。 （黄　成）

国民经济和社会发展综述

2010年，青浦区以邓小平理论和“三个代表”重要思想为指导，深入贯彻落实科学发展观，加快转变经济发展方式，逐步走出国际金融危机阴影，国民经济实现持续较快回升，各项社会事业全面进步，人民生活继续改善。

1. 综合实力进一步增强。2010年，全区实现地区生产总值(GDP)589.7亿元，比上年增长13.1%。其中：第一产业增加值9亿元，增长7.2%；第二产业增加值358.7亿元，增长17.3%；第三产业增加值222亿元，增长7.1%。三次产业结构不断优化，第三产业比重较金融危机前有所上升。年内，全区三次产业比重为1.5∶60.8∶37.7。与2008年的1.8∶61∶37.2相比，第一产业下降0.3%，第二产业下降0.2%，第三产业上升0.5%。完成全口径财政收入188.7亿元,比上年增长14.98%;区级财政收入59亿元,比上年增长21.1%;全区结算财力89.1亿元,比上年增长13.6%。全区财政支出88.4亿元,比上年增长12.8%。固定资产投资持续增加,第三产业投资快速增长。2010年完成全社会固定资产投资278.0亿元,比上年增长60.5%。实现社会消费品零售总额250.6亿元,比上年增长20.6%。

2.经济运行保持平稳有序。年内,全区工业经济保持持续较快发展,全年完成工业总产值1633.7亿元,比上年增长16.5%。规模以上工业企业实现工业产值1326.5亿元,比上年增长26.6%,占全区工业总产值比重为81.2%。2005年至2010年规模工业产值年均增长率13.3%。工业向园区集聚明显。各工业园区全年实现规模产值997.2亿元,比上年增长30.5%,占全区规模产值比重75.2%,比上年提高2.3个百分点。“4+1”主导产业(现代纺织、精密机械、信息电子和印刷传媒四大支柱产业及文体休闲类用品制造特色产业)全年实现规模产值682.9亿元,比上年增长32.4%,占全区规模产值比重51.5%。全年在地建筑业资质企业完成建筑业总产值63.4亿元,比上年增长10.3%。全区房地产企业完成投资190.3亿元,比上年增长128.0%,占全社会固定资产投资总额68.4%。外资引进工作成效显著。全年新批准外资项目78个,增资项目61个。完成合同外资7.5亿美元,比上年增长44.9%。实到外资4.9亿美元。2006年至2010年,全区累计利用合同外资29.8亿美元,实际到位外资21.6亿美元。全区旅游收入35亿元,比上年增长39.4%;旅游接待650万人次,比上年增长44.1%。

3.政府公共服务质量继续上升。2010年,区行政服务中心各窗口共接待194343人次、受理事项132217件、办结项目121220件;全区11个镇(街道)社区事务受理服务中心共接待316814人次,受理事项496776件,办结460905件。全年,区行政投诉中心共受理投诉件530件。其中行政投诉类235件,占总量的44.3%;举报反映类286件,占总量的53.9%;社情民意类9件,占总量的1.8%。共办结506件,确认属实及部分属实的投诉件395件,占办结量的78.1%;投诉内容与事实不符的111件,占办结量的21.9%。“上海青浦”政府门户网站共发布各类动态类信息9440条,访问量276.7万人次,点击数8.2亿次。举办网上视频访谈8期。继续开展文字访谈,举办青浦体育、青浦规划、青浦水务等多次专题访谈,参与市民3643人,收到提问(发言)216条,当场给予答复152条。

4.实事工程和重大项目建设有序推进。2010年度共安排实事工程项目10项,主要涉及发展保障和改善民生、统筹经济社会协调发展、加强环境保护和生态建设等方面。除“青浦城区有线电视老网改造”项目因全市有线电视网络整合而暂缓实施,其他9项实事工程项目如期完成。完成新增就业岗位30777个,职业技能培训9683人;完成村级社区事务代理室建设23个;完成标准化卫生室创建工作33个;完成农村低收入户危旧房翻建任务28户;完成1片小型公共运动场、24个农民健身工程、37个社区健身苑点建设;完成旧房成套改造751户,旧房综合整治431户、2.97万平方米;完成华新镇、白鹤镇社区文化活动中心建设;完成4000名职工计算机知识培训;完成健康村建设24个。年度重大项目共55项,其中环境建设16项、基础设施20项、社会事业10项、民生项目9项。年内竣工项目17项,分别为:金泽中学改扩建、博文学校、淀山湖大道二期(含西大盈港桥)、崧泽高架前期、嘉闵高架前期、崧泽高架地面道路、轨道交通2号线徐泾东站、嘉松公路绿化、经济适用房华新基地前期、青西污水厂改扩建、青西污水管网工程、红旗塘防汛通道沟通工程、拦路港二期防洪工程、农村生活污水处理工程、少体校迁建、盈港路改扩建(嘉松公路——徐乐路)、经济适用房徐泾二联基地。在建项目27项,未开工项目11项。

5.公用事业建设进一步完善。2010年,全区水厂综合生产能力42万吨/日。年末供水管道长度1790公里。全年供水总量14672.5万吨,其中生产用水量5957.8万吨、生活用水量3694.0万吨。城镇及农村自来水普及率均达到100%。年内供应天然气8140万立方米,比上年增加1824万立方米。企业用户432家,用气6624万立方米,居民用户76202家,用气1516万立方米,年末用气人口30万人。供应液化气8290吨,液化气单位用户1319户,居民用户158694户,用气人口64万人。至年底,全区主要供电设备有110千伏变电站3座,变压器容量441兆伏安;35千伏变电站35座,容量1576兆伏安;10千伏配电站1441座,1646台配变,容量1011兆伏安;110千伏架空线40.5公里;35千伏架空线362.5公里,比上年减少6.4%;10千伏架空线1933.7公里。全区用电户数292069户,售电量47.6亿千瓦时,比上年增长17.7%。其中工业用电量31.2亿千瓦时,比上年增长19.3%,城乡居民生活用电5.6亿千瓦时,比上年增长20.6%。至年末,区管公路总里程达912.9公里。其中一级公路8.7公里,二级公路388.7公里。全区公路桥梁1169座,总长度41.4公里。年内,新辟公交线路5条。轨道交通2号线徐泾东站投入运行,成为首条进入青浦区域的轨道交通。

6.环境保护和治理成效显著。2010年,全区环境保护工作以迎接创建国家环境保护模范城区验收为重点,围绕污染减排、第四轮环保三年行动计划、世博环境安全保障等中心工作,细化措施,狠抓落实,取得明显实效。至年底,全区生活污水日处理能力达到24.25万吨,比上年增加0.85万吨。青浦城区居民小区阳台雨污水管道改造累计完成483幢居民楼共2491路管道,城区居民生活污水处理率达到95%。全区环境空气质量总体保持稳定,二氧化氮、二氧化硫和可吸入颗粒物污染指标均达到国家Ⅱ类标准。空气质量指数达到二级和优于二级的天数累计为329天,优良率达到90.1%。年内,全区园林绿地总面积6201.9万平方米,园林绿化覆盖总面积6238.1万平方米,其中公共绿地面积1071.3万平方米,绿地率42.6%,绿化覆盖率42.9%,人均公共绿地面积23.3平方米/人。青浦城区新增公共绿地面积1.6万平方米,绿地率30.2%,绿化覆盖率31.4%,城区人均公共绿地19.6平方米/人。

7.社会事业全面发展。年内,全区共有国家火炬计划重点高新技术企业3家,市创新型企业11家,市高新技术企业147家(其中年内新增33家),市知识产权示范企业4家,市专利示范企业5家,市专利试点(培育)企业32家,区专利试点(培育)企业85家,有5家科技企业成功上市。继续深化电子政务建设,保障信息安全。启动中小企业应用电子商务平台试点工作,有

144家青浦企业参与电子商务应用。建设完成社区(农村)信息公开服务示范点16个。农村信息化培训普及工作各项任务完成,共培训2229人、宣传38419人。

继续巩固和完善区级统筹机制,全区教育经费投入总量14.1亿元,其中区财政预算内拨款9.1亿元,比上年增长13%。年末全区共有教育单位178个。其中幼儿园46所,义务教育阶段学校45所,高中5所,中职校2所,成人教育院校13所,校外教育机构2所,其他教育单位6所;另有社会力量民办非学历培训机构34所,以招收农民工子女为主的民办小学25所。全区在校学生共8.9万人,其中在园幼儿1.8万人;中小学、中职校5.6万人;民办农民工子女小学1.5万人。全区共有在编教职工6528人,其中在编教师6146人;高级职称627人,中级职称2919人,分别占在编教师的10%和48%。

年内,在市级以上媒体共播出电视新闻200余条、广播新闻50余条,美国斯科拉网播出电视专题片14部,并有16部作品在市级以上节目评比中获奖。开展各类群众文化活动9500余场次,总参与人数140余万人次。全区公共图书馆接待读者93万人次,外借图书88万册次,农村数字电影放映约8000场次,观众25万人次。"青溪讲坛"全年开展各类讲座70余场次,直接受众6000余人次。

全年卫生部门门急诊诊疗人次数365万人次,出院病人数37611人,病床使用率76.5%,手术11300人次。完成了对口支援都江堰青城山和支援摩洛哥医疗任务,以及世博会和其他重大事件活动的医疗卫生保障任务。至年底,全区共有各级各类医疗卫生机构333所,其中:区政府直属医疗机构1所,区卫生局所属机构24所(包括二级综合性医院1所,专科医院2所,区医疗急救中心1所,社区卫生服务中心10家,其他卫生机构10所),民办医疗机构27所,私立诊所24所,企业单位内部医疗机构37所,村卫生室219所,其他一级综合性医院1所(青东农场医院)。至年底,全区卫生系统共有在编人员3206名,其中卫生技术人员2682名、其他技术人员186名。

成功举办青浦区第三届运动会,历时近8个月,全区11个镇、街道,25家机关企事业单位和1所高校组建成立了37个参赛代表团共5673人次参加了成年组18个项目、青少年组11个项目的比赛,产生奖牌210枚。广泛开展群众体育活动。先后举办了2010年青浦区迎春长跑健身活动、外商投资企业篮球足球联谊赛、"长三角"地区门球和农民篮球邀请赛等27项体育赛事活动,参与人次9000多人。各镇、街道举办各类赛事活动80多项,参与人次17900多人。全区现有社会体育指导员1250名。年内,新成立门球、体育舞蹈等体育单项协会2个,全区单项体育协会达到14个;新发展体育健身团队91支,全区体育健身团队达到540支。年内,新建社区公共运动场1个、农民体育健身工程23个、健身苑点37个。至年底,全区共有社区公共运动场19个、农民健身工程141个、健身苑点477个,人均体育场地面积达到2.2平方米,80%的行政村实现了"一场一点"(一个球场、一个健身苑点)。

8.就业和社会保障体系不断完善。全年新增就业岗位30777个,完成市政府下达指标25100个的122.6%。城镇登记失业人数5675人,控制在市政府下达指标6500人之内。青年职业见习769人,完成年度指标600人的128.2%。帮助595人成功创业,完成市政府下达指标500人的119%。认定就业困难人员244人,撤销35人,已安置199人,安置率达到95%。认定零就业家庭11户,安置率100%。

至年末,全区共有9997户92705人参加城镇社会保险;6117户58416人参加小城镇社会保险,月均基金征缴率达99.9%。外来从业人员参加上海市城镇职工养老保险1581户,参保人数6379人。养老金发放渠道不断拓展,社会化发放机制日益完善。2010年,共有29814名城镇离退休人员、46338名镇保养老人员实行了社会化发放,累计支付养老保险基金11.0亿元,其中支付城镇养老金6.8亿元,支付镇保养老金4.2亿元。社会化发放率达到100%。至年底,全区共有养老机构20家,养老床位数达到4010张,居家养老和社区助老服务人数达6300名,建立老年人日间照料机构5家,老年人助餐服务点5个。年内,全区共创建标准化老年活动室22家,创建面积6524平方米,投入资金1193.25万元。至年末,全区共有社会福利企业130家,安置残疾职工3312人。全年共发放特困人员实物救助6243人次24.97万元;发放重残无业人员最低生活保障金27065人次952.29万元;发放粮油帮困供应卡11247人次50.61万元;发放城镇居民最低生活保障金60209人次1915.79万元;发放特困户人员医疗救助金939人次571.29万元。

区领导班子成员和区级机构负责人名录

中共青浦区委员会

书　记:高　亢

副书记:张国洪　胡燕平

常　委:陆建铭

周荣新(2010年3月免)

李子骏(2010年6月免)

翟必槐　张汪耀　李　萍(女)　孙　萍(女)

李跃旗　王维立(2010年3月任)

青浦区人民代表大会常务委员会

主　任:巢卫林

副主任:姚全根(2010年12月免)

王海林　张海珍(女)

张映华(2010年1月任)

王学才

青浦区人民政府

区　长:张国洪(2010年1月22日任)

代理区长:张国洪(2010年1月22日免)

副区长:张汪耀　李跃旗　陶夏芳(女)　朱明福

陈勇章　陈振华

青浦区政协

主　席:张布尔

副主席:陆建铭　顾　峰　沈红慧(女)　张正翔

龙婉丽（女）

区委办公室

主　任：韦　明

副主任：张　钢　谢苏命　周锦忠

区委机要室副主任：朱春健

区委、区政府接待办公室

主　任：张　钢

副主任：王喜国　朱宏梅（女）

区人大常委会

办公室

主　任：金　浩

副主任：孙　卫　陈　冰（2010年5月免）

代表资格审查委员会

主　任：李子骏（2010年7月免）

人事工作委员会

主　任：李子骏（2010年7月免）

副主任：沈亚光

内务司法工作委员会

主　任：殷冬梅（女）

副主任：孙　挺（女）　吴跃红（女）
潘　杰（2010年5月任）

财政经济工作委员会

主　任：沈阿毛

副主任：姚菊宏　杨友良

预算工作委员会

主　任：沈阿毛

副主任：华　琼（女）　鲁千林

教科文卫工作委员会

主　任：张跃平

副主任：王雪忠　姜　虹（女）
苏备备（女）

城建环保工作委员会

主　任：蔡永元

副主任：尤海东　俞善兴

华侨民族宗教事务工作委员会

主　任：殷冬梅（女）

副主任：吴跃红（女）

区政府办公室

主　任：胡海民

副主任：王喜国　陆冬云　戴秀河　林　峰
张宏洲　陈晓荣　金国宏（2010年2月任）

区政府外事办公室

主　任：胡海民（兼）

副主任：俞藕英（女，2010年1月免）
徐连光（2010年1月任）

区政府法制办公室

主　任：胡海民（兼）

副主任：李　欢（女）

区政府社区办公室

主　任：胡海民（2010年6月免，兼）
俞藕英（女，2010年6月任，兼）

副主任：张跃才

区机关事务管理局

书记、局长：李金云

副书记、副局长：吴其荣

副局长：王　强　黄　星

区政协

秘书长、办公室主任：管云昌

副秘书长、专委办主任：李金荣

副秘书长：田惠敏

办公室副主任：杭　萍（女）

专委办副主任：张正华（女）

提案委员会

主　任：顾　峰

副主任：李希凤（女）　张正华（女）　谢苏命
林　峰

经济委员会

主　任：顾　强

副主任：李金荣　胡成国　汤福明　宓祖谋

人口资源环境建设委员会

主　任：王小敏（女）

副主任：盛金龙　刘继华　叶　明

教科文卫体委员会

主　任：潘栋梁

副主任：曹伟明　顾啸流　印国荣　乔惠锋

社会和法制委员会

主　任：陆桂芳（女）

副主任：陈菊英（女）　周志良

民族和宗教委员会

主　任：陆　青

副主任：陈　明　释昌智

文史资料委员会

主　任：陆树华

副主任：朱建忠　张林根

港澳台侨委员会

主　任：石乃璋

副主任：许卫峰　沈钦华

区纪律检查委员会

书　记：翟必槐

副书记：吴春泉　蒋　彪

常　委：冯和生　夏永兴　陈汇青

区监察局

局　长：吴春泉

副局长：冯和生　李引娟（女，2010年5月任，兼）

区委组织部

部　长：李子骏（2010年7月免）

副部长：程　伟　俞藕英（女）　李维克（兼）
干海生（兼）

区委宣传部（文明办、新闻办）

部　长：孙　萍（女）

副部长：朱建忠（文明办主任，2010年4月免）
张瑞云（文明办主任，2010年4月任）

曹伟明　蔡双琪（新闻办主任）　孙鸿根
文明办副主任：陈　阳
新闻办副主任：陈晓荣

区委统战部
部　长：陆建铭
副部长：许卫峰　杨友良　陆　青　李希凤（女）

区民族宗教事务办公室
主　任：陆　青
副主任：施建林　诸福先

区台湾事务办公室、侨务办公室
主　任：许卫峰
副主任：石惠军

区社会主义学院
院　长：陆建铭
副院长：诸福先　周敏华（女）

区委政法委员会（综治办）
书　记：李　萍（女）
副书记：陈卫国（综治办主任）　陈　林
综治办副主任：肖　飞

区防范办公室
主　任：袁　立
副主任：周剑峰

区直机关党工委
书　记：刘冬荣
纪委书记：杨建光

区社会工作党委
书　记：俞藕英（女）
副书记：沈秋英（女）

区委老干部局
局　长：干海生
副局长：方敬鸣（女）　张卫兴

区委、区政府研究室
主　任：陆文一（2010 年 6 月免）
副主任：李建明　陈　涛

区委、区政府信访办公室
主　任：徐一军
副主任：凌菊红（女，2010 年 2 月任）
黄春明　顾雅静（女）

区档案局
局　长：程忠菊（女）
副局长：沈　英（女）

区委党校
校　长：胡燕平
副校长：黄齐红（主持工作）　莘小龙
占雪根（2010 年 12 月任）　任建荣

区委党史研究室、区地方志办公室
副主任：胡爱明（2010 年 2 月任，主持工作）
占雪根（2010 年 12 月免）
毛雪明（2010 年 2 月任）

青浦报社
总　编：蔡双琪
副总编：陈金辉　徐　斌

区总工会
主　席：张海珍（女）
书记、副主席：朱俊华
副主席：陆桂芳（女）　许　峰（2010 年 6 月援藏）
王　华（2010 年 3 月任）

共青团青浦区委
书　记：吴　春
副书记：刘成涛　沈　敏

区妇女联合会
主　席：吴跃红（女）
副主席：陈菊英（女）　张丽莉（女）

区工商业联合会
书　记：杨友良
主　席：胡成国
副主席：杜一鸣　杜黎明

区侨联
书　记：石乃璋（2010 年 2 月免）
许卫峰（2010 年 2 月任，兼）
主　席：石乃璋（2010 年 2 月免）
副主席：宋　琳（女）　高洁秀（女，聘用）
王小敏（女，兼）　刘　敏（兼）　沈钦华（兼）

区残疾人联合会
理 事 长：衣伟昌
副理事长：苏建明

区人民检察院
书记、检察长：裴钟彧（2010 年 7 月免）
徐燕平（2010 年 9 月任）
副书记：龚培华（2010 年 1 月免）
副检察长：龚培华（2010 年 2 月免）
潘　杰（2010 年 5 月免）
周红亚（女）　陆焕强　潘牧天（挂职）

区反贪局
副局长：胡志辉　张　晨（女）

区人民法院
书记、院长：许一新
副院长：赵紫东　殷亚萍（女，2010 年 4 月免）
胡春明　王贤诚（2010 年 7 月任）　薛文成

区人民武装部
部　长：王维立
政　委：赵　磊（2010 年 12 月免）
刘益民（2010 年 12 月任）
副部长：任勇健（2010 年 5 月任）

区发展和改革委员会
书记、副主任：吴跃红
副书记：吴瑞弟（2010 年 2 月免）
缪　京（2010 年 4 月任）　张　炜
主　任：吴瑞弟（2010 年 3 月免）
缪　京（2010 年 5 月任）
副主任：沈金华（2010 年 3 月免）
施周龙　刘　伟（2010 年 6 月免）

刘志斌　朱要武(2010年12月任)

区经济委员会

书　记:冯泽新
副书记、主任:徐惠新
副书记:徐四林
副主任:龙婉丽(女)　徐鸣明　肖贵珉
陆祖芳(女,2010年6月免)
彭一浩(2010年5月任)

区农业委员会

书　记:钱决华
主　任:钱决华(2010年9月免)
吴希铭(2010年9月任)
副书记:吴希铭(2010年8月任)　郑永良
副主任:汤福明　余　翔(2010年6月任)
吴建平　吴希铭(2010年9月免)
王根夫(2010年4月任)　朱卫东

区建设和交通委员会

书　记:朱庚生
副书记、主任:侯小天
副主任:蔡红旗　姚金生　余　翔(2010年6月免)
李柏青(2010年12月任)

区重大办

主　任:侯小天
副主任:马惠忠　陆冬云(2010年3月免)
林　峰(2010年3月任)　施周龙

区科学技术委员会、区科协

书　记:王雪忠
副书记、主任、主席:顾啸流
副书记:奚玉麟(2010年11月任)
副主任:朱国健　唐金龙　张慧明　俞　峰
副主席:唐金龙　凌雪庆

区人口和计划生育委员会

副书记、主任:王小敏(女,2010年7月免)
副主任:许秋凤(女)　吴金英(女)

区国有资产监督管理委员会

书　记:李子骏(2010年4月任,兼)
田利华(2010年4月免)
副书记:田利华(2010年4月任)
副书记、主任:陈祝平
副主任:王根夫(2010年4月免)
虞　骏　汤宏波

公安青浦分局

书记、局长:陈振华
副书记、政委:苏南泥
副局长:金人伟　夏卫东　丁　杰
唐祖玉(2010年1月任)
周永军(2010年2月免)

国家安全局青浦分局

局　长:吴忆群

区司法局

书　记:刘银根
副书记、局长:王　林
副局长:章栩焠　徐永奎　张小英(女)

区人力资源和社会保障局

书　记:李维克(2010年4月免)
徐顺福(2010年4月任)
副书记:张映华(2010年2月免)
张小弟(2010年2月任)
局　长:张映华(2010年3月免)
张小弟(2010年3月任)
副局长:赵宏明　顾兴华　王德平　徐卫军

区民政局(老龄办)

书　记:金巧林
副书记、局长:盛自力
副局长:王勇赋　宋　平　盛金龙
李振红(女,老龄办主任)

区财政局

书　记:徐　英(女)
副书记:缪　京(2010年4月免)
局　长:缪　京(2010年5月免)
徐　英(女,2010年5月任)
副局长:徐　英(女,2010年5月免)　张国兴　庄爱军

区审计局

书　记:金伯涛
副书记、局长:王　健(女)
副局长:瞿坚春(女)　朱　民

区教育局

书　记:印国荣(2010年6月免)
陆文一(2010年6月任)
副书记:顾　峰(2010年6月免)
印国荣(2010年6月任)
局　长:顾　峰(2010年7月免)
印国荣(2010年7月任)
副局长:蒋家敏　朱良俊　王海青(女)　庄惠元

区卫生局(爱卫办)

书　记:蔡锦法
副书记、局长:徐春余
副书记:胡国瑜
副局长:陈晓鸣　饶斐文　金林巧(女,爱卫办主任)
金贵元

区文化广播影视管理局

书　记:顾镜方
副书记、局长:曹伟明
副局长:章瑞健　沈根其　盛玲芳(女)

区体育局

书记、局长:王　强
副局长:陈林德　乔惠锋

区绿化和市容管理局

书　记:梁海虹
副书记、局长:姚全富
副书记:蔡炳良
副局长:赵　峰　陈正贤　沈林弟　陈连根　孙进友

区城市管理监察大队
政　委:梁海虹
副政委:陈连根
大队长:赵　峰
副大队长:孙进友　刁建中　钱　斌
区环境保护局
书　记:周建中
副书记、局长:王　井
副局长:赵宏林　沈亦龙　杨佃辉
区规划和土地管理局
书　记:叶建伟
局　长:张正翔
副局长:刘继华　叶　明　薛　锋
区住房保障和房屋管理局
书　记:俞善兴
副书记、局长:陈毕民
副局长:冯志良　董正涛　陈仲兴
区水务局
书　记:陆金生
副书记、局长:陆剑波
副书记:郭秋波
副局长:顾四清　沈红慧(女)　程光宇
区安全生产监督管理局
书记、副局长:戴贵馨
副书记、局长:施剑文
副局长:崔新泉　唐福新
区民防办公室
书　记:浦国荣
主　任:隋苏宏
副主任:解子忠
区统计局
书记、副局长:王春进
副书记、局长:蒋晓红
副局长:朱正伟
国家统计局青浦调查队
队　长:蒋晓红
副队长:蔡　磊
区旅游局
书　记:谢　辉
副书记、局长:王玲锦(女)
副局长:陆玉林(2010 年 1 月任)　花卫均
徐连光(2010 年 1 月免)
区交通运输管理局
书记、副局长:潘海林
副书记、局长:金松钿
副局长:王玉林　周志良
区行政服务中心
书　记:倪贵宾
副书记:陆冬云(2010 年 2 月任)
主　任:陆冬云(2010 年 3 月任)
副主任:陆冬云(2010 年 3 月免,主持工作)
张　兵　董秋林
中山医院青浦分院
院　长:王玉琦
副院长:高德安
副书记、副院长:刘　敏　庄人通
副书记:仲吉宇
副院长:范隆华　钱　进(女)
区红十字会
会　长:陶夏芳(女)
常务副会长:俞赞红(女)
副会长:顾　煜(2010 年 6 月任)
青浦工业园区发展(集团)有限公司
书　记:于海平(2010 年 6 月任)
董事长:于海平
总经理:于海平(2010 年 6 月免)
监事会主席:张新建(2010 年 5 月任)
副书记、纪委书记:张国妹(女)
副总经理:徐　农　唐仁龙　程卫东(2010 年 12 月免)
王　晓　雷　鹏(2010 年 6 月任)
张　忠(2010 年 6 月免)
青浦现代农业园区发展有限公司
书　记:屠锡礼(2010 年 10 月免)
董事长、总经理:徐红岗
监事会主席:张新建(2010 年 5 月任)
副总经理:丁国平　蔡急成
青浦新城区建设发展(集团)有限公司
书　记:朱育新(2010 年 2 月免)
副总经理:王继峰(2010 年 3 月免)
谢顺林(2010 年 3 月免)
曹　宇(2010 年 3 月免)
胡继军(2010 年 3 月免)
陈很荣(2010 年 3 月免)
朱家角投资开发有限公司
书　记:徐定江(2010 年 2 月免)
董事长、总经理:鲁千林(2010 年 3 月免)
监事长:张新建(2010 年 3 月免)
副总经理:池春燕(2010 年 3 月免)
干建平(2010 年 3 月免)
谢　明(2010 年 3 月免)
上海淀山湖新城发展有限公司[2010 年 2 月,撤销青浦新城区建设发展(集团)有限公司、朱家角投资开发有限公司建制,建立上海淀山湖新城发展有限公司]
书　记:鲁千林(2010 年 2 月任)
监事会主席:朱育新(2010 年 5 月任)
董事长:鲁千林(2010 年 3 月任)
副总经理:王继峰(2010 年 3 月任)
干建平(2010 年 3 月任)
曹　宇(2010 年 3 月任,9 月免)
上海淀山湖地区开发有限公司
书　记:孙雄健(2010 年 2 月免)
副书记:张瑞云(2010 年 2 月免)

总经理:张瑞云(2010 年 3 月免)
副总经理:陈水根(2010 年 3 月免)
张春根(2010 年 3 月免)

上海湖区建设开发有限公司(2010 年 2 月,撤销上海淀山湖地区开发有限公司建制,过渡为上海湖区建设开发有限公司)

书记、董事长:沈金华(2010 年 8 月任)
副书记:沈金华(2010 年 2 月任)
程卫东(2010 年 12 月任)
监事会主席:朱育新(2010 年 5 月任)
副董事长:沈金华(2010 年 3 月任,8 月免)
副总经理:胡继军(2010 年 3 月任)
陈水根(2010 年 3 月任,12 月免)
张春根(2010 年 3 月任)
程卫东(2010 年 12 月任)

西虹桥商务开发有限公司(2010 年 2 月新成立)

书 记:顾连云(2010 年 2 月任)
副书记:颜贵志(2010 年 2 月任)
董事长:顾连云(2010 年 3 月任)
总经理:颜贵志(2010 年 3 月任)
监事会主席:朱育新(2010 年 5 月任)
副总经理:陈很荣(2010 年 3 月任,12 月免)
谢 明(2010 年 3 月任)

青浦出口加工区开发有限公司(2010 年 6 月升为区级公司)

副书记、执行董事、副总经理:陆祖芳(女,2010 年 6 月任,主持工作)
副总经理:张 忠(2010 年 6 月任,聘任)

上海张江高新技术产业开发区青浦园区有限公司(2010 年 6 月新成立)

副书记、执行董事、副总经理:刘 伟(2010 年 6 月任,主持工作)
副书记、副总经理:宋林根(2010 年 6 月任,聘任)

区投资有限公司

书 记:孙立德
总 经 理:江永兴
副总经理:邓大虹

区资产经营有限公司

书 记:吕健康(2010 年 12 月免)
副书记、总经理:唐晓棣
监事会主席:张新建(2010 年 5 月任)

大观园旅游发展有限公司

董事长、总经理:张春根
副书记、监事长:王海林
副总经理:俞浩胜 施德全

区供销社

书记、主任:魏 涛
副书记、副主任:沈跃梅(女)

青浦海关

关 长:刘海勇
副关长:马春明 唐新明 宋春美(女)

工商青浦分局

书记、局长:何 强
副书记:谢春元
副局长:王毅荣 徐永华 徐华君

区税务局

书记、局长:朱 伦
副局长:叶国强 王文忠 朱永明(2010 年 2 月任)

区质量技术监督局

书记、局长:袁 松
副书记、副局长:刘 刚
副局长:王钟萍(女) 王增云(2010 年 12 月免)

食品药品监督管理局青浦分局

书记、局长:马超黎(女)
副局长:宋治鸣 钟 青(女)

区气象局

局 长:陆 钧
副局长:张德林

区邮政局

书记、局长:康国忠
副书记:朱顺军
副局长:张季读 周 平(女)

区社保中心

主 任:俞跃华
副书记:王伟龙
副主任:毛 婕(女)

烟草专卖青浦分局

局 长:张文江
副局长:徐正望
副总经理:顾 辉
副书记:黄 斌(2010 年 10 月任)

青浦供电公司

总经理:刘宝群
书记、副总经理:华洁铭
副总经理:茹蔚康 沈京京

区电信局

书记、局长:封家俭
副书记:周国强
副局长:茅康生 陈 强

移动青浦分公司

书记、总经理:李祖棣
副书记、副总经理:任金华(2010 年 2 月任)

联通青浦分公司

总经理:孙寿新
副总经理:严劲松 陈兴红(女)

青浦自来水有限公司

书 记:陈正奇
副书记、总经理:赵 罡
副书记:陈 红(女)
常务副总经理:张向东
副总经理:孟小强 殷国林 干火军

街道、镇负责人名录

夏阳社区(街道)

书　记:徐德明
副书记、办事处主任:许建忠
副书记:张　静(女)　金跃进
纪委书记:吴学民
办事处副主任:杨河生　章国新　蔡惠华　顾荷英(女)

盈浦社区(街道)

书　记:陆永福
副书记:周亚军(2010 年 4 月免)
　　朱建忠(2010 年 4 月任)　徐建华　陈　达
办事处主任:周亚军(2010 年 5 月免)
　　朱建忠(2010 年 8 月任)
纪委书记:姜其志
办事处副主任:朱建忠(2010 年 5 月任,主持工作)
　　张桂根　钱秋英(女)　孙立新　邱宝荣

香花桥社区(街道)

书　记:徐顺福(2010 年 4 月免)
　　周亚军(2010 年 8 月任)
副书记:顾连云(2010 年 2 月免)
　　周亚军(2010 年 4 月任,主持工作)
　　陈　瑜(2010 年 2 月任)　徐孝芳(女)
　　周小明
办事处主任:顾连云(2010 年 3 月免)
　　陈　瑜(2010 年 3 月任)
纪委书记:沈永连
办事处副主任:顾爱根　任春林　张树兴　邵洪元

赵巷镇

书　记:陆　瑾(女)
副书记、镇长:张　明
人大主席:马健华
副书记:钱坤荣
纪委书记:金彩弟
副镇长:李文明　管文军
　　许芳群(女,2010 年 4 月任)

徐泾镇

书　记:张小弟(2010 年 2 月免)
　　吴瑞弟(2010 年 2 月任)
副书记、镇长:朱思毅
人大主席:张小弟(2010 年 3 月免)
　　吴瑞弟(2010 年 3 月任)
副书记:张惠娟(女)
纪委书记:朱红珍(女)
副镇长:徐　威　徐赞培　高剑峰(2010 年 8 月免)
　　陆云棣(2010 年 8 月任)

华新镇

书　记:丁全兴
副书记、镇长:徐　庆
人大主席:陆正华
副书记:沈烈强
纪委书记:辅绍良
副镇长:葛仁华　朱　奇　谭　伟

重固镇

书　记:吴跃进
副书记、镇长:孙　挺(女)
人大主席:陈纪忠
副书记:王玉龙
纪委书记:沈玲英(女)
副镇长:钱永林　方志坚　潘慧敏(女)

白鹤镇

书　记:於建明
副书记、镇长:章凌云
人大主席:蒋伟林
副书记:徐海荣
纪委书记:陆志斌
副镇长:王全根　陆小龙　顾桂芳(女)
　　沈纪国(2010 年 11 月任)

朱家角镇

书　记:陆章一
副书记、镇长:顾　骏
人大主席:曹兴仁
副书记:杨辉明
纪委书记:吴金华
副镇长:诸建芳(女)　高　健　杨晓华

练塘镇

书　记:徐金明
副书记、镇长:董永元
人大主席:蔡慧坤
副书记:徐福星
纪委书记:徐建青
副镇长:陆　明　徐险峰　高　峰

金泽镇

书　记:张小云
副书记、镇长:曹　杰
人大主席:陆彩娥(女)
副书记:程卫国
纪委书记:姚爱根
副镇长:潘志俭(女)　浦亚明　姚伟明
　　高剑峰(2010 年 7 月任)

民主党派负责人名录

民革青浦区委

主任委员:叶　明
副主任委员:周立新　沈伯明

民盟青浦区委
主任委员：龙婉丽（女）
副主任委员：王海青（女）

民建青浦区委
主任委员：尤佳秋
副主任委员：潘　华　朱林娟（女）　陆巧根

民主促进会青浦区支部
主任委员：姚伟明
副主任委员：裘德荣

农工党青浦区支部
主任委员：钟育琦
副主任委员：饶斐文　田惠敏

致公党青浦区支部
主任委员：姚　蓁（女）
副主任委员：周敏华（女）

九三学社青浦区委
主任委员：沈红慧（女）
副主任委员：闵慧平　阮凯基

金融机构负责人名录

农业银行青浦支行
书记、行长：李建勤（2010年2月免）
副书记、副行长：王连军（2010年3月任，主持工作）
夏雄新
副行长：顾　伟　张　凡　石　坚
郑　谷（2010年10月任）

建设银行青浦支行
行　长：沈永清
副行长：黄　勇　刁新建　于小刚
朱福章

工商银行青浦支行
行　长：吴晓春
副行长：钱海静（女）　范　锋
黄静霓（女，2010年4月免）

中国银行青浦支行
行　长：杨　军
副行长：刘　嫣（女）　柏莉华（女）

上海银行青浦支行
行　长：卜月林
副行长：尤雪云　徐　芳（女）

光大银行青浦支行
行　长：管银熙
副行长：沈　燕（女，2010年10月免）
王　华（女，2010年11月任）

交通银行青浦支行
行　长：董怡蓓（女）
副行长：凌海强　王　宇

农村商业银行青浦支行
行　长：张金明
副行长：胡秀君（女，2010年6月免）

浦东发展银行青浦支行
行　长：肖　刚（2010年5月免）
华　巍（2010年5月任）
副行长：黄秋萍（女）　褚彩萍（女）

农业发展银行青浦支行
行　长：阙　刚
副行长：刘志萍（女）

深圳发展银行股份有限公司上海青浦支行
行　长：翁继锋
副行长：许彩红（女）

兴业银行股份有限公司上海青浦支行
行　长：吴健青

民生银行青浦支行
行　长：袁　征
副行长：朱丽青（女）

邮政储蓄银行青浦支行
行　长：郭长生
副行长：秦建忠

中信银行青浦支行
行　长：唐东海（2010年5月免）
杨蔚青（2010年5月任）
副行长：杨蔚青（2010年5月免）

广东发展银行青浦支行
行　长：顾　群
副行长：沈迎宾

华一银行上海青浦支行
行　长：方奕文（2010年1月免）
储　昶（2010年1月任，5月免）
程　沪（2010年5月任）
副行长：周家烨　张秀红（女）

华夏银行青浦支行
行　长：项　军（2010年6月任）
副行长：顾徐浩（2010年6月任）

人民财产保险青浦支公司
总经理：陈　洪
副总经理：马如忠

人寿保险青浦支公司
总经理：徐　云
副总经理：朱筱安

太平洋保险青浦分公司
总经理：陆宏信
副总经理：徐　清

安信农业保险股份有限公司青浦支公司
副总经理：徐晓枫（2010年1月免）
王　晓（2010年1月任）

综 述

2010年，中共青浦区委高举中国特色社会主义伟大旗帜，以邓小平理论和“三个代表”重要思想为指导，深入贯彻落实科学发展观，团结带领全区人民，积极参与世博、服务世博、奉献世博，加快转变经济发展方式，大力推进城乡统筹发展，着力保障和改善民生，切实维护社会和谐稳定，顺利完成全年各项目标任务，青浦经济、政治、文化、社会和生态文明建设以及党的建设均取得新成效。

2010年是上海世博会举办之年。区委按照市委要求，成立世博工作领导小组，下设五个指挥部及其工作组，明确工作职责，切实加强对世博工作组织协调、督查考核，围绕科学办博、勤俭办博、廉洁办博、安全办博要求，坚持把参与和服务世博作为各项工作重中之重，全力以赴、集中攻坚，为举办一届成功、精彩、难忘上海世博会作出了贡献。区委切实加强世博安保工作，大力开展社会治安综合治理专项行动，有力维护了社会和谐稳定；扎实推进城市文明建设，组建和完善市民巡访团队伍，积极开展主题巡访活动；着力保障世博运行，组织群众参加世博会试运行观展活动，配合组委会完成实战演练，顺利完成世博赠票赠卡任务；认真做好服务和接待工作，积极参与对口国家馆日和国际组织荣誉日活动，搭建合作交流平台，大力宣传青浦人文优势和发展成就，展现青浦良好形象；广泛动员市民参与，精心打造朱家角世博主题实践区，认真策划开展系列活动；深入开展世博先锋行动，组织开展世博立功竞赛评选表彰，全区共有300多个先进集体和3100多名先进个人分别获得国家和市、区表彰。

2010年也是实施“十一五”规划最后一年。区委紧紧抓住虹桥商务区建设、郊区新城建设、小城镇发展改革试点等契机，依据现实基础和发展条件，围绕建设“绿色青浦”总体目标，以“产城一体、水城融合”为理念，以淀山湖新城建设为核心，以产业发展为依托，着力构建架构合理、功能凸显、协同发展“一城两翼”新格局，进一步明确淀山湖新城、西虹桥商务区和环淀山湖地区等重点区域功能定位和产业布局。区委坚持立足区情，深入分析研究“十二五”发展目标、路径和举措，组织开展“十二五”规划大讨论，广泛听取各方意见和建议，完善并形成区委对编制“十二五”规划建议，强调必须坚持以科学发展为主题，以“转变经济发展方式，加快推进‘一城两翼’建设”为主线，以创新驱动、转型发展为突破口，全面推动经济社会又好又快发展，开创“十二五”时期青浦科学发展新局面。

区委坚持加快转变发展方式，推动产业结构调整，促进城乡统筹发展，加强资源节约和环境保护，不断提高经济发展质量和效益；坚持走群众路线，把改善民生作为工作出发点和落脚点，切实增强群众观念，做好群众工作，让改革发展成果更多地惠及人民群众；坚持夯实基层基础，加强基层组织建设，充分发挥党员先锋模范作用，不断提高基层党组织影响力、凝聚力和战斗力。 （张杜屏）

重要活动

■区委三届十二次全会 该会于1月15日在区会务中心召开。主要任务是：深入学习贯彻党的十七届四中全会、中央经济工作会议和市委九届十次全会精神，认真总结2009年工作，全面部署2010年任务，团结和带领全区各级党组织和广大党员干部群众，深入贯彻落实科学发展观，按照市委“五个确保”目标要求，积极参与和服务世博，加快经济转变发展方式，大力推进新城建设，着力保障和改进民生，切实维护社会和谐稳定，努力实现“十一五”规划目标，认真编制“十二五”规划，切实加强和改进党的建设，不断开创青浦科学发展新局面。全会审议了区委常委会2009年工作报告、2010年工作要点，并对区委2009年度干部选拔任用工作和新选拔任用有关干部进行民主评议；审议并通过《中国共产党上海市青浦区第三届委员会第十二次全体会议决议》。全会由区委常委会主持。区委书记高亢作重要讲话。区委副书记、代区长张国洪作关于《2009年经济社会发展情况和2010年经济社会发展工作安排》的讲话。区委副书记胡燕平对《中共青浦区委常委会2010年工作要点》作说明。区委常委陆建铭、周荣新、李子骏、翟必槐、张汪耀、李萍、孙萍、李跃旗等出席。

（张杜屏）

■区委三届十三次全会 该会于7月19日在区会务中心召开。主要任务是：认真总结上半年工作，全面部署下半年任务，动员全区各级党组织和广大党员干部群众深入贯彻落实科学发展观，进一步抓住机遇、迎难而上，开拓进取、真抓实干，继续做好服务与参与世博各项工作，努力完成全年和“十一五”目标任务，积极谋划“十二五”发展规划。全会审议并通过《中国共产党上海市青浦区第三届委员会第十三次全体会议决议》和《中国共产党上海市青浦区第三届委员会第十三次全体会议关于递补区委委员的决定》。全会由区委常委会主持。区委书记高亢作重要讲话。区委副书记、区长张国洪作关于《上半年经济社会发展情况和下半年经济社会发展工作安排》的讲话。区委副书记胡燕平，区委常委陆建铭、翟必槐、张汪耀、李萍、孙萍、李跃旗、王维立等出席。（张杜屏）

■区委三届十四次全会 该会于11月30日在区会务中心举行。主要任务是：全面贯彻中共十七届五中全会精神，认真研究青浦“十二五”发展指导思想、基本要求和目标任务，进一步动员全区各级党组织和广大党员干部群众深入贯彻落实科学发展观，求真务实、开拓创新、奋发有为，为加快推进“一城两翼”建设、构建社会主义和谐社会而奋斗。全会审议并通过《中共青浦区委关于制定青浦区国民经济和社会发展第十二个五年规划的建议》和《中国共产党上海市青浦区第三届委员会第十四次全体会议决议》。全会由区委常委会主持。区委书记高亢作重要讲话。区委副书记、区长张国洪对《中共青浦区委关于制定青浦区国民经济和社会发展第十二个五年规划的建议（讨论稿）》作说明。区委副书记胡燕平，区委常委陆建铭、翟必槐、张汪耀、李萍、孙萍、李跃旗、王维立等出席。（张杜屏）

■区委三届十五次全会 该会于12月30日在区会务中心举行。主要任务是：深入学习贯彻中共十七届五中全会、中央经济工作会议精神和市委九届十四次全会精神，按照坚持科学发展、转变经济发展方式、加快推进“一城两翼”建设要求，认真总结2010年工作，全面部署2011年任务，团结和带领全区各级党组织和广大党员干部群众深入贯彻落实科学发展观，攻坚克难、开拓创新、真抓实干，努力为青浦“十二五”发展奠定坚实基础。全会审议了区委常委会2010年工作报告、2011年工作要点，审议并通过《中国共产党上海市青浦区第三届委员会第十五次全体会议决议》。全会由区委常委会主持。区委书记高亢就区委常委会2010年工作报告、2011年工作要点和贯彻落实全会精神作重要讲话。高亢强调，贯彻落实全会精神、做好明年工作，关键是狠抓落实。各镇、街道、各部门要围绕创新驱动、转型发展、振奋精神、坚定信心、攻坚克难，定措施、定责任、定期限，在转变发展方式、加快推进“一城两翼”建设上取得突破。区委副书记、区长张国洪作关于2010年经济社会发展情况和2011年经济社会发展工作安排讲话，区委副书记胡燕平对《中共青浦区委常委会2011年工作要点（讨论稿）》作说明。区委常委陆建铭、翟必槐、李萍、孙萍、李跃旗、王维立等出席。（张杜屏）

12月30日，中国共产党上海市青浦区第三届委员会第十五次全体会议召开（青浦报社供稿）

■举行学习实践科学发展观先进事迹报告会 该会于2月5日在区会务中心举行。区学习实践科学发展观活动先进事迹报告团成员为大会报告了工商青浦分局、重固镇动迁办主任邵奋勇、朱家角镇新胜村乡村医生尤志宏、华新镇马阳村党支部书记俞正娟、盈浦街道退休老党员顾祖根的先进事迹。区委书记高亢出席会议并讲话，他指出，在全区开展学习先进典型，对于进一步推进学习实践科学发展观活动，营造积极向上社会氛围，引导激励广大干部群众积极投身青浦改革开放和现代化建设，具有十分重要意义。他要求深入开展学习宣传先进典型活动，把模范人物崇高精神转化为广大干部群众加快推进“绿色青浦”建设实际行动，要大力宣传、广泛学习先进典型，努力在全社会兴起学习先进、崇尚先进热潮；要以先进典型为榜样，激励人们在加快推进“绿色青浦”建设进程中争当先进、建功立业。区委副书记、区长张国洪，区人大常委会主任巢卫林，区政协主席张布尔，区委副书记胡燕平，区委常委、组织部部长李子骏出席报告会。（张杜屏）

■召开学习实践科学发展观总结大会 该会于3月4日在区会务中心召开。区委书记、区委学实活动领导小组组长高亢出席并在讲话中强调：学习实践科学发展观是一项长期而艰巨任务，要进一步巩固和发展学习实践活动成果，解放思想、开拓创新、真抓实干，推动青浦在新起点上实现新发现。区委副书记、区长、区委学实活动领导小组副组长张国洪主持会议，区委副书记、区委学实活动领导小组副组长胡燕平传达了市深入学习实践科学发展观活动总结大会精神。市委学习实践活动第四巡回检查组组长张阿根、副组长陈德昌，区人大常委会主任巢卫林、区政协主席张布尔等出席。
（张杜屏）

■召开招商引资工作会议 该会于3月10日在区会务中心召开。区委书记高亢，区委副书记、区长张国洪出席并讲话，区人大常委会主任巢卫林，区政协主席张布尔，区委副书记胡燕平，区委常委、副区长张汪耀，区委常委、副区长李跃旗，区人大常委会副主任张映华，区政协副主席龙婉丽出席会议。

高亢在讲话中指出：要认清形势，进一步增强招商引资工作责任感和紧迫感，抓住上海世博会、虹桥商务区开发建设、郊区新城建设以及全国小城镇改革发展试点机遇，加快转变经济发展方式，加快青浦新城建设，优化青浦工业园区功能配套，提升产城联动效应，大力发展先进制造业和现代服务业；要营造良好环境，推动青浦区招商引资工作再上新台阶；要明确要求，进一步增强招商引资工作实效性。创新招商思路，处理好三个关系（招商引资与转型发展关系、实地型企业和商贸型企业关系、招商引资与招商引智关系）；要加强领导，努力推动招商引资工作再上新台阶。各镇、街道、工业园区、有关部门党政"一把手"不仅要做招商引资组织者、领导者，更要做招商引资实践者，对重大项目引进，要亲自跟踪服务，亲自关心协调，确保项目顺利实施。

张国洪在讲话时指出：要坚持招商引资，坚持内商外贸并举，坚持发展高新制造业和现代服务业思路，进一步谋求青浦经济再发展。招商引资要集中在虹桥商务区、工业园区和工业点、西部湖区、奥特莱斯商圈等区域，努力实现产业发展有一个好规划，努力为企业投资创造一个好环境和一个好机制，要努力实现三个突破（招到能够带动发展大产业，引进能带动农业现代化龙头企业，拓展能带动产业发展空间举措和思路）。

会上，上海皇宇科技发展有限公司等8家企业进行项目现场签约。区经委、徐泾镇、青浦工业园区、日立电梯（上海）有限公司分别作交流发言。
（张杜屏）

■上海市中心城区与青浦区城乡党组织结对共建签约仪式举行 该仪式分别于8月4日、8月12日在区会务中心举行，标志着普陀区、虹口区与青浦区在构建"以城带乡、城乡互促、双向受益、共同提高"基层党建工作新格局迈出了重要一步。普陀区委、虹口区委、青浦区委领导分别参加签约仪式，并各自介绍了经济社会发展情况。普陀区教育局党工委与青浦区教育局党委、普陀区桃浦镇党委与青浦区金泽镇党委、普陀区中环集团与青浦区练塘镇双菱村分别进行签约结对，普陀区长征镇向白鹤镇杜村村捐赠帮扶资金。
（张杜屏）

■迎接国家卫生区复查工作巡查活动 6月12日，区委书记高亢、区委副书记、区长张国洪、区人大常委会主任巢卫林、区政协主席张布尔、区委副书记胡燕平带队分11组对全区各街镇进行"迎接国家卫生区复查"工作巡查，重点检查了道路保洁、公共设施、绿化养护、市容环境、卫生管理等方面情况。区领导陆建铭、李子骏、翟必槐、张汪耀、李萍、孙萍、王维立、姚全根、张海珍、王海林、张映华、陶夏芳、朱明福、顾峰等也分赴各自联系镇（街道）进行环境卫生巡查。
（张杜屏）

■庆祝中国共产党成立89周年暨深入开展创先争优活动推进大会举行 该会于7月1日在区会务中心举行。区委书记高亢出席并讲话。区委副书记、区长张国洪主持会议。区领导巢卫林、张布尔、胡燕平、陆建铭、翟必槐、李萍、孙萍、李跃旗、王维立等出席。高亢在讲话时代表区委向全区各级党组织和广大党员致以节日的问候。他指出：要把创先争优活动作为参与和服务世博重要抓手，为确保世博成功、精彩、难忘作出贡献。各级党组织和广大党员要继续保持昂扬向上工作热情，持之以恒地做好世博各项工作。要深入开展"平安世博、平安卫士"主题实践活动和世博先锋行动，发挥公安干警、武警官兵和世博志愿者作用，树立"为国家而奋斗、为使命而奋斗、为责任而奋斗、为荣誉而奋斗"思想，在参与和服务世博特殊岗位上建功立业。全区各级党员干部要在创先争优活动中，拿出"创"的气魄，"争"的胆识，以真抓实干作风激发干事创业积极性，在转变发展方式、优化产业结构中当先锋、作表率；在加快项目建设、促进经济增长中增干劲、献业绩；在转变工作作风、改善投资环境中优服务、强素质。要围绕全力完成"十一五"规划、谋划好"十二五"规划创先争优，进一步加快经济发展方式转变和产业结构调整，进一步维护好社会和谐稳定。全区各级党组织要立足工作实际，鼓励党员立足岗位创先争优，确保"十一五"规划各项目标和2010年各项任务全面完成。大会表彰了2006～2009年度青浦区"五好党组织"，与会人员还观看了党建电视片《世博先锋行动纪实》、《安庄议事》、《叶志明的退休生活》。区人大、区政府、区政协领导，区人民法院、区人民检察院领导，部分离退休老干部等参加大会。
（张杜屏）

■召开镇（街道）、有关公司党组织负责人会议 该会于10月21日在区直机关东裙楼三楼会议室召开。主要内容：学习贯彻中共十七届五中全会精神，回顾总结前三季度工作，部署安排四季度工作。区委书记高亢主持会议并强调，要以深入贯彻中共十七届五中全会精神为动力，紧紧抓住2010年度最后两个多月时间，为全面实现全年目标任务而努力奋斗。区委副书记胡燕平出席会议并通报了世博会期间青浦社会稳定工作情况，对如何加强和改进社区居委会建设工作提出意见。
（张杜屏）

■高亢深入村居调研 12月8日，区委书记高亢深入夏阳街道青湖居民区和朱家角万隆村就基层党建工作进行调研。高亢在调研时充分肯定了青湖居民区和朱家角万隆村党建工作经验和做法，并对基层干部辛勤工作表示感谢。他强调，区、镇（街道）两级党委要加大对村、居等基层工作的支持、关心力度，进一步加强基层党组织动员群众协调利益能力；要想群众所想，急群众所急，切实解决人民群众最关心、最直接、最现实利益问题；要关心爱护好来沪群众，他们工作、生活在青浦，是新青浦人，要做好对来沪群众教育、管理和服务工作。
（张杜屏）

组织工作

■概况 2010年,全区组织工作以邓小平理论和“三个代表”重要思想为指导,深入学习贯彻中共十七届四中、五中全会精神,以中国共产党的执政能力建设和先进性建设为主线,紧紧围绕区委中心工作,以“世博先锋行动”为主题,开展创先争优活动,着力推进领导班子、干部队伍、人才队伍和基层党的建设。

年内,中共青浦区委组织部(以下简称区委组织部)以“世博先锋行动”为契机,以增强各基层党组织和广大党员区域化党建意识,促进地区党组织统一协调区域内各类党建资源大党建格局形成为宗旨,通过开展干部教育培训、“上海千人计划”申报、加大“两新”组织党建覆盖率、建立执行各项规章制度、“十二五”人才发展规划编制、接入以中组部为核心全国组织系统“大组工网”以及组织各类活动,提升了青浦组织系统工作的科学化水平,推动了区域化党建工作,为青浦“一城两翼”建设和科学发展提供了组织保证。

年内,在市委进行的“世博先锋行动”、“五好”党组织和“五带头”共产党员评选中,全区共有9家基层党组织获得市“五好”党组织荣誉称号,30名党员获得市“五带头”共产党员荣誉称号;在“上海世博会先进集体和先进个人”评选活动中,获国家级“上海世博会先进集体”1个、市级“上海世博工作优秀个人”1名。 (何春鹤)

■创先争优活动 按照中央和市委部署,区委组织部开展以“世博先锋行动”为主题创先争优活动,活动主要形式有:召开“世博先锋行动推进会”;组织各镇、社区(街道)党委(党工委)、居民区党组织和部分村党组织书记及班子成员共计823人参加迎世博专题培训班,以及对广大党员进行世博培训;区四套班子党员领导干部及处级以上领导干部深入全区183个建制村,对创先争优活动进行动员、指导;10月,召开“党群共建创先争优工作会议暨创先争优活动推进会”。 (何春鹤)

■区域化党建工作 以“世博先锋行动”为契机,以增强各基层党组织和广大党员区域化党建意识,促进地区党组织统一协调区域内各类党建资源大党建格局形成为宗旨,推动各驻区单位党组织和广大党员主动联系并参加所在社区和居民区服务世博各项工作。全区共有223个驻区单位党组织主动联系所在社区,有4981名在职党员到社区报到。 (何春鹤)

■开展“岗位行动、家园行动、志愿行动”活动 年内,区委组织部以“岗位行动、家园行动、志愿行动”为载体,组织动员广大党员干部参与居住地居(村)委开展治安巡逻、交通巡逻等平安建设志愿服务活动,创新了党员由一个组织主管、参加多个组织活动新模式,拓展了党员发挥作用和对党员全方位管理新领域。根据世博会安全保卫工作指挥部统一部署,区委组织部牵头安排区级机关119名党员志愿者在轨道交通2号线徐泾东站4个出入口进行安保值守,为平安世博发挥了积极作用。 (何春鹤)

■开展干部教育培训 围绕“大规模培训干部,大幅度提高干部素质”要求,区委组织部分别于9月和10月举办处级领导干部进修班和中青年干部培训班,选送23名领导干部参加市级各类主体班、专题培训班和外向型培训班,组织全区90名领导干部参加干部自主选学和领导干部人文班。全区有1353名科级以上干部参加在线学习。 (何春鹤)

■干部培养以及班子调整 根据青浦经济社会发展需要,区委组织部对区管企业领导班子进行调整,对缺额领导班子进行联动,调整共涉及121人次,其中:提职、提级20人次,交流、轮岗45人次;其他变动56人次。选派54名优秀青年干部到信访办、区动拆迁推进办等复杂环境、重大工程项目接受锻炼。 (何春鹤)

■“十二五”人才发展规划编制 区委组织部联合相关单位成立规划编制领导小组和课题组,研究制定《青浦区“十二五”人才发展规划》。同时,完成“十一五”人才发展规划终期评估。 (何春鹤)

■“上海千人计划”申报 年内,区委组织部开展第一批“上海千人计划”申报工作,上海能港电气工程科技有限公司总经理何勤奋、上海康恒环境工程有限公司董事长龙吉生作为青浦区“上海千人计划”人选(创业人才)向市委组织部上报。 (何春鹤)

■干部公开选拔(招聘) 为贯彻落实《干部人事制度改革规划纲要》,区委组织部推出区发展和改革委员会副主任、区财政局副局长、区建设和交通委员会副主任3个党政机关领导职位和上海淀山湖新城发展有限公司总经理、上海湖区建设开发有限公司总经理、上海青浦工业园区发展(集团)有限公司总经理等3个国有企业领导职位面向全市公开选拔(招聘)。 (何春鹤)

■全面推行“一报告两评议” 按照市委组织部《关于开展干部选拔任用工作“一报告两评议”的意见》(沪委办发〔2010〕4号)要求,区委组织部在全区全面推行具有用人权单位党组织向党员干部大会报告工作时,要专题报告年度干部选拔任用工作情况,并在党员干部大会上对干部选拔任用工作进行民主评议,同时按照干部管理权限对新提拔部分干部进行民主测评。 (何春鹤)

■领导干部开展经济责任审计 年内,对10家单位13名领导干部开展经济责任审计。配合区纪委、巡察办制订巡察工作和“回头看”工作方案,对区规土局等8家单位开展巡察。 (何春鹤)

■规范科级干部选任工作 5月,区委组织部下发《关于科级干部选拔任用有关问题的通知》(青委组〔2010〕23号),对科级干部选任中民主推荐、人选确定、民主测评、任前公示、征求意见以及到岗任职等具体操作环节进行了补充规定,进一步规范了科级干部选任程序。 (何春鹤)

■党组织书记离任检查 年内，区委组织部下发贯彻《市县党委书记履行干部选拔任用工作职责离任检查办法（试行）》实施意见，并对7名离任党组织书记进行离任检查。（何春鹤）

■机构编制调整 区编办根据区经济社会发展需要，对区农委、国资委重新进行“三定”，对区委区政府研究室和区安监局、环保局、发改委、财政局、社区办等部门职责进行调整和划转，完成区委宣传部和区教育局、建交委等20家单位机构编制调整。（何春鹤）

■政务公益域名注册以及党建课题申报 自2009年起，全区有73家机关事业单位完成政务公益域名集中注册。2010年，各基层单位结合工作实际，共申报党建课题33个。（何春鹤）

■推行“四议两公开”工作法 年内，区委组织部在全区村级党组织中推行“四议两公开”（即村党支部会提议、村“两委”会商议、党员大会或党员代表审议、村民代表会议或村民会议决议）工作法，作为扩大基层党内民主途径之一，决议公开和实施结果公开。进一步加强了基层民主政治建设。（何春鹤）

■“两新”组织党建工作 2010年，实地型“两新”党组织覆盖率为18.4%，其中：规模以上非公企业党组织覆盖率为99.8%、新社会组织和备案的社区活动团队党建覆盖率均达100%。区社会工作党委在全区“两新”党组织和党员中开展创建学习型党组织，争当推动科学发展的先锋；创建民主型党组织，争当促进社会和谐的先锋；创建服务型党组织，争当服务人民群众的先锋；创建创新型党组织，争当勇于创先争优的先锋的“四创四争”主题实践活动。发挥了“两新”党组织和党员在迎办世博和促进企业科学发展、和谐发展中先锋模范作用。（何春鹤）

■编制发展党员相关文件 7月，下发《关于在发展党员工作中推行“答辩制”的意见（试行）》（青委组〔2010〕34号），在全区机关党组织和部分事业单位（学校、医院）党组织内推行发展党员“答辩制”，严把党员“入口”关。12月，区委组织部编纂《青浦区发展党员工作相关文件汇编》，就发展党员公示制、票决制、民主推荐制作了列示。（何春鹤）

■党员服务工作 区委组织部全年下拨2010年党员教育活动经费共计309.88万元。元旦、春节和“七一”期间组织2次集中走访慰问老党员和生活困难党员活动，共计慰问714人次、发放慰问金36.5万元。组织基层100名老党员、优秀党员和16名优秀党务工作者参加健康体检。（何春鹤）

■村（居）党组织书记培训和联谊 年内，区委组织部举办2期村（居）党组织书记研修班和1期事业单位支部书记研修班，65名村党组织书记、68名居民区党组织书记和52名事业单位支部书记参加了培训。并于6月召开村（居）党组织书记联谊会第一次年会。（何春鹤）

■大学生“村官”队伍建设 年内，区委组织部开展区2010年市选聘大学生“村官”到村任职工作，14名大学生进入“村官”队伍，并进行上岗培训。举办“青春奉献新农村，团徽闪耀迎世博”大学生“村官”迎世博主题活动。举办30人参加的大学生村官培训示范班。（何春鹤）

■学习实践科学发展观活动后续整改工作 区委组织部在2009年学习实践科学发展观活动整改落实工作的基础上，继续创造条件，加大后续整改力度，38项突出问题整改计划已全部落实并取得显著成效。（何春鹤）

■“大组工网”筹建并联网 根据市委组织部《关于开展上海市“大组工网”建设工作的通知》（沪委组〔2010〕发字43号）的总体要求，区委组织部在区科委、安全局、机要局协助下经过方案设计、论证、施工建设，于8月中旬完成7个端口先期接入连通。年底，通过市委组织部、市安全局等部门的检查考核。（何春鹤）

■中组部代管党费公示 根据中组部《关于公示2009年度中央组织部代中央管理党费收支情况的通知》要求，11月4～12日，区委组织部将2009年度中央组织部代中央管理党费收支情况在青浦政务公共信息平台公告栏中向全区所属基层党组织和党员进行公示。（何春鹤）

宣传工作

■概况 2010年，全区宣传思想文化工作深入学习实践科学发展观，认真贯彻落实区委三届十二次、十三次、十四次、十五次全会精神，以总结“十一五”成果、谋划“十二五”规划为契机，按照“高举旗帜、围绕大局、服务人民、改革创新”总要求，围绕区委区府年度重点工作，继续强化责任意识、机遇意识、创新意识，着力营造“参与世博、服务世博、奉献世博”浓厚氛围，宣传思想文化各项工作扎实推进，完成2010年各项重点工作和区委交办各项任务。区委宣传部荣获上海市“世博社会宣传优秀集体”、“世博会公众参与馆项目活动优秀组织奖”和“世博区县涉外综合工作优秀集体”称号，区世博工作领导小组宣传及媒体服务指挥部新闻宣传及突发新闻应对组获“青浦区立功竞赛世博工作先进集体”称号。（周　敏）

■政治理论学习 年内，积极做好区委理论中心组学习秘书工作，围绕世博会、新城建设和中共十七届五中全会、九届市委十三次全会精神等，组织区委中心组开展专题学习、讲座、报告会和考察活动13次；组织全区领导干部讲座4场；编发《中心组学习参考》5期；制定《关于进一步改善处级单位党委（党组）中心组理论学习制度的意见》。会同区有关部门，开展基层中心组学习督查10次。初步制定《关于推进青浦区学习型党组织建设的实施意见》，明确夏阳街道党工委、淀山湖新城公司党委、检察院党组、重固镇徐姚村、金泽镇岑卜村、盈浦街道盈中居委会、上海富臣化工有限公司、社区学院等8家学习型党组织试点单位并开展走访、督查和指导。14家单位开展联组学习7次，实现中心组学习形成由单一封闭向联组互动、由单独管理向联合协作的转变。组织开展《理论热点面对面2010——七个怎么看》和《"划清四个重大界限"学习读本》征订、学习和宣传，编辑青浦报理论专版《论苑》12期。开展"围绕世博会加强基层思想政治工作典型经验"征集活动，9家单位经验材料报送市委宣传部。（周　敏）

■新闻宣传报道　年内，紧扣区委、区政府中心工作和"一城两翼"战略布局，积极谋划、精心组织重大新闻宣传报道，在市级以上报刊刊发新闻报道145篇（其中：头版报道16篇、半版及整版报道12次）。围绕重大活动，充分发挥新闻办职能，举办5次新闻发布会。进一步加强区"台、报、网"（即青浦电视台、青浦人民广播电台、《青浦报》和青浦区政府门户网站）舆论引导，开设7项主题专栏，突出宣传青浦区加快结构调整、转变发展方式探索与成就，全面宣传各行各业积极参与服务世博，重点宣传各类先进典型，为全区改革发展、稳定大局起到舆论支撑作用。（周　敏）

■舆论监督管理　进一步完善突发事件新闻应对和舆论监督整改机制。1月11日，举行区加强舆论监督整改工作联席（扩大）会议，区委副书记胡燕平出席会议并讲话。会议通报了2009年青浦区突发公共事件新闻应对和舆论监督整改工作情况及2010年区政府新闻办工作打算，公安青浦分局、徐泾镇作交流发言。修订完善《青浦区突发公共事件新闻发布应急预案》，形成"及时掌握情况、快速准备口径、争取上级支持、有效接待媒体、实时应对网络舆情"快速反应处置机制。有效应对突发事件7起，协调解决11件涉青新闻舆论监督报道。进一步加强社会舆情、网络舆情收集研判，编发《涉青新闻及互联网涉青舆情概要》103期（另编发专报7期）、《舆情参考》33期；配合市委宣传部完成社会舆情收集7次。（周　敏）

■城市文明建设　年内，区委宣传部牵头有关部门认真做好第六、七、八次城市文明指数测评工作，逐步形成"宣传促进—联动共进—问题改进"工作机制。深入开展城市文明志愿者工作，组建和完善街镇市民巡访团队伍。协助区建交委参与上海市建设工程文明施工测评，连续五次在测评中名列榜首。聚焦常见市民行为陋习，开展集中宣传和教育。利用党员干部培训平台，深入开展以"文明观博"为主要内容的"五进"活动，共培训32万人次；网上培训合格20850人。（周　敏）

■精神文明创建　年内，积极开展"美好家园"文明创建专项活动，围绕"精彩世博·文明先行"，突出"家庭居住环境整洁美观"，深化"美好家园示范村"建设。组织开展2009～2010年上海市文明单位、文明小区"在线创建"工作。加强2009～2010年文明创建工作检查、考核和评选工作。区内4家餐饮企业（餐厅）被命名为上海市第二届世博文明餐厅。9月，联合区妇联举办青浦区窗口行业"微笑服务、传递真情"演讲比赛，展现青浦区窗口行业职工在参与世博、建功世博、服务世博中良好形象，24家单位的39名选手报名参赛，9月28日决赛中，教育局孙俐以《让我们的微笑在奉献中闪光》折桂。（周　敏）

9月23日，世博志愿者在大观园为游客提供盖章服务（区委宣传部供稿）

■青溪讲坛形式多样　年内，青溪讲坛以"传播科学知识，弘扬人文精神，建设和谐文化"为宗旨，共举办"平安世博"等各类主题讲座105场。1月23日～2月27日，举办《文学与人生》、《水乡韵味——谈诗词、楹联的创作》、《散文里的大千世界》和《青浦简史》等4场"文学青浦"名家系列讲座。4～10月，协同公安青浦分局在全区11个镇（街道）举办4轮40个主题的"平安世博"系列讲座45场，受众近8000人次。市民读书节期间，先后举办上海世博会国别参展主题沟通专家组成员曾原《世博文化娱乐活动——城市的一场赏心悦事》，中国作协副主席、上海市作协副主席叶辛《阅读与我的生活》，中国作家协会全国委员会委员、上海作协理事王小鹰《阅读——让心灵充满诗意》等3场专家讲座和《我的文学生活——著名作家莫言沪上谈》等6场电子讲座。6月7日，举办"青溪讲坛·悠悠水乡情"中国文化遗产保护日系列讲座第一场《长虹卧波话古桥》。8～12月，在朱家角中学、实验中学等9所学校开展"青溪讲坛进校园"讲座10场。10月28日，与区规划局联合邀请上海城市规划设计院院长宋德高作《新城规划发展》专场讲座。此外，还先后举办《青浦的桥》、《文学青浦名家》等系列讲座。（周　敏）

■加大世博宣传力度　1月～10月，紧扣世博节点布置环境氛围，在全区主要路段、重要建筑、公共场所等设置招风旗3000余对、灯箱广告50余块、大型电子显示屏5块、大型户外广告30余块、户外宣传画2000多平方米、街景绿化18处，分派世博招贴画7套逾10000张、台卡2套逾2000个、易拉宝4款逾500个、素材光盘逾50套。积极推进"公众参与馆"展示活动，征集照片 2087 幅、实物作品 321 件,其中,7 件实物作品和近千幅照片入选世博公众参与馆展出。

4 月,制作"五个一"[即 1 张《上海青浦》宣传折页(中文版、英文版)、1 本《上海市青浦区概览》小册子、1 本《上海青浦——湖滨新韵 2010》图书、1 张《淀山湖新曲》光盘、1 本《回眸青龙翱翔》图书]世博宣传品,以"走进世博、相约青浦"为主题,全面翔实地介绍青浦区经济、文化、旅游、发展战略、服务世博等方面情况。世博会期间,分批多次派送至各志愿服务站点、景点、宾馆、大型商场等场所和有关部门,派送量超过 5 万份,成为市民和中外宾客了解青浦的重要窗口。

(周　敏)

5 月 29 日,徐泾镇举行世博城市文化体验日活动　　(区委宣传部供稿)

■世博主题文化活动　2010 年,区委宣传部组织承办百余场世博主题文化活动。4 月 21 日,联合区文化广播影视局下发《关于开展 2010 年"舞乐青浦,美溢水乡"——群众文艺创作比赛的通知》,秉承"全民共享、广泛参与"主旨,围绕"美丽的城市、美好的生活"、"水·水乡·水乡情事"、"我追求、我创造、我快乐"三大主题,在全区开展音乐与舞蹈创作大赛。10 月 17 日,参与上海国际艺术节"我们的家园——群文艺术创作成果展演",富有青浦地方特色的优秀群众创作节目《插秧天》、《古桥颂》、《老阿婆开店》、《微笑说你好》、《阿婆茶》、《牧民新歌》和《皮影秀》等得到主办方和观众一致好评。5～10 月,组织"世博畅想·欢乐星期六"世博城市文化体验日活动,徐泾镇和朱家角镇活动方案被评为上海市最佳策划方案。5 月 20 日、6 月 13 日,联合区文广局、区文化馆,分别在赵屯和朱家角开展"军民共建保世博"慰问演出。6 月 15 日,举行"我们的节日·端午;我们的家园·世博"主题文化活动启动仪式。主题活动包括朱家角端午系列文化活动、"粽香飘古镇"、农耕文化巡演、夏阳湖端午龙舟赛、"端午·金泽之夜"民俗文化展演、"平安·世博"祈福等活动,受到市民及中外游客的广泛参与和认可。7 月 21 日,组织百名群众参演世博合唱节。9 月 18～27 日,在世博园区市民广场组织演出 30 场"上海之源"——社区市民活动青浦专场。青浦专场围绕"服务世博、奉献世博"主题和"上海之源"创意,演出《插秧天》、《水乡故事—筐筐》、《阿婆茶》、《茶香情浓》、《睡美人》、《江南印象》等 17 个优秀群文节目。9 月 21 日,举办"我们的节日——端午"中非诗会,邀请非洲诗人与世博会非洲馆工作人员参加。世博期间,还承办"城市世博文化广场——东方绿舟"文艺演出 54 场、世博园区参展方到青浦互动社区文化展示等活动。

(周　敏)

■"蓝天下的至爱"募捐活动　1 月 14 日,举行"万人捐、帮万家、让特困家庭过好年"——蓝天下的至爱慈善募捐活动。市政协主席、市慈善基金会理事长冯国勤,区四套班子领导出席慈善活动。各委、办、局,各镇、街道和青浦区一些企业家纷纷捐出爱心善款。该活动共募得善款 7687.32 万元,建立 3 个专项基金,即上海熊猫机械(集团)有限公司"熊猫"专项基金,用于帮困助学;青浦科技园"青浦希望"专项基金,用于资助学生科技、艺术教育和贫困乡村建设;亚士漆(上海)有限公司"泓"专项基金,用于帮困助学和文物保护。

(周　敏)

■工作会议　1 月 28 日,召开舆情信息工作座谈会。网站运行中心、青浦报社、卫生局、重固镇郏店村、朱家角镇西湖新村等单位在会上作交流发言。各镇、街道及有关委办局舆情信息员,各镇党委党群办、街道(社区)党工委宣传科、区科委负责舆情信息工作同志出席会议。

2 月 2 日,召开区宣传思想工作会议,传达全国宣传部部长会议和上海市宣传思想工作会议精神,回顾总结 2009 年青浦区宣传思想文化工作,部署 2010 年宣传思想文化工作。

(周　敏)

■世博宣传及媒体服务工作培训班　4 月 6～7 日,与市宣传党校联合举办区世博宣传及媒体服务工作培训班。市政府新闻办副主任陈启伟和复旦大学新闻学院教授、市网宣办评论部主任、市文明办巡视员分别为学员讲授如何与媒体打交道、网络舆情引导、世博会志愿者工作等相关情况。各镇、街道及各委、办、局宣传干部,区社会舆情信息员等参加培训。

(周　敏)

■世博注册记者朱家角邀访活动　5 月 15 日,世博宣传及媒体服务指挥部举行接待世博注册记者朱家角邀访活动。活动通过分发《上海青浦》宣传折页和朱家角画册、接受采访、介绍青浦区和朱家角镇特色亮点等,让记者全面感受朱家角古镇历史文化风貌保护和发展。代表团由中央通讯社、智利电视台、匈牙利新闻社等 5 家境外媒体和新华社、中国国际广播电台、中央人

8月23日，重固中学师生在世博公众参与馆展演"传承福泉山古文化，展申城少年新风采"主题活动时的合影　（重固镇供稿）

民广播电台、《新民晚报》、《北京青年报》等30家中央、省市级媒体的35名记者组成。　（周　敏）

■第四届青浦市民读书节　5月27日，由区委宣传部、区文明办、区学习办主办，各相关部门、各镇（街道）承办的"城市，因世博而精彩；生活，因读书而美好"第四届青浦市民读书节正式拉开帷幕。读书节以提高市民文化素质、提升城市文化品位为出发点，突出世博主题，策划开展"我们的节日·端午；我们的家园·世博"主题文化活动、文化赏析、市文联艺术家讲坛进青浦、"文化盛宴"进企业等19项主题活动。各镇（街道）设计开展50多项读书活动。该活动历时3个多月。　（周　敏）

■未成年人主题实践活动　7月，联合区教育局、妇联、文广影视局和团区委等单位，制定包含19个项目的《青浦区未成年人暑期活动推荐项目表》。8月8日，联合区科委、环保局和华新镇举办"发现、成长、快乐，世博会环保知识知多少暨2010年英特尔科技环保进社区"活动，开展世博知识巡回展、世博会环保发现之旅设计、我所发现的世博会十大环保建筑、争当世博风尚好少年、"绿色出行，环境更美好"、"网上游世博，争当争'章'小能手"等六大主题项目。8月2～14日，开展未成年人主题读书活动，举办4场专题讲座。9月22～24日，联合区教育局、新浪网举办"儿童·阅读·图画书"系列讲座3场。10月，区文明办、教育局联合下发通知，组织全区各中小学集中开展"世博引风尚，你我共成长"系列活动，开展区"世博风尚好少年"和"风尚好家庭"评选、"我的青浦我的家"主题征文、主题班队、"点点世博星、伴我成长路"——2010年青浦中学生论坛和学生校外实践体验等活动。12月2日，区文明办、教育局在毓秀学校联合主办"世博引风尚，你我共成长"未成年人主题实践集中展示，表彰96名区"世博风尚好少年"和34户区"风尚好家庭"。　（周　敏）

■宗明到青调研宣传文化队伍建设工作　7～8月，在全区开展基层宣传文化队伍调研，形成《青浦区基层宣传文化队伍建设情况汇报材料》。8月5日，市委宣传部副部长宗明一行到青浦专题调研基层宣传文化队伍建设情况。区委常委、宣传部部长孙萍向宗明一行汇报青浦区宣传文化工作整体情况。副区长陶夏芳和区财政局、人保局、编制办等有关部门领导，各镇党委、社区（街道）党工委宣传委员代表以及文艺团体代表参加会议，并作交流发言。　（周　敏）

■市文联艺术家讲坛进青浦　8月2～14日，区委宣传部邀请市文联何占豪、戴小京、梁波罗等一批知名艺术家在青浦部分企业、社区、农村、学校、机关开设《书法美学简介》、《梁祝赏析》、《艺术人生》、《快乐动漫》等7场专题讲座。　（周　敏）

■福泉山古文化展示秀　8月23～25日，由重固中学学生表演的"传承福泉山古文化，展申城少年新风采"福泉山文化展示秀在世博公众参与馆"秀·空间"上演。该展示通过介绍福泉山文化、现场制作福泉山文物浮雕和文化T恤衫、文化衫走秀等形式，把古老深厚福泉山文明展现在世博游客面前。展示秀每天平均6场演出，中央电视台新闻频道"天天世博会"栏目以及市有关媒体进行专题报道。　（周　敏）

■系列节庆活动　9月7日，区政府新闻办公室在朱家角皇家金煦酒店举行记者招待会，集中推介淀山湖文化艺术节、朱家角古镇旅游节、淀山湖旅游节、世界华人龙舟邀请赛等系列节庆活动。人民日报上海分社、新华社上海分社、《解放日报》、《文汇报》、《新民晚报》等26家新闻媒体50多名记者参加招待会。会后，各媒体分别以《金秋，逛完世博再游水乡》、《上海世界华人龙舟赛将举行》、《游古镇赛龙舟环湖骑游，金秋青浦游主打"低碳"牌》等进行专题报道。　（周　敏）

■陆士谔铜像落成　9月10日，由雕塑家忆名设计制作世博预言家陆士谔铜像揭幕仪式在朱家角镇银杏树广场举行。区委常委、宣传部部长孙萍，区委宣传部副部长、区文明办主任张瑞云，陆士谔孙子陆贞雄等家属及朱家角镇党政有关领导出席揭幕仪式。陆士谔铜像高2.3米，重600公斤。　（周　敏）

■庆祝第十一届中国记者节活动　11月9日，举行第十一届中国记者节庆祝活动。区委常委、宣传部部长孙萍参加活动并致辞。活动表彰了"第四届青浦新闻奖"和"2010年青浦区优秀新闻工作者"，回顾总结全年新闻宣传工作。部分新闻工作者在会上表演了自编自演的节目，生动展现了青浦区新闻队伍的工作热情和昂扬风貌。　（周　敏）

统战工作

■概况 2010年，全区统战工作深入贯彻落实科学发展观，紧扣区委、区政府中心工作，以"围绕中心、服务大局、务实强部"为工作主线，以服务世博、参与世博为工作契机，以激发广大统战成员积极投身"五个确保"热情和创造活力为工作目标，抓住机遇，开拓创新，发挥优势，主动作为，各项工作取得明显成效，为实现青浦经济社会科学发展和助力世博会成功举办作出了贡献。

全区大统战口共包括7个处级单位，实行合署办公，分别为：区委统战部、区宗教民族事务办公室、区台湾事务办公室、区侨务办公室、区工商联、区侨联和区社会主义学院。一部三办（区委统战部、区宗教民族事务办公室、区台湾事务办公室、区侨务办公室）合计公务员行政编制18人，内设机构5个。 （孙艳丽）

■发挥统一战线优势服务世博 召开服务世博动员大会、推进大会，对统一战线服务世博作具体部署，进一步激发统一战线服务世博热情；开展世博期间涉台、涉侨安保和接待工作等方面问题排查，制定宗教场所安全预案，加强安全检查；完善清真网点布点和监管工作；组建统战系统世博志愿者队伍20个，志愿者近千名；做好接待工作，世博期间共接待外省市统战系统各级人士6批62人次，海内外友人20余批近300人次，港澳台侨22批494人次；举办以世博为主题的"亲情中华世博行"等系列活动，加大世博宣传力度；支持各民主党派成员围绕"城市，让生活更美好"主题，就市容市貌、窗口服务、城市管理等重点难点问题开展调研，献计献策；组织统战成员参加"世博献一计"活动，对世博期间场所管理等各项保障措施进行梳理，转化为长效机制；开展"社区统战服务世博"案例征集评选，报送市34件，其中5件被评为优秀案例。 （孙艳丽）

■围绕中心工作服务经济建设 支持和组织民主党派、无党派人士围绕经济社会发展中重点、难点问题，深入基层调研，全年完成课题调研14篇，提交议案、提案151件，其中许多意见和建议得到区委、区政府重视与采纳。发动广大统战成员围绕区"十二五"规划编制开展专题调研、举行专题讨论会、形成专题调研报告。协助区委召开党外人士座谈会，就区"十二五"规划纲要征求意见稿听取意见和建议。充分发挥工商联协调作用，通过与有关职能部门沟通、协调，帮助部分非公企业变更工商登记、办理房产证、解决企业外来高层管理人员子女就读难等问题。举办"青法论坛"，邀请上海政法学院有关教授等为非公企业家讲授劳资纠纷、合同纠纷等方面法律知识。加强与镇、街道联系，年初、年末赴各镇、街道召开非公经济人士座谈会。召开"抓机遇、破难题、做表率、作贡献"动员大会，制订评选表彰活动实施方案。 （孙艳丽）

■延伸基层统战工作"手臂" 年内，进一步加强对社区统战工作协调和统筹，进一步发挥区、镇（街道）、居委会（村委会）三级网络作用，不断延伸工作"手臂"，努力形成社区为统战成员服务、统战成员为社区建设服务的局面。按照责任考核要求，完善考核体系，从统战工作领导机制、宣传教育、人物工作、海外统战、民族宗教工作和非公经济工作等6个类别、11项指标、32项考核内容对各镇（街道）、有关委办局统战工作进行考核，进一步规范全区统战工作。贯彻落实市社区统战工作会议精神，建立统战社会工作者队伍，招录统战社工11人，各镇、社区（街道）各配备1人，制定《青浦区统战系统社会工作者岗位职责》，并对新招录社工开展任前培训。 （孙艳丽）

■推动多党合作事业新发展 开展学习和践行社会主义核心价值体系活动：收到征文58篇，并举行学习交流表彰会；组织收看"社会主义核心价值体系学与行"、"引导非公有制经济人士回报社会感恩行动"和"身边的榜样——树立和践行社会主义核心价值体系先进人物事迹"电视电话报告会；举行专题报告会3次、形势报告会4次；举办民主党派新成员和新一届基层支部班子成员培训班各1期。强化组织部、统战部联席会议制度，推进党外干部实职安排，为2011年换届作准备。开展民主党派和无党派代表人士队伍现状调研，形成调研报告《关于加强青浦区民主党派、无党派代表人士队伍建设的思考》。选送优秀党外人士到中央、市社院和各级党校学习。7个民主党派共发展新成员27人。协助做好致公党区支部和农工党区总支成立工作。协助民革区委、民盟区委、民建区委和九三学社区委完成基层支部换届工作。 （孙艳丽）

■维护宗教民族稳定局面 年内，以争创市文明宗教场所为契机，重点从加强宗教场所人员、宗教活动和财务等方面制度建设入手，加强对全区各宗教活动场所监督检查，使宗教场所管理纳入规范化、制度化。全区共有14个宗教场所被命名为"2008～2009年上海市文明宗教活动场所"。开展"美好城市、友好宗教"为主题第四届讲经讲道交流活动，并把讲经讲道活动延伸到基层、延伸到教堂（寺庙），伏丽莎牧师获得市讲经讲道交流活动一等奖。开展对全区宗教教职人员全员培训，40名宗教教职人员取得文化大专毕业文凭。举办第二届宗教文化大专班，进一步提高全区宗教教职人员宗教造诣和文化素养。组织力量开展以少数民族诉求为重点调查研究，并形成调研报告。积极开展少数民族帮困扶贫活动，全年为困难少数民族成员扶助资金6.5万元。认真处理涉及少数民族成员矛盾和问题，为全区社会和谐稳定作出了应有努力。

（孙艳丽）

■丰富新社会阶层工作内涵 年内，完善新社会阶层人士联席会议制度，及时掌握动态；召开青浦区新社会阶层人士统战工作联席会议第二次全体会议，加强与成员单位联系沟通；发挥工商联和基层商会作用，建立非公经济人士个性化管理网络机制，深化非公经济工作服务机制；开展非公有制经济人士回报社会感恩行动，与全区439名老革命、老党员、老劳模、老统战结对并送上慰问金。全区非公企业积极参与"蓝天下的至爱"慈善捐款活动，共计捐款约7000万元。开展非公

企业50强评选表彰暨发展论坛。继续加强企村结对扶持力度。镇、街道知联分会实现全覆盖。（孙艳丽）

■拓展海外统战工作领域 积极协调、妥善处理台侨商涉及税务、交通、劳资等方面矛盾和纠纷，共调处各类纠纷和信访件30余起，接待台侨胞来电或来访咨询80余次。协调解决7名台侨生就读和10名台生加分问题。发挥舞台作用，举办留学生创业论坛。开展“侨商看侨商——青浦行”活动。成立女侨商企业联谊会。利用各大节日，组织中秋联欢、闹元宵、台商尾牙等品牌活动。全年共组织经贸、人大、教育等7个团组58人赴台交流考察，共接待台侨胞13批349人次，不断增进青浦与台湾两地沟通和了解。全年接待上级部门视察和其他单位来访10批120人次。（孙艳丽）

政策研究

■概况 2010年，中共青浦区委员会、青浦区人民政府研究室（以下简称区研究室）围绕区委、区政府中心工作，深入基层，深入实际，进一步加强调查研究，提高调研质量和工作效率，为区委、区政府领导提供决策依据和参考材料，共拟订政策文件7份，起草工作文件4份，撰写调研报告9篇，撰写工作报告8份。（曹开诚）

■拟订政策文件 2010年，区研究室根据中央、市委关于做好扶贫帮困送温暖工作精神，拟订《关于做好2010年本区春节期间帮困送温暖专项补助工作的意见》；为进一步深化村级组织综合配套改革，确保改革稳妥有序推进，拟订《关于要求拨付2010年度村级组织综合配套改革支出保障资金区财政负担部分的函》；围绕进一步健全和完善村干部考核机制，发挥政策导向激励作用，拟订《关于进一步加强村干部绩效考核和报酬管理工作的通知》；为完善生态补偿机制和提高生态补偿资金使用效益，会同相关部门进行调研，先后拟订《关于2009年度练塘等四镇生态补偿转移支付资金的发放方案》和《关于要求拨付2009年度练塘等四镇生态补偿转移支付资金的函》；为改善全区未参保老年农民、未参保自理口粮户老年人基本生活，分别拟定《关于调整本区未参保老年农民养老补贴标准的实施意见》和《关于调整本区未参保自理口粮户老年人养老补贴标准的实施意见》。（曹开诚）

■起草工作文件 2010年，区研究室围绕区委三届十二次全会提出的总体要求和目标任务，起草《中共青浦区委关于组织开展重点课题调研的意见》和《中共青浦区委关于2010年重点工作安排的通知》。为传达贯彻中央和上海市农村工作会议精神，全面部署2010年“三农”工作，起草区委领导在区农村工作会议上的讲话稿。根据区委关于“十二五”规划建议，起草《关于〈中共青浦区委关于制定青浦区国民经济和社会发展第十二个五年规划的建议（讨论稿）〉的说明》。（曹开诚）

■开展调查研究 2010年，区研究室针对改革发展中突出问题和倾向性问题，开展课题调研，并形成调研报告，供领导决策参考。根据市社会建设工作会议精神，对青浦区社会建设情况开展调研，并撰写《关于加强社会建设的专题调研报告》；为进一步推进基层社区建设，完成区委重点课题调研报告《关于加强城市化进程中基层社区管理的相关问题研究》；为贯彻国务院〔2009〕40号文件精神，进一步推动区供销社改革与发展，撰写《关于加快区供销社改革发展的调研报告》；为建立和完善相对统一、职责明确协管员管理体制，充分发挥各类协管员在社会管理和公共服务中重要作用，在调研基础上，形成《关于青浦区协管员使用管理情况的调研报告》。关注和改善民生是区委、区政府重点工作之一，为了解农民生活情况与愿望，会同区统计局、供销社，在全区80个村选择800户居民开展问卷调查，并形成《关于青浦区农村民生问题问卷调查的报告》；为了解掌握区内代课教师基本情况，与区教育局共同撰写《关于青浦区代课教师情况的调查报告》；根据区委主要领导要求，对徐泾镇城乡结合部社区建设情况作了调研，形成《关于徐泾镇社区居委会建设有关情况的调研报告》；为借鉴其他区县成功经验，拓宽政府工作思路，撰写《上海市郊七区县和江浙两省六县市2010年政府工作思路及措施分析报告》。为增强全区整体竞争力，促进经济社会全面协调可持续发展，配合区人大，与上海交通大学、上海大学等高校共同开展题为《青浦“一城两翼”低碳化发展研究》的课题研究；为进一步完善政府管理，完成区人大《关于进一步完善“两级政府、三级管理”体制的研究》的课题报告。（曹开诚）

■撰写工作报告 2010年，区研究室组织开展“十二五”时期经济社会发展环境和前景展望讨论，形成《青浦区“十二五”时期经济社会发展的环境、目标和途径》；为充分发挥世博后续效应，促进青浦区经济社会平稳较快发展，撰写《2011年青浦经济社会形势分析与建议》。配合市委研究室、市社会工作党委到青浦区调研“城乡结合地区社区建设”，先后上报《深化村级综合配套改革，促进经济社会协调发展》、《创新农村社区建设载体，打造为农综合服务平台》、《统筹城乡教育资源，促进教育均衡发展》、《积极创建信访工作示范村，努力构建社区反馈民意解决矛盾的平台》等多篇材料。根据市农委要求，上报《青浦区贯彻落实中央、市委关于“三农”工作意见的情况与打算》、《深化农村改革，促进城乡区域协调发展》等材料。（曹开诚）

■做好村庄改造和社区服务中心建设工作 2010年，区研究室、新农办继续做好村庄改造和社区服务中心建设相关工作。全年全区共有10个村、3374户农户被列入村庄改造计划。相关镇已做好前期准备，各项工作正按计划有序展开。同时，区研究室积极做好全区各镇（街道）社区服务中心建设实地勘查和审核工作，当年通过审批已建和在建农村社区综合服务中心共47家；积极参与区农民建房会审联席会议，共同把好农民建房审批关。（曹开诚）

党校工作

■概况 2010年，中共青浦区委党校（以下简称区委党校）认真贯彻《党校工作条例》、《行政学院工作条例》和《2010～2020年干部教育培训改革纲要》，紧紧围绕区委、区府工作大局，按照"忠诚、实践、服务、进取"办校理念，坚持教学科研咨询办校思路，加快党校建设步伐，全面推进党校发展，提升党校综合实力，增强服务功能，充分发挥党校在干部教育培训方面主渠道和重要阵地作用，完成全年工作任务。全年共办班27期，培训人数1467人。且办班种类有增加，培训对象有拓展，联合和委托办班单位有区内各镇（街道）、委办局行、事业单位、区级公司以及落户青浦的企业。（陈建锋）

■**主体班教学** 年内，主体班教学主要做了三方面工作：一是创新教学内容。在中青班首次开设"马克思主义经典著作导读与文献辅导"教学单元，课程师资由校专职教师担任，通过学员自学与讨论、教师导读与辅导等方式实施教学，进一步提高学员对马列主义科学理论认识和理解；编印《学习活页文选》4册、《干部读书文摘》5册，作为党校主体班次理论学习教材；把党史教育纳入干部教育培训必修课，在处级领导干部进修班开设《新民主主义革命的基本经验》、《建国以来党对社会主义建设的探索》两门党史课程，教育引导领导干部认真学习中共历史，努力提高思想政治素质和领导水平。二是改进教学方式，注重学习培训内容紧贴青浦经济社会发展实际。在主体班次开展"现场教学"系列活动，中青班赴徐泾"五天创意产业孵化园"，亲身感受现代服务业发展；处级干部班赴工业园区和金泽镇，开展以"生产性服务业"和"小城镇建设"为主题现场教学活动，使干部教育培训围绕经济发展"调结构、促转型"需求，增强教学实效性。在坚持课堂讲授同时，大力开展互动式教学，拓展和完善创新力、学习力、领导力等能力课程，在课堂教学中注重使用案例分析、情景模拟、专题研讨等教学方式，使教学自主性、参与性更强，效果更好。在课堂教学中，充分发挥网络教育宣传功能，引导学员在线学习；中青班安排军营一日体验，让学员走进军营，感受军营生活，增强国防意识和纪律意识；组织中青班、处干班学员赴四川广安、重庆、贵州遵义等地进行革命传统教育，重温党的艰辛奋斗历程，缅怀老一辈无产阶级革命家丰功伟绩，努力实现有形课堂向无形课堂延伸。三是规范管理模式。建立走访调研机制，校领导年初主动走访基层单位，收集基层干部对党校主体班教学内容需求，召开专题会议梳理分析调研情况，作为制定年度办班工作计划重要依据。通过向基层单位发放《中共青浦区委党校各类主体班次学制、教学板块、课程菜单》，为基层干部培训提供菜单式课程选择服务，加强主体班教学规范化、制度化、科学化。通过发放教学效果评价表、召开学员座谈会等方式，广泛听取学员意见，切实加强主体班教学针对性和有效性，提高教学质量。中青班继续探索学员自我管理方式，突出"学员主体"理念，通过学员自主选择革命传统教育目的地，自主组织课堂活动，自主安排"独立调研"形式，充分发挥学员积极性、主动性和创造性。处干班实行学员本人签到考勤制，不仅确保出勤率，而且维护了党校教学管理规范，提高了学员遵守纪律自觉性。（陈建锋）

■**科研工作** 2010年，区委党校坚持科研服务党委政府中心工作，区哲学社会科学课题管理工作有序推进。制定《青浦区哲学社会科学研究项目课题管理办法》，哲学社会科学研究室完成了第一批23个哲学社会科学研究项目课题立项工作。开展"青浦新一轮发展"区情调查，编制调查问卷，向全区11个镇（街道）以及机关党工委党员干部群众分发问卷，形成课题报告，为区政府科学编制"十二五"规划提供参考。针对《上海市青浦区国民经济和社会发展第十二个五年规划纲要》（征求意见稿）向处级领导干部进修班和村（居）党组织书记研修班学员征求意见与建议，形成书面报告，为区委、区政府科学决策、民主决策和依法决策提供智力支持。参与由区纪委、区委宣传部组织实施"传承陈云廉政思想，推进反腐倡廉建设"活动，编印《陈云同志论廉政建设》一书，作为干部廉政教育教材。按照市委组织部、市委党校工作部署，参加干部教育培训案例库建设，由校领导带队，组织教研人员分成3个小组，深入基层开展调研，撰写3个群众工作案例，其中《居民区发生爆炸之后》、《镇保农民的承包地该如何处置》入选由中共中央党校出版社出版的《春风化雨——上海群众工作案例集锦》一书。

年内，教研人员在《上海党史与党建》、《党政论坛》、《中共杭州市委党校学报》、《湛江师范学院学报》等国内刊物公开发表学术论文21篇，其中：2篇论文入选上海市社会科学界第八届学术年会文集、1篇论文获市党校系统学术年会一等奖；全年完成各类课题7项，新立项课题9项；参加各类研讨会入选非公开论文集13篇。（陈建锋）

■**后勤保障** 成立区委党校制度研讨小组，对各项管理制度以及部门职责和岗位职责重新进行梳理，进一步完善内部管理制度。坚持用制度执行提高工作效率，用制度流程实现优质服务，用制度细化确保科学管理，规范办事程序。年内，后勤保障部门做好人事、工资、档案、保密、老干部等工作，组织实施领导干部离任经济责任审计和年度财务例行审计，编制完成党校2011年度财政预算报告，申报2011年政府建设储备项目报告，落实完成研究室2011年度课题经费40万元专项资金，做好固定资产项目登记造册工作和校内空调、电梯、程控交换、监控、网络以及绿化、水电煤等重要设施设备日常保养和维护。围绕各类培训班次教学计划，组织实施会务、餐饮、住宿、物质等方面服务保障。全年完成主体班次学员就餐27期1449人次、外单位餐饮接待9批160人次、区级会议用餐服务26批3485人次、区级接待（含世博服务接待）用餐84批3350人次、委办局街镇用餐服务101批6896人次。（陈建锋）

老干部工作

■**概况** 2010年，青浦区老干部工作，以切实增强做好新形势下老干部工作的责任感、尽力满足老干部多元化需求、增强老干部工作的针对性和有效性为指导，开展了世博知识竞赛、世博征文活动、书画巡回展、理论研讨班，发挥离退休老干部优势，深入学校、社区开展爱国主义教育，举办老少互动座谈会等活动，取得了一定的社会教育效果。按照区委对老干部要“高看一眼有、厚爱一分、敬如父母”精神，年内，走访慰问80岁以上老干部130余人次，定期走访老干部780余人次，为150余名老干部健康体检，及时解决区内56位老干部患大病、重病、抢救过程中所发生特殊费用，为13名过世老干部处理后事，切实把党和政府的关爱、温暖送到老干部心坎里。2010年，青浦区共有离休干部182人（其中：区直接管理离休干部163人、代管14人、易地安置5人），四套班子退休干部24人。全区离休干部中，享局级、原四套班子离休干部11人，参局级离休干部9人，处级离休干部86人，一般离休干部76人；80岁以下52人，80岁～89岁125人，90岁以上5人，年龄最高94岁，最低76岁，平均年龄82.69岁；抗日战争时期50人，解放战争时期132人；夏阳街道辖区48人，盈浦街道辖区106人，居住乡镇23人，居住市区5人；“四种特殊对象”共163人（80周岁以上130人、独居13人、生活不能自理16人、家庭负担沉重的4人），占总人数90%。年内病故离休干部13人。

（钱风叶）

■老干部工作会议 2月11日，老干部通报工作会在区委党校召开。区委副书记胡燕平代表区四套班子向全区老干部致以最亲切的问候，并传达了胡锦涛总书记在上海视察时的重要讲话精神，介绍了2009年青浦区经济社会发展情况和2010年全区各项工作重点。区委常委、组织部部长李子骏主持会议。

3月5日，青浦区老干部工作会议在区委党校召开。区委常委、组织部部长李子骏出席会议并作讲话。他代表区委衷心感谢广大老干部多年来对全区经济社会发展关心、支持与帮助；亲切问候工作人员，充分肯定过去一年全区老干部工作所取得成效；要求各单位进一步提高认识，对老干部要“高看一眼、厚爱一分、敬如父母”，切实增强做好新形势下老干部工作责任感，真抓实干，把握新问题、新情况，尽力满足老干部进人“双高期”后多元化需求，增强老干部工作针对性和有效性，只争朝夕，满腔热情地为老干部服务，使老干部工作在推动科学发展、促进社会和谐中发挥更大作用。

8月10日，老干部通报工作会在区委党校召开。区委副书记胡燕平出席会议并讲话。他回顾了2010年上半年青浦区经济社会发展情况，传达了区委书记高亢在区委三届十三次全会上的讲话精神，分析了青浦区当前面临突出矛盾和主要困难；介绍了下半年全区经济社会发展目标以及完成各项主要任务具体举措和区“十二五”规划重点项目等，同时代表区四套班子向广大老干部对建设“绿色青浦”建言献策表示衷心感谢。

（钱风叶）

8月23日，区委副书记、区长张国洪（右）到离休干部邢连珠家中慰问

（区委老干部局供稿）

■落实老干部政治待遇 为让老干部更好地了解世博、参与世博。4月初，组织老干部参加市委老干部局举办世博知识竞赛；举办青浦区老干部与世博同行主题活动启动仪式，启动仪式由离休干部代表发出服务世博会、当好东道主倡议，邀请世博局高级记者作“世博会与中国机遇报告会”。7月，与团区委联合开展“话精彩世博，创和谐世界”老少互动座谈会；会同区委组织部、区委党校联合举办老干部理论研讨班。年内，组织老干部参加市局及区内形势报告会8次。

年内，区委老干部局贯彻落实中组部《关于进一步加强和改进离退休干部党支部建设工作的意见》和《上海市离休干部党支部工作条例》，针对区离退休干部党支部建设现状，每月召开离退休支部书记例会，会同有关部门完善组织设置，配强支部领导班子，丰富学习内容，创新活动方式。区关心下一代工作委员会和老干部局发挥离退休老干部优势，结合形势需要，适时组织老干部深入学校、社区开展爱国主义教育，关心下一代工作，取得一定社会效益。有1名离休干部被评为“全国关心下一代工作先进个人”，1名老干部工作者被评为“上海市关心下一代工作先进个人”。

（钱风叶）

■落实老干部生活待遇 春节前夕，区委老干部局全体工作人员分九组慰问全区离休干部、四套班子退休干部、长期住院干部、离休干部遗属、易地安置在外困难老干部；世博期间，为提高离退休老干部参观世博效果，老干部局向每一个老干部提供世博会游览手册、遮阳帽，助听器、轮椅车，赠送世博门票；重阳节期间，走访慰问80岁以上老干部130余名；高温期间，对离退休老干部进行一次全面走访，为他们送上“夏日清凉”。为动态掌握老干部健康信息，委托市中山医院青浦分院为150名老干部进行健康检查，邀请资深医师为老干部进行健康咨询，定期走访探望住院老干部260余人次，全年累计走访老干部780余人次，切实把党和政府温暖送到老干部心坎上。同时，切实做好老干部临终关怀工作，配合、协助原单位为13名过世老干部处理后事。（钱凤叶）

■解决老干部实际困难 各医疗单位和社区卫生服务中心继续实行对离退休老干部"三优先"（即优先挂号、优先诊治、优先配药）制度，协助中山医院青浦分院老干部病房调整、改建26张床位。贯彻执行《关于青浦区离休干部特殊医疗费补贴的实施办法》有关精神，及时解决区内56位老干部患大病、重病及抢救过程中所发生特殊费用32万余元。（钱凤叶）

■丰富老干部精神生活 2月28日，在青浦宾馆举行元宵节联欢会；3月8日（妇女节）组织女老干部赴苏州东山参观；10月1日（国庆节）在区委党校举办青浦区老干部"庆世博、迎重阳、颂祖国"联欢会；10月16日（重阳节）组织30余名单身老干部赴苏州和中区旺山村一日游。上半年，组织享处级以上老干部100余人参观重固镇建材市场和服务中心；世博园试运营期间，分两批组织老干部参观世博；5月上、下旬，分别组织高层次老领导、离休干部支部书记和兴趣小组组长外出参观考察；11月中旬，组织全体离休干部及四套班子退休干部参观苏州西山国家度假区以及太湖三桥。（钱凤叶）

■巩固达标活动室创建成果 以老干部活动室为主阵地，加强制度建设，完善日常管理，丰富活动内涵。活动室坚持天天开放，经常组织兴趣小组内部交流和友谊比赛，内部交流和友谊比赛近800人次参加。定期组织老干部到青松城活动。年内，活动室接待近1.2万人次老干部参加各类活动，使离退休老干部老有所教、老有所学、老有所为、老有所乐，巩固了达标活动室创建成果。（钱凤叶）

■开展"与世博同行"主题实践活动 围绕"精彩世博，共创和谐——青浦老干部与世博同行"主题实践活动，老干部局活动室积极谋划，外联内合。5月，举办世博征文活动，《晚霞》特刊刊登20余篇佳作；6月，组织区老干部局戏曲组与太仓市老干部局戏曲组京剧沙龙交流，充分体现老干部关注世博、参与世博热情；9月，举办"银星璀璨耀世博"老干部书画进社区巡回展，得到夏阳、盈浦2个街道党工委大力支持，深入5个居委会进行为期2个月展览，受到社区居民欢迎；是月，与赵巷镇联合举办"庆世博"开心舞台联谊活动。（钱凤叶）

机关党建工作

■概况 中共上海市青浦区区直机关工作委员会（以下简称区直机关党工委）是区委派出机构。党工委下属5个机关党委、10个党总支，27个直属党支部，1747名共产党员。2010年区直机关党工委紧紧围绕区委中心工作，服务科学发展大局，坚持重心下移、分类指导，夯实基础、拓展领域，突出重点、务求实效的工作思路，以创新精神切实加强机关党的建设。以新修订《中国共产党党和国家机关基层组织工作条例》（以下简称《条例》）为契机，全面推进思想政治建设、业务能力建设、机关作风建设、党内民主建设和反腐倡廉建设，为开创青浦科学发展新局面提供坚强思想、组织保证。（洪丽芳）

■开展以服务世博为主要内容的创先争优活动 一是开展"为群众作表率、为世博作贡献"主题创先争优活动。设定以"带头做世博知识的传播者、带头做窗口文明形象的展示者、带头做文明出行的领路者、带头做文明办公的示范者、带头做社会公益的志愿者"为主要内容先锋行动目标，动员机关党员干部带头站在迎世博各项行动前列，发挥示范表率作用。在全区深化"世博先锋行动"推进会上，区直机关党工委向全区机关党组织和党员发出倡议，得到全区机关党组织积极响应。二是与各单位机关党组织负责人签订基层党组织创先争优责任书。组织党员践行文明行为准则承诺，网上签署承诺书，认真履行自己庄严承诺，积极参与世博"岗位行动、家园行动和志愿行动"，在世博先锋行动中展现机关党员风采。三是牵头协调机关干部参加轨道交通执勤志愿服务。根据区委组织部安排，协调组织区直机关党员干部组成轨道交通2号线徐泾东站第一批、第二批执勤志愿者队伍，并开展专题培训，做好后勤保障，两批共32名志愿者从4月20日到6月19日连续2个月参加轨道交通执勤，协助民警劝阻携带危险品人员进入站点，提供公共交通咨询和有关帮助等志愿服务。（洪丽芳）

■开展世博知识培训 一是组织观看世博专题片进行全员专题培训。组织机关党员通过"上海党员干部远程教育平台"观看《以勤奋工作和出色表现为世博提供坚强保证》电视专题片，在广大党员中进行一次世博专题全员培训。二是开展世博知识学习测试活动。4月，以"知我世博"为目标，在区直机关中进行世博知识普及活动，采取多种形式在广大共产党员和机关干部中进行一次文明观博知识专题全员培训。1073位机关干部参加培训，其中1066人通过上海市迎世博600天行动文明在线网上文明观博知识测试。（洪丽芳）

■推进学习型机关创建 9月，召开区直机关推进学习型党组织、学习型机关建设现场会，对区直机关推进学习型党组织建设、学习型机关建设作部署和要求。并分别于11月9、10日召开青浦区创建市级学习型机关评估工作会议，采用听、看、谈、评相结合方法，对申报参评10家单位开展评估验收。12月，对年内区学习型机关创建申报单位进行评估。从2009年实施学习型机关评估工作以来，全区已有14家机关被评为区"学习型机关创建工作先进单位"，8家机关为创建达标单位。区检察院评为2009年上海市学习型机关创建工作先进单位。区法院等11家单位获2010年上海市学习型机关创建工作先进单位。（洪丽芳）

■开展主题读书系列活动 年内，开展"忠于职守奉献世博"主题读书系列活动。通过主题读书系列活动（即读一本书、写一篇征文、做一次交流），倡导机关干部争做"把信送给加西亚的人”。区直机关党工委和区文明办共同主办文化赏析——市文联艺术家讲坛进青浦活动，邀请著名音乐家何占豪作《梁祝》赏析专题报告。（洪丽芳）

■深化“五型”支部创建 按照新《条例》要求，结合机关党建实际，区直机关党工委继续从创建策略、创建目标、创建要求、创建方法和创建评价五个方面入手，认真扎实做好机关“五型”（即学习型、制度型、创新型、凝聚型、服务型）支部创建工作。区直机关系统共有学习型支部103家，制度型支部69家，创新型支部55家，凝聚型支部79家，服务型支部88家。区人大机关等11个党支部已经创建“五型”党支部。（洪丽芳）

■做好机关支部换届选举工作 根据有关要求，区直机关党工委转发有关换届选举通知，召开专题会议进行工作部署，明确换届对象党组织设置、职数、书记人选条件和时间节点等，区直机关系统机关党支部和离退休党支部全部进行换届，该次换届选举全部采用“公推直选”选举方式，改革了党内选举制度、改进了党内提名制度，扩大了基层党内民主和党的群众基础。（洪丽芳）

■加强形势任务教育 按照统一思想、认清大局、武装头脑、指导实践、推动工作要求，区直机关党工委始终把学习和宣传马克思主义中国化最新成果作为理论武装中心内容和机关党建首要任务，为贯彻落实中央、市委和区委决策部署、确保政令畅通提供了思想政治保证。引导党员干部把思想统一到中央、市委、区委对经济形势研判和工作部署上来，做到对中共中央、市委、区委重大决策部署理解全面、贯彻坚决、落实有效。（洪丽芳）

■开展建言献策活动 7月，围绕贯彻落实区委三届十三次全会精神，加快推进青浦“一城两翼”建设、科学编制“十二五”规划过程中，如何充分发挥机关党组织战斗堡垒作用这一主题召开“服务中心、建设队伍、创先争优”机关党建工作研讨会。研讨会上，有9家单位党组织负责人发言，交流探讨各自单位在服务青浦大局，发挥机关党组织作用，加强思想政治建设、业务能力建设、机关作风建设、党内民主建设和防腐倡廉建设等方面工作思考。区委三届十四次全会召开后，动员机关党员干部按照全会精神抓贯彻落实。（洪丽芳）

■开展廉洁从政教育 坚持教育在先、预防在先，扎实推进机关党风廉政建设。通过学习贯彻《党员领导干部廉洁从政若干准则》知识测试活动、组织观看警示教育片、专题辅导讲课、交流学习心得等多种形式，进一步推进廉政文化进机关，营造廉政文化建设浓厚氛围，促进党员干部廉洁从政。继续深化“三走、三听、三想”（即以“党心连民心，情系千万家”活动为主题，深化机关党员干部“双结对”工作，组织机关党员干部到困难群众家中走一走，听一听老百姓利益诉求，想一想在岗位上如何为老百姓做实事、办好事、解难事；以警示教育基地为主，组织机关党员干部到监狱等警示教育基地走一走，听一听违法者走上犯罪道路后忏悔，想一想在岗位上如何代表人民利益掌好权、用好权；以革命传统教育基地为主，组织机关党员干部到革命纪念馆、烈士陵园走一走，听一听革命先辈感人事迹，想一想在岗位上如何与时俱进、开拓进取）为主题警示教育活动，区直机关全面加强正面宣传引导力度，使党员干部在廉政文化潜移默化中接受教育、受到熏陶，真正做到自重、自省、自警、自励。（洪丽芳）

■加强机关作风建设 坚持以抓制度贯彻落实为保证，以学习提高为要求，以形式多样活动为载体，切实加强对机关党员干部教育、管理、监督，进一步改进机关作风建设，2010年，区直机关党工委开展“转变作风、服务群众”主题实践活动，教育引导机关党员增强党员意识、群众观念和公仆意识，大力倡导求真务实之风、亲民为民之风、负责敬业之风、艰苦奋斗之风，深入基层加强调查研究，做到察真情、察实情、察隐情，帮助基层和群众解决实际困难，努力建设人民满意机关。（洪丽芳）

■做好党员发展教育管理 按照“坚持标准、保证质量、改善结构、慎重发展”的方针，制定2010年党员发展计划；按照程序，高标准、高质量地做好党员发展工作，确保党员发展质量。全年共发展预备党员49名，转正37名，选派42名入党积极分子参加培训。“七一”建党纪念日，组织35名新党员举行宣誓活动，通过活动，进一步增强新党员入党观念，坚定理想信念，牢记责任使命。（洪丽芳）

■举办党务干部培训班 采取分期、分单元培训方式，提高培训覆盖面，以及培训质量。培训班内容以新《条例》为主题，围绕2010年重点工作（即学习型党组织、学习型机关建设和深入开展“创先争优”活动）等。区直机关60余名机关党务干部参加培训班。（洪丽芳）

■完成区直机关工会换届工作 根据有关规定和工作需要，召开区直机关工会第五次代表大会，顺利选举产生新一届区直机关工会委员会和经审员。（洪丽芳）

■参加区三届运动会 组织机关干部职工参加区第三届运动会羽毛球、乒乓球、篮球、足球、广播操等项目比赛，展示机关干部职工良好形象。区直机关党工委获区三届运动会优秀代表团组织奖；区直机关工会获青浦区群众体育先进集体。（洪丽芳）

保密工作

■概况 2010年，青浦区保密工作从保密制度建设着手，强化党政机关保密管理；以新修订《中华人民共和国保守国家秘密法》颁布实施为契机，切实抓好领导干部和涉密重点人员保密教育。上海市青浦区国家保密局（以下简称区保密局）积极参与“世博”安保工作，在全区党政机关中深入开展世博保密专项检查，不断强化网络窃密泄密防范，落实“网页访问监控审计系统”配备，推动涉密设备户籍化管理平台建设，为实现“平安世博”和推动社会发展，发挥服务保障作用。（金雪荣）

■世博保密专项检查 4月中旬，集中开展处以上党政机关计算机信息系统世博保密专项检查工作，成立区保密局、信息委、机要局等单位组成的世博保密专项检查工作督查组，采取各处以上机关单位自查以及世博保密专项检查工作督查组抽查等方式，对全区党政机关计算机和移动存储介质进行保密技术检查。对检查中发现问题，督促责任单位及时整改，并由区世博保密专项检查工作督查组对整改情况进行验收。9月，接受市国家保密局专项检查组工作验收，市专项检查组对青浦保密管理工作给予高度评价。

（金雪荣）

■各项保密专项工作 年内，陆续开展各项保密专项工作：一是完成“网页访问监控审计系统”平台建设工作，增强青浦区互联网失泄密事件预警与阻断能力；二是开展专项行动，由区相关职能部门组成联合检查组，对全区废品收购场所和古玩交易商店开展了清理取缔涉密文件、资料非法交易专项行动；三是规范网络运行秩序，以重点涉密单位为重点，对计算机网络和电子邮件系统进行排查，提高网络窃密泄密防范能力，规范网络运行秩序；四是加强保密安全技术防范建设，对全区各处级以上单位办公场所保密安全技术防范建设情况进行检查，加强机关、单位办公场所保密安全技术防范建设；五是开展保密技术产品强配工作，开展“保密技术防护专用系统配备”和“涉密设备户籍化管理平台”建设工作。

（金雪荣）

■完善保密管理机制 年内，着力完善保密管理机制，修订、充实和完善保密组织建设、保密教育培训、保密审查管理、涉密载体管理、计算机及其信息系统管理、移动存储介质管理等保密管理制度。根据《上海市保密工作暂行规定》精神，由区委办、区府办联合下发《青浦区保密工作暂行规定》，明确各处以上单位保密组织的确定以及责任，国家秘密的确定，保密教育培训要求，保密预警防范，保密检查和查处，保密工作考核与奖惩等内容。各处级以上单位依据区保密暂行规定，相应制定单位内部保密暂行规定，严格按照规定要求开展保密日常管理工作。为了使保密管理机制常态化，区委、区政府还及时下发《青浦区党政机关双月保密检查办法（暂行）》文件，规范了保密“双月”检查实施范围、工作职责、检查流程、检查内容、结果处理等内容。

（金雪荣）

■开展保密宣传教育 以“学法用法，宣传先行”为要求，建立区委办、区府办、区委宣传部、党校以及区保密局、司法局、文广局、青浦报社等成员单位组成的新修订《中华人民共和国保密法》（以下简称《保密法》）学习宣传活动小组，从多个层面、不同对象、分阶段开展《保密法》学习宣传活动。根据《中共上海市委保密委员会办公室、上海市国家保密局“五五”保密法制宣传教育规划》，制定保密法制宣传教育计划，区委办、区府办联合下发《关于加强青浦区保密教育培训工作的意见》，进一步完善了保密法制宣传教育长效机制。

（金雪荣）

综 述

2010年,上海市青浦区人民代表大会常务委员会(以下简称区人大常委会)深入贯彻落实科学发展观,全面落实市、区人大工作会议精神,按照“五个确保”要求,根据全区工作大局,围绕民生问题、区域建设和发展等,依法行使职权,切实履行职能,为推进青浦改革发展和社会主义民主法制建设作出了应有贡献。

全年共收到代表书面建议142件(其中4件由议案转为书面建议),有43件所涉及问题得到解决采纳,剔除留作参考的,解决采纳率为37.39%。 (尤海东)

人民代表大会及常委会会议

■区三届人民代表大会第六次会议

该会于1月19~22日在区会务中心召开。19日上午召开预备会议。会议应出席代表219名,实到代表213名。会议听取、审议并批准代区长张国洪作的《青浦区人民政府的工作报告》;审查和批准青浦区2009年国民经济和社会发展计划执行情况报告及2010年国民经济和社会发展计划;审查和批准青浦区2009年预算执行情况报告及2010年预算;听取和审议区人大常委会主任巢卫林作的《青浦区人民代表大会常务委员会工作报告》、区人民法院院长许一新作的《青浦区人民法院工作报告》、区人民检察院检察长裴钟彧作的《青浦区人民检察院工作报告》;补选张国洪为青浦区区长、张映华为青浦区人民代表大会常务委员会副主任。大会收到区人大代表10人以上联名提出议案6件,经大会主席团审议决定,2件作为议案,4件作为代表书面建议,交区人民政府及其有关部门认真办理。大会还收到代表书面建议115件。会议邀请11名市民旁听。

(尤海东)

■区三届人民代表大会第七次会议

该会于8月26~27日在区会务中心召开。26日上午召开预备会议。会议应出席代表219名,实到代表201名。会议听取并评议区长张国洪作的《青浦区人民政府关于上半年工作情况和下半年重点工作的报告》,补选徐燕平为青浦区人民检察院检察长,报上海市人民检察院检察长提请上海市人民代表大会常务委员会批准。大会收到区人大代表书面建议9件。 (尤海东)

表1 2010年青浦区人民代表大会常务委员会会议情况表

会议名称	日期	主 要 内 容
区三届人大常委会第二十五次会议	1月13日	审议通过区人大常委会关于确认张映华同志青浦区第三届人民代表大会代表资格决定;审议通过区人大常委会代表资格审查委员会关于青浦区第三届人民代表大会代表变动情况的报告,审议通过有关人事任免事项。
区三届人大常委会第二十六次会议	2月24日	审议通过区人大常委会2010年度工作要点,听取和审议区政府关于2010年政府性项目计划安排的报告,免去龚培华上海市青浦区人民检察院副检察长、检察委员会委员、检察员的职务。
区三届人大常委会第二十七次会议	3月31日	听取和审议关于加强群众文化建设促进社会和谐、关于大力扶持文化创意产业代表议案审议结果的报告,听取和审议区政府关于迎世博市容环境建设和管理工作情况报告,审议通过有关人事任免事项。
区三届人大常委会第二十八次会议	5月27日	听取和审议区政府关于《青浦城区总体规划优化》的议案,决定同意区政府将《青浦城区总体规划优化》上报市人民政府审批;听取和审议区政府关于贯彻实施《中华人民共和国食品安全法》以及区人民检察院关于刑事检察工作情况的报告。会议审议通过有关人事任免事项。会议决定接受裴钟彧辞去青浦区人民检察院检察长、检察委员会委员、检察员职务的请求,任命徐燕平为青浦区人民检察院代理检察长,确认吴瑞弟青浦区第三届人民代表大会代表资格有效。

续表 1

会议名称	日期	主　要　内　容
区三届人大常委会第二十九次会议	7 月 26 日	听取和审议区政府关于 2010 年上半年国民经济和社会发展计划执行、2010 年上半年预算执行以及代表书面建议办理工作等情况报告，审议通过有关人事任免事项。会议决定青浦区第三届人民代表大会第七次会议于 2010 年 8 月 26 日至 27 日上午举行，26 日上午召开预备会议；接受李子骏辞去青浦区人民代表大会常务委员会委员、代表资格审查委员会主任委员、人事工作委员会主任职务请求。
区三届人大常委会第三十次会议	8 月 24 日	会议决定确认徐燕平青浦区第三届人民代表大会代表资格有效，审议通过区人大常委会代表资格审查委员会关于青浦区第三届人民代表大会代表变动情况报告，听取和审议关于召开第三届人民代表大会第七次会议有关事项和筹备工作情况报告，提出会议有关事项草案，表决通过有关人事任命事项。
区三届人大常委会第三十一次会议	9 月 29 日	会议听取和审议区政府关于 2009 年决算和 2009 年预算执行及其他财政收支审计工作报告，审议区政府关于 2008 年度审计整改工作情况报告，表决通过 2009 年决算；听取和审议区政府关于第四轮环保三年行动计划推进、区中心医院创建三级医院工作进展等情况报告，以及区人大常委会执法检查组关于检查青浦区贯彻实施《中华人民共和国老年人权益保障法》情况报告和区政府关于贯彻实施《中华人民共和国老年人权益保障法》情况报告；审议通过有关人事任免事项。
区三届人大常委会第三十二次会议	11 月 29 日	听取和审议区政府关于青浦区“十一五”规划主要指标完成和“十二五”规划编制、“五五”普法工作等情况报告，审议通过区政府关于调整 2010 年政府性项目安排议案，听取和审议区政府关于加强群众文化建设促进社会和谐、大力扶持文化创意产业等代表议案办理结果情况报告。会议决定青浦区第三届人民代表大会第八次会议于 2011 年 1 月 10 ~ 13 日举行。

（尤海东）

依法监督

■概况　2010 年，区人大常委会坚持围绕中心，服务大局，将维护人民群众根本利益作为人大工作的出发点和落脚点，依法行使监督权，综合运用多种监督方式，努力促进民生问题的解决，维护社会和谐稳定。（尤海东）

■监督 2010 年政府性项目计划安排　2009 年 12 月 ~ 2010 年 2 月，区人大常委会就青浦区 2010 年政府性项目计划安排情况开展监督调研。在听取和审议区政府工作报告基础上，针对存在部分项目安排的科学性、合理性还有待于进一步提高，部分项目安排还需进一步考证等问题，提出科学决策年度项目计划，着力加强项目监督管理，努力提高项目建设执行率，积极关注项目后续管理等意见、建议。（尤海东）

■推进迎世博市容环境建设和管理　4 月，区人大常委会就青浦区迎世博市容环境建设和管理工作情况开展监督调研。在听取和审议区政府工作报告基础上，针对目前存在宣传教育工作仍不够到位、个别重点地区市容环境总体状况不容乐观、城管执法力量较为薄弱、长效管理措施仍需加强等问题，提出进一步强化宣传教育，营造良好社会氛围；加快轨道交通 2 号线徐泾东站配套设施建设，切实解决周边市容环境问题；多措并举，进一步加强城管执法队伍建设；强化长效管理，确保市容环境长久整洁优美等意见、建议。（尤海东）

■监督《中华人民共和国食品安全法》贯彻实施　4 ~ 5 月，区人大常委会就《中华人民共和国食品安全法》在青浦区贯彻实施情况开展监督调研。在听取和审议区政府工作报告基础上，针对区政府在食品安全生产、监管存在盲区；食品安全处罚难度加大，缺乏有效监管手段；菜市场布局设点相对滞后，部分私人经营菜市场管理混乱，存在食品安全隐患等问题，提出加强领导和协调，确保监管责任到位；加强宣传和培训，增强全社会食品安全意识；推进菜市场规划和建设，加大食品安全公益性投入；积极探索和实践，解决食品安全监管难点问题等意见、建议。（尤海东）

■加强刑事检察工作监督　4 ~ 5 月，区人大常委会就青浦区刑事检察工作情况开展监督调研。在听取区人民检察院工作报告基础上，针对刑事检察工作

10 月 20 日，区人大常委会主任会议集体调研侨商投资工作（区人大供稿）

中存在的办案能力和水平还有待进一步提高，监督能力和水平还有待进一步提高，法律文书质量还有待进一步提高等问题，提出进一步加强刑事检察队伍建设；进一步强化监督意识，提高法律监督实效；进一步营造检察机关依法履职良好工作环境等意见、建议。

（尤海东）

■监督2010年上半年国民经济和社会发展计划执行 6～7月，区人大常委会就青浦区2001年上半年国民经济和社会发展计划执行情况开展监督调研。在听取区政府工作报告基础上，针对上半年国民经济和社会发展计划执行中存在产业结构调整力度还不够大，动拆迁进度还不够快，生态环境保护和资源开发利用压力还很重，就业、住房民生仍比较突出等问题，提出优化产业调结构，狠抓招商推项目，坚定不移优环境，千方百计保民生等意见、建议。

（尤海东）

■推进代表书面建议办理 6～7月，区人大常委会就区三届人大六次会议以来区政府代表书面建议办理工作情况开展监督调研。区三届人大六次会议期间共收到代表书面建议119件（其中4件由议案转为书面建议），闭会期间收到代表书面建议6件，共125件。办理结果为解决采纳24件，占19.35%；正在解决36件，占29.03%；逐步解决43件，占34.68%；留作参考21件，占16.94%。在听取区政府工作报告基础上，针对办理工作中存在的办理答复针对性、准确性还不够，办理工作推进力度还不大，代表对办理结果满意度低下等问题，提出提高思想认识，深化代表书面建议办理工作；加大办理力度，提高代表书面建议涉及问题解决率；讲求办理实效，提高代表对书面建议办理工作满意度等意见、建议。（尤海东）

■审查、批准2009年决算 9月，区人大常委会审查、批准青浦区2009年决算。在听取区政府工作报告基础上，针对存在有的部门预算编制不够细化、完整，预算执行刚性不强；一些部门和单位遵守财经法规意识薄弱，专项资金使用管理不够严格；部分政府投资建设项目建设程序、财务管理不够规范等问题，提出强化基础工作，切实提高部门预算编制水平；规范预算管理，有效增强预算执行约束力度；重视审计监督，不断提高财政资金使用效益等意见、建议。（尤海东）

■推进第四轮环保三年行动计划实施 9月，区人大常委会就青浦区第四轮环保三年行动计划实施情况开展监督调研。在听取区政府工作报告基础上，针对第四轮环保三年行动计划实施过程中存在个别项目前瞻性、整体平衡性把握不够精准；少数项目时间节点安排计划不够科学合理；全社会环境责任意识和环境执法能力建设仍有待增强等问题，提出切实采取有效措施，力争项目按计划保质量完成；加强环境监测能力和环境执法能力建设，严厉打击环境违法行为；强化宣传教育，不断增强全社会环境保护责任意识等意见、建议。

（尤海东）

■推进中山医院青浦分院创建三级医院 9月，区人大常委会就青浦区中山医院青浦分院创建三级医院工作情况开展监督调研。在听取区政府工作报告基础上，针对创建工作中存在创建三级医院改扩建工程任务重、时间紧；人才缺口大，引进难度高；重点学科建设进展缓慢，科研力量薄弱等问题，提出加强领导和协调，为创建三级医院提供支持和保障；加快基建项目进度，按质按期交付工程；完善人才政策，营造人才成长良好氛围；紧紧依托中山医院，提升区中心医院整体层次等意见、建议。（尤海东）

■开展《中华人民共和国老年人权益保障法》执法检查 7～9月，区人大常委会对青浦区贯彻实施《中华人民共和国老年人权益保障法》（以下简称《老年人权益保障法》）有关情况进行检查。区人大常委会成立执法检查组，就政府及其职能部门在开展老年人权益保障工作，推动老龄事业发展等情况，先后听取区民政局、区老龄办等部门工作汇报，分别召开区老龄委成员单位、各街镇老龄工作分管领导以及区内10家公办、民办养老机构负责人参加的6次座谈会，实地走访区老年综合服务中心和赵巷镇、重固镇、练塘镇、盈浦街道等敬老院以及塔湾新天地颐养院等养老机构，并赴金泽镇、白鹤镇、徐泾镇、盈浦街道和香花桥街道进行专题调研，分别召开老年人、老龄工作者座谈会，实地察看老年活动场所。执法检查工作还包括由区人大常委会组成人员参加的视察活动，举办《老年人权益保障法》知识讲座，并赴松江区、嘉定区学习考察老龄工作，发放调查问卷1220份，并全部回收。各镇人大、街道区人大代表联络处联动进行调研。针对区《老年人权益保障法》贯彻实施过程中存在的工作机制有待理顺、保障力度有待加强、服务水平有待提高、文化生活有待改善等问题，提出加强领导，不断完善老龄事

8月18日，区人大常委会组织区人大代表视察看守所工作 （区人大供稿）

业工作机制；优化服务，推动老龄事业全面发展；加大投入，提高养老医疗保障水平；多方参与，推进养老服务体系建设等意见、建议。（尤海东）

■督办“大力扶持文化创意产业”代表议案办理 9～11月，区人大常委会就区三届人大六次会议主席团交付审议的关于大力扶持文化创意产业代表议案办理结果情况开展监督调研。在听取区政府工作报告基础上，针对存在组织管理机构有待加强和理顺、文化创意产业总量和质量有待提高、配套扶持政策有待完善等问题，提出提高认识，增强加快文化创意产业发展紧迫感；建立机构，加强对文化创意产业发展组织领导；科学规划，引导文化创意产业有序发展；制定政策，促进文化创意产业健康发展等意见、建议。（尤海东）

■监督“十一五”规划指标完成和“十二五”规划编制工作 10～11月，区人大常委会就青浦区“十一五”规划主要指标完成情况和“十二五”规划编制情况开展监督调研。在听取区政府工作报告基础上，针对“十一五”规划主要指标完成过程中存在的产业结构调整任务仍然较重、区域经济社会发展还不平衡、资源环境约束较为突出、生态保护任务依然艰巨、社会事业发展与人民群众需求仍有差距以及“十二五”规划编制过程中存在单位与单位之间规划编制进度不平衡性还比较突出、部分专业性规划还不够细致、个别单位领导对规划编制还不够重视等问题，提出把科学发展观作为“十二五”规划指导思想，贯穿整个规划编制之中；把切实转变经济发展方式作为“十二五”规划主线，认真落到实处；把加快社会主义新农村建设作为“十二五”规划重要任务，切实加以推进；把坚持保障和改善民生作为“十二五”规划根本出发点和落脚点，促进社会和谐稳定等意见、建议。（尤海东）

■督办“加强群众文化建设促进社会和谐”代表议案办理 10～11月，区人大常委会就区三届人大六次会议主席团交付审议关于加强群众文化建设促进社会和谐代表议案办理结果情况开展监督调研。在听取区政府工作报告基础上，针对存在的群众文化建设协调机制有待于进一步完善、资金投入尚显不足、群众文化设施场地较为紧缺等问题，提出进一步加强对群众文化统筹协调，进一步做好文化发展规划，进一步发挥政府对群众文化引领作用等意见、建议。（尤海东）

■推进“五五”普法工作 11月，区人大常委会就青浦区“五五”普法工作情况开展监督调研。在听取区政府工作报告基础上，针对“五五”普法工作中存在的普法工作合力还不强、普法宣传创新性还不够、普法工作开展还不够平衡等问题，提出提高认识，加强制度建设；丰富载体，提升普法效果；注重效果，全面推进普法工作等意见、建议。

（尤海东）

代表工作

■概况 2010年，区人大常委会从坚持和完善人民代表大会制度出发，努力提高为代表服务水平，力求在依法管理地方国家事务中，更好地发挥代表主体作用。（尤海东）

■加强代表议案督办工作 年内，区人大常委会审议通过关于加强群众文化建设促进社会和谐、大力扶持文化创意产业代表议案审议结果的报告，并函告区政府办理。在此基础上，跟踪调研代表议案办理落实情况，听取和审议区政府关于代表议案办理结果情况的报告，进一步推动代表议案的办理落实。

（尤海东）

■加强代表书面建议处理及督办工作 2010年，区人大常委会通过听取和审议区政府关于代表书面建议办理情况的报告，常委会主任会议成员和驻会委员集体调研，组织代表视察检查，召开办理落实情况交流会等方式，督促承办部门提高代表书面建议办理质量。区人大常委会认真梳理汇总代表在分组审议政府工作报告、约见区政府领导和其他活动中提出的意见建议，提交区政府办理，并把办理落实情况反馈给代表。区三届人大六次、七次会议以及闭会期间代表提出的142件书面建议，有43件所涉及问题得到解决采纳，剔除留作参考的，解决采纳率为37.39%。（尤海东）

■开展代表联系社区活动 区人大常委会按照市委要求和区委部署，两次组织开展市、区两级人大代表集中联系社区活动，并及时梳理汇总代表收集的意见建议，交区政府办理落实，再由代表将区政府办理答复情况反馈联系点群众，发挥代表在联系人民群众中桥梁纽带作用。（尤海东）

■开展代表联系选民活动 年内，区人大常委会组织44名区人大代表向原选区选民报告履行职务情况并接受评议活动，实行选民对代表履职情况无记名满意度测评，增强了代表履职责任感。

（尤海东）

■做好代表履职服务保障工作 区人大常委会结合常委会工作内容，制定区人大代表小组活动参考计划，指导各镇、街道区人大代表小组规范开展活动。组织全体代表开展年中集中视察和约见区政府领导，安排1299人次代表列席常委会会议，参加常委会举办的法制讲座和视察、检查、调研，参与区政府信访接待和“一府两院”（即区政府、区检察院、区法院）举行的有关座谈、评议活动，向代表寄送各种信息资料等方式，拓宽代表知情参政渠道。开展常委会组成人员分组约见全体代表以及常委会主任会议成员、驻会委员走访代表等活动，加强与代表联系沟通，主动听取代表意见、建议。（尤海东）

人事任免

■概况 2010年，区人大常委会依法任免区人大常委会工作机构工作人员2人次；接受1名区人大常委会副主任和1名区人大常委会委员辞去职务；任免区政府组成人员10人次；任免区人民法院工作人员72人次；任免区人民检察院工作人员19人次，接受1名区人民检察院工作人员辞去职务。

（尤海东）

表 2　　2010 年青浦区人大常委会干部任命情况表

姓　名	任命职务	任命日期
夏剑群	区人民法院审判委员会委员、民事审判第四庭庭长	1 月 13 日
周向东	区人民法院审判委员会委员、民事审判第二庭庭长	1 月 13 日
沈　毅	区人民法院行政审判庭庭长	1 月 13 日
夏鑫德	区人民法院立案庭庭长	1 月 13 日
张建勤	区人民法院朱家角人民法庭庭长	1 月 13 日
杨海华	区人民法院青东人民法庭副庭长	1 月 13 日
俞向红	区人民法院青东人民法庭副庭长	1 月 13 日
段继军	区人民法院审判监督庭副庭长	1 月 13 日
吴　忠	区人民法院执行庭副庭长	1 月 13 日
蔡红兰	区人民法院民事审判第一庭副庭长	1 月 13 日
徐蔚青	区人民法院民事审判第四庭副庭长	1 月 13 日
吴海港	区人民法院执行庭副庭长	1 月 13 日
张小弟	区人力资源和社会保障局局长	3 月 31 日
方　葭	区人民检察院检察委员会委员	3 月 31 日
董海焦	区人民检察院检察委员会委员	3 月 31 日
张庆辉	区人民检察院检察委员会委员	3 月 31 日
李　琳	区人民检察院检察委员会委员	3 月 31 日
缪　京	区发展和改革委员会主任	5 月 27 日
徐　英	区财政局局长	5 月 27 日
潘　杰	区人民代表大会常务委员会内务司法工作委员会副主任(正处级)	5 月 27 日
徐燕平	区人民检察院副检察长、检察委员会委员、检察员	5 月 27 日
徐燕平	区人民检察院代理检察长	5 月 27 日
印国荣	区教育局局长	7 月 26 日
王贤诚	区人民法院副院长	7 月 26 日
韦贵莲	区人民检察院检察员	8 月 24 日
刘洪杰	区人民检察院检察员	8 月 24 日
华　锋	区人民检察院检察员	8 月 24 日
张　君	区人民检察院检察员	8 月 24 日
汤林根	区人民检察院检察员	8 月 24 日
陈　莉	区人民检察院检察员	8 月 24 日
陈　飚	区人民检察院检察员	8 月 24 日
钟美英	区人民检察院检察员	8 月 24 日
郑海泉	区人民检察院检察员	8 月 24 日
潘志峰	区人民检察院检察员	8 月 24 日
吴希铭	区农业委员会主任	9 月 29 日
陆晓春	区人民法院审判员	9 月 29 日
诸文芳	区人民法院审判员	9 月 29 日

表 3　　2010 年青浦区人大常委会人民陪审员任命情况表

姓　名	任命职务	任命日期
马　铭	区人民法院人民陪审员	3 月 31 日
马念慈	区人民法院人民陪审员	3 月 31 日
王　华	区人民法院人民陪审员	3 月 31 日
王　洪	区人民法院人民陪审员	3 月 31 日
王　峰	区人民法院人民陪审员	3 月 31 日
王剑影	区人民法院人民陪审员	3 月 31 日
方　晖	区人民法院人民陪审员	3 月 31 日
朱良江	区人民法院人民陪审员	3 月 31 日
刘小弟	区人民法院人民陪审员	3 月 31 日
孙雪萍	区人民法院人民陪审员	3 月 31 日
朱锡鸣	区人民法院人民陪审员	3 月 31 日
吴琦芳	区人民法院人民陪审员	3 月 31 日
沈全观	区人民法院人民陪审员	3 月 31 日
沈　俊	区人民法院人民陪审员	3 月 31 日
沈耀耀	区人民法院人民陪审员	3 月 31 日
张琳琳	区人民法院人民陪审员	3 月 31 日
陆权荣	区人民法院人民陪审员	3 月 31 日
陆伟锋	区人民法院人民陪审员	3 月 31 日
陆俭蕊	区人民法院人民陪审员	3 月 31 日
陈永军	区人民法院人民陪审员	3 月 31 日
陈杏根	区人民法院人民陪审员	3 月 31 日
陈　燕	区人民法院人民陪审员	3 月 31 日
邵　勇	区人民法院人民陪审员	3 月 31 日
邵　勤	区人民法院人民陪审员	3 月 31 日
周美娣	区人民法院人民陪审员	3 月 31 日
周继忠	区人民法院人民陪审员	3 月 31 日
胡晓华	区人民法院人民陪审员	3 月 31 日
胡静芳	区人民法院人民陪审员	3 月 31 日
钟幸革	区人民法院人民陪审员	3 月 31 日
施美蓉	区人民法院人民陪审员	3 月 31 日
顾巧珍	区人民法院人民陪审员	3 月 31 日
顾荷英	区人民法院人民陪审员	3 月 31 日
倪方云	区人民法院人民陪审员	3 月 31 日
倪海夫	区人民法院人民陪审员	3 月 31 日
徐　英	区人民法院人民陪审员	3 月 31 日
徐海燕	区人民法院人民陪审员	3 月 31 日
徐　萍	区人民法院人民陪审员	3 月 31 日
高阳明	区人民法院人民陪审员	3 月 31 日
高　敏	区人民法院人民陪审员	3 月 31 日
浦建玲	区人民法院人民陪审员	3 月 31 日

续表 3

姓　名	任命职务	任命日期
程玉林	区人民法院人民陪审员	3月31日
蔡红妹	区人民法院人民陪审员	3月31日
董枫林	区人民法院人民陪审员	3月31日
熊润群	区人民法院人民陪审员	3月31日
戴明珠	区人民法院人民陪审员	3月31日

（尤海东）

表 4　　2010 年青浦区人大常委会干部免职情况表

姓　名	免去职务	免职日期
周向东	区人民法院朱家角人民法庭副庭长	1月13日
沈　毅	区人民法院立案庭庭长	1月13日
夏鑫德	区人民法院行政审判庭庭长	1月13日
张建勤	区人民法院审判委员会委员、民事审判第二庭庭长	1月13日
杨海华	区人民法院执行庭副庭长	1月13日
俞向红	区人民法院民事审判第一庭副庭长	1月13日
段继军	区人民法院执行庭副庭长	1月13日
吴　忠	区人民法院民事审判第一庭副庭长	1月13日
陆　榕	区人民法院审判委员会委员、审判监督庭庭长	1月13日
刘　静	区人民法院民事审判第一庭副庭长	1月13日
龚培华	区人民检察院副检察长、检察委员会委员、检察员	2月24日
张映华	区人力资源和社会保障局局长	3月31日
吴瑞弟	区发展和改革委员会主任	3月31日
朱晓阳	区人民检察院检察委员会委员	3月31日
缪　京	区财政局局长	5月27日
潘　杰	区人民检察院副检察长、检察委员会委员、检察员	5月27日
陈　冰	区人民代表大会常务委员会办公室副主任	5月27日
裴钟彧	辞去区人民检察院检察长、检察委员会委员、检察员职务	5月27日
顾　峰	区教育局局长	7月26日
王贤诚	区人民法院执行庭庭长	7月26日
戴仕明	区人民法院民事审判第三庭庭长	7月26日
李子骏	辞去区人民代表大会常务委员会委员、代表资格审查委员会主任委员、人事工作委员会主任	7月26日
钱决华	区农业委员会主任	9月29日
姚全根	辞去区人民代表大会常务委员会副主任	12月29日

（尤海东）

综 述

2010年是上海世博会举办之年，也是实施“十一五”规划最后一年。面对复杂变化外部环境，青浦区人民政府在市委、市政府和区委领导下，以邓小平理论和“三个代表”重要思想为指导，深入贯彻落实科学发展观，紧紧围绕“五个确保”要求，把做好世博各项服务保障和安全保卫工作作为头等大事抓紧抓好，完成各项工作任务，为办成一届成功、精彩、难忘的世博盛会作出了贡献。同时加快调整产业结构和提升产业能级，加强城镇建设管理和城乡统筹发展，大力改善社会民生和维护社会和谐稳定，经济社会保持了平稳健康发展良好态势。大力发展高新技术产业和现代服务业，加大科技创新工作力度，经济发展质量和效益进一步提高；加快编制以淀山湖新城为重点各项规划，加强城镇基础设施建设，市容环境面貌进一步改善，通过国家卫生区复审；不断加大投入力度，社会民生事业得到快速健康发展，人民生活水平进一步提高；大力开展环境保护和治理，生态环境质量进一步改善，创建国家环境保护模范城区通过国家环保部核查验收；高度重视“三农”工作，不断加大支农惠农力度，新农村建设步伐进一步加快；深化体制机制改革，加强对内对外开放，发展动力和活力进一步增强；围绕建设服务政府、责任政府、法制政府和廉洁政府要求，加快转变政府职能，公共服务和社会管理能力进一步增强。全区实现地区生产总值589.7亿元，比上年增长13.1%；完成全口径和区级财政收入188.7亿元和59亿元，分别比上年增长15%和21.1%。城乡居民家庭人均可支配收入分别达到25152元和12936元，分别比上年增长10.1%和11.6%。

（夏 骥）

重要政务活动

■沈晓明出席中山医院青浦分院扩建工程奠基仪式 2月1日，中山医院青浦分院扩建工程奠基仪式举行。副市长沈晓明出席奠基仪式并宣布“复旦大学附属中山医院扩建工程”正式奠基。市卫生局局长徐建光、区长张国洪以及市有关部门领导出席奠基仪式。副区长陶夏芳主持仪式。 （夏 骥）

■上海市老年基金会青浦区分会揭牌仪式举行 2月3日，上海市老年基金会青浦区分会揭牌仪式举行。市人大常委会副主任、市老年基金会理事长胡炜和区委书记高亢共同为上海市老年基金会青浦区分会揭牌。区委副书记、区长张国洪出席仪式并讲话。他指出：到2009年年底，区内60周岁以上老人已近10万人，老龄化趋势不断加快，要采取有效措施，积极构建老年人保障网络。要加大宣传力度，通过政府带头、社会各界组织参与，积极动员社会各方力量支持和参与到老龄工作中，大力营造敬老、助老、爱老良好氛围。要积极探索为老服务新体制，加强为老服务设施建设，开展助医、助洁、助餐、助浴、急难帮困等为老服务项目，充分整合各类社会资源，齐心协力，共同为老年人办实事、做好事。上海警备区原政委、市

4月7日，青浦区科技奖励暨2010年科技工作大会召开 （区政府供稿）

老年基金会名誉副理事长张立志，区人大常委会主任巢卫林，区政协主席张布尔，区委副书记胡燕平，区委常委、组织部部长李子骏，区人大常委会副主任王海林，副区长陈勇章等出席揭牌仪式。

（夏　骥）

■赵雯到青浦调研　2月4日，副市长赵雯到青浦调研知识产权工作。市知识产权局党组书记、局长吕国强，区委副书记、区长张国洪，区委常委、副区长张汪耀陪同调研。在调研知识产权工作时，赵雯先后视察了上海德力西集团有限公司和亚士漆（上海）有限公司，听取了青浦区知识产权工作情况汇报，充分肯定了青浦区知识产权工作取得的成绩。她要求，要加大知识产权宣传力度，提高全社会知识产权意识；要增强知识产权创造能力，切实采取有效措施推动科技成果转化；要加强知识产权指导和服务，“创新、应用、管理、保护”四位一体，营造鼓励创新良好环境；要整合资源，完善知识产权工作长效机制，推动知识产权工作再上新台阶。调研期间，赵雯一行慰问备战第四届全国体育大会龙舟队运动员和教练员，先后来到水上运动中心主航道、体能训练房和东方绿舟体育训练基地游泳训练馆，实地察看了运动员训练、生活情况，勉励大家要以只争朝夕的精神，刻苦训练、奋勇争先，争取在比赛中取得优异成绩。市体育局副局长李伟听、市龙舟协会会长金国祥、副区长陶夏芳等陪同慰问。

8月17日，副市长赵雯到青浦调研旅游业“十二五”规划工作。区委书记高亢，区委副书记、区长张国洪，市旅游局副局长杨劲松、沈山州，区委常委、副区长李跃旗等陪同调研。赵雯一行听取了青浦区“十二五”发展规划及旅游工作情况汇报，视察了金泽涵璧湾和朱家角水都南岸、皇家金熙酒店，并详细了解青浦旅游业发展现状及规划前景。她充分肯定青浦旅游业发展取得成绩并指出：“十二五”期间，青浦要进一步挖掘区域旅游文化内涵，积极创新旅游产品，努力推进水文化、古文化等与旅游融合发展，努力把青浦建设成为国际大都市上海旅游胜地。她强调，希望各部门整合现有资源，抓住机遇、加强沟通，推动旅游业发展再上新台阶。

12月16日，副市长赵雯到青浦调研旅游工作。区委书记高亢，区委副书记、区长张国洪，市发展改革委副主任叶明忠，区委常委、副区长李跃旗等陪同调研。调研会上，赵雯听取了“梦上海”旅游项目规划方案汇报，要求项目双方结合金泽小城镇发展改革试点，全力抓好推进工作。（夏　骥）

■胡延照到青浦调研　3月2日，副市长胡延照到青浦调研农业生产工作。副区长陈勇章陪同调研。胡延照指出：各级各部门要迅速行动起来，采取有力措施，尽快掀起春耕备耕高潮。要突出抓好春耕备耕保障服务，保证种子、化肥、农药、柴油等物质充足供应和用电需求。各农技部门要加强田间管理指导，减少前期不利天气条件对夏熟作物生长影响，确保2010年夏粮丰收。

12月8日，副市长胡延照到青浦视察蔬菜生产情况。市农委主任孙雷，区委书记高亢、副区长陈勇章等陪同。胡延照指出：政府出台措施稳定菜价成效已经显现，但扩大生产规模、理顺流通渠道、稳定市场价格依然是保障市民菜篮子关键。各区（县）政府及各级农业部门要切实落实市委、市政府关于稳定菜价指示精神，将当前蔬菜生产工作抓实抓好，同时要顾及菜农利益，防止“菜贱伤农”现象发生，确保市场长期稳定供应。（夏　骥）

■杨雄到青浦调研　5月27日，市委常委、常务副市长杨雄率市有关部门负责人赴青浦区调研“十二五”规划编制工作。区委书记高亢，区委副书记、区长张国洪，区委常委、副区长张汪耀，区政协副主席张正翔陪同调研并汇报有关情况。杨雄指出：“十二五”规划要更多地注重对经济社会描述、对过去经验总结和区级大政方针制定，防止把“十二五”规划过多地偏重于空间规划；要认真总结和思考过去发展经验，进一步找准定位、聚焦产业，促进现代服务业加快发展；要加强小城镇建设，完善城镇体系，逐步提高城镇化率，推进郊区和农村面貌不断改善；要进一步明确区域规划，加强基础设施投入，促进医疗、教育等社会事业均衡发展；要围绕发展方式转变这一主线，进一步解放思想，积极探索政策、体制创新；要立足青浦实际，不断深化细化“十二五”规划，凝聚各方智慧，形成发展共识。（夏　骥）

■张学兵到青浦调研　6月25日，市长助理、市公安局党委书记、局长张学兵到青调研。区委副书记、区长张国洪，区委常委、政法委书记李萍，市公安局党委委员、政治部主任俞烈，市公安局指挥部副主任袁志航，副区长、公安青浦分局党委书记、局长陈振华等参加调研。（夏　骥）

■易小准到青浦考察　7月9日，商务部副部长易小准一行到青浦考察。区委副书记、区长张国洪，区委常委、副区长张汪耀陪同考察。易小准对青浦区参与国际贸易中心功能开发建设工作给予充分肯定，对青浦区争取国家会展中心项目落户青浦西虹桥商务区工作给予高度评价。张国洪介绍了青浦区发展基本情况和西虹桥地区发展态势及中远期发展目标。（夏　骥）

■韩正到青浦调研　12月15日，市委副书记、市长韩正率市有关部门负责人到青浦调研。市政府秘书长姜平，区委书记高亢，区委副书记、区长张国洪，区委常委、副区长李跃旗，副区长朱明福、陈勇章等陪同。韩正一行先后到华新镇调研经济适用房推进情况，白鹤镇弘阳农产品生产基地，淀山湖畔大莲湖湿地，水都南岸创意园，并对经济适用房推进，农产品生产、市场蔬菜供应，保护发挥湿地生态效应、环境效益、社会效益以及加强创意园及周边旅游等相关行业的联动发展作出重要指示。

（夏　骥）

■区政府工作会议　2月26日，区政府在区会务中心召开工作会议。区长张国洪，副区长张汪耀、李跃旗、陶夏芳、朱明福、陈勇章、陈振华出席会议。张国洪要求：一要紧紧围绕“五个确保”，全力抓好一季度开局工作；二要牢牢抓住重点工作，扎实推进全区面上各项工作；三要继续加强自身建设，不断提升政府服务管理能力，为完成全年各项目标任务和“十一五”规划目标、实现“五个确保”而共同努力。张汪耀、李跃旗、陶夏芳、朱明福、陈勇章、陈振华分别就分管工作进行部署。

4月20日，区政府在区会务中心召开工作会议。区长张国洪，副区长张汪耀、李跃旗、陶夏芳、朱明福、陈振华出席会议。张国洪要求：一要进一步解放思想，增强责任感，大力实施跨越式发展战略；二要全力以赴做好世博各项工作；三要全面抓好面上各项工作推进落实。他强调，各单位、各部门工作人员，尤其是领导干部在贯彻落实二季度各项工作过程中要坚定发展信心，积极迎接发展机遇，努力处理发展困难与问题；要切实增强履职意识，认真履行好各自职能和职责；要顾全工作大局，加强配合、相互协调，形成工作合力；要严格遵守各项制度，狠抓制度落实和执行。张汪耀、李跃旗、朱明福分别就有关工作进行部署。

10月28日，区政府在区会务中心召开工作会议。区长张国洪，副区长张汪耀、陶夏芳、朱明福、陈勇章、陈振华出席会议。张国洪要求：一要紧盯目标、强化措施，确保完成年度各项目标任务；二要面向未来、找准方向，加快推进经济社会科学发展；三要坚定信心、振奋精神，始终保持良好工作状态。张汪耀、陈勇章分别就有关重点工作进行部署。（夏　骥）

■召开世博工作动员大会　3月3日，世博工作动员大会在区会务中心召开。区委书记高亢，区委副书记、区长张国洪，区人大常委会主任巢卫林，区政协主席张布尔，区委副书记胡燕平等出席会议。高亢要求：一要增强责任意识，全力保障世博安全；二要倡导主人翁精神，周到做好世博服务；三要营造和谐氛围，精心组织世博宣传；四要抓住发展契机，充分发挥世博效应。他强调，全区各级领导干部要切实负起责任，做好表率、带好队伍、备好方案、抓好落实，发扬不怕疲劳、连续作战精神，保持精益求精、克难奋进劲头，彰显勇于担当、敢于负责品格，举轻若重、周密部署。广大党员要积极参与世博“岗位行动、家园行动、志愿行动”，在岗位上做标兵，在社会上做楷模，团结和带领广大市民群众关心世博、参与世博、奉献世博，以忘我工作和出色表现，向党和人民交出一份满意答卷。张国洪要求：要进一步增强大局观念，确保组织落实到位；要进一步把握办博要求，确保任务落实到位；要进一步强化责任制度，确保责任落实到位；要进一步完善方案细节，确保措施落实到位；要进一步发挥世博效应，确保科学发展到位，把世博会带来无形资源转化为谋划下一步发展思路和举措，使世博会真正成为促进青浦科学发展重要推动力。张国洪强调，要以百倍的豪情、顽强的斗志、严谨的态度、踏实的作风，认真做好各项工作，不辱使命、不负重托，全区动员、全力拼搏，为确保办成一届成功、精彩、难忘世博会做出应有贡献。（夏　骥）

■召开重大项目领导小组会议　3月9日，区重大项目领导小组会议在区直机关532会议室召开。区长张国洪出席会议并要求：一是各部门要全力参与，确保重大项目早启动、早落实、早建成；二是要切实提高重大项目管理水平；三是要不断加强对重大项目的组织协调和考核推进。区委常委、副区长张汪耀，副区长朱明福出席会议。（夏　骥）

■“十二五”规划编制工作　3月19日，“十二五”规划编制工作动员大会在区直机关318会议室召开。区委副书记、区长张国洪，区委常委、副区长张汪耀，区人大常委会副主任张映华，区政协副主席张正翔出席会议。张国洪指出：要认真回顾和总结青浦区“十一五”规划实施以来各方面工作所取得经验和存在不足，准确把握所处发展阶段，推动经济社会实现跨越式发展；要突出抓好“十二五”规划需要重点体现问题，合理确定规划指标体系，找准实现科学发展的重点领域、关键环节和突破口，合理优化发展空间布局，找准引领青浦新一轮发展增长点；要加强领导，组建得力队伍，加强协调配合，开门编好规划，把好时间进度，努力提高“十二五”规划编制工作水平。

4月22日，“十二五”规划重点专题讨论会在区直机关东裙楼三楼会议室召开。区长张国洪出席会议并指出：要以高度危机感和责任意识，围绕如何推进发展转型，广泛深入开展“十二五”规划大讨论；要立足青浦独特区位和资源特点，认真研究有关功能布局、产业发展、城镇化建设、民生改善等核心问题；要大胆突破传统观念束缚，各重点专题牵头部门要按照全区整体进度及时推进，有编制任务单位要根据规划编制需要积极组织开展大讨论活动，务必使大讨论活动取得扎实成效并及时汇总讨论成果。区委常委、副区长张汪耀主持会议。（夏　骥）

■召开安全生产工作会议　3月23日，区政府在区会务中心召开安全生产监管与保障服务世博动员暨2010年安全生产工作会议。区委副书记、区长张国洪出席会议并指出：2010年首要任务就是确保世博年安全稳定，确保在世博期间不发生有社会影响安全生产事故。

9月20日，区委副书记、区长张国洪（前右一）到世博安保增援警力屯兵点进行“迎中秋、庆国庆”慰问　（公安青浦分局供稿）

各地区、各部门、各单位必须做到警钟长鸣，认真查找问题，自觉履行职责，全力做好世博年和国家"安全生产年"活动各项工作；必须高度重视、狠下决心、坚决整顿，突出工作重点，查找薄弱环节，消除安全隐患；必须强化责任、严格管理、扎实工作，把各项安全政策措施落到实处，为青浦经济社会发展和世博会成功举办创造安全稳定环境。区委常委、副区长李跃旗出席会议。副区长陈振华主持会议。（夏　骥）

■"一城两翼"三大投资开发公司成立　3月26日，区政府举行"一城两翼"三大投资开发公司成立仪式，上海淀山湖新城发展有限公司、上海西虹桥商务开发有限公司、上海湖区建设开发有限公司三大投资开发公司同时成立并揭牌，标志着青浦"一城两翼"（一城指淀山湖新城，两翼指"东翼"青浦东部地区、"西翼"青浦西部地区）建设全面启动。区委书记高亢、区人大常委会主任巢卫林为西虹桥商务开发公司、淀山湖新城发展公司和湖区建设开发公司揭牌。区委副书记、区长张国洪出席仪式并讲话，他指出：青浦区"一城两翼"开发建设，是推进虹桥商务区和郊区新城建设、引领青浦下一轮发展三大增长极，希望通过成立西虹桥商务开发公司、淀山湖新城发展公司和湖区建设开发公司，紧紧抓住"长三角"一体化发展、上海世博会举办及其后续效应、大虹桥开发、上海新一轮新城建设及小城镇建设试点契机，进一步整合资源、协调各方力量，不断加快推进产城联动，大力发展湖区经济，加快发展现代服务业，全面推动青浦经济社会平稳较快发展。区委副书记胡燕平，区委常委、副区长李跃旗，区人大常委会副主任张映华，副区长朱明福出席仪式，区委常委、副区长张汪耀主持仪式。

1月，市规划会议讨论通过新城规划优化草案，将青浦淀山湖新城、嘉定新城和奉贤新城共同确定为上海郊区新一轮重点发展的3个新城，淀山湖新城规划总面积为106平方公里，人口规模70万人。青浦"东翼"，19平方公里已纳入整个虹桥现代商务区，由大虹桥辐射带动整个地区，重点发展大型现代服务产业集聚区。青浦"西翼"，囊括淀山湖在内22个天然淡水湖泊，利用上海国际大都市这一独一无二自然水资源优势，重点开发度假休闲旅游、会展服务、创意研发和生态居住。三大公司分别对应各自所开发青浦相关区域，形成"一城两翼"发展格局。

（张杜屏　夏　骥）

■召开重大项目建设工作会议　4月1日和7月9日，区政府两次在区会务中心召开重大项目建设工作会议。区委书记高亢，区委副书记、区长张国洪，区人大常委会主任巢卫林，区政协主席张布尔，副区长朱明福分别出席会议。区委书记高亢主持会议并作重要讲话，区委副书记、区长张国洪提出具体要求。

（夏　骥）

■唐登杰到青浦慰问　5月6日，副市长唐登杰一行到青浦区慰问服务世博广大基层干部群众。区长张国洪、副区长张汪耀、陈振华陪同慰问。唐登杰指出：世博会已进入正常运行状态，要总结世博会开幕开园的成功经验并将其制度化；要根据运行实际情况及时调整组织方式，把各项工作做得更好；各级领导干部要珍惜人力，关心同志们身体健康，保持良好工作状态；要在加强管理上下功夫，在改善服务、改进工作上下功夫，在让参观者、参展者满意上下功夫，为举办一届成功、精彩、难忘世博会，为确保世博平安作出新贡献。

（夏　骥）

■召开土地储备工作领导小组会议　5月18日，区土地储备工作领导小组会议在区直机关532会议室召开。区长张国洪出席会议并指出：要进一步科学、依法、规范做好土地利用工作；要尽量争取土地年度农转用指标，保证区域城乡建设发展；要坚决贯彻国家和上海市土地清理相关精神，详细进行调查分类，把各项工作做深做细；各部门、各单位要通力协作，充分做好国家土地督察上海局对青浦区进行土地例行督察各项准备工作。区委常委、副区长张汪耀，副区长朱明福及领导小组成员出席会议。（夏　骥）

■召开节能减排工作会议　5月19日，区政府在区直机关东裙楼三楼会议室召开节能减排工作会议。区长张国洪出席会议并要求，要加强组织领导，形成一级抓一级、层层抓落实工作机制；要强化行政问责，严格考核、奖惩分明，对节能目标完成好部门给予奖励，没有完成追究主要领导和相关领导责任；要注重市、区联动，加强与市有关部门沟通、联系，及时掌握动态情况；要把握工作重点，加快推进一批产业结构调整项目，一批建筑、交通节能项目，以及一批减排项目和节能技术改造项目建设；要加强规划编制，认真开展好区"十二五"节能减排总体规划和专业规划编制工作。区委常委、副区长张汪耀，副区长朱明福出席会议。（夏　骥）

■举办"德力西"杯龙舟赛　6月16日，青浦区第三届运动会"德力西"杯龙舟赛在夏阳湖举行。区委书记高亢，区委副书记、区长张国洪，区人大常委会主任巢卫林，区政协主席张布尔，市体育局局长于晨，市龙舟协会会长金国祥，区委副书记胡燕平，区委常委、宣传部部长孙萍，区人大常委会副主任张海珍，副区长陶夏芳，区政协副主席顾峰等出席开赛仪式并为龙舟点睛。高亢宣布龙舟赛决赛开始。张国洪在致辞中说：近年来、青浦区广泛开展"全民健身与世博同行"主题活动，希望通过该次比赛进一步推广龙舟活动，传播龙舟文化，弘扬龙舟运动精神，推动全民健身运动广泛深入开展。（夏　骥）

■土地管理情况汇报会　6月18日，国家土地督察上海局例行土地督察通报会暨青浦区土地管理情况汇报会在区直机关东裙楼三楼会议室召开。国家土地督察上海局例行督察组组长张先余、监督员张阿根，区委副书记、区长张国洪，副区长朱明福出席会议。张国洪在讲话中指出：一要高度重视，积极配合做好督察工作；二要强化机制，积极做好土地管理利用工作；三要端正态度，认真整改督察工作中暴露问题。

（夏　骥）

■沈骏出席经济适用房基地开工仪式　6月25日，徐泾大型居住社区经济适用房基地开工仪式举行。副市长沈骏，区长张国洪，市城市建设投资开发总公司总经理孔庆伟，市住房保障房屋管理局副局长、市大型居住社区建设推进办公室副主任顾弟根，市城市建设投资开发总公司副总经理陆建成等出席仪式，副区长朱明福主持。仪式上，沈骏宣布徐泾大型居住社区经济适用房基地建设正式启动，张国洪、孔庆伟、顾弟根分别致辞。（夏　骥）

■"一园三区"揭牌仪式举行　7月6日，加快工业园区发展动员大会暨园区三大开发公司揭牌仪式在工业园区举行。区委书记高亢，区委副书记、区长张国洪，区人大常委会主任巢卫林，区政协主席张布尔，市经济信息化委副主任傅新华，区委副书记胡燕平，区委常委、统战部部长、区政协副主席陆建铭，区委常委、副区长张汪耀，区委常委、副区长李跃旗，区人大常委会副主任张映华，区政协副主席顾峰等出席仪式。高亢、巢卫林、张布尔、傅新华为上海青浦工业园区发展（集团）有限公司、上海张江高新技术产业开发区青浦园区集团公司和上海青浦出口加工区开发有限公司揭牌。张国洪指出：园区三大公司成立，是进一步促进结构调整、提高土地利用效率、发挥园区政策效应、推进体制机制创新的重要举措，三大公司要继承和发扬优良传统，锐意创新，奋勇开拓，推动工业园区开发建设在新起点上实现新突破；全区各相关部门要从战略和全局高度，积极主动创造良好环境和条件，为加快"一城两翼"建设、实现全区经济社会又好又快发展作出积极贡献。（夏　骥）

■世博会国际参展方进青浦区互动交流活动　8月23日，世博会国际参展方进青浦区互动交流活动举行，来自35个国家（国际组织）的93位参展方代表出席活动。区委副书记、区长张国洪代表区政府和青浦人民对外宾们的到来表示欢迎，并介绍了世博与青浦的百年渊源及青浦经济社会发展成果、自然环境和人文优势等。区委常委、宣传部部长孙萍，副区长陈勇章等出席活动。（夏　骥）

■区政府全体会议　9月2日，区政府召开全体（扩大）会议。区长张国洪，副区长张汪耀、李跃旗、陶夏芳、朱明福、陈勇章、陈振华出席会议。张国洪指出：一要围绕目标任务狠抓落实。要落实好经济社会发展目标，通过多种途径、运用多种手段、挖掘多种资源、集中多种力量，继续巩固区域经济回升向好势头，实现年初确定发展目标。二要高标准、严要求做好每一项工作。要进一步提高工作标准，以群众的期盼、竞争的要求和发展的需要作为工作标准，不断提升政府工作质量和水平。三要大力加强执行力建设。要坚决执行各项工作制度，严格依法行政，真正做到用制度管权、用制度管事、用制度管人。张国洪还就做好服务世博、防汛防台、秋收秋播和各项节庆活动等当前重点工作提出要求。张汪耀、陶夏芳、朱明福分别就有关重点工作进行通报和部署。

12月27日，区政府在区委党校召开全体会议，讨论即将提交区三届人大八次会议审议的《政府工作报告》，部署岁末年初各项工作。区长张国洪，副区长张汪耀、陶夏芳、陈勇章、陈振华出席会议。张国洪要求，要充分吸取各方意见和建议，进一步完善政府工作报告；要一手抓好年度收尾关门工作，一手抓好明年开局工作，为"十二五"开好局、起好步打好基础；要着力做好8项工作：一要全力做好冬季安全工作，确保城市安全运行；二要抓好市场供应，确保节假日市场供应充足和物价基本稳定；三要抓好帮困送温暖工作，解决好中低收入家庭生活问题；四要抓好社会稳定，努力把矛盾化解在基层；五要抓好城市管理，确保城市整洁有序；六要抓好财政关门工作，认真开展各部门财政资金使用效率评估；七要抓好绩效考核，充分体现考核导向和激励作用；八要认真做好区委全会和区"两会"有关工作，确保全会和"两会"顺利召开。会上，张国洪代表区政府与各镇、街道和农业园区签订确保蔬菜生产保障市场供应工作责任书。（夏　骥）

■2010上海淀山湖湖区经济·青浦论坛　9月17日，由青浦区人民政府、市旅游局、市绿化和市容管理局以及世界自然基金会主办，区发改委、旅游局和上海湖区建设开发有限公司、德安杰环球顾问公司承办的2010上海淀山湖湖区经济·青浦论坛在朱家角举行。论坛主题为"用湖区经济转变经济发展方式，以低碳打造产业融合"。副市长赵雯，区委书记高亢，市旅游局局长道书明，区委常委、副区长李跃旗等出席开幕仪式，中国旅游研究院、中国旅游协会休闲度假分会、北美五大湖区、中国十大魅力湖泊、江浙部分区域旅游局和上海各区县旅游局有关专家和代表等100余人参加开幕式。高亢致辞。论坛上，中国旅游协会休闲度假分会、全国休闲标准化技术委员会授予青浦"中国城市公共休闲服务与管理国家标准试验区"铭牌，上海湖区建设开发有限公司与无锡灵山实业有限公司签署"梦上海"旅游项目合作协议，并与北美五大湖区签署湖区战略合作备忘录，有关专家围绕"用湖区经济转变经济发展方式，以低碳打造产业融合"的主题作专题演讲。（夏　骥）

■上海西郊国际农产品展示直销中心试营业　9月27日，上海西郊国际农产品展示直销中心举行试营业开幕仪式。市委常委、政法委书记、市三农工作领导小组组长吴志明，西藏自治区人民政府副主席次仁，区委书记高亢，区委副书记、区长张国洪，副区长陈勇章等出席开幕仪式。开幕仪式结束后，吴志明一行参观了包括青浦馆在内的展示直销中心部分展馆。（夏　骥）

■国家环保部考核青浦区创建国家环境保护模范城区工作　11月15～16日，国家环保部考核验收组分水环境、大气和噪声、固废、工业企业、综合和民意调查6组对青浦区创建国家环境保护模范城区进行考核验收。17日，创建国家环境保护模范城区考核验收汇报会在区会务中心举行。区委书记高亢，区委副书记、区长张国洪，区政协主席张布尔，区委常委、宣传部部长孙萍，区人大常委会副主任张海珍，副区长朱明福、陈勇章，区政协副主席张正翔等出席汇报会。高亢作重要讲话。张国洪作以"绿色水都、生态家园"为主题工作汇报。国家环保部考核验收组一致认为，青浦创模重过程、求实效，重点突出、特色鲜明，希望青浦全面深化创模成果，推进城市环境保护再上新台阶。（夏　骥）

■召开国资国企工作会议　11月18日，区政府召开国资国企工作会议。区委书记高亢，区委副书记、区长张国洪，区委常委、副区长张汪耀出席会议。高亢强调：一要统一思想，充分认识国资国企在推进青浦改革发展中的重要地位。二要明确重点，努力提高青浦国资国企核心竞争力。三要加强领导，切实发挥党组织在国资国企工作中的政治核心作用。张国洪要求：要总结经验、求真务实，始终保持改革的意识和攻坚克难的精神，不断深化推进青浦区国资国企改革各项工作。要振奋精神、迎难而上，努力转变发展方式，提高发展质量和效益，在加快"一城两翼"建设中充分发挥引领和导向作用。要完善制度、强化措施，以强化考核为重点，以财务监管为核心，以政企分开为方向，以做强、做实为目标，进一步完善科学规范国资国企监督管理和营运体系。

（夏　骥）

■"一园三区"推介会举行　11月24日，青浦"一园三区"推介会举行。市外商投资企业协会会长刘锦屏、市经济信息化委总工程师马静、市外商投资企业协会副会长朱文斌等应邀出席。区委副书记、区长张国洪出席并致辞。区委常委、副区长李跃旗主持推介会。上海社会科学院研究员、博导权衡应邀作当前产业发展趋势和园区"十二五"发展战略和路径选择介绍，青浦工业园区、张江青浦园区、青浦出口加工区分别就"一园三区"投资环境、产业布局、发展远景等进行宣传推介。推介会上，吉富新能源、南大苏富特等20家企业分别与"一园三区"进行项目签约，涉及生物医药、新能源、精密机械、软件信息、物联网以及总部经济等行业领域，合计投资额超过100亿元。

（夏　骥）

■召开座谈会　12月24日，区政府召开座谈会，征求民主党派对区政府工作及《政府工作报告（征求意见稿）》意见和建议。区委副书记、区长张国洪出席座谈会并讲话。座谈会上，与会者结合工作实际，从转变经济发展方式、关注民生保障等方面对区政府工作和《政府工作报告（征求意见稿）》提出意见和建议。张国洪指出：区政府将充分吸收大家真知灼见，进一步完善《政府工作报告（征求意见稿）》，并在此基础上举一反三，改进政府各项工作；对大家提出具有全局性的中长期举措建议，区政府将认真研究，在编制"十二五"规划时加以科学安排，并在今后工作中逐步推进落实。

（夏　骥）

■召开教育工作会议　12月2日，青浦区教育工作会议在区会务中心召开。区委书记高亢，区委副书记、区长张国洪，区人大常委会主任巢卫林，区政协主席张布尔，市教委副主任尹后庆，区委常委、宣传部部长孙萍，区人大常委会副主任张海珍，副区长陶夏芳，区政协副主席顾峰等出席会议。高亢、张国洪分别讲话，尹后庆代表市教委对会议召开表示祝贺，并希望青浦教育抓住机遇、乘势而上，不断提升教育公共服务水平，为推动区域经济社会发展作出新贡献。会上颁布了《青浦区中长期教育改革和发展规划纲要（2010～2020年）》。

（夏　骥）

2月28日，区委常委、副区长李跃旗（右一）到区行政服务中心调研

（区行政服务中心供稿）

行政服务

■概况　2010年，青浦区行政服务中心（以下简称中心）坚持以邓小平理论和"三个代表"重要思想为指导，努力践行科学发展观，加强自身建设、完善考核机制、规划发展蓝图，着力提升服务水平、提高办事效率，努力营造"优质、高效"服务环境，展现政府窗口为民服务新形象。中心全年共接待194343人次，受理事项132217件，办结项目121220件。全区11个镇（街道）社区事务受理服务中心共接待316814人次，受理事项496776件，办结项目460905件。年度中心公众满意度为98.5分。

（章一心）

■推进重大产业项目审批"绿色通道"

重大产业项目审批"绿色通道"建立以来，行政服务中心从加快办理审批手续，简化"绿色通道"操作办法着手，如期执行办理审批手续的时间节点，（各窗口单位须在受理3天内审核结束），做到环保、发改委、规划设计、质安监审批以至出具审批文件同步服务，减少了流转程序，提高了工作效率；如无法出具正式审批文件，则给予正式批文号并加盖公章材料，待取得土地后即出具正式审批文件。中心对全区2010年13个重点项目和青浦工业园区2009年16个指标平移项目均纳入"绿色通道"方式操作，取得良好的效果。同时，实行月报制度，供区领导参考和决策。

（章一心）

■协调沟通解决企业实际困难　企业在办证办照过程中遇到的困难与问题，中心通过组织各相关职能部门召开协调会予以沟通解决。全年中心共召开18次协调会，协助美源光电、新朋股份公司等25家企业解决实际困难。

（章一心）

稳步推进电子政务建设 中心对门户网站进行模块优化和资源整合，门户网站已实现在线受理、状态查询、结果反馈、网上咨询、网上投诉、表格下载、办事指南等功能，强化了电子政务建设，减少了企业和市民办事流程，提高了办事效率。全年共有185342人次浏览网上办事平台。 （章一心）

做好提案来信答复工作 年内，中心收到区政协三届四次会议关于《尽快将行政审批由串联改为并联提高行政审批效率的建议》、《关于建立企业咨询服务综合平台解决办证难的建议》2件提案。在区政府办公室的指导下，在协办单位的积极配合下，中心根据提案内容、要求走访政协委员，进行面对面沟通、商榷并达成共识，按时按质完成2010年的提案答复工作。对区府办、区信访办转办的8件来信落实到具体科室和人员，要求对来信中企业的要求、群众的需求了解实际情况，进行认真分析，提出处理意见，经领导审核，在规定时间里予以妥善解决。 （章一心）

完善管理考核制度 中心在注重以人为本的同时，建立健全管理制度、修订完善考核办法，强化工作责任、提升服务质量、提高工作效率。2010年，经评议考核，中心窗口考核平均分为97.24分，并收到涉及区发改委、建交委、人口计生委、环保局、水务局、食药监分局、文广影视局、民政局、公安交巡警支队、公安消防支队等10家委办局窗口锦旗20面，表扬信11封。

（章一心）

加强自身建设 年内，中心在履行好组织管理、协调监督职能的同时，强化服务职能，提高服务水平，以行风政风建设为抓手，明确提出关于胸卡制作、办公设备维护等方面的服务承诺，切实做到"四个要"，即：一要当好群众的接待员，二要当好突发事件的调解员，三要当好窗口工作的服务员，四要当好风纪风貌的督查员。同时，开展多种形式的活动，促进和谐建设；通过党风廉政教育，改进工作作风；开展深化"五型党支部"创建，提高工作质量和效率；争先创优活动，提升工作服务意识和水平；团员户外拓展训练，激发青年活力；送温暖活动，增强员工凝聚力。年内，中心还积极参与社会公益事业，发动员工爱心募捐，为青海玉树地震灾区募集善款6950元，在11月的"一日捐"活动中募得善款3200元。 （章一心）

提高业务能力 为适应新形势发展，完成年度工作任务，提高项目经办人员业务能力，11月中旬，中心就项目申报、前置评估、规划审批、环保审批、用地规范等方面组织专业培训，青浦工业园区和各镇、街道100多位项目经办人参加培训。通过培训，使经办人员的业务能力有了进一步提高。 （章一心）

改善区域环境 11月，中心启动办公区域综合改造工程，于12月底完工。有序、整洁、舒适的区域环境，为窗口工作人员和前来办事的群众营造了良好的氛围。 （章一心）

开展迎世博活动 2010年，中心以迎接世博、服务世博为契机，开展迎世博"整洁优美在窗口"、"诚信服务在窗口"、"平稳畅通在窗口"等主题活动。组织广大员工参与轨道交通2号线徐泾东站出入口执勤、公交站头至供电局站沿线交通维稳和东盛社区安全巡逻等。中心涌现了一批服务世博的"优质服务示范窗口"、"优质服务示范员"和"世博先进个人"。其中：民政局（婚管）窗口被市迎世博600天行动窗口服务指挥部授予"优质服务示范窗口"，公安分局（出入境）窗口王秋妹、公安分局（治安）窗的王松华获区世博工作个人嘉奖，卫生局窗口叶晓静、中心本部干全华等3人被评为第一批区"世博先进个人"。 （章一心）

指导服务工作 年内，中心积极寻找各社区事务受理服务中心在日常管理和窗口服务中存在的问题和不足，并及时加以指导，落实整改。对于一些共性的问题，定期进行分析和沟通，达成共识，协同解决。加强各受理中心规章制度的建立和执行，指导制订和实施工作人员考核办法，切实帮助各受理中心不断提高管理水平和能力。先后协调解决服务事项进驻和人员到位等问题，逐步完善各受理中心咨询引导区建设，推进各受理中心网络统一维护，确保受理服务的正常运行。 （章一心）

推进标准化建设 年内，按照市民政局的要求，中心率先在全区各镇、街道社区事务受理服务中心开展标准化建设，要求各受理中心严格执行"一次告知、二次受理、三次办结"的服务承诺，在办事大厅醒目处安放承诺宣传架，统一发放资料和服务事项告知单，并将承诺服务的执行情况纳入考核。一些受理中心已建网站，用于公开服务内容及有关信息。根据机关作风评议细则要求，中心组织各镇、街道社区事务受理服务中心开展"迎世博学礼仪"培训。同时，加强受理中心服务事项梳理，制定推进事项进驻方案，进一步推进了各社区事务受理服务中心的标准化建设。

（章一心）

人事编制

概况 2010年，青浦区进一步做好人事人才工作，不断加大人才发展力度，完成"十二五"全区人才发展规划编制；贯彻落实《中华人民共和国公务员法》和事业单位管理相关规定，做好各类人员招录，启动事业单位岗位设置；制定《关于进一步加强专业技术人员继续教育工作的实施意见（试行）》，明确各类专业技术人员继续教育对象范围、教育内容、时间要求、组织管理等；落实各项工资福利待遇，妥善做好军转干部安置帮困工作。 （陆　明）

编制青浦区"十二五"人才发展规划 年内，根据区委、区政府统一部署，积极开展"十二五"人才发展规划编制工作，成立区"十二五"人才发展规划编制领导小组及编制课题组，在广泛调研基础上，编制完成《青浦区"十二五"人才发展规划》，为青浦区中长期人才发展工作提供指导。 （陆　明）

抓好各类人才队伍管理 年内，制定出台《青浦区专业技术拔尖人才（学术带头人）年度考核实施办法》，完成对全区66名第三届拔尖人才（学术带头人）年度考核。按照相关规定，开展区第三届专业技术拔尖人才（学术带头人）选拔增补工作，经推荐、评议、公示等环节并报区人才工作协调小组同意，最终增

补4名专业技术拔尖人才。认真做好两年一次农村专业技术人员任职资格注册登记工作。（陆　明）

■严格做好人才引进　年内，认真做好紧缺人才及优秀投资人才审核推荐工作；严格把好居住证办理关，对确实存在诚信问题单位和个人，做好解释和劝退工作。全年受理居住证新（续）办业务3421项，其中：主证2601人，随员820人，经市人保局审批通过优秀投资者25人，紧缺专业2人；受理居住证申办市内常住户口45人，已有23人正式办理上海市户口；受理户籍人才引进9份材料共27人（3人为子女随迁）。（陆　明）

■招募“三支一扶”大学生志愿者　2010年度计划招募“三支一扶”大学生志愿者83人，经过笔试、面试、体检、政审等环节，最终招募大学生志愿者57人，其中：农村专业合作社27人、其他岗位30人。同时，继续做好服务期满“三支一扶”大学生考核和就业推荐、指导工作。（陆　明）

■区级机关年度绩效考核　年初，完成2009年度区级机关绩效考核工作，全区55家单位参加考核，24家党群机关中区委办、政协办、人大办、纪委监察局、组织部、档案局、红十字会7家为考核优秀单位，31家政府机关中区府办、人口与计生委、科委、财政局、文广局、教育局、药监分局、审计局、民政局、人保局10家为考核优秀单位，其余为考核合格单位。同时，根据2010年工作要求，开始对各镇（街道）实施工作目标考核，制定考核意见及实施细则。（陆　明）

■做好各类人员招录管理　按照2010年上海市从优秀村干部、选聘到村任职大学生以及三支一扶人员中招录乡镇机关公务员有关工作统一部署和要求，年初，推出10个镇（街道）公务员岗位，85人报名参加考试，录取10人。做好2010年度公务员招考工作，招录公务员74人，有2534人报名，录取71人。组织开展青浦区事业单位工作人员招聘工作，招录71人，最终录取58人。稳妥做好城管大队参公人员过渡工作。对全区3059名公务员开展“五五”普法培训。（陆　明）

■落实各项工资福利　完成青浦区义务制学校实施绩效工资各项工作，涉及实施绩效工资有4101人。做好机关事业单位人员疗休养和体检工作，全年组织35批1217人赴成都（青城山）、长江三峡等地疗休养，6802人参加健康体检。组织退休老干部开展免费医疗健康咨询等为民服务活动。（陆　明）

■启动事业单位岗位设置　年内，按照市、区工作要求，深入开展调查摸底，全面梳理青浦区各单位编制和人才队伍等总体情况，重点分析其中专业技术人员总数及高、中、初级结构比例等内容，开展风险评估，提出应对措施，并借鉴周边区县经验做法，专题召开青浦区事业单位岗位设置工作布置及业务培训会议，全面推开此项工作。（陆　明）

■妥善做好军转干部安置帮困　年内，接收军转干部11人，全部及时妥善予以安置。为9名退休企业军转干部办理退休生活补助，并在春节和“八一”建军节期间，走访慰问困难企业军转干部30人次，发放慰问金31000元。（陆　明）

信访工作

■概况　2010年，区委、区政府信访办共接待受理群众来信、来访、电话、电子邮件7373件（批）19401人次，件次比上年上升0.8%，人次比上年下降18.3%。其中：来信1591件，比上年下降24.4%；来访3177批8258人次，批次比上年上升3.2%，人次比上年下降5.9%；电话1133件，比上年下降8.2%；电子邮件1472件，比上年上升62.8%。来访中，群众5人以上至区集体上访314批4341人次，批次与人次分别比上年下降10.1%和16.1%。（徐险峰）

■开展领导干部大接访活动　4月1日～10月31日，区委、区政府集中开展由区委、区人大、区政府、区政协四套班子领导参与，各镇、街道和委、办、局负责人共同参加的领导干部大接访活动。活动期间，区四套班子领导累计参与125人次，共计接待信访群众531批1959人次。各镇、街道、委、办、局负责人累计参与1113人次，共计接待信访群众3541批7826人次。（徐险峰）

■健全矛盾纠纷排查化解机制　年内，继续深化矛盾纠纷排查化解工作，以每月《矛盾纠纷排查情况简报》为载体，建立定期通报制度；以区联席办、区督解办为主体，推进重大矛盾纠纷牵头协调制度；以矛盾纠纷分类为重点，完善矛盾纠纷化解预警制度。全年累计排查各类矛盾纠纷221件，化解99件，缓解122件。（徐险峰）

■配合市领导联系区县推进信访突出矛盾化解工作　年内，按照市委市政府安排，市政协副主席朱晓明联系青浦推进信访突出矛盾化解工作。朱晓明先后两次到青浦，听取有关工作情况汇报，研究信访案件化解处置措施。2010年，市领导联系区县推进信访突出矛盾化解工作中挂牌的13件，化解7件，化解率53.8%。（徐险峰）

■建立信访稳定工作例会制度　为进一步推进全区信访稳定工作，5月起，建立区委、区政府分管领导牵头，区联席办、区委办、区府办和区信访办、法制办、政法委等部门负责人参加信访稳定工作例会制度。全年累计召开信访稳定工作例会29次，研究各类重大信访矛盾53件。（徐险峰）

■完善信访工作制度　年内，继续开展重信重访专项治理活动，推进初次信访事项督查和评估，健全信访事项复查复核制度。全年累计化解市级重信重访矛盾3件，化解率100%；化解2008年、2009年遗留重信重访矛盾14件，化解率45.1%；累计接待处理初次信访事项1964件，办结率100%；区政府累计受理信访复查事项20件，其中：作出不予受理决定3件、维持信访答复意见8件、撤销信访答复意见9件。（徐险峰）

法制建设

■概况　2010年，区政府法制办（以下简称区法制办）作为负责全区政府法制工作的职能机构，主要承担区政府规范性文件清理和审查备案、行政执法职责界定、行政复议应诉、对法制干部进行培训等工作。全年完成对29家单位涉及执法依据、执法事项调整的审核，并向社会公布。年内，区法制办参与因动迁、征地、环境污染、劳资纠纷等方面引起争议协调事件60余件，以书面形式提出意见和解答问题16件；处理土地权属争议案1件，作出限期治理决定书2件。（诸一红）

■规范性文件的清理、审核、备案　年内，区法制办对经2004年清理后继续有效和予以修改以及2004年以后制定的317件规范性文件进行清理，经审核，其中：有效规范性文件为94件、需修改规范性文件为56件、已失效规范性文件为167件。完成《青浦区养老机构管理实施办法》的审核，经区政府常务会审议通过，由区政府以青府发〔2010〕40号发文并报市政府备案。（诸一红）

■行政复议、行政诉讼　年内，区法制办共收到行政复议申请34件。经审查后受理行政复议申请26件，8件因不符合《中华人民共和国行政复议法》受理条件不予受理。在受理26件行政复议案件中，主要涉及对工伤认定、罚款以及行政拘留等具体行政行为不服而提出复议申请。至年底，区政府法制办共审结行政复议案31件（5件旧存），其中：决定维持行政机关作出具体行政行为为24件、驳回申请人行政复议申请1件、因当事人撤回行政复议申请而终止审理6件，纠错率为12.9%。年内，以区政府为被申请人行政复议案1件，经市政府审理，决定驳回申请人复议请求；以区政府为被告行政诉讼案2件，经法院审理，均维持判决；以区政府为被告民事案共50件，47件一审法院均不支持原告诉讼请求。（诸一红）

■法制干部、执法人员培训　9月19～20日，区法制办对区内新上岗200多名执法人员进行为期3天基本法律培训，并于25日进行考试。考试合格者颁发全市统一基本法培训合格证书，作为办理“上海市行政执法证”主要依据。（诸一红）

5月18日，区委副书记、区长张国洪（右）会见德国弗赖堡市市长迪特尔·萨洛蒙（区外事办供稿）

■执法检查　年内，根据市政府、区政府关于开展行政执法检查有关通知精神，区法制办下发《关于案卷评查的通知》，并邀请人大、法院分别到相关部门进行重点检查并及时通报存在问题，促进了行政执法机关规范执法行为。（诸一红）

■参与政府信息公开和区政府公报编辑、发行　年内，区法制办与区监察局等区政府信息公开联席会议办公室成员单位密切配合，对区政府各委办局在信息公开方面工作进行检查和指导，对各单位提出免予公开文件进行会审并提出意见。继续承担《上海市青浦区人民政府公报》编辑和发行，发行数量每期增至1500份，发行范围除各镇、街道、工业园区、青浦城区范围设立15个集中投放点外，还分送到全区185个村委会、56个居委会和每位区人大代表。（诸一红）

外　事

■概况　2010年，青浦区人民政府外事办公室共接待外宾70批2164人次（其中部级以上12批118人次），涉及29个国家，接待外交部、驻外机构及有关省市外办系统内宾15批140人次。审批因公出国（境）人员共58批246人次（其中：青浦区内组团22批160人次、上海市参团27批29人次、赴台湾团组7批58人次）。正式与青浦区建立友好关系的外国城市2个，分别为日本福冈县系岛市和韩国忠清南道保宁市。（陆宝兴）

■政府外事接待　年内，青浦区接待外国贵宾（部级以上）共12批118人次。（陆宝兴）

■区领导率团出访　年内，青浦区有6位领导率领6个代表团出访美国、加拿大等10个国家和地区。（陆宝兴）

表5　2010年青浦区政府外事接待情况表（部级以上）

日　期	到访人员
4月29日	西班牙众议长何塞·博诺一行7人
4月30日	塞尔维亚外长武克·耶雷米奇一行8人

续表 5

日　期	到访人员
5 月 1 日	智利外长阿尔弗雷多·莫雷诺·查尔梅一行 4 人
5 月 2 日	日本前外长高村正彦一行 3 人
6 月 9 日	瓦尔阿图前总理一行 5 人
6 月 10 日	法国国民议会副议长拉菲纳尔一行 16 人
6 月 30 日	博茨瓦纳民主党主席克维拉霍贝一行 5 人
9 月 2 日	列支敦士登首相阿洛伊斯·列支敦士登阁下一行 17 人
9 月 5 日	斯洛伐克总统伊万·加会帕罗维奇一行 38 人
10 月 31 日	列支敦士登副首相一行 4 人
11 月 14 日	刚果外交部秘书长一行 2 人
12 月 2 日	塞内加尔民主党干部访问团一行 9 人

（陆宝兴）

表 6　　2010 年青浦区领导率团出访情况表（按出访时间顺序排列）

考察团名称	带团领导	出访月份	出访国家
区外事办交流团	王海林	9 月	日本、韩国
区民政局交流团	陈勇章	9 月	英国、西班牙
区水务局经贸团	陶夏芳	10 月	澳大利亚、新西兰
出口加工区经贸团	朱明福	12 月	巴西、加拿大
出口加工区经贸团	张国洪	11 月	美国、墨西哥
工业园区经贸团	高　亢	11 月	澳大利亚、新西兰

（陆宝兴）

■对外交流　6 月 14～17 日，以教育长具荣会为团长的韩国保宁市教育代表团一行 7 人对青浦区进行友好交流访问。7 月 16～21 日，以刘银根为团长的青浦区对外友好交流协会代表团一行 6 人对韩国保宁市进行为期 6 天的友好交流访问。7 月 19～23 日，以张国成为团长的朱家角中学代表团一行 18 人对韩国保宁市进行为期 5 天的友好交流访问。8 月 7～16 日，以王海林为团长的青浦区人大代表团一行 6 人对日本糸岛市与韩国保宁市进行为期 10 天的友好交流访问，并参加日本糸岛市建市庆典活动（由原前原市改建为现糸岛市）。9 月 14～17 日，以经济局局长李龙雨为团长的韩国保宁市经济代表团一行 7 人对青浦区进行友好交流访问。9 月 8～11 日，以交流协会理事长西原·幸作为团长的日本糸岛市文化交流代表团一行 20 人对青浦区进行友好交流访问。　（陆宝兴）

台湾事务

■概况　2010 年，青浦区人民政府台湾事务办公室（以下简称区台办）认真贯彻有关文件精神，积极做好上级部门视察和兄弟单位来访接待工作。年内，海峡两岸关系协会陈云林会长，国台办副主任陈元丰、叶克冬，市台办副主任赵雅君等先后到青浦区视察、指导、交流工作。共计接待 10 批 120 人次。

为加强对台交流交往，密切两岸关系，建立青浦与台湾两地多层次、多领域、有深度交往新格局，年内，区委副书记胡燕平为团长的经贸考察团、区人大常委会副主任姚全根为团长的人大考察团、区人大常委会副主任张映华为团长的民政考察团、区纪委书记翟必槐为团长的纪监委考察团以及教育、宗教、科协 7 个团组共 58 人赴台。在台期间，各团组与相关人士座谈交流，宣传世博、宣传青浦，并赠送世博门票 100 张，盛情邀请台湾同胞来上海观看精彩世博，到青浦参观考察，达到了预期目的，提高了青浦在岛内的知名度。全年区台办共接待台侨胞 12 批共 349 人。全年新批准台资企业 10 家，增资 3 家，总投资517.36万美元，合同利用台资（含增资）388.47万美元。全区累计批准台资企业约676家，总投资约403908.49万美元，合同台资190560.49万美元。

年内，按照“满足需要、适当照顾”原则，积极做好台侨生就读、接转加分工作，共协调解决7名台籍学生就读问题，为10名台籍学生根据政策升学加分，全区累计求学台湾学生180余人。全年处置各类涉台信访40余起，未发生引发不稳定因素涉台投诉案件及信访事件，确保维稳工作落到实处。（陆培莉）

11月1日，台湾亲民党主席宋楚瑜（前中）参观朱家角人文艺术馆（区台办供稿）

表7　2010年青浦区接待台胞情况表

批次	日　期	到访团队	人数（人）
1	5月2日	台湾两岸和平文化艺术联盟副主任委员、台北市摄影学会前理事长蔡登辉一行	18
2	5月22日	台北市行政官员范巽绿女士一行	14
3	5月24日	台湾中小企业协会徐义雄副理事长一行	32
4	6月23日	台湾中华妇女会理事长李仁人女士一行	56
5	7月5日	“手拉手、游世博”两岸少年文化交流营一行	75
6	8月3日	前纽约警察总局副局长兼审判厅厅长、法学博士、美籍华人莫虎先生及家人一行	5
7	8月11日	台北市林建元副市长一行	9
8	8月23日	香港油尖区少年警讯上海东方绿舟世博游学团一行	42
9	9月8日	台湾青商会总会会长涂义泽一行	44
10	10月18日	台北大学杰出校友暨杰出企业家访问团一行	21
11	10月31日	台湾国际洪门中华总会蔡龙绅理事长一行	15
12	11月1日	亲民党主席宋楚瑜夫妇一行	18

（陆培莉）

■争当平安世博守护者　年初，区台办全面分析青浦世博涉台、涉侨安保工作中不稳定因素和事件主要表现形态，对一些历史积案、重点企业，积极开展排查、约谈和调处工作，确保一方平安稳定。同时，制订《世博期间青浦区涉台涉侨维稳工作实施方案》和《世博期间青浦区涉台涉侨接待工作实施方案》，明确主要工作和处置要求，积极作为，主动作为，细化接待方案和工作流程，确保圆满完成世博接待任务。（陆培莉）

■台海形势和对台政策宣讲　年内，区台办严格按照中央对台方针和基本政策，结合时事和当前两岸关系发展动态，举办台海形势报告会，以邀请专家作报告和区台办领导深入基层作宣讲相结合形式，开展对台方针政策和台情宣传活动，举办台海形势报告会2场。

■青少年涉台教育　年内，青浦区召开涉台教育总结交流大会。会议全面回顾10年来区涉台教育活动成果和经验，表彰青少年涉台教育先进学校和先进个人。重固小学等7家先进单位在会上作交流发言。10月24日，“骨肉情深盼团聚”——青浦区青少年涉台教育10周年纪念活动在上海工商信息学校举行。（陆培莉）

■开展形式多样联谊活动　1月，区台办和市台协青浦工委会在青浦宾馆联合举行“尾牙”联欢晚会。区四套班子领导应邀出席晚会，260余位青浦台商及嘉宾欢聚一堂、共叙友情。3月8日，第五届青浦女台胞“三八”国际劳动妇女节联谊活动在青浦宾馆举行。区人大常委会副主任、区总工会主席张海珍，区政协副主席、外经委主任龙婉丽、区委统战部副部长、区台办主任许卫峰、区妇联主席吴跃红等领导出席活动。近百位女台胞及家属积极参与插花、做蛋糕、礼仪知识讲座等活动，展现技艺、增进情谊。9月，青浦台商中秋联谊晚会在青龙寺举行。区人大、区政协等有关领导应邀出席晚会，全区300余名台商及家属参加活动。晚会期间，区领导会见市台协青浦工委会领导及台商代表并进行交流座谈。

青浦台商高尔夫球队成立6年多来，队伍不断壮大，年末有会员有近60人。球队每月举办一次高尔夫球比赛，以切磋球技为纽带，旨在促进台商之间的联系和沟通，增进彼此了解和友谊。（陆培莉）

华侨事务

■概况 2010年，青浦区人民政府华侨事务办公室（以下简称区侨办）认真贯彻落实中国侨联“八代会”和上海市侨联“十代会”精神，坚持“二个并重”（老侨与新侨工作并重，国内与国外工作并重）工作要求，创新为侨服务机制，搭建为侨服务平台，开展特色品牌活动，拓宽联络联谊渠道，努力发挥侨界服务经济社会优势，为青浦经济社会发展出谋划策。全年全区有归侨侨眷4500余人。年内，做好国侨办副主任任启亮、副巡视员岳晓昆、经科司副司长张健青，市侨办刘建平副主任等到青视察、调研接待工作。至年底，全区在徐泾镇、朱家角镇、赵巷镇、夏阳街道、盈浦街道、香花桥街道建有6家“侨之家”俱乐部。（陆培莉）

■热情参与世博 年内，区侨办深入开展世博主题活动，在青浦侨界掀起一股参与世博、服务世博、奉献世博的热潮。一是举办培训。4月21日，以服务世博为主题，举办侨台事务协调小组成员培训班，各镇、街道党委（党工委）书记、副书记、统战委员、统战干事，区侨台事务工作协调小组成员，各民主党派区委（总支、支部）主委、副主委，青浦工业园区党工委分管领导，区委统战部机关全体干部等参加培训，区委常委、统战部长陆建铭在培训班上作动员讲话，进一步深化全区侨台干部服务世博会政治意识。二是推介世博。年内，全区有486名归侨侨眷认购世博会华侨华人定制票，向海外亲朋好友推介世博、宣传世博，积极参与“华侨华人回家看世博”活动。区侨办还向归侨侨眷们送出世博门票50张，为平安世博、快乐世博作出应有的贡献。三是制订预案。区侨（台）办制订《世博期间青浦区涉台涉侨维稳工作实施方案》、《世博期间青浦区涉台涉侨接待工作实施方案》，四是广泛宣传。按照市侨办关于在世博期间开展感受世博、见证世博摄影和征文活动的工作要求，区侨办举办“亲情中华世博行”活动，250多名归侨侨眷欢聚一堂，精心编排《逛世博》、《海外亲人回家看世博》、《百年梦圆世博》等节目，以小品、朗诵等形式，展现归侨侨眷、华侨华人在观博中的感受。（陆培莉）

■“四区”侨商互动 10月21日，区侨办与市侨商会联合开展“侨商看侨商——青浦行”活动，并在市侨商会的组织下，青浦区与卢湾、宝山、松江等区联合举办“四区侨商互动，共话世博效应”活动。活动中，侨商们以“侨资企业如何调整产业结构，促进企业发展”为主题展开交流，相互探讨企业管理经验和成功经营理念。并参观上海捷克住宅小区和上好佳（中国）有限公司。（陆培莉）

■领导集体调研，鼓励侨企发展 年内，区委书记高亢，区人大常委会主任巢卫林，区委常委、统战部部长陆建铭等领导分别到侨资企业中开展调研。区领导与企业负责人进行座谈，听取情况介绍，着重了解企业在生产经营、管理过程中存在困难和问题。在调研活动中，区领导们充分肯定侨资企业对青浦经济建设和社会发展所作的贡献，鼓励企业在服务青浦区域发展中发挥更大作用，并要求区侨办更加主动地做好服务侨资企业工作，为侨资企业在青浦顺利发展营造更好环境。（陆培莉）

■排忧解难，努力优化青浦投资环境 区侨办按照“满足需要、适当照顾”原则，做好侨胞咨询服务工作，协调解决侨生就读问题。年内，共接待侨胞来电咨询32次。坚持按照《中华人民共和国归侨侨眷权益保护法》的要求，适时调整完善青浦区政府侨台事务工作协调小组，积极协调妥善处理涉及税务、交通、劳资等各方面的矛盾和纠纷，确保维稳工作落到实处。全年调处涉侨案件5起，未发生引发不稳定因素投诉案件及信访事件。（陆培莉）

■参加明星侨资企业评比活动 经区侨办推荐，市侨办评比审核，上好佳（中国）有限公司、上海豪都房地产开发经营有限公司荣获“全国百家明星侨资企业”称号，力康生物医疗科技控股有限公司董事长沈钦华荣获第二届全国百名华侨华人专业人士“杰出创业奖”，上海力申科学仪器有限公司、上海晨兴希姆通电子科技有限公司、上海君庐企业发展有限公司、上海科泰电源股份有限公司、康姆尼电子（上海）有限公司等5家企业被评为“上海市明星侨资企业。（陆培莉）

■营造知侨、爱侨、护侨的良好氛围 5月，按照市侨办有关文件精神和区委统战部关于统战宣传月工作要求，在全区范围内开展“侨法宣传进社区”为主题的侨法宣传系列活动。以广场咨询、志愿者服务、侨法学习会、侨眷座谈会、义卖活动等形式广泛开展宣传，营造良好氛围。在区侨办统筹指导下，全区共举行侨法政策咨询、座谈、报告会8次，发放资料1000多份，出黑板报105块，标语横幅35条，志愿者活动10次，受众3000余人。（陆培莉）

■发挥侨界人士积极性，为青浦经济社会发展出谋划策 2010年区“两会”召开之前，区侨界人士积极深入社区，了解社情民意，收集各种意见和建议，经整理后有20余件涉及青浦经济社会发展中群众关心热点问题的提案通过侨界中人大代表、政协委员向“两会”建言献策。受到大会好评，得到区有关部门重视。（陆培莉）

■结合传统节日，开展联谊活动 区侨办利用中华民族传统节日，开展各类大型联谊活动，参与侨胞1000余人。春节前夕，举办留学生联谊会迎春茶话会，表达感恩之情；元宵佳节，举办“欢欢喜喜闹元宵——侨之声”音乐会，凝聚团圆之情；国庆之际，举办侨界国庆招待会，共庆祖国生日；重阳佳节，举办“亲情中华世博行——青浦区侨界人士欢度重阳文艺汇演”，共享世博盛会。

（陆培莉）

宗教民族事务

■概况 2010年，青浦区人民政府宗教民族事务办公室（以下简称区宗民办）认真贯彻国务院、上海市《宗教事务条例》和民族条例，依照法律、法规，对涉及国家利益和社会公共利益宗教事务进行行政管理，以“增强责任意识，倡导主人翁精神，营造和谐气氛”为工作核心，加强学习和宣传，着力民族宗教团体建设，推进宗教活动场所管理，切实保护少数民族合法权益，巩固发展民族宗教界爱国统一战线，维护青浦地区民族团结，宗教和谐。组织区内民族宗教团体和宗教活动场所开展各项活动，动员全区少数民族群众，宗教教职人员和信教群众积极参与世博、服务世博、奉献世博。

年末，全区少数民族人口2859人，比上年增加414人，增加16.93%。其中，户籍少数民族人口1103人，比上年增加71人，增加6.88%。少数民族成分37个，涉及611户户籍家庭。其中人数相对较多的10个少数民族是：壮族、回族、土家族、苗族、满族、朝鲜族、布依族、蒙古族、彝族和白族。少数民族群众团体是青浦区少数民族联合会。

根据国家《宗教事务条例》规定，全区已登记注册宗教活动场所有33处，其中：佛教场所11处、道教场所4处、天主教场所6处和基督教场所12处。登记备案宗教教职人员196人。建立的宗教团体有：青浦区佛教协会、青浦区道教协会、青浦区天主教教育委员会、天主教爱国会、青浦区基督教三自爱国运动委员会、基督教教育委员会。

（陆滢激）

■开展“迎世博，提素质”系列活动 年内，区宗民办在宗教界教职人员中开展“迎世博，提素质”系列活动。一是组织教职人员学习了解百年世博知识，理解世博梦圆浦江意义，增强关注世博，参与世博，服务世博主人翁意识。二是组织教职人员参观世博，亲身感受世博精彩。三是举行“迎世博放生祈福放生法会”，让信众感受世博，奉献世博。四是组织“基督教形象”讲座，在教牧同工中围绕“和谐宗教与城市文明”展开专题讨论，进一步认识举办世博意义，明确肩负责任。五是加强各宗教活动场所内部管理，强化环境整治，更新硬件设施。学习礼貌用语，提升教职人员外在形象。六是营造世博氛围，各场所普遍利用展板、黑板报，拉横幅，张贴宣传画、标语向信众宣传世博，开展文明礼仪教育。七是组织世博志愿者活动，全区260名民族宗教界世博志愿者，89名少数民族世博志愿者在各镇和宗教活动场所开展服务世博活动。朱家角镇少数民族志愿者在“花香朱家角，笑迎世博会”主题活动中，主动承担“护花使者”光荣任务，分组包干维护镇区鲜花和绿化养护和清洁工作，还将“少数民族世博知识读本”等内容充实到世博服务站，分送到游客手中。金泽镇少数民族世博志愿者参与协调化解涉及30余名少数民族群体性纠纷和劳资纠纷2起。重固镇少数民族志愿者通过本镇“赵阿姨热线”帮助少数民族群众解决生活困难。天主教神甫带领信众参观世博会，在堂区弥撒中宣传世博精神，教育教友为世博祈祷，鼓励教友参加世博志愿者活动。

（陆滢激）

■做好宗教场所世博安保工作 年内，按照上海市民宗委《关于进一步加强世博期间宗教场所安全保卫工作的指导意见》要求，区宗民办建立以主要领导为组长的民族宗教系统世博安保领导小组，统一领导和指挥民族宗教世博期间安全保卫工作。区民族联、各宗教团体、宗教活动场所相应建立以团体和场所负责人为核心的“世博安保领导小组”，并建立33支世博安保志愿者队伍，组织世博安保志愿者培训6次，制订10个“世博工作预案”。世博期间，宗教活动场所安全保卫工作列入地区社会防控工作体系，实施“属地化管理”联防机制，世博安保重点单位朱家角城隍庙新增要害部位监控设施，做到人防、技防相结合，确保世博运行期间和宗教活动场所稳定。

（陆滢激）

■举行第四届讲经讲道交流活动 4月18日，以“美好城市，友好宗教”为主题的青浦区宗教界第四届讲经讲道主题交流活动举行。是日，朱家角镇基督教颂恩堂进行首场讲经讲道主题交流活动（基督教专场）。28日，在重固镇影剧院进行佛道教专场。区委常委、区委统战部部长、政协副主席陆建铭，市民宗委副主任曹海红，市民宗委调研员田乃越，区委统战部副部长、区宗民办主任陆青，区宗民办副主任、区社会主义学院副院长诸福先以及各街道、镇统战部门有关领导应邀出席上述讲经讲道主题交流活动。基督教教职人员和基督教信众800多人和佛道教教职人员和佛道教信众600多人分别参加讲经

10月13日，区侨联举办“亲情中华世博行”文艺汇演　　（区侨办供稿）

讲道主题交流活动。区内基督教堂6位牧师、长老、传道、义工以及各佛道教场所5位法师、道长，围绕“美好城市，友好宗教”主题，从各自的教义和经文阐述和谐理念在不同的时代、不同历史时期的精神魅力。（陆滢溦）

■提高宗教教职人员综合素质 为提高青浦区宗教教职人员文化素质，在区委、区政府和市民宗委支持下，从2006年起，区宗民办组织教职人员参加成人高校专科文化补习班（高复班），有43名学员通过成人高考被华东师大综合文科专业录取。经过3年学习，40名学员完成学业，取得大专学历。至此，区宗教教职人员大专以上学历提高到30%以上。4月17日，青浦区第二届宗教文化大专（高复）班开班，45名区内佛教和基督教年轻教职人员报名参加学习，经过半年复习，有40名学员被华东师大继续教育学院综合文科专业录取。

5月12日起，在全区宗教教职人员中进行5次教育培训。培训采用集中全员上课，分散学习讨论的方式，内容涵盖党和政府宗教政策，宗教基本知识，国内外宗教情况以及青浦社会发展等。经过培训，拓展了青浦区宗教教职人员视野，提高了宗教教职人员综合素质。（陆滢溦）

■开展教职人员认定工作 青浦区佛教协会认真贯彻国家宗教局《宗教教职人员备案办法》、《宗教活动场所主要教职任职备案办法》规定和国家宗教局局长王作安在全国电视电话会议上讲话精神，在区宗民办指导下，5～8月，对青浦区佛教人员开展教职人员认定工作，（对2008年6月以来还没有在区宗民办备案的已认定的教职人员进行备案，对已备案且已离开区内的佛教教职人员及时办理注销手续），使认定和备案工作转入常态化管理。（陆滢溦）

■为青海玉树地震灾区举行祈福募捐法会 4月23日，青浦区佛教界齐聚报国寺举行青海玉树地震灾区消灾祈福募捐法会，为遇难同胞默哀悼念，祈愿幸存者走出悲痛阴影、重建家园。随后，区内各佛教场所四众弟子积极奉献爱心，为玉树灾区捐款，全区佛教界全年捐款32万元。（陆滢溦）

■朱家角中学新疆部欢度2010年肉孜节 9月10日，区委统战部副部长、区宗民办主任陆青，区宗民办副主任施建林和区民族联会长陈明与朱家角中学新疆部师生一起欢度肉孜节。师生们载歌载舞，欢度节日，区领导向师生们送上诚挚祝福，祝愿同学们在青浦生活愉快、学习进步。（陆滢溦）

■章埝城隍庙大殿落成神像开光 始建于嘉庆五年（1800年）的章埝城隍庙位于重固镇章埝东市，是青浦城区城隍别庙之一。清嘉庆、光绪年间曾进行过整修，后经火灾仅存大殿断墙残壁。经过近两年建设，章埝城隍庙大殿和西偏殿落成，8月1日，章埝城隍庙举行大殿落成和神像开光盛典。区宗民办和重固镇党委、政府有关领导以及1000多名信众参加典礼。（陆滢溦）

6月17日，青浦区第一届宗教教职人员大专班结业典礼举行

（区宗民办供稿）

■小东圩天主教堂举行建堂百年庆典 小东圩天主教堂建于清宣统二年（1910年），2003年复堂。9月11日，小东圩天主教堂举行建堂百周年庆典。天主教上海教区辅理主教邢文之主持庆典弥撒。区委统战部副部长、区宗民办主任陆青，区宗民办副主任施建林，赵巷镇党委、政府以及600多名信众参加庆典。（陆滢溦）

政府实事工程

■概况 2010年，区政府实事工程项目共有10项，通过电视、网络、报刊公开征集和单位上报方式及大量民意调查和可行性论证制定，并经区人大三届六次会议审议通过，主要涉及发展保障和改善民生、统筹经济社会协调发展、加强环境保护和生态建设等方面。经过区委、区政府以及相关单位一年共同实施，实事工程项目进展顺利，除“青浦镇级有线电视老网改造”项目因全市有线电视网络整合而暂缓实施，其他9件实事工程项目如期完成。（凌　娥）

■促进就业工程 该项目目标任务为：新增就业岗位25100个，职业技能培训8000人。由区人力资源和社会保障局负责实施。至年底，完成新增就业岗位30777个，职业技能培训9683人。

（凌　娥）

■青浦镇级有线电视老网改造 该项目目标任务为：改造32887户。由区文广局及相关镇、街道负责实施。年内，市委、市政府转发《市委宣传部、市国资委、市文广影视局关于推进本市广播电视有线网络整合的实施意见》通知，全市正全面开展对有线电视网络资产评估和审计工作，按照全市统一要求，青浦区待全市有线电视网络整合工作结束后，区有线电视网络整合工作根据市

整合方案作相应调整。（凌　娥）

■村级社区事务代理室建设　该项目目标任务为：建设23个村级社区事务代理室。由区民政局及相关镇、街道负责实施。年内，全部完成目标任务。（凌　娥）

■标准卫生室创建　该项目目标任务为：创建33个标准化卫生室。由区卫生局及相关镇、街道负责实施。年内，全部完成目标任务。（凌　娥）

■农村低收入户危旧房翻建　该项目目标任务为：完成28户。由区建设交通委及相关镇、街道负责实施。年内，全部完成目标任务。（凌　娥）

■全民健身工程　该项目目标任务为：建设小型公共运动场1座，新建农民健身工程24个、社区健身苑点37个。由区体育局负责实施。年内，全部完成目标任务。（凌　娥）

■旧房改造、整治　该项目目标任务为：成套改造751户、综合整治431户。由区住房保障房屋管理局负责实施。年内，全部完成目标任务，共整治面积4312.97万平方米。（凌　娥）

■社区文化活动中心建设　该项目目标任务为：建成2家。由区精神文明办及相关镇、街道负责实施。年内，建成华新镇、白鹤镇2家社区文化活动中心。（凌　娥）

■健康村建设　该项目目标任务为：建成24个。由区爱卫办负责实施。年内，全部完成目标任务。（凌　娥）

■“万名”职工计算机知识培训　该项目目标任务为：培训4000人。由区总工会负责实施。年内，全部完成目标任务。（凌　娥）

表8　**2010年青浦区实事项目村级社区事务代理室建设情况表**

项目名称	目标工程量	总投资（万元）	资金来源					备　注
			区财政	区财政专项	镇财政	市级	自筹	
村级社区事务代理室建设	23个	69	34.5		34.5			朱家角6个：张家圩、沙家埭、盛家埭、新旺、创建、水产。金泽6个：金杨、金溪、金泽、东西、徐李、岑卜。香花桥11个：香花、民惠、金巷、青山、金星、朝阳、向阳、新桥、新姚、东方、燕南

（凌　娥）

表9　**2010年青浦区实事项目标准卫生室创建情况表**

项目名称	目标工程量	总投资（万元）	资金来源					备　注
			区财政	区财政专项	镇财政	市级	自筹	
标准卫生室创建	33个	226	113		113			朱家角6个：建新村、沈巷村、张巷村、先锋村、万隆村、沙家埭村。练塘8个：钟联村、王家村、尤家泾村、高家港村、网埭村、水产村、北庄村、东叶厍村。金泽14个：王巷、湖雪、杨湾、南洋、育坪、山深、北任、蔡浜、东西、江都、龚团、朱舍、爱国、王田。白鹤2个：胥沟村、塘湾村。盈浦街道3个：东方站、祥龙战、万寿站

（凌　娥）

表10　**2010年青浦区实事项目农村低收入户危旧房翻建情况表**

项目名称	目标工程量	总投资（万元）	资金来源					备　注
			区财政	区财政专项	镇财政	市级	自筹	
农村低收入户危旧房翻建	28户	182	126		56			朱家角6户：安庄村、万隆村、林家村2、薛间村、张马村。白鹤4户：青龙村、赵屯居委、红旗村、金项村。金泽4户：雪米村、沙港村、岑卜村、商榻居委会。练塘10户：联农村2、泖甸村、东庄村、星浜村、蒸浦村、东田村3、北埭村。重固2户：新丰村、回龙。香花桥2户：泾阳村2

（凌　娥）

表 11　　2010 年青浦区实事项目全民健身工程建设情况表

项目名称	目标工程量	总投资（万元）	资金来源					备　注
			区财政	区财政专项	镇财政	市级	自筹	
新建农民健身工程	24 个	384	384					赵巷 1：崧泽村篮球场。徐泾 3：高泾社区、金联村门球场，蟠龙村篮球场。华新 3：叙中村、杨家庄村篮球场，徐谢村门球场。重固 2：章埝村、徐姚村篮球场。白鹤 2：江南村、梅桥村门球场。朱家角 2：横港村篮球场、新华村门球场。练塘 3：泾珠村、蒸浦村、芦潼村篮球场。金泽 4：淀湖村、王港村、东西村、钱盛村。夏阳 2：塘郁村门球场，崧泽大桥健身广场。盈浦 1：民乐居委会门球场。香花桥 2：民惠家园门球场，民惠家园地掷球场

（凌　娥）

表 12　　2010 年青浦区实事项目旧房成套改造情况表

项目名称	目标工程量	总投资（万元）	资金来源					备　注
			区财政	区财政专项	镇财政	市级	自筹	
成套改造	751 户	3755		3304	451			5 月立项，7 月中旬开工，777 户。9 月底完成基础施工，11 月上旬完成结构封顶，12 月底完工。朱家角镇东市新村、新风新村、胜利新村、东湖新村、西井街、西湖新村、沈巷街、漕湖新村

（凌　娥）

表 13　　2010 年青浦区实事项目社区文化活动中心建设情况表

项目名称	目标工程量	总投资（万元）	资金来源					备　注
			区财政	区财政专项	镇财政	市级	自筹	
社区文化活动中心	2 家	1200	600			600		市、区各半（华新镇、白鹤镇社区文化活动中心）

（凌　娥）

表 14　　2010 年青浦区实事项目健康村建设情况表

项目名称	目标工程量	总投资（万元）	资金来源					备　注
			区财政	区财政专项	镇财政	市级	自筹	
建设健康村	24 个	96	96					总计划 184 家，总投资 760 万。2008 年 60 家、238 万元，2009 年 93 个、426 万元，2010 年 24 家、96 万元。

（凌　娥）

档案工作

■概况 2010年，区档案局紧紧围绕青浦区“一城两翼”建设目标，坚持“以人为本”服务理念和档案工作全面融入、主动服务为第一要务，突出世博会档案工作主线，全力做好窗口接待利用工作。全年共接待查档者11414人，利用档案14967卷。接收和整理人大、科委、民政局、组织部、赵巷镇、文广局、纪委、卫生局、人保局、建交委、华新镇、夏阳街道、教育局、史志办、徐泾镇、计生委、经委、学实办、婚姻登记中心、第二装卸公司等单位1997～2005年案卷级文书档案共17642卷、科技档案7卷、死亡干部档案70卷、死亡职工档案30份、2006～2008年一文一卷档案共25143件。征集到市委书记俞正声、市长韩正和民政部领导到青检查、视察工作照片123幅；社会各界人士捐赠珍贵照片27幅。征集到朱家角课植园碑廊上“江南四大才子”唐伯虎、祝枝山、文征明、周天球真迹碑刻拓碑片。接收各镇第六届淀山湖艺术节文字材料54件、照片846幅、光盘11张。接收“迎世博600天行动”各指挥部文字材料695件、电子材料2322份、照片12幅、实物27件。共接收政府主动公开信息1107条，申请公开信息260条，免于公开信息735条，现行文件655条。青浦工业园区档案管理工作通过市评审组评审，达到市二级先进标准。高新技术成果转化基地、崧泽学校、蒸淀幼儿园等单位档案管理达到区级先进标准。

（张国华）

■规范性文件清理和档案行政检查 根据区府办〔2010〕94号文件要求，对涉及区档案局规范性文件进行清理，并上报区法制办。根据2010年度市、区档案工作要点和要求，开展全区档案行政检查工作，确定档案行政执法检查重点，一是档案法律法规执行情况，进一步明确法定义务和责任，增强法制观念，提高依法治档能力和水平。二是世博会档案工作情况，贯彻落实市委市府要求，明确职责，高标准、高要求推进世博会建档工作，使档案成为世博会“记载成功、再现精彩、留住难忘”载体。

（张国华）

■档案普法宣传 年内，以第四届“上海市档案馆日”主题活动为契机，采取多种形式，学习宣传《中华人民共和国档案法》、《上海市档案条例》等法律法规；开展纪念《上海市档案条例》实施15周年系列活动，通过举办档案普法宣传故事会和组织档案法制讲座，在档案干部中进行档案法制宣传教育等活动，增强干部群众档案法制意识。

（张国华）

■加强区重大项目、重大活动、“世博”档案监督指导 通过与区重大项目办公室等单位沟通，对重大项目档案实行登记监管，并加强对已登记项目、已竣工和即将竣工项目跟踪指导，做好项目档案验收工作。2010年，依法受理、登记区重大工程项目11个，完成对纪鹤公路、朱家角阁游路、西郊农产品交易中心3个重大项目档案验收，协助市档案局对市重大项目——华新西郊展示中心项目档案指导。开展对第七届淀山湖艺术节归档材料收集整理，指导区重大活动档案材料移交档案馆。加强与区世博办和10个指挥部沟通，督促和指导有关档案工作人员做好纸质、电子、实物、声像等文件材料收集和整理，第一时间高质量地保存区内世博工作档案资料。“迎世博600天行动”各指挥部形成各类文字、照片、电子和实物等材料已移交进馆。“办博”期间，继续加强与各世博相关部门联系，定期走访世博领导小组办公室及各指挥部，并对各单位档案材料收集情况进行分组检查和指导。（张国华）

■开展具有地方特色档案编研工作 完成第四期当代青浦籍名人馆“故里行——青浦籍名人回家乡”布展工作，展览有“相聚故里”、“感受巨变”、“建言献策”、“薪火相传”四大部分组成，展出照片近80幅，通过声像、实物、图片等展示手段，凸显青浦籍名人回家乡活动盛况。完成《2009年青浦区大事记》编发工作，共收入照片136幅，文字2.3万余字，并在青浦档案信息网予以发布。做好青浦区第三届运动会，苏、浙、沪农民篮球邀请赛，上海世界华人龙舟邀请赛等大型活动照片拍摄，共拍摄整理照片2200多幅。（张国华）

■档案综合管理系统数据录入 年内，区档案馆综合管理系统共有各类馆藏档案条目3436049条，其中：案卷级条目225422条、文件级目录2468107条、各类专题目录742520条。2010年综合管理系统共新增条目510195条，其中：文书档案案卷目录11238条、文件级目录485050条、独生子女专题目录1085条、婚姻专题目录11320条、社员建房专题目录1319条。保质保量完成档案全文数字化工作，至年底，共扫描档案14932488页（其中：馆内12823144页、馆外2109344页）。继续推进机关档案室和村（居）委会档案软件功能的完善，修改业务档案、照片档案等录入标准，规范数字档案归档要求。（张国华）

■加强档案业务培训 提高档案干部业务素质 年内，区档案馆举办第30期新上岗档案人员业务知识培训班，参加岗位培训学员有108人。有321人次参加市档案局教育考试中心统一组织上机考试，合格率为97.8%。通过培训，使学员们初步掌握档案工作基本原则和基础知识，具备了履行岗位职责工作能力和操作技能。举办第12期档案专业技术人员继续教育班，全区各镇、街道、区级机关和基层企事业单位295名专兼职档案人员参加继续教育。该班邀请市档案局专家担任主讲，主讲题目有《世博会档案工作》、《档案信息化建设功能选择和实施策略》、《当代欧洲档案工作启示》和《论和谐社会建设中档案管理理念创新》等。通过继续教育，使档案专业技术人员掌握档案专业新理论、新知识。同时，区档案局选派人员参加市档案局组织的档案教育培训优秀学员竞赛。经过初赛和决赛，2名学员荣获二等奖。（张国华）

史志工作

■概况 2010年，中共青浦区委党史研究室、青浦区地方志办公室（以下简称区史志办）围绕区委、区政府中心工作，认真履行部门职能，广泛征集整理地方党史资源，积极推进地方志和年鉴编纂工作深入开展，完成《青浦年鉴（2010）》、《话说上海·青浦卷》、《上海市青浦区抗战时期人口伤亡和财产损失》、《峥嵘岁月——我在青浦的革命斗

2010年区史志办编纂出版的部分书籍 （区史志办供稿）

争经历》等书籍编纂出版。开展"送志"下基层活动，向各镇、街道图书馆、村（居）委会和学校赠送《青浦县志（1985～2000）》共500多本。与区档案局、老统计工作者协会联合编纂出版《纪念中国人民志愿军赴朝参战60周年老战士寻访录》。完成上级相关部门部署的组织史资料编纂和革命遗址普查。启动《解放乡志》编纂工作，成立编写组，以召开座谈会和深入基层采访、调查等方式征集相关资料，并着手该书资料长编的撰写。按计划完成《汶川特大地震抗震救灾志·灾后重建志》（上海部分）、《汶川特大地震上海市对口支援都江堰市志》（青浦区）资料长编。完成《上海年鉴（2010）》、《长江三角洲年鉴（2010）》等相关内容撰稿任务。向市委党史研究室报送《党史大事记（双月刊）》资料6次。编发《青浦史志》（内部刊物）4期。 （赵冬英）

■《青浦县志（1985～2000）》发行仪式举行 2月2日，区委、区政府在区直机关318会议室举行《青浦县志（1985～2000）》发行仪式，并向全区20多家单位赠书。区委书记高亢出席仪式并讲话，他指出：编纂出版《青浦县志（1985～2000）》，如实记载青浦15年改革开放发展历程，具有重要现实意义和深远历史意义，它的成功编纂凝聚了编写人员和关心支持编纂工作人员心血和汗水，是集体智慧结晶，为全区文化建设提供了一部珍贵志书。区委副书记胡燕平主持仪式。市地方志办公室副主任朱敏彦出席仪式并致贺词。该志主编陆名有就编纂工作作简要介绍。区人大常委会副主任张海珍，副区长陶夏芳，区政协副主席顾峰，区地方志编委会全体成员，各镇党委、社区（街道）党工委书记、分管负责人，各部委办局、人民团体、区直属事业单位、区级公司负责人，部分方志专家，驻青单位参与县志编写撰稿人员，县志编辑、特邀审稿、撰稿人员等120余人参加仪式。

（赵冬英）

■《青浦年鉴（2010）》编纂工作会议召开 3月17日，《青浦年鉴（2010）》编纂工作会议在区会务中心召开。区史志办副主任（主持工作）胡爱明出席会议并讲话。区史志办副主任毛雪明主持会议。全体编辑人员和年鉴撰稿员100余人参加会议。区史志办副主任占雪根在会上回顾、总结区史志办2009年工作，提出2010年工作设想，并就《〈青浦年鉴（2010）〉编写提纲》作说明。胡爱明在讲话中要求全体编辑人员和年鉴撰稿员要遵循实事求是的原则和"广征、核准、精编、严审"工作方针，严格按照编写提纲和时间节点要求完成各个阶段编纂任务。 （赵冬英）

■革命遗址普查工作 3月18日，青浦区革命遗址普查工作会议在区史志办会议室召开。区史志办副主任毛雪明主持会议。各镇、街道办公室主任，区档案局、区博物馆、陈云纪念馆等业务科室有关负责人，以及区史志办有关人员出席会议。会上，区史志办副主任胡爱明强调：一要认真研读普查方案，熟悉普查工作方法，把握好普查时间、普查范围、普查内容以及填写普查登记表的具体要求。二要遵循实事求是原则，全面细致、深入实地开展调查。三要加强相互沟通。四要采取普查与抽查相结合方式，对各镇、街道普查工作情况进行检查，使普查工作按时按质完成。区史志办副主任占雪根在会上传达了全国和市革命遗址普查工作会议精神，并对青浦区革命遗址普查方案进行说明。

会后，以镇、街道为单位在全区范围内全面推进该项工作，区委党史研究室工作人员进行实地调研和指导。该项工作于10月底结束。此次普查，共查到全区革命遗址23处，收集遗址图片（照片）24幅，录像资料3份，形成文字资料1.6万字。 （赵冬英）

■《青浦年鉴（2010）》出版 10月，《青浦年鉴（2010）》出版发行。该书为区委、区政府主办的综合性地方年鉴，记载了2009年度青浦区自然、政治、经济、文化、社会等方面情况。全书框架主要按类目、分目、条目3个层次设计，以条目为主要载体，共设31个类目，收录条目1192条，字数99.4万字。卷首安排反映2009年青浦区重大政治、文化、社会活动等照片以及2009年青浦主要经济指标示例图和青浦区行政区划图。卷末设荣誉榜、重要文件目录、统计资料和全书索引。 （赵冬英）

■《上海市青浦区抗战时期人口伤亡和财产损失》出版 11月，《上海市青浦区抗战时期人口伤亡和财产损失》一书出版发行。该书为《中国抗战损失课题调研成果丛书》之一，反映了青浦抗战时期人口伤亡和财产损失情况。全书由调研报告、文献史料—档案、文献史料—原始报刊、幸存者和亲历者（知情者）证词、专题个案、统计表、大事记等7部分组成。字数73.7万字。该书通过档案等大量历史资料，揭露了日本帝国主义在青浦大肆掠夺、残暴统治滔天罪行，记述了青浦抗日军民万众一心、同仇敌忾、前赴后继的斗争气概，是一部

反映青浦抗日斗争历史史书，也是一部进行爱国主义教育和革命传统教育生动教材。（赵冬英）

■《峥嵘岁月——我在青浦的革命斗争经历》出版 11月，由区委党史研究室、区委老干部局、区写作协会联合编纂《峥嵘岁月——我在青浦的革命斗争经历》出版发行。该书以第一人称口述方式，记述了离休干部陆文杰在青浦地区革命斗争经历，是一部对党员干部和年轻一代进行革命传统与理想教育生动教材。全书共10万多字，其中陆文杰回忆口述部分近7万字，附录部分收录了陆文杰和他战友撰写的回忆文章以及1937～1949年青浦地区大事记。（赵冬英）

■《话说上海·青浦卷》出版 3月，《话说上海·青浦卷》出版发行。该书由市地方志办公室和区地方志办公室联合编纂，是2010年上海世博会文化礼品之一《话说上海》丛书的分册。全书以图文并茂形式，反映了青浦人文、风貌等方面的特色特点和内涵。全书共10万字，收入照片、图片共190幅。（赵冬英）

■组织史资料编纂 3月，根据市委组织部和市委党史研究室关于编纂《中国共产党上海市组织史资料（1987～2010）》会议精神，区委成立组织史资料编纂工作领导小组，并由区委分管领导主持召开领导小组成员会议，商议并提出实施指导意见。按照部署，区史志办制订工作计划。4月初，组织人员以《青浦县志（1985～2000）》、《中国共产党上海市青浦县组织史资料（续编）》、历年编纂的《青浦年鉴》以及区档案馆馆藏资料为基础查阅档案，理清1987～2010年区委、区人大、区政府、区政协机构沿革及领导成员变动情况。编纂过程中，区史志办对征集的资料反复推敲、严格把关，多次召开研讨会，邀请相关部门联络员以及有关老领导、老干部协助进行审核校对。于年底形成正式文稿，报上级主管部门。（赵冬英）

机关事务管理

■概况 2010年，青浦区机关事务管理局（以下简称区机管局）坚持以ISO质量管理体系为工作抓手，以机关事务管理平台为服务载体，切实加强对办公用房、公务车辆、固定资产和财务经费监督管理，提高餐饮、会务、安保、车辆等服务水平，加快推进公共机构节能降耗，完成世博会期间后勤服务保障任务。（谢常梁）

■加强行政办公用房管理 严格审核办公用房项目，完善服务办事流程，优化用房资源配置。年内，完成公安青浦分局等6家单位用房改造项目审批，区人武部、国家安全局青浦分局等6家单位办公设备设施审核，人口普查办等7家单位用房调配，42家党政机关办公（业务）用房调查登记，基本掌握全区党政机关用房状况。全年10个专题项目已完成6个，涉及经费约1200万元；2个正在实施，2个办理立项。（谢常梁）

■加强公务车辆管理 严格控制党政机关、事业单位和国有企业新增、更新公务车辆。年内，收到公务车辆更新、新增申请52件，其中：申请更新公务车辆41辆，全部符合规定，予以同意；申请新增公务车辆31辆，有9辆不符合规定，不予同意。坚持实行公务车辆“三定”制（即定点保险、定点加油、定点维修）、维修报批制、统一标志等管理制度，通过定期检查、GPS监控等形式，加强对公务车辆日常使用情况监督监控，促进公务车辆管理规范化、长效化。（谢常梁）

■加强公共机构节能管理 2010年，公共机构节能降耗列入全区机关作风评议内容，评议由公共机构自查、考评小组检查和节能统计数据三项综合评分，从制度上、机制上推动公共机构节能工作落到实处、发挥实效。6月，发出《开展2010年全国节能宣传周活动的通知》，实践“6·12绿色出行日”和“6·17能源紧缺体验日”；组织公共机构先后参观2010上海节能服务产业展览会和2010年上海公务节能技术及产品展览会暨公共机构节能工作交流会；完成金泽镇政府大楼、民防综合办公大楼等4家公共机构的能源审计；对民防综合办公大楼和卫生中心安装能源计量和远程监控系统。（谢常梁）

■规范财务经费和资产管理 年内，认真按照财务制度做好归口部门预算编制工作，加强对两项经费（招待费、会务费）、车改补贴等各项经费运行情况分析、监督，坚持专项经费专款专用，完成43家归口部门经费预算，加强固定资产分类管理，定期做好账务核对和实物核查，确保账卡相符、账实相符，全年为16家归口单位办理固定资产报废手续，涉及资金927万余元。（谢常梁）

■提高餐饮服务质量 坚持食堂集中化、标准化管理。年初，完成机关食堂的环境改造、布局，更换餐具，推出点餐服务，增加午餐免费水果供应，新设面点服务区，全新餐饮环境和服务模式赢得广大机关工作人员好评。区直机关、卫生中心和司法残联等3家食堂全年总计提供24.5万多人次的就餐服务，并顺利完成世博会期间各方来宾的餐饮接待任务。（谢常梁）

■提升会务服务水平 认真按照会议规格、标准，从会场布置、会中服务、会后清场等各方面完善服务方案，加强对会务人员在规范着装、文明礼仪、合理续水等细节上业务培训，提供精细化、专业化会务服务。全年会务总量573场次（其中：A级26场、B级547场），总计6.2万余人次。（谢常梁）

■完善安保工作机制 按照世博安保工作要求，完善人防、物防、技防措施，更新机关大院监控设备（新装探头34台，换装16台），改造应急照明系统和疏散指示标志。严格执行机关大院门禁管理、院内巡查、夜间清场等管理制度，强化重点区域、部位实时监控，形成“统筹协调、齐抓共管、全员参与、全面覆盖”工作机制。年内，协助信访、公安等部门处置群众集体上访30批次。（谢常梁）

■完成世博车辆保障任务 世博会期间，机关车队为世博观展、区县论坛、外宾接待等各类活动提供车辆保障600余次，保障人员3800多人，并借用社会车辆100多次、保障人员4000多人，顺利完成世博车辆保障任务。（谢常梁）

■机关事务管理平台有序运行 至年

7月22日，区机管局召开"世博先锋行动"党员创先争优活动动员会

（区机管局供稿）

底，机关事务管理平台使用单位达93家、总计开通账户数231人。年内，提供会务预订534场次，公车预订1864人次，设备报修985人次，并为78个部门提供财务查询服务372次。

（谢常梁）

■开展机关后勤"服务世博，创三优一满意"活动 4～12月，在机管局服务窗口和5个物业点开展"服务世博，创三优一满意（即优美环境、优良秩序、优质服务，做让人满意的后勤人）"活动，通过开展多种形式的宣传教育、业务培训和检查评比活动，切实提高后勤服务质量，树立良好服务形象。（谢常梁）

■开展"世博先锋行动"后勤党员创先争优活动 自7月开始，在后勤党员中开展以"世博先锋行动——为群众做表率、为世博作贡献"为主题的创先争优活动，采取服务人员挂牌上岗，党员、团员戴徽章，发放活动宣传册，组织社会化物业点共同参与四项措施，提出后勤党员创先争优的口号，要求各党支部和全体党员在服务大局、奉献世博、为群众做表率的实践中发挥好党组织的战斗堡垒作用和党员的先锋模范作用，各项工作取得明显成效。（谢常梁）

综　述

2010年，政协上海市青浦区委员会(以下简称区政协)坚持以邓小平理论和“三个代表”重要思想为指导，深入贯彻落实科学发展观，学习贯彻中共十七大、十七届五中全会和市委、区委全会精神，团结和依靠广大政协委员，紧紧围绕区委、区政府中心工作，切实履行政治协商、民主监督、参政议政职能。

采取全体会议广泛协商、常委会议专题协商、专委会对口协商等形式组织委员对区内经济建设和社会发展各方面工作提出意见建议，促进科学民主决策。做好提案、反映社情民意、特邀监督员工作，组织委员就安全生产、食品卫生、有关提案办理、动迁、老龄事业发展、“一园三区”情况、街道社区文化建设等进行视察，推动有关部门工作。深入开展各类调研，成立课题组，对青浦湖区经济发展进行重点课题调研，以“新城建设”为题开展专题议政活动，围绕青浦“十二五”规划编制开展协商与讨论，为经济社会发展建言献策。组织委员视察区内世博安保、世博志愿者服务工作；联合民建区委、区工商联开展“迎世博啄木鸟活动”，帮助提升青浦区窗口行业服务质量和水平；鼓励委员企业积极参与世博场馆建设，主动参与世博志愿服务，为成功举办世博会贡献力量。全年共收到提案197件，经审查立案165件，全部办复，其中办理结果为采纳或解决、逐步解决达到84%。

开展建设学习型政协活动，积极参加市政协理论研究会、苏浙沪十五县(市、区)政协工作研讨会，推动政协理论研究，利用媒体广泛宣传政协履职成果和委员风采，进一步推进政协自身建设。

密切与党派团体合作，团结社会各界人士，举办青浦各界人士迎中秋、庆国庆电影招待会、迎新茶话会等活动。牵头举办退役士兵就业招聘活动，鼓励委员关爱农民工子女，热心各项社会公益事业。（周丹丹）

全体委员会议及常务委员会会议

■**区政协第三届委员会第四次会议**　该会于1月18～22日在区会务中心举行。应出席委员220人，实到181人。区政协主席张布尔，副主席陆建铭、顾峰、沈红慧、张正翔、龙婉丽，秘书长管云昌出席会议。会议审议通过区政协主席张布尔代表常务委员会所作工作报告和副主席顾峰代表常务委员会所作的关于三届三次会议以来提案工作情况报告，讨论区政协2010年工作要点。与会委员列席青浦区三届人大六次会议，听取并讨论区政府工作报告，讨论区法院工作报告、区检察院工作报告与其他重要报告。区领导出席开幕和闭幕会议，并分别参加小组讨论和大会发言，听取委员意见与建议，共商青浦改革稳定发展大计。区委副书记胡燕平在闭幕会议上讲话。会议审议通过《政协上海市青浦区第三届委员会第四次会议决议》。会议期间，共收到提案196件，经审查立案165件。（周丹丹）

1月18日，中国人民政治协商会议上海市青浦区第三届委员会第四次会议召开　（区政协供稿）

表 15　　2010 年青浦区政协常务委员会会议情况表

会议名称	日　期	主要内容
区政协三届十八次常委会议	1 月 19 日	听取区政协三届四次会议分组审议区政协常务委员会工作报告和三届三次会议以来提案工作情况报告讨论情况的汇报
区政协三届十九次常委会议	1 月 21 日	审议区政协三届四次会议决议(草案);审议通过区政协 2010 年工作要点,听取提案委员会关于区政协三届四次会议期间提案审查情况的汇报,听取区政协三届四次会议分组讨论政府工作报告和“两院”工作报告的情况汇报
区政协三届二十次常委扩大会议	4 月 7 日	邀请区委常委、区纪委书记翟必槐通报区党风廉政建设和反腐败工作情况。传达学习全国政协十一届三次会议精神
区政协三届二十一次常委扩大会议	6 月 30 日	区政协主席张布尔通报区政协上半年工作情况,部署下半年工作任务;邀请朱明福副区长通报《上海市青浦城区总体规划修改》及相关规划工作情况;邀请陈勇章副区长通报区政协三届四次会议以来提案办理工作的情况
区政协三届二十二次常委扩大会议	10 月 18 日	专题协商《上海市青浦区国民经济和社会发展第十二个五年规划纲要(征求意见稿)》
区政协三届二十三次常委扩大会议	12 月 14 日	决定政协上海市青浦区第三届委员会第五次会议于 2011 年 1 月 9 ~ 12 日举行;审议区政协三届五次会议议程(草案)、日程(草案)、审议并原则通过区政协常务委员会工作报告和关于三届四次会议以来提案工作情况的报告,并决定将上述报告和议程(草案)、日程(草案)提请区政协三届五次会议审议;审议通过区政协三届五次会议秘书处秘书长副秘书长名单;听取区政府 2010 年工作情况和 2011 年工作任务的通报

专门委员会工作

■概况　2010 年,区政协专门委员会下设提案委员会、经济委员会、人口资源环境建设委员会、教科文卫体委员会、社会和法制委员会、民族和宗教委员会、文史资料委员会、港澳台侨委员会 8 个专门委员会。年内,专门委员会积极引导各委组围绕区委、区政府工作重点以及区政协工作要点开展学习、调研、视察、对口联系等活动,积极围绕经济社会发展、世博会顺利推进、“十二五”规划编制、社会民生等建言献策,为区委、区政府决策提供建议参考;专门委员会办公室为各委组开展活动做好服务协调工作。　(周丹丹)

■提案委员会　全年共收到提案 197 件,经审查立案 165 件,全部办复,其中办理结果为采纳或解决、逐步解决达到 84%。主要工作:在政协网站刊登区情摘要、举办提案知识讲座,帮助委员了解区情,熟悉提案撰写技巧。严把提案审查关,加强与党派团体沟通联系,加强本委委员与提案人联络,帮助委员转化课题调研成果为提案,进一步完善建议不具体提案,着力提高提案质量。进一步推进提案办理落实工作,建立主席、副主席促办重点提案,专门委员会促办对口提案,政协委员专题视察提案办理情况提案办理工作机制。遴选并报请主席会议审定《关于动员社会力量促进未成年人观护体系工作的建议》等重点提案 10 件,做好区政协领导促办重点提案服务组织工作。承办区政协优秀提案评选,表彰《关于加强青浦区水产品质量安全管理的建议》等优秀提案 13 件。跟踪促办委员提案《关于解决企业职工住房问题的建议》。重视做好提案宣传,依托《青浦政协》选登优秀提案,依托《联合时报》、青浦电视台等媒体宣传报道事关民生和重要提案办理工作情况,提高委员参与提案工作积极性。组织委员赴上海市虹口区、湖北省武汉市硚口区考察提案工作。

(周丹丹)

表 16　　2010 年度青浦区政协优秀提案情况表

序号	案　由	提案号	提案人
1	关于加强青浦区水产品质量安全管理的建议	7	民盟青浦区委员会
2	关于对城区地下管网设施进行普查建档的建议	15	高晓生
3	关于继续强化青浦区水源区保护地生态补偿机制的建议	36	彭润中
4	关于推动重点产业集群创新,发展青浦区先进制造业的建议	46	吉继亮
5	关于推进青浦区家政服务业的几点建议	49	区妇联
6	关于促进青浦区生物医药产业发展的若干建议	60	民革青浦区委员会
7	房屋维修资金催交归集为何如此难?	86	钱　珏

续表 16

序号	案　由	提案号	提案人
8	关于动员社会力量促进未成年人观护体系工作的建议	90	区政协社会和法制委员会
9	关于加强湖泊渔业管理的建议	133	九三学社青浦区委员会
10	关于加快新体育中心建设的建议	143	区政协教科文卫体委员会
11	关于提高镇保医疗费用报销额度的建议	146	顾美芳、高将明、凌菊红等
12	关于加大盘活闲置厂房力度,促进青浦经济更快发展的建议	158	民建青浦区委员会
13	关于加快社会办医步伐,完善医疗卫生服务体系的建议	161	农工党青浦区支部

（周丹丹）

■经济委员会　与区工商联联合举办专题报告会,邀请郭沫若纪念馆馆长郭平英作《郭沫若作品和思想研究》专题报告;开展“青浦民营企业慰问世博卫士——交通民警”活动,走访慰问金泽、西岑、赵屯、白鹤道口检查站及部分城区执勤岗交警;召开民营企业家座谈会,组织政协委员、企业界人士与区政府、区经委就促进企业发展进行对话,视察高新技术企业生产情况。与民建青浦区委、区工商联联合开展迎世博“啄木鸟”活动,查找区内商业、旅游业等服务行业在迎世博准备工作中存在问题与不足,并召开“我们准备好了吗? ——迎世博窗口服务行业座谈会”,为相关单位进一步做好服务工作,服务世博、奉献世博、建功世博建言献策。与区工商联、上海慈善基金会青浦分会联合召开青浦商业系统迎新春茶话会暨慈善助学座谈会,动员企业家为地方经济和社会发展献爱心作贡献。

举办青浦区银企交流合作座谈会,邀请农业银行青浦支行、工商银行青浦支行为民营中小企业提供贷款咨询服务,帮助民营中小企业解决融资难问题。参与青浦区2010年退役士兵就业招聘洽谈会暨现役军人就业意向咨询会筹办工作,推动青浦退役官兵就业工作。组织委员视察新朋实业上市公司发展情况、赴陕西省西安市学习考察等;组织委员、企业家开展“爱心捐赠、放飞希望”送温暖活动,完成全区23所农民工子女学校14000余名小学生全覆盖资助活动。跟踪促办委员提案《关于“十二五”规划的几点建议》、《关于青浦区民营企业发展的若干建议》。（周丹丹）

■人口资源环境建设委员会　组织委员学习中共十七届四中、五中全会,市政协全会,区委、区政协重要会议精神,提高委员政协业务知识与相关工作政策知识水平。赴区交通运输局开展“城市交通建设与管理”课题调研,组织委员视察轨道交通2号线徐泾站运营情况,形成调研报告《加快青浦新城交通建设与管理的几点建议》,对改善新城交通建设与管理提出具体建议。参与民革区委提案《关于加强水资源保护教育,提升绿色青浦品质的四点建议》跟踪促办工作。

（周丹丹）

■教科文卫体委员会　充分发挥本委委员岗位技能与优势,参与世博食品安全监测、医疗保障、艺术汇演等工作,为服务世博作贡献。参与古文化保护和利用课题组调研活动,为促进文化事业发展献计献策。提交并跟踪促办委员会提案《关于加快新体育中心建设的建议》。组织委员赴区教育局视察教育教学以及世博会前夕组织委员视察食品安全等工作。（周丹丹）

■社会和法制委员会　建设学习型委组,组织委员开展读一本书、听一次报告、参加一次培训、开展一次学习交流“四个一”活动。赴区民政局开展“扶持公益性社会组织”课题调研,听取社会公益性组织相关情况通报。召开座谈会,听取部分社团组织、居委会、基层群众对进一步发挥公益性社会组织作用意见建议,在调研基础上形成调研报告《培育社会组织,解决社会问题,促进社会进步》,对扶持发展公益性社会组织提出具体建议。参与团区委提案《关于加强青浦区青少年社会教育的建议》跟踪促办。组织委员视察世博志愿服务、赴海南省三亚市学习考察等。（周丹丹）

■民族和宗教委员会　与区宗民办联合召开青浦区宗教民族界世博动员会,传达市民族宗教委和区世博动员大会精神,进一步做好青浦区民族宗教工作,为服务世博作准备。开展以“美好城市、友好宗教”为主题青浦区宗教界第四届讲经讲道(佛道教专场)活动。举办民族宗教工作报告会,邀请上海市民族宗教事务委员会法宣处处长杨学军作《世界民族宗教的热点问题》专题报告。

（周丹丹）

■文史资料委员会　动员委员关注并参与各类文化活动,积极参与服务世博工作。与教科文卫体委员会联合成立课题组,历时半年,就古文化保护和利用课题开展调查研究。赴区文广影视局了解区内古文化保护与文物普查工作情况,邀请相关人士就当前古文化保护利用现状与前景进行座谈交流,在前期调研基础上,形成《保护和开发并举,彰显青浦文化魅力》调研报告,对发挥古文化作用,促进地方经济发展提出具体建议。组织做好《青浦政协》“文史天地”栏目编写。组织委员参观青浦博物馆云玉馆藏玉展、金泽镇“四民会馆”和赴松江区考察古文化保护工作等。（周丹丹）

■港澳台侨委员会　动员委员积极参加区政协举办学习会、专题报告会,提升委员知识水平,提高履职能力。与区委统战部、区社会主义学院联合举办区情报告会,邀请上海淀山湖新城发展有限公司作《关于新城建设的几点思考》主题报告,帮助委员了解新城规划建设情况。积极参与“欢欢喜喜闹元宵”、新春团拜会等活动，增进与港澳台侨界人士了解和友谊。跟踪促办委员提案《关于建造多功能电影院的几点建议》。组织委员赴海南省三亚市考察侨务工作。（周丹丹）

重要活动及重点调研

■举办青浦区退役士兵就业招聘洽谈会暨现役军人就业意向咨询会 3月11日，区政协与区工商联、区民政局、区人力资源社会保障局联合在青浦毓秀学校体育馆举办青浦区退役士兵就业招聘洽谈会暨现役军人就业意向咨询会，推动青浦区退伍军人就业工作。市委常委、上海警备区司令员江勤宏，区委书记高亢，区委副书记、区长张国洪，区人大常委会主任巢卫林，区政协主席张布尔，副区长陈勇章等到活动现场视察指导。全区50家企业与150余名退伍、现役军人参加活动。（周丹丹）

■开展“新城建设”专题讨论活动 3～11月，为做好青浦新城建设专题议政会前期准备工作，区政协组成以张正翔副主席为组长筹备工作组，对青浦区新城建设规划与实施工作开展综合调研。召开座谈会，听取区规划土地管理局、上海淀山湖新城发展有限公司关于青浦新城建设情况的汇报。举办知识讲座，邀请上海社科院城市化发展研究中心主任郁鸿胜作城市规划与建设专题辅导讲座，介绍现代新城建设规划理念。赴江苏省宿迁市和浙江省嘉兴市、杭州市考察城市建设工作。11月10日，区政协在区会务中心召开“把握新机遇，实现新飞跃——青浦区新城建设专题议政会”，与会人士根据调研实际情况，先后作《规范与完善青浦新城动迁工作》、《新城产业发展思考与建议》、《新城道路交通建设思考与建议》、《落实措施，做足水文章》、《发展会务会展经济思考与建议》、《新城公共文化设施建设几点建议》、《推进青浦新城商业建设几点建议》、《新城建设中旅游业若干问题探讨》、《加强青浦新城人才引进与培养建议》、《青浦新城建设中节约集约用地几点建议》等专题发言，为推进青浦区新城建设工作建言献策。区政协主席张布尔、副区长朱明福讲话。区政协副主席沈红慧主持会议，上海淀山湖新城发展有限公司董事长鲁千林作青浦新城建设进展情况通报。（周丹丹）

■组织委员开展视察 3～12月，组织委员开展视察。3月24日，政协委员视察迎世博工作，赴青浦西岑视察交巡警支队西岑新检查站建设和安检设备安装调试，赴朱家角视察上海世博会朱家角主题实践区建设。6月17日，政协委员赴上海雨润肉品加工流通中心项目建设工地、上海汇益液压控制系统工程有限公司、上海金依环保工程有限公司视察安全生产工作。7月21日，政协委员赴区农委就2010年农委办理政协提案工作开展视察，听取青浦农业发展和农委办理政协提案工作的汇报，视察上海弘阳农产品配送中心和上海彰显渔业合作社。9月21日，政协委员赴区水务局就三届政协以来污水处理和河道整治方面提案办理开展专题视察，听取区水务局工作汇报，视察朱家角污水处理厂和朱家角南大港河道整治。11月25～26日，区政协组织委员开展年终视察，分社区文化建设、动迁工作、老龄事业发展、工业园区分设“一园三区”工作情况4个专题，进行相关视察。（周丹丹）

9月21日，部分区政协委员视察朱家角污水处理厂（区政协供稿）

■开展促办重点提案专题系列活动 4月27～29日，以协商座谈会形式开展由主席、副主席带队促办重点提案专题系列活动10次。分别就《促进未成年人观护体系工作》、《对初中小学校长进行创新能力培训》、《发展社区教育》、《促进青浦生物医药产业发展》、《对城区地下管网设施进行普查建档的建议》、《加快社会办医步伐，完善医疗卫生服务体系》、《加强湖泊渔业管理》、《加快码头街老城区改造》、《推进青浦区家政服务业》、《提高镇保医疗费用报销额度》等10个重点提案专题，与区政法委、区教育局、区科委、区规划土地局、区卫生局、区农委、区人力资源社会保障局、上海淀山湖新城发展有限公司等承办单位进行协商，推动重点提案办理工作，促进相关建议采纳和落实。（周丹丹）

■开展《推进青浦湖区经济发展思考与建议》课题调研 6～10月，区政协联合区规划土地管理局、朱家角镇、金泽镇、练塘镇和湖区建设开发公司组成课题组，对青浦湖区经济发展工作开展调研。赴江苏省苏州市、无锡市滨湖区考察湖区经济建设与发展工作。召开调研情况通报和意见征询会，邀请区发展改革委、区经委、区旅游局、区委研究室等部门了解发展湖区经济相关工作情况，征询推进青浦湖区经济发展工作思考与对策。在前期调研基础上形成《关于推进青浦湖区经济发展思考与建议》调研报告，提出用“特事特办”思维方式克难奋进；发扬创建富民开发区精神、创新体制机制；加大宣传力度、聚焦人气、合力开发；狠抓规划谋划、审批和落地；加强基础设施和公共服务设施建设；加大腾笼换鸟力度引进新兴科技产业落户；整合旅游资源、加快旅游产业发展；以游艇旅游为先导逐步发展游艇产业；依托教育名人创建著名教育园区等9条建议，报送区委、区政府参考。

（周丹丹）

■举行年中全体委员会议 8月26日，区政协在区会务中心举行全体委员会议，听取并讨论区政府上半年度政府工作报告和下半年重点工作安排。政协委员围绕政府工作报告，从经济发展、产业结构调整、新城规划与建设、城镇建设与管理、社会民生等方面提出意见和建议，并经整理归纳报送中共青浦区委、区政府参考。

（周丹丹）

■举行各界人士“迎中秋、庆国庆”电影招待会、迎新茶话会 9月20日，区政协、中共青浦区委统战部在青浦影城联合举办各界人士“迎中秋、庆国庆”电影招待会。区政协主席张布尔，区委副书记胡燕平等区领导与各界人士900余人出席。12月29日，区政协在区会务中心举行青浦区各界人士迎新茶话会。区政协主席张布尔致新年贺词，区委副书记胡燕平作讲话，区领导与各界人士近百人出席。

（周丹丹）

表17　**2010年青浦区政协重要建议和调研报告情况表**

序号	重要建议或调研报告	撰写人
1	关于推进青浦湖区经济发展的思考与建议	区政协课题组
2	关于规范与完善青浦新城动迁工作的建议	区政协新城建设专题议政会筹备组
3	关于新城产业发展的思考与建议	区政协新城建设专题议政会筹备组
4	关于青浦新城道路交通建设的思考与建议	区政协新城建设专题议政会筹备组
5	落实措施，做足“水”文章	区政协新城建设专题议政会筹备组
6	关于青浦区发展会务会展经济的思考与建议	区政协新城建设专题议政会筹备组
7	关于新城公共文化设施建设的几点建议	区政协新城建设专题议政会筹备组
8	关于推进青浦新城商业建设的几点建议	区政协新城建设专题议政会筹备组
9	青浦新城建设中旅游业若干问题的探讨	区政协新城建设专题议政会筹备组
10	关于加强青浦新城人才引进与培养的建议	区政协新城建设专题议政会筹备组
11	关于青浦新城建设中节约集约用地的几点建议	区政协新城建设专题议政会筹备组
12	加快青浦新城交通建设与管理的几点建议	区政协人口资源环境建设委员会
13	培育社会组织，解决社会问题，促进社会进步	区政协社会和法制委员会
14	保护和开发并举，彰显青浦文化魅力	区政协文史资料委员会、区政协教科文卫体委员会

（周丹丹）

附：

政协上海市青浦区第三届委员会主席、副主席、秘书长、副秘书长、常务委员、委员名单

主　席

张布尔

副主席

陆建铭　顾　峰　沈红慧（女）

张正翔

龙婉丽（女）

秘书长

管云昌

副秘书长

李金荣　田惠敏　叶　明　尤佳秋

钟育琦

常务委员（按照姓氏笔画为序）

尤佳秋　冯永求　卢伟光　叶　明

石乃璋　刘成涛　朱国权　朱国君

朱国健　阮凯基　张　帆　李　平

陆巧根　陆桂芳（女）　陈　明

陈菊英（女）　周福生　胡成国

钟育琦　饶斐文　袁国良　顾　强

曹　宇　曹伟明　舒宏瑞　释昌智

委　员

中国共产党上海市青浦区委员会

朱建忠　张　静（女）　张布尔

李希凤（女）　沈秋英（女）　陆建铭

陆树华　俞藕英（女）　徐孝芳（女）

徐福星　顾　峰　管云昌

中国国民党革命委员会上海市青浦区委员会

叶　明　沈伯明　顾纯国

崔　平（女）

中国民主同盟上海市青浦区委员会

毛晓初　龙婉丽（女）　吴建一（女）

高晓生　康军平

中国民主建国会上海市青浦区委员会

尤佳秋　陆巧根　钱　珏（女）

潘　华

中国农工民主党上海市青浦区支部

沈秀芳（女）　侯晓岚（女）　钟育琦

九三学社上海市青浦区委员会

王明萌（女）　阮凯基　沈红慧（女）

金　炜

无党派人士

胡定祥　顾桂芳（女）

中国共产主义青年团上海市青浦区委员会、上海市青浦区青年联合会

刘成涛　朱　勤（女）　李雪华

高伟华

上海市青浦区总工会

万洪根　沈德昌　陆桂芳(女)
顾美芳(女)

上海市青浦区妇女联合会

刘美娟(女)　张玉玲(女)
李文珍(女)　陈菊英(女)

上海市青浦区工商业联合会

王周琴(女)　王春根　卢伟光
叶新荣　吉继亮　朱　斌　朱国权
池学聪　张　帆　张方平(2010 年 11 月逝世)　李　平　李建飞　李金钟
杜一鸣　汪继文　周福生　俞仕良
胡成国　赵　辉　郦小平
夏东英(女)　徐　宏　徐红泉
徐国平　袁国良　顾　强　顾佳斌
舒宏瑞　蔡海荣

上海市青浦区科学技术协会与科学技术界

方　云(女)　王雪龙　刘　顺
朱国健　宋林根　李成文　岳德明
郑水仙(女)　姜伟伟　顾啸流
傅长明

上海市青浦区归国华侨联合会

石乃璋　刘　兵(女)　刘　敏
宋　琳(女)　李培明　沈　英(女)
程培文

上海市青浦区台湾同胞联谊会

冯永求　吴旭东　周立新
林德红(女)

农业界

王华君(女)　汤福明　余延略
吴建平　李　平　邱宝荣　袁永坤
顾雪富

经济界

王　健(女)　王　健(女)
王　薇(女)　王海林　叶国强
何　强　张国兴　张国妹(女)
沈健芳(女)　沈跃梅(女)　周　峰
宓祖谋　郑君山　施周龙　徐四林
袁春芳(女)　顾建红(女)　崔新泉
曹　宇　谢金明　潘海林
薛玲娟(女)　戴铖斌

城市建设和管理界

刘继华　张正翔　陈正贤　赵宏林
盛金龙

文化新闻界

王　辉　沈卫新　陈金辉　高剑清
曹伟明　盛玲芳(女)　蔡青青(女)
瞿关松

教育界

印国荣　朱国君　冷彩花(女)
张国成　张金华　杨建中　陈友金
徐雪珍(女)　曹国辉

体育界

乔惠锋　陆　萍(女)　姚建平
谢　坚

医药卫生界

万建初　李焕民　肖　峰(女)
陈　强　连其明　俞赞红(女)
饶斐文　徐海燕(女)　潘　江
潘栋梁

政法界

吴　婷(女)　凌菊红(女)
殷亚萍(女)　袁　立　潘　杰

社会福利与社会保障界

王丽霞(女)　宋　平　周志良
承　洁(女)　高将明

宗教界

王其明　孙丽芳(女)　成笃生
释昌智

少数民族界

王民霞(女,回族)
田春红(女,土家族)
陈　明(回族)　覃远辉(土家族)

特别邀请人士

马春明　马继奋　方敬鸣(女)
王小敏(女)　王玉龙　叶耀东
田惠敏　印　子(女)　许卫峰
许月琴(女)　张　兵　张　忠
张惠娟(女)　张德梅(女)　李亦斌
李金荣　杨辉明　沈烈强
沈雅娣(女)　闵慧平　陆　青
陆　晔　陈啸峰　姚　蓁(女)
姚亚萍(女)　姚伟明　费　军
唐炳忠　徐建华　徐海荣　钱坤荣
黄　星　黄丽华(女)　喻渭蛟
彭润中　程卫国　谢松峰　裘德荣

综　述

2010年,中共上海市青浦区纪律检查委员会(以下简称区纪委)、青浦区监察局(以下简称区监察局)围绕"十一五"规划全面实现、"十二五"规划科学制定和廉洁办博顺利推进,党风廉政建设责任制有新要求,干部队伍建设有新规定,主要工作抓手为:抓监督检查,重大决策部署得到贯彻落实;抓教育管理,干部从政行为得到有效规范;抓制度创新,"制度加科技"工作取得新进展;抓执纪执法,惩治与保护得到同步推进;抓专项治理,纠风工作成效得到有效显现;抓自身建设,干部队伍素质得到有力提升。全区各级纪检监察组织不辱使命,忠诚履职,认真抓责任制落实,惩防体系框架得到初步建立,党风廉政建设和反腐败斗争取得新成效。

(胡晓明)

重要会议与活动

■纪检监察工作务虚会 1月7~8日,区纪委召开纪检监察工作务虚会。区纪委副书记、监察局局长吴春泉主持会议。区委常委、区纪委书记翟必槐作重要讲话,他指出:2010年纪检监察工作要抓好"一个重点、两个防止,正确处理好六个关系"("一个重点"即:把握好工作重点,常规性的工作要经常抓,重点工作要用力抓,特色性的工作要认真抓。"两个防止":一是防止服务大局融入不够的问题,积极主动坚定不移地抓融入;二是防止不履行职责,要把握好节奏,掌握好分寸。"正确处理好六个关系":一是正确处理好积极履职和服务大局的关系;二是正确处理好做好本职工作和推进惩防体系的关系;三是正确处理好工作力度和工作效率的关系;四是正确处理好强化监督和协作配合的关系;五是正确处理好严格执行上级的指示要求和创新工作机制的关系;六是要正确处理好业务性工作与抓好队伍建设的关系)。区纪委副书记、监察局局长吴春泉,副书记蒋彪分别对分管工作进行点评和部署,赵巷镇、徐泾镇、华新镇等17家单位作大会交流发言。区纪委委员和各单位纪委书记、纪检组长、专职委员以及区纪委机关干部等130余人参加会议。

(胡晓明)

■三届区纪委五次全会 该会于2月2日在区会务中心召开。区委书记高亢出席全会并作重要讲话,他指出:2009年全区各级纪检监察组织积极推进党风廉政建设和反腐败工作,在健全党风廉政建设责任制、完善惩防体系、加强廉政文化建设、规范领导干部廉洁从政、查处违纪违法案件、纠正损害群众利益不正之风等方面,取得明显成效,为维护青浦改革发展稳定大局作出了新贡献。高亢强调:各级党政组织要坚持以党风廉政建设责任制为龙头,深入开展反腐倡廉建设;要认真贯彻落实中央和市委要求,加强纪检监察机关和队伍建设。区委常委、区纪委书记翟必槐代表区纪委作题为《深入推进党风廉政建设和反腐败工作,努力提高青浦区反腐倡廉建设水平》工作报告。全会期间,与会人员认真学习十七届中共中央纪委五次全会精神和九届市纪委五次

2月2日,中共上海市青浦区第三届纪律检查委员会第五次全体会议召开

(区纪委供稿)

全会精神，审议并通过全会工作报告和全会决议。（胡晓明）

■召开反腐败协调小组会议 2月8日，区召开反腐败协调小组第一次会议。区委常委、区纪委书记、区反腐败协调小组组长翟必槐主持会议。会议强调：必须确保社会和谐稳定，工作重点要放在社会矛盾化解上，工作重心要放在上级交办案件和重点案件上，工作中心要放在维护大局上，工作亮点要放在抓自身队伍建设上。会议下发区纪委监察局分别与公安青浦分局、区审计局、工商青浦分局联合制定《关于进一步加强案件查处和预防协作配合工作的实施意见（试行）》。区委常委、组织部部长李子骏，区委常委、区政法委书记李萍，区检察院检察长裴钟彧，区纪委副书记蒋彪，区审计局局长王健，区工商分局局长何强，区检察院副检察长陆焕强，区公安分局副局长丁杰，区纪委常委夏永兴、陈汇青等参加会议。

9月19日，区召开反腐败协调小组第二次会议。区委常委、区纪委书记、区反腐败协调小组组长翟必槐主持会议。会议强调：要注重发挥会议联系机制作用；要集中力量解决事关全局大事；要建立健全经常性协作配合日常工作机制，切实将青浦区反腐败协调工作抓实抓好。区委、区法院、区检察院、区纪委、区委组织部、区工商分局有关领导参加会议。（胡晓明）

■召开党风廉政建设联席会议 3月10日，青浦区2010年党风廉政建设联席会议召开。区委常委、副区长张汪耀主持会议。区委常委、区纪委书记翟必槐出席会议并作重要讲话，他传达了2010年上海市党风廉政建设责任制工作推进会会议精神并指出：要强化措施，扎实推进反腐倡廉建设各项工作任务；要加强督查，确保反腐倡廉各项工作任务贯彻落实。区纪委副书记、区监察局局长吴春泉对《青浦区2010年贯彻落实惩防体系建设实施细则暨党风廉政建设和反腐败工作责任分工（征求意见稿）》作说明。区联席会议单位行政主要领导参加会议。（胡晓明）

■青浦区纪检监察工作会议召开 7月16日，青浦区纪检监察工作会议召开。区纪委副书记蒋彪主持会议。区委常委、区纪委书记翟必槐作重要讲话，他指出：要全力以赴保障廉洁办博方针贯彻执行，要讲大局，明纪律，保平安，树形象，做好今后4个月保障工作；要把推进区“制度加科技”防治腐败工作作为今后工作重要内容；要扎实推进惩防体系建设，继续加强《廉政准则》学习宣传和个人有关事项申报工作。区纪委副书记、监察局局长吴春泉对全年行政监察工作进行点评和部署。练塘镇、白鹤镇、国资委、行政服务中心4家单位作大会交流发言。区纪委委员、各单位纪委书记、纪检组组长、专职委员以及区纪委机关干部等150余人参加会议。（胡晓明）

■召开系列活动调研座谈会 8月3日，“传承陈云廉政思想，推进反腐倡廉建设”系列活动调研座谈会在练塘镇召开。市纪委常委黄建平出席会议。区委常委、纪委书记翟必槐主持会议。黄建平指出：要有机结合，把“传承陈云廉政思想，推进反腐倡廉建设”系列活动与庆祝建党90周年结合起来；与推进党风廉政建设结合起来；与推进上海改革开放和经济社会发展结合起来。翟必槐要求，开展系列活动，要体现厚重、传承思想、形成特色、展现成果、打造品牌，要做到廉政思想、宣传舆论、受众教育和展示成果有效结合。市纪委宣教室副主任郑进，区纪委副书记蒋彪，练塘镇党委书记徐金明，区委宣传部副部长孙鸿根，区委党校常务副校长黄齐红，陈云故居暨青浦革命历史纪念馆党总支书记、副馆长马继奋等参加会议。与会领导对《关于举办“传承陈云廉政思想，推进反腐倡廉建设”系列活动的工作方案》进行讨论并提出修改意见，对如何开展好、组织好系列活动进行了探讨。（胡晓明）

■青浦区党风廉政建设责任制工作推进会召开 8月31日，青浦区党风廉政建设责任制工作推进会召开。区委常委、区纪委书记翟必槐出席会议并作重要讲话，他指出：要进一步统一思想，切实增强反腐倡廉建设责任感；要振奋精神，勇于面对问题，克服困难；要履行职责，确保全年工作任务完成；要强化执行，不断提高机关效能。区纪委副书记蒋彪传达市农村党风廉政建设工作会议精神。区纪委副书记、监察局局长吴春泉对年终区四套班子主要领导和区委常委带队检查党风廉政建设责任制作部署。区规土局、财政局、农委分别作交流发言。区党风廉政建设联席会议成员单位主要领导，各镇、街道，各、委、办、局（院），各人民团体、区直属事业单位，区级公司纪（工）委书记、纪检组长共100余人参加会议。（胡晓明）

■青浦区机关作风评议通报会召开 12月22日，青浦区机关作风评议情况通报会召开。区委常委、区纪委书记翟必槐主持会议。区委常委、副区长张汪耀出席会议并作重要讲话。区人大常委会副主任王海林、区政协副主席顾峰出席会议。区纪委副书记、监察局局长吴春泉通报2010年青浦区机关作风评议情况，区纪委常委、监察局副局长冯和生代表区机关作风民主评议组作实例报告，金泽镇镇长曹杰、质监局局长袁松、水务局党委副书记郭秋波作交流发言。各镇（街道）党政主要负责人，各部、委、办、局、区直属事业单位党政主要负责人，各人民团体主要负责人，公共服务行业有关单位行政主要负责人以及区机关作风民主评议员等共190余人参加会议。（胡晓明）

领导干部教育管理监督

■概况 2010年，区纪委、区监察局以提高反腐倡廉宣传教育有效性和针对性为主线，继续推进主题教育、示范教育、警示教育、岗位廉政教育，开展廉政文化“七进”（即进机关、进校园、进企业、进社区、进家庭、进农村、进“两新”组织）活动，营造敬廉崇廉良好氛围，同时，加强权力监督制约，规范领导干部廉洁从政行为。（胡晓明）

■反腐倡廉宣传教育 年内，继续开展“讲党性、重品行、作表率”主题教育活动。举办“忠诚与背叛——红岩魂”专题讲座，组织收看《远山的红叶》和《红叶魂》，宣传王瑛优秀事迹，抓好典型教育。分层次、分类别组织党员干部观看《贪欲之害》（蔡志强案件）等警示教育片，加大以案说纪、以案说法工作力度，筑牢党员干部思想道德防线。通过举办辅导报告、专题宣讲、开辟专栏、组织测试等形式学习宣传《廉政准则》,使全区广大党员干部普遍受到廉政教育。编印书籍《党纪政纪案例选编》、《学习教育园地》6期,播放“清风”专栏节目4期;全新改版“清风网”,上传信息320篇,网上点击数2万余人次,刊登网评文章33篇。（胡晓明）

■开展“廉诗雅韵”诗歌征集活动 年内,区纪委举办“廉诗雅韵”廉政诗歌征集、“廉政知识进万家、廉政故事网上行”活动,共征集勤政廉政诗词500余篇,从中遴选212篇,分为传统诗词和现代诗词两大类,并编印成册。12月底,开展“读廉政诗、做廉政人”诵读活动。通过活动,有力营造了敬廉崇廉社会氛围。（胡晓明）

■巡察工作 年内,制定《中共青浦区委巡察工作实施办法》,对区规土局等8家单位开展巡察,对白鹤镇等8家单位开展巡察“回头看”,对处级领导干部特别是主要负责人加强监督。（胡晓明）

■落实廉洁从政各项要求 年内,认真执行领导干部个人有关事项报告和礼品、礼金、有价证券登记上缴等制度,全年上缴礼品、礼金、有价证券折合人民币58.48万元,并制定《关于规范青浦区公务员离职后从业行为的实施细则》,切实规范公务员离职后的从业行为。（胡晓明）

■深化经济责任审计工作 年内,制定《青浦区领导干部离任经济责任事项交接办法(试行)》、《青浦区经济责任审计工作联席会议组织办法(修订稿)》和《青浦区单位内部管理的负责人员任期经济责任审计实施办法》,进一步规范青浦区领导干部离任经济责任界定及经济责任事项交接工作,强化对单位内部管理负责人员管理和监督,加大干部监督工作力度。（胡晓明）

政风行风建设

■概况 2010年,区纪委、区监察局积极推进机关作风评议工作,完善测评体系,做好网上测评政风行风和“纠风在线”网站投诉处置、督办工作,深入开展专项治理工作。同时,加大推进政务、厂务、村务公开力度,推动全区政风、行风建设。（胡晓明）

6月25日,区纪委举办“忠诚与背叛——红岩魂”报告会（区纪委供稿）

■开展医药购销和医疗服务、物业管理等专项治理 年内,加强对中小幼学校(教师)违规参与社会力量办学等行为监管,进一步规范教育收费工作;加强医德医风建设,开展医药购销和医疗服务领域专项治理,打击非法行医专项治理;开展物业管理专项治理工作,推进962121呼叫平台建设;开展党政机关举办庆典、研讨会、论坛活动清理工作,共清理17项活动,涉及经费641.65万元。（胡晓明）

■推进政风行风评议工作 年内,制定《2010年青浦区机关作风评议实施意见》,组织召开各类市民座谈会196次,征集群众意见873条,73家被评单位总评分比上年提高0.45分。配合市纠风办做好41个部门和行业政风行风测评工作。处理和督办“纠风在线”网站网上投诉11件。（胡晓明）

■加强行政投诉、责任追究工作 年内,出台《关于进一步加强全区行政投诉工作的实施意见》,建立上下联动、分级负责、及时沟通,区行政投诉工作两级网络,建立定期投诉件梳理分析、行政投诉“回头看”和复杂投诉件备案、跟踪制度。区行政投诉中心全年共受理投诉件530件,办结506件,办结率95.5%,群众满意率88.1%。制定《青浦区问责问效实施办法(试行)》,加大问责问效力度,进一步改进和提升机关工作人员工作作风,更好地服务于民。（胡晓明）

■深化政务、厂务、村务公开工作 加强政府信息公开工作,全年主动公开政府信息2695条,依申请公开信息317条,全文电子化100%;开展企业协会政社分开工作检查,16家企业协会完成人员分开,2家企业协会办理注销登记,23家企业协会与党政机关实现资产分开。（胡晓明）

查信办案工作

■概况 2010年,全区纪检监察系统共受理群众来信、来访、来电318件,办结308件;初步核实63件,立案50件;结案53件,党政纪处分53人(其中双重处分4人),澄清事实79件。（胡晓明）

■加强查信办案工作制度建设 年内,制定《关于进一步加强案件查处和预防协作配合工作的实施意见(试行)》,进一步深化与检察、公安、审计、工商等部门协作配合。制定《关于进一步加强案件线索管理的若干意见》,对违纪案件线索实行统一管理。制定《关于本区公务员受党纪政纪处分等情况下停发、扣发工资、津贴、补贴、绩效考核奖相关规定(试行)》,规范公务员和参公人员党纪政纪处分执行工作。开展对全区2009年度办结各类党政纪案件质量检查。开展对2009年度受处分人员回访教育工作。（胡晓明）

“源头”治理和行政监察

■概况 2010年,围绕“廉洁办博”,切实加强廉政建设和监督保障,推进“制度加科技”防治腐败工作。同时,以安全服务世博为主线,开展房屋效能监察、安全生产执行情况检查、环保专项治理各项工作,进一步加大行政监察力度。（胡晓明）

■推进“制度加科技”防治腐败工作 开展行政审批事项清理工作,全年上报行政审批事项476项,拟保留事项470项,拟取消6项。制订《青浦区推进网上审批及电子监察工作实施方案》、《青浦区企业设立并联审批实施方案》和《青浦区内资企业设立并联审批操作规程》,推进行政审批标准化建设。加强财政性资金和社会公共资金监管,推进“金财”工程建设。建立“一点通”支农惠农资金网络监管平台,加强对涉农补贴监管。建立土地预申请制度和土地使用监测制度,开展土地出让前期网上征询工作,涉及10幅土地81.1公顷。制订《上海市政府采购信息管理平台青浦区实施推广方案》,建立预算单位网上办事、政府采购业务管理、政府采购中心采购业务操作等3个服务平台和通用商品网上协议供货反拍、网上询价采购等2个应用系统,推进政府采购信息管理平台和系统建设。加强建筑有形市场监管,推进二级建筑市场标准化建设。制定《关于建立党员干部违纪违法和职务犯罪预警防控机制的实施意见(试行)》,推进岗位廉政风险预警预测机制建设。实施完成因公出国(境)综合管理信息系统与市外办联网工作。开通“上海青浦”政府网站网络舆情采集平台,刊登网评文章33篇,切实推进反腐倡廉网络建设。（胡晓明）

■世博资金监管 会同区审计部门对各类涉博资金在办结各项结报手续后实施专项审计,对迎世博加强市容环境建设和管理600天行动项目涉及的11个镇(街道)和4个区级单位进行审计调查,调查金额2.89亿元,占计划投资90%,督促各项目实施责任单位对部分违反建设程序项目及时补办相关手续。世博期间,共接听关于世博大礼包发放咨询、投诉电话82人次,均及时向反映人进行解答及反馈,全区共计发放世博大礼包23.8万份,未发生一例违纪违法问题。按照规定办理市纪委转来3件涉博信访件,及时进行调查处理,维护群众权益,保证了青浦区世博会期间社会稳定。（胡晓明）

■深入开展“小金库”专项治理 年内,对国有企业和社会团体开展“小金库”专项治理工作,发现有问题单位3个,“小金库”3个,涉及金额222.23万元。（胡晓明）

■行政监察工作 年内,以安全服务世博为主线,开展安全生产法规执行和安全生产责任制等落实情况监督检查,全年共参与调查9起安全责任事故。加强对廉租住房、经济适用住房有关政策贯彻执行情况监督检查,继续开展房屋动拆迁、农村村民建房效能监察。开展对未报即用违法用地清查整改工作监督检查。推进对青浦区扩内需促增长政策落实情况监督检查。会同区发改委、区经委等对2010年青浦区涉及6个扩大内需中央投资项目开展督查,督促项目建设单位规范建设程序,落实相关责任。（胡晓明）

■纪检监察干部队伍建设 年内,认真贯彻落实中纪发〔2009〕9号、10号和〔2010〕19号文件精神,按照提高“对党的事业忠诚度、岗位职责胜任度、人民群众满意度”要求,进一步加强领导班子、干部队伍和基层组织建设。制定青浦区《关于加强和改进全区纪检监察干部队伍建设的意见》,健全纪检监察组织自身建设长效机制。开展学习型机关建设,积极创造学习条件,鼓励干部参加更高学历教育。强化教育培训,举办全区纪检监察干部理论研修班,组织干部参加各类中纪委和市纪委培训班,提高理论水平与业务能力。改进工作作风,着眼于服务基层、倾听民意、反映民生,强化调查研究,广泛听取基层干部群众意见建议,推动反腐倡廉建设深入开展。强化内部管理,进一步加强内部管理和制度建设,完善监督制约机制,督促干部切实做到“五严守、五禁止”(即严守政治纪律,禁止发表与党的路线方针政策和决定相违背的言论;严守工作纪律,禁止越权批办、催办或干预有关单位的案件处理、干部人事等事项;严守办案纪律,禁止以案谋私、违纪违法办案;严守保密纪律,禁止泄露信访举报内容、案件情况等秘密;严守廉政纪律,禁止利用职权和职务上的影响谋取不正当利益),以实际行动书写忠诚、锤炼作风、检验能力。（胡晓明）

综 述

2010年,青浦区各民主党派、工商联在中共青浦区委统战部(以下简称区委统战部)指导下,以树立和践行社会主义核心价值体系为主线,继续深入学习贯彻科学发展观,发挥民主监督、参政议政、政治协商职能,加强自身建设,开展社会服务,注重社会形象,为青浦经济社会全面、协调、可持续发展作出了应有的贡献。

区"两会"期间,各民主党派、工商联共提交议案146件(含集体提案),反映社情民意意见74条,多数提案和意见被市委、市政府,区委、区政府采纳,或引起有关部门关注、重视。

至年底,全区共有民主党派组织7个,成员447人(年内新增38人,其中转入4人),其中:民革青浦区委员会74人、民盟青浦区委员会106人、民建青浦区委员会82人、民进青浦区支部22人、农工党青浦区总支部66人、致公党青浦区支部18人、九三学社青浦区委员会79人。 (曹自求)

民革上海市青浦区委员会

■概况 2010年,中国国民党革命委员会上海市青浦区委员会(以下简称民革区委)发展新党员6名,年末,区委党员总数74人,平均年龄49.48岁。其中:女性党员26人,占党员总数的35.1%;大专以上学历72人,占党员总数的97.3%;高级职称28人,占党员总数的37.8%;具有民革特色党员10人,占党员总数的13.5%。市人大代表1人,区人大代表1人,区政协委员10人(其中常委3人),有11人次分别担任区政风行风评议员、各类监督员。区委下设4个支部,6个工作委员会。 (崔 平)

■开展社会主义核心价值体系学习活动 年初,民革区委召开二届三十八次会议,就如何在全区民革党员中开展"学习践行社会主义核心价值体系"活动进行专题研讨。会议研究制订《民革青浦区委关于"学习和践行社会主义核心价值体系"活动计划和方案》,成立由叶明任组长,周立新、沈伯明任副组长的学习践行活动领导小组,有序开展和推进学习践行活动。组织党员参与民革市委、区委统战部征文活动,共收到征文10余篇,陆续刊登在《明心》刊物上,有2篇征文获得区委统战部征文活动优秀奖。 (崔 平)

■参政议政 年初,民革区委对参政议政委员会进行充实调整,补充新生力量。参政议政委员会于年初确定课题,组织力量,通过座谈会、问卷调查、走访等形式开展调查研究,掌握第一手资料。特别对医护人员心理应急状况和防御方式特点在全区范围内医院、社区卫生服务中心进行专项调查,调查人数为全体医务人员数三分之一,共计发放问卷1050份,并形成题为《医护人员有效应对应急、增进身心健康以及构建和谐医患关系》调研报告。在区"两会"上,民革区委共递交区人大书面建议2件,区政协集体提案8件、个人提案14件,其中《完善动拆迁机制,推进青浦新城建设——关于加快青浦南门街改造进度的建议》作为大会发言。全年共收到社情民意30余条,向民革市委提交8条,区政协提交15条。年内,民革区委组织党员参加上级各有关部门召开各种座谈会30余人次,就青浦经济和社会发展、机关作风建设、行风政风评议发表意见,建言献策,履行职责。 (崔 平)

■以换届为契机加强自身建设 2010年,是基层支部换届年。民革区委按照民革市委和区委统战部要求,制定《民革青浦区委关于支部换届工作方案》,总体部署各支部换届工作,认真做好宣传发动、制订方案、民主推荐、换届选举等各个环节工作。换届后,4个支部共有委员16名;平均年龄40.87岁;女性委员7名,占支部委员总数43.75%;本科及以上学历13人,占支部委员总数81.25%。通过换届选举,新一届支委文化程度、年龄结构、女性委员职数均有较大改善。

年内,选送3位党员参加民革市委举办"中青年骨干培训班"、"参政议政骨干成员培训班"、"支部主委培训班"等学习;组织16位支部成员参加由区委统战部举办"青浦区2010年民主党派基层支部成员培训班"。 (崔 平)

■立足本职,展示形象 年内,民革党员发挥自己专业特长,做实服务社会工作,多次深入徐泾镇、夏阳街道进行"肿瘤防治知识"讲座,民革区委组织党员中的高年资医师与青浦药监局联合在青浦悦民大药房举行医疗咨询活动。组织12位党员参加由区委统战部牵头民主党派成员大合唱。党员王祥修被安排到宝山区司法局挂职锻炼,张琼被评为民革全国基层工作先进个人,徐军当选青联常委,戚春芳、徐纯晔担任青联委员,有多位党员被评为系统或单位先进个人。（崔　平）

民盟上海市青浦区委员会

■概况 2010年,中国民主同盟上海市青浦区委员会(以下简称盟区委)按照盟市委和中共青浦区委统战部要求,基本完成全年工作任务。全年召开6次区委会、3次主委办公会、1次全体盟员大会,组织中心组学习6次,参加青浦区各种报告和专题学习会约130多人次;大型调研活动4次,完成盟市委调研报告1件;上报盟市委集体提案1件,社情民意20件;提交区政协集体提案7件、个人提案14件,社情民意2件,区人大代表书面意见1件,其中2件集体提案被评为优秀提案;义诊1次,支助青浦农村贫困户3户。年末,共有盟员106人(年内新增4人)。盟员中有1人担任区政协副主席、有4人担任区政协委员,有1人担任区人大代表,有2人兼任区三届政风行风监督员、评议员。7个基层支部完成换届工作。（高晓生）

■加强自身建设 盟区委按照民盟上海市委和区委统战部要求,认真开展树立和践行社会主义核心价值体系各项活动。2月,召开三届二十次区委扩大会议,主要议题是树立和践行社会主义核心价值体系和基层支部班子换届工作动员。会后,成立以区政协副主席、盟区委主委龙婉丽为组长的"树立和践行社会主义核心价值体系"领导小组和基层支部换届领导小组,制定《民盟青浦区委关于开展"树立和践行社会主义核心价值体系"活动的决定》、《民盟青浦区委关于开展"树立和践行社会主义核心价值体系"活动方案》和《民盟青浦区委基层支部换届的实施细则》等,并将上述文件和《中国民主同盟会章程》的第三章、第五章、第六章分期刊登在《青浦盟讯》上,供全体盟员进行学习。4月,盟区委召开下属7个支部班子成员动员会议,学习树立和践行社会主义核心价值体系活动文件;各支部也相继召开盟员会议,对上述文件和资料进行深入学习。

基层支部换届新提名12名人选,其中有9名为42岁以下的盟区委后备干部,占基层支部班子成员43%,有3个支部主委、2个支部副主委由盟区委后备干部担任。通过换届,盟区委青年后备干部全部进入基层支部班子,为青年后备干部锻炼和成长搭建了平台。7个基层支部班子成员平均年龄由原来47岁下降到42岁,基层支部班子逐步趋向年轻化、知识化。（高晓生）

■积极参政议政 2010年,在区政协三届四次会议上,盟区委会提交大会发言3篇、集体提案7件、个人提案14件;区人大代表书面意见1件。其中,集体提案《关于对青浦区初中、小学校长进行创新能力培训的建议》,个人提案《关于对城区地下管网设施进行普查建档的建议》、《关于加快码头街老城区改造的建议》作为2010年区政府、区政协领导督办的重点提案,占区政协12件重点提案25%;集体提案《关于完善青浦区特邀监督员制度的建议》荣获优秀提案奖,集体提案《关于开发练塘旅游业的若干建议》荣获优秀提案提名奖,个人提案《关于湖滨路、北淀浦河路的交通安全标志建设的建议》荣获优秀提案提名奖。

9月,盟区委组织相关盟员,围绕"一城两翼"青西地区的生态农业,老城区改造、公共交通和教育等进行充分调研、认真准备,在2011年"两会"上,提交大会发言3篇、集体提案6件。

年内,盟区委选送4名后备干部参加盟市委为期1周参政议政骨干成员培训班。《上海农民工子女完成义务教育后继续受教育情况的调研与对策》课题,被盟市委采纳为2011年提案。向盟市委提交社情民意20条,采纳15条以上,其中《高铁票价要考虑中低收入者的承受能力》和《世博会中国馆预约券被高价倒卖》等被市政协采纳,引起相关部门高度重视。高晓生被评为"民盟市委社情民意先进个人"。（高晓生）

■开展社会服务 按照区委统战部要求,盟区委与香花街道结对共建,并将香花桥街道作为盟区委践行核心价值体系基地。5月,盟区委组织青年骨干赴香花桥街道调研,听取街道领导工作介绍,拟定2010年调研课题。与对口联系部门教育局加强联系,进行互动。盟员姚金四主动提出赴云南支教1年。（高晓生）

■郑惠强到青调研 7月7日,民盟中央副主席、市人大副主任、盟市委主委郑惠强一行到青浦调研。对青浦盟区委课题申报、提交社情民意、集体提案等工作予以充分肯定。（高晓生）

民建上海市青浦区委员会

■概况 2010年,中国民主建国会上海市青浦区委员会(以下简称民建区委)发展新会员4人,转入会员3人。年末,共有会员82人,平均年龄47.9岁。会员中,有市人大代表1人,区人大代表3人;区政协常委5人,委员6人;担任区各类特邀监督员7人。具有大专以上学历会员72人,占总会员数的87.8%;具有中、高级职称以上会员48人,占总会员数的58.6%。全年召开区委主委办公会3次,区委班子会2次,区委扩大会3次,全体会员大会1次。下属5个支部,每个支部年平均活动4次以上。朱林娟被评选为民建上海市优秀会员,尤佳秋、周乃传、卢伟光等会员分别获得市"迎世博优质服务贡献奖"、"世博优秀组织奖"、"上海世博工程建设功勋人物"和区世博工作先进个人等。（沈　俐）

■陈昌智莅临青浦视察调研 11月8日,全国人大常委会副委员长、民建中央主席陈昌智在上海市政协副主席、民建上海市委主委周汉民等陪同下莅临青浦区考察、调研。中共青浦区委副书记胡燕平,区委常委、区政协副主席、区委统战部部长陆建铭,区人大常委会副主任张映华,副区长陈勇章,区政协副主席沈红慧,区委统战部副部长李希凤、民建青浦区委主委尤佳秋等在区委党校热情迎接陈昌智主席。胡燕平就青浦区经济社会发展情况作了简要汇报。随后,陈昌智与部分民建青浦区委会员进行亲切座谈。尤佳秋主持会议。在听取了尤佳秋以及部分会员代表、非公经济企业家会员代表汇报后,陈昌智主席作了重要讲话。他充分肯定民建青浦区委在政治交接、参政议政、班子建设和加强会员联系、加强支部联系等方面做的工作，并赞叹青浦民建会员为上海世博会所作的贡献。陈昌智强调：作为参政党成员，一定要有政党意识、政治意识、会员意识，要通过方方面面的学习，不断武装自己的头脑，坚持中国共产党的领导，与中国共产党风雨同舟，始终和国家的命运、前途联系在一起。（沈　俐）

■践行社会主义核心价值体系活动　4月，民建区委根据民建中央、市委统一部署及区委统战部要求，结合自身工作实际和特点，精心组织，把握主线，努力在“学”字上做文章，在“行”字上求成效，以扎扎实实的工作推进树立和践行社会主义核心价值体系活动的开展，努力建设适应新时期、新形势要求参政党。叶肇恺撰写的《学习社会主义核心价值体系让夕阳更红更灿烂》获中共青浦区委统战部和区社会主义学院开展的树立和践行社会主义核心价值体系征文活动一等奖。（沈　俐）

■参政议政　2010年，民建区委共向市、区“两会”提交建议提案35件，其中：市人大建议案3件，区人大建议案4件，区政协提案24件、转社情民意1件，市民建提案3件。其中，《关于加大盘活闲置厂房力度，促进青浦经济更快发展的建议》、《房屋维修资金催交归集为何如此难?》2件获区政协2010年度优秀提案奖；《关于加快青浦区服务外包发展的几点建议》获区政协2010年度优秀提案提名奖。民建区委还承接了区政协重点调研课题《关于推进青浦湖区经济发展的思考与建议》，配合完成民建上海市委重点研究课题《科学发展水上旅游业》。（沈　俐）

■参与世博、服务世博　3月中旬，民建区委、区政协经济委、区工商联联合发起开展“我们准备好了吗？——迎世博窗口服务行业‘啄木鸟’活动”。民建区委通过短信方式动员全体会员积极参与。叶肇恺会员撰写的《青浦站牌——一陋》获征文活动一等奖，张孝琴会员撰写的《整理家园喜迎世博》获征文活动三等奖。4月20日世博园试运行第一天，组织全体会员参观世博园。会员企业积极服务世博、贡献世博：会员袁

11月8日，民建中央主席陈昌智(中)青浦视察座谈会举行

（民建青浦区委员会供稿）

国良企业——上海博大企业(集团)为2010年上海世博会中国馆石材捐赠商，上海世博会“一轴四馆”的参建商，世博会特许商品生产商、零售商，世博会民营企业联合馆钢结构捐赠商、主承建商，民企馆参展企业；会员陆景阳企业——上海乃村装饰工艺有限公司为上海世博会展示工程类推荐服务供应商和上海世博会援助项目服务指定供应商，总承包建设了太平洋联合馆等23个国家和地区馆，整体运营太平洋联合馆等9个场馆，又是上海世博会非洲联合馆中央舞台、大洋洲广场舞台184天演出活动的总承办商，并和上海博大企业(集团)共同开发世博礼品工作；会员卢伟光企业——安信伟光木材有限公司为上海世博会中国民营企业联合馆指定地板赞助商、世博中心桥面工程地板供应商和铺装服务商。退休会员发挥特长，服务世博：原民建区委主委叶肇恺参与上海乃村装饰工艺有限公司世博项目图纸设计和审核工作；原青浦镇鹏城经济小区总经理傅立中积极帮助上海乃村装饰工艺有限公司争取世博工程项目，为企业物色到急需设计公司、设计审核人才；青浦高级中学退休高级语文教师周乃传经民建区委推荐，受聘于青浦区迎世博窗口服务指挥部办公室工作，直接参与全区窗口服务指挥部办公室日常联系工作。（沈　俐）

■宣传工作显亮色　年内，民建区委积极发挥《青浦民建》会刊宣传阵地作用，组织参加各类征文活动。叶肇恺撰写的《从实践中探索搞活支部活动的规律》获民建中央“建会65年来自身建设基本经验”理论研究“优秀成果二等奖”，鲍长生撰写的《非公有制经济转型的制约因素研究》获“’2010中国(陕西)非公有制经济发展论坛”征文二等奖。民建区委还荣获民建上海市委网站2010年度“表扬组织”奖。（沈　俐）

■服务社会多形式　年内，民建区委积极组织参与抗旱、抗震救灾捐款捐物活动，全年募集善款31300元。10月16午，民建青浦区委、农工民主党青浦区总支联合医疗队10名医生赴盈浦街道民欣社区开展免费义诊活动。10月27日，主委尤佳秋率领部分会员到盈浦街道敬老院开展“敬老爱老”活动，向老人们送上会员周豪良企业上海威贸电子有限公司、会员张玉群企业上海市浜田机械制造有限公司、会员陆景阳企业上海乃村装饰工艺有限公司出资购买的46寸液晶电视机1台、音响1套和洗衣机2台。12月31日，由第三支部策划组织、民建区委首次主办、青浦音乐家协会承办的2011年新年音乐会在晨兴国际商务楼底楼大厅举行，区政协副主席、九三学社青浦区委主委沈红慧，区委统战部副部长李希凤，区文广局副局长盛玲芳，民建青浦区委主委尤佳秋等出席音乐会。民建会员，其他区民主党派负责人，区写作协会、书画协会、摄影协会、交谊舞协会、民间文艺协会、老年

协会负责人以及音乐家协会会员、音乐爱好者等800多人观看演出。音乐会开始前，民建区委第三支部负责策划组织书法作品义卖活动，邀请3位区内知名书法家现场为会员挥毫泼墨，所创作的作品现场义卖，共筹得善款1600元，并将善款作为民建区委特殊会费用于助学。会员企业金博建工集团、博大企业集团，把后世博发展作为第二次创业新起点，选择新疆喀什作为对口援建地区，开拓思路，创新援建工作新局面。民建区委坚持开展"特殊会费"募捐工作，全年募得善款11810元，持续用于帮困助学活动。（沈　俐）

■自身建设常抓不懈　4月，民建区委成立支部改选领导小组，制定《民建青浦区委支部改选方案》，各支部通过自荐与推荐相结合、酝酿与访谈相结合、民主与集中相结合的方式，产生新一任委员会，至9月底，支部改选工作顺利结束。年内，继续做好发展会员工作；加强后备干部队伍建设，重点建立并坚持执行班子联系制度、企业界会员联系制度、走访探望制度，自身建设常抓不懈，增强了民建组织的凝聚力、向心力。（沈　俐）

民进上海市青浦区支部

■概况　2010年，中国民主促进会上海市青浦区支部（以下简称民进支部）深入贯彻落实科学发展观，树立和践行社会主义核心价值体系，精心组织开展各类活动，认真履行参政党职能，努力加强自身建设，不断开创青浦民进工作新局面。年内，新增会员6人（其中：新发展会员4人、从外省市转入2人），共有会员22人。年内，民进支部荣获"全国先进基层组织"称号。（徐　华）

■加强自身建设　年内，民进支部坚持把加强思想建设放在自身建设首位，根据民进市委《树立和践行社会主义核心价值，推进学习型参政党建设意见方案》，结合区委统战部关于《"树立和践行社会主义核心价值体系"学习纲要》，向全体会员下发学习和贯彻通知，组织开展2次专题集体学习，有多名会员撰写学习体会，并参加区委统战部组织的征文比赛，获二等奖1个。民进支部坚持两月1次集中交流学习，提高会员参加学习活动主动性、积极性、有效性。全年有16名会员参加各类专题学习班。通过学习教育，会员政治理论水平和知识文化素养进一步提升，围绕中心、服务大局的参政党意识更加自觉，坚持和完善共产党领导的多党合作和政治协商责任感进一步增强。（徐　华）

■履行参政议政职能　年内，民进支部充分认识开展"抓机遇、破难题、做表率、做贡献"活动时代意义，从实际出发，本着突出重点、突出特色、务求实效精神，根据青浦区经济发展与社会进步状况，选好课题，开展调查研究，积极建言献策。在年初区政协会上提交的《关于完善旧居住小区基础设施建设的建议》被评为优秀提案。会员中政协委员和特约监督员认真履行职责，积极参加各种视察、检查和监督，围绕青浦区社会经济发展提出意见或建议，使参政议政工作又上一个新台阶。积极开展社情调查，加深了解当前改革开放以来民营经济发展壮大情况，为青浦经济建设、政治建设、文化建设、社会建设建言献策。于4月赴上海亿兆投资有限公司考察；5月，组织部分会员赴香花桥街道实施结对共建活动，在听取了街道领导工作介绍后，积极为街道发展出谋划策，开展针对性课题调研；7月，赴中国德力西集团总部考察。（徐　华）

■开展社会服务　民进支部响应民进市委年初倡议，动员全体会员关注世博、参与世博。在做好本职工作基础上，以实际行动投身参与世博、志愿者服务和区委统战部组织的参观、座谈和各类文体活动。配合民进市委协助做好对民进黔南州委领导的世博接待工作，为世博会的成功举办作出应有贡献。同时，积极投身慈善事业，青海玉树地震发生后，民进支部在第一时间向全体会员发出倡议，开展赈灾募捐活动；在东方绿舟举办自闭症儿童康复训练活动，帮助特殊儿童融入社会。年内，会员多次下社区开展义务服务（夏阳街道儿童绘画教育、新青浦社区少儿古筝教育）等。（徐　华）

2月10日，中国农工民主党上海市青浦区总支部委员会成立大会举行（农工党青浦区总支供稿）

农工党青浦区总支

■概况　2月10日，中国农工民主党上海市青浦区总支部委员会（以下简称农工总支）成立。大会选举钟育琦为第一届农工总支主任委员，饶斐文、田惠敏为副主任委员，刘铁梅、潘江为委员。8月，农工总支下属4个基层支部成立。年内，共发展党员4人，转入党员1人，年末共有党员66人。年内，1名党员获区卫生局行政记功，2名党员入选区卫生系统第一届"医苑新星"，2名党员获区世博先进个人，1名党员荣获区"三八"红旗手称号，1名党员荣获区社区教育大比武二等奖。（沈秀芳）

■**自身建设** 2010年是中国农工民主党建党80周年。农工总支以此为契机，通过多种学习形式，组织党员学习统战理论、《上海农工党专辑》、《划清“四个界限”学习读本》等。在农工党上海市委纪念中国农工民主党建党80周年征文活动中，王耐获一等奖。在区委统战部和区社会主义学院开展的树立和践行社会主义核心价值体系征文活动中，王耐撰写的《责无旁贷，以身践行》，吴维特撰写的《再读“老三篇”》分别获得二、三等奖。（沈秀芳）

■**参政议政** 借助政协平台，农工总支就青浦区经济、文化、卫生等方面向区委、区府提出意见和建议。在年初召开的区政协三届四次全会上递交《关于将新青浦体育中心列入“十二五”规划建设的建议》、《关于规范美化青浦城区交通路牌的建议》、《关于把防止老年人腹股沟疝作为2010年青浦区老年人健康工程项目的建议》等集体提案7件，个人提案6件，其中《关于加快社会办医步伐，完善医疗卫生服务体系的建议》被评为2010年度区政协优秀提案。调研报告《加强青浦区精神卫生防治工作的建议》在区政协三届五次会议上作为大会发言。社情民意《关于加强房地产中介管理的建议》得到农工市委参政部重视并被采用。（沈秀芳）

■**社会服务** 年内，农工总支继续发挥医务人才的优势，开展传统服务项目。上半年，为盈浦街道西部社区居民开展免费医疗咨询服务，下半年为盈浦街道民欣社区60岁以上老年居民做健康体检，受到社区居民赞颂。联合上海市慈善基金会青浦分会积极开展送爱心活动。年初，向白鹤杜村退休党员赠送羽绒服150件；4月，向青浦蓝天民办小学赠送薄绒衫600多件；重阳节，看望盈浦街道庆华社区侨眷和夏阳街道章浜社区老人，送上真诚的祝福和节日礼物。倡议全体党员向西南特大旱灾地区人民捐款；为云南省红河州绿春县、元阳县与上海市慈善基金会青浦分会牵线搭桥，在多方努力和协调下，援助红河州建设资金23万元，用于建设3个人畜饮水安全工程，同时还援助价值48350元的物资。（沈秀芳）

致公党青浦区支部

■**概况** 2010年，中国致公党上海市青浦区支部（以下简称致公党支部）围绕“基层组织建设年”和“树立和践行社会主义核心价值体系”活动，群策群力，切实履行参政党职能，加强自身建设，践行社会服务，为青浦经济社会稳定发展作出了应有贡献。年末，共有党员18人（其中年内发展党员6人），其中：具备中高职称行政事业单位10人、私营业主5人、企业人员3人；平均年龄39.38岁。党员中有市人大代表1人、区人大代表1人、区政协委员1人、区行风评议员1人。年内，周敏华被评为致公党中央先进个人，姚臻获得上海市重点工程实事立功竞赛个人记功，闵宏伟被评为致公党上海市委先进个人，沈卫星被评为青浦区十大名医，吴斌被评为“参与世博服务世博”先进个人。（闵宏伟）

■**致公党青浦区支部成立** 2月4日，中国致公党上海市青浦区支部委员会成立大会在区政府会议室举行。市政协副主席、致公党上海市委员会主委吴幼英，区委常委、统战部部长陆建铭，致公党全体党员出席大会。大会任命姚臻为致公党青浦区支部委员会主委，周敏华为致公党青浦区支部委员会副主委。（闵宏伟）

■**完善制度建设** 为完善工作机制和健全工作制度，更好履行参政议政职能，提高工作质量，使支部各项工作规范有序，有章可循，根据《中共中央关于坚持和完善中国共产党领导的多党合作和政治协商制度的意见》和致公党中央、市委制定的党务工作方针及具体工作要求，结合工作实际，制定会议制度、学习制度、信息报送制度、参政议政制度、组织工作制度、宣传工作制度及财务管理制度。各项工作均遵循相关制度有序推进。（闵宏伟）

■**加强理论学习** 按照致公党市委提出的“基层组织建设年”和“树立和践行社会主义核心价值体系”要求，结合青浦“一城两翼”建设新形势发展及支部自身建设需要，致公党支部认真学习中国特色社会主义理论体系、科学发展观、社会主义核心价值体系，定期开展组织生活，积极参加致公党上海市委和区委统战部组织的报告会、座谈会、研讨会、培训班等，结合纪念中国致公党成立85周年、致公党上海市委员会成立30周年，组织党员学习党章党史，使全体党员普遍接受理论学习教育和历史传统教育；组织党员积极参加社会主义核心价值观学习征文活动。通过学习实践，党员们进一步坚定了“致力为公”的信念，增强了自觉履行参政党职能使命感和责任感。（闵宏伟）

■**积极参政议政** 致公党支部积极参加区委统战部组织各种协商会、征求意

2月4日，中国致公党上海市青浦区支部委员会成立大会举行

（致公党青浦区支部供稿）

见会、座谈会等。年内,致公党支部向致公党市委、区委统战部提出社情民意提案5篇;参与致公党市委组织《关于老年教育经费问题》的课题调研;参与区群众文化专题调研;参加区事业单位、政府机关行风评议活动。(闵宏伟)

九三学社青浦区委员会

■**概况** 2010年,九三学社上海市青浦区委员会(以下简称社区委)以树立和践行社会主义核心价值体系为主线,继续深入学习贯彻科学发展观,不断巩固政治交接学习教育活动成果,积极履行参政党职能,提高整体素质。年内,社区委发展社员4人,其中:大学本科学历2人、博士2人。年末,共有社员79人。社员中有区政协副主席1人,政协常委2人,政协委员14人。2010年度,在五年一次评选中,有2名社员被评为全国优秀社员,1名社员被评为上海市优秀社员,社区委获得社市委"社务工作先进集体"荣誉称号。全年召开社区委会议10次,支社会议13次,专委会议5次。(王淑娟)

■**自身建设** 年内,通过组织社员学习社会主义核心价值体系有关理论,广大社员政治素质和思想道德水准进一步提高,接受中国共产党领导自觉性和坚定性进一步增强。为使社会主义核心价值体系理论学习深入开展,社区委购买了《社会主义核心价值体系读本》和《社会主义核心价值体系学与行宣讲报告集》分发到各支社。《青浦九三》刊物作为社员学习交流的平台,进行学行活动的宣传,刊登社员学习体会文章。社区委还利用社市委资源,组织社员学习《九三学社树立和践行社会主义核心价值体系典型事迹报告》;参加区委统战部组织的新社员理论培训、支社班子培训等。在学习过程中,社员们注重理论与实践相结合,参加征文活动、撰写体会文章,有7篇征文获得不同奖项。为提高社员整体素质和参政议政能力,社区委推荐1名社员参加社市委组织中青年社员骨干培训班。2010年,社区委编印《青浦九三》4期,利用刊物和网站对社务工作进行全面宣传报道,向社市委网站报送工作报道5篇,向区委统战部网站报送2篇,报送稿件录用率100%。(王淑娟)

■**支社换届** 2010年是支社换届年。8月,4个支社按照文件要求,按照相关程序完成换届选举工作。在支社班子人选上,除对符合要求老班子成员继续提名外,新提名2名人选,分别为30岁、31岁硕士研究生,换届后班子成员平均年龄39岁,学历大学以上的91%,其中区政协委员占50%。(王淑娟)

■**参政议政** 区"两会"期间,社区委共提交提案30件(其中:集体提案7件、个人提案23件),其中:《加强湖泊管理,改善水生态环境》和《关于加快推进青浦区企业创新能力的几点建议》作为大会发言;集体提案《加强湖泊管理,改善水生态环境》和个人提案《关于继续强化青浦区水源区保护地生态补偿机制的建议》被评为优秀提案,集体提案《关于加快推进青浦区企业创新能力的几点建议》和个人提案《关于做好青浦新城规划的几点建议》和《关于重视违章搭建的几点建议》被评为优秀提案提名奖。社区委积极向上级机关报送社情民意,年内,向社市委报送社情民意17条,社市委采用17条,其中:被中央统战部采用1条、社中央采用4条、市政协采用1条、市委统战部1条。社区委被评为2010年度社市委信息工作三等奖,社员倪正茂获个人信息工作一等奖。(王淑娟)

■**社会服务** 社区委为社内帮困助学基金捐款,已形成长效运作机制。2010年,继续资助青浦高级中学困难学生徐艺玮一年学费,资助四川广元剑阁实验小学10名小学生。世博会期间,社员克服种种困难,长期参加世博志愿者活动、世博园区文艺演出,其中社员田春红、沈雪峰、王健分别获得市、区世博优秀工作者荣誉称号。10月底,社区委邀请社内中医专家龙华医院于素霞医师为夏阳街道居民作冬令养生知识讲座;还就豫英学校周围乱设摊现象主动联系夏阳街道相关部门,为改善该校周围卫生和安全环境建言献策。(王淑娟)

5月13日,九三学社青浦区委举办市级医疗专家真情服务社会社区服务活动 (九三学社青浦区委员会供稿)

青浦区工商业联合会

■**概况** 2010年,青浦区工商业联合会(以下简称区工商联)以学习实践科学发展观为指导,强化全体机关干部认真学习科学发展观、中共十七届五中全会和全市统战工作会议精神,贯彻落实《中共中央、国务院关于加强和改进新形势下工商联工作的意见》,全面提升工商联整体素质,着力推动区工商联工作全面、协调、可持续发展。针对2009年政风评议提出整改意见,认真整改,进一步加强工商联机关制度建设、作风建设、廉政建设。财务管理、档案管理,学习制度、安全保密等制度进一步完善,全体干部职工团结一致、和谐共事、

扎实工作，保持了民主办会、勤俭办会的良好态势。（王敢峰）

■履行参政议政职能 区“两会”期间，会员中政协委员共递交个人提案10件，工商联集体提案《应对金融危机确保两个增长—关于金融危机下青浦区民营企业发展的若干建议》作了大会发言。3月30日，邀请市工商联副主席、上海大学副校长唐豪教授作《新环境中上海民营经济转型提升之路》的讲座。该讲座分析了当前国际国内经济形势，剖析了当前民营企业发展现状和未来发展之路，对于民营企业了解和解读国家政策，加快调结构、促转型力度，抓住企业发展机遇，提升企业发展能级等方面有着一定指导意义。年内，开展《关于扩大非公经济人士有序政治参与的建议》调研工作，通过分析当前非公有制经济人士参与民主政治建设的现状和存在问题，推进非公有制经济人士有序参与民主政治建设的核心问题，不断提升这一阶层参与意识和参与能力。代表民营企业的10名行风评议员参与部分政府职能部门的行风评议工作。（王敢峰）

■展现社会服务形象 区工商联始终把服务基层、服务社会作为工作导向，年内举行了多种形式的活动。一是举办青浦民营企业家迎新春联谊晚会。会上，民营企业家表示，在新的一年里，要发扬艰苦奋斗、求真务实、敢闯敢干、拼搏进取的敬业精神，以科学发展观为指导，在提高经济增长质量上、效益上下工夫，在又好又快、自主创新发展上做文章，在转变方式、调整结构上求突破，为全区经济社会发展作出更大新贡献。二是联合区税务局、工商局等职能部门，在各基层商会协助下分别召开民营企业家座谈会。会上，企业家们提出了自身企业在发展过程中所碰到的瓶颈问题以及对青浦社会环境、公共建设等方面提出意见和建议。三是与区政协经济委员会在上海熊猫机械集团有限公司联合召开青浦区民营企业家座谈会。20余位企业家先后简要介绍了企业发展近况与发展中遇到困难，并就企业规划用地、整合闲置土地和厂房资源、改善道路交通、加强人才引进等方面提出意见、建议。四是联合举办银企座谈会。会上，通报各银行基本情况、法律法规、业务特色、金融产品、融资规则、资金利用等，提高民营企业家掌握政策，用足用好扶持资金能力。五是举办2期“青法论坛”。邀请市高院、市二中院、青浦法院法官和上海政法学院教授到企业进行法制宣传，与会企业家代表就自身企业在经营过程中遇到法律问题与法官、法律专家进行互动，企业家们体会到“青法论坛”对企业解决经营中遇到的劳资纠纷、合同纠纷、合法经营、政府依法办事都具有推动作用。

为帮助会员企业及时了解掌握政策信息和经济发展趋势活动动态，区工商联为会员单位发送市贸发中心编发的《贸发中心简报》和《中小企业贸发通讯》；编印《青浦商会》4期，全年发放《青浦商会》5400多份。年内，充分发挥协调作用，通过与有关职能部门的沟通、协调，帮助5家企业变更工商登记；帮助3家企业办理房产证；帮助2家企业解决排水口事宜；解决6家企业外来高层管理人员子女就读难问题；帮助圆通速递申报上海市重大技术改造项目（总投资2.4亿元），并辅导申报材料送上海市经济委员会；帮助8家企业协调避峰让电事宜。关爱企业家身心健康，组织20多名民营企业家进行健康体检。组织工商联执常委参观俄罗斯和朝鲜边境贸易，赴吉林图们市学习考察。通过参观考察，企业家们体会到只有技术创新、管理创新、经营创新才能做好、做强、做优企业。

春节前后，区工商联分别在练塘镇、金泽镇召开老会员迎春座谈会，并挨家挨户送上慰问金和慰问信；对重病住院老会员，送上慰问金和慰问品；继续落实沪委统发〔2006〕151号文件精神，对区内6名定额补助对象，及时将每月补助款送到他们手中。（王敢峰）

■开展评优表彰活动 为弘扬先进，表彰典型，进一步促进上海市非公有制经济持续发展和非公有制经济人士健康成长，经过广泛推荐、严格评审、两级公示和社会监督，上海德力西集团有限公司董事长、总裁胡成国，上海熊猫机械（集团）有限公司董事长、总裁池学聪荣获第三届上海市非公有制经济人士优秀中国特色社会主义事业建设者荣誉称号；上海华新合金有限公司董事长徐清荣获第三届上海市非公有制经济人士优秀中国特色社会主义事业建设者提名奖荣誉称号。经过青浦区15个职能部门严格筛选和评定，上海德力西集团有限公司等50家青浦民营企业获得2007～2009年“青浦区五十强民营企业”荣誉称号。3月30日，2007～2009年“青浦区五十强民营企业”表彰大会在中共青浦区委党校举行，各级领导和企业家共400多人参加大会。上海市工商联党组书记季晓东，区委副书记、区长张国洪分别在会上作重要讲话；4家获奖企业就自身发展模式、经营理

3月5日，参加第三届上海市非公经济人士优秀中国特色社会主义事业建设者表彰大会代表与区委常委、区委统战部部长陆建铭（右二）合影　（区工商联供稿）

念、企业文化建设等方面作交流。 （王敢峰）

■**推广光彩事业活动** 年内，区工商联践行"感恩行动"，承担社会责任，推广光彩事业，促进和谐发展。一是举办青浦区2009年冬季退役士兵就业招聘洽谈会暨现役军人就业意向咨询会。市委常委、上海警备区司令员江勤宏，区四套班子领导到现场视察指导工作。全区有招工意向的50个单位以及青浦籍126名退役士兵和50名驻区部队现役军人参加活动。参加活动企业共腾出200多个工种、1017个岗位，供退役士兵选择，通过洽谈，初步达成用工意向人数为96人（次）。二是举办民营企业专场招聘会。23家民营企业提供149个岗位，现场求职450多人次，当场面试298人，达成初步录用意向105人。三是开展"青浦民营企业慰问世博卫士——交通民警"活动，活动中，民营企业家向交通民警送出价值4万多元慰问品。四是举行青浦区非公经济人士回报社会感恩行动启动仪式。五是举办"放飞希望、爱心捐赠"——青浦民营企业家关爱农民工子女第四次学校赠送活动。为区内农民工子女送上了《小学生全功能字典》、录音机、体育用品等。同时，广大民营企业、非公经济人士积极参与建设世博、服务世博、奉献世博。上海德力西集团电线、电缆、高压柜、低压柜等产品分别进入上海世博会中国馆、企业联合馆、文明馆、博物馆、综艺厅工程、上海世博会浦西江南广场工程；上海熊猫机械（集团）有限公司智能化箱式泵站、消防泵组等产品进入世博会主题馆、非洲联合馆、西班牙馆、沙特馆等场馆工程；安信伟光木材（上海）有限公司木地板入展世博民企馆，铺进了世博中心；上海博大企业集团有限公司成功申请捐建中国馆大台阶，参与永久性建筑"四馆一轴"石材供应及建设，成为世博特许商品生产商、零售商。很多民营企业在世博建设、世博服务中展示了实力，光彩精神得到了进一步弘扬。年内，还呼吁民营企业家继续发扬"一方有难，八方支援"中华民族传统美德，为灾区民众奉献一片爱心，为重建家园贡献一份力量。全区工商联会员企业共向青海玉树震区捐款300多万元以及急需的帐篷、棉被等生活必需品。区企业家协会爱心助学基金向区红十字会捐款10万元，用于资助区内贫困学生学费。 （王敢峰）

■**推进基层商会工作** 2010年，全区各镇（街道）商会进一步健全各项制度。例会制度执行正常，形式多样；各类座谈会、讲座紧扣形势，内容丰富；光彩事业推动有力，成效显著；外出考察增进感情，开阔视野；服务工作尽心尽力，体现关怀。朱家角镇商会举办"圆梦青春·共享世博"非公企业青年联谊活动；华新镇商会举办"以案说防范、共建平安城"为主题法制宣讲进企业活动；练塘镇商会举办"庆世博同携手创和谐"扶贫助学、税法宣传主题活动；徐泾镇商会组织商会执委赴江苏东台考察学习；香花桥街道商会举办"2010年社会保险最新政策解读与前瞻暨社会保险对企业员工深远影响分析研讨会"；盈浦街道商会召开执委会，邀请民建青浦区委领导和邮政储蓄银行青浦区支行参加。各基层商会开展活动内容丰富，效果明显。 （王敢峰）

■**丰富企业家协会内涵** 青浦区企业家协会"太太沙龙"本着共同探讨精彩人生，共享美丽心得，展示巾帼风采，当好贤内助为宗旨，通过举办健康养生、公益慈善、社交礼仪、教育、投资理财等活动，倡导企业家太太们成为扶困济贫、乐善好施、互帮互助的模范，也使"太太沙龙"真正成为太太们的"温馨之家"。 （王敢峰）

综 述

2010年，青浦区人民团体、社会团体，抓住参与世博、服务世博、奉献世博契机，组织世博志愿者队伍，开展形式多样志愿服务；围绕学习型社会创建，举办各种类型学习班、培训班，提高全民素质；紧扣区委、区政府中心工作，履行各自职能，发挥纽带、桥梁、助手和后备军作用，为举办一届成功、精彩、难忘世博会，推进青浦经济社会全面发展，维护社会和谐稳定，提高市民整体素质，发挥了应有作用。

青浦区总工会以“巩固提高，创新发展”为思想，以适应形势要求、突出工作重点、强化创新理念、坚持求真务实为要求，以新一届劳模选树为载体，运用党和政府赋予工会资源和手段，团结带领广大职工在“参与世博、服务世博”中提升素养，在“调结构、促转型”中建功立业，在促进企业发展中构建和谐劳动关系，各项工作得到有效推进。2010年，区总工会大力推进基层组织建设，新建基层工会266家，新增建会单位1253家，发展工会会员43238人。评选推荐2010年全国劳动模范2名，2007～2009年上海市劳动模范18名，上海市劳动模范集体5个。2288家企业开展各类劳动竞赛，参赛职工6.5万人次，开展安全生产、劳动保护培训352次，培训职工51164人次。职工为企业提出合理化建议5417条，采纳1269条，创经济效益1368万元。开展各类技能培训186期，培训职工3.6万人次。有20家企业被命名为“区企业职工文体活动中心”示范点。企业工资集体协商覆盖职工21.9万人。处理职工来信、来访257件，涉及职工463人次，参与集体争议事件调处65起。成功创建市级创业示范点14个，区级创业示范点48个，区级就业示范基地90个。帮扶困难职工1424人次，帮困金额64.6万元。督促20家企业补发农民工工资，补发金额268.91万元，涉及劳动者701人。

共青团青浦区委员会突出“凝聚融合、志愿公益、创新团建、夯实基础”工作思路，参与服务世博这一重点、抓住团的建设这一主线，举办“共青团基本信息管理系统”、青浦区直属单位团干部和基层团干部，世博会城市志愿服务站志愿者候选人等培训班、开展青春送温暖、祭扫烈士陵园、“六一”主题论坛等活动，团结带领全区团员青年为服务世博、建设青浦作出贡献。全区共有14周岁－28周岁青年51206名，共有团员24138名。有专、兼职团干部1401人，具大专以上学历团干部占62.74%。

青浦区妇女联合会牢固树立和全面落实科学发展观，坚持服务世博与服务妇女相结合；坚持促进经济社会发展与促进妇女自身发展相结合；坚持做好各项工作与谋划“十二五”妇女儿童发展规划相结合，团结引领广大妇女为建设“一城两翼”、构建和谐社会作出新贡献。在参与世博、服务世博、建功世博活动中，培育、宣传、表彰服务世博巾帼文明岗178个，有43个班组被评为市巾帼文明岗，13名女性被评为市服务世博先进个人，有3个女性班组被推荐为服务世博全国巾帼文明岗，有3名女性被推荐为全国服务世博巾帼建功标兵。评选美好家园文明户27118户，区美好家园标兵户22户。各类实用技能培训班124期，培训妇女5783人次。为家庭困难妇科重症患者、年老体弱老妇女工作者送上帮困救助金39.4万元。

青浦区科学技术协会紧紧围绕区委、区政府中心工作，认真履行“三服务一加强”工作职责，以争创2011～2015年全国科普示范区为契机，根据科协工作职能，举办青浦名家科普讲坛和政府网站科普视频访谈，建立区首家幼儿科普教育实践基地，打造科普活动特色品牌，开放科技成果展示馆，积极开展科学普及、学术交流、人才服务等工作，成为青浦科技创新展示新窗口和科学普及新阵地。为提高全区人民科学文化素质，促进青浦经济社会科学发展作出努力。至年底，区内有2家国家级科普教育基地，7家市级科普教育基地，15家区级科普教育基地，7家区青少年科普教育基地。有各类研究会、学会、协会37个，科普志愿者2122名。

青浦区归国华侨联合会认真贯彻落实中国侨联“八代会”和上海市侨联“十代会”精神，坚持“二个并重”（老侨与新侨工作并重，国内与国外工作并重）工作要求，发挥人民团体优势和特点，认真履行工作职能，精心组织品牌活动，努力形成工作特色，最大限度地团结广大归侨侨眷和海外侨胞，为青浦“一城两翼”建设作出侨界新贡献。

青浦区残疾人联合会按照青浦区残疾人事业“十一五”发展纲要和第三次代表大会确立的工作目标，以创建全国残疾人工作示范城区达标、“十二五”规划编制为抓手，从广大残疾人最关心、最直接、最现实的利益出发，在残疾人康复、宣文、教育、就业、劳动保障等方面继续保持良好势头，全面完成年初制定的各项工作计划。年内，对1100名残疾人进行世博礼仪知识培训，组织1000名残疾人、残疾人工作者参加世博园区试运行活动。全区有阳光职业康复援助基地9家，有202名中度残疾人加入非正规就业劳动组织并得到就业援助。

青浦区红十字会抓住参与世博、服务世博、奉献世博契机，在组织建设、救护培训、捐款救灾、人道救助、宣传教育、社区服务、红十字青少年等方面取得新成效，得到了社会认可。至年底，共培训红十字救护员3558人，普及培训27671人。募集人道救助资金3072.26万元，发放帮困款24.65万元，发放贫困学生助学金4.08万元。对全区1158户因病致贫家庭发放救助款42.61万元。全区有遗体捐献志愿者141人，实现者19人。造血干细胞捐献志愿者1680人。（曹自求）

青浦区总工会

■概况 2010年，青浦区总工会（以下简称区总工会）以“巩固提高，创新发展”为指导思想，以适应形势要求、突出工作重点、强化创新理念、坚持求真务实为基本要求，广泛运用党和政府赋予工会资源和手段，团结带领广大职工在“参与世博、服务世博”中提升素养，在“调结构、促转型”中建功立业，在促进企业发展中构建和谐劳动关系，各项工作得到有效推进。是年，区总工会辖有直属工会58家，其中：镇总工会8家，街道（社区）总工会3家，委、局工会（工作委员会）33家，区属公司工会8家，行业工会6家。全区基层工会组织2562家（包括工会联合会），涵盖企事业单位31369家，入会会员43.0万人，其中农民工会员30.2万人。（马美君）

■做好新一届劳模选树和宣传工作 2010年，青浦区完成2010年全国劳模和2007～2009年上海市劳动模范、劳模集体评选推荐工作，新产生全国劳模2名、市劳模（先进工作者）18名、市劳模集体5个。“五一”节前夕，区委、区人大、区政府、区政协领导亲切会见新当选劳模、先进工作者和劳模集体代表。同时，区总工会通过组建劳模事迹宣讲团，巡回10多个街道、镇、局进行先进事迹宣讲；召开劳动模范、先进工作者庆“五一”座谈会；发挥报纸、电视台等媒介作用，继续在青浦电视台开设“劳动者之歌”专栏等形式，充分展示劳模风采，扩大劳模精神在全社会影响力，在全区上下营造了学习劳模、赶超先进、争创一流、共谋发展浓厚氛围。（马美君）

■推动企业建立工会组织 2010年，区总工会攻坚克难，在大力推进基层工会组织建设中：一是明确目标任务，深入开展集中行动。结合青浦实际，制定三年工会组建和会员发展目标任务（2010年企业建会率85%，2011年90%，2012年普遍建立。职工入会率2010年82%，2011年87%，2012年92%）；在“广普查”集体行动中，各镇（街道）对照第二次全国经济普查所获得最新数据，联合社保、审计、工商等部门，对区域内实地实业型企业和职工情况进行地毯式排摸，做到边普查、边组建、不停步。二是完善服务促建会，借势造力克难点。针对企业建会率大幅提升，一些难建企业“久促不建”实际，一方面开展“柔性建会”，推动建会新机制；另一方面，对拖建、拒建企业，加强执法检查督促建会。经过努力，全年新组建基层工会266家，新增建会单位1253家，发展工会会员43238人，25家难建企业建立工会组织。（马美君）

6月29日，青浦区推进学习型企事业单位建设工作大会召开
（区总工会供稿）

■开展群众性经济技术创新活动 年内，以“五小”（即小发明、小创造、小革新、小设计、小建议）为主要内容，通过劳动竞赛、合理化建议、技术攻关、岗位练兵、技师育高徒等多种形式群众性经济技术创新活动，引导广大职工立足本职、深挖潜力、争创一流，为企业发展多作贡献。全年全区2288家企业开展各类劳动竞赛2834项，参赛职工近6.5万人；职工为企业提出节能减排等合理化建议5417条，采纳1269条，创经济效益1368万元。（马美君）

■搭建平台提高职工技能水平 年内，区总工会会同区人保局开展以“服务世博、提升技能、促进就业”为主题职工职业技能培训、竞赛和晋级活动，积极为职工搭建展示技能、提升水平、升级考证平台。培训、竞赛和晋级活动设电工、多媒体制作、中式烹调和西式面点师4个项目，各镇、街道174名职工参加。通过先培训后竞赛，有81人获中级职称、32人获高级职称、1人获技师职称。会同政府有关职业培训机构培训职工9683人（农民工上岗培训2849人），获中高级以上职称4486人。各级工会组织开展技能培训（讲座）186期次，培训职工3.6万多人次。（马美君）

■开展学习型企事业单位评选活动 年内，区总工会会同区文明办、教育局、发改委、科委、人保局、国资委、工商联8

家单位,开展“学习型企事业单位评选活动”。6月29日,召开青浦区推进学习型企事业单位建设工作大会。会议对评选工作作全面部署,命名12家区、镇职工培训中心。学习型企事业单位评选共制定5方面15条评估标准,体现时时、处处、人人等学习型组织特点,彰显职工代表大会、科技创新、“创争”活动、读书活动、企业文化等在评选过程中优势。为推动评选工作有序开展,区总工会形成两项保障工作机制:一是组织领导机制。区总工会成立推进学习型社会建设工作领导小组,形成学习型社会建设实施方案,并将有关目标和评估制度导入“青浦职工素质工程发展规划”。二是经费监督机制。按照法律、法规和有关文件规定,把职工教育经费使用纳入企业民主管理范畴,列入平等协商和签订集体合同范围,并通过职代会、厂务公开、专项监督检查、职工代表巡视等途径,保证企事业单位依法提取并合理使用,为职工素质工程、学习型企事业建设提供必要物质保障。评选活动每2年开展一次,首批100家单位参评申报工作在年内基本完成。

(马美君)

■提升职工素质工程 年内,区总工会继续发挥工会“大学校”作用,努力提升职工素质工程。一是加大对EBA培训宣传力度,通过走访企业,层层发动,全年共有580名职工参加初级工商管理培训。在完成初级工商管理培训基础上,动员近500名职工(包括农民工)参加学历教育,接读中大专班。二是开展“青浦职工免费培训菜单”进企业活动,全区有3.7万多名职工参加法律知识、职业道德、心理疏导等课程培训。三是落实“万名职工计算机培训”政府实事项目,培训职工4713人,有4024人通过考核取得证书。

(马美君)

■建立“职工书屋”流动书库 12月3日,区总工会举办“职工书屋”流动书库图书发送仪式,标志着“职工书屋”流动书库正式运转。年内,区总工会投资20万元,购置图书近万册,建立“职工书屋”流动书库。书库实施图书编目、录入、定期流动等专业化管理。通过图书发送车,首批图书分送至全区32家“职工书屋”(涵盖市级以上“职工书屋”示范点4家、区级示范点20家、区级“企业职工文体活动中心”示范点20家)。流动书库每季度更换流动一次,书目涵盖社会科学、卫生保健、畅销书籍、经典名著等,适合不同年龄、不同口味职工阅读。借助流动书库建立,区总工会利用“职工书屋”把职工文化建设重要阵地做实、做深,在全区范围逐步营造阅读条件比较完善、广泛覆盖职工读书网络。

(马美君)

■创建“企业职工文体活动中心”示范点 年内,区总工会启动三年(2010~2012年)创建50家“企业职工文体活动中心示范点”计划,积极争取政府给予每家示范单位5万元奖励性补贴。经过层层宣传发动、企业工会积极参与、自下而上推荐申报和区总工会检查验收,12月2日,在上海德邦物流股份有限公司举行青浦区推进“企业职工文体活动中心”建设工作现场会,为首批20家被命名为“企业职工文体活动中心”示范点企业颁发牌匾和奖励。通过德邦公司现场观摩,进一步引导各类企业积极参与职工文化建设,丰富职工活动阵地和载体,推动全区职工队伍综合素质不断提高。

(马美君)

■推动企业开展工资集体协商 年内,区总工会注重发挥典型示范、“上代下”(即上级工会代表下级工会参与集体协商工作制度)等作用,扩大工资集体协商覆盖面,提高协商质量,增强实效性。根据不同地区、不同行业、不同企业实际情况。8~9月,相继在练塘镇科星五金有限公司、朱家角镇上海美津浓公司、白鹤镇王泾村召开民营、外资和村级区域性集体合同平等协商现场会,各镇、街道工会及部分企业、村居工会干部代表现场观摩,鼓励和支持基层工会创新实践。为使工资集体协商工作不流于形式,区、镇两级工会还因企制宜,加强分类指导,从个性化合同文体入手,指导不同规模、不同经营状况、不同所有制企业,根据自身特点和规律,确定不同协商重点。新大洲本田有限公司从企业实际出发,通过协商签订平均最低工资达2300元,工资增长幅度15%;中瑞富士离合器有限公司通过协商,不仅新增工龄工资,行政方还表示从职工进厂时开始计发。在各级工会共同努力下,2010年全区企业工资集体协商覆盖职工21.9万余人,完成市考核目标115.3%;独立建会企业集体合同、工资协议、女职工特殊权益专项合同签订率分别达到92%、79%和88%。

(马美君)

■健全劳动争议调解组织完善维权手段 年内,区总工会立足当前维权工作新情况新变化,下发《关于进一步加强企业劳动争议调解工作的意见》,切实加强企业劳动争议调解组织建设,建立区、镇、企三级调解网络,推动做好劳动关系协调工作。为密切掌握职工思想动态,区总工会领导班子成员带队,深入企业开展职工思想状况、劳动关系现状调研,加强分析和研判,以职工队伍

12月3日,区总工会举行“职工书屋”流动书库图书发送仪式

(区总工会供稿)

稳定促进企业与社会和谐。同时,完善青浦工会法律顾问团建设,发挥人才资源优势,增强工会依法维权能力和水平。做好信访工作,主动参与调处劳资关系,把矛盾和不稳定因素化解在基层和萌芽状态。全年共处理职工来信18件;接受来访和法律咨询239起,涉及职工463人次;参与集体争议事件调处65起。 (马美君)

■启动第二轮劳动关系和谐企业创建 根据青委办〔2008〕1号《关于开展创建青浦区劳动关系和谐企业活动的意见》精神,首轮(2007~2009)3年创建目标任务已顺利完成,全区有1152家企业参加创建活动,有552家企业分3批被评为青浦区劳动关系和谐企业。2010年,第二轮(2010~2012)劳动关系和谐企业创建全面启动,为进一步提高创建工作质量,区总工会开展劳动关系和谐企业创建专题调研活动,总结经验,谋划新一轮创建计划。5月19日,区委办、区府办下发《关于2010~2012年开展创建青浦区劳动关系和谐企业活动的意见》。第二轮创建目标数为2009年年底全区实有企业独立工会组织总数的50%(200家左右),重点为职工在100人以上规模企业;创建标准按照2008年修订后标准执行,其中"一票否决"项目由8条增加到10条(增加"未建立劳动争议调解组织"和"企业有违法用地")。对已经创建达标企业,加强动态管理,开展定期复查,实行退出机制。 (马美君)

■推动工会职工创业示范点、就业基地建设 8月10日,青浦区召开工会职工创业示范点、就业基地授牌仪式暨就业工作推进大会。会议对成功创建48个区级创业示范点、90个就业示范基地和14个市级创业示范点(其中1个为市"十佳创业示范点")企业进行授牌;区人保部门分析了2010年上半年全国以及青浦区就业形势,并解读创业、就业等相关政策;上海方隆金属材料有限公司、上海宝狮缝纫机有限公司和上海马龙铝业有限公司等3家企业经营者在会上作交流发言。受后金融危机影响,职工就业再就业形势依然严峻,为协助政府做好帮扶职工实现创业、促进就业工作,区总工会在选树示范点、基地的基础上,研究出台《青浦工会职工创业示范点、就业基地管理实施意见》,进一步细化实施意见,采取切实有效措施,突出各级工会服务和管理功能,充分发挥各示范点和基地在推进创业就业工作中作用。 (马美君)

■建立"工惠"帮困基金 年内,区总工会积极争取区慈善基金会支持和资助,成立"工惠"专项资金,通过宣传发动,逐步形成职工帮困救助区、镇、企三级网络,拓展对困难职工帮扶面和帮扶力度。全年共帮扶困难职工1424人次,帮困金额64.6万元,比上年增长27%。开展为困难企业职工送体检、送意外保障、送女职工特种重病保障计划活动,共计28万元,比上年增加47%。

(马美君)

■加强安全生产、劳动保护监督检查 围绕"安全生产月"、夏季高温和"11·15"火灾事故,青浦区各级工会广泛开展职工职业安全卫生知识竞赛、建筑业农民工劳动保护专项检查和劳防用品专项检查等活动,着力在增强职工安全意识、提高职工防范能力、促进有关方面安全生产管理和监督、保障职工在生产劳动过程中安全与健康、维护社会稳定等方面取得新进展。一是抓好劳动保护三级网络。重点加强非公企业安全监督工作,全区有1173家企业建立劳动保护监督网络。二是加强对企业一线劳动保护检查员培训。各级工会开展安全生产和劳动保护培训352次,培训职工51164人。三是广泛开展"安康杯"竞赛。通过层层发动,分别有61家企业和817家企业参加市、区级"安康杯"竞赛。其中,有1个班组获得全国赛区"安康杯"竞赛优秀班组,有5家企业获得市"安康杯"竞赛优秀单位。区总工会获得市优秀组织单位。

(马美君)

■女职工工作 年内,区总工会抓好、抓实女职工工作。一是高度重视女职工组织同步组建、同步报批和女职工专项合同同步签订。全区女职工组织组建率98%,基本实现全覆盖;专项合同占集体合同数95%以上。二是以深化"迎世博——青浦女职工在行动"主题活动为主线,开展丰富多彩女职工宣传、服务、奉献活动。"三八"国际劳动妇女节期间,区女工委联合区体育中心等单位共同举办"世博我参与,巾帼展风采"纪念"三八"国际劳动妇女节100周年大会暨世博海宝健身操大赛,各行业、各镇(街道)16支女职工队伍参赛。三是加大宣传力度,关爱女职工身心健康。开展免费妇科病讲座和免费妇科病体检等,联手夏阳街道总工会、上海玛丽医院,开展以"关爱女性健康,共创和谐家园"为主题青浦女职工妇科疾病大筛查公益活动,为20多家企业近600名女职工进行免费体检。四是坚持开展女职工问题专题调研活动。全区各行各业女职工通过调研共撰写论文9篇,其中5篇论文荣获上海工会女职工问题调研报告一、二、三等奖。2010年,区总工会女工委荣获第三届上海市五一巾帼奖(集体)称号。

(马美君)

■开展农民工工资支付专项检查 为切实维护农民工合法权益,确保2010年元旦、春节期间农民工按时足额拿到工资,2009年12月~2010年2月,区总工会会同人保局、建交委以及公安青浦分局开展农民工工资支付情况专项检查。通过前期宣传发动和自查自纠,全区有73户用人单位自行补发全部或部分拖欠工资,共涉及劳动者3087人,补发金额780余万元。区劳动监察大队对部分欠薪问题相对严重企业进行重点监察,并督促20户企业补发拖欠工资,共涉及劳动者701人,补发金额268.91万元,确保了社会和谐稳定。

(马美君)

共青团青浦区委员会

■概况 2010年,共青团青浦区委员会(以下简称团区委)突出"凝聚融合、志愿公益、创新团建、夯实基础"工作思路,参与服务世博的重点,抓住团的建设的主线,团结带领全区团员青年为服务世博、建设青浦作出积极贡献。全区共有14周岁~28周岁青年51206人,共有团员24138人。有专、兼职团干部1401人,具大专以上学历团干部占62.74%。团区委开展"共青团基本信息管理系统"培训会、青浦区直属单位团干部和基层团干部培训班，举办世博会城市志愿服务站志愿者候选人培训班等活动。

年内，共青团青浦区委员会获青浦区世博文化活动组织奖；青浦区世博会志愿者工作站获上海世博工作优秀集体和中国2010年上海世博会志愿者工作优秀组织奖。（邱 兰）

■共青团与人大代表、政协委员面对面 为进一步加强全社会对青年群体关注，维护青少年合法权益，团区委于1月8日在华新青年中心举行“共青团与人大代表、政协委员面对面”座谈会。会间，青年代表就《关于促进青浦区大学生就业创业》、《关于加强青浦区青少年社会教育的若干建议》和《互联网与青少年健康成长》3份意见稿与区人大代表、政协委员进行深入交流和探讨。人大代表和政协委员们认真听取意见稿介绍和青年发言，提出了各自修改意见和不同观点，并仔细分析研究，力争形成议案、提案提交2010年“两会”，切实代表青少年反映呼声诉求，为青少年解决实际困难。这次会议既是一次人大代表、政协委员倾听青少年意见和建议的座谈会，也是一次畅通人大代表、政协委员与青少年建立沟通交流平台的会议。它对于建立共青团与人大代表、政协委员沟通协调机制，畅通青少年诉求表达渠道起到积极作用。

（邱 兰）

1月8日，团区委举办“共青团与人大代表、政协委员面对面”座谈会

（团区委供稿）

■青春送温暖行动 1月19日，由团区委主办的第四届“点亮百个小心愿”青浦青年青春送温暖行动在青浦区辅读学校开展。一群热心公益事业青年把羽绒服、运动鞋、文具等礼物送到辅读学校孩子们手中，帮助他们实现新年愿望。活动中，青年们与孩子们一起开展“共绘世博”、“幸运五环”等丰富多彩互动游戏，共享温暖与快乐。（邱 兰）

■团区委全体会议 1月29日，共青团青浦区三届五次全体（扩大）会议在区委党校召开。全会总结2009年工作，研究当前青浦共青团工作面临形势，部署2010年各项任务。区委副书记胡燕平出席会议并作重要讲话，他指出：全区各级团组织和广大团员青年要牢固树立大局意识和责任意识，紧紧围绕区委三届十二次全会和区三届人大六次会议确定的全年目标任务，积极融入世博舞台，努力提升共青团在参与服务世博中的主动性；主动服务工作大局，努力提升共青团在促进经济社会发展中的贡献力；切实加强自身建设，努力提升共青团在覆盖影响青年中的有效性，为推动青浦科学发展努力奋斗。全会表彰了获得青浦区“五四红旗团组织”（18家单位）、“五四特色团组织”（19家单位）先进集体。

8月3日，共青团青浦区三届六次全体（扩大）会议在区委党校召开。全会总结了上半年工作，明确了下半年工作主要任务是：着力扩大世博志愿服务成果转化，推动志愿服务事业新发展；加强青少年思想政治工作，切实增强团组织引导青年能力；紧贴青少年实际需求，完善服务青少年工作机制；坚持党建带团建，大力加强团的建设。会上，颁发世博会城市志愿者服务站“志愿者之星”和“团队之星”奖章。区委副书记胡燕平出席会议并作重要讲话。

（邱 兰）

■大学生村官“青春奉献新农村、团徽闪耀迎世博”主题活动 2月9日，由区委组织部、团区委共同主办，区大学生村官联合团工委承办“青春奉献新农村、团徽闪耀迎世博”——2010区大学生村官“青春迎世博”主题活动在区电信大楼举行。全区11个镇（街道）大学生村官们以演讲、朗诵、小品、歌唱等多种表演形式讴歌了青浦区新农村建设取得成绩，畅谈了从事农村工作感想和立志扎根基层献身新农村建设青春抱负，展示了当代大学生村干部青春风采、良好素质和健康向上精神风貌，调动和激发了大学生村官从事农村工作积极性和主动性。主题活动发出“从我做起，参与世博、服务世博、奉献世博”倡议，号召全区大学生村官在工作上，爱岗敬业、忠于职守；在社会上，讲文明、重礼仪；在志愿服务中，乐于奉献、尽心出力，共同为世博会成功举办贡献青春和智慧。（邱 兰）

■世博志愿者活动 2月25日，青浦区世博会城市志愿服务站点工作会议在区会务中心召开。会上，青浦区志愿者工作站站长朱建忠强调：城市志愿服务站点要做好站点落地、志愿者培训和世博会参展预演等各项工作，要统筹协调、规范运行，主动服务、展示形象。

3月12日，上海世博会第一个城市志愿服务站外建站在S32高速公路练塘服务区正式落地，这标志着青浦区世博会城市志愿服务站硬件配套安装工作全面进入施工阶段。世博会期间，青浦区共设立20个世博会城市志愿服务站，全区2000余名志愿者轮流上岗，为进入青浦区国内外游客和市民群众提供有关世博信息咨询、语言翻译、文明宣传和应急救援等志愿服务。

3月30日，团区委举办"青春献世博·志愿进行时"主题论坛
（团区委供稿）

3月17日，青浦世博会工作站在东方绿舟举办首期世博会城市志愿服务站志愿者候选人岗前培训班，标志着全区2000多名世博会城市志愿服务站志愿者候选人培训工作已全面启动。培训班为期15天左右，采用"送教上门"，深入基层、方便就近方式，分批完成规定培训课程。

3月21日，青浦区400多名世博会志愿者在上海政法学院接受红十字现场初级急救培训，培训侧重于医学急救知识与实际操作技能结合，课程涵盖止血、包扎、骨折固定、搬运、心肺复苏及避险逃生知识等，并当场进行模拟演练。

3月30日，团区委、区青联共同举办青浦青年"青春献世博·志愿进行时"主题论坛。市电力公司青浦供电公司的市"微笑服务大使"徐爱蓉、北京奥运会志愿者张蔚以及卫生、环保、电信等青年志愿者服务队代表，围绕"青春选择志愿，微笑服务世博"作交流发言，并为区首批17支行业青年志愿者服务队颁发志愿工作认证书。

4月20日，青浦区20个世博会城市志愿服务站投入试运行。首轮站点志愿者统一着装到岗，提供志愿服务，吹响了青浦区世博演练集结号。20个城市志愿服务站，在布局上充分考虑便民、安全等因素，分别设置于凯特利广场、朱家角财苑广场、东方绿舟和G50高速金泽入口等重要商圈、旅游景点及交通枢纽处外建站；中国电信城中东路营业厅、居礼酒店等服务窗口和餐饮住宿场所内设站。在硬件配置上，充分考虑世博志愿服务高效、人本、互动要求，每个服务站点，统一配置32寸液晶显示屏、移动上网本、移动电话、手机和灭火器、医疗救护包等设备、器材。是日，各站点有序工作，共为市民、游客提供242次"信息查询"和117次"文明宣传"；并对出现的各类问题及站点硬件故障及时作出信息反馈，基本达到首日试运行目标要求。

4月28日，区文明办、团区委和区青联在陈云故居暨青浦革命历史纪念馆共同主办"青春世博、文明青浦"系列主题活动暨世博会城市志愿服务站点启动仪式。区委常委、宣传部部长孙萍参加启动仪式，并对青浦区世博志愿服务站点和青年志愿者工作提出三点要求：加强志愿者队伍建设，完善世博志愿服务站点运行管理；加强多方资源整合，深化青春世博行动；加强长效机制探索，实现志愿者工作长远发展。仪式上，上海世博会城市志愿服务站点志愿者、行业青年志愿者、学生志愿者代表作交流发言，并向区电力、电信、公安、卫生、工商、环保等17家行业青年志愿者服务队代表授旗、颁发"站长证书"、发放《站点管理手册》及《站点工作手册》。是日，青浦热线糯米团网络团支部单车骑游爱好者发起"溯城市之源，与世博同行"社会寻访实践活动。

6月11日，青浦区世博会园区高峰志愿者出征仪式在上海大学房地产学院举行。副区长陶夏芳向高峰志愿者代表授旗，她希望所有高峰志愿者能牢记自己光荣使命，能秉承"奉献、友爱、互助、进步"志愿者精神，用最良好的精神风貌呈上最动人微笑。出征仪式上，高峰志愿者代表就开展志愿服务意义作交流发言并进行庄严出征宣誓。

7月15日，上海世博局党委副书记莫负春及中国国家馆和中国各省、区、市馆负责人一行赴青浦世博城市志愿者站点参观考察。莫负春一行慰问了东方绿舟城市志愿服务站的志愿者们，并送上防暑降温物品。他对东方绿舟外建站"蓝精灵"志愿工作和奉献精神表示敬意和感谢，并号召人民群众向志愿者学习，为举办一届"成功、精彩、难忘"世博盛会做出最大贡献。

8月3日，团市委副书记夏科家等一行到青浦世博城市志愿服务站点，慰问在高温下坚持服务的志愿者并送上慰问品。夏科家在详细了解志愿站点每天问询量、游客咨询主要问题以及各站点亮点与特色后，充分肯定各工作站服务表现，并对区总站所采取的具体措施给予赞扬。他鼓励城市志愿者要以高质量的服务水平、良好的精神状态、热情的服务态度、完善的世博资讯做好世博会的志愿服务工作。（邱　兰）

■祭扫革命烈士陵园　4月2日，团区委组织全区基层直属团组织负责人和部分团员青年代表赴青浦东乡革命烈士陵园，开展以"缅怀革命先烈，争当世博先锋"为主题清明祭扫活动。百余名团员青年们在烈士纪念碑前凭吊、献花、祭奠革命先烈。（邱　兰）

■"六一"主题论坛　5月27日，青浦区少工委举办"红领巾争'四好'，世博有我更精彩"——青浦区庆祝"六一"国际儿童节主题论坛。区红领巾理事会理事向全区少年儿童致以节日祝贺，重固小学、凤溪小学等8所学校少先队员围绕"红领巾争'四好'，世博有我更精彩"作交流发言。论坛号召全区少先队员文明观博、文明观展，共享城市文明给人们带来的美好生活。该论坛为少先队员自己策划、自己组织、自行参与自动化活动，展示了全区少先队员主动性和创造力，体现了少先队员主人翁精神和为世博作贡献决心。（邱　兰）

5月27日，青浦区少工委举办庆祝"六一"国际儿童节主题论坛

（团区委供稿）

关爱农民工子女　7月14日，团市委青年社会组织工作部部长、上海青年家园民间组织服务中心总干事闫加伟带领20余名来自全市各社团领袖在华新镇青年中心召开"共青团农民工子女关爱行动试点工作研讨会"。会上，闫加伟对上海共青团关爱农民工子女志愿服务行动项目背景、工作对象、工作路径等情况作详细阐述。随后，大家围绕农民工子女关爱项目"重要因素"、"重点对象"、"具体项目"等问题作研讨交流，并对关爱项目实施中体现志愿者参与、促进体制内外资源整合、关注农民工子女家庭问题、研究工作对象需求等方面达成共识。

9月25日，"上海共青团关爱农民工子女志愿服务行动——青浦区试点启动仪式"在区会务中心举行。仪式上，团市委青年志愿者工作部与上海真爱梦想公益基金会就上海市农民工子女学校项目合作签署框架协议（拟在青浦区民工子弟学校建立1所～2所"梦想中心"以作试点），并逐步在全市范围内推广应用。合作协议的签署，标志着上海共青团基本建立"1个团组织＋1所民工子弟学校＋1所'梦想中心'＋接力"的关爱农民工子女帮扶结对模式。区青年志愿服务队和区民办农民工子女学校就"学业辅导、亲情陪伴、感受城市、自护教育、爱心捐赠"五方面志愿服务项目进行对接。至年底，全区17支青年志愿服务队已对接全区23所民办农民工子弟小学。（邱　兰）

区校共青团共建合作　7月14日，共青团青浦区委——上海政法学院共建合作暨2010年优秀大学生暑期挂职工作会议在区会务中心举行。会上，挂职大学生和挂职团组织分别作挂职感想。2010年暑期，5名上海政法学院优秀学生团干部到青浦区部分街镇团组织挂职。（邱　兰）

"话精彩世博，创和谐世界"老青互动座谈　7月21日，团区委和区委老干部局联合举办"话精彩世博，创和谐世界"老青互动座谈活动。团区委书记吴春致辞。老干部代表侯更生等畅谈世博之旅感受，城市站点志愿者"小蓝莓"代表、世博园区志愿者"小白菜"代表、公安青年代表和糯米团团组织代表围绕"话精彩世博，创和谐世界"主题分别作交流发言。（邱　兰）

"走进世博，相约中秋"站点志愿者知识竞赛　9月18日，青浦区世博会志愿者工作站在区教师进修学院举办"走进世博相约中秋"青浦区世博会城市志愿服务站点志愿者知识竞赛。全区共有12个城市志愿者服务站点，36名站点志愿者报名参赛。经过激烈角逐，居礼酒店服务站点获一等奖，朱家角财苑广场和青浦宾馆服务站点获二等奖，景苑水庄酒店、皇家金煦花园酒店和凯特利广场服务站点获三等奖。（邱　兰）

青年工作联席会议　为贯彻落实市委、市政府办公厅《关于加强上海市青年工作联席会议制度建设的若干意见》和《上海市青年工作联席会议各成员单位基本职责》要求，推动青浦区青少年工作全面协调可持续发展，打开青年工作新局面，10月26日，青浦区青年工作联席会议在区会务中心召开。会上，团区委就《青浦区青年工作联席会议制度建设和区青少年发展"十二五"规划编制的基本情况》作汇报，区人力资源社会保障局、区综治办分别就青年就业创业、预防和减少青少年违法犯罪等作专题发言。区委副书记胡燕平出席会议并作重要讲话，他指出：要充分认识新时期青年工作重要性和紧迫性，进一步完善青浦区青年工作联席会议制度建设，健全体制机制，加强信息交流，强化工作责任，整合资源，抓住重点，结合实际，促进全区青少年工作健康发展。（邱　兰）

团干部培训　11月30日～12月1日，团区委在区委党校举办2010年青浦区团干部培训班。团市委组织部副部长刘晓娜、区委党校副校长莘小龙、上海青年研究中心副主任陈宁、上海理工大学管理学院顾晓安、上海青年管理干部学院祝春兰分别作《共青团组织创先争优工作指导》、《十七届五中全会精神和青浦经济社会发展》、《青年与组织共同成长》、《当前经济热点分析》和《心理学在青年工作中的应用》专题讲座，全区各直属单位团组织负责人及来自各村（居）、"两新"组织、学校等近百名基层团干部参加培训。（邱　兰）

青联三届委员会第一次全体会议　12月28日，青浦区青年联合会第三届委员会第一次全体会议在区会务中心召开。团市委副书记、市青联副主席徐未晚代表市青联对大会的召开表示热烈祝贺。区委副书记胡燕平作重要讲

12 月 28 日，上海市青浦区青年联合会第三届委员会第一次全体会议召开（团区委供稿）

话。大会听取并审议三届青联主席团常务主席吴春代表二届青联常委会向大会所作的《汇聚青年力量服务发展大局为青浦"十二五"发展创造新的青春业绩》工作报告。选举产生青浦区青年联合会第三届委员会常务委员会，团区委书记吴春任区青联主席，刘伟等 10 人任副主席。（邱　兰）

青浦区妇女联合会

■概况　2010 年，青浦区各级妇女组织牢固树立和全面落实科学发展观，坚持服务世博与服务妇女相结合；坚持促进经济社会发展与促进妇女自身发展相结合；完成《青浦区妇女儿童"十二五"发展规划》编制，团结引领广大妇女为建设"一城两翼"、构建和谐社会作出新贡献。年内，青浦区妇女联合会（以下简称区妇联）相继荣获全国维护妇女儿童权益先进集体、市巾帼文明岗、"迎世博 100 天"宣传教育贡献奖、市安置帮教工作先进集体、"精彩世博、文明先行"上海市民学双语活动优秀组织奖、区"服务世博"先进集体等荣誉称号。（熊润群）

■社会动员活动　社会动员主要开展了"六个一"活动，即：发出一份倡议书。年初，向全区家庭发出一份参与世博志愿行动倡议书，号召全区 15 万户家庭共同实现"更美的城市、更好的生活、更深的情意"美好愿望而努力；举办一次网上访谈。"三八"妇女节期间，围绕"妇女组织如何引领广大妇女在参与世博、服务世博、建功世博中发挥作用"的主题，借助区网上视频访谈直播室与广大市民和网友进行互动交流，号召广大妇女和家庭成员爱岗敬业、优质服务，自觉践行文明礼仪行为规范，用爱心和努力为上海世博会增光添彩；举行一次宣誓活动。"三八"妇女节期间，举行"展巾帼风采、为世博加油"宣誓活动，区卫生局等 10 家单位百名职业女性庄严宣誓，要用自己实际行动为世博会成功举办交出一份满意答卷；组织一次网上大讨论。3 ~ 4 月，在区政府网站组织开展"我为世博做什么"网上论坛活动，共收到帖子 203 份，在全社会掀起参与世博、服务世博、奉献世博热潮；开展一次"微笑行动"。通过"寻找微笑"和"展示微笑"，号召青浦市民向身边的人微笑、向陌生的人微笑、向需要帮助的人微笑。该活动共征集各类照片 830 余幅，并选取最具代表性照片制作"微笑墙"；开展一次"我家的世博故事"征文活动。该活动持续 5 个月，共收到征文 170 余篇，通过讲述家庭成员在世博期间经历和感悟，引导广大市民进一步关注世博、了解世博。（熊润群）

■巾帼世博建功行动　在巾帼世博建功行动中，一是注重规范管理：联合区总工会下发《巾帼文明岗创建办法》、《青浦区巾帼文明岗创建活动指导手册》，建立完善申报登记、资格认定、挂牌公示、社会监督、动态管理和激励考核等一系列创建活动运行机制，使各巾帼文明岗做到四个到位（即领导到位、管理到位、机制到位、宣传到位）、五个同步（即与业务工作同部署、同检查、同总结、同评比、同奖惩）。二是注重活动创新：相继举办巾帼文明岗班组负责人培训，召开巾帼世博建功行动研讨会，开展窗口行业"微笑服务、传递真情"演讲比赛等。三是注重典型引领：始终将选树典型贯穿于工作全过程，召开区巾帼文明岗创建工作推进会，开展各种经验交流和学习观摩，并在青浦妇女网站

9 月 28 日，青浦区"微笑服务、传递真情"演讲比赛决赛举行（区妇联供稿）

开辟"巾帼建功"专栏,通过播映多部电视专题片,宣传一批巾帼优质服务典型。年内,共培育、宣传、表彰服务世博巾帼文明岗178个、推荐区服务世博先进集体16个、服务世博优秀个人160个,有43个班组被评为市巾帼文明岗、13名女性被评为市服务世博先进个人,有3个女性班组被推荐为服务世博全国巾帼文明岗、3名女性被推荐为全国服务世博巾帼建功标兵。（熊润群）

■家庭世博志愿行动 2010年,区妇联利用社区、景点公众场所,号召和组织广大家庭志愿者和家庭成员"当好'六大员',文明迎宾客",用爱心和努力为世博增光添彩。一是当好世博礼仪宣传员:举行文明观博讲座,组织区礼仪讲师团志愿者下基层、进社区传播文明礼仪知识,提升市民文明素质。二是当好环境整治清洁员:每月15日定期开展"家庭志愿者日"活动,发动妇女和家庭志愿者积极参与环境整治行动,清洁门口、楼道、小区等公共场所的死角垃圾,增强广大居民爱护、美化居住环境责任感。三是当好文明出行劝导员:不定期组织家庭志愿者在交通要道、上下班高峰时段,对乱闯红灯、乱穿马路等不文明行为进行劝阻,在车站,引导乘客先下后上,促进市民规范自身行为,养成出行礼仪。四是当好旅游景点引路员:组织家庭志愿者充实到景点服务中,在朱家角古镇入口处、放生桥等重要出入口,在奥特莱斯购物广场等,为游客提供引路等便民服务。五是当好生活陋习监督员:发动家庭志愿者在小区内开展巡逻活动,对滴水晾衣、高空抛物、在公共场所逗遛宠物等生活陋习及时劝阻教育,督促小区居民提高自身素养,树立文明形象。六是当好社情民意信息员:发挥"老舅妈"工作室、老舅妈调解队志愿者贴近家庭、贴近社区、贴近生活、贴近妇女的优势,以拉家常、说知心话方式联系妇女群众,了解社情民意,同时做到上情下达、下情上报,做好矛盾化解工作,发挥家庭志愿者在维权维稳中积极作用。（熊润群）

■世博年美好家园同建共创 年内,区妇联、绿化市容局、爱卫办、农委4家单位组成"世博年"美好家园文明创建活动协调小组,协调小组制订实施方案、召开推进会,掀起创建热潮。一是建立3支队伍,即:宣传队伍。该队伍通过逐户分发文明创建宣传资料,开展"新农村、新女性、新生活"宣传活动,举办庭院建设女主人培训班,形成世博年美好家园同建共创良好氛围;督查队伍。督查员们根据创建标准对农户庭院、客堂、厨房每周检查1次,每月考评1次,使创建标准得以落实;巡逻队伍。巡逻队员走村入户进行防盗、防火等安全巡查,促进社会和谐稳定。二是开展3项活动:在创建村学生中开展"美好家园、美好生活——我家的变化"主题征文比赛活动;组织16个市"巾帼文明岗"与16个市"美好家园示范村"进行岗村结对签约,各巾帼文明岗充分发挥资源优势,形成城乡互动共办世博、共建家园的良好氛围;加强对世博农家美好家园展示点的联系、指导、服务,全区6个采摘点、5个体验点共吸引游客12万人次。三是进行三级评选:60个创建村评选美好家园文明户27118户,各镇、社区(街道)评选美好家园示范户380户,区专项活动领导小组评出美好家园标兵户22户,并对评选出的先进典型进行表彰和宣传。（熊润群）

■"放心家园"活动 以"精彩世博有你,放心家园有我"为主题,与区公安局联合开展"六送"系列活动,为到青增援女警、青浦女警和广大公安干警的子女们送上妇联组织的关心和关爱。"六一"期间,慰问区内部分世博园区工作者子女,为孩子们送上节日祝福;7月中旬,赴区世博增援警力赵屯点看望慰问世博女学警代表并赠送高温防暑用品;8月,举办"精彩世博、欢乐暑假"关爱公安干警子女送映电影专场;中秋节,到中国刑事警察学院朱家角驻地,对世博增援女学警代表进行慰问;为奋战在世博一线公安女警举办《女性心理压力与心理调试》讲座;针对公安女警工作忙、任务重、无暇顾及自身健康的特点,为185名公安女警进行免费妇科体检。（熊润群）

■"五好文明家庭"和特色家庭创建活动 年内,区妇联在全区家庭中广泛开展"五好文明家庭"和特色家庭创建活动。以《青浦报》为宣传平台,设立"和谐家园"专版,定期报道区部分"五好文明家庭"建设成果。成立区"五好文明家庭"报告团,深入各镇、社区(街道)开展五好文明家庭事迹巡回演讲,激励全区家庭成员争当社会公德、职业道德、家庭美德和个人品德自觉实践者,唱响共建和谐大家庭主旋律。立足家庭、面向妇女,广泛开展家庭文化活动,相继举办"欢乐世博、快乐邻里"青浦区第二届邻里节、家庭教育宣传周等活动,联合区科委、教育、电信等部门举办"信息化与世博同行"数字家庭知识竞赛。（熊润群）

9月26日,"信息化与世博同行"青浦区数字家庭知识竞赛决赛举行
（区妇联供稿）

■积极为就业创业搭平台 年内，区妇联整合社会资源，举办各类实用技能培训班124期，共培训妇女5783人次；组织妇女收看白玉兰远程教育课程184次，受益妇女41799人次；对38409人次进行信息化宣传普及，对2229人开展信息化培训，各类教育培训完成全年计划数的186%。年内，成立"女农业带头人联谊会"，带领和促进农村妇女增收致富和实现更好发展。实施"双学双比"实事项目11项，参与妇女1623人。与区人保局、总工会和团区委举办百家企业招聘会，并发挥女企业家优势，会同相关企业主动送岗位进社区。积极争取政策支持，完善农村妇女创业小额贷款机制，会同区农委、农商银行召开工作推进会，为8名农村创业妇女提供小额贷款资金72万元。（熊润群）

■维护权益促和谐 年内，加大对儿童龋齿、肥胖、近视以及婚前检查和孕产妇系统管理等重难点指标的攻克力度，基本完成妇女儿童"十一五"发展规划目标任务。结合各类特殊纪念日，集中开展大型广场签名、宣传咨询服务和"模拟法庭"进社区、进企业活动，3月，与区法院联合举办以"和谐家庭、平安世博"为主题青法论坛。积极探索信访接待、法律援助、人民调解、心理咨询"四位一体"维权机制，成立"婚姻家庭咨询室"、"白玉兰开心家园"、"启晨聊天屋"，积极推广"老舅妈工作室"、"来青女性服务站"、"外来媳妇俱乐部"等维权工作鲜活经验。争取政府支持、整合社会资源，建立"牵手真情，关爱妇儿"妇联帮困专项基金，精心设计和实施"助你飞翔"长大成才、"情暖心田"妇科肿瘤救助、"情系巾帼"三八红旗手帮困、"播撒真情"妇女工作者关爱、和"共建和谐"等"关爱一生"项目，竭诚为困难妇女儿童做好事、解难事、办实事，全年为家庭困难妇科重症患者、年老体弱老妇女工作者送上帮困救助金共计39.4万元。（熊润群）

■打造奋发进取、务实创新坚强团队 年内，以树一流组织形象，建一流干部队伍、创一流工作业绩为目标，通过开展争创"五型"（即学习型、服务型、制度型、凝聚型、创新型）妇女组织活动、举办妇联系统干部培训班、选派妇女干部参加市妇干校培训、举行品牌工作交流以及开展信息和调研工作评比等，不断提高广大妇女干部和代表的代言能力、动员引导能力、调研沟通能力、宣传疏导能力以及协调协作能力。积极争取区委领导支持，对未进两委班子的村（居）妇代会主任实行助理制，使其列席班子会，畅通了妇女干部代表妇女参政议政和反映诉求的渠道，保障了村（居）妇代会主任的政治地位。11月，联合区委组织部、区委党校举办为期3个星期的"青浦区村、居女青年干部培训班"。（熊润群）

8月9日，区科协举办启思科普巡展活动　（区科协供稿）

青浦区科学技术协会

■概况 2010年，青浦区科学技术协会（以下简称区科协）紧紧围绕区委、区政府中心工作，认真履行"三服务一加强"（即为经济社会全面协调可持续发展服务、为提升全民科学素质服务、为科技工作者服务和加强科协组织自身建设）工作职责，以争创2011～2015年全国科普示范区为契机，根据科协工作职能，举办青浦名家科普讲坛和政府网站科普视频访谈，打造科普活动特色品牌，开放科技成果展示馆，积极开展科学普及、学术交流、人才服务等工作，成为青浦科技创新展示新窗口和科学普及新阵地，为提高全区人民科学文化素质、促进青浦经济社会全面协调可持续发展作出应有努力。年末，全区有国家级科普教育基地2家，市级科普教育基地7家，区级科普教育基地15家，区青少年科普教育基地7家。

年内，区科协获得上海市科协参与世博、服务世博先进单位，上海市民科普讲坛特别贡献奖，上海市科普志愿者协会优秀团体，上海市科技统计先进集体和上海市民节能科普知识网上竞赛活动优秀组织奖等荣誉。上海市青少年校外活动营地——东方绿舟和青浦博物馆被中国科学技术协会授予2010～2014年"全国科普教育基地"称号；华新镇和夏阳街道被评为2009年度上海市科普示范社区。新增4家上海市科普教育基地，市科普教育基地累计达11家。3家科普示范村（居委）、6家科普村（居委）和5家科普基地获得"科学普及奖"。夏阳街道新青浦社区节能减排试验推广和"居民节能减排知识普及和污水纳管工程建设"被列为2009年度科普特色项目。（蔡信燕）

■举办青浦名家科普讲坛青少年专场 1月25日，首场青浦名家科普讲坛——青少年专场在青浦博物馆开讲。区内10所民办农民工子女小学师生、豫英学校师生以及夏阳街道社区青少年100多人参加活动。活动有参观蝴蝶展、科普知识讲座、绘画书签制作三部分组成。蝴蝶展共展出世界各地精品蝴蝶155种、340余件标本，讲座特邀江苏常州博物馆自然部主任万永红作有关昆虫特别是蝴蝶科普知识介绍。同学们在参观蝴蝶展、聆听讲座后，对蝴蝶认知有了进一步提高。同时，为提高学生科普兴趣，主办方特安排了“蝴蝶书签制作”、“我心目中的蝴蝶”绘画墙和世博寄语墙等互动性活动。

■加强来沪农民工子女科普教育 11月，区科协组织区内10所民办农民工子女小学生共500多人到上海科技馆开展一日游参观活动。该活动后，共收到农民工子女小学生征文稿51篇，其中5篇获得一等奖。（蔡信燕）

■召开二届四次全委（扩大）会议 1月27日，区科协召开二届四次全委（扩大）会议。区委副书记胡燕平出席会议并讲话。区科委主任、区科协主席顾啸流，区科技党委书记王雪忠，区科委、区科协党政班子领导及调研员，区科协全体委员，各街镇分管领导等参加会议。区科委副主任、区科协副主席唐金龙主持会议。会议传达增补区科协委员决定，审议了区科协2009年工作总结和2010年工作要点，讨论了创建“十二五”科普示范城区相关事宜。与会人员还围绕如何进一步发挥科协组织作用、加强科普宣传、提升市民科学素质等展开了讨论。（蔡信燕）

■建立首家幼儿科普教育实践基地 2月25日，上海鹊群种苗专业合作社与青浦东方幼儿园建立的区内首家幼儿科普教育实践基地举行签约仪式。该基地由上海鹊群种苗合作社提供实践大棚及技术指导等教育服务资源，幼儿园把科普基地实践活动纳入课程教育，定期组织幼儿赴科普基地开展教学或科普实践活动，拓展教学课程。区科委副主任、区科协副主席唐金龙，区教育界有关专家以及区科协基层普及部、区教育局小教科、夏阳街道社会事业科、上海鹊群种苗专业合作社、东方幼儿园等部门相关人员30多人参加仪式。是日，还开展了一场别开生面“采采栽栽真开心”——拔萝卜、种番茄幼儿实践活动。在专业技术人员指导协助下，小朋友们不但了解了萝卜和番茄有关知识，还亲手拔萝卜，栽番茄幼苗，激发了幼儿科普教育兴趣。（蔡信燕）

■陈舒艺摘得上海市民科普讲坛世博志愿者专场桂冠 上海市民科普讲坛由上海市公民科学素质工作领导小组办公室和上海市科协主办，科普讲坛分为世博志愿者演讲专场、青少年演讲专场、外籍人士演讲专场和普通市民演讲专场。在4月11日举行上海市民科普讲坛上，青浦区选手陈舒艺在世博志愿者演讲专场中以《低碳生活·绿色世博》为题进行精彩演讲，博得在场评委一致好评，在16名参赛选手中脱颖而出，获得一等奖。同时，选手陆静怡和李玉梅也分别在青少年专场和普通市民专场中获得二等奖。（蔡信燕）

■第十届科技活动周开幕式暨“院士青浦行”科普报告会举行 5月17日，第十届青浦区科技活动周开幕式暨“院士青浦行”科普报告会在区会务中心举行。该活动周主题为“携手建设创新型国家－城市·创新·世博让生活更美好”，活动周确定了论坛板块，展示板块，农村、社区、企业板块，青少年板块和网络板块，安排近15项科普活动。市科协副主席胡家伦，区委常委、副区长李跃旗，市科委科普处处长郁增荣等领导出席会议。区科普工作联席会议和公民科学素质领导小组成员，各街镇分管领导和科技干部，区级学会和科普志愿者代表，以及区科普村（居）、科普教育基地代表等250人参加会议。区科委主任、区科协主席顾啸流主持仪式。开幕式上，开展了“低碳生活，我们在行动”主题活动启动仪式。启动仪式上，上海市首届科学生活大使张倩代表青浦区科普志愿者向全区市民发出主题倡议；在2010年上海市民科普讲坛世博志愿者演讲专场中获一等奖的陈舒艺作“低碳生活”科普演讲；授予夏阳街道新青浦社区“低碳生活实践社区”奖牌；举行“绿色生活”科普丛书《绿色生活衣食住行》、《轻松生活居家窍门》、《健康生活保健指南》首发仪式；举办“院士青浦行”科普报告会，邀请中科院院士、上海交大教授潘健生作“低碳经济·绿色生活”科普讲座；表彰授牌2家全国科普教育基地、2家2009年度上海市科普示范社区、4家新增上海市科普教育基地和4名先进个人。（蔡信燕）

■举办“相约名人堂，与院士一起看世博”活动 5月25日，中国科学院院士、同济大学校长裴刚做客上海世博会公众参与馆“相约名人堂”青浦专场，作题为《大学——城市生命的大脑》主题演讲，并与青浦科技人员互动。28日，著名教育家、中科院院士杨福家走进世博会公众参与馆“相约名人堂”青浦专场，以《国民素养——世博会最大的展品》为题发表演讲。两场活动共组织科技人员和部分科协常委等100多人聆听。（蔡信燕）

■启动区内首家汽车服务科学商店 青浦区“低碳生活，我们在行动”主题系列活动之一——青浦区首家汽车服务科学商店于6月8日在夏阳街道新青浦社区广场启动。上海工程技术大学汽车学院副院长黄虎，区科委副主任、区科协副主席唐金龙，夏阳街道办事处副主任顾荷英等出席启动仪式并分别致辞。上海工程技术大学师生和新青浦社区居民共200多人参加仪式。仪式上，黄虎和顾荷英为“上海工程技术大学科学商店新青浦居委商店”揭牌；新青浦社区居委会党支部书记杜曙英向社区居民发出“低碳家庭·节能减排·时尚生活”倡议；上海工程技术大学学生代表作志愿者宣誓。活动现场，上海工程技术大学学生志愿者们利用展板和实物，以及互动小游戏，向社区居民宣传汽车使用保养和维修、汽车文化及周边产品等方面知识，提供汽车其他运用方面咨询，赠送“绿生活”系列科普书籍和节能环保袋，在社区居民中引起强烈反响。（蔡信燕）

■市科普督察组到青检查 为落实国务院办公厅《关于对全民科学素质行动计划纲要落实情况进行督促检查的通知》精神，6月10日，市公民科学素质工作领导小组办公室和市科普工作联席会议办公室联合组成督察组，对青浦区实施《全民科学素质行动计划纲要》（以下简称《纲要》）进行实地预检。区委副书记胡燕平、区公民科学素质工作领导小组成员陪同预检。督察组一行参观了青浦博物馆陆士谔展厅、考察了上海教科院豫英实验学校科技馆，并在听取区科委副主任、区科协副主席唐金龙实施情况汇报和查阅相关资料后，认为：

青浦区政府围绕《纲要》,推动社会科普思路清晰,在组织体系上比较完备;在工作方法上开拓创新,凸显青浦特色;在科普教育普及上不断提升,尤其是学校科技工作比较扎实。并建议:青浦在《纲要》实施上要充分发挥各委办局联动作用,使之突出亮点、形成特色。

(蔡信燕)

■亚士漆公司院士专家企业工作室揭牌成立 7月6日,亚士漆(上海)有限公司院士专家企业工作室正式成立。市科协副主席王智勇、区委副书记胡燕平共同为亚士创能科技院士专家企业工作室揭牌。亚士漆公司董事长李金钟为中国工程院院士袁渭康颁发聘书,聘请他为亚士创能科技首席专家。揭牌仪式后,亚士漆公司研发团队与院士专家团队召开了院士专家企业工作室产学研课题合作交流会。(蔡信燕)

■举办上海科普多媒体专场培训 青浦首家中国科普创作培训基地于2009年8月16日成立,2010年加入上海科普多媒体俱乐部,成为第四届上海科普多媒体作品大赛承办单位之一。8月13日,区科协在东方绿舟开展为期2天的上海科普多媒体俱乐部培训——青浦专场。区内科普干部和上海市科技传播学会、上海科普多媒体俱乐部会员等共30多人参加培训。培训期间,《解放日报》高级记者李文旗、上海电视台资深编导倪既新、《上海科技报》副社长田育松和《上海科技报》社区县部主任郭易楠等专家为学员作相关知识辅导。

(蔡信燕)

■召开区科普工作联席会议暨区科协二届四次常委会 8月19日,青浦区科普工作联席会议暨区科协二届四次常委会在东方绿舟召开。区委副书记胡燕平,区委常委、副区长李跃旗出席会议并讲话。区科普工作联席会议成员单位领导、区科协二届常委会委员等出席会议。区科协主席顾啸流主持会议。会议宣读了青浦区科普工作联席会议、公民科学素质工作领导小组成员名单,审议了区科协2010年上半年工作总结及下半年工作要点,明确了创建全国科普示范城区目标任务。与会成员单位代表结合各自工作实际,在科技队伍建设、科技人才培养、科普推广、健全科协工作机制等方面建言献策。(蔡信燕)

■区级学会举行"科普进社区"活动 8月20日,区科协以"科技世博"为主题,组织区内30多个区级学会在夏阳街道华骥苑举行2010年区级学会"科普进社区"活动。区科委主任、区科协主席顾啸流代表区科委、区科协向居委会赠送了科普图书,并慰问华骥苑贫困家庭。活动共展出有关健康、科技、现代农业、水资源保护、防震减灾、专利、地震科普展板100块,各学(协)会根据自身特色,提供维修血压计,血糖、血型、B超、心电图现场检测,锡剧表演等不同科普服务项目。该活动共发放科普图书500本、科普资料3000份、环保购物袋200个,医疗科技咨询5000人次。

(蔡信燕)

■"明日科技之星——拓展培育基地"项目启动 12月7日,由上海科普教育发展基金会和上海市女科学家联谊会共同发起"明日科技之星——拓展培育基地"项目启动仪式在青浦高级中学举行。市农科院食用菌研究所汪虹教授,上海科技馆基金管理处副处长陈筠,区科委副主任、区科协副主席唐金龙,区教育局副局长王海青,青浦高级中学校长吴甫光等出席仪式。吴甫光、汪虹和陈筠分别代表签约双方和资助单位签订"明日科技之星——拓展培育基地"合作备忘录。该项目主要资助全市范围内中学与中科院相关院所、中国电子科技集团相关院所以及上海各高校互相"结对"有关活动,为中学生创造与国家重点实验室"零距离"接触机会。2010年度"明日科技之星——拓展培育基地"项目中共有14所学校成功结对。作为上海市实验性示范性青浦高级中学,以"磨炼教育"为办学理念,坚持开展科技教育,全面实施素质教育,培养学生创新能力,已成为区科技特色学校之一。(蔡信燕)

7月5日,市科协副主席王智勇(左)、区委副书记胡燕平(右)共同为亚士创能科技院士专家企业工作室揭牌 (区科协供稿)

■科普大篷车进社区普及安全健康知识 12月14日,区科协科普大篷车开进盈浦街道绿舟居委会,对社区居民进行医疗保健、防灾救灾、家庭绿化、节能减排等科学知识普及。区内医疗卫生、林业、地震、气象等方面30多名专业人士组成科普志愿者队伍,为居民测量血压、普及气象地震知识、指导绿化种植养护,还现场展出节能减排、防火自救等80块科普展板。中山医院青浦分院泌尿科主任王晓薇在青浦名家科普讲坛——社区居民健康专场为社区居民讲授冬季糖尿病自我保护等知识,50多名社区居民听讲。活动期间发放宣传资料75份。(蔡信燕)

■积极培育科技人才队伍 至年底,初步建成青浦区科技人才库,拥有外来人才共 7853 人，其中：大专学历有 5483 人、本科学历有 2268 人、硕士以上学历有 102 人。积极开展“院士专家企业工作站”建设活动，分别在亚士创能科技有限公司和上海巴安水务有限公司成立院士专家企业工作室，开展产学研合作，有力支持企业自主创新。在 2009 年建成青浦区科技工作者之家与华新镇科技工作者之家基础上，2010 年新建夏阳街道、重固镇、白鹤镇科技工作者之家。制定《青浦区“十二五”科普发展规划》、《青浦区科普资助项目管理办法（试行）》等文件，进一步指导和规范科普工作。积极培育科普志愿者队伍，全区共有各类研究会、学会、协会 37 个，镇（街道）科普协会 11 个，科普志愿者 2122 名。开展科普教育基地培训和科普多媒体培训，进一步提升科普志愿者业务能力。（蔡信燕）

■开展各类评比活动 年内，开展第九届“学会之星”和第八届“讲理想、比贡献”评选活动，促进学会建设。“学会之星”评出“五星标兵学会”2 家，“五星学会”3 家，“四星学会”2 家，“三星学会”1 家。“讲比”活动在全区园区科协、企业科协、科技工作者之家等基层组织中开展，涌现一批优秀项目。亚士创能科技院士专家企业工作室、荣泰科协、德力西科协、中大科协、热力工程学会获市“讲理想，比贡献”先进集体，3 人获市“讲理想，比贡献”科技标兵称号，2 人获市“讲理想，比贡献”优秀组织奖。组织开展区第十一届优秀科技论文评比，共评出优秀科技论文 17 篇。（蔡信燕）

青浦区归国华侨联合会

■概况 2010 年，青浦区归国华侨联合会（以下简称区侨联）认真贯彻落实中国侨联八代会和上海市侨联十代会精神，坚持“二个并重”工作要求，发挥人民团体优势和特点，突出服务全局的观念，注重侨务资源的整合，完善为侨服务的机制，最大限度地团结广大归侨侨眷和海外侨胞，为青浦“一城两翼”建设作出侨界新贡献。年内，区侨联获上海市侨联系统先进集体和“亲情中华世博行”优秀组织奖；刘敏、李莲和谢松峰获上海市归侨侨眷先进个人，郑聪、沈丽芳获上海市侨联系统先进个人，王林妹等 30 人获上海市侨联“亲情中华世博行”优秀志愿者称号。（郑聪）

■成立青浦侨联世博志愿者队伍 1 月 13 日，区侨联成立青浦侨联世博志愿者队伍，举行青浦侨联志愿者授旗和授胸卡仪式，向全区侨界人士发出《共倡文明行为，喜迎世博盛会》倡议书。世博期间，接待包括中国侨联原主席团一行，湖州市侨联、浙江省侨联、内蒙古自治区考察团和香港同胞，印尼、美国、加拿大友人团等来宾 20 余批、300 余人次。（郑聪）

■参加上海市侨联换届工作 区侨联推荐石乃璋、宋琳、沈红慧、李培明、刘敏、李秋萍、徐宏、沈钦华、屠海鸣和彭华等 10 人为上海市第十次归侨侨眷代表大会代表；宋琳、沈钦华和李培明当选为市侨联第十届委员会委员；宋琳和沈钦华当选为市侨联第十届委员会常委；石乃璋当选为市侨联第十届委员会顾问；卢国富当选为市侨联第十届委员会海外及港澳顾问；卢许君婉、施学理和詹明哲当选为市第十届委员会海外及港澳委员；施学理荣获上海市“侨界十杰”称号。会议结束后，举办区侨联干部培训班，学习贯彻上海市第十次侨代会精神，领会“十代会”重要意义和精神实质。（郑聪）

■组织侨界人士品牌活动 春节前夕，区侨联举办迎春团拜会，侨界人士围绕服务世博、参与世博、奉献世博，表达对世博会期待和为世博会贡献力量决心。元宵节，区侨联、区海联会和区侨商协会联合举办“欢欢喜喜闹元宵”活动，全区共计 600 多名三胞眷属参加。重阳节，举办“亲情中华世博行——青浦区侨界人士欢度重阳文艺汇演”，300 余人参加活动，共送出重阳糕 620 余份。（郑聪）

■开展纪念《中华人民共和国归侨侨眷权益保护法》实施 20 周年活动 年内，区侨联开展“学习侨法、宣传侨法、用好侨法——纪念《中华人民共和国归侨侨眷保护法》（以下简称《保护法》）颁布 20 周年”系列活动。以“侨法宣传进社区”为主题，区侨联主要领导带头组织、宣讲、辅导、研讨，多次开展学习研讨活动。会同区侨办开展“侨法进机关、进企业、进单位、进社区、进家庭”活动；在《青浦侨讯》开辟专栏，利用纪念文章、征文、案例等宣传《保护法》；印刷《保护法》及其相关法律法规 1000 份；通过走访慰问归侨侨眷，进行广泛宣传；利用侨联维权热线电话解答法律咨询；在白玉兰广场举行侨法宣传主题活动，进行黑板报展评，设立宣传咨询点，为现场群众提供政策咨询。同时，以社区宣传为阵地，以居委为单位，各镇、街道以听报告、拉横幅、写标语等形式进行侨法宣传，全区共计举行各类报告 5 次，展出专题板报 35 块，横幅 18 条，受众 3000 多人次。（郑聪）

■参政议政、维护侨益 区“两会”期间，侨界政协委员认真履职，先后递交 20 余份提案和社情民意，其中立案提案 10 余件。会后，收集社情民意 30 余条，上报市侨联 10 条，录用 2 条。调研文章《青浦区侨界代表人士队伍建设的思考》获上海市侨联调研报告评选一等奖。区侨联全年共接待来信来访 15 余起，结案率 100%。为侨商和侨眷协调子女就读、外籍人士申请做礼拜事宜、别墅装修煤气表扩容、律师咨询服务、劳动纠纷仲裁、卫生安全监督等问题 10 余起。（郑聪）

■支持侨商协会工作 年内，区侨联围绕“维护会员合法权益、倡导会员依法经营、帮助会员协调关系、促进会员合作交流”四个方面尽力支持区侨商协会工作：一是搭建平台、提供服务。年内，邀请区委政策研究室和青浦新城公司相关领导为会员作专题报告，与青浦法院联合举办“服务侨商，共话发展”为主题青法论坛，创办发行《青浦侨商》共计 7 期。二是协调关系、化解矛盾。在区规土局、建委、税务局、劳保局、法院、工商青浦分局和有关镇、街道帮助下，分别为会员单位解决多起在规划审批、劳动用工、工商税务、司法仲裁等方面纠纷。三是组织活动、活跃会务。积极参与青浦侨界元宵、国庆和迎春活动，邀请领导并组织会员参访企业，多次组织会员单位进行互访，组织女侨企业家赴福建龙岩市参观考察，组织 40 余家会员单位前往浙江宁波学习考察。四是服务世博、慈善奉献。

朱家角会所世博期间接待海内外客人32批280多人次，会长屠海鸣在青浦慈善基金会“蓝天下的至爱”活动中捐款120万元，积极参与青浦侨界重阳敬老活动。

（郑 聪）

■侨联分会活动 年内，全区5个侨联分会形成“一家一特色，一会一品牌”。夏阳街道侨联分会举办“迎世博，献爱心”义卖、庆“五一”迎世博卡拉OK歌唱、“华侨华人回家看世博”座谈会等形式多样的活动。盈浦街道侨联分会开展“依法护侨、和谐发展、爱心涌动、展侨风采”侨法宣传进社区黑板报展示暨侨界人士爱心义卖活动，向敬老院孤老们送温暖等。朱家角侨联分会积极参与朱家角镇迎世博倒计时系列活动，举行“我微笑，我捡起”、“微笑迎世博”百张笑脸征集活动；参与“上海朱家角国际水彩画双年展”开幕式；在北大街开展“大找茬”、“和谐社区，平安世博”和朱家角小吃一条街“服务世博，清洁卫生”统战宣传月系列活动。徐泾镇侨联分会组织归侨侨眷乘坐轨道交通2号线，感受城市轨交带给市民方便快捷；游览新外滩，感受上海世博带来发展速度；举办统战人士畅谈世博——“我为世博做什么”座谈会和“庆六一，享盛会”等活动。香花桥侨联分会开展迎世博、侨法宣传进社区活动，发放侨法宣传单页700多份，服务人次600多人。赵巷镇侨联分会利用“侨之家”场所，开展分会互访活动，共接待其他分会侨界人士100余人参观交流。

（郑 聪）

青浦区残疾人联合会

■概况 2010年，青浦区残疾人联合会（以下简称区残联）按照青浦区残疾人事业“十一五”发展纲要和第三次代表大会确立的工作目标，从广大残疾人最关心、最直接、最现实的利益出发，以人为本、求真务实、开拓创新，在残疾人康复、宣文、教育、就业、劳动保障等方面继续保持良好势头，全面完成年初制定各项工作计划。年内，区残联被评为上海世博工作优秀集体，在“服务世博、奉献世博”立功竞赛活动中被评为青浦区先进集体，有5名个人受到表彰和嘉奖。

（朱婷婷）

■重要会议 2月26日，青浦区残联三届三次主席团会议暨区政府残工委（扩大）会议在区会务中心召开。副区长陈勇章出席会议并作重要讲话，他提出三点意见：一要充分肯定过去一年全区残疾人工作所取得成绩；二要进一步认清形势加快发展残疾人事业；三要加强领导，推进残疾人事业再上新台阶。区残联党组书记、理事长衣伟昌总结了2009年工作，介绍了2010年重点工作。区残联三届三次主席团成员、区残工委成员参加会议。

3月12日，青浦区残疾人奥林匹克运动委员会和青浦区特殊奥林匹克运动委员会正式成立。大会听取了区残联党组书记、理事长衣伟昌筹备工作报告，审议通过《青浦区残奥委员会章程》及《青浦区特奥委员会章程》，选举产生两会第一届常务委员会主席、副主席、秘书长及委员名单。区残联副理事长苏建明主持会议。区体育局、民政局、教育局、卫生局等相关单位和11个镇（街道）残联理事长及5个残疾人专门协会主席等30多人参加。青浦区残奥委员会及特奥委员会成立，将进一步鼓励和帮助残疾人走出家庭，融入社会，进一步推进残疾人体育事业发展。

5月12日，青浦区创建全国残疾人工作示范城市暨残疾人“人人享有康复服务”达标工作总结大会在区会务中心召开。区委副书记、区残联名誉主席胡燕平，副区长、区创建领导小组组长陈勇章，区创建领导小组副组长、区残联党组书记、理事长衣伟昌出席会议。陈勇章主持会议。衣伟昌作总结报告。胡燕平作重要讲话，他指出：做好新形势下残疾人工作，责任重大，使命光荣，一定要提高认识，以高度的责任感，科学的方法和有效的工作，落实好“两个体系”各项任务，紧扣世博会主题——城市，让生活更美好，也要让残疾人生活更美好，努力开创青浦区残疾人事业新局面。区残联，区各委办局分管领导及联络员，各街镇分管领导、残联理事长、专职干部、社区卫生中心主任等参加会议。

10月18日，区残联在区会务中心召开青浦区村（居）残疾人协会先进集体及个人表彰大会暨村（居）残协干部培训班。500多名村居残协干部参加表彰大会。区残联党组书记、理事长衣伟昌主持会议。副理事长苏建明宣读表彰决定，11个村居残疾人协会和21名先进残协工作人员获得表彰。

（朱婷婷）

5月12日，青浦区创建全国残疾人工作示范城市暨残疾人“人人享有康复服务”达标工作总结大会召开 （区残联供稿）

■领导视察调研 6月28日，区委副书记胡燕平和副区长陈勇章等到区残联调研残疾人“十二五”规划编制情况。胡燕平一行听取了区残联党组书记、理事长衣伟昌关于上半年工作总结及下半年工作打算，并对区残疾人“十二五”

规划提出四点建议：一要总结好“十一五”规划，梳理“十一五”规划执行情况；二要将残疾人“十二五”规划纳入全区经济社会发展大局中；三要充分发挥各级残联组织作用，自我创新，进一步提高服务水平，整体提升残疾人事业；四要抓住重点，做好残疾人工作中重点、难点工作。胡燕平强调：区残联要用科学发展观做好残疾人“十二五”规划编制，思路要宽一点、眼界要广一点、目标要高一点、要求要严一点。残联要带领好残疾人这个弱势群体，发挥好“代表、服务、管理”的职能。

7月6日，上海市残疾人联合会副理事长季敏等在区残联理事长衣伟昌等陪同下到夏阳街道“阳光心园”进行调研考察。季敏一行察看了“阳光心园”里专门为精神病患者设置的活动室、体疗室和阅览室，并与学员们进行了亲切交流，赞扬了“阳光心园”人性化管理方式。

7月22日，区委书记高亢、区委副书记胡燕平视察区残联办证大厅及辅助器具展示大厅并举行调研会。在听取了区残联党组书记、理事长衣伟昌上半年工作总结、下半年工作安排和残疾人“十二五”规划编制情况的汇报后，高亢充分肯定了青浦区残疾人工作，他指出：做好残疾人工作要有爱心、要有激情、要有责任感和使命感。党和政府非常重视残疾人事业发展，残疾人是一个困难群体，全社会都应关心和帮助残疾人，支持残疾人事业发展，各有关部门要共同努力，形成合力共同做好区残疾人工作。他强调：党和政府要进一步重视残疾人工作；政策上要适时调整，向残疾人倾斜；社会各方面要进一步配合，形成合力；在普惠的前提下，突出重点，解决残疾人最急切重点难点问题。

11月4日，市残联党组书记叶兴华、副理事长王爱芬到青浦残联调研残疾人工作。区残联党组书记、理事长衣伟昌就青浦区残疾人基本情况、创建全国残疾人工作示范城区、康复、帮困救助、就业等工作情况进行汇报。叶兴华书记在听取汇报后，对青浦区残疾人工作给予充分肯定。（朱婷婷）

■阳光职业康复援助基地建设有序推进 阳光职业康复援助基地建设是2010年市政府实事项目。为有序实施，以点带面逐步推开，7月2日，“青浦区阳光职业康复援助基地”建设工作推进会在金泽镇召开。年内，金泽镇、盈浦街道、香花桥街道、白鹤镇、华新镇、赵巷镇相继建立阳光康复援助基地，全区有阳光职业康复援助基地9家，总建筑面积达4727平方米，有202名就业困难中度残疾人加入非正规就业劳动组织并得到就业援助。（朱婷婷）

■第二十次“全国助残日”活动在桥梓湾广场举行 5月16日上午，由区残联主办的第二十次“全国助残日”活动在桥梓湾广场举行。该活动主题为“加大扶持和救助力度，帮扶农村贫困残疾人”。活动现场，举行了捐款活动，共募集善款34.90万元（其中：96家单位集体捐款23.63万元，1175位个人捐款11.27万元）。下午，在第二十个法定“全国助残日”之际，“上海青浦”政府网站举行以“加大扶持与求助力度、帮扶农村贫困残疾人”为主题的网上视频访谈活动。区残联党组书记、理事长衣伟昌作客网上视频访谈栏目，与广大市民进行互动交流。5月18日，区残联走访11个镇（街道）的19户农村贫困残疾人家庭，每户送上1000元的补助金和生活必需品。助残周期间，各镇（街道）利用横幅、黑板报、宣传栏（橱窗）等宣传手段开展内容丰富、形式多样的社会宣传，11个镇（街道）拉横幅共计21条、黑板报11块、宣传栏（橱窗）22个。青浦新闻媒体举办残疾人专访、残联免费培训、助残日活动等专题报道，有5篇文章见报。（朱婷婷）

■残疾人事业宣传工作 各个残疾节（日），运用专报、专栏、专刊、广播电视等新闻媒体大力宣传残疾人事业，组织实施第二十次“全国助残日”暨第十一次“上海助残周”活动；开展“体验世博分享精彩”残疾人征文活动，共收到征文77篇，评选优秀征文30篇，优秀组织奖2个（练塘镇残联、夏阳街道残联）；5月15日，《阳光报》双月刊创刊，年内共编印5期，刊登各类文章120篇；各类工作信息被《青浦报》登载17篇、《文汇报》登载1篇、《灵芝草》登载3篇。（朱婷婷）

■残疾人体育工作 积极参加市残联组织的“三奥会”赛事11个项目比赛，获得聋人飞镖团体冠军、聋人乒乓团体第三名、肢体乒乓第五名，在聋人、盲人象棋个人赛中多人获得好名次，尤其是盲人象棋运动员蔡小斌代表上海市残联参加全国比赛并获得第三名。全国特奥日期间，区残联于7月20日在重固镇举办“特奥日活动”，有55名运动员参加乒乓、跳绳等6个项目比赛。朱家角镇以“喜迎世博盛会、开展社区特奥”为主题举办特奥活动。（朱婷婷）

■举行“迎中秋、庆国庆”联谊会 9月

5月16日，庆祝第二十次全国助残日广场活动暨“献出你的爱，圆他一个梦”捐赠仪式在桥梓湾广场举行（区残联供稿）

15日，区残联在上海市阳光康复中心举行“迎中秋、庆国庆”联谊会。区残联党组书记、理事长衣伟昌致辞。区残联副理事长苏建明宣读“体验世博、分享精彩”征文活动评选表彰决定，并为12名获奖者颁奖。在联谊会上，重固镇、盈浦街道阳光心园代表交流发言，各镇（街道）代表表演了精彩的文艺节目，展示了全区广大残疾人以及残疾人工作者的才艺和风采。（朱婷婷）

■举办“阳光之家”学员才艺展示活动 10月21日，区残联在练塘镇举行青浦区“阳光之家”学员才艺展示活动。区残联党组书记、理事长衣伟昌致辞，并送上“阳光之家”5岁生日祝福。练塘镇副镇长高峰、各街镇残联理事长、区残联科级以上干部参加活动。全区12所“阳光之家”150多名智障学员代表535名学员进行才艺展示。（朱婷婷）

■组织残疾人参观世博 世博期间，区残联开展为困难残疾人募捐门票活动，全区共募集善款35.43万元。对1100名残疾人进行世博礼仪知识培训。4月24～26日，区残联组织11个镇（街道）1000名残疾人及残疾人工作者参加世博园区试运行活动。5月底～7月底，区残联统一组织各镇（街道）2200名残疾人分批参观世博会。在分享世博盛会同时，有100多名残疾人参观生命阳光馆后撰写体会文章，在“体验世博、共享精彩”征文活动中有30人获奖。（朱婷婷）

青浦区红十字会

■概况 2010年，青浦区红十字会（以下简称区红十字会）抓住参与世博、服务世博、奉献世博契机，在组织建设、救护培训、人道救助、宣传教育、社区服务、红十字青少年等方面取得新成效，得到社会认可。年内，区红十字会机关党支部被区委、区政府评为青浦区世博工作先进集体，区红十字会被区妇联和区总工会授予“巾帼文明岗”并获上海市红十字系统“五五”普法工作二等奖。（姚湘如）

■捐款救灾 海地地震、青海玉树地震和甘肃舟曲泥石流等重大自然灾害发生后，区红十字会在第一时间启动救灾工作机制，利用各类媒体进行宣传，为地震灾区捐款紧急呼吁，得到社会各界积极响应和广泛参与。全年共接收西南旱灾捐款6061.66元、海地地震捐款22.04万元、青海玉树地震捐款469.92万元，甘肃舟曲泥石流捐款20.17万元，在为灾区人民提供有力支持同时，进一步扩大红十字会社会知名度和公信力。凝聚着全区人民一片爱心2677万余元“5·12”汶川特大地震救灾款在上海市对口支援都江堰市灾后重建指挥部统一协调下，赈灾款已全部用于都江堰对口援建项目建设，其中：都江堰市计划生育服务站青城山中心站由青浦区红十字会单独援建，都江堰市胥家学校由上海市红十字会、杨浦区红十字会及青浦区红十字会共同援建。8月14日，区内捐赠企业代表等参加竣工仪式。（姚湘如）

8月14日，青浦区红十字会捐赠企业代表参加都江堰市胥家学校竣工仪式
（区红十字会供稿）

■救护培训 区红十字会以参与世博、服务世博、奉献世博为重点，不断深化群众性现场初级急救培训工作，取得突破性进展。一是开展培训，服务世博。区红十字会与团区委、上海政法学院联合对400余名区内世博会城市志愿服务站点志愿者进行现场急救培训；各街镇红十字会为居礼酒店城市服务站点志愿者、世博安保屯兵点武警官兵、治安人员进行红十字普及培训，切实提高服务世博能力。二是优化服务，参与世博。在世博期间开展帮困送关爱活动，为全区418户困难户每户发放200元帮困款；与区民防办、区妇联协调联手，做好区内7000户家庭应急包配发和开展相关应急逃生培训试点工作；为青浦地区城市志愿服务站配备救护包，为市民和游客应急自救提供物质保障。三是建立机制，传承世博。及时调整区、镇、村（居）三级红十字救护队伍，健全区红十字医院应急救援队、区红十字救护队和各镇（街道）红十字会，并开展救护技能竞赛、演练等活动；对已经提前完成群众性现场初级急救培训工作重固镇，率先开展普及人员复训，取得良好效果。从2008年开始，区红十字会积极开展市政府实事项目——群众性现场初级急救培训，至2010年年底，共培训红十字救护员3558人，普及培训27671人。（姚湘如）

■人道救助 区红十字会不断加强相关部门沟通与合作，积极争取企业支持，不断推进帮困救助工作深入开展。一是努力丰富募捐形式。积极争取企业支持，充分发挥镇（街道）红十字会和学校红十字会优势，争取募集更多资金用于人道救助事业，全年共募集人道救助资金307.26万元，为帮困救助工作深入、有效开展夯实了资金基础。二是提高日常帮困水平。年内，共对35户突发火灾、因病致贫困难家庭及时给予关怀慰问，发

放帮困款24.65万元;六一儿童节,为20名参加少儿互助基金大病儿童送上慰问金和节日礼物;与司法局、慈善基金会青浦分会共同慰问42位特殊对象子女,传递党和政府温暖和关爱;做好贫困家庭儿童先天性心脏病救助项目工作,区内3名先天性心脏病患儿分别在市儿童医学中心、市胸科医院顺利接受心脏免费手术治疗。（姚湘如）

■宣传活动 区红十字会不断创新宣传模式,大力开展和积极参与各类宣传服务活动,使红十字知识得以广泛普及。一是拓宽渠道。与区电视台、青浦报社等新闻媒体联系,及时发布工作动态,通过网络、电视、报纸、版面等媒介进行广范围、多角度宣传。年内,在区政务信息平台发布信息72篇,区政府网站发布信息34篇,《青浦报》发表信息13篇,《中国红十字报》发表信息3篇。二是部门配合。在第二十三个"敬老日"来临之际,到青浦区红十字护理医院慰问住院老人,送去生活日用品,为老人们道上祝福;参加由区老龄委举办"敬老日"宣传活动,通过发放宣传资料、宣传物品方式传播红十字知识和现场初级急救知识。三是创新形式。世界红十字日来临之际,在《青浦报》刊登红十字专题宣传版面,传达区红十字会第三次会员代表大会精神,介绍区红十字会概况及五年来主要工作,营造良好舆论氛围;精心设计、制作内容丰富、图文并茂区红十字会五年工作宣传画册,分发给各委、办、局;与上海市慈善基金会青浦分会等单位联合主办《青浦慈善》杂志,每季度全面介绍区红十字会开展救灾、救护、救助动态,进一步扩大社会影响力。（姚湘如）

■社区服务 区红十字会秉持以人为本、服务弱势原则,充分利用社区资源为广大居民提供人道服务,促进家园和谐。一是做好创建工作。1月5日,上海市红十字会、上海市民政局正式命名夏阳街道为2009年度上海市红十字示范社区。二是加强红十字服务站建设。加强对社区红十字服务站建设指导和红十字专兼职干部培训,完善服务登记手册,各镇(街道)红十字会对站内轮椅、拐杖和急救箱等进行自查,并通过黑板报、宣传栏、发放宣传资料等形式开展红十字宣传服务活动。三是关爱社区困难失智老人。年初,以盈浦街道为试点启动社区困难失智老人服务项目,下半年在徐泾、重固、华新、夏阳、香花桥5个镇(街道)全面推开。年内全区共有6个镇(街道)开展此服务项目,服务对象共计77人。该项目切实改善了困难失智老人生活状况。四是完善冠名红十字医疗机构管理。年内,对申报冠名红十字医疗机构上海盈康护理院给予指导和支持,开展红十字运动、国际人道法、老年介护、现场初级急救等知识培训,组织院领导及部门骨干参观奉贤区奉城红十字老年护理院,借鉴成功经验。（姚湘如）

■红十字青少年 年内,区红十字会将学校红十字工作与德育工作、素质教育相结合,使红十字精神得以传承和发扬。一是加强联系指导。与区教育局、各中小学校联系,在中小学卫生保健老师工作会议上通报工作、总结经验、找出差距、鼓励先进。二是做好帮困助学。在昆山海纳川光学科技有限公司资助下,区红十字会与区教育局共同实施"劲梅校长奖"助学金。六一前夕,完成区51位小学及初中贫困家庭学生"劲梅校长奖"助学金15300元发放,区红十字会同时为51位学生补发助学金25500元,两项共计40800元。三是开展主题活动。在"5·8"世界红十字日前后,各中小学校围绕"红十字与世博同行"主题,利用专题板报、橱窗宣传、国旗下讲话、入会宣誓仪式、主题班会、志愿服务、救护逃生技能演练、参观福寿园遗体捐献纪念碑、为玉树地震捐款等活动介绍红十字相关知识,弘扬红十字精神,展示红十字青少年风采,提升红十字理念,取得显著教育效果。（姚湘如）

■组织建设 2月8日,中共上海市青浦区区直机关工作委员会下发青直党工函〔2010〕1号《关于同意组建中共青浦区红十字会机关支部的函》,正式成立青浦区红十字会机关支部,由俞赞红任中共青浦区红十字会机关支部书记,姚湘如任中共青浦区红十字会机关支部副书记,同时建立了工会组织,进一步加强红十字会组织建设。（姚湘如）

■重要会议 1月25日,青浦区红十字会召开二届八次理事扩大会。会议通过区红十字会第二届理事会理事人员调整名单;审议并通过区红十字会常务副会长俞赞红所作工作报告及区红十字会2009年人道救助基金收支情况报告。副区长、区红十字会会长陶夏芳作重要讲话。区府办副主任、区红十字会副会长林峰主持会议。区红十字会二届理事会全体理事、各街镇红十字会副会长及相关单位分管领导参加会议。

4月28日,青浦区红十字会第三次会员代表大会在区会务中心举行。来自全区各界红十字会代表及特邀代表近200人参加会议。市红十字会党组书记、常务副会长马强,区人大常委会主任巢卫林,区政协主席张布尔,区委副书记胡燕平,区委常委、组织部部长李子骏,区人大常委会副主任张海珍出席大会第一次全体会议。副区长、区红十字会会长陶夏芳主持会议。总工会代表群团组织向大会致贺词。会议审议并通过青浦区红十字会常务副会长俞赞红所作《青浦区红十字会第二届理事会工作报告》和《青浦区红十字事业发展规划纲要(2010~2014年)》,全面总结和回顾第二次代表大会以来工作,提出未来五年目标任务。马强、胡燕平在大会第一次全体会议上分别作重要讲话。在大会第二次全体会议上,选举产生区红十字会第三届理事会理事。并随即召开三届一次理事会会议,选举会长、常务副会长、副会长。区政协主席张布尔被聘请为青浦区红十字会名誉会长。陶夏芳、俞赞红当选为青浦区红十字会会长和常务副会长。会议通过区红十字会第三次会员代表大会决议。

5月27日,青浦区红十字会第三届理事会第二次会议在区会务中心召开。副区长、区红十字会会长陶夏芳主持会议。会议按照《中华人民共和国红十字会法》和《中国红十字会章程》规定,增补区红十字会三届理事会理事,选举顾煜为青浦区红十字会副会长(驻会)。（姚湘如）

■迎春募捐帮困活动 元旦、春节期间,区红十字会开展2010年"千万人帮万家"迎春募捐帮困活动。区、镇两级红十字会对全区1158户因病致贫困难家庭进行帮困,共发放帮困款42.61万元、慰问品1.39万余元、帮困卡4.2万元、帮困物资折合人民币近4万余元。副区长、区红十字会会长陶夏芳专程慰问盈浦街道两户困难家庭,区红十字会常务副会长俞赞红先后慰问中山医院青浦分院住院肿瘤病人、香花桥街道敬老院与赵巷镇红十字护理院老人和区精神卫生中心住院病人,送上慰问金和慰问品。年初,与慈善基金会青浦分会、区文明办、区老年基金会联合募捐,其中160万元捐款用于区红十字会开展“自强不息”携手抗癌、“情系万家”迎春帮困、“爱心速援”应急救助、“伴你成长”阳光护苗、“点燃希望”助医帮困、“真情传递”人道关爱、“情同手足”博爱援助等7项帮困救助项目。(姚湘如)

■纪念第63届“5·8”世界红十字日 5月8日,青浦区红十字会、盈浦街道办事处,在桥梓湾广场举办以“携手人道,参与世博”为主题大型宣传纪念活动。副区长、区红十字会会长陶夏芳出席活动。区红十字会通过老年骑游队绕城区宣传、医疗志愿者医疗咨询服务、红十字宣传资料发放、急救技能现场演示讲解、红十字青少年上街募捐等形式进行宣传,共发放各类宣传资料及宣传品700余份,展出宣传版面18块,募集青海玉树地震捐款3621.8元。同时,开展慰问朱家角镇困难群众、红十字志愿者到中山医院青浦分院探望住院病人等系列活动。(姚湘如)

■遗体、干细胞捐献 年内,区内30多位遗体捐献志愿者及家属参加市红十字会组织福寿园遗体捐献纪念瞻仰活动,镇(街道)通过广播、黑板报、横幅、发放宣传资料、召开座谈会,组织体检等形式对遗体捐献志愿者给予敬重和关怀,进一步树立尊重遗体捐献社会风尚。2010年,全区新增遗体捐献志愿者20名,实现者1名,至年底,全区共有遗体捐献志愿者141名,其中实现者19名。

5月底,与团区委一同赴上海市第一人民医院国际医疗保健中心探望、慰问青浦区第4例造血干细胞捐献者罗丹红,对她爱心善举表示敬意和感谢;年底,与团区委联合开展造血干细胞捐献志愿者血样采集活动,共有125位团员青年加入造血干细胞捐献志愿者行列。年末,全区有造血干细胞捐献志愿者1680人。(姚湘如)

■少儿住院互助基金和少儿学生医疗保障 年内,区红十字会从加强宣传、部门合作、规范操作、完善服务等方面着手,定期召开少儿住院基金管委会会议;分别召开医保服务点培训工作会议;定点结算医院、收费医院、中小学、幼托机构及农民工子女民办小学经办人工作会议,为新学年少儿基金收费工作顺利开展打下基础;通过向社区、学校发放宣传折册、张贴海报,不断提高社会知晓率与参与率。2010学年全区共有93439名中小学生和婴幼儿参加少儿基金,共收缴少儿基金56.06万元,基本达到全覆盖目标。区红十字会还为部分家庭困难及来自地震灾区学生支付少儿住院互助基金费用。(姚湘如)

5月8日,区红十字会联合盈浦街道办事处在桥梓湾广场举办纪念第63届“5·8”世界红十字日宣传纪念活动 (区红十字会供稿)

■关爱孤儿健康成长 2月5日,区红十字会在居礼酒店六楼多功能厅举办2010年社会各界与全区孤儿迎春座谈会。副区长、区红十字会会长陶夏芳,区教育局、民政局、妇联、团区委、总工会、工商联等单位负责人,居礼酒店等“两新”组织联络站有关负责人,孤儿结对帮助单位和个人代表20余人,和全区13名孤儿及其亲属齐聚一堂,共度新春佳节。出席会议单位和个人为孤儿们送上慰问金和新年礼物,并和孤儿们一起享用由居礼酒店赞助的年夜饭。与区工商联联合举行2010学年助学帮困基金发放仪式,为12名孤儿发放由区企业家协会捐助助学帮困金2.45万元。“六一”儿童节,带领部分孤儿参加由市红十字会组织“共享世博、欢庆六一”活动,与孩子们共同体验精彩世博、科技世博带来幸福和快乐。(姚湘如)

■宣传珍爱生命远离艾滋 与公安青浦分局加强联系,送教上门,为警衔晋升班500余名学员定期分批进行艾滋病预防知识培训,并在1月下旬为警务人员进行一堂别开生面艾滋病同伴教育培训;为盈浦街道近50名村(居)计生干部进行艾滋病预防知识讲座;与区人口计生委联合,为上海曼德琳纺织品服装有限公司、上海日樱运动用品有限公司250余名来沪人员举办艾滋病预防知识讲座,宣传珍爱生命、远离艾滋、加强关爱理念,深受学员欢迎,收到良好教育效果。(姚湘如)

■救护培训工作总结暨实事项目成果展示 12月2日,区红十字会在区体育馆举行“急救为人人,时时保平安”——青浦区救护培训工作总结暨实事项目成果展示活动。市红十字会党组书记、常务副会长马强,区委常委、区委宣传部部长孙萍，区人大常委会副主任王学才，副区长、区红十字会会长陶夏芳，区政协副主席沈红慧等领导亲临现场观摩。区红十字会全体理事、各街镇红十字会干部、社区红十字志愿者、医疗卫生机构红十字会团体会员单位代表、全体救护培训师资及红十字青少年等600余人参加展示活动。活动现场，副区长、区红十字会会长陶夏芳代表区委、区政府致辞。区红十字会常务副会长俞赞红总结2008～2010年群众性现场初级急救培训工作。会议表彰了青浦区2008～2010年群众性现场初级急救培训工作先进集体、先进个人。在展示活动中，青浦区豫英实验学校学生进行包扎和逃生技能演练，全区不同行业12支红十字救护队展示救护技能，镇（街道）红十字会自编自演一系列具有观赏性、创新性、教育性节目。（姚湘如）

■援建贫困地区学校 “上海青浦显博小学”是青浦区红十字会在外省市援建第一所博爱小学。该校为对原云南省红河州元阳县新街镇昌寨小学进行异地新建，于2009年9月由上海佩纳沙士吉打机械有限公司总经理陈宇显及其国外友人捐助40万元开工。该项目于2010年3月正式竣工并投入使用。区红十字会捐赠2万元用于学校购置电脑、体育用品及学生学习生活用品等。

（姚湘如）

■领导专家调研 4月8日，青浦区政协主席张布尔、上海市慈善基金会青浦分会领导来到区红十字会进行募捐帮困工作调研。区红十字会常务副会长俞赞红简要介绍区红十字会工作概况，并对近年来募捐帮困工作开展情况进行重点汇报。调研组在认真听取汇报之后，肯定区红十字会在帮困救助工作中取得成绩，并就如何拓宽募捐渠道、加强部门联合、加大帮困力度等问题给予建设性意见和具体指导。

12月8～9日，市少儿基金专家调研检查组分别到青浦区金泽镇社区卫生服务中心和朱家角人民医院，以听取工作汇报和检查病史形式对少儿基金使用情况进行调研检查。各定点医院以此为契机，在重视少儿基金工作同时，及时整改调研中发现问题，同时，卫生局加强每季度监控力度，使定点医院真正做到住院、用药、检查、化验、收费“五合理”。（姚湘如）

■交流考察工作 5月31日，山东省红十字会党组成员、副会长王志民率山东红十字会交流团在市红十字会副会长孙大红陪同下，到青浦区朱家角镇红十字会进行红十字工作考察交流。副区长、区红十字会会长陶夏芳，区红十字会常务副会长俞赞红，朱家角镇镇长顾骏等陪同。座谈会上，副区长、区红十字会会长陶夏芳介绍青浦区地理环境、经济发展、社会事业、红十字工作等概况，上海市红十字会副会长孙大红介绍上海市红十字会基本情况，区红十字会常务副会长俞赞红汇报全区红十字工作开展情况；双方就红十字工作开展过程中重点、难点问题进行友好交流。座谈结束后，与会人员参观了朱家角镇东井街红十字服务站。

6月5日，云南省红河州红十字会代表团一行10人到青浦区红十字会进行红十字工作考察交流。区红十字会常务副会长俞赞红介绍青浦区红十字会有关组织建设、“三救”（即救灾、救护、救助）工作、宣传活动、志愿者服务、学校红会等方面工作。云南省红河州红十字会专职副会长彭红翎表示：希望通过这次交流平台，借鉴青浦区红十字工作特色和亮点，结合云南省红河州工作实际，提高红十字工作“三救”能力。

（姚湘如）

综 述

2010年，青浦区政法系统把保障世博平安作为头等大事和核心目标，紧紧抓住源头性、根本性、基础性问题，切实履行职能，深入推进社会矛盾化解、社会管理创新、公正廉洁执法三项重点工作，确保了世博会期间全区社会和谐稳定。为推进青浦"一城两翼"建设，推动经济社会又好又快发展，开创"十二五"时期青浦科学发展新局面，提供了良好法律服务和坚实司法保障。

公安青浦分局围绕"确保世博安保工作万无一失"总体目标，以世博安保工作为主线，以夯实基层基础为重点，全力以赴、恪尽职守、连续作战，全力开展打击涉黑涉恶违法犯罪、打击扒窃拎包违法犯罪和严厉整治娱乐场所"黄、赌、毒"违法犯罪活动等专项行动。维护稳定、严打整治、行政管理等工作，全区社会面政治稳定、治安良好、秩序平稳，创造了和谐稳定的社会环境。全年集中清查整治行动26次；共侦破各类刑事案件2678起；各类经济犯罪案件160起；挽回经济损失10397.4万元；查处各类违反治安管理案件10985起；各类违法经营场所178家。

青浦区检察院紧紧围绕"强化法律监督，维护公平正义"检察工作主题，以推进社会矛盾化解、社会管理创新、公正廉洁执法三项重点工作为载体，全面履行各项检察职能。坚持把服务保障世博会成功举办作为2010年工作重中之重，严厉打击危害社会稳定严重刑事犯罪，及时稳妥处理和化解社会矛盾。全年共批准逮捕公安机关移送犯罪嫌疑人1050人，提起公诉766件1161人，接待群众来访312批666人，坚持下方巡访，保持了越级涉检信访零纪录。

青浦区人民法院坚持"三个至上"(即党的事业至上、人民利益之至上、宪法法律至上)指导思想，牢牢把握"为大局服务，为人民司法"工作主题，注重班子自身建设，突出队伍思想引领，强化审判绩效管理，依法能动履行职责，坚持调解优先，调判结合原则，为保障服务世博和区域稳定作出了应有努力。全年共受理各类案件16865件，审结各类案件(包括上年存案数)16906件，结案率为100.24%。办理来信1676件、来访1127人次、电子邮件203件。

全区各级人民调解组织共受理各类社会矛盾纠纷8951件，调解成功8826件，成功率为98.60%。全区律师事务所共代理各类案件2638件，解答法律咨询1209件，代书117件，法律顾问456家。公证处办理各类公证4420件。区法律援助中心共接待来电来访5688人(批)次[接待来访3182人(批)次、接答来电2506人次]；共受理法律援助案件466件。

青浦区人民武装部完成175名男兵、7名女兵征兵任务，连续3年被评为上海市征兵工作先进单位。（曹自求）

政法 综治

■概况 2010年是上海世博会举办之年，全区政法系统在区委正确领导下，把保障世博平安作为头等大事和核心目标，紧紧抓住源头性、根本性、基础性问题，深入推进社会矛盾化解、社会管理创新、公正廉洁执法三项重点工作，确保了世博会期间全区社会和谐稳定。世博期间，政法系统工作成效明显，有1家单位荣获全国世博工作先进集体称号，2人荣获全国先进个人称号；7家单位荣获上海市世博工作先进集体称号，12人分别荣获上海市世博工作一等功、二等功及优秀个人称号，白鹤镇综治办专职副主任刘建林获市"平安卫士"称号；27家单位荣获区世博工作先进集体称号，共有273人荣获区世博工作三等功、嘉奖及优秀个人称号。（胥蔚青）

■市委书记俞正声一行到西岑检查站检查指导安保工作 2月19日，中共中央政治局委员、世博安保指挥部总指挥、市委书记俞正声在市委常委、政法委书记吴志明，市委常委、常务副市长杨雄，市委常委、市委秘书长丁薛祥，副市长沈骏，市长助理、市公安局局长张学兵等领导陪同下到西岑检查站视察青浦区道口世博安保筹备工作。区委书记高亢，公安青浦分局等单位领导陪同视察。（胥蔚青）

■青浦区政法工作会议召开 该会于1月18日在区会务中心召开，主题是深入贯彻落实科学发展观，贯彻落实中共十七届四中全会、全国和市政法工作会议精神，全面部署2010年全区政法工作。区委常委、政法委书记李萍作政法工作报告。副区长、公安分局局长陈振华主持会议。区四套班子有关领导、区政法委全体委员、区综治委成员单位、各镇、街道和各部委办局领导出席会议，公安分局、工商分局、练塘镇分别作交流发言。（胥蔚青）

■周伟航到青浦指导工作 3月11日，市禁毒办主任周伟航等一行在区委常委、政法委书记、区禁毒委主任李萍，区委政法委副书记、区禁毒办主任陈卫国，区综治办副主任肖飞等陪同下，对青浦区在社区戒毒、社区康复等工作上进行督导，并要求进一步争取各级领导对禁毒工作支持，继续保持原有优势，注重总结、提炼，充分发挥区禁毒办作用，使青浦区禁毒工作上新台阶。

（胥蔚青）

■高亢专题调研政法综治工作 3月19日，区委书记高亢专题调研政法综治维稳工作。他要求：世博会期间，要进一步加强基层基础建设，确保综治维稳工作层层落实；要根据形势发展变化，创新方法、创新思路，在掌握工作主动权上下工夫；要善于学习其他区县成功经验、重视网络舆情；要切实加强自身建设，打造一支具有过硬政治素质、优良工作作风、良好群众基础、公正执法形象、精湛业务技能的政法队伍。同时，要切实重视世博会期间消防安全隐患整治，（朱家角主题实践区的安保、人流密集区的交通）等问题，通过实战演练，发现问题，解决问题，不断增强协同作战能力，确保世博会成功、精彩、难忘。区委常委、政法委书记李萍，区委办公室主任韦明，区委政法委副书记陈卫国、陈林，区综治办副主任，区委政法委内设机构负责人一起参加调研。

（胥蔚青）

■“中小学毒品预防教育八个一”启动仪式 5月18日，青浦区“中小学毒品预防教育八个一”（即加强一批毒品预防教育试点学校建设、开展一次毒品预防教育师资培训、编印一本中小学毒品预防教育优秀教案集、上好一堂毒品预防教育课、参观一次禁毒宣传展览、参加一次网上禁毒知识竞赛、观看一部禁毒影视片、组织一次禁毒主题班会）活动在徐泾镇徐泾中学举行启动仪式。区委常委、政法委书记、区禁毒委主任李萍宣布活动正式启动，她强调：做好中小学毒品预防教育工作：一是统一思想，提高师生对毒品危害性认识；二是建立制度，形成中小学毒品预防常态管理；三是创新形式，切实增强禁毒工作实效性。市禁毒办副主任郑伟出席并作重要讲话，区禁毒办、区教育局、区文明办、团区委、区妇联，及各镇（街道）禁毒办领导及300余名师生共同参加启动仪式。

（胥蔚青）

■青浦区专业调解工作推进会召开 该会于6月23日在区会务中心召开。区委常委、政法委书记李萍出席会议，并要求各街镇、有关职能部门要增强人民调解工作责任感和使命感，提高对专业调解工作重要性认识；要注重实效，促进人民调解更好地为社会和谐稳定大局服务；要充分发挥司法所“二者一平台”（即组织者、指导者和基层大调解工作格局基本操作平台）作用，加强资源整合，形成合力；要完善机制，大力加强人民调解工作队伍建设和制度建设，促进人民调解工作法制化和规范化。区司法局、人保局、卫生局、房管局、公安分局交警支队等部门在会上进行交流。

（胥蔚青）

■王其江到青视察 6月29日，中央政法委副秘书长王其江，市委政法委副书记林国平，区委常委、政法委书记李萍一行，视察朱家角世博主题实践区社会面防控工作。

（胥蔚青）

■召开社会稳定风险分析和评估工作会议 7月12日，区委副书记、区重大事项社会稳定风险评估专项领导小组组长胡燕平主持召开会议，研究推进青浦区生态片林用地落实镇保重大决策社会稳定风险分析和评估工作。会议强调，对生态片林用地落实镇保这一重大决策开展社会稳定风险分析和评估，是从源头上预防和减少社会稳定风险系数重要举措。区委常委、政法委书记、区重大事项社会稳定风险评估专项领导小组副组长李萍、区维稳办主任陈林等出席会议。

（胥蔚青）

■开展社会治安综合治理工作调研 7月14日，区委副书记胡燕平、区委常委、区政法委书记李萍到赵巷镇、重固镇、白鹤镇综治工作中心进行调研，听取综治工作中心建设和推进情况的汇报，并对综治维稳战线上的工作人员进行亲切慰问，就做好下一步综治维稳工作提出相关要求。

（胥蔚青）

■市综治办领导到青浦检查指导工作 8月3日，市综治办副主任乐伟中一行在区委常委、政法委书记李萍，区综治办、练塘镇、金泽镇等领导陪同下，到青浦区金泽镇淀峰检查站、练塘镇高家港道口检查，指导社会面防控工作。

（胥蔚青）

■全面完成世博安保各项工作任务 按照市委提出世博安保工作“四个确保”（即确保党和国家领导人及重要外宾在沪绝对安全，确保世博会开闭幕式、开园仪式等重大活动的安全顺利进

5月18日，青浦区深入开展“中小学毒品预防教育八个一”活动启动仪式举行

（区委政法委供稿）

4月7日，上海世博会青浦区安全保卫工作毗邻地区协作会议召开

（区委政法委供稿）

行，确保世博园等重点地区的安全稳定，确保社会面治安秩序的持续平稳）和“六个不发生”（即不发生危害国家安全和社会政治稳定的重大政治性事件、不发生暴力恐怖袭击事件、不发生大规模群体性事件、不发生个人极端暴力事件、不发生群死群伤等灾害事故、不发生影响国家形象和世博运行的突出问题）总目标，区政法委制定安保工作方案，深入开展基础排查，强化信息收集研判、核查处置机制，加强敏感节点期间社会政治和治安稳定工作，维护了社会政治稳定。世博期间，开展“环沪护城河”工程，密切与江浙两省政法综治部门统筹协作，主动与毗邻市县区开展协调联动，签订《世博安保协作备忘录》，建立长期协作机制，严格落实道口、口岸查检工作。加强对朱家角主题实践区、奥特莱斯等重点区域安全防控工作。招募1.8万名世博平安志愿者，参与社区巡防、驻点守控、矛盾化解等方面工作，各单位普遍建立行业志愿者队伍，落实内部安防措施，夯实了平安世博群众基础。组织全区机关党员干部积极参与“世博先锋行动”，主动服务世博、奉献世博。（胥蔚青）

■扎实推进平安建设 年内，组织实施“严厉打击娱乐休闲场所涉黄、赌、毒违法犯罪”等10项平安建设实事项目。深入开展平安创建活动，全区各街镇全部创建成市级平安社区，全年新创建市级平安小区29个、平安单位239个。深入推进集中排查整治社会治安重点地区等专项行动；及时整治消除一批治安复杂地区和顽症；持续加大对直接影响人民群众安全感街面犯罪、多发性侵财犯罪、黑恶势力等突出刑事犯罪活动打击力度。青浦区全市群众安全感调查总体评价指数达到83.43%，比上一年增加12.23%，全市排名上升5位。

（胥蔚青）

■平安建设实事项目推进 根据人民群众最关心、反映最强烈社会治安突出问题和社会管理问题，3月，区综治委制定《关于2010年青浦平安建设实事项目安排的意见》，确定了严厉打击娱乐休闲场所涉黄、赌、毒违法犯罪等10项平安实事项目，建立评估考核制度，确定由区综治委领导分工联系，抓好平安建设实事项目落实。

10项平安实事项目执行推进情况为：严厉打击娱乐休闲场所涉黄、赌、毒违法犯罪——该项目由公安青浦分局负责。年内，开展“春雷”、“护城”等一系列集中清查整治行动，共抓获违法犯罪人员1000余人，处理娱乐休闲场所100余家。严厉打击公共场所扒窃犯罪——该项目由公安青浦分局负责。年内，明确旅游景点、商业闹市、公交车辆等重点区域，尤其加强世博期间朱家角主题实践区打击力度，组织开展“平安世博七号”等一系列集中行动，全年共破获扒窃案件60起，拎包案件47起。防范和打击利用通信手段实施诈骗违法犯罪——该项目由公安青浦分局负责。年内，依托“跨区域办案协作平台”，加强与原籍地公安机关沟通协作，提高打击效能。全年破获电讯诈骗类案件63起，抓获犯罪嫌疑人25人。防范和打击盗窃破坏电力设施违法犯罪——该项目由区经委负责。年内，积极开展反窃电专项检查活动，严厉打击盗窃破坏电力设施违法犯罪行为。排查整治社会治安重点地区——该项目由区综治办负责。年内，协同公安、各镇（街道）及相关成员单位开展排查工作，对排查重点地区，按照“一地一方案”要求，明确责任部门（责任人），整治目标，开展整治行动。全年共宣传发动1389次，排查1308次，发现治安重点地区12个，已经整治地区12个，破获刑案216起，抓获犯罪嫌疑人285人。整治高层建筑消防安全隐患——该项目由区消防支队负责。年内，对全区各高层建筑排摸检查，共发现存在火灾隐患高层建筑45幢，至年底全部完成整改。深入开展“平安医院”创建——该项目由区卫生局负责。年内，落实责任，全面推动“平安医院”创建工作；协同街镇、公安、城管等部门对全区无证行医点进行了集中整治工作，取缔无证行医点248家，收缴药品548箱，收缴医疗器械2014件，追究刑事责任6人。加强流浪乞讨人员救助管理——该项目由区民政局负责。年内，将青浦城区、徐泾镇、朱家角镇、东方绿舟等商业区域作为重点区域，每日进行街面巡查2次～3次。全年共救助各类对象360人，弱讨恶要、职业乞讨者在青浦地区已基本杜绝，旅游区域、各大商业区社会秩序明显好转。组织开展对废旧收购行业专项检查整治——该项目由区综治办负责。年内，发动各村居、企业、平安工作站等基层组织，共排查出各类废旧物品收购站点514家，取缔无照经营户214家，清运各类废品622吨，开展安全检查206次，发现并消除各类安全隐患230处，较好规范了废旧收购行业经营秩序，改善了废品收购点周边市容环境。组织开展对农贸市场专项检查整治——该项目由工商青浦分局负责。年内，工商青浦分局、区综治办、公安青浦分局等部门强化部门联动，加强日常

监管，取得较好成效。（胥蔚青）

公　安

■**概况**　2010年，公安青浦分局（以下简称分局）围绕“确保世博安保工作万无一失”总体目标，以世博安保工作为主线，以夯实基层基础为重点，全力以赴、恪尽职守、连续作战，全力开展维护稳定、严打整治、行政管理等工作，全区社会面政治稳定、治安良好、秩序平稳，创造了和谐稳定的社会环境，得到社会各界赞誉。年内，交警支队白鹤检查站获全国上海世博会先进集体；有1人获全国上海世博会先进个人；有1人获公安八部委颁发的世博会知识产权保护工作先进个人。交警支队西岑检查站、徐泾派出所获上海市世博工作优秀集体；交警支队白鹤检查站、朱家角派出所获上海市“服务世博、奉献世博”立功竞赛活动优秀集体。有3人获上海市世博工作优秀个人；有4人分别获上海市“服务世博、奉献世博”立功竞赛个人一、二等奖。（沈文浩）

6月23日，上海市青浦区应急救援支队成立揭牌仪式举行

（公安青浦分局供稿）

■**保持严打高压态势**　开展冬季“保稳定、强打击、抓防范、促安全”，春季“平安世博”，夏季“清夏”，秋冬“多破案、治顽症、强基础”严打整治专项行动，部署“平安世博”、“春雷”、“护城”、“清夏”、“秋冬”系列集中清查整治行动26次。全年共立各类刑事案件5798起；侦破各类刑事案件2678起。侦破各类经济犯罪案件160起，挽回经济损失10397.4万元。开展打击涉黑涉恶违法犯罪、打击扒窃拎包违法犯罪和严厉整治娱乐休闲场所“黄、赌、毒”违法犯罪活动等专项行动。全年共查处各类违反治安管理案件10985起，其中查处“六害”案件1143起。处理各类违法经营场所178家。（沈文浩）

■**推进公安基层基础建设**　2010年，分局基本完成各类信息系统硬件配置。全年依靠各类情报信息系统、移动警务PDA和视频设备，共抓获各类违法犯罪嫌疑105人。全区群众安全感和公安工作满意度排名分别列全市第十一名与第九名，名次比上年上升5位和9位。强化“两个实有”（实有房屋，实有人口）全覆盖管理工作，全年共采集、核对常住人口461699人，采集、核对来沪人员信息595026条，采集、核对境外人员12546人。全区共新增实有人口108288人。在香花桥、赵巷和沈巷派出所开展责任区警种联动机制示范点建设。强化网吧管理，共检查网吧980余家次，取缔“黑网吧”69家，收缴电脑707台。（沈文浩）

9月2日晚，公安青浦分局举行“清夏”夏季严打整治专项行动

（公安青浦分局供稿）

■**做好世博安保工作**　年内，分局充分发扬“精勤不怠、坚韧不拔、超越不止”精神，确保世博安保工作万无一失。抽调40名警力支援市局轨道交通安保工作。突出工作重点，科学制定预案，重点做好朱家角世博主题实践区以及“东方绿舟”等知名旅游景点区域综合治理工作。围绕世博“一盘棋”思想，打破区域、警种界限，与江苏省昆山市、吴江县及浙江省嘉善县等毗邻地区建立查控联防协作机制。全区水陆道口、口岸共检查车辆102.1万余辆次、船舶9.9万余艘次、人员227.3万余人次。共查获“网上逃犯”、违法嫌疑等人员1500余人，缴获被盗（抢）机动车19辆、各类违禁品9500余件。重点落实校园安全措施，在上学、放学时段对全区183所小

学、幼儿园落实“一校一警”、“一园一警”措施。强化社会面巡控工作，每日投入各类巡逻力量1400余名开展社会面巡逻工作，共盘查人员133930人次、车辆86851辆次；抓获违法犯罪人员251人，查扣车辆1896辆；收缴枪支、仿真枪、管制刀具、毒品等违禁品368件。（沈文浩）

■加强临近虹桥枢纽地区治安管控 随着虹桥枢纽和轨道交通2号线徐泾东站的建成启用，徐泾地区人员流动性进一步加大，地区治安压力骤增。分局通过强化情报分析研判、组织集中清查整治、加大街面警力投放、严密社区巡防网络、强化犯罪源头治理和加大防范宣传力度等措施，有针对性地加大对徐泾镇等临近虹桥枢纽地区社会治安整治和管控力度，维护了该地区治安的持续稳定。年内，在徐泾地区共侦破各类刑事案件240起，抓获各类违法犯罪嫌疑877人。（沈文浩）

■开展“欢乐世博、倾情走访”警察公关活动 以全市“世博大礼包”发放为契机，积极争取各镇、街道和村、居委支持，上门走访千家万户，做到“五个层面”（即分局党委成员、分管社区所领导及其他民警、派出所其他所领导、派出所警务区民警、机关单位警力）上门，突出走访“四类人群”（即涉案受侵害人员、人在户不在人员、刑释解教人员和弱势群体），检查“三项工作”（即和谐警民关系建设、社区警务管理、实有人口管理），发放“两份材料”（即安全防范宣传资料和《致市民信》）。活动期间，共走访群众家庭10956户，见面沟通群众58760人，其中：弱势群体家庭728户，刑释解教人员890人。共采集、更新人口信息7322条，发放《致市民信》1285份、警民联系卡5万余份，发放治安防范宣传资料20余万份。（沈文浩）

■整治摩托车“飙车”行为 年内，分局针对青浦城区夜间经常出现无牌无证改装摩托车进行“飙车”现象，着力打击摩托车超速行驶、违法鸣号等行为。5~6月，在城区夏阳街道盈港东路、青湖路、华乐路和崧泽广场周边等“飙车族”活动频繁路段多次开展专项整治行动，共查获涉嫌非法改装两轮摩托车52辆，抓获涉嫌“飙车”违法嫌疑人47人（其中行政拘留24人），拆除气喇叭112个。有效遏制了青浦城区“飙车”行为蔓延势头，并邀请中央电视台、上海电视台、东方卫视等多家电视媒体对专项整治行动进行跟踪报道，受到群众欢迎。（沈文浩）

■提高社保队员整体素质 年内，分局致力于提高社保队员业务素质和协助破案能力，全年举办社保队员轮训班60期。2月起，分期分批组织全区新扩编700名队员、在编社保队员、综合协管员共2409人参加轮训队培训。轮训队每期培训学员约50人，学员在脱产集中学习环境中，学习安保知识和法律法规，随同民警参加案件多发、易发区域的巡逻、盘查和集中清查整治行动。经过12天集中培训后，队员素养得到显著提升。年内，全区社保队员协助公安机关侦破各类刑事案件654起；查获治安案件1070起；协助抓获各类违法犯罪嫌疑人3306人，其中：刑事拘留510人、行政拘留1105人。（沈文浩）

■娱乐休闲服务场所“涉黄”专项治理 年内，分局开展“涉黄三小场所”（小发廊、小足浴店、小按摩店）、“娱乐休闲场所内‘黄、赌、毒’违法犯罪活动”等系列专项打击整治行动，采取集中、突击、交叉查禁等方式进行“围点彻查”，强化日常管理控制。定期将存在“涉黄”活动、超范围经营、无证经营“问题发廊”抄告工商部门备案处理。同时，通过集中开会培训、日常督导教育、全面发放《告知书》等方法，提醒相关业主守法、规范经营。全年共查获各类娱乐休闲服务场所“涉黄”案件281起，抓获违法犯罪嫌疑人553人，查处“涉黄”娱乐休闲服务场所54家，责令停业整顿。（沈文浩）

■推行关爱管理 年内，分局注重做好民警思想工作，关心民警身心健康，调动工作积极性，增强队伍凝聚力和战斗力。推出民警思想政治工作“三个一”工作法（即与民警进行一次谈话、给民警家属寄一封慰问信、向民警家属打一个电话），开展端午、国庆期间“战友情——今天你休息”领导干部为民警替岗活动。先后举办民警子女中（高）考考前心理辅导讲座、“六一”民警家庭亲子游园活动、增援学警心理健康战地服务活动、民警心理健康专家讲座和心理健康知识巡展活动。组织民警集体参观世博园区和健康体检，协同区妇联开展关爱女警系列活动，做好增援警力各项保障服务工作，组织领导干部深入一线指导工作、带班作业，和民警面对面对话，坚持正面思想教育，严管厚爱，及时表彰，分局通过手机短信平台，发送即时表扬短信54次计5万余条。（沈文浩）

■发挥公安道口检查站屏障作用 世博安保工作启动后，分局各道口检查站认真履行工作职责，加大对进出市境道口可疑人、物、车的检查力度和管控，全力以赴做好各项工作，使世博期间青浦各陆路道口安全有序。年内，共查验机动车663519辆次、比对人员1084604人次，查获网上逃犯54名，各类嫌疑车辆435辆，管制刀具1444把，淫秽盗版物4047件，非法运输危化品184.9吨以及其他大量违规违法物品，及时消除了一批治安隐患。（袁小强）

■加大道路交通管理力度 年内，分局在“平安世博”打击整治攻坚战专项行动中，紧紧围绕“平安世博，提升队伍战斗力”的核心任务，完成世博会交通安保工作。主动适应区内市政建设需要，不断完善交通管理责任区勤务模式，积极采取增辟车道，调整信号配时以及开展重点区域交通整治，交通安全宣传等措施，挖掘道路潜力，治理交通违法行为，增强市民自觉遵守交通法意识，深入推进排堵保畅工作，确保区内道路交通安全、畅通。年内共完成交通保卫任务349次，查处突出交通违法93147起，其中：酒后驾车2648起、违反交通信号灯12451起、机动车超载超员25436起、故意污损遮挡号牌2554起、非机动车和行人违法行为50058起。在“三类车”（即二轮摩托车、电动三轮车、残疾车）交通违法集中整治专项行动中，查获“三类车”交通违法5556起。查处各类交通违法案件227440起，共抓获移交、处理各类违法犯罪案件481起，抓获违法犯罪嫌疑人435人。（袁小强）

检　察

■概况　2010年,青浦区检察院(以下简称区检察院)紧紧围绕"强化法律监督,维护公平正义"检察工作主题,认真贯彻落实科学发展观,以推进社会矛盾化解、社会管理创新、公正廉洁执法三项重点工作为载体,全面履行各项检察职能。区检察院坚持把服务保障世博会成功举办作为2010年工作重中之重,严厉打击危害社会稳定严重刑事犯罪,及时稳妥处理和化解社会矛盾。全年共批准逮捕公安机关移送犯罪嫌疑人1050人,提起公诉766件1161人,接待群众来访269批518人,检察长接待群众83批148人次。坚持下访巡访,主动化解社会矛盾,确保影响世博稳定涉检信访零发生,保持越级涉检信访零纪录,为推进青浦"一城两翼"建设,推动经济社会又好又快发展,开创"十二五"时期青浦科学发展新局面,提供了良好法律服务和坚实司法保障。（韦贵莲）

■查办和预防职务犯罪　区检察院全年共受理各类线索37件,初查线索23件,立案侦查10件10人,其中:受贿6件6人、贪污1件1人、单位行贿1件1人、挪用公款1件1人、滥用职权1件1人、大案4件4人、正处级要案1件1人。查办某基层组织原支部书记沈某利用负责招商引资职务便利,侵吞财政扶持款贪污大案;依法查办原公安民警黄某利用职务便利为带有涉恶势力性质犯罪团伙提供被害人信息滥用职权案。集中精力,深挖窝案串案,侦破上海大中耀华公司总经理张某、副总经理李某、采供部经理周某等4起贪污贿赂大要案;立案查办区渣土管理所原正、副所长受贿窝案。积极参与区职务犯罪惩防体系建设,建立健全与区纪检监察机关等部门协作配合工作机制,加强情况互通和案件信息交流,充分发挥预防网络功能和作用。深入开展个案预防和系统预防工程,先后与上海淀山湖新城发展有限公司、青浦工业园区发展(集团)有限公司建立预防职务犯罪工作协作机制。对区内卫生、教育系统12名区级学科带头人开展预防职务犯罪法律服务工作。加强行贿犯罪档案查询工作,完成90余份行贿档案查询,进一步增强对商业贿赂预防和打击力度。（韦贵莲）

■落实宽严相济刑事司法政策　区检察院在办案各个环节,对因婚姻家庭、民间纠纷引发轻微犯罪及初犯、偶犯、过失犯罪、未成年人和老年人犯罪,依法予以从轻处理。对19名涉嫌犯罪但无逮捕必要犯罪嫌疑人不予批准逮捕,对11名犯罪情节轻微且明显有悔过表现犯罪嫌疑人依法作出不起诉决定,对7件轻伤害案件,促成当事人刑事和解。深化对涉罪未成年人教育、感化、挽救工作,充分发挥未成年人社会观护站作用,组织11人入站接受捕前诉前考察帮教。（韦贵莲）

■强化法律监督　年内,强化刑事诉讼监督,监督公安机关立案3件3人;对不构成犯罪或事实不清、证据不符合逮捕条件不予批准逮捕39人;对应当逮捕而未提请逮捕,应当起诉而未移送起诉的,追捕犯罪嫌疑人10人,追诉犯罪嫌疑人18人;对不符合法定起诉条件案件,建议撤回移送审查起诉10件22人;提请上级院抗诉易某盗窃案,获上海市第二中级人民法院再审改判。加强民事行政审判监督,受理审查各类民行申诉案件32件,立案审查13件;办理再审检察建议2件;办理建议提请抗诉案件2件,上级人民检察院均已向人民法院提出抗诉,对1件土地纠纷申诉案件促成当事人和解;对法院正确裁判,注重做好申诉人服判息诉和教育疏导工作,共息诉32件。加强对刑罚执行和监管活动法律监督,从保障监管场所安全入手,督促监管场所深入排摸具有暴力倾向、抗拒监管、自杀自伤等重点对象,会同监管场所抓住出入(监)所、会见还押、劳动放风等重点环节,加大警戒管控力度,完善应急处置预案,严防突发重大安全事故。重视对一类问题监督,加大对诉讼活动中执行政策、法律方面存在普遍性、倾向性突出问题监督力度,针对侦查机关在对被羁押犯罪嫌疑人审讯、精神病司法鉴定、押解异地被抓获犯罪嫌疑人等侦查活动中存在可能侵犯诉讼当事人合法权益情形,及时提出监督意见,同时通过与公安机关会签订工作协议,制定执法工作细则等方法督促整改。（韦贵莲）

■运用检察建议促进行业监管　区检察院在办理一起强奸案时发现,某民营医院擅自为幼女堕胎造成严重后果,开展深入调研后发现行业监管存在问题,遂通过《情况反映》引起市委主要领导关注和市卫生局高度重视,同时向卫生行政主管部门发出检察建议,引发市卫生系统在全市民营医院开展专项整治行动,对不具有经营许可28家民营医疗机构分别立案处罚,收到了很好治理效果和社会反响。该案入围《2009～2010年度上海检察机关服务大局保障民生十佳案(事)例》。2010年,区检察院共向企业、行政机关、政府部门等制发各类检察建议28份,采纳回复率高达90%。（韦贵莲）

■对社区矫正对象监督　与镇、街道司法所建立信息共享工作协作机制,确定专人每月进社区开展巡回检察,及时交换监外执行人员信息,了解监外矫治情况。会同相关职能部门开展监外执行工作专项检查,先后对4名脱管或违反规定监外执行人员,提请公安机关收监处理。制作社区矫正宣传资料和版面,与镇、街道司法所共同对社区矫正对象开展法制教育,有效地预防和减少监外执行罪犯重新犯罪。（韦贵莲）

■设立社区检察室　年内,区检察院在赵巷镇设立社区检察室,指派专门人员常驻社区,深入群众开展举报受理、信访接待、法律服务、参与社会矛盾化解,开展对基层派出所执法活动以及社区矫正等法律监督工作,为促进检力下沉,延伸法律监督触角,积极服务基层社区管理搭建了新的平台。（韦贵莲）

■服务地区企业发展　年内,针对部分外资企业内盗案件频发情况,区检察院结合办案深入企业调查研究,形成《关于青浦区企业员工内盗案件高发的调研报告》,向相关企业、政府部门提供防范治理对策,引起多方重视。还召开专题研讨会,与企业代表、专家教授和政府职能部门共商促进社会管理创新,维护企业合法权益措施。（韦贵莲）

■开展主题实践活动　年内,开展"恪守检察职业道德,促进公正廉洁执法"主题实践活动,通过对全院干警开展检

6月30日，区检察院举行集体宣誓活动　（区检察院供稿）

察职业道德书面测试、检察官集体宣誓、检察职业道德征文大讨论、身边先进典型人（事）评选等活动，强化干警职业道德教育，激发干警职业认同感和荣誉感。为检察工作发展提供精神动力和思想保证。（韦贵莲）

■队伍专业化建设　年内，继续开展“岗位练兵、岗位成才”活动，组织听庭评议、法律文书评查、疑难案件讨论、案件讲评，与其他区院开展刑事案例对抗辩论赛等活动，提高干警理论水平与实务能力。高度重视青年干部教育培养，为年轻干警成长搭建学习实践平台，先后选派4名法律专门人才至上海政法学院开设讲座，2名干部到上海世博局和黑龙江省边远基层检察院挂职锻炼，6名青年干部到赵巷镇、香花桥街道等基层组织开展为期半年实践锻炼，努力增强青年干警宗旨意识和艰苦复杂环境下做群众工作能力。（韦贵莲）

■接受人大及其常委会监督　年内，区检察院向区人大常委会专题汇报刑事检察工作情况，邀请部分人大代表、政协委员视察反渎职侵权检察工作、参加部分案件庭审评议活动及重点案件评查工作，主动接受监督，争取工作支持。落实院领导联系市人大代表制度，定期向代表通报检察工作情况，征求不断改进和加强工作意见建议。专设人大代表、政协委员联络室，密切同代表、委员联系，进一步加强沟通交流。（韦贵莲）

■接受社会各界监督　年内，通过设置意见箱、开通热线、发放征求意见函、登门走访等形式，广泛征求社会各界对检察工作意见和建议，接受社会监督。定期向检风廉政监督员、社区联络员通报检察工作和队伍建设情况，听取意见和建议。还通过网络和各级各类新闻媒体加强检察工作对外宣传，增强检察工作透明度和社会影响力。（韦贵莲）

审　判

■概况　2010年，青浦区人民法院（以下简称区法院）深入贯彻落实科学发展观，坚持“三个至上”指导思想，牢牢把握“为大局服务，为人民司法”工作主题，注重班子自身建设，突出队伍思想引领，强化审判绩效管理，依法能动履行职责，为保障服务世博和区域稳定作出了应有努力。全年共受理各类案件16865件，审结各类案件（包括上年存案数）16906件，分别比上年下降11.88%和12.58%，同期结案率为100.24%。其中，受理刑事案件720件（1074人），审结720件（1066人），分别比上年上升4.5%和4.5%，挽回经济损失533.97万元；受理民（商）事案件10021件，审结10054件，分别比上年下降6.06%和7.31%，涉案标的金额13.45亿元；受理行政案件27件，审结25件，分别比上年上升12.5%和4.17%；受理执行案件5169件，执结5187件，分别比上年下降23.58%和23.82%。申请执行标的金额9.73亿元，实际执行到位标的金额8.25亿元；此外审结督促催告、执行恢复等其他案件920件。（江　涛）

■刑事审判坚持“宽严相济”刑事政策　年内，区法院与政法各部门密切配合，依法惩处严重危害社会治安暴力犯罪、多发性侵财犯罪、破坏市场经济秩序犯罪，在判决发生法律效力案件中，判处5年以上有期徒刑有233人。依法惩处国家工作人员职务犯罪4件5人，均被处以有期徒刑。对罪行较轻，不再危害社会154名被告人，依法宣告缓刑。（江　涛）

■民（商）事审判坚持“调解优先，调判结合”原则　年内，高度重视保护公民人身权和财产权，通过依法调解疏导，审结因交通事故引发侵权赔偿案935件，审结婚姻家庭、相邻纠纷、民间借贷及医疗纠纷案1391件。坚持保障劳动者权益与促进企业生存发展并重，依法审结劳动争议案1201件。依法妥善化解带有复杂性、敏感性、群体性、突发性案34起。民（商）事调撤率达63.86%，继续位于全市基层法院前列。（江　涛）

■行政审判坚持支持与监督并重　年内，加强对行政案件协调和解工作，促进行政相对人与行政机关相互理解、彼此沟通，妥善化解行政争议。依法审查非诉行政案346件，比上年上升38.96%。探索采取以“协助化解矛盾建议函”方式，发挥行政机关在化解行政争议中作用。（江　涛）

■加强联动，兑现胜诉权益　年内，继续开设“绿色通道”，及时有效执结拖欠民工工资、人身赔偿、工伤事故等涉及民生类案件2276起，执结标的金额7852.42万元。使用救助资金化解特殊困难案43起，继续做好对确有困难当事人诉讼费缓减免工作。对拒不履行生效判决被执行人，加大对其实施限制。首次对两名构成拒执罪被执行人追究刑事责任。制定《青浦区协助执行工作网络成员单位及协助执行员工作职责的实施意见》，进一步健全解决“执行难”外部支持体系。（江　涛）

■妥善处置、化解信访事件　通过制定方案、分解责任、落实措施，年内，完成案件评查，其中涉诉信访积案45件。继续加强日常信访接待处置工作，全年办理来信1676件、来访1127人次、电子邮件203件次。在区政法委等相关部门协助配合下，及时处置、妥善化解4起到该院群体性集访事件。（江　涛）

■建言献策加强司法建议　年内，及时向相关部门、单位、团体、企业提出司法建议22份，其中得到反馈并有整改回应9份。对区域经济社会发展变化反映在诉讼案件中各种新情况，进行定量定性分析综合，向相关部门和领导发出专报23份，提供带有预警性、前瞻性价值参考。首次向区委、人大、政府、政协和政法委提交年度综合性司法审判报告。（江　涛）

■依法拓展当事人合法诉求渠道　年内，增设民事审判第四庭，专司劳动争议案件、道路交通事故、医疗纠纷引发人身损害赔偿案件；增设青东法庭，方便青东地区人民群众诉讼。以建立各街镇巡回审判工作指导站为载体，为群众依法维护自身权益提供便利服务。落实司法公开制度，推进网上案件进度查询、判决书后附录法律条文、裁判文书上网、电子诉讼档案社会公众查询服务工作，编制《司法便民服务手册》向社会公众赠阅，实施庭审同步录音录像、网络庭审直播，开通微博专线，拉近司法与民众距离，回应社会诉求，畅通民意表达和监督。（江　涛）

■着力推进社会矛盾纠纷多元解决机制建设　年内，与区人力资源和社会保障局劳动争议、工伤认定仲裁、劳动监察等部门，建立仲裁、裁判和执行有效对接机制。与区综治委、公安分局等相关机构、组织、单位建立协助执行查控、联动和威慑机制。与区司法行政部门在共同推进大调解格局基础上，展开全市首创性非诉民事调解协议确认探索工作，积极拓展诉调对接机制新路径。（江　涛）

■扩大法制宣传的社会辐射面　世博会期间，以朱家角主题实践区为以点带面，集中性开展"平安世博法制宣传日"活动，多家新闻媒体作专题报道。先后与区妇联、工商联、侨商协会、司法局举办4期"青法论坛"，并在市高院举办新闻发布会上，收到良好反响。在《上海法治报》刊出10期"清风扑面"法制宣传专栏。组织法官进学校、进社区、进企业、进监所、进农村，开展普法宣传。（江　涛）

■增强接受监督意识　年内，总结近年来接受人大监督、践行司法为民体会，形成书面材料作为区人大工作会议材料，并在《上海审判实践》杂志和《上海法治报》上刊发。邀请人大代表、政协委员到该院旁听案件审理、参与执行和接访工作。在区人大常委会重视指导下，新任命45名人民陪审员，制定《关于加强人民陪审员工作的意见》，组织培训，扩大人民陪审员参与案件审理范围和数量，有6位优秀人民陪审员受到市高院表彰。定期编发《青浦法讯》，向人大代表、政协委员、特邀监督员通报工作，加强交流，改进工作。（江　涛）

■实施审判综合管理　年内，新成立审判管理领导小组，承担对审判综合协调管理职能，努力实现审判管理工作由个案监督向立案、审判、执行并重监督转变，由事后监督向事后和事中并重监督转变，由质量监督向质量效率、效果并重监督转变。（江　涛）

■强化执行规范管理　在2009年392起涉执信访件专项检查基础上，就执行案件异议审查、流程监控、信访督办、责任追究等环节制定了《对执行案件实施监督制约的若干规定》，强化了执行规范化建设管理。（江　涛）

■提升干警司法能力和职业意识　年内，扎实开展"服务保障世博、公正廉洁司法"主题实践活动，引领干警自觉投入对敏感性、群体性、与世博相关纠纷案件化解处置中。全年二审改判发回率为5.38%，比上年降低2.12%。举办第四届廉政文化节，推动法院文化建设，邀请全市法院系统劳模到该院作先进事迹报告，邀请区监察局和高院纪检组领导分别到该院作加强机关作风建设和反腐倡廉报告，拍摄法官风采专题片，参加区直机关作风评议，要求干警做到"四个远离"（即远离不良思想侵入、远离不义之财、远离玩物丧志、远离是非之人），努力营造良好院风。区法院文化建设做法和成效，得到最高院纪检监察部门充分肯定，并被评为2010年全市法院系统文化建设特色项目奖。（江　涛）

司法行政

■概况　2010年，青浦区司法行政工作围绕世博会平安举办，扎实履行工作职能，加强节点法制宣传，开展"五五"普法总结验收、"三八"妇女维权周、"3·15"国际消费者权益法制宣传、组织"法制主题月"、第二十二届宪法宣传周以

6月26日，上海市青浦区人民法院先进事迹报告会暨第四届廉政文化节举行（区法院供稿）

及"法律五进"(即进农村、进社区、进学校、进企业、进机关)等活动,以维稳攻坚为主线,积极开展社会矛盾纠纷排摸、预防和化解,完成世博安保各项任务,有效推进普法依法治理各项工作,为"世博年"顺利推进和社会和谐稳定作出贡献。全区人民调解组织全年共受理各类社会矛盾纠纷8951件,调解成功8826件,成功率为98.60%,制作人民调解协议书7862份。全年协调处理"110"司法、公安联动案件1758件。通过司法所、基层调委会和街镇司法、信访综合服务窗口等渠道共排查出社会不稳定因素520件,特别是在全国"两会"召开及上海世博会开幕期间对排查出85件社会矛盾纠纷均落实化解责任单位和责任人。

至年底,全区在册社区服刑人员有182人,其中:缓刑149人、假释17人、暂予监外执行6人、剥夺政治权利10人。182名对象中,初期矫正49人、二级矫正121人、三级矫正12人。全区社区服刑人员获得表扬24人次、记功4人次;记过1人、警告1人次、提请收监3人次;重新犯罪2人。全区共有5年内刑释解教人员1327人,比上年增加3.86%。申报户口人数1325人,户口申报率99.85%。安置就业1234人,安置率92.99%。落实帮教1319人,帮教率99.40%。重新违法22人,重犯率1.39%。自4月15日起至世博会闭幕,全区共有46400人次志愿者参加社区服刑人员、刑释解教人员排摸、每日见面、24小时监控等,累计提供志愿服务76696小时。

全区各律师事务所全年共代理各类案件2638件(其中:刑事283件、民事1888件、经济137件、行政17件、非诉讼313件),解答法律咨询1209件,代书117件,担任法律顾问456家。律师参与咨询、调解共计84人次,接待124人次,律师调处纠纷成功12件,电话咨询53人次,达成协议书2份。公证处办理各类公证4420件(其中:国内民事2437件、国内经济1059件、涉台民事54件、涉台经济15件、涉外民事753件、涉外经济102件)。法律援助中心全年共接待来电来访5688人(批)次[接待来访3182人(批)次、接答来电2506人次],办理法律援助案件466件(其中:民事案件405件、刑事案件61件)。各街镇法律援助工作站共接待法律咨询2554人(批)次,移送法律援助案件50件,为困难群众代写法律文书94件。 (韩冬云)

■开展农民工大型春运法制宣传 2月4日,区法宣办联合朱家角司法所、区法律援助中心、公证处、区禁毒委员会等部门在朱家角汽车站开展2010年春运法制宣传活动。活动紧紧围绕农民工春运和社会治安维稳工作展开,同时突出有关劳动保护、理性维权、打击犯罪和禁毒等法律法规宣传。活动共接待咨询30人次,发送宣传资料1000余份,展出宣传版面10块。 (韩冬云)

3月11日,青浦区司法局世博安保工作动员大会暨平安志愿者骨干培训班举行 (区司法局供稿)

■四地联手共筑世博安保防线 3月5日,青浦区司法局(以下简称区司法局)、金山区司法局与浙江省平湖县司法局、嘉善县司法局在平湖县司法局召开社区矫正"护城河"工程联动联席会议。司法局局长王林、副局长张小英及社区矫正职能部门负责人等参加会议。会议讨论通过了四地实施社区矫正"护城河"工程联动机制方案,并由四地局长进行签约。 (韩冬云)

■举办多种类型培训班 3月11日,区司法局举办世博安保工作动员大会暨人民调解平安志愿者骨干培训班。培训班邀请市司法局基层处副处长赖咸森和市矫正办主任朱久伟作关于世博安保工作讲座。全区11个司法所与区司法局签订世博安保责任书。司法所所长,人民调解、安置帮教、社区矫正专职干部,社工及街镇64名志愿者参加培训。9月26日,区司法局举办社区矫正、安置帮教专职干部及社工业务培训班。培训班邀请上海师范大学社会系主任副教授沈黎授课,对参加培训人员进行社区矫正、安置帮教工作"应知应会"测试,检查专职干部和社工对本职工作掌握程度和知晓率,强化培训效果。10月19～22日,区司法局和区人民调解协会联合举办2期人民调解员培训班。各村(居)调委会主任、人民调解员及基层司法所所长、人民调解专职干部等共计338人参加培训。培训班邀请市第二中级人民法院资深法官及有关专业人士授课,重点讲解新颁布《中华人民共和国人民调解法》(以下简称《人民调解法》)知识。 (韩冬云)

■吴爱英视察香花桥司法所 3月30日,国家司法部部长吴爱英在市司法局党委书记、局长吴军营,副书记李和平陪同下,到青浦区香花桥街道实地视察基层司法所建设情况。区委书记高亢,区委常委、政法委书记李萍,区司法局局长王林和党委书记刘银根等陪同视察。吴爱英参观了香花桥街道司法信访综合服务窗口、司法所及人民调解工作室等场所,向窗口接待人员询问当日接待人数、类别等,并亲自操作上海司

法行政信息管理系统，对该系统信息化、规范化给予了充分肯定。（韩冬云）

■开展3·5"诚信服务在窗口"系列活动 3月，为迎接世博会，进一步发挥"3·5"［即：窗口服务日（每月5号）、环境清洁日（每月15号）、公共秩序日（每月25号）］活动效应，区司法局围绕法律服务窗口建设，以诚信服务为主题，区督导公证处、法律援助中心、律师事务所等法律服务窗口开展一系列"诚信服务在窗口"集中活动，通过发放征询意见表、走访服务相对人、检查窗口单位整体情况等，提高全区法律服务窗口整体形象，营造参与世博、服务世博、建功世博良好氛围。（韩冬云）

■开展"法制主题月"宣传活动 4月1～9日，青浦区"法制主题月"活动在华新镇敬老院首站启动，并在全区11个镇（街道）巡回宣传。活动围绕"全民参与迎世博，法制宣传映夕阳"为主题，内容包括世博知识、财产继承、交通安全、法律法规知识等，通过法律咨询、图版展示、文艺演出、发放宣传资料、便民服务等形式，达到了良好的社会宣传效果。"法制主题月"宣传活动共发放宣传资料1000余份，为80余名老年人现场提供法律咨询和便民服务，文艺演出11场，1200余名老年群众现场观看文艺演出。（韩冬云）

■领导干部下村讲法 3～4月，全区50多个委办局和相关镇（街道）70多名处级领导干部结合各单位职能特点和地区特点，分赴70余个行政村，开展"领导干部下村讲法"活动，直面群众开展讲法，受教育村民5500多人次。（韩冬云）

■成立人民调解委员会 为及时有效依法调处来沪人员矛盾纠纷，防范因来沪人员纠纷，引发社会不稳定因素，努力维护社会和谐稳定，5月14日，青浦区来沪人员人民调解委员会正式挂牌成立，下设人民调解工作室。

为及时有效依法调解房地物业纠纷，整合社会调解资源，充分发挥人民调解在预防、化解房地产和物业管理纠纷中独特优势和职能作用，12月29日，青浦区朱家角镇房地物业纠纷人民调解委员会正式揭牌成立，下设调解工作室。（韩冬云）

■青浦区专业调解工作推进会召开 该会于6月23日召开。区综治办、信访办、房管局、卫生局、人保局、公安分局、检察院、法院、司法局等单位分管领导及有关职能科室负责人，街镇分管政法工作领导和司法所所长参加会议。区委常委、政法委书记李萍出席会议并作重要讲话。会上，区司法局、人保局、卫生局、房管局、公安分局等领导分别作交流发言。（韩冬云）

■开展"五五"普法检查验收工作 6月17～21日，区委宣传部和区法宣办联合组成3个检查小组，分别由区委宣传部副部长蔡双琪、区司法局局长王林和党委书记刘银根担任组长，对青浦区11个镇（街道）及卫生局、税务局、计生委、教育局等15家单位进行"五五"普法检查验收。（韩冬云）

■首家人民调解驻派出所工作室成立 7月16日，青浦区首家人民调解驻派出所工作室在赵巷派出所揭牌成立。该工作室配备2名有较丰富经验专职调解员，主要职责和任务是依据有关法律规章，受理一般民间纠纷和委托的治安、轻伤害案件调解。（韩冬云）

■召开推进非诉民事调解协议书确认工作研讨会 11月29日，区司法局、法院联合举办上海市首次"推进非诉民事调解协议书确认工作研讨会"。市高级人民法院副院长盛勇强，市司法局党委副书记李和平，区委常委、政法委书记李萍，市第二中级人民法院副院长阮忠良以及区法院院长许一新，区司法局局长王林，有关部门领导和复旦大学、上海政法学院专家教授出席会议。区法院有关法官、各街镇司法所所长和区各行业性调委会负责人参加会议。推进会主题是学习贯彻《人民调解法》，探索新形势下如何进一步创新诉调对接工作新形式。积极推进非诉民事调解协议确认新举措在青浦区域内开展和落实。（韩冬云）

■加强司法所队伍建设 年内，青浦区面向社会公开招聘司法所文职人员10名，经过报名、考试、面试等一系列程序，10名司法所文职人员全部充实到基层司法所，增强了司法所新生力量。（韩冬云）

武 装

■概况 2010年，中国人民解放军上海市青浦区人民武装部（以下简称区人武部）全面贯彻落实中共十七届四中、五中全会精神，深入学习实践科学发展观，着眼形势任务发展变化，突出抓好世博安保工作，扎实推进军事斗争准

3月30日，青浦区世博安保民兵点验大会在区民兵训练基地召开
（区人武部供稿）

备，不断提高遂行多样化军事任务能力，较好地完成上级赋予年度各项工作任务，人武部全面建设呈现安全稳定、整体提升良好势头。围绕主线，抓政治思想工作：坚持把思想政治建设摆在首位，始终围绕贯彻落实科学发展观这条主线，开展创先争优活动，扎实开展职能使命、形势战备、民兵战斗精神和世博安保主题教育，加强全民国防教育，开展“一先三优”（即先进基层人武部、优秀专武干部、优秀民兵连连长、优秀民兵）评比，进一步强化人武部和民兵预备役人员高举旗帜、听党指挥、履行使命政治思想基础。突出重点，提升民兵预备役遂行多样化任务能力：以世博安保工作为中心，发扬听党指挥、服务人民、英勇善战的优良作风，服从命令听从指挥，严守纪律坚守岗位；培育“对党忠诚、不辱使命，精益求精、追求卓越，坚忍不拔、连续作战，顾全大局、无私奉献”上海世博安保精神，受领任务不讲困难，完成任务不打折扣，岗位奉献不图回报，胜利完成世博安保任务。夯实基础，努力提高国防动员工作水平：深入贯彻军民融合式发展要求，按照“对口编组、军地合建”办法，抓实民兵预备役整组，规范民兵战备工作，深化全民国防教育，努力提高兵员征集工作水平，国防动员工作水平。积极参建，有效提升双拥共建水平：以开展军民“三同”（即同学创新理论、同树文明新风、同建和谐平安）活动为载体，贯彻落实《青浦区开展军民“三同”活动实施意见》，扎实开展双拥共建活动。抓住契机，提升正规化建设水平：以部机关办公楼迁址启用为契机，加大规范建部力度，认真研究规范人武部战备、工作、学习、生活秩序。贯彻落实新颁发《军队基层纲要》、《军队条令条例》、《政工条例》，坚持依法从严管理，注重规章制度落实：通过组织开展安全管理教育、世博政策法规学习、学条令用条令活动和定期检查讲评、作风纪律整顿教育，加强机关精神文明建设，促进思想作风转变和能力素质提高。区人武部被评为上海市国防教育先进单位、上海市征兵工作先进单位，吴卫东被上海警备区评为优秀人武干部，焦明彬获上海警备区政治部嘉奖。（翟清华）

■高标准完成世博安保任务　4月15日～11月15日，全区武装系统担负支援市、区维稳和水陆道口守控、平安志愿者服务等世博安保任务，其中1087名民兵负责19个水陆道口设点查控，在世博安保军队联合指挥部、地面行动指挥所和区委、区府正确领导下，在全体参战人员共同努力下，严格按照上级统一部署和要求，切实做到应急方案完善、指挥要素齐全、通信指挥及时、上岗值勤无误、情报收集详实、安全管理稳定，完成上级赋予各项世博安保任务。人武部党委坚持大事大抓，把世博安保工作摆在突出位置，狠抓民兵预备役战备训练工作落实，着力提升遂行多样化军事任务能力。准备工作扎实充分：区人武部理解研判任务、制定行动方案、组织现地勘察，合理设置查控道口，进行任务分解，确保世博安保有序推进。组织指挥科学高效：区人武部成立了世博安保指挥所，编成基本指挥所和现场指挥组，基本指挥所由部长、政委挂帅，负责全区武装系统世博安保任务组织指挥，现场指挥组由副部长统领，负责一线组织指挥和情况处置，各基层单位也成立相应组织指挥机构，确保组织指挥科学高效。宣传鼓动持久有力：针对世博安保持续时间长、人员易疲劳、精力易分散等特点，区分各个不同时节，有侧重抓好宣传鼓动，组织对1000多名执勤民兵进行政治考核，开展“学习何祥美，履行新使命，世博作贡献”主题教育，组织“争创红旗岗哨、争当值勤标兵”评比竞赛，借助地方媒体及时宣传报道世博安保执勤中先进典型，召开世博安保誓师动员大会，有效激发广大民兵预备役人员参与世博、服务世博、奉献世博热情。朱家角镇人武部部长朱磊明先后被市委、市政府和区委、区政府荣记二等功、三等功各1次，副部长彭胜军被评为“世博安保先锋”、“平安卫士”，赵巷镇武装部部长王永根被区委、区政府荣记三等功1次，区人武部副部长任勇健、军事科副科长焦明彬被区表彰为世博安保先进个人。（翟清华）

■深入开展党委班子岗位练兵　人武部党委始终把党委班子岗位练兵作为加强自身建设重要抓手，紧紧围绕提高领导能力和保持先进性两大主线，结合年度工作、党委班子建设和人武部建设要求，开展“一学四练”活动，坚持中国共产党的创新理论学习，加大对重大活动和应急行动研究演练；贯彻警备区中国共产党的建设座谈会精神，研究思考推进高标准“窗口”人武部建设工作思路、措施，不断端正指导思想，改进工作作风，理清工作思路，提高工作标准，完成世博安保、战备训练、征兵等各项工作，保持了人武部良好建设发展态势。（翟清华）

■扎实开展创先争优活动　根据上级统一部署，区人武部认真开展创先争优活动。8月中旬前，着重抓好筹划准备，主要完成调查研究、方案制定和学习培训等工作，梳理了组织建设和队伍建设中存在的3个方面11个具体问题，成立以部长、政委为组长，党委委员为组员活动领导小组，学习上级创先争优活动规定要求，掌握开展活动基本要素。下旬，结合传达学习全军、军区和警备区党的建设座谈会精神，召开动员部署大会，明确活动内容、方法和要求，引导官兵深化认识、统一思想。以世博安保任务为主线，抓好创先争优活动。坚持以完成本职工作和任务为载体，组织广大党员争创放心岗、示范岗位、荣誉岗位，叫响“我的岗位我尽责、我的岗位请放心”，激励广大党员岗位成才、岗位建功、岗位奉献。结合遂行世博任务，开展“当世博主人、展党员形象”、“世博安保先进集体、先锋岗和先进个人”评选以及参与上海市以“世博先锋岗”为主题创先争优活动，激励广大党员在安保行动中建功立业，当好“安全的关口、文明的窗口”。扎实做好“一诺三评”（即公开承诺和自查自评、互帮互评、民主测评）工作，拟定“一诺三评”实施方案和具体实施计划，结合年终总结，按照“一诺三评”情况结合领导点评，组织实施评比表彰。（翟清华）

■推进民兵战备工作规范化建设　12月16日，区人武部组织全区基层人武部在朱家角镇召开战备规范化现场会。其间，组织与会人员参观朱家镇民兵之家和战备仓库，并听取了朱家角镇战备规范化建设情况汇报。警备区司令部动员处处长徐华应邀参加会议，并就抓好民兵分队战备规范化建设作重要

指示。（翟清华）

■高标准完成兵员征集工作 2010年，由于征兵政策调整、社会经济发展等多种原因，征兵工作首次遇到了“征兵难”问题。区征兵办扎实做好征兵各个环节工作，及时组织调研，召开征兵会议，加大征兵宣传教育力度，严把兵员体检、政审、调查走访和思想教育关，确保适龄青年一人不漏，完成男兵、女兵征集任务。2008～2010年，青浦区连续三年被评为上海市征兵工作先进单位。（翟清华）

■开展第十个全民国防教育日活动 9月18日，是国家第十个“全民国防教育日”。区人武部组织干部职工和全区专武干部以及广大民兵预备役人员，集中分片开展宣传教育活动。围绕“富国强军，共筑长城”主题，按照“场面要热烈、内容要丰富、主题要鲜明、组织要严密”要求，全区共设10个集中宣传点，在大型LED宣传屏滚动播出国防教育公益广告，悬挂国防教育横幅，组织志愿者发放国防知识、民防知识、消防知识和兵役法规宣传手册，开设义务门诊、便民服务点，取得良好的效果。区委常委、区人武部部长王维立大校就国防知识、兵役政策等方面内容接受电视台专访。（翟清华）

■开展“文明观博”宣传服务 7月28日，区人武部集中组织开展“文明观博”宣传服务。驻青浦部队和民兵预备役人员共489人参加活动，成立40支宣传服务分队，发放印有世博元素、《上海市民世博文明公约》和《参观上海世博会“七不”规范》等内容宣传品8000份。活动中，每支宣传服务分队成立志愿宣传、医疗服务、义务理发、义务维修4个活动小组，共为居民和游客测量血压3000多人次，理发2000多人次，维修物品近1000件，免费送医20000多元。活动吸引近万名居民和游客参与。（翟清华）

■开展政治动员潜力调查 7～8月，根据上海市政治动员办公室统一部署，按照统一领导、分工负责、突出重点、对口实施原则，区政治动员办公室会同成员单位采取依托政府统计系统采集与开展专项统计调查相结合方式，按照潜力统计调查表格项目和内容，认真细致地搞好每个单位、每个项目潜力统计调查工作，按时按质高标准地完成政治动员潜力调查，为准确掌握政治动员潜力、进一步做好军事斗争动员准备、实现战时快速动员提供有力支撑。（翟清华）

民防工作

■概况 2010年，青浦区民防工作紧紧围绕“服务世博、保障世博、奉献世博”的工作中心，把握发展机遇，突出工作重点，强化依法管理，积极推进民防“六大体系”（即组织指挥体系、地下防护体系、应急救援体系、宣传教育体系、网络信息体系和依法行政体系）建设。在做好世博会各类保障预案编制的同时，不断创新地下空间管理模式，加强地下空间安全管理，为促进城市综合防护能力提高和世博会成功举办作出了应有贡献。年内，完成《青浦区民防综合减灾“十二五”规划》编制工作，修订了《上海市青浦区民防办地震应急分预案》。全年在建民防工程44项，工程建筑面积16.11万平方米；办理民防工程扩初阶段项目19项，审批民防工程建筑面积13.74万平方米（其中2个超1万平方米的工程“绿中海明苑”和“国际建材家居中心二期”已完成竣工备案）；收取民防工程建设费约207.56万元。（金　华）

■“民防—2010”演习 3月15～18日，区民防办参加市民防办统一组织的“民防指挥所应急开设和民众疏散防护行动组织指挥网上演习”（代号：民防—2010）和“民众应急疏散与防护行动”等演习任务，完成机动指挥所、固定指挥所应急开设与联通。（金　华）

■民防指挥所建设 4月，集短波、卫星、移动通信等为一体的民防移动指挥所采购到位，总投入资金210余万元，该指挥系统将为城市应急救灾组织指挥提供强有力的保障。为“216”指挥所通信系统安装卫星系统固定站，保证了通信数据有效传输。7月，练塘镇民防指挥所建设工程（于2009年2月开工，12月竣工）正式移交练塘镇人民政府管理使用。区拟定实施改建的8个镇（街道）指挥所工程专项资金补贴已完成预算4.64万元。（金　华）

■编制《人员疏散撤离和应急防护预案》 根据市防办工作安排，3月底，区内30个部门（单位）和11个镇（街道），完成《人员疏散撤离和应急防护预案》的编制工作，共整理、汇总272个预案。（金　华）

■编制世博安保预案 3月，完成《发生重大特大突发事件时民防部门组织人员应急疏散防护行动预案》、《世博会期间青浦区民防应急通信和信息保障方案》、《世博会期间青浦区民防指挥所应急开设预案》和《青浦区民防办参与处置人员密集区域大规模核生化恐怖袭击事件的预案》编制工作。（金　华）

■建立民防志愿者队伍 为切实做好世博地下空间安保工作，年内，区民防办成立一支由29名志愿者组成的地下空间管理队伍，加强地下空间安全使用管理力度。通过与民防志愿者签订《世博会地下空间安全巡看工作责任书》，强化地下空间日常检查，实现地下空间安全掌控，确保地下空间使用安全。（金　华）

■签订世博安保责任协议 为落实地下空间安保工作责任，由分管区长与镇（街道）及成员单位领导，镇、街道领导与地下空间使用单位负责人，逐级签订《青浦区地下空间世博会保安全工作》责任书，形成分级管理机制，确保世博安保工作责任的落实。（金　华）

■落实使用备案制度 根据《上海市民防工程和普通地下室使用备案管理实施细则（试行）》的要求，结合工作实际，区民防办拟订了《关于办理青浦区地下空间使用备案的通知》，该通知及时在区政府公务网上发布，并下发到各镇、街道，地下空间使用管理单位，全面开展了地下空间使用备案办理工作。（金　华）

■实施停车库车辆安全检查 按照《上海市人民政府关于加强地下空间安全管理的通告》精神，自4月16日起，对区内3处公共停车库实行不同类型的停车安检、出入登记（即经常停放的业

5月11日，区民防办在凤溪小学举办“加强防灾减灾，构建平安社区”应急综合演练活动 （区民防办供稿）

主车辆实行登记备案，临时停放的社会车辆实行停车安全检查），至年底，累计登记检查临时停车8100辆次。

（金 华）

■**加强民防工程防汛检查** 根据沪汛办〔2010〕6号文的总体部署和区政府工作要求，区民防办从2~4月，会同区防汛办、房管局对全区11个镇（街道）地下工程防汛安全隐患进行排查和整治，发现隐患63处，整改隐患41处，确保了公用民防工程汛期安全。

（金 华）

■**贯彻《上海市地下空间安全管理办法》** 3月1日起，《上海市地下空间安全管理办法》（市政府第24号令，以下简称《办法》）施行。为抓好《办法》的贯彻实施，区民防办通过联席会议、地下空间安全管理工作会议等各个层面，解读《办法》、宣传《办法》、贯彻《办法》，依托地下空间管理联络员，将《办法》下发到各镇、街道以及地下空间权属单位、使用管理单位，并结合民防工程竣工备案检查，强化对《办法》的宣传贯彻和落实。 （金 华）

■**组织参与综合演练** 为不断提高民防队伍的应急处置和救援实战能力，区民防办化救队分别组队参加4月9日的青浦自来水公司“反恐应急救援综合演练”、4月12日的市民防办“应急拉动演练”、4月15日的区反恐办“反恐应急救灾综合演练”和8月25日的区反恐办“青浦区处置恐怖袭击劫持人质事件推演”。3~4月，参加区联合工作组对徐泾高维助剂厂化学物料的处置工作。全年共参与处置事故9起。

（金 华）

■**完成“社区民防”建设** 2010年是社区民防建设最后一年，至4月底，全区78个居委会全面完成“社区民防”建设任务。4月22日，区民防办举办以世博安保、社区民防为主要内容的“社区民防工作培训班”，全区各镇、街道70多个居委会干部和民防志愿者共161人参加培训。根据市民防〔2010〕149号文精神，9月起，区民防办会同民政局对各镇、街道社区民防建设进行验收，评选出盈浦街道、千步泾居委会（夏阳街道）、金葫芦居委会（赵巷镇）为青浦区社区民防建设先进单位。 （金 华）

■**完成家庭应急包配发** 配发家庭应急包是2010年市政府的实事工程之一。根据《上海市人民政府办公厅关于印发2010年市政府要完成的与人民生活密切相关实事的通知》精神，8月19日~9月22日，区民防办会同区妇联、红十字会共举办71期应急逃生培训班，完成7000只家庭应急包的发放；9月，区民防办在交通、旅游集散区域及外来人口聚集地宣传避险防灾知识，发放《避险防灾小常识》10万册。

（金 华）

■**举办“5·12”防灾减灾宣传周活动** 根据市民防办、市民政局统一要求，5月8日~5月13日，区民防办会同区民政局、科委、红十字会等部门举办以“服务世博，减灾从社区做起”为主题的“5·12”防灾减灾宣传周活动。宣传周活动形式多样，在《青浦报》开设以地震科普和自救互救知识为主要内容“防灾减灾”专栏；在青浦电视台播放“防灾减灾”和“地下空间安全使用”公益广告片；在桥梓湾广场举办防灾减灾知识集中宣传咨询；在华新镇凤溪小学举行“加强防灾减灾构建平安社区”应急综合演练，凤溪小学1000多名师生体验了应急逃生的全过程，掌握了正确灭火方法和现场急救技能。宣传周各项教育活动的开展，使市民防灾减灾意识和技能得到明显增强。 （金 华）

■**有线、警报设备建设维护** 由于区政府机关2、3号楼通信电缆年久老化，严重影响通话质量。3月，区民防办会同电信部门完成电缆更新改造工程，使通话质量较以前有大幅提高。全年为区直机关各部门共装、移、修电话累计162只次。年内，完成朱家角、赵巷、徐泾镇5台防空警报器的建设和朱家角镇、凤溪新木桥村的防空警报器移装和翰文学校警报器重装任务，并委托电信局对区内所有防空警报器安装有线控制电话。 （金 华）

综 述

4月2日，区委成立区委农村工作办公室（青委〔2010〕42号，以下简称区委农办）为区委工作部门，与区农委合署办公，区新农村建设领导小组办公室（以下简称区新农办）职能划归区委农办。7月12日，区委、区政府决定区委农办与区农委合署办公，挂上海市青浦区农村集体资产监督管理委员会牌子（青委办〔2010〕25号，以下简称区农村集资委）。

2010年，区委农办、区农委贯彻落实区委、区政府各项工作要求，抓住区委农办成立、区新农办和区农村集资委职能并入的契机，以服务世博为重点，突出保障蔬菜供应，编制“十二五”规划，围绕农村发展、农业增效、农民增收，加快转变农业发展方式，理顺和完善农村经营体制和机制，推动“高效、生态、休闲、安全”的都市型现代农业建设，加快建设社会主义新农村，推进“三农”各项工作。

全区水稻和蔬菜种植面积保持稳定，全年种植水稻1.11万公顷、蔬菜0.41万公顷。完成粮食总产11.1万吨、油菜子总产2281吨；上市蔬菜（不包括食用菌）48.5万吨、生猪13.5万头、肉禽18.96万羽、鲜蛋216.4万公斤、鲜奶891.2万公斤、水产品2.50万吨，完成市政府下达的农业生产最低保有量指标。全区农业总产值22.6亿元，农业增加值9亿元。超额完成粮食生产指标的同时，突出重点，确保蔬菜生产。调整政策，引导菜农扩大蔬菜生产，保障全市蔬菜市场供应；落实菜田常效管理措施，为绿叶蔬菜安全供应奠定生产基础；加强与中心城区商务委和各大超市的联系，加快推进“农超对接”（即农业与超市对接）和“农标对接”（即农业与标准化菜场对接）工作。推广上海弘阳农业有限公司“公司/合作社＋基地＋农户”的产销模式，实行“直供直销”，缓解种植户“卖菜难”和市民“买菜贵”的问题。完成白鹤镇0.11万公顷农业综合开发土地治理、金泽镇133.33公顷高产优质粮食生产示范基地和农业部有害生物预警与控制区域站以及农作物品种区域站项目建设任务，推进练塘镇206.67公顷土地治理项目，全区累计建成设施粮田6453.3公顷。完成180公顷设施菜田建设任务，编制2010年第二批设施菜田建设计划。全区累计建成设施菜田1639.4公顷；建成两个标准化畜禽场和377.67公顷标准化水产养殖场。

加强农资市场专项整治，加大农产品安全和质量执法检查力度，加大“迎世博”重点蔬菜生产基地监管力度，全面实施生猪、蔬菜准出制度，蔬菜农残（农药残留量）速测8万份以上，合格率99%以上；蔬菜定量检测1600份，检测合格率100%；世博重点基地农残抽检合格率100%。完成高致病性禽流感、口蹄疫、猪瘟、高致病性猪蓝耳病等重大动物疫病的免疫工作和动物疫情监测工作，加强区内2个市境道口和9个镇级代管道口管理，确保动物防疫和肉食品安全。全面贯彻市政府关于世博期间禁烧秸秆的通知，落实“以奖代补”等相关政策，实施秸秆全面还

5月26日，区人大常委会主任巢卫林（左一）、副主任姚全根（左二）视察青浦现代农业园区　（青浦现代农业园区供稿）

田。呈现"火点数最少、机械化还田面积最大、巡查检查人数最多"的特点，实现"空气质量优良率、秸秆综合利用率"两个明显提高。完成农业部有害生物预警与控制区域站以及农作物品种区域站项目建设任务。

全区有6家农业旅游景点被评为"世博观光农园"。在世博期间，6家"世博观光农园"接待旅游人次45.46万人次，其中外宾1千多名，营业收入4328万元，解决360多名农民就业，带动地产（青浦产）农产品销售。成功举办首届青浦白鹤草莓节、第二届淀山湖捕捞节，提升青浦特色农业的知晓度。

落实水稻、园艺作物、蔬菜科技入户指导员47人、示范户323户；完成化肥、农药双减工作，全年推广商品有机肥22300吨、专用BB肥5000吨。化学农药亩使用纯量424.69克，比上年减少5.12%；化肥氮素用量438.45公斤/公顷（29.23公斤/亩），比上年下降13.8公斤/公顷（0.92公斤/亩），减幅3.15%。年内建成有害生物预警与控制区域站、7个病虫测报点和4个疫情监测点，为有效防控病虫草害提供科学依据和技术支撑。推进村级为农综合服务站建设，累计建成54个，在建15个。完成农机购置补贴项目，增加农机零配件销售点，便于及时对农机进行维修和保养，延长农机使用寿命，保证全区农机拥有量。全年培训农民20808人次，促进农业综合生产水平的提高。

全区已认定的龙头企业41户，初具规模的农民专业合作社147户。获得中国名牌农产品1个、上海市著名商标4个、上海市名牌产品5个。2010年度获得全国果菜标准化建设十强县、中国草莓无公害科技创新示范区称号。农业龙头企业产值为9.41亿元，合作社产值达6.19亿元。

对全区7.2万户农户进行调查摸底，对5.3万余份承包合同进行梳理调整，全年按照要求基本完成合同签订率100%，权证发放率100%的目标。建立土地承包经营权流转市场，健全"民间协商、镇村调解、区级仲裁、司法保障"的农村土地承包经营纠纷调解仲裁的工作机制。扎实推进新农村建设，农村生活环境持续改善。完成青西三镇10个行政村共15个自然村3374户的改造。4年累计改造8667户，涉及6个镇（街道）31个行政村。建成74个千村通工程点（以下简称农民一点通），农业13项补贴资金下达情况于12月完成输入并在农民一点通上公开。3月，成立青浦区农村宅基地置换试点推进办公室（以下简称推进办），将夏阳街道作为农村宅基地置换试点单位。

2010年度区级预算农业投入资金16206万元，其中：区级配套资金10566万元、区级自定政策资金5640万元（其中：公益林流转补贴2400万元、规模经营1700万元、农业产业化580万元、农事节庆300万元、农业旅游230万元、农民培训70万元等）。发放农业担保贷款5300万元（2001年起，累计发放农业担保贷款4.28亿元），发放安信农业保险贷款2250万元，为农业发展创造良好的服务环境。（程伟清）

种植业

■概况 2010年，全区粮食种植面积1.53万公顷，比上年减少0.21万公顷，统一供种率100%，全年粮食总产110910吨，超额完成全年1亿公斤的粮食生产任务。夏粮生产呈现"三减一平"（即面积减、总产减、产值减、单产持平）特点，价格上涨较大，其中：二麦实际播种面积3773.33公顷，比上年减2213.33公顷（其中：单产291公斤，比上年增长1.7%；总产16461吨，比上年减少35.9%）；小麦单价1900元/吨，大麦单价1700元/吨，分别比上年上涨每吨280元和400元；二麦产值3102万元，比上年减少23.2%。秋粮水稻生产呈现"四增"（即面积增、单产增、总产增、产值增）特点，水稻实际种植面积1.11万公顷，比上年略增；单产559.3公斤，比上年增长0.2%；总产93504吨，比上年增长1.5%；产值实现24311万元，比上年增长29.3%。油菜播种面积966.67公顷，比上年减213.33公顷；单产156公斤，比上年减少3.1%；总产2281吨，比上年减少17.5%。至年底，创建二麦高产22个创建方，面积427.53公顷；创建水稻高产1个万亩丰产带、6个千亩示范片、120个高产方示范点，面积2366.67公顷，机械育插秧面积1666.67公顷，水稻高产创建方产量619.1公斤，比面上平均单产增10.5%。（朱吉明）

■开展农业项目建设 全区累计建成设施粮田6453.33公顷。2010年练塘146.67公顷土地治理项目完成前期准备工作，并启动项目建设；完成2011年香花桥街道173.33公顷土地治理项目的评审，争取2011年年底完称项目建设任务；完成2009年村级为农综合服务站建设任务，全区累计完成村级为农综合服务站54个，2010年在建15个；完成朱家角良种繁育基地、农作物品种区域试验站和有害生物预警与控制区域站建设项目。（朱吉明）

■食用菌上市11270吨 食用菌全年平均价格8400元/吨，每吨价格比上年上涨1100元。全区全年栽培面积157.22平方米（1415万平方尺），比上年减少10%；上市11270吨，比上年减少15.8%；产值9463万元，比上年减少3.3%。不同品种间销售价格差距较大，食用菌生产由原先的秀珍菇单一品种发展到杏鲍菇、百灵菇等珍稀品种和常规品种并举的态势，全区杏鲍菇等高档菌菇生产量较往年增加，秀珍菇、茶树菇等常规类菌菇生产量减少。（朱吉明）

■蔬菜上市48.5万吨 2010年，全区蔬菜继续围绕2333.33公顷蔬菜最低保有量做好产销工作。全年蔬菜种植面积有所增加，蔬菜总产量略有减少，蔬菜价格明显上涨，总产值显著增加，菜农增收，保障世博期间蔬菜数量充沛、品种丰富和质量安全。全区各镇、街道通过利用工业园区和物流建设等暂征而未用的闲置地，及部分废地进行整理复耕种植蔬菜，使春播和秋播的蔬菜种植面积有所增加。全年完成三播蔬菜种植面积14508.7公顷次，比上年增长7.0%；上市各类蔬菜48.5万吨，比上年减少1.7%；蔬菜产值按现行价约为85925万元，比上年增长8.9%；蔬菜混合平均价为177.3元/百公斤，比上年上涨10.7%。（王桂英）

■开展设施菜田建设 年内，继续加大和推进设施菜田建设，改善全区菜田基础设施，改善生态环境，提高蔬菜综合生产能力，增强抗御自然灾害的能力，提高全区蔬菜生产的规模化水平，提高种菜效益，确保蔬菜供应安全。全年完成180公顷设施菜田建设任务。全区累计推进设施菜田1639.4公顷（包括2010年计划建设的496.7公顷，23个建设点）计69个建设点，基本完成建设任务的有1142.6公顷46个点，占总建设任务的69.5%。做到建管并举，对在建的设施菜田进行质量检查，发现问题及时落实整改，提高建设质量；检查"十一五"期间已建成并通过验收的设施菜田，重点检查基地设施使用、基地生产和设施基地管理等情况。已投入生产的设施菜田，以蔬菜种植为主，数量充足、品种丰富、质量安全。（王桂英）

■开展蔬菜安全监管 年内，区政府与各镇政府、街道办事处签订安全监管责任书，落实安全责任。通过加强组织领导，落实监管责任，健全监管网络，开展培训教育，实施标准化生产，推广高效低毒低残留农药，加强蔬菜农药残留检测，加强源头执法检查，加强世博重点蔬菜生产基地的质量可追溯制度建设，实行蔬菜产品地准出和市场准入制度等一系列措施，全区蔬菜安全监管水平有所提高。全年区、镇、村（基地）速测蔬菜农残（农药残留量）样本113184份，合格率99.99%；市对世博重点基地的农残抽检50份，合格率100%；市对区县每月的定量抽检480份，合格率100%；农业部例行执法监测60份，合格率100%，确保世博年蔬菜质量安全放心。（王桂英）

■开展蔬菜安全培训 年内，开展蔬菜安全监管员、农业村主任、菜农等蔬菜从业管理人员宣传培训工作，内容为蔬菜安全标准化生产技术、蔬菜常见病虫害的识别与防治技术、蔬菜使用安全农药技术、蔬菜产地准出和市场准入要求、蔬菜安全生产涉及的法律法规等，举办蔬菜培训班31期（次），参加培训2800余人次。印发蔬菜安全使用农药告知书30000份；分发蔬菜标准化生产等宣传画6000余份、《科学合理使用安全农药技术手册》19700册。（王桂英）

■开展蔬菜农药使用安全管理 在蔬菜生产中推广使用高效低毒低残留新农药。4～11月，种植1332平方米以上的蔬菜种植户按农药使用量0.22元/平方米，使用高效低毒低残留新农药3666.67公顷，总额815万元，其中：市、区财政补贴60%，489万元；农民自筹40%，326万元。在蔬菜生产中推广杀虫灯、性诱剂、黄板等绿色防控综合配套技术；依靠农业系统内行政、技术推广、质检、执法等单位，对区农药、农资经营主体开展经常检查，对区重点蔬菜基地和菜农购买农药和安全用药开展指导和检查。根据《上海市关于世博会期间实行蔬菜、生猪及生猪产品地准出和市场准入制度的实施意见》（沪农委〔2010〕49号），配合产地准出制度，全区新增速测仪60套（台），加强世博期间速测工作。（王桂英）

■加强15家世博重点蔬菜生产基地质量可追溯制度建设 年内，与农产品生产基地签订安全生产承诺书，要求按标准化要求进行生产，严禁在农产品生产过程中使用国家明令禁止和蔬菜上限制使用的农药以及不合格的农药、肥料等。开展蔬菜生产档案及投入品出入库台账记录，保证蔬菜质量安全的可控、可追溯。强化蔬菜农药残留量抽检力度，增加抽检次数和频率。从多个层面对世博重点蔬菜生产基地进行农药残留量抽检，合格率均达100%。为确保重点生产基地蔬菜质量安全放心，年内世博重点蔬菜生产基地全面实行农产品食用安全保险投保。（王桂英）

■上海弘阳农业有限公司HYAP品牌蔬菜获上海名牌产品称号 该公司于2008年入户青浦区白鹤镇青龙村，是一家集蔬菜种植、加工和水果、食用菌冷储、销售为一体的现代农业企业。2007年，该公司发起成立上海春鸣蔬菜专业合作社，主要种植绿叶蔬菜。2009年5月，通过ISO 22000:2005食品安全管理体系认证；7月，被列为上海市蔬菜种植标准化示范区。至2010年，上海春鸣蔬菜专业合作社有蔬菜生产基地5个，176.67公顷，706户农户参加；带动周边蔬菜种植面积161.33公顷，带动农户800余户；共种植面积338公顷，解决劳动就业人数近1500余人。有员工520人，包装加工车间6个，日均配送量达156吨，年销售额达1.3亿余元。产品销往超市、工厂、学校，服务50多万人。2010年1月，HYAP（品牌）新鲜蔬菜获上海名牌产品称号；4月，青龙基地通过GAP良好农业规范一级认证。

■推广弘阳模式经验 弘阳模式为上海弘阳农业有限公司所创，即通过"公司/合作社+基地+农户"的企业化管理模式，将千家万的分散种植的菜农组织起来，有利于提高蔬菜生产组织化程

上海佳丰生物科技有限公司食用菌工厂化项目瓶栽杏鲍菇种养基地

（区农委供稿）

上海弘阳农业有限公司蔬菜基地 （区农委供稿）

度和规模化生产能力。该模式在生产上采用“两头统中间包”的形式，在菜农利益上采取“价格保护”的措施，有利于提高生产效率和菜农种菜积极性；生产管理上采取“六个统一”（即统一供种、统一施肥、统一用约、统一收割、统一上市、统一结账）方法，有利于提高蔬菜安全监管和产品质量安全水平；产品销售上通过与乐购、家乐福等超市实行“农超对接”，进行订单生产，减少中间商及诸多运营环节，直接把新鲜安全价廉的蔬菜送到消费者手里，解决种植户“卖菜难”问题，在一定程度上缓解市民“买菜贵”问题。3月，区农委决定向全区推广弘阳模式经验。 （王桂英）

养殖业

■概况 2010年，青浦区实施一系列扶持政策措施，发展健康养殖，推进畜牧标准化建设。畜禽生产基本稳定，畜产品价格波动较大，养殖效益总体趋好。实现畜牧业总产值2.3亿元，比上年增长10.4%。生猪生产稳中有升，全年生猪上市13.5万头，比上年增长26%。奶牛生产基本稳定，奶牛存栏1200头，保持上年水平。鲜奶上市891.2吨，比上年减少5.7%。禽蛋生产有升有降，肉禽上市19万羽，比上年增长29%；鲜蛋上市2164吨，比上年减少12.9%。畜产品价格都有上涨，肉禽13.5元/公斤，比上年上涨6.6%；鸡蛋8.5元/公斤，比上年上涨7.6%；鸭蛋13.8元/公斤，比上年上涨9.5%；鲜奶3.6元/公斤，比上年略有上涨；生猪12.3元/公斤，与上年相比涨幅不大。

2010年，水产品总产量2.50万吨，比上年减少0.11%；总产值4.69亿元，比上年增长10.21%。全区水产品较上年产量略有下降，由于水产品价格上涨，产值有所增加，外荡捕捞和市外基地基本稳定，河蟹养殖呈上升趋势。水产养殖总面积3958.4公顷，比上年减少207.6公顷，其中：内塘养殖面积3675.07公顷（其中：精养鱼塘1728.87公顷、内塘1946.2公顷）、湖泊养殖面积283.33公顷。按养殖品种分，常规鱼养殖面积1390.67公顷，占全区养殖总面积的35%；特种水产养殖面积2567.73公顷，占全区养殖总面积的65%。特种水产养殖中，河蟹464.47公顷，比上年增加28%；河虾481.6公顷，比上年减少25%；罗氏沼虾47.53公顷，比上年减少75%；南美白对虾1104公顷，其他特种水产470.13公顷。

（程伟清）

■推进标准化生态养殖场建设 年内，申报3个标准化生态养殖基地建设项目（即盈浦马家桥养猪场、青浦太平猪场、白鹤长征猪场），总投资872.73万元，其中：市级财政资金259万元、区级财政390万元、自筹223.73万元。通过畜牧标准化生态养殖基地建设，提高农民的养殖积极性，确保了青浦地产畜产品的有效供给。全区畜牧业生产呈现恢复性增长，完成市下达的最低保有量任务（生猪10万头、家禽12万羽、鲜蛋0.2万吨、鲜奶0.8万吨）。通过对动物防疫设施、环境保护和饲养新技术新设备的投入和建设，提升畜禽场的规模化、设施化、科技化和生态化水平，提高畜牧业的可持续发展能力。 （程伟清）

■水产养殖基础设施建设 年内，区标准化养殖场改造进入全面建设阶段，建设项目17个，面积439.67公顷，项目总投资6191.99万元，其中：Ⅰ型（造价5000元/亩）项目9个，面积362.07公顷；Ⅱ型（造价10000元/亩）项目8个，面积77.6公顷。 （张学江）

■渔业科技入户 年内，区水产技术推广站开展全区渔业科技入户工作，主要向渔民推广“微孔增氧健康养殖技术”、“水晶巴丁鱼的引种及养殖试验”、“细角滨对虾大面积推广”、“特种水产江黄颡引种、繁育及技术推广应用”、“现代渔业机械在标准化基地中的应用”等新技术，让渔民掌握先进、科学的养殖方法，提高其生产管理水平。共发放高效微孔增氧设备11套，总资金11万元。举办培训班8期，发放各种技术资料1000余份，受训人数达300余人。全年科技示范面积14公顷，带动周边养殖户220户，辐射养殖面积约333.33公顷，平均增效5%～7%，降低成本2%～3%。 （张学江）

■渔业资源增殖放流 年内，区渔政站加大对淀山湖及其周边水域、青浦城区景观河道、夏阳湖等水域的渔业资源增殖放流力度，除市渔政处放流外，区渔政站放流花白鲢78355公斤、鲤鱼21121.5公斤、白丝19639.5公斤、花骨鱼5020公斤，放流总资金98.43万元。9月，在朱家角大淀湖成功举办第二届淀山湖捕捞节，展示渔业资源增殖放流和生态修复成果，实现水域生态环境保护和旅游观光的有机结合，促进渔民增收。 （张学江）

■开展水产品安全监管 年内，区渔政站、水产技术推广站进行渔业法律法规、健康养殖、渔药安全使用等宣传活动，下发《禁用渔药清单》、《渔药安全使用告知书》等宣传资料1200余份，树立健康养殖理念。送检水产品样品102件,检测合格率97%。开展水产品质量安全专项检查,重点检查水产养殖证、苗种生产许可证、养殖生产日志、用药记录和销售记录等,检查130余人次、检查16家苗种生产企业和80多家水产养殖场,涉及养殖面积2000公顷。（张学江）

■开展档案渔业建设 加强水产品安全监管力度,逐步建立水产品质量可追溯制度,在2009年金泽、练塘两镇列为档案渔业村级网络建设工作的基础上,2010年新增朱家角镇为村级档案渔业建设试点镇。年内,全区遴选村级水产监管员90人,全部通过培训,获得上岗证。村级水产监管员负责各村渔业信息(主要内容为养鱼面积,投料数量、时间、生长情况)记录工作。纳入档案渔业管理范围的有3049.47公顷,覆盖率83.3%。（张学江）

■向内陆捕捞作业渔民发放柴油补贴 年内,根据农业部有关文件精神,向证件齐全有效的从事内陆捕捞作业的渔民发放柴油补贴。区水产站逐一核实发放对象,进行公示,实行一卡通发放方式,确保补贴款直接发放到渔民手中。共有符合发放标准的渔船有304条,耗油量559吨,补贴资金共计48.12万元。（张学江）

■渔业保险投保金额735余万元 2010年,全区渔业保险参保面积2845.73公顷,其中:常规鱼1494.93公顷、南美白对虾1110.8公顷、特种水产240公顷,投保金额735.03万元。按照市下达的2400公顷计划,超额完成18.7%。（张学江）

农业科技

■概况 2010年,区农委、区科委重视农业科技工作,把农业科技工作作为农业增效、农民增收的重要抓手。以农业标准化、产业化为抓手,加快农业科技进步,促进青浦区现代农业发展;加大科技项目扶持力度,促进农业产业化升级;强化科技培训,提高劳动者素质;以科技手段推进社会主义新农村建设。全年科技培训20472人次,其中:“专业农民”培训869人、以农民为主要对象的引导性培训(农业生产技术)3272人次、合作社培训295人次、“千村万户”培训221人、镇村农业干部岗位培训194人、远程教育15000人次、其他培训621人次。（程伟清）

■认定区农业科技创新服务中心3家 2010年,继续发挥农业科技创新服务中心作用,提升农业企业科学种养水平和农业标准化生产水平,带动农户增产、增收,为农业标准化建设、现代农业发展提供支撑。年内,认定青浦区彰显科技创新服务中心、青浦区杰胜渔业科技创新服务中心、上海鹊群种苗农业科技创新服务中心为青浦区农业科技创新服务中心。全区累计认定农业科技创新服务中心20家,资金扶持累计130万元,涉及农业特色品种草莓、茭白、食用菌、糯玉米、西甜瓜、水产等科技服务。（程伟清）

■开展农业科技下乡活动 年内,积极参加市农委和区科委组织的科技三下乡活动。农委各事业单位,选择有关镇的农户、农业合作组织与龙头企业作为主要服务对象,分农机、林业、渔业、蔬菜、畜牧5个专业,开展农技咨询服务,入户科技指导,新技术、农业信息指导等专项服务。开展半喂式收割机冬季入库维修保养入户指导,邀请市农机中心专家进行讲课,出席机手20人以上,发放农机具安全宣传资料上百份。开展农业企业产品网上推介服务。开展南美白对虾、青虾健康养殖技术、鱼病防治技术、池塘投入品的安全监管讲座,印发各类健康养殖手册,渔业法律法规等资料200多份,科技人员对市民关注的多宝鱼问题、水产品药物残留问题进行解答。开展蔬菜安全监管指导,展示各类蔬菜种子、新型蔬菜用药,印发宣传资料200多份,向农民开展安全用药知识有奖问答。（程伟清）

■开展科技入户 年内,落实粮食作物科技入户指导员28人、经济作物指导员9人,全区共有粮食作物科技示范户150人、经济作物科技示范户85人。制订《青浦区渔业科技入户工程指导方案》,选择17名技术指导员进村入户,向全区51户科技示范户、270.公顷82示范面积,开展技术指导和培训,带动周边养殖户510户,辐射养殖面积678.94公顷。落实蔬菜科技入户指导员8人,科技入户示范面积314.24公顷,辐射250户农户。（程伟清）

产业化经营

■概况 2010年,通过土地规范有偿流转等形式,实现粮食规模化经营9666.67公顷,占全区粮田面积的87%。申报绿色产品认证单位2家产品4个,无公害产品认证单位9家产品35只。年末,全区已认证无公害产品155只,绿色产品7只、有机产品6只。（程伟清）

淀山湖水生生物增殖放流活动（区农委供稿）

农业技术人员查看机械插秧水稻栽种情况 （青浦报社供稿）

■**农业企业扶持** 年内，新认定区级农业龙头企业5家。年末，全区有市级龙头企业1家、区级龙头企业41家。完成2009年10家农民专业合作社扶持项目的验收工作。争取到市级财政扶持农民专业合作社项目18个，总金额573万元。完成2010年度农民专业合作社贷款贴息申报工作，涉及58家农民专业合作社，贴息资金237万元。

（程伟清）

■**推动农业标准化** 年内，通过国家级农业标准化生产基地验收2家（即沙田湖水产养殖场和庆鸿枇杷专业合作社），市级农业标准化生产基地2家（即鹤辉食用菌合作社和泖岛茭白合作社）。申报创建市级农业标准化生产基地1家、创建区级农业标准化生产基地10家。累计创建国家级农业标准化生产基地4只、市级农业标准化生产基地2只、区级农业标准化生产基地63家。

（程伟清）

动植物防疫检查

■**概况** 2010年，全区有8家规模养殖场、5家奶牛场、5家犬场和422户生猪养殖户。全年发放告知书和签订承诺书440份，组织执法人员790人次对52家次规模养殖场和80家次养殖户进行防疫督查，采集152场（户）770份尿样，检测结果全部为阴性。全年组织收集病死猪325140公斤，约12968头，全部送浦南病死畜禽无害化处理站进行无害化处理。 （程伟清）

■**开展市场防疫检查** 全年完成区24家农贸市场、8家超市和5家冷库（配送中心）3次督查。有2家市境指定道口和9家非指定道口，进行5次专项检查，2市境道口检查过境车辆28250辆，禁止入沪448辆；9家非指定道口检查，劝回（退回）车辆1994辆。全区检疫生猪109787头、牛196头、犬468条、鸡1925羽、苗禽7783100羽、兔200只、鸭3590羽、猫12只、鹅150羽、珍禽92羽。屠宰检疫生猪241622头，剔除病变23245公斤，无害化处理仓亡（死亡）猪和检疫不合格猪17头。

（程伟清）

■**开展企业防疫检查** 2010年，全区有饲料生产企业19家、兽药生产企业3家、兽药经营企业22家，出动518人次，检查兽药生产企业9家次、兽药经营企业95家次、饲料生产企业71家次、兽药饲料使用企业31家次，完成兽药抽样32批次、饲料抽样79批次、奶样抽样24批次、动物产品抽样30批次（10份猪肉、20份猪肝）。查处兽药饲料和动物卫生案件321件，其中：动物卫生307件、兽药饲料14件；罚款102398元、没收款9032.7元、没收劣兽药45.2公斤。无害化处理途中死亡猪169头、途中死亡牛1头；销毁疑似染疫生猪140头。参与审核养殖单位动物防疫条件16起，对15家基本符合动物防疫条件的养殖单位颁发《动物防疫条件合格证》，对2家兽药经营企业进行审核并颁发《兽药经营许可证》。 （程伟清）

新农村建设

■**概况** 7月，根据区委文件精神（青委办［2010］25号），原区国资委承担的农村集体资产管理工作的监督与指导职责划归区农委；原区委区政府研究室承担的协调推进新农村建设工作的职责和指导农村经济收益分配的职责分别划归区委农办和区农委。年内，完成清产核资工作及年报工作。全区农村集体资产总额131.98亿元，负债总额104.45亿元，所有者权益27.53亿元，资产负债率79.14%。开展经营性资产调查工作，深化各街、镇对村级经营性资产委托管理。全区镇、村两级经营性资产年收益19430.2万元，其中：镇级收益4799.24万元、村级收益14630.96万元（其中托管资产收益12373.64万元）。 （程伟清）

■**开展村庄改造** 2007年，开始计划并实施村庄改造工作。2010年年末，全区改造5293户，正在改造的3374户，共计8667户，涉及6个街镇31个行政村。其中：2007年，金泽镇进行试点，改造3个行政村982户；2008年，全区列入村庄改造2081户；2009年，全区列入村庄改造2230户；2010年，全区列入村庄改造3374户。4年中，市、区两级财政合计补贴13929万元，其中：市财政6732万元、区财政7197万元。 （程伟清）

■**完善土地承包经营制度** 3月29日，副区长陈勇章主持召开稳定和完善农村土地承包关系工作推进会议。他要求加强农村承包土地日常管理工作，全面启动土地承包经营权流转管理服务中心建设，完善农村土地承包经营纠纷调解仲裁工作。重固镇于2009年首先进行土地承包延续签约试点。徐泾镇农户已基本参加小城镇保险，不再开展土地承包经营。年内，在其余镇、街道开展土地承包延续签约工作。9月17日，区农村土地承包经营调解仲裁委员会仲裁员聘任会议举行，副区长、区农村土地承包仲裁委员会主任陈勇章出席会议，会议聘请裴如英等11人为仲裁员。年末，土地承包合同签订率100%，权证发放率100%。全区家庭承包农户约7.2万户，承包经营耕地面积16421.47公顷，签订承包合同62912份，占家庭承包农户数的87.58%；颁发土地承包经营权证51322份，占签订承包合同农户数的81.58%。　　（程伟清）

■确定夏阳街道为农村宅基地置换试点　3月28日，成立青浦区农村宅基地置换试点推进办公室，成员单位有区农委、规划局、夏阳街道等。4月7日，区推进农民宅基地置换试点工作座谈会举行。副区长陈勇章出席会议并要求各街镇成立相应的组织机构，开展前期调查摸底工作，细化操作方案，选择试点街镇开展先行先试。会议明确将夏阳街道作为农村宅基地置换试点单位。年内，组织有关镇（街道）考察学习嘉定、昆山等地成功经验，推动夏阳街道试点方案的编制工作，上报试点方案。　　（程伟清）

金泽镇岑卜村新貌　　（区农委供稿）

农　机

■概况　2010年，全区农机固定资产净值7295.31万元，农业机械总动力拥有量33598千瓦，其中：耕作机械1945.07元、18437千瓦，农产品加工机械38.08万元、1394千瓦，肥料机械3.13万元、201千瓦，种植机械520.41万元、1555千瓦，畜牧机械49.5万元、21千瓦，收获机械2618.87万元、5664千瓦，渔业机械70.3万元、3053千瓦，植保机械140.01万元、2388千瓦，园艺机械设施设备1880.36万元、400千瓦，林果业机械16.17万元、203千瓦，其他农业机械13.41万元、282千瓦。有大中型拖拉机377台、手扶拖拉机345台、自走式联合收割机165台、高性能机动插秧机45台、水稻直播机155台、大中型旋耕机480台、开沟机184台、水田驱动耙348。向农机户和合作社介绍农机保险项目和政策，在3月9日三夏动员会上邀请安信保险公司人员上门培训。全区农用兼用车参保177台、农田车参保272台，机手共支付保费15.28万元。　　（祝建林）

水稻机械化收割　　（区农委供稿）

■开展农机年检　3月9日起，有计划分区域地开展农机年检工作，集中对各乡镇农机具进行验车、上牌工作。对农机具分散的镇（街道），联络当地镇（街道）农机管理部门，采取分散和相对集中的方法进行验车。合计检验农机具595台，其中：小拖169台、中拖300台、收割机126台。新购机具统一上牌，淘汰和清理旧中小拖拉机。统一规范所有的久保田收割机的上牌位置，年检率80%，比上年提高10%左右。　　（祝建林）

■落实购机补贴政策　年内，落实购机补贴政策，根据区农委［2010］35号、36号、57号、97号和109号文件精神，落实年度购机补贴计划，成立农机购机小组，采取申报、公示、签约、农机派送、资金筹集等程序完成年度购机计划，落实购机资金2398.01万元，其中：中央及市补贴1115.32万元、区级补贴362.51万元、用户自筹920.18万元。安排购置机具563台套，其中：插秧机10台、育秧设备6条、粉碎机4台、大中拖71台、收割机46台、植保机113台、挤奶机具4台套、烘干机5台、保鲜库59台、耕作配套机具245台套和秧盘14.5万只，补贴总量和机种数量均

超过上年。（祝建林）

■**开展平安农机创建工作** 2010年，继续开展农业部和国家安监局提出的平安农机创建活动。白鹤镇创建1个“平安农机合作社”，金泽镇创建4个“平安农机”村、10个“平安农机”户，均通过验收，起到“宣传造势、以点带面、降低农机事故发生率”的效果。（祝建林）

■**推广机械化插秧技术** 2010年，配合各镇、街道购置农机，新添10台乘坐式插秧机，均为6行SPU久保田插秧机。“三夏”期间，完成插秧机配套设施育秧流水线25条，工厂化播种完成约80万盘秧苗，机械化插秧面积1800公顷，改善了水稻的种植方式。（祝建林）

农业执法

■**概况** 2010年，对52家次规模养殖场和80家次养殖户进行防疫督查，采集152场(户)770份尿样、开展农贸市场、超市和冷库督查；对2家市境指定道口和9家非指定道口进行专项检查5次。完成兽药抽样32批次、饲料抽样79批次、奶样抽样24批次、动物产品抽样30批次(10份猪肉、20份猪肝)。查处兽药饲料和动物卫生案件321件，其中：动物卫生307件、兽药饲料14件。（程伟清）

■**开展渔政执法检查** 2010年，渔政执法检查工作重点仍是打击以电捕为主的违法涉渔作业，出动渔政执法船(艇)980余航次、参加执法人员4100余人次，查处各类渔业违法案件354起，其中：电捕114起、无证捕捞26起、禁用渔具203起、违反禁渔期作业11起；查获各类违规捕捞渔具860件；合计罚款金额21.13万元。（张学江）

■**青浦农产品监测中心通过国家认证复评审** 青浦农产品监测中心为区农委下属事业单位，于2005年1月首次通过国家实验室认可，获得上海市计量认证的资质，有效期5年，2010年1月有效期满。中心具备的检测能力为蔬菜瓜果农药残留、土壤、水质、复混肥料和有机肥料5大类60余项参数的检测。2010年1月，国家认可委和上海市质监局派专家对中心的国家实验室认可和上海市计量认证的资质进行现场复评审，评审结果是原认可批准的检测技术能力符合相关技术要求，保持认可能力范围。（程伟清）

青浦现代农业园区

■**概况** 2010年，上海青浦现代农业园区发展有限公司(以下简称园区)在参与世博、服务世博、奉献世博的同时，推进各项区级重大项目建设，加快园区农业旅游观光产业发展，坚持“科技兴园、产业强园、生态建园、创新治园”的发展宗旨。年内，新增注册型企业121户，年末实有企业780户；全年累计完成税收1.33亿元，比上年增长21%。公司位于青浦区练塘镇蒸富路100号。下设办公室、信访办、计划财务部、党群工作部、规划建设部、财务室、科技孵化中心、农业招商服务中心8部门。下属上海绿色科技园区有限公司和上海青浦现代农业园区生态农场有限公司2家全资子公司。

年内，农田水环境治理项目进入研究阶段，700米生态沟渠铺设预制水泥板，建立生态湿地。完成露地设施项目建设19.83公顷，总投资148.75万元。服务入选世博蔬菜供应基地的两家企业——上海原兴农副产品专业合作社和上海百家汇网络科技有限公司(东方菲尼克斯生态庄园)，联系并配合市、区二级农药残留检测部门，确保世博会专供蔬菜的质量。大樱桃种植在克服诸多不利因素的情况下，2010年实现正常坐果，于11月正式启动大樱桃标准化设施栽培示范基地工程，面积1.33公顷。（戴秋怡）

■**蛙稻生态种养面积扩至135.8公顷** 2010年，蛙稻种植面积在上年51.07公顷的基础上扩至135.8公顷。蛙稻的病虫害防治效果较往年好转，蛙稻米于7月通过国家有机认证，获得由北京五岳华夏管理技术中心(简称CHC)颁发的证书，国家批准号为CNCA-R-2004-129，证书编号为CHC10O10046R0M。10月，蛙稻新米全面上市，在上海友谊商城、上海久光百货有限公司上架销售，售价100元/公斤。（戴秋怡）

■**优质草莓新品种繁育工作** 年内，在对2009年引种的草莓品质进行测定的基础上，2010年确定7个繁苗品种，于9月底完成12个大棚的定植工作，年内新品种示范种栽种0.2公顷。与浙江省农科院园艺所达成合作意向，共同进行草莓新品种、新方法栽种技术的研发工作。（戴秋怡）

■**蓝莓研究所正式挂牌成立** 在2009年引种蓝莓栽培试验获得成功的基础

12月7日，副区长陈勇章(左三)视察青浦现代农业园区玻璃大棚展示中心（现代农业园区供稿）

上，6月2日，园区蓝莓研究所正式挂牌。该研究所坐落于青浦现代农业园区核心区域内，为全市首家。年内，园区的蓝莓品种资源收集区内引进蓝莓25个品种1199株，完成引种示范方15公顷，并完成千亩蓝莓科教研基地规划和百亩蓝莓示范基地建设方案的制订。（戴秋怡）

6月2日，青浦现代农业园区蓝莓研究所正式挂牌成立

（现代农业园区供稿）

■扶郎花种植面积增至8.06公顷 扶郎花项目于2008年启动。2010年，新增种植面积3.4公顷，并于5月底完成3.4公顷的基础设施建设和种苗定植，种植面积共计8.06公顷，其中：新种植的3.4公顷，产值33.3万元。年内，扶郎花平均每公顷收益13.06万元，每公顷产值21万元。（戴秋怡）

■现代农业服务项目培育 2009年开业的上海百家汇网络科技有限公司（对外称东方菲尼克斯生态庄园）启动22公顷具有青浦特色的高档农产品基地、循环农业展示基地和农业休闲基地建设工程，庄园采用会员制的模式开展营销。2010年年末，吸收会员322人，累计接待体验参观市民万余人。园区自在源生态养生会馆的配套项目——集农业种植、展示、销售、餐饮于一体的4800平方米玻璃大棚展示中心，于年底正式对外试营业。（戴秋怡）

综 述

2010年,在经济环境严峻复杂的大背景下,青浦区紧紧围绕"调结构、转方式、促发展"的总体要求,着力强化招商引资工作,大力推进高新技术产业发展,实施产业结构调整,工业经济运行质量和水平进一步提高。实现工业总产值1633.7亿元,完成年度目标106.9%,比上年增长16.5%。其中规模工业(年主营业务收入500万元以上)实现产值1326.5亿元,完成年度目标108.5%,比上年增长26.6%。

7月6日,加快青浦工业园区发展动员大会暨园区三大开发公司揭牌仪式在工业园区大楼举行。占地56.2平方公里的青浦工业园区正式分设,由新组建的上海青浦工业园区发展(集团)有限公司、上海张江高新技术产业开发区青浦园区有限公司和上海青浦出口加工区开发有限公司分别运作。新组建的3家公司拥有2个国家级开发区和1个市级开发区。分设后的青浦工业园区发展(集团)有限公司开发面积调整为16.1平方公里,东至油墩港、南至上达河、西至青赵路、北至北青公路,重点在引进总部经济、推进产城联动和调整现有产业结构上下功夫,打造成集总部、商务、制造为一体的精品区。上海张江高新技术产业开发区青浦园区公司是顺应市政府关于张江开发区扩区要求的新产物,开发规划范围总面积约25平方公里,分为南北两个区域,其中:北区四至范围为北青公路以北、同三国道以西、沪常高速以南、青赵公路以东,约23平方公里;南区为中国纺织国际科技产业城开发区域,约2平方公里。公司集中中纺城、青浦科技园和原工业园区中高新产业相关资产,依托区位条件、产业集聚,挟品牌效应、政策优势,聚焦生物医药、新材料、电子信息、先进重大装备、软件和信息服务业等五大主导产业,努力建设成企业创新的先导区、集聚高新技术的功能区和可持续发展的生态区。调整后的青浦出口加工区由原来的3平方公里扩为16平方公里,范围东至通波塘、南至318国道(G318)、西至油墩港及绕城高速、北至章泾江及沪常高速,围绕上海市确立的发展九大高新技术产业,进一步加快以"新能源、先进重大装备、电子信息制造、新材料"为主导的先进制造业和以"保税物流、软件与信息服务"为重点的现代服务业发展,在打造智能化、生态型开发区基础上逐步向国家保税区发展方向迈进。"一园三区"(青浦工业园区、张江高新青浦园区和青浦出口加工区)全年实现规模以上工业产值655.8亿元,比上年增长27.3%,比全区平均增幅高0.7%;实现税收49亿元,比上年增长36%。

4月21日,副区长朱明福(左二)等检查尊创(上海)宾馆工程工地施工现场
(区建交会供稿)

批准19家新企业建筑业三级资质。年末,注册区内的施工企业329家。其中:市管一级企业19家、二级及不分级91家;区属企业219家。区属企业中三级资质189家(其中总承包类企业35家、专业承包类企业154家)、劳务资质企业30家。全区受理报建项目388件,建筑面积434.64万平方米,总投资236.15亿元;发放施工许可证179件,建筑面积179.56万平方米,总投资27.08亿元;竣工备案项目153件,总投资27.81亿元,建筑面积203.18万

平方米。　　（杨莹　顾晓斌　徐剑鸿）

工　业

■**概况**　2010年,青浦区工业经济效益提升明显。全区规模以上工业实现利润77.97亿元,比上年增长45%,规模工业产值增长26.6%,利润增幅高于产值增幅18.4%。亏损企业数326家,亏损额13.3亿元,比上年分别下降11.4%和10.1%。规模以上工业企业在实现较快增长的同时运行质量有明显提高。三资工业对全区工业的增长有很大推动作用,三资工业占全区工业比重达53.7%,比上年提升4.3%,青浦区工业对三资工业依赖性很强,有扩大趋势。高新技术产业发展迅速。高新技术产业化企业228户,全年实现产值271.8亿元,比上年增长38.1%,高于全区规模工业平均发展水平11.5%,高于全市高新技术产业化发展水平14.7%,增速位居全市郊区县第三。工业向园区集聚效应明显,占全区规模比重提高。各工业园区完成规模产值976.3亿元,比上年增长28.7%,高于全区规模平均增幅2.1%,占全区规模工业产值比重73.6%,比上年提高1.2%。其中,白鹤工业园区、朱家角工业园区和出口加工区增幅高于全区规模平均水平,分别达57.4%、49%和37.3%。　　（顾晓斌）

表18　　2010年青浦区工业企业主营业务收入前十强情况表

排　名	企业名称	所属地区
1	新大洲本田摩托有限公司	华新镇
2	尤妮佳生活用品(中国)有限公司	青浦工业园区
3	高田(上海)汽配制造有限公司	青浦工业园区
4	上海金发科技发展有限公司	朱家角
5	上海德力西集团有限公司	青浦工业园区
6	星科金朋(上海)有限公司	徐泾镇
7	上海美蓓亚精密机电有限公司	金泽镇
8	上海起帆电线电缆有限公司	重固镇
9	上好佳(中国)有限公司	徐泾镇
10	基胜工业(上海)有限公司	青浦出口加工区

（甘富新）

■**科技型中小企业改制上市2家**　年内,根据《青浦区关于推进中小企业改制上市的试行意见》(青府发〔2009〕33号),继续开展培育中小企业改制上市工作,实施政策扶持和引导。4月21日,注册在青浦区练塘镇的民营企业——上海安诺其纺织化工股份有限公司在深交所创业板成功上市。11月,上海科泰电源股份有限公司和上海汉得信息股份有限公司先后通过证监会股票发行审核,科泰电源于12月19日在深圳创业板上市,汉得信息于2011年1月上市。　　（顾晓斌）

■**推动企业技术进步**　全年批准技术改造项目55个,完成年度目标45个的122%,项目总投资13.45亿元,完成全年目标6亿元的224%。其中:3个项目获批中央投资重点产业振兴和国家中小企业技术改造项目,合计总投资近3亿元。13家企业获批2010年度上海市重点技术改造专项,总投资11.08亿元。全年批准节能技术改造项目13个,可年节约标准煤27000吨。　　（顾晓斌）

■**节能宣传周活动举行**　根据国家发展和改革委员会等14部门《关于2010年全国节能宣传周活动安排意见的通知》精神,6月12～18日,举行节能宣传周活动,在《青浦报》、青浦电视台、区政府网站等媒体宣传节能法律、法规和政策,报道节能减排成果;通过征文、知识

8月11日,区人大常委会主任巢卫林(左五)率区人大代表到青浦工业园区调研　　（青浦工业园区供稿）

讲座等形式，在各类学校中开展“校园低碳行动”；开展低碳交通行动，倡导公众绿色出行方式；推行绿色消费；开展节能减排农村行活动；在职工中开展各项节能减排活动；6月12日，在白玉兰广场进行节能设摊咨询活动；继上年推出40万只高效节能灯进入家庭后，于7月再次推出40万只高效节能灯进入家庭，年节电2000万千瓦时。（顾晓斌）

■节能减排工作有成效 根据9月14日区经济委员会（以下简称区经委）、区发展改革委员会（以下简称区发改委）、区统计局联合召开的关于2010年工业企业节能降耗有关问题讨论会精神，17日，3个部门会同区质监局，召开区重点用油企业座谈会。会议鼓励企业使用替代能源，最终完成“十一五”节能降耗目标。会上，作为实施替代能源的上海烨惠新能源技术开发有限公司作产品介绍及说明。全年关闭70家，搬迁29家，停产1家，转产1家，合计101家，节约能耗4.09万吨标煤，占计划数（3.6万吨）的113.61%。重点企业实施清洁生产进展良好，有26家企业通过清洁生产审核验收，其中包括上海昭和高分子有限公司、上海凡凡新型建材有限公司、宏茂微电子（上海）有限公司、上海富美家装饰材料有限公司、上海新型建材矿棉厂等5家2010年市重点清洁生产企业，全区累计通过清洁生产审核验收企业42家。2010年，规模工业企业万元产值能耗比上年下降11.7%，为全区“十一五”期间万元GDP能耗下降20%的完成作出贡献。（顾晓斌）

■推进重点工业项目建设 年内，重点推进支持一批投资强度大、产出高、就业容量大的企业。全区竣工投产项目76个，总投资约46亿元。如尤妮佳生活用品有限公司，占地面积6.4公顷，投资总额3亿元。全区在建项目96个，总投资约71亿元，占地面积212.77公顷，其中投资超过1亿元的项目有18个，包括上海巴安水务股份有限公司、上海五天实业有限公司、上海输配电股份有限公司、上海好记星数码科技有限公司、上海新朋股份有限公司、上海新朋实业股份有限公司、海德堡印设备（上海）有限公司三期等。正在办理开工手续项目88个，总投资约64亿元，占地面积188.66公顷。（顾晓斌）

■13家企业获批2010年度上海市重点技术改造专项 2010年，根据上海市经济信息化委《关于组织申报2010年上海市重点技术改造专项资金项目的通知》要求，以及部分区、县申报、审批进行“简化认定审批程序工作试点”工作部署，按照《上海产业发展重点支持目录（2008）》和国家重点产业结构调整和振兴规划的要求，区经委等部门鼓励相关企业利用高新技术和先进适用技术对重点产业进行改造和升级，强化对重大项目从材料申报到项目立项的全程跟踪服务。上门指导，开展专题讲解，指导企业整理申报材料，进行上下沟通，加快审批速度，缩短审批周期。年内，经区技改项目管理小组联合评审，全区上海圆通物流有限公司的可视化物流全程信息控制平台（ICON）、纽福克斯光电科技（上海）有限公司扩大汽车逆变器生产及开发LED太阳能户用成套电源和上海威含德石油机械设备有限公司扩大海洋油气机械装备生产技术改造项目等13家企业获批2010年度上海市重点技术改造专项。13个项目共计总投资11.08亿元，建设投资9.86亿元，建设投资占总投资的89%。安排市、区两级财政专项资助资金7891万元。（顾晓斌）

■启动上海市特色产业中小企业发展资金项目申报工作 根据国家财政部《地方特色产业中小企业发展资金管理暂行办法》（财企〔2010〕103号）、市财政局、市经信委《上海市地方特色产业中小企业发展资金管理操作办法》（沪财企〔2010〕67号）精神，区经委、财政局于10月26日召开各镇、街道、一园三区有关负责人会议，布置落实项目的组织申报工作，启动2010～2011年上海市特色产业中小企业发展资金项目申报工作。项目的申报范围和支持重点包括技术创新和成果转化项目，节能减排项目，专业化协作项目，改善中小企业服务环境项目5个方面。（顾晓斌）

■3个地区工业产值增幅超过20% 2010年，全区分地区产值增幅情况来看，除徐泾镇外，其余地区产值均实现增长，有8个地区增幅呈两位数增长，其中重固镇、一园三区和夏阳街道等3个地区增幅不仅高于全区平均水平，而且超过20%，分别达到24.5%、24.2%和22.4%。分地区产值完成情况看，全区各地区工业产值完成年度计划情况良好，均超额完成，其中重固镇、夏阳、一园三区等3个地区超额完成产值达到或超过10%，分别是115%、113.9%和110%。（甘富新　王卫红）

表19　**2010年青浦区分地区工业产值完成情况表**

项　目	产值(亿元)	增长(%)	年计划(亿元)	计划完成(%)
合　计	1633.7	16.5	1528	106.9
一园三区	731.2	24.2	665	110.0
夏阳街道	22.8	22.4	20	113.9
盈浦街道	13.6	13.4	13	104.3
赵巷镇	55.9	7.4	55	101.6
徐泾镇	152.4	-1.0	146	104.4
华新镇	218.1	11.2	216	101.0
重固镇	47.1	24.5	41	115.0
白鹤镇	86.4	13.1	84	102.9

续表 19

项 目	产值(亿元)	增长(%)	年计划(亿元)	计划完成(%)
朱家角镇	113.3	13.0	110	103.0
练塘镇	90.6	10.7	90	100.6
金泽镇	69.3	4.4	69	100.4
区 属	33.1	–	–	–

(甘富新 王卫红)

■12 个行业规模工业产值增幅超过30% 2010 年,全区工业从行业看,规模工业涉及行业 31 个,除饮料制造业和农副食品加工业产值下降外,其余 29 个行业较上年产值均有所增长,其中有 12 个行业增幅超过 30%。年产值排名前十位的行业完成规模产值 966.6 亿元,比上年增长 33.4%,占全区规模工业产值比重 72.9%,拉动全区规模工业增长 16.7 个百分点,贡献率 79.5%。其中,交通运输设备制造业、化学原料及化学品制造业、通用设备制造业和电气机械及器材制造业的行业产值均超过 120 亿元,位居前三甲,合计完成规模产值 455.3 亿元,占全区规模工业产值比重 34.3%。 (甘富新 王卫红)

表 20 2010 年青浦区排名前十位的行业规模产值完成情况表

排名	行业名称	产值(亿元)	增长(%)	占全区规模产值比重(%)
	合计	966.6	29.7	72.9
1	交通运输设备制造业	184.2	28.0	13.9
2	化学原料及化学制品制造业	143.3	37.6	10.8
3	通用设备制造业	127.8	34.8	9.6
4	电气机械及器材制造业	121.2	10.3	9.1
5	通信设备、计算机及其他电子设备制造业	90.6	23.6	6.8
6	金属制品业	72.1	17.9	5.4
7	专用设备制造业	68.7	67.8	5.2
8	塑料制品业	61.0	25.5	4.6
9	造纸及纸制品业	53.3	56.3	4.0
10	非金属矿物制品业	44.3	28.5	3.3

(甘富新 王卫红)

■四大支柱产业增幅超三成 2010 年,四大支柱产业(现代纺织、印刷传媒、精密机电、信息电子)全年各月增幅均保持在全区规模平均水平之上,对全区规模工业增长作出贡献。四大支柱产业全年实现产值 475.8 亿元,比上年增长 33.9%,高于全区规模平均水平 7.3 个百分点,占全区规模比重 48%,其中:精密机电产业总量及增幅均是四大支柱产业之首,产值总量 371.2 亿元,增幅 41.6%;印刷传媒业、信息电子和现代纺织分别比上年增长 41%、31.4% 和 13.9%。特色行业文体类(休闲)用品制造业表现一般,实现产值 66.9 亿元,比上年增长 7.7%,低于全区规模平均水平 18.9 个百分点。 (甘富新 王卫红)

4 月,尤妮佳生活用品(中国)有限公司第三工厂开业 (青浦工业园区供稿)

表 21　　2010 年青浦区"4+1"主导产业规模工业产值完成情况表

	产值(亿元)	增长(%)	占全区规模产值比重(%)
"4+1"主导产业	682.9	32.4	51.5
支柱产业	637.1	33.9	48.0
其中:现代纺织	112.3	13.9	8.5
印刷传媒	33.6	41.0	2.5
精密机电	371.2	41.6	28.0
信息电子	120.1	31.4	9.1
文体类(休闲)用品制造业	66.9	7.7	5.0

(甘富新　王卫红)

表 22　　2010 年青浦区"4+1"主导产业规模工业企业主要经济指标情况表

单位:户、万元、人

	企业数	亏损企业	工业总产值	工业销售产值	出口交货值	全部从业人员平均人数	流动资产	应收账款净额	产成品存货
"4+1"合计	710	172	6829060	6593596	2406267	138705	3955710	1359999	334752
一、四大支柱产业	667	157	6371491	6171243	2085789	123698	3720605	1313453	297081
1. 现代纺织	205	53	1123046	1064391	432966	36929	585198	161670	68667
纺织业	81	20	411537	368968	114866	8909	206969	67887	25715
纺织服装、鞋、帽制造业	90	25	335134	331011	126926	18089	181425	33335	22876
皮革、毛皮、羽毛(绒)及其制品业	25	6	214512	209365	146355	8770	109110	41593	9974
化学纤维制造业	9	2	161863	155048	44820	1161	87695	18854	10102
2. 印刷传媒	32	8	336087	316032	46419	5791	239076	76304	27550
印刷业及记录媒介的复制	23	5	225908	212373	41401	5028	168481	59407	15070
油墨及类似产品制造	4	2	15098	14883	248	133	18257	7601	976
印刷专业设备制造	5	1	95081	88776	4770	630	52338	9296	11504
3. 精密机电	356	78	3711805	3600128	1033025	59677	2376990	835392	166802
通用设备制造业	173	34	1277516	1217470	323585	24406	827920	257274	64012
专用设备制造业	77	17	592403	557037	173490	8133	481253	171989	48690
交通运输设备制造业	106	26	1841885	1825620	535951	27138	1067817	406129	54099
4. 信息电子	74	18	1200554	1190693	573379	21301	519341	240087	34063
通信设备、计算机及其他电子设备制造业	53	13	906144	901330	551958	18134	422281	197554	24665
其他信息电子产业	21	5	294410	289363	21421	3167	97060	42533	9398
二、文体类(休闲)用品制造业	56	21	667631	631716	487205	22804	343963	90671	46362
文教体育用品制造业	37	15	254203	242229	161987	10206	150950	41683	20210

注:有部分企业产值同时涉及多个行业,故在汇总时剔除重复部分。

(甘富新　王卫红)

上海青浦工业园区

■概况　2010 年,上海青浦工业园区发展(集团)有限公司(以下简称园区)各项重点工作有序推进,园区经济运行继续保持平稳较快发展态势。7 月 6 日,"一园三区"揭牌成立仪式举行,上海青浦工业园区发展(集团)有限公司分拆为新上海青浦工业园区发展(集团)有限公司、上海青浦出口加工区开发有限公司、上海张江高新技术产业开发区青浦园区有限公司。1~6 月,园区(分拆前的青浦工业园区)完成合同外资 1.95 亿美元,到位资金 1.2 亿美元;完成税收收入23.86亿元，比上年同期增长48.3%；地方收入完成10.17亿元，比上年同期增长45.8%；工业产值完成333.58亿元，比上年同期增长29.11%；16家落户企业开工建设。

下半年，园区（分拆后的青浦工业园区）一手抓平稳交接，完成资产划分、财力分配和人事安排；一手抓转型发展，注重优化产业结构，注重培育新经济增长点，注重优化投资环境。调整机构，保留招商部、规划建设部、计划财务部、审计室、党群部、党政办公室、人力资源部、财政所、安监办9个部门，撤销投资企业服务中心、资源开发办、协税办、用电办、协调办、中央商务区开发指挥部办公室6个部门，新设企业服务部、资源开发管理部、经济运行管理部3个部门；下属有上海西部经济城有限公司、上海青浦工业园区创业投资有限公司、上海青浦工业园区招商中心有限公司、上海青浦商城实业有限公司、上海西部市政工程有限公司、上海浦西房地产开发有限公司、上海青浦工业园区物业管理有限公司、上海高新成果转化基地开发有限公司、上海青浦工业园区热电有限公司、上海沁园经济发展有限公司（9月成立）10家子公司。

全年"一园三区"完成合同外资3.01亿美元，到位外资1.47亿美元，其中园区完成合同外资1.1亿美元，到位外资8694万美元；"一园三区"完成税收收入46.11亿元，比上年增长27.4%，地方收入完成19.49亿元，比上年增长24.5%，其中园区完成税收收入32.27亿元，地方收入13.6亿元；"一园三区"完成规模以上工业总产值655.8亿元，比上年增长27.3%，其中园区完成388.13亿元，比上年增长20%；"一园三区"42家落户企业开工建设，其中园区开工19家。园区成功晋级2010年中国服务业企业500强，列第391位；在连续3年获评上海企业百强的基础上，名列上海服务业企业50强榜第47名。经市开发区协会、市发改委、市经信委专家评审通过，获得2010年度上海市开发区"企业服务优秀园区"和上海市品牌园区称号。受理落户企业各类诉求50件（次），分流处理办结率94%。11月22日，园区规划展示馆正式开放。（杨　莹）

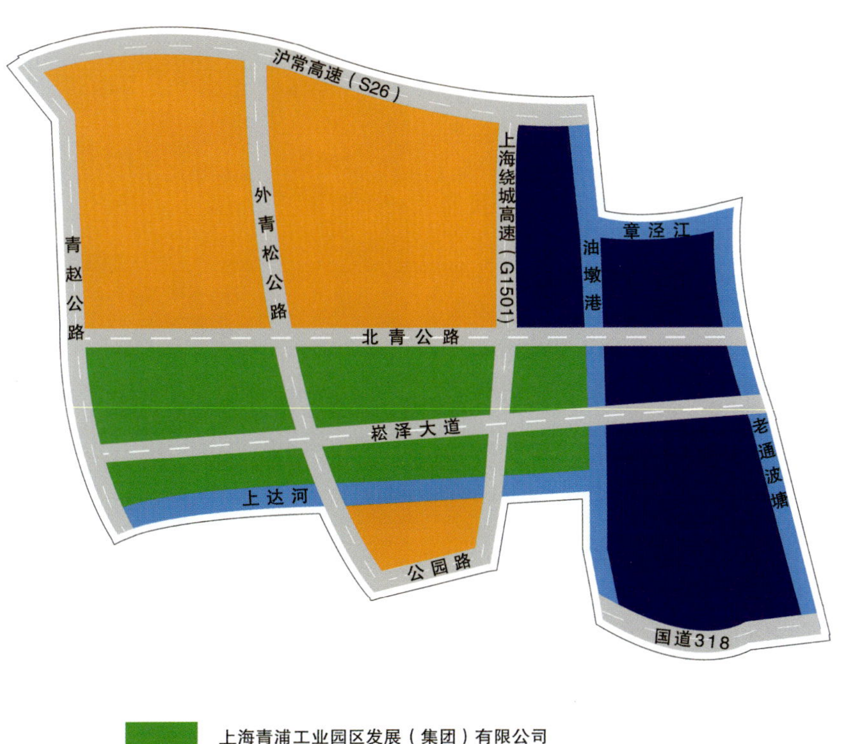

图4　一园三区效果图　（青浦工业园区供稿）

■推进无地招商　在土地资源相对紧缺的情况下，园区眼睛向内、深入挖潜。利用落户园区的优质企业，开展企业服务，促进企业增资扩股，争取企业集团内部其他投资项目。上半年，园区有17家企业增资，合同外资11874万美元，其中：斯伦贝谢油田设备（上海）有限公司、上海罗门哈斯化工有限公司、上海晶盟硅材料有限公司3个项目增资额均超过1000万美元，新批项目中上海华新顿－阿姆斯壮金属制品有限公司、达芙妮服饰（上海）有限公司、乐拍（上海）贸易有限公司等项目均属于由已经落户项目扩大投资或引进本公司新投资项目。上半年引进咨询、贸易、服务类等注册型外资项目10家，占新批项目的45.5%。（杨　莹）

■区领导到园区调研　1月27日，区委常委、副区长李跃旗等到园区进行工作调研，听取园区管委会主任于海平对园区近年来开发建设情况及下阶段工作设想的介绍。

2月11日，区委书记高亢，区委副书记、区长张国洪，区委常委、副区长张汪耀，区委常委、副区长李跃旗等到园区调研，实地走访调研百隆家具配件（上海）有限公司和希悦尔包装（上海）有限公司。高亢要求园区切实抓好招商引资、产业项目建设、盘活存量和队伍建设。张国洪区长着重就如何抓好调整结构、促进经济发展方式转变提出要求。

2月11日，区人大常委会主任巢卫林等到园区调研，园区管委会主任于海平同志和香花桥街道党工委副书记、办事处主任顾连云进行汇报。

3月5日，区委常委、副区长李跃旗陪同崇明县代表团到园区考察取经，听取园区管委会主任于海平对园区近年来经济运行、开发建设、企业管理等情况的介绍，并交流探讨工业开发区发展中的瓶颈问题。

5月17日，区政协主席张布尔、区委常委、副区长李跃旗到园区，实地走访亚士漆（上海）有限公司、上海大生牌业制造有限公司等企业，了解企业经营情况及发展中遇到的困难。

5月28日，区委副书记、区长张国

洪，区委常委、副区长李跃旗到园区调研。张国洪要求园区在过渡期发展不能停、招商不能断、管理力度不能减。李跃旗对园区下阶段工作提出“重发展、重创新、重服务”等三个要求。

8月11日，区人大常委会主任巢卫林，副主任张映华和部分区人大代表在区委常委、副区长李跃旗陪同下，实地察看坐落于园区的亚士漆（上海）有限公司。代表们深入车间了解企业生产情况，并对企业坚持走自主创新的科技发展道路给予肯定。

8月25日，区委常委、副区长张汪耀率区国资委、财政局、税务局、区府办等有关部门负责人专题对“一园三区”国资、税务工作进行调研，听取“一园三区”负责人对公司分设后各自工作推进情况、下阶段工作设想和有关问题建议的汇报。

9月1日，区委副书记、区长张国洪，区委常委、副区长李跃旗等视察好丽友食品（上海）有限公司、宏茂微电子（上海）有限公司，听取园区党委书记、董事长于海平关于“一园三区”分设后工作推进情况、工作设想以及工作面临的困难和有关建议的汇报。张国洪区长强调，要推进“高科技、高产能”规模产业增长、推进土地集约利用、推进服务功能完善。

12月3日，区委检查组一行由区委常委、副区长李跃旗带队，到园区就园区贯彻落实党风廉政建设责任制落实情况开展检查。会后，区委检查组对班子成员代表和园区中层干部代表进行个别访谈。（杨　莹）

9月1日，区委副书记、区长张国洪（右二），区委常委、副区长李跃旗（右六）视察好丽友食品（上海）有限公司（青浦工业园区供稿）

■普惠公司成功完成第一台飞机发动机大修　1月7日，首台型号为CFM56-5B的飞机航空发动机在上海普惠飞机发动机维修有限公司维修成功下线，这是该公司自2009年9月24日开业以来的首台飞机发动机翻修。庆祝仪式上，区委副书记、代区长张国洪作为普惠公司名誉员工，按动仪式开关，为第一台大修发动机的成功下线出区揭彩。全年修理发动机41台。

（杨　莹　谷二艳）

5月18日，美国商务部部长骆家辉为上海普惠发动机维修有限公司获得LEED白金认证揭牌（青浦工业园区供稿）

■上海新闻出版职业技术学校落户园区　3月18日，上海新闻出版职业技术学校落户园区签约仪式在园区305会议室举行。该校是一所集合职前学历教育和非学历教育、党政干部与专业技术人员职业资格培训为一体的中等职业技术学校，具备上海市印刷行业职业技能鉴定、全国计算机信息技术考核、全国出版专业技术人员考核等方面的职能。区委常委、副区长李跃旗，市新闻出版局党组成员、正局级巡视员李新立应邀出席仪式并作讲话。（杨　莹）

■上海豪港网络信息科技有限公司青浦工厂奠基仪式举行　3月28日，上海豪港网络信息科技有限公司青浦工厂奠基仪式在园区举行。区委常委、副区长李跃旗在仪式上致辞。上海豪港网络信息科技有限公司是中国普天信息产业股份有限公司旗下企业，专业生产通讯设备。青浦工厂项目总投资1000万美元，预计产值5亿人民币。（杨　莹）

■东航再度投资10亿元设立技术研发应用中心　4月14日，中国东方航空公司与青浦出口加工区在上海西郊宾馆举行投资签约仪式。继与美国普惠在青浦出口加工区内建立飞机发动机维修项目之后，东航将再度投资10亿元设立技术研发应用中心——技术应用研发中心有限公司。中国东方航空集团公司总经理刘绍勇，中国东方航空股份有限公司总经理马须伦，中共青浦区委书记高亢，区委副书记、区长张国洪，区委常委、副区长张汪耀、李跃旗，区政协副主席张正翔，青浦工业园区管委会主任、园区集团公司董事长、总经理于海平，青浦海关关长刘海勇出席签约仪式。东航将依托青浦地位优势和投资软环境，在青浦出口加工区建立统一的研发、应用平台。东航技术应用研发中心有限公司项目分两期建设，占地26.33公顷，总建筑面积约52万平方米。一期14.67公顷，建筑面积约27万平方米，将建设附件翻修生产区、机务实作区、代用品研发区、维修能力开发区、培训教育区、辅助后勤办公区等6大功能区。其中代用品研发区主要开发飞机航材代用、地面设备代用等，预计年产值将超过5亿元。

（谷二艳　杨　莹）

■区留学归国人员创业论坛在园区举行　4月16日，由区委统战部主办、园区协办的“迎世博、调结构、促发展”留学归国人员创业论坛在园区举行。青浦区留学归国人员联谊会会长、园区集团公司副总经理王晓主持论坛，区人大常委会副主任张映华出席论坛并致辞。上海能港电气工程科技有限公司博士何勤奋、上海东朋科技有限公司总经理张豪等4位嘉宾结合亲身经历和工作实践作主题演讲。（杨　莹）

■尤妮佳第三工厂开业典礼举行　4月22日，尤妮佳生活用品（中国）有限公司第三工厂开业典礼在园区举行。该厂是尤妮佳集团在全球设立的最大规模旗舰生产基地，总投资2.3亿美元，建筑面积近14万平方米。区委书记高亢出席开业典礼。该项目从提出申请到开工仅耗时146个工作日，创上海市外资审批项目的速度之最。（杨　莹）

■德国海德堡厂房扩建开工仪式举行　5月6日，海德堡印刷设备（上海）有限公司厂房扩建开工仪式在园区举行。德国海德堡公司是世界印刷机械制造行业的龙头企业，有150多年的历史。此次开工的三、四期新厂房，建筑面积5万平方米，总投资14615万美元。区委常委、副区长李跃旗，区政协副主席、区经委副主任龙婉丽，园区管委会主任于海平等出席开工仪式。（杨　莹）

■骆家辉为普惠发动机维修公司获LEED白金认证揭牌　5月18日，美国商务部部长骆家辉率29家美国公司46位高管在区委常委、副区长李跃旗等陪同下参观区落户企业——上海普惠发动机维修有限公司。骆家辉、李跃旗和东航工程技术公司总经理冯亮、联合技术公司副总裁戴尚德共同为普惠公司LEED白金认证揭牌。上海普惠发动机维修有限公司是中国首个、美国以外地区第21个获得美国绿色建筑委员会颁发“能源与环境设计先锋”（LEED）白金认证的设施，可为CFM56发动机提供高效环保的维护、修理和大修服务，其设施完全遵循绿色环保、节能和可持续发展的设计方法。（杨　莹　谷二艳）

■上海拓璞精密五金有限公司开工奠基仪式举行　5月18日，上海拓璞精密五金有限公司开工奠基仪式在园区举行。区委常委、副区长李跃旗，区政协副主席、区经委副主任龙婉丽，园区管委会主任于海平等出席。该公司注册资本800万美元，总投资1500万美元，用地面积3.33公顷，专业从事各种模具、五金冲压件、弹性件、弹簧片、汽车零件、精密弹簧等高科技产品的设计、开发和制造。此次开工奠基的一期厂房用地1.73公顷，建设面积17000平方米。（杨　莹）

■俞正声视察青浦工业园区　6月7日，市委书记俞正声到园区视察位于青浦出口加工区的上海普惠飞机发动机维修有限公司。区委书记高亢，区委副书记、区长张国洪，区委常委、副区长李跃旗，园区管委会主任于海平等陪同参观。（杨　莹　谷二艳）

■力诺瑞特（上海）新能源有限公司开工　6月17日，力诺瑞特（上海）新能源有限公司开工下线暨阳台壁挂新品发布会仪式举行，成为全国太阳能企业在上海投资兴建的最大的太阳能热利用生产推广基地。该项目总投资1700万元，占地11000平方米。（杨　莹）

■重点项目签约　2010年，园区继续贯彻落实科学发展观，实行“四个聚焦”（聚焦日欧美、聚焦世界500强、聚焦四大主导产业、聚焦行业龙头）和内外并举的招商策略，特别是针对龙头性企业开展招商引资。7月14、16日和9月16日，日本AMADA株式会社（总投资3000万美元）、德国永恒力（总投资5160万美元）和天玑科技（总投资2亿元）等3家行业龙头企业分别与园区签订投资协议。亚士创能和西高所列入市重点高新技术产业项目，确保重点项目土地指标的及时落地。（杨　莹）

■推进总部基地建设　2010年，作为生

4月14日，中国东方航空——上海青浦工业园区投资合作签约仪式举行

（青浦工业园区供稿）

产性服务业的重要组成部分，园区启动总部基地项目。委托上海海诚设计院、新加坡SGP设计所、上海同济设计院等3家设计公司分别进行方案设计，于8月23日邀请市经信委、区经委、区规土局有关领导及部分企业家代表共同参与完善初步方案的讨论。9月6日，园区上海淀山湖总部基地获得上海市总部经济促进中心认证，被授予"上海企业总部试点基地"称号。生产性服务业功能区认定已上报，在市五部委流转审批中。总部基地采用边规划、边建设、边招商的方式，在规划的同时，按照总部基地的产业发展定位，与一批产业项目达成初步投资意向。南大苏富特科技股份有限公司、上海汉得信息技术股份有限公司、百力通（上海）发动机有限公司等在园区设立研发中心。（杨 莹）

■推进中央商务区项目 中央商务区的开发是园区开发建设的重点区域，是园区先进制造业和现代服务业协同发展的重要载体。推进岛区动迁。7月，园区与盈浦街道合作，对贺桥13队46户动迁户实行统一评估、统一签约、统一搬离、统一拆除等"四统一"的阳光动迁，于7月底前完成整体签约，10月房屋全部拆除，释放土地近12.2公顷，为中央商务区的开发奠定基础。完善功能配套。为呼应产城联动，园区坚持高品质开发，引进有品牌的上市房产公司（旭辉集团股份有限公司）对中央商务区进行开发；建成"富力桃园"等27万平方米住宅。6月和10月，岛区西侧7.33公顷和富力东侧4.2公顷住宅用地通过市场招标、上网挂牌交易的方式，由中国房地产百强企业旭辉集团股份有限公司中标。（杨 莹）

■接待国外代表团 8月12日，区委副书记、区长张国洪，区委常委、副区长李跃旗在园区接待到访的白俄罗斯驻上海总领事弗拉基米尔·沃罗别伊一行。总领事一行听取关于青浦区经济发展和投资环境的介绍，随后走访参观上海德力西集团公司、科大重工（上海科大重工集团有限公司）等2家落户企业。

9月15日，由弗赖堡市副市长冯·基尔希巴赫率领的德国巴登符腾堡州政府企业代表团来访园区。区委常委、副区长李跃旗会见代表团一行并举行座谈会。

9月30日，区委常委、副区长李跃旗在园区接待德国弗赖堡政府企业代表团。代表团一行实地走访上海德力西集团公司，并听取园区招商引资、开发建设等情况的介绍。

12月2日，国际华人科技工商协会主席李大西率领由美国国家工程院院士王兆凯、美国纽约华人总商会副会长姜瑞中、美国纽约华人总商会荣誉会长、南大苏富特科技股份有限公司董事长刘建邦等组成的华人科技考察团到园区参观考察，主要为其会员单位南大苏富特科技股份有限公司在园区设立的上海国际合作科技园进行考察。（杨 莹）

■"一园三区"管委会首次会议举行 8月19日，"一园三区"管委会第一次会议举行。区委常委、副区长、"一园三区"管委会主任李跃旗主持，副主任徐惠新、顾啸流、陈瑜、于海平、刘伟、陆祖芳等及管委会成员单位负责人参加会议。会议听取"一园三区"负责人对分设后各自工作推进情况、下阶段工作设想和有关问题建议的汇报。李跃旗指出，"一园三区"下阶段要切实做到"四个精"，即精准定位、精心选资、精细管理、精深服务。（杨 莹）

■亚士创能科技院士专家企业工作室成立 7月6日，青浦"亚士创能科技院士专家企业工作室"在亚士漆（上海）有限公司揭牌成立。区委副书记胡燕平与上海市科学技术协会副主席王智勇一起为院士专家企业工作室揭牌。中国工程院院士袁渭康被聘为亚士漆创能科技首席科学家。（杨 莹）

■日本天田株式会社落户园区 7月14日，日本天田株式会社（AMADA）与园区签订投资协议。日本天田株式会社是世界数控钣金加工机械设备的领导厂商和龙头企业。AMADA天田青浦项目占地面积约5.33公顷，总投资3000万美元，主要生产数控折弯机、数控剪板机、数控激光切割机（世界金奖）等成套机械设备。项目投产后，该基地将成为天田公司华东地区的销售运行中心及研发基地。（杨 莹）

■德国永恒力落户园区 7月16日，德国永恒力叉车股份公司与园区签订投资协议，正式落户青浦工业园区。该公司是全球物料运搬设备、仓储及物流技术领域的领先供应商。永恒力青浦工厂是德国永恒力集团在亚洲地区唯一的生产工厂。该项目占地面积约6.67公顷，总投资5160万美元，主要生产各类托盘搬运车、托盘堆垛车、电动前移式叉车、平衡重堆垛车等。（杨 莹）

■上海博文学校落成移交 8月5日，国内首家按照"绿色建筑评价标准"规划设计并由园区投资建设的上海博文学校落成交接。副区长陶夏芳、区政协副主席顾峰共同为博文学校揭牌。博文学校项目为民惠佳苑社区配套项目，

8月5日，由青浦工业园区投资建设的青浦博文学校落成移交

（青浦工业园区供稿）

是区政府重大项目和区人大挂牌督办工程。该项目于2009年9月16日动工兴建，总投资1.11亿元，建筑面积24900多平方米。（杨 莹）

■上海奥仑实业有限公司奠基 9月28日，位于青浦工业园区崧泽大道的上海奥仑实业有限公司打桩奠基。该项目建设用地面积12.6万平方米，厂房、研发中心等建筑面积15万平方米，总投资4亿元。该项目是弘大集团实行总部搬迁的项目，将在园区建立加工中心、研发中心、结算中心。弘大集团主营机械制造业，主要产品有电动工具、汽油发电机组、汽油自吸式水泵等，是国内电动工具行业的龙头企业之一。（杨 莹）

10月24日，上海交通大学、力诺瑞特共建"太阳能研究院"揭牌仪式举行（青浦工业园区供稿）

■力诺瑞特—上海交大太阳能研究院揭牌 10月24日，力诺瑞特（上海）新能源有限公司（以下简称力诺瑞特）、上海交大共建太阳能研究院签字暨揭牌仪式在园区举行。该研究院依托上海交大制冷与低温工程学科20人的教授研究员、83人的博士生队伍及其他技术人员的实力，将太阳能热能应用从技术研发层面延伸到产业化推广层面，在太阳能热水利用领域进行核心技术升级与改造，为力诺瑞特等太阳能企业的科研创新能力提升和持续发展提供持久动力。（杨 莹）

■产业项目集中开工仪式举行 11月22日，青浦工业园区产业项目集中开工仪式在上海晨兴希姆通电子科技有限公司建设工地举行。区委书记高亢，区委常委、副区长李跃旗等领导出席仪式并共同启动开工按钮。李跃旗致辞并宣布开工。该次集中开工建设的产业项目共有25个，总投资额约33.7亿元。（杨 莹）

■丝涟床具（上海）有限公司举行开业庆典 12月10日，美国丝涟公司中国工厂开业典礼在园区高新技术成果转化基地举行。区委常委、副区长李跃旗为新工厂开业剪彩。该公司于2008年年底正式进入中国市场，定位高端床垫消费市场。2010年年初与园区签订租赁合同，租用高新基地近8000平方米的厂房作为其在亚洲唯一的生产基地。（杨 莹）

■日立电梯建成中国最高电梯试验塔 12月21日，中国的高度，世界的速度——日立电梯（中国）有限公司15周年庆新闻发布会暨上海研发中心竣工庆典在园区举行。日立电梯上海研发中心试验塔共32层，塔高172.6米，是中国最高的电梯试验塔，可测试10米/秒的超高速电梯。占地18.5万平方米的日立电梯（上海）有限公司，电梯生产能力达到1万台/年。（杨 莹）

2月21日，日立上海研发中心竣工庆典仪式举行（青浦工业园区供稿）

■举办庆祝园区成立15周年系列活动 园区从10月起，在园区管委会的统一协调下，会同"一园三区"，以举办系列企业座谈会、产业项目集中开工仪式、"十二五"发展战略研讨会、园区推介会、主题文艺晚会等形式，开展15周年纪念系列活动。10月18日起，园区先后召开内资、港澳台、日韩、欧美、注册型企业等五场落户企业座谈会，拉开园区15周年庆序幕。11月23日，青浦工业园区"十二五"发展战略研讨会在园区总部召开。"一园三区"及上海社会科学院等4家单位组成的联合课题组对其设计的青浦工业园区"十二五"初步发展规划作介绍。市委研究室经济处等单位的专家就青浦工业园区"十二五"初步发展规划进行论证,并提出修改意见。11月24日,青浦工业园区推介会在西郊宾馆举行。20家企业分别与"一园三区"进行项目签约,涉及生物医药、新能源、精密机械、软件信息、物联网以及总部经济等行业领域,合计投资额超过100亿元。11月25日,青浦工业园区成立15周年主题晚会在区科技文化活动中心举行,区委书记高亢,区人大常委会主任巢卫林,区政协主席张布尔与"一园三区"干部职工、落户企业代表共同欣赏文艺节目。

(杨　莹)

上海青浦出口加工区

■概况　上海青浦出口加工区于2003年3月10日经国务院批准设立,属海关监管特殊区域,总规划面积3平方公里。2010年6月,青浦区委、区政府决定,将青浦出口加工区总规划面积扩大为16平方公里。7月6日,"一园三区"分设揭牌仪式举行,青浦出口加工区(以下简称加工区)正式分设。出口加工区由上海青浦出口加工区开发有限公司经营管理。加工区拓展为功能区和产业区两部分,功能区是海关特殊监管区域,规划面积3平方公里围网区域(一期已开发1.6平方公里),为加工制造以及保税物流、检测、维修和研发等业务功能提供投资服务,有落户企业21家;新增加产业区是非海关特殊监管区,配套功能区发展需要,着重发展战略性新兴产业和生产性服务业企业,有落户企业435家。出口加工区开发有限公司下设招商部,企业服务部,规划建设部,计财部和党政办公室四部一室,下属上海青佳经济发展有限公司、上海群腾企业服务有限公司。9月21日,来自15个国家的37名发展中国家外向型经济研修班的学员到加工区考察学习。

加工区区域内规模以上企业全年完成工业总产值144亿元,比上年增长35.8%。有落户企业456家。其中:外资企业128家(含世界500强企业5家),总投资13.2亿美元,注册资本6.63亿美元;内资企业328家。加工区在中国保税区出口加工区协会59家出口加工区中的排名由年初的第23位上升至年末的第19位。　(谷二艳)

■区领导调研　4月9日,区委常委、副区长李跃旗率市青联一行20余人到加工区内企业上海普惠飞机发动机维修有限公司参观考察。青浦工业园区、出口加工区副总经理徐农、程卫东等陪同参观。

8月6日,区委副书记胡燕平,区人大常委会副主任、工会主席张海珍率与各职能部门有关领导到上海普惠飞机发动机维修有限公司调研。调研中,胡燕平一行听取普惠公司总经理秦贵荣对企业生产经营管理、企业发展计划等情况的介绍,针对企业经营发展中遇到的问题现场办公。

8月6日,区人大常委会副主任张海珍(前右四)等到普惠发动机维修有限公司调研　(青浦出口加工区供稿)

8月9日,区人大常委会副主任、工会主席张海珍率区教育局有关领导赴上海普惠飞机发动机维修有限公司,督促落实普惠公司提出的职工子女教育等问题。

8月11日,区人大常委会主任巢卫林、副主任张映华率区人大代表一行,在区委常委、副区长李跃旗,加工区副总经理陆祖芳陪同下,实地察看青浦出口加工区落户企业上海普惠飞机发动机维修有限公司生产经营情况。

8月18日,区委常委、纪委书记翟必槐、区纪委副书记、监察局局长吴春泉到加工区调研。加工区副总经理、党总支副书记陆祖芳介绍加工区基本情况,汇报加工区党风廉政建设推进情况。

10月9日,区委副书记、区长张国洪,区委常委、副区长李跃旗到青浦出口加工区调研。张国洪一行召开专题调研会听取有关工作汇报。张国洪肯定新加工区成立以来所做的工作,指出要把出口加工区开发建设成为工业区、高科技园区,着力培育适应园区发展的新产业,建立为园区服务的功能区,提升服务层次和服务水平。

11月24日,副区长朱明福到青浦出口加工区调研。调研会上,加工区副总经理陆祖芳就新加工区成立以来的工作开展情况、下阶段工作设想和希望建议做专题汇报。　(谷二艳)

■保税物流功能拓展顺利　为加快拓展加工区保税物流功能,年内,加工区协同区经委、海关等部门联合召开保税物流政策推介会两次,吸引众多企业入区开展保税物流业务。年末,有92家区外企业在加工区备案保税物流业务,其中6月后新增企业60家。保税物流企业累计实现进出口总额19.14亿美元。加工区内物流业务量最大的物流企业有上海青浦出口加工区物流有限公司、上海惠德物流有限公司,上海威泽国际货运代理有限公司等。在加工区拓展物流业务的企业有美晶纺织品(上海)有限公司、上海欧菲滤清器有限公司、上海英济电子塑胶有限公司、上海金发科技发展有限公司、英威达特种纤维(上海)有限公司等。　(谷二艳)

■香港吉富能源设备有限公司新能源科技项目签约　10月14日,在由上海市商务委员会举办的世博招商外资项目集中签约仪式上，青浦出口加工区重点项目——香港吉富能源设备有限公司新能源科技项目（吉富新能源科技［上海］有限公司项目）签约，吉富能源设备有限公司为此次集中签约仪式上青浦唯一的企业代表。该项目一期投资总额7000万美元，注册资本2400万美元，主要从事新能源关键设备和电池模组的研发、设计和生产；二期投资总额将2.1亿美元，注册资本7000万美元。（谷二艳）

上海张江高新技术产业开发区青浦园区

■概况 6月，青浦区委、区府决定设立上海张江高新技术产业开发区青浦园区有限公司。7月6日，“一园三区”分设揭牌仪式举行，上海张江高新技术产业开发区青浦园区（以下简称张江青浦园区）正式分设，由上海张江高新技术产业开发区青浦园区有限公司经营管理。公司于9月9日迁入华纺路99弄99号办公。张江高新青浦园区由中纺科技城、青浦科技园和原青浦工业园区部分资产、资源整合组成，由南、北两大产业基地组成，南部为中纺科技城，北部为原青浦工业园区部分区域，总开发面积约为25平方公里，近期可开发面积约13.35平方公里（已申请扩区），远期扩展开发区域约12平方公里。

按照“精干、务实、高效”的原则，张江青浦园区实施大部制扁平化管理，下设招商部、规划建设部、计划财务部、党政办、投资管理部5个部门。下属有上海青浦科技园有限公司、上海中纺科技城发展有限公司、上海中际建筑有限公司3家全资子公司。10月，张江高新青浦园区申报中小企业知识产权战略推进工程申请获得市知识产权局批准。全年完成外资项目总投资7105.34万美元，注册资本4339.5万美元，合同外资4063.5万美元，到位资金1713.7万美元；完成内资实体型企业注册资本3.36亿人民币，到位资金2.446亿人民币；完成税收收入8.44亿元；完成规模产值124亿元，比上年增长26.4%；万元工业产值能耗比上年下降12.5%，高于考核目标（下降8%）4.5%。（高　蕴）

11月12日，张江青浦园区落户企业恳谈会举行　（张江青浦园区供稿）

■弗朗兹哈斯食品机械（上海）有限公司迁址仪式举行 7月23日，弗朗兹哈斯食品机械（上海）有限公司举行迁址扩产开幕典礼。区委常委、副区长李跃旗，区政协副主席、区经委副主任龙婉丽，奥地利驻沪领事馆商务领事代表助理商务领事江希尔达女士参加开幕典礼。该公司是由世界著名食品机械公司奥地利哈斯公司于2006年在园区投资设立。2010年为扩大生产场地面积迁址到青浦振盈路450号，租赁生产场地面积由3000平方米增加到近8000平方米，全年实现产值4600万元。（高　蕴）

■区领导调研 8月16日，区委常委、纪委书记翟必槐、区纪委副书记、监察局局长吴春泉到张江青浦园区实地调研。翟书记一行听取相关汇报，提出“老园区要有新起点，老困难要有新办法，老面孔要有新作为，老企业要有新创意”的工作要求。

9月19日，区委常委、副区长李跃旗一行到张江青浦园区调研。李跃旗对张江青浦园区在工业园区战略重组100天左右的时间里在公司交接、人员到位、项目推进、产业规划、家底排摸、工作效率等方面所做的工作予以肯定，并对今后的工作提出要求。

10月8日，区委副书记、区长张国洪，区委常委、副区长李跃旗一行到张江青浦园区调研。张国洪对张江青浦园区前阶段工作给予肯定，并对今后的工作提出要求。（高　蕴）

■开发区合作融资担保座谈会举行 9月26日，开发区合作融资担保座谈会在张江青浦园区举行。区委常委、副区长李跃旗，市经信委工业区管理处处长周强、中国投资保险公司上海分公司总经理顾宏祥以及住房置业担保公司代表等参加座谈会。会上，中投保上海分公司和住房置业担保公司分别代表政策性担保和商业性担保的两种形式，介绍各自的业务模式。李跃旗在会上希望与会者做好园区企业和金融机构的对接，设计出符合青浦园区特点和需求的合作融资担保模式，整合各方面资源，有效控制风险，降低融资成本。会后，“一园三区”启动融资担保模式研究，该模式的实施将为企业发展提供更好的金融服务。（高　蕴）

■德国下萨克森州政府经贸代表团访问张江高新青浦园区 7月10日，德国下萨克森州州长麦卡利斯特率政府经贸代表团一行约60人访问落户在张江高新青浦园区的采埃孚橡胶金属（上海）有限公司，与区委常委、副区长李跃旗一起参加采埃孚橡胶金属业务在中国成功发展一周年庆祝活动。庆祝活动后，李跃旗与麦卡利斯特进行友好会谈。该公司于2007年投资设立，注册资本5000万元，主要生产应用于轿车、商用车、非公路机械工业和铁路工业的汽车底盘和动力传动系统的减震橡胶金属产品件以及与之相关的塑料部件产品及其部件。在张江青浦园区内租赁厂房14000平方米，2010年实现产值2.2亿元。（高　蕴）

建筑业

■概况　2010年，全区受理报建项目388件，建筑面积434.64万平方米，总投资236.15亿元。区建设交通委行政服务中心窗口办理扩初评审127个，总投资30.6亿元，总建筑面积38.3万平方米。新建建筑节能备案登记117个，总建筑面积233.4364万平方米，完成既有建筑（旧建筑）改造任务3万平方米。

全年完成施工公开招标项目144标段，中标价16.67亿元，建筑面积37.843万平方米；施工邀请招标项目32标段，中标价13.1亿元，建筑面积69.76万平方米；小型项目招标209标段，中标价2.2225亿元；勘察、设计招标公开标6标段、邀请标9标段；监理招标9个，其中公开标4个、邀请标5个。完成市公正度（指建设工程在招投标环节过程中的公正度）评价87个项目、区公正度评价26个项目；后评估项目5个，评估结果全部为满意。

（徐剑鸿）

表23　　2010年青浦区建筑企业总产值前十强情况表

排　名	企业名称	所属地区
1	上海华艺幕墙系统工程有限公司	香花桥街道
2	上海华新建设（集团）有限公司	华新镇
3	上海龙人石业装饰有限公司	重固镇
4	上海高新铝质工程股份有限公司	香花桥街道
5	上海徐泾建筑工程有限公司	徐泾镇
6	上海青园建设集团有限公司	盈浦街道
7	上海青浦水利建筑工程有限公司	夏阳街道
8	上海青浦公路工程有限公司	夏阳街道
9	上海阳明建设工程有限公司	白鹤镇
10	上海禾日建设开发有限公司	夏阳街道

（甘富新）

■推进在建工地文明施工专项整治工作　4月21日，青浦区保世博建设工程安全文明施工现场推进会在青浦区尊创（上海）宾馆有限公司新建水上宾馆项目施工现场召开。副区长朱明福、区建交委主任侯小天和全区建设系统、监理、施工企业安全管理负责人员及相关协作部门的有关人员参加会议，并对由中国建筑第八工程局有限公司总承包的尊创（上海）宾馆有限公司新建水上宾馆工程和上海市第一建筑有限公司总承包的生产附属用房工地进行现场观摩。组织"环保便民工地"挂牌活动，制定"青浦区建设工程扬尘控制标准"与"世博期间施工企业文明施工责任书"，聘请30位文明施工协管员，开展集中整治工作。从6月起，在全市文明施工测评指数中，连续6个月位列郊区组第一位。（徐剑鸿）

4月21日，青浦区保世博建设工程安全文明施工现场推进会举行

（区建交委供稿）

■开展以防火为重点的建筑行业安全生产大检查　"11·15"市特大火灾事故发生后，布置落实相关工作措施。于11月16日召开防火和安全生产紧急会议。会议传达市防火和安全生产电视电话紧急会议精神，通报"11·15"上海重大火灾事故情况，部署布置下一步的安全生产工作。会后，对全区在建工地开展安全生产大检查。检查开具专项整改通知单127份，暂缓施工指令书64份，移交执法查处3起。（徐剑鸿）

综 述

2010年，青浦区旅游业贯彻《国务院关于加快发展旅游业的意见》的精神，围绕建设“绿色青浦”总体目标，按照2010年区政府重点工作安排，抓住世博机遇，以参与世博、服务世博、宣传世博为重点，积极行动。着力做好世博旅游服务接待工作，推进旅游设施建设，提升青浦旅游产业能级；着力提升传统景区（点）发展活力，推进旅游产品创新，培育旅游新热点；着力加大旅游宣传推介，打造青浦旅游品牌，不断提高青浦旅游的知名度。全区旅游收入35亿元，比上年增长39.4%；旅游接待650万人次，比上年增长44.12%。世博期间，接待游客406万人次，其中：上海游客占50%、外省市游客占35%、港澳台及境外游客占15%，旅游收入21.1亿元，平均客房出租率67.3%。区内旅行社组织世博游团队约700批次，7.8万人次。旅游经济继续保持平稳、较快发展的良好态势。 （王 珏）

旅游市场开拓

■概况 2010年，抓住世博机遇，开展青浦旅游宣传。依托世博挪威馆，在世博园内投放《视线》杂志“青浦世博专刊”1万余份，提升青浦的形象和知名度；依托《中国旅游报》每周发表《中国世博的心灵故乡——青浦》系列文章，每次1/8版，打造青浦旅游品牌；通过上海人民广播电台组织“最早的世博梦想，最近的江南水乡”滚动宣传青浦；专题制作《世博看上海，世界游青浦》、《淀湖环秀》和《青浦——上海慢生活》世博体验之旅的宣传品40万份，借助市内高星级酒店、国际机场、世博志愿者站等1200多个渠道发放，扩大青浦旅游影响力；专题拍摄世博旅游宣传片，完成青浦旅游自助游手册的制作。青浦旅游创新传播案例获“2009中国最佳传播案例奖”。朱家角旅游咨询服务中心接待游客咨询服务22.34万人次，发放各类资料30万份；完成朱家角古镇电子智能导游系统工程建设，能够提供中、英、日、韩、法、俄、西班牙文等7种语言的集智能多媒体导游与GPS定位电子地图导航于一体的信息服务；编制内容完整、特色鲜明的《青浦旅游导游词》；推出一批具有青浦元素的世博旅游纪念品，在朱家角古镇、青浦宾馆设立3个世博旅游纪念品销售点。设置179块旅游道路指示标志，为到青游客提供道路标志便利。6月10日，携程旅行网执行董事长范敏率公司高层到青浦考察交流，区委常委、副区长李跃旗，区旅游局、朱家角镇等相关领导陪同考察。 （王 珏）

■“2009迎世博，青浦旅游纪念品评选活动”揭晓 1月28日，由区旅游局主办的“2009迎世博，青浦旅游纪念品评选活动”揭晓，一批构思新颖、题材丰富、用料广泛并体现青浦特色的旅游纪念品佳作脱颖而出。其中：“东方之冠”竹刻搭建模型作品获金奖，“江南老街”琉璃饰品和“练塘八景”（碗具）获得银奖，有4件作品获铜奖、15件作品获优秀奖；旅游食品类奖项中，茭白干等6件套装获得金奖，状元糕等5件套装和

8月17日，副市长赵雯（右三）到青浦区调研青浦区旅游业“十二五”规划工作 （区旅游局供稿）

朱家角旅游生态食品套装获得银奖，“山芝源”灵芝获得铜奖。4月15日，区旅游局举行“迎世博，青浦旅游纪念品评选活动”颁奖暨座谈会。（王　珏）

■参加旅游交易会　4月23日，2010中国国内旅游交易会在重庆国际会展中心开幕，区旅游局组团参会。6月25～27日，东方绿舟参展2010北京国际旅游博览会暨北方旅游交易会。在博览会上，以上海世博会为主题，青浦区为北方游客量身打造世博游精品线路，让更多的北方游客能在世博之余体验到上海这个时尚魅力都市的另一种风情。东方绿舟向各地旅行社推介2011年“世博后”夏令营产品。6月24～27日，由国家旅游局和浙江省人民政府共同主办的2010中国国际旅游商品博览会在浙江省义乌市举行。青浦参展单位博大企业（集团）拥有世博特许产品资质、自营世博特许产品、自主开发创新能力和高科技优势，展出圆明园十二兽系列、硅化木系列、仿水晶系列和笔记本系列等13个品种196件世博特许商品，其中硅化木12生肖系列作品获全国旅游商品大赛作品奖。11月18～21日，朱家角古镇、上海大观园、太阳岛、东方绿舟和大都市旅行社等区内主要旅游企业参加2010中国国际旅游交易会。青浦区展台发放《青浦——上海慢生活》等宣传资料5000余份、景区（点）介绍和导览图2万余份；与来自世界各地和“长三角”地区的旅游从业者、旅游合作商进行沟通和洽谈；首次在展会上亮相代表青浦旅游的全新LOGO标志。（王　珏）

■《希望英语》栏目组到青浦拍摄清明文化　3月12～16日，中央电视台《希望英语》栏目组一行先后在福寿园人文纪念公园、朱家角古镇等地取景，记录清明祭扫文化、古镇小吃店铺现场制作青团、品尝江南清明前螺蛳等场景。（王　珏）

■美国蓝海电视台到青浦拍摄春秋二季旅游风光片　5月12～16日，美国蓝海电视台（BONTV）到青浦拍摄春季旅游风光片，以制作《TripTips青浦旅游贴士》海外全英文节目，拍摄范围几乎囊括青浦的所有景点。制作完成后在该台每天播放5分钟《TripTips青浦旅游贴士》，展现青浦旅游特色。10月23～29日，该台再次到青浦拍摄秋季旅游风光片。此次拍摄突出“绿色、环保、生态”主题，在拍摄行程中特别增加福泉山遗址、“人然合一”自然农业生态园、上海剑兰阁会馆（上海华医淀山湖疗养院）等景点。（王　珏）

■青浦区参加2010年中国“长三角”“赏桂之旅”主题推介会　9月3日，由上海市徐汇区、青浦区，浙江省杭州市，江苏省南通市和上海旅游集散中心三地四局五方结成的“中国赏桂联盟”共同发起的2010年中国“长三角”“赏桂之旅”主题推介会在广西壮族自治区桂林市举行，吸引参加桂林旅游博览会的100多家境内外买家团前来参会，开启“赏桂之旅”走向“世界”的征程。联盟成员单位向参会企业、游客推出有关赏桂活动的旅游产品。（王　珏）

■淀山湖被授予“中国十大魅力湖泊”评委会特别奖　1月16日，央视网和上海春秋国际旅行社为庆祝新中国60华诞，在江苏省常熟市联合举办第一届“中国十大魅力休闲旅游湖泊评选”活动。活动中，由专家和1300多万网友共同选出“中国十大魅力休闲湖泊”，青浦区的淀山湖与江苏省的天目湖被授予评委会特别奖。（王　珏）

■青浦旅游微博登上新浪微博名人堂　6月10日，由区旅游局策划推出的上海青浦旅游微博“中国世博的心灵故乡——青浦（http://t.sina.com.cn/shqingpu），登上新浪微博名人堂。青浦旅游微博于4月26日开通，通过与全国博友不断互动，实时分享最新鲜的世博旅游资讯和青浦旅游服务与产品。（王　珏）

旅游“黄金周”

■概况　年内，针对两大“黄金周”和5个小长假，区旅游局和区内主要旅游企业精心策划主题活动和推出优惠措施来聚集人气。各旅游企业积极准备，接待情况良好。春节“黄金周”，全区接待游客41.50万人次（包含上海奥特莱斯品牌直销广场接待人次），旅游总收入5850万元。“十一”黄金周，全区接待游客约54万人次，旅游总收入1.6亿元。（王　珏）

■春节“黄金周”　2010年春节“黄金周”青浦旅游市场呈现“安全、欢乐和祥和”的特点，主要旅游指标开门红。全区接待游客41.50万人次（包含上海奥特莱斯品牌直销广场接待人次），比上年同期增长9.35%；实现旅游总收入5850万元（不包含上海奥特莱斯品牌直销广场营业收入）比上年同期增长25%。均创春节“黄金周”旅游接待收

1月1日，“新年岁首，扬帆绿舟”——2010上海市18岁成人仪式在东方绿舟举行（区旅游局供稿）

入新高。根据市旅游局要求，全区确定10个“黄金周”旅游统计日报单位，其中包括5个景区(点)、5个入住酒店。统计结果显示，春节“黄金周”期间，10个统计单位接待游客10.51万人次，比上年同期增长1.06%。其中：5个旅游景(区)点接待游客10.35万人次(比上年同期增长0.88%)，实现旅游直接收入171.83万元(比上年同期增长45.13%)；5个入住酒店接待游客1588人次，客房出租率比上年同期增长13.44%。上海奥特莱斯品牌直销广场接待消费者和游客22万人次，比上年同期增长15.79%；销售额约5479万元，比上年同期增长43.69%。乡村旅游、祈福旅游，金泽古镇、练塘古镇、曲水园、青浦博物馆等其他旅游景点接待游客8.99万人次，比上年同期增长5.15%。 (王　珏)

■十一“黄金周”　2010年黄金周是《国务院关于加快发展旅游业的意见》颁布实施以来的第一个十一“黄金周”，适逢上海世博会进入最后一个月，全区接待游客约54万人次，其中：上海奥特莱斯品牌直销广场共接待消费者和游客20万人次，销售额约为1.03亿元，比上年同期增长26.83%；朱家角古镇、东方绿舟、大观园、太阳岛、陈云故居暨青浦革命历史纪念馆、金家农家乐和福泉山等7个景点接待游客17.68万人次，实现旅游门票收入397.46万元；人然合一生态园、大千庄园等乡村旅游景区(点)、淀山湖步道、金泽古镇、练塘古镇、宗教旅游、青浦博物馆、曲水园等旅游景点接待游客15.84万人次，比上年同期增长57.93%。5家指定统计宾馆接待游客3000多人次，客房出租率约50%。十一“黄金周”期间，全区实现旅游总收入1.6亿元，比上年同期增长3.2%，创该时段历史新高。 (王　珏)

国家级旅游景区

■概况　2010年，区内朱家角镇、东方绿舟、陈云故居暨青浦革命历史纪念馆、上海大观园、上海太阳岛国际俱乐部5个国家AAAA级景区和金家生态村AAA景区继续提升软硬件水平。6月，市旅游局依照国家标准《旅游景区质量等级的划分与评定》和《旅游景区质量等级评定管理办法》，批准上海福泉山遗址为国家AAA级旅游景区。

(王　珏)

■朱家角古镇　年内，古镇推出各类活动。2月14日，推出大清邮局寄“情”语活动，在大清邮局内设立的木制的爱情留言板上，游客可写出对情人的祝福，留言的客人可以与“真情告白”留影，用彩信的形式发送给自己的心上人，也可通过邮局将自己的真情告白寄给心上人。5月1日～10月31日，举办上海朱家角国际水彩画双年展，集中展出世界水彩画名家作品258幅，其中包括英国查尔斯王子的水彩画作品。6月～10月间的每天日落时分，开始谭盾联袂中国昆曲王子张军在课植园制作融明代园林、明代家具和明代昆曲于一炉的全球首创昆曲《牡丹亭》的实景演出。9月28日晚，艺术家谭盾新作“水乐堂·天顶上的一滴水”在上海青浦朱家角水乐堂试演，29日正式对外公演，并在国庆黄金周前后演出约20场。9月29日，朱家角人文艺术馆正式开馆，已故画坛泰斗吴冠中亲笔题写的馆名同期揭幕。该馆以精致、优雅、灵动见长，是一所以油画、雕塑等多种艺术形式展示朱家角悠久历史文化，并辅以人文展示和文化交流活动的高品位展馆。

(王　珏)

■东方绿舟　2010年，新增飞椅、风火轮、自旋滑车、碰碰车、亚丁湾海盗、激情戏水船等游乐设施。举办各类特色活动。元旦，举办“新年岁首，扬帆绿舟”——2010上海市18岁成人仪式；春节期间(2月13日～2月19日)，推出“虎年欢庆闹新春，绿舟赏梅迎世博”主题活动；梅花节期间，推出特色赏梅活动；3月5日～4月30日，开展“种一点绿色、献一份爱心”植树节主题活动；清明节期间，推出“踏青时节好去处，放飞春意迎世博”特别活动；五一期间，推出“欢庆世博，律动绿舟”活动；5月29日、5月30日、6月1日，庆祝六一国际儿童节，推出“欢庆世博，亲子乐游”活动；7月1日～8月31日，推出“全园畅玩水狂欢120元套票”，凭套票免费“乘园内交通，骑休闲单车，游夏日水吧，玩亲子项目，享军事体验”；7月13日，举办首届上海市学生暑期“阳光体育嘉年华”活动；7月25～31日、8月1～7日，举办两期2010世博夏令营；世博期间，推出“露营烧烤节”；7月29日，2010上海国际友好城市青少年夏令营开营；11月20日，举办2010上海市第二届模型节；10月1～7日，推出“金秋亲子游园汇”活动。 (王　珏)

■陈云故居暨青浦革命历史纪念馆
2010年，改建原第四展厅、第五展厅。

9月28日，谭盾新作“水乐堂·天顶上的一滴水”在上海青浦朱家角水乐堂上演　(区旅游局供稿)

陈云故居暨青浦革命历史纪念馆《永恒的怀念》缅怀厅　（区旅游局供稿）

原第四展厅改为陈云中南海文物展示厅（文物厅），分会客厅、书房、卧室三部分，真实展示陈云在中南海的工作、生活的场景；第五展厅修建为《永恒的怀念》缅怀厅，通过照片、题词等共计63件珍贵实物馆藏物品展示陈云在生命最后岁月里的点滴印痕，借此激发观众尤其是青少年学生对于伟人陈云的无限崇敬和不尽思念，学习陈云的革命精神和高尚品德。两个展厅于陈云105周年诞辰之际（6月13日）建成开放。在陈云故居增设《故居变迁》图片展。4月28日，团区委“青春世博文明青浦”系列主题活动暨世博会城市志愿服务站点启动仪式在该馆举行。6月8日，在主馆序厅举行“故乡人民纪念陈云同志105周年诞辰”活动。6月29日～7月1日，四川都江堰友爱学校“残健同行”赴上海参观世博会活动师生45人一行到馆参观，并于7月1日在主馆序厅举行纪念建党89周年暨缅怀感恩励志纪念活动。（王　珏）

■上海大观园　为迎世博，投资1236万元全面修缮大观园，于2月全面竣工。2010年，大观园举办各类特色活动：2月14日～2月19日推出“梅开五福迎世博，红楼大观赏梅景”活动，春节期间以刘姥姥为形象大使，和游园的客人们进行游艺互动。2010上海淀山湖梅花节期间，推出“红楼揽梅景”活动；“五一”期间举办红楼梦文化节，推出各类表演活动。从5～10月，以“精彩世博会，旅游大观园”为主题开展营销，其中：5月，在大观园举办百家旅行社恳谈会，吸引上海100多家旅行社10家媒体。6月，在苏州，与苏州深度旅游策划公司签订合作协议，开展门票营销合作，举行大观园苏州旅游推介会，苏州30多家旅行社10家媒体参加；6月26日～8月28日，推出“荷花消夏游”活动。7月，举办长三角旅游联盟大观园推介会。8月，举行“十城万人游园汇”活动和“园来真好”上海大观园夏季游园汇暨金泽古镇莲湘文化展演活动正式启动。9月，在上海建国宾馆举办“活起来的大观园”推介会；9月19日～10月31日推出“桂花红楼体验游”；9月18日～11月16日，举办上海大观园红楼风情节。全年接待游客25万人次，门票收入750万元。（王　珏）

■上海太阳岛国际俱乐部　年内，该俱乐部拓展培训套餐，完善配套，满足学员需要。推出2010世博阳光假期套餐活动，提供欧式度假别墅标准房一间一晚，提供卡丁车1圈1.3公里、骑马1圈600米、垂钓1小时、射箭20只箭、高尔夫练习场30粒球、双人自行车60分钟等项目。（王　珏）

■上海金家生态村　上海金家农家乐旅游服务有限公司是集农文化观光、农文化体验、农家餐饮住宿于一体的草根农家休闲、度假、旅游区，是青浦区新农村建设村镇体系规划中保护改造项目自然村第一个推出的农村旅游点。金家生态村旅游区占地面积100公顷，年内，该旅游区内的金家饭庄、金家客栈、金家庄园等多个项目建成并开业。金家饭庄以农家特色土菜为主，结合青浦水乡特色水产面向广大餐饮消费者；金家客栈有农家古典特色，价格低廉，环境整洁舒适；金家庄园以欧美经典木屋为原型配以农家幽静的环境，是顾客修身养性的理想住所。儿童游乐及休闲广场、儿童戏水区、儿童游乐等游乐场已建成并开放；金家夜总会、小吃一条

4月24日，国务院原副总理吴仪（前中）在区委书记高亢（前右）陪同下参观大观园　（上海大观园供稿）

街、垂钓中心、荷花观景区等已对外营业。 （王　珏）

上海福泉山遗址 福泉山完整地保留了6000年以来的各个时期文化叠压遗存，有丰富的新石器时代的马家浜文化、崧泽文化、良渚文化与战国时代的遗存。经1979年、1982年、1988年、2009年多次发掘，发现崧泽文化的居址1处，墓葬20余座，良渚文化墓葬30余座，以及战国墓4座，西汉墓96座，唐墓1座，宋墓1座，出土各类文物3000余件。福泉山遗址陈列馆于4月建成，有复原的139号墓葬、远古人生活场景、朝真道院、福泉禅寺遗迹和重固抗战时期殉难同胞纪念碑以及任仁发、陆机、薛道人塑像及福泉古井、碑廊、画廊等景点。福泉山遗址于2001年6月25日被国务院公布为全国重点文物保护单位，2006年12月被命名为青浦区科普教育示范基地，2010年1月15日被上海市政府命名为爱国主义教育基地。6月17日，市旅游局依照国家标准《旅游景区质量等级的划分与评定》和《旅游景区质量等级评定管理办法》，批准上海福泉山遗址景区为国家AAA级旅游景区。6月25日，重固镇在福泉山广场举行国家AAA级旅游景区、上海市爱国主义教育基地、福泉山遗址陈列馆揭牌仪式。 （王　珏）

福泉山遗址 （区旅游局供稿）

表24 **2010年青浦区主要旅游景区（点）情况表**

名　称	地　址	电话	备注
上海朱家角古镇旅游发展公司	青浦区朱家角镇祥凝浜路763号3号楼	59245559	AAAA
上海大观园	青浦区青商路701号	59262629	AAAA
太阳岛国际俱乐部有限公司	青浦区沈太路2588号	59830888	AAAA
陈云故居暨青浦革命历史纪念馆	青浦区朱枫公路3516号	59257126	AAAA
东方绿舟	青浦区沪青平公路6888号	59233000	AAAA
金家生态村	青浦区青昆路688号	59856070	AAA/观光农园
上海福泉山遗址	青浦区重固镇大街960号	59781570	AAA
人然合一生态园	青浦区沪青平公路3098号	69750596	AAA/观光农园
金龟岛	青浦区金泽镇建国村	59260077	观光农园
凯博农庄	青浦外青松路7188号	59710077	观光农园
四季百果园	青浦区朱家角镇盛家埭	59238112	观光农园
寻梦园	青浦区朱家角镇沈太路2365号	39250928	观光农园
上海国际高尔夫球乡村俱乐部	青浦朱家角盈朱路961号	59728111	
上海青龙寺	青浦区白鹤镇青龙寺	69745058	
奥特莱斯	青浦区沪青平公路2888号	59756677	
金泽桥乡	青浦区金泽大厦3楼	59260881	
报国寺	青浦区朱家角镇淀峰村	—	
大千庄园	青浦区西洋淀1号	59238800	
天光寺	青浦区练塘镇练东村泖口600号	—	
曲水园	青浦区公园路612号	59728861	

续表 24

名　　称	地　　址	电话	备注
青浦区博物馆	青浦区华青南路 1000 号	69730163	
西郊国际	青浦区华新镇华徐公路 3833 号	69798111	
草莓之乡白鹤	青浦区外青松公路 2723 弄 69 号	39821622	
水上运动场	青浦区朱家角山湾盈朱路 289 号	59233162	
银涛高尔夫	青浦区沪青平公路 2222 号	39811845	
上海绿地水韵农庄	青浦区金泽镇岑卜村	59295557	

（王　珏）

景点节庆活动

■概况　2010 年，以世博为契机，区旅游局和区内主要旅游企业策划主题活动，推出优惠措施以聚集人气。结合区情特色，主办、承办或协办 2010 上海淀山湖梅花节、2010 上海淀山湖文化旅游艺术节、上海·朱家角第十三届古镇旅游节、第二届淀山湖捕捞节、2010 年青浦白鹤草莓节等。5 月 17 日，区旅游局邀请市旅游局、上海旅游集散中心、春秋旅行社、上海师范大学旅游学院等旅游机构、高校和媒体数位业界人士召开座谈会，商讨青浦旅游节庆。（王　珏）

■举办 2010 上海淀山湖梅花节　2 月 10 日，2010 上海淀山湖梅花节开幕式在东方绿舟太阳广场举行。开幕式由一系列精彩的表演组成，并举行现场抽奖仪式。仪式结束后，游客分乘赏梅游览船和赏梅观光车到梅花林观赏梅花。该节于 3 月 15 日结束。2 月 10 日～3 月 13 日，东方绿舟举办精品“梅花盆景”展，期间定期举办民俗文化表演及赏梅观光特色活动；上海大观园推出“梅开五福迎世博，红楼大观揽梅景”赏梅活动。上海大观园梅园别称梅坞春浓，占地 12.67 公顷，植梅 30 多个品种、4000 余，是上海地区最大的赏梅胜地，为“江南四大梅花园林”之一。（王　珏）

■举办上海淀山湖文化旅游艺术节　9 月 16 日晚，青浦区第三届运动会、2010 上海淀山湖文化旅游艺术节开幕式在青浦体育场举行。2010 上海淀山湖旅游节是集地区性、参与性、群众性于一体的大型节庆活动，主要内容有 2010 上海淀山湖湖区经济·青浦论坛，环淀山湖骑游、徒步，长三角赏桂之旅，发布青浦旅游形象 LOGO（即会标）等活动。（王　珏）

■金秋骑游、徒步体验活动启动　9 月 29 日，由青浦区旅游局主办，青浦宾馆、朱家角古镇旅游公司、上海大观园、上海捷安特协办，联手低碳环保人士、青浦台商、旅行商和媒体等代表举行的 2010 上海淀山湖旅游节——“金秋骑游、徒步体验”活动在青浦宾馆启动。骑游活动沿着淀山湖大道、珠溪路、318 国道，体验古镇人文新风貌，探访淀山湖自然生态之美，到大观园赏桂品茗。（王　珏）

1 月 28 日，迎世博青浦旅游纪念品评选活动举行　（区旅游局供稿）

行业管理

■概况　2010 年，以服务世博为中心，加强政风行风建设，注重履行政府的社会管理和公共服务职能，立足于服务旅游者、服务旅游企业。引进旅游项目，推进旅游产业联动，强化旅游基础设施建设，加强旅游队伍建设及旅游安全监管。贯彻落实《国务院关于加快发展旅游业的意见》的实施意见，探索青浦旅游产业发展政策，编制《青浦区旅游业“十二五”发展规划》，提升产业能级。融入青浦区“一城两翼”建设，立足环淀山湖地区独特的区位优势和良好的生态环境及丰富的旅游资源，引进“梦上海”项目，借助无锡灵山团队成功打造梵宫的经验，在淀山湖湖区建设具有完全自主知识产权的世界文化生态旅游工程。（王　珏）

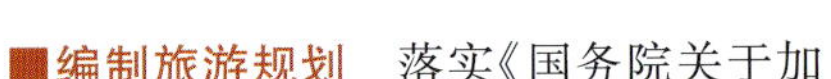
■编制旅游规划　落实《国务院关于加

快发展旅游业的意见》的实施意见，探索旅游产业发展政策，编制《青浦区旅游业“十二五”发展规划》，打造集人文生态、休闲度假、商务会展的新型旅游业态，建设集生态、居住于一体的国家级滨湖生态旅游度假区。初步完成青浦旅游产业发展扶持政策实施意见的讨论稿。7月29日、30日，《青浦区旅游业“十二五”发展规划》编制专家组开展调研考察活动，专家组就编制《青浦区旅游业“十二五”发展规划》及《青浦旅游三年行动计划(2011～2013)》，确定青浦旅游新的发展思路、定位、功能布局、产品规划、市场规划与相关政策措施和资金保障体系以及地方旅游产业建设及等问题提出指导性和前瞻性意见。8月17日，赵雯副市长到青浦区调研青浦区旅游业“十二五”规划工作。（王　珏）

■成立旅游工作领导小组　6月8日，青浦区成立旅游工作领导小组，由副区长李跃旗任组长，旅游局局长王玲锦任副组长。成员单位包括区环保局、体育局、税务局、规划土地局、水务局、民族宗教办、交通运输局、建设交通委、绿化市容局、农委、财政局、经委、文广影视局、发展改革委和工商青浦分局、湖区建设开发公司、区政府办公室、公安青浦分局等。6月12日，领导小组召开第一次会议。李跃旗参加会议并作重要讲话。会议就青浦区贯彻《〈国务院关于加快发展旅游业的意见〉的实施意见》向各成员单位征求意见，并通报全区6月至年底旅游活动安排。9月25日，召开旅游工作领导小组扩大会议，就“十一”黄金周期间的安全工作进行动员和部署。（王　珏）

■推进旅游产业联动　充分发挥旅游业的关联带动效应和统筹城乡社会协调发展的先导作用，推进乡村旅游发展。6月17日，市旅游局依照国家标准《旅游景区质量等级的划分与评定》和《旅游景区质量等级评定管理办法》，批准上海福泉山遗址景区为国家AAA级旅游景区。金家生态村、人然合一生态园、金龟岛、凯博农庄、四季百果园、寻梦园6家旅游点被评为“世博文明观光农园”。商业与旅游结合有成效，上海奥特莱斯品牌直销广场凭着品牌、正品、折扣的经营理念和购物、餐饮及休闲等一站式的购物体验，刷新黄金周记录，销售收入创新高。3月，国家住房和城乡建设部、国家旅游局公布全国特色景观旅游名镇(村)示范名单(第一批)，青浦区朱家角镇获首批“全国特色景观旅游名镇”称号。（王　珏）

■强化星级旅游饭店建设　高星级酒店建设取得零的突破，朱家角皇家金煦花园酒店、徐泾西郊国际假日酒店等2家高星级酒店分别开张营业。朱家角水上宾馆、夏阳湖酒店等一批高星级饭店在建设中。一批酒店先后进行改造，青浦宾馆、淀山湖森林度假村、南华苑度假村、中石化上海会议中心等4家星级饭店，正式被评为国家“银叶”级绿色饭店。12月24日，财苑宾馆升级改造后经上海市旅游饭店星级评定委员会正式批复，被评定为三星级旅游饭店。11月5日，组织召开绿色饭店创建工作推进会，会议邀请上海市建筑科学研究院博士张蓓红对饭店如何做好节能减排工作和创建绿色饭店作专业的辅导讲座；区质监局介绍有关政策情况；区旅游局对创绿工作进行动员和部署。（王　珏）

表25　2010年青浦区星级饭店情况表

单位名称	地　址	电话	星级
青浦宾馆	青浦区城中北路79号	59850688	3
上海和欣苑大酒店	青浦区青商路111号	39261011	3
上海家化培训中心	青浦区朱家角镇北南环路1号	59248100	3
上海淀山湖日月岛度假村	青浦区沪青平公路8700号	59262960	3
上海财苑宾馆	青浦区朱家角镇新溪路100号	59246666	3
上海静安置业集团淀山湖森林度假村	青浦区沪青平公路8185号	59291303	3
上海南华苑度假村	青浦区华新镇华腾路969号	59794100	3
上海东方绿舟度假村	青浦区沪青平公路6888号	59233388	3
上海淀山湖宾馆	青浦区青商路200号	59262757	2
虹珠苑	青浦区沪青平公路6658号	59242880	2
上海园湖苑宾馆	青浦区青商路258号	59263117	2
上海好家福酒店	青浦区沪青平公路1915号	59763777	2
青浦人家宾馆	青浦区新区路968号	69212777	2
上海珠街阁大酒店	朱家角镇祥凝浜路102～124号	69230000	2

（王　珏）

■加强旅游队伍建设　4月7日，区旅游局组织2010年度导游人员年审培训考试。注册区内的各旅行社导游118人参加考试。10月26～27日，组织开展旅游企业营销管理人员培训班，区内景区、饭店、旅行社主要负责人和营销

4 月 28 日，青浦区旅游行业服务世博誓师大会举行　　（区旅游局供稿）

部经理等中高层管理者参加。12 月 30 日，在金家生态村组织开展青浦旅游行业消防安全培训及应急演练，区内 A 级旅游景区、星级饭店、旅行社和较大规模社会旅馆的 40 多家旅游企业的分管领导、具体负责安全生产专职人员 80 余人参加培训演练。（王　珏）

■开展迎世博“服务创佳绩明星耀世博”系列活动　2009 年 5 月起，在全区旅游行业开展迎世博“服务创佳绩明星耀世博”系列活动，评选出优秀旅游企业及优秀选手参加市旅游行业开展的迎世博“服务创佳绩明星耀世博”系列活动。活动于 2010 年 3 月结束。3 月 26 日，市旅游局在上海电视台广电大厦演播厅举行“服务创佳绩明星耀世博”颁奖晚会，青浦区旅游局获“优秀组织者”团体称号单位；南华苑度假村、中石化上海会议中心、好家福酒店、青浦人家荣获上海旅游饭店行业创建世博服务达标优胜饭店称号；中石化上海会议中心的徐蔚（男）、青浦宾馆的陆幼敏（女）、和欣苑大酒店的汤杰（男）、南华苑度假村的罗彦慧（男）荣获上海旅游饭店行业“岗位服务明星”称号；东方绿舟宾馆的王彦芬（女）荣获“上海旅游行业职工岗位能手”称号；东方绿舟宾馆王彦芬（女）的《绽放》荣获中式餐厅服务技能个人奖三等奖；森林度假村的《水乡增采共享世博》荣获“团体优秀操作奖”；东方绿舟宾馆的沈宇红（女）荣获“个人优秀操作奖”；上海海贝旅行社有限公司、上海景泰旅行社有限公司为上海市旅行社示范服务网点命名单位。（王　珏）

■加强旅游安全监管　11 月 29 日，区政府召开青浦区旅游行业安全生产工作会议，会议传达 11 月 24 日召开的市旅游行业安全生产工作会议精神，并对开展全区旅游行业安全生产工作进行部署。12 月 3 日，由区旅游局牵头公安青浦分局（消防支队）、安监局、质监局、工商青浦分局、卫生局、文化执法大队等相关职能部门组成的旅游行业联合安全生产检查组，对区内朱家角旅游区的宾馆、景点和社会旅馆进行消防及安全生产突击检查和抽查。（王　珏）

■开展迎世博旅游行业安保工作　按照《上海世博旅游突发事件处置预案》要求，建立青浦区世博旅游、旅游节庆、旅游景点、旅行社、旅游住宿等安保应急预案和《青浦区世博旅游危机公共应急预案》、《朱家角世博主题实践区游客分流预案》等安保应急预案。2 月 25 日，为落实区安全生产紧急会议精神，确保上海世博会期间青浦旅游的安全，区旅游局召开旅游安全工作会议。开展对全区旅游住宿单位，旅行社和旅游景区（点）共 322 家企业进行安全检查，与全区旅游景区（点）、宾馆、旅行社签订世博旅游安保协议。4 月 14 ~ 16 日、4 月 21 ~ 23 日，区旅游局组织开展世博旅游安保培训，有 200 余人参加，培训内容为消防知识、防火控制管理、消防救援知识，安保事件的预防与处理等，进行消防演习与演练。（王　珏）

■开展迎世博从业人员培训　4 月 28 日，区旅游局召开旅游行业服务世博誓师大会，有 70 多位区内旅游企业代表参加。会上，向全区旅游企业发出“青浦区旅游行业服务世博倡议书”。为更好地服务世博、奉献世博，围绕旅游“食、住、行、游、购、娱”六要素，对全区旅游从业人员开展“吃得安心、住得称心、行得省心、游得舒心、购得放心、娱得开心”的对接世博“六心”服务全员培训；对宾馆前台服务人员和专、兼职导游开展双语、礼仪和世博旅游安保培训等。人数满 30 人以上的单位采取上门服务培训方式。制作 1 万份“六心”服务宣传册和 8 千张“六心”服务宣传光碟，发放至每个旅游行业员工手上，便于员工进行学习。共培训 2257 人次，累计世博旅游专项培训 7568 人次。6 月 22 ~ 23 日、29 ~ 30 日，区旅游局举办世博接待酒店服务人员培训班，区内 30 余家星级饭店和社会旅馆的 96 名员工参加培训。（王　珏）

综 述

2010年,在经济形势依然严峻复杂的大背景下,青浦区强化经济合作交流工作,加大招商力度,优化产业结构,改善投资发展环境。对外贸易呈现恢复性较快增长态势,进出口规模超过国际金融危机前的2008年同期水平,总体好于年初预期。

开展服务世博工作,调整商业结构,加快设施建设,方便居民、游客消费。确保商品供应充沛、价格平稳、消费安全、市场持续繁荣,促进商贸经济快速增长。聚焦世博保供应,加强调控促发展,提高粮食流通安全保障能力,保供稳价。全区工商经济始终保持健康、稳定发展态势,经济运行质量不断提高。

外贸进出口全面恢复。2010年,进出口总额115亿美元,比上年增长18%。其中:出口64亿美元,增长15%;进口51亿美元,增长23%。与国际金融危机前的2008年相比,出口和进口分别增长3.8%和20.97%。

吸收外资完成全年目标。全年完成合同外资7.51亿美元,比上年增加44.9%,完成全年计划6亿美元的125.2%。其中:新批项目78个,吸收合同外资5.15亿万美元,比上年增加99.8%;增资项目61个,吸收合同外资2.36亿美元,比上年减少9.4%。

社会消费品零售额保持平稳较快增长。全年社会消费品零售额250.6亿元,比上年增长20.6%,完成全年计划的100.5%。4月起,区月度社会消费品零售额持续超过20亿元,增长势头较为明显。 (顾晓斌)

商 业

■概况 2010年,青浦区围绕加快推进“一城两翼”建设的工作主线,以科学发展观为指导,以参与和服务世博为契机,提升商贸服务质量和水平,加强招商引资工作,加大政策聚焦和服务企业力度,年度商务经济工作主要指标全面完成。全年实现社会消费品零售额250.6亿元,比上年增20.6%,完成全年计划的100.5%,增幅列郊区县第二名。据对部分大中型重点商业定点企业统计,元旦、春节、五一节和国庆节4个节假日销售比上年同期分别增长39.8%、61.5%、36.3%和25.4%。完成标准化菜市场建设2家,累计完成31家。在标准化菜市场中开展文明菜市场的考评工作,评比选出三元河、界泾港、赵巷、凤溪4家文明菜市场。 (顾晓斌)

表26 **2010年青浦区商业企业零售额前十强情况表**

排名	企业名称	所属地区
1	上海奥特莱斯品牌直销广场有限公司	赵巷
2	中国石油化工股份有限公司上海石油分公司	全区
3	世纪联华超市有限公司	全区
4	上海农工商超市总公司	全区
5	上海联家超市有限公司	全区
6	上海青浦百联东方商厦有限公司	盈浦
7	上海苏宁电器有限公司	全区
8	上海永乐家用电器有限公司(永乐)	全区
9	上海烟草集团青浦烟草糖酒有限公司	盈浦
10	中国石油天然气股份有限公司上海销售分公司	全区

(甘富新)

■世博特许产品销售2.55亿元 全区开设世博特许商品销售网点23家，有旗舰店、全品店、专柜、专架等零售网点形态，分布于全区主要商业中心及旅游点。世博会期间，全区销售世博特许商品2.55亿元。位于青浦城区桥梓湾购物中心（东方商厦五楼）的世博会特许商品旗舰店是全区唯一特许商品团购中心，可以享受一定优惠折扣。12月30日，在上海国际会议中心举行的上海世博会特许产品经营工作总结表彰大会上，区内企业博大企业（集团）有限公司开发的珍藏世博中国馆建筑余料装帧册因其独特创意获得“特许产品创新奖”；上好佳（中国）有限公司出品的世博畅想薯笛及上海申浦食品有限公司出品的世博风景中国馆夜景巧克力荣获“特许产品质量奖”；上海华童服饰有限公司荣获“特许零售商最佳销售奖”；区经委荣获“特许经营优秀组织奖”。（顾晓斌）

■家电促销政策拉动消费 全区各镇、街道设立“家电下乡”产品销售网点80家，全年累计销售“家电下乡”产品3550台，累计销售金额769万元。设立“家电以旧换新”产品销售网点58家，回收网点29家，累计销售“家电以旧换新”产品10.7万台，累计销售金额达3.9亿元。（顾晓斌）

■加快推进重点项目建设 12月，赵巷商业商务集聚区上海绿地吉盛伟邦国际家具村二期项目已进入室内装潢和招商布展阶段。该项目总面积1.70万平方米，总建筑面积约为21.29万平方米，其中：地上建筑面积20.69万平方米，地下建筑面积6014平方米。上海西郊国际农产品交易中心于3月31日试营业，上海西郊国际农产品展示中心于9月27日正式开业，两中心位于新镇新府中路。夏阳湖国际酒店外墙装饰基本完成。青浦新城6号地块富绅商业商务中心于10月开工建设。（顾晓斌）

■窗口服务行业管理有成效 年内，组织各大型商场结合实际开展迎世博服务行业培训，累计培训商业职工38500人次，发放迎世博宣传资料27000册。组织各大商场开展服务世博“擦亮窗口”集中行动，做到美化亮化窗口，保持环境整洁；物品排放有序，设施设置规范；宣传世博，营造氛围。组织大型商业企业开展“诚信服务在窗口”集中行动、迎世博消费“放心店”示范创建活动。推进商业诚信服务，打击商业服务中的假冒伪劣行为。在迎世博、办世博期间开展的7次上海世博窗口服务文明指数调查中，青浦区在8个郊区县中始终位列前3名。11月10日，在上海世博会窗口服务组召开总结表彰大会上，区经委办公室、青浦市场开发管理有限公司、工商青浦分局注册科等3个单位获先进集体，区窗口服务组周乃传、肖贵珉、尤佳秋等3人获窗口服务优秀组织者奖，工商分局王毅荣、奥特莱斯夏明珠、区卫生局周拟、区行政服务中心从美玲、朱家角镇经济发展办公室周平、食药监分局陈怡欢6人获先进个人奖。（顾晓斌）

3月，区经委等部门开展倡导诚信服务承诺签名活动（区经委供稿）

■5户企业成为上海市“销售真牌真品保护知识产权”承诺单位 在12月召开的上海市2011年度“销售真牌真品，保护知识产权”承诺活动大会上，区内上海奥特莱斯品牌直销广场有限公司、上海百联东方商厦有限公司、上海云湖药材有限公司、青浦烟草糖酒有限公司、上海吉盛伟邦绿地国际家具村市场经营管理有限公司5户入选2011年度上海市“销售真牌真品，保护知识产权”承诺单位名单。“销售真牌真品，保护知识产权”承诺活动是由上海市商务委员会、上海市知识产权局、上海市食品药品监督管理局、上海市工商行政管理局、上海市版权局等部门联合开展的知识产权保护行动，于2009年11月正式启动。青浦区组织商业企业开展“销售真牌真品，保护知识产权”承诺活动，引导企业增强意识，规范管理，营造良好的消费购物环境和市场氛围。（顾晓斌）

■开展屠宰专项整治行动 根据市商务委等6委局下发的《关于印发〈本市加强畜禽屠宰监管确保肉品质量安全专项整治工作方案〉的通知》（沪商运行〔2010〕557号）精神，6月起，区经委、农委、质监局、食药监局和公安青浦分局、工商青浦分局等部门联合组织开展畜禽屠宰肉品安全专项整治行动，加强对重点单位、重点区域检查监管。共出动检查执法人员3289人次，检查定点屠宰企业36个次，检出宰前检疫不合格肉品200公斤，无害化处理（无害化销毁）肉品13643公斤，检查餐饮流通企业1565个次。（顾晓斌）

服务业

■概况 2010年，全区现代服务业稳步推进。市郊大型购物商圈集聚辐射效应显现，西郊国际农产品交易中心（一期）和展示中心投入运行，珠江创展、吉盛伟邦二期、意邦国际建材家居品牌中心、夏阳湖国际酒店等重大项目顺利推进。2010年度获得市服务业发展引导资金600万元、区服务业专项扶持资金340.1万元支持。研究制定扶持引导创意产业园区发展政策,制定《关于青浦区创意产业功能区认定暂行办法》,扶持引导创意产业园区发展;提出《关于青浦区促进文化创意产业发展的若干扶持意见(草案)》。

区税务机关落实税收优惠政策,审批15户会展业企业的备案申请,审核确认差额征税抵扣税额175.33万元;审批6户专业服务业企业的备案申请,审核确认的差额征税抵扣税额0.5万元;试点物流企业3户,已审核确认差额征税抵扣税额835.29万元;科技孵化器单位1户,已享受营业税减免17.81万元。

年末,全区在工商行政管理部门注册登记的服务类个体工商户5457户,其中:从事信息传输、计算机服务和软件业30户,资金数额57.9万元;从事住宿和餐饮业2162户,资金数额5524.11万元;从事租赁和商务服务业128户,资金数额316.03万元;从事广告业4户,资金数额8.2万元;从事居民服务和其他服务业3133户,资金数额5025.46万元。在工商行政管理部门注册登记的服务类企业有13673户,其中:从事信息传输、计算机服务和软件业2002户,注册资本24.15亿元;从事住宿和餐饮业311户,注册资本1.98亿元;从事租赁和商务服务业8691户,注册资本213.14亿元;从事广告业1804户,注册资本14.62亿元;从事居民服务和其他服务业865户,注册资本8.35亿元。(凌 娥 熊维炜)

表27　**2010年青浦区服务行业登记情况表**

个体工商户	户数(户)	从业人员(人)		资金数额(万元)
信息传输、计算机服务和软件业	30	36		57.9
住宿和餐饮业	2162	2730		5524.1
租赁和商务服务业	128	161		316.0
广告业	4	4		8.2
居民服务和其他服务业	3133	3492		5025.5
企　业	户数(户)	投资者人数(人)	雇工人数(人)	注册资本(万元)
信息传输、计算机服务和软件业	2002	4392	11979	241555.0
住宿和餐饮业	311	481	3115	19814
租赁和商务服务业	8691	17452	60994	2131415.1
广告业	1804	3564	11706	146248.1
居民服务和其他服务业	865	1549	6721	83506.4

(熊维炜)

■完善青东地区现代服务业发展规划 根据《关于组织开展青浦区"十二五"规划大讨论活动的通知》(青编办〔2010〕1号),组织进行《依托西虹桥商务区开发建设,推动青东地区现代服务业跨越式发展》课题研究。在整合全区已有研究成果基础上,分析青东地区发展机遇和瓶颈问题;研究"十二五"中如何抓住虹桥商务区建设契机,加快完善青东地区现代服务业发展规划,整合青东现代服务业发展资源,突出区域重点和特色,从产业规划、区域开发、资源配置、存量盘活、项目规划、财政支持、环境优化、招商引资、开发体制机制等方面提出实现青东地区服务经济跨越式发展的思路、目标和途径。组织大讨论两次,形成成果报告,并结合讨论着手青东地区服务经济功能性区域研究。

(顾晓斌)

■15户企业获得区现代服务业发展财政专项扶持资金支持 根据《关于印发青浦区现代服务业发展财政专项扶持资金使用试行办法的通知》(青府发[2009]96号)的精神,年内,积极鼓励扶持现代服务业加快发展。全区有15个企业(单位)的16个项目获得区财政拨付2010年度现代服务业专项扶持资金支持,发放扶持资金总金额340.10万元。加强与市商务委等部门沟通,帮助企业争取市级财政扶持资金。年内,上海德邦物流有限公司的物流一体化信息综合管理平台、上海时代光华教育发展有限公司面向企业的PAAS学习服务平台和金汇通创意营运总部建设项目3个项目分别获得2010年度市服务业发展引导资金支持。(顾晓斌)

■促进产业升级转型 年初,区政府印发《利用闲置工业设施发展现代服务业办法》,经过产业部门认定后,在不改变使用权人、土地用途条件下,支持利用闲置工业厂房兴办信息服务、研发设计、创意产业等现代服务业。受理达芙妮利用现有设施发展研发办公、发展总部经济;在白鹤腾北路闲置工业厂房开设西上海钢铁物流商务中心,从事钢材电子商务交易和商务物流及企业地区总部办公;法诗图利用闲置工业设施发展时尚创意中心3项申请,均予以通过。(顾晓斌)

■加快推进服务业重点项目建设 上海珠江创展国际商贸中心西区商业项目于12月结构封顶,该项目建筑面积146590平方米。上海珠江创展国际商贸中心中区一期办公项目于年9月正式开工建设,建筑面积104458平方米,工程建设周期暂定24个月。(顾晓斌)

■德力西集团剥离组建生产性服务业企业 上海德力西集团有限公司是一家专业生产高低压成套设备及元件的

大型企业,公司注册资本3亿元。12月,该公司顺应现代经济专业化生产的趋势,剥离集团的商贸流通、现代物流、营销等环节,组建围绕主业发展营销产业的法人实体。工商青浦分局实地了解该企业经营模式,全程指导集团公司产业链分工,在一周内完成调研、辅导申办手续,核发上海德力西集团营销有限公司营业执照,注册资本500万元。（熊维炜）

■青浦区首家供应链管理企业注册成立 12月15日,青浦区首家供应链管理企业上海腾邦供应链有限公司注册成立,注册资本1000万元。该公司主要从事供应链管理分析和诊断服务,中国物流百强企业深圳市腾邦物流股份有限公司是其重要股东。腾邦物流股份有限公司为华为、中兴、中国移动、中国电信、普利司通等企业提供供应链管理服务,主要经营业务是执行客户的供销合同、代理采购并负责物流一条龙服务,不收取买卖差价,只收取服务费,货物资金及物流由该公司垫付,再向客户结算。（熊维炜）

■上海天玑科技股份有限公司落户青浦工业园区 9月16日,生产性服务业上海天玑科技股份有限公司正式落户工业园区。该公司核心业务包括IT基础设施产品支持服务、IT基础设施专业服务和IT基础设施管理外包服务。在中国的高端IT基础设施服务领域中,天玑科技居于第三方服务市场领先地位。上海天玑科技股份有限公司青浦基地用地约2公顷,投资1.8亿元,主要建设公司的总部大楼、数据中心、研发中心及备件中心。（杨　莹）

对外贸易

■概况 2010年,青浦区外贸进出口增速由较快增长到逐步企稳。上半年,外贸进出口继续保持2009年提末良好恢复势头。6月起,由于2009年同期基数逐月提高,加之美欧日等主要经济体需求减弱的影响,外贸进出口增速逐月回落。年末全区外贸进出口总额117.12亿美元,比上年增长20.49%,其中:外贸出口为65.39亿美元,比上年增长17.23%;外贸进口为51.73亿美元,比上年增长24.88%。

从贸易方式来看,加工贸易进出口企业272家,比上年减少36家;进出口总额为69.87亿美元,比上年增长18.74%,占全区进出口额的59.66%。一般贸易进出口企业1036家,比上年减少74家;进出口总额为45.27亿美元,比上年增长25.71%,占全区进出口额的38.66%。

从经营主体来看,全区有655家外资企业开展进出口业务,比上年减少40家;进出口总额为101.05亿美元,比上年增长21.57%,占全区进出口额的86.28%。全区有422家内资企业开展进出口业务,比上年减少39家;进出口总额为16.06亿美元,比上年增长14.07%,占全区进出口额的13.72%。

从出口产品来看,电子信息类产品进出口49.62亿美元,比上年增长17.69%,占全区进出口额的42.36%;纺织服装类产品进出口9.91亿美元,比上年增长11.82%,占全区进出口额的8.46%;精密机电类产品进出口额22.89亿美元,比上年增长36.21%,占全区进出口额的19.55%;高新技术产业进出口总额6.09亿美元,比上年增长29.21%,占全区进出口额的5.2%;文体休闲类产品进出口额8.6亿美元,比上年增长12.81%,占全区进出口额的7.35%。

从市场来看,全区进出口涉及166个国家和地区,其中出口市场涉及162个国家和地区,进口市场涉及96个国家和地区。主要的进出口市场依次分别为美国、东盟、日本、欧盟,其中:美国市场进出口额26.69亿美元,比上年增长8.47%;东盟市场进出口额23.2亿美元,比上年增长34.66;日本市场进出口额17.11亿美元,比上年下降11.84%;欧盟市场进出口额15.92亿美元,比上年增长20.16%。（顾晓斌）

表28　2010年出口商品主要输往地情况表

	出口额（万美元）	增幅
美国	100328	14.26%
日本	91409	4.74%
新加坡	86300	33.30%
马来西亚	48164	4.57%
中国香港	46047	-1.14%
韩国	31073	30.10%
菲律宾	28931	117.45%
意大利	24322	16.43%
中国台湾	21914	13.11%
德国	16985	22.27%

（顾晓斌）

表29　2010年主要出口商品情况表

	出口额（万美元）	增幅
机电、音像设备及其零配件	716765	25.83%
纺织原料及纺织制品	95930	-0.35%
塑料及其制品;橡胶	78949	29.55%
杂项制品	64306	10.40%
贱金属及其制品	55595	29.32%
化学工业及其相关工业制品	42203	46.82%
车辆、航空器、船舶	38270	-5.93%
光学、医疗等仪器	22057	34.43%
木浆等,废纸,纸、纸板	21392	40.12%
革、毛皮及制品,箱包	9728	4.90%

（顾晓斌）

■与市出入境检验检疫部门签订质量工作合作备忘录 7月12日,区经济委员会和上海浦江出入境检验检疫局签署《质量工作合作备忘录》,双方以“质量提升”活动为抓手,建立长效联系制度,为辖区内外向型经济发展提供优质服务。加强信息工作交流,跟踪分析区内出口工业产品质量状况及进出口情况;向区内企业进行国外新技术要求、贸易壁垒及国家检验检疫相关法律、法规和政策宣传,提高企业质量意识;扶持外贸企业发展,通过双方协作指导,推动区内工业品生产企业实施商检分类管理,享受商品进出境“绿色通道”,加快验放通关速度。（顾晓斌）

■11 户企业获出口工业品生产经营“一类管理企业”称号 9月6日,在由上海浦江出入境检验检疫局、区经委联合举办的青浦区出口工业产品检验检疫一类管理企业颁证暨质量月活动宣贯会上,区上海沪工电焊机(集团)有限公司等5户企业获得上海市出口工业品生产经营“一类管理企业”证书。年末,青浦区实施出口工业品生产经营分类管理企业数243家,其中获得“一类管理企业”认定的企业上有11户,“一类管理企业”在产品出口时具有验证放行的通关便利。 (顾晓斌)

■签发出口货物原产地证明书6643份 2010年,青浦区贸促支会签发出口货物原产地证明书6643份,比上年增长22%,超额完成年初市、区贸促会年初制定的工作责任书5900份的目标,涉及出口总金额3.6亿多美元。其中,签发一般原产地证明书6409份,签发优惠原产地证明书234份。原产地证书签证量位列前3位的企业分别是青钢金属建材(上海)有限公司439份,上海泰丰箱包有限公司388份,上海扬洋体育用品有限公司371份。全年代办国际商事证明书527份,代办使领馆认证176份,办理单据认证67份。 (顾晓斌)

6月3日,2010“美津浓杯”青浦区外商投资企业高尔夫球联谊赛举行
(区经委供稿)

经济合作交流

■概况 2010年,区外资引进工作成效显著。全年吸收合同外资75091.3万美元,比上年增加44.9%,完成全年计划6亿美元的125.2%。其中:新批项目78个,吸收合同外资51533.28万美元,比上年增加99.8%;增资项目61个,吸收合同外资23558.02万美元,比上年减少9.4%。引进内资实体型企业475户,投资额33.3亿元。内资工业投入32.1亿元(目标23.5亿元),比上年增长30.9%。青浦外经国际劳务公司外派赴日本研修生68人,主要工种为缝纫、电子、机械加工。 (顾晓斌)

表30 **2010年吸引外资情况表**

吸引外资方式	批准外资企业	合同外资		实到外资
	企业数(个)	外资金额(万美元)	比上年(%)	外资金额(万美元)
合计	78	75091.3	44.9	49338.4
外商直接投资	78	75091.3	44.9	49338.4
其中:合资	10	22739.87	1099.9	23550.9
合作	0	0	-100	1995
独资	68	28793.41	-41.6	23792.5
外方其他投资	0	0	0	0

(顾晓斌)

表31 **2010年外商投资行业分布情况表**

行业	项目数		合同外资(万美元)		实到外资(万美元)	
	个数	占比(%)	金额	占比(%)	金额	占比(%)
合计	78	100	75091.3	100	49338.4	100
生产性项目	36	46.2	30523.3	40.6	17293.8	35.1
非生产性项目	42	53.8	44568	59.4	32044.6	64.9

(顾晓斌)

表 32　　2010 年外商投资主要来源地情况表

国别和地区	项目数(个)	投资总额(万美元)	合同外资(万美元)
合　计	78	125546.8	51533.28
中国香港	28	47126.66	24387.46
中国台湾	12	431.96	353.07
日　本	9	339.06	217.62
新加坡	4	70559.2	22552.67
美　国	3	734.76	655.53
马来西亚	3	675.96	210.49
韩　国	2	573.23	336.62
萨摩亚	2	320	260
塞舌尔	2	92	65
瓦努阿图	1	1500	600
文　莱	1	1500	600
开曼群岛	1	980	800
瑞　士	1	369	260
泰　国	1	160	118
西班牙	1	68	47
法　国	1	39.05	9.75
毛里求斯	1	20.93	14.74
印　度	1	15	15
印度尼西亚	1	14	14
丹　麦	1	14	10
英属维京	1	10	3.4
意大利	1	4	2.93

(顾晓斌)

■**召开青浦区招商引资工作会议**　3 月 10 日,青浦区招商引资工作会议在青浦区委党校举行。区委书记高亢,区委副书记、区长张国洪,区人大常委会主任巢卫林,区政协主席张布尔,区委副书记胡燕平,区委常委、副区长张汪耀,区委常委、副区长李跃旗,区人大常委会副主任张映华,区政协副主席龙婉丽出席会议。高亢、张国洪分别讲话。会上,上海皇宇科技发展有限公司等 8 家企业进行项目现场签约。区政府制定印发新招商引资工作考核办法,将招商引资列为对各镇(街道)工作目标考核的主要内容之一。　(顾晓斌)

■**制造业项目引进外资保持平稳增长**　2010 年,新批外资制造业项目 36 家,合同外资 9595.6 万美元,制造业增资项目 48 家,增资合同外资 20927.77 万美元,合计制造业引进合同外资 30523.37 万美元,占比 40.6%,比上年减少 8.1%。制造业企业增资情况继续看好,历年引进的世界 500 强企业和行业龙头企业投资的项目增资比较活跃。5 家世界 500 强企业投资的企业、4 家世界行业龙头企业投资的企业实施增资。制造业增资企业数有 48 家,平均单个企业增资额为 436 万美元,比上年增长 20.8%。　(顾晓斌)

表 33　　2010 年世界 500 强及行业龙头企业投资项目增资情况

单位:万美元

序号	镇、园区	公司名称	投资总额	注册资本	合同外资	类型	国家和地区	备注
1	青浦工业园区	罗门哈斯(上海)特殊涂料有限公司	2400	2400	2400	外资	丹麦	500 强
2	青浦工业园区	上海广电住金微电子有限公司	1502	900	630	合资	日本	500 强
3	青浦工业园区	斯伦贝谢油田设备(上海)有限公司	12000	4000	4000	外资	维京群岛	500 强

续表 33

序号	镇、园区	公司名称	投资总额	注册资本	合同外资	类型	国家和地区	备注
4	青浦工业园区	王子物流(上海)有限公司	88.05	61.64	61.64	外资	日本	500强
5	青浦工业园区	液化空气(上海)气体有限公司	107	75	75	外资	法国	500强
6	青浦工业园区	凯发量具(上海)有限公司	30.75	30.75	30.75	外资	德国	行业龙头
7	青浦工业园区	上海晶盟硅材料有限公司	1900	1800	1800	外资	开曼群岛	行业龙头
8	青浦工业园区	西氏医药包装(中国)有限公司	500	500	500	外资	新加坡	行业龙头
9	徐泾镇	上海普徐仓储有限公司	2060	420	420	外资	巴巴多斯	行业龙头

(顾晓斌)

■以外资房地产为主的外资服务业成为利用外资主要来源 2010年,新批服务业项目42家(比上年减少5家),合同外资为41937.68万美元;服务业增资项目13家,合同外资2630.25万美元;合计合同外资44567.93万美元,占合同外资总量的59.4%,比上年增加139.9%。其中,新批的4家外资房地产企业,合同外资37891.9万美元,占到服务业吸收外资的85%。服务业中新批项目中多数是外资商业企业,有24家,合同外资1465.39万美元;增资项目有6家,合同外资1148.8万美元,合计商业项目吸引外资2614.19万美元。 (顾晓斌)

11月24日,上海青浦工业园区推介会举行 (青浦工业园区供稿)

■软件和信息服务业新项目吸收外资是上年的6.09倍 年内,外资软件和信息服务业新项目6个,比上年增加3个;合计吸收合同外资3518.06万美元,是上年的6.09倍。其中,投资规模500万美元以上的就有4个,比上年增加3个。 (顾晓斌)

■新批合同外资大项目7家 全年13个大项目(合同外资1000万美元及以上)合同外资合计56637.9万美元,占合同外资总数的75.4%。其中,新批合同外资大项目有上海丰茂置业有限公司、上海丰涛置业有限公司等7家,合同外资44291.9万美元;增资大项目有上海晶盟硅材料有限公司、罗门哈斯(上海)特殊涂料公司等6家,合同外资12346万美元。 (顾晓斌)

表34 **2010年合同外资1000万美元以上大项目情况表**

单位:万美元

序号	备注	镇、园区	企业名称	投资总额	注册资本	合同外资	类型	国家和地区
1	新批	朱家角镇	上海丰茂置业有限公司	4498	2249	2249	外资	中国香港
2	新批	朱家角镇	上海丰涛置业有限公司	3080	1540	1540	外资	中国香港
3	新批	青浦工业园区	上海阿姆斯壮建筑制品有限公司	4200	3000	3000	外资	中国香港
4	新批	徐泾镇	上海仁恒虹桥房地产有限公司	70315.2	55959.2	22383.7	合资	新加坡
5	新批	朱家角	上海嘉泽房地产开发经营有限公司	23438.4	11719.2	11719.2	外资	中国香港
6	新批	赵巷镇	乐能信息科技(上海)有限公司	1000	1000	1000	外资	中国香港
7	新批	青浦工业园区	吉富新能源科技(上海)有限公司	7000	2400	2400	外资	中国香港
8	增资	青浦工业园区	上海晶盟硅材料有限公司	1900	1800	1800	外资	开曼
9	增资	青浦工业园区	罗门哈斯(上海)特殊涂料公司	2400	2400	2400	外资	丹麦

续表 34

序号	备注	镇、园区	企业名称	投资总额	注册资本	合同外资	类型	国家和地区
10	增资	青浦工业园区	斯伦贝谢油田设备(上海)有限公司	12000	4000	4000	外资	维京
11	增资	青浦工业园区	上海中华商务联合印刷有限公司	3000	1200	1200	外资	中国香港
12	增资	华新镇	上海好记星数码科技有限公司	1660	1660	1660	外资	中国香港
13	增资	青浦工业园区	亚士保温科技(上海)有限公司	1286	1286	1286	外资	中国香港
合　计				135777.6	90213.4	56637.9		

(顾晓斌)

■中国香港为主要投资来源　2010年，中国香港仍然为主要投资来源，来自欧美的投资明显减少。全年引进外资排名前三位的国家和地区是中国香港、新加坡和英属维京群岛，合同外资占比分别为42%、31.5%和7.8%，来自欧美的投资仅3931万美元，比上年减少58.2%。(顾晓斌)

■历年累计赴境外投资企业34家　2010年，批准上海新朋实业股份有限公司、上海天玑科技股份有限公司、萨康电子(上海)有限公司、弗朗兹哈斯食品机械(上海)有限公司、上海安盛集团有限公司等5个项目赴境外投资，投资金额1833.6万美元，涉及美国、中国香港、英属维尔京群岛等国家和地区。历年累计境外投资企业有34家，投资总额3570.1万美元，涉及国家有日本、加拿大、美国、阿联酋等13个国家和地区。(顾晓斌)

■开展外商投资企业联合年检工作　4月26日，开展区2010年外商投资企业联合年检工作，区经委、财政局、税务局、统计局和工商青浦分局等年检职能部门，联合办公，继续采取网上申报、审核，现场复核的方式，为外商投资企业年检提供一站式服务，上海永城会计师事务所在现场为外商投资企业外汇年检提供咨询、辅导。联合年检于5月31日结束，全区参检企业1202家(其中参加市年检61家)，投资总额106.0亿美元，合同外资52.4亿美元，实到外资48.2亿美元；参检企业2009年度实现营业收入760.5亿元，利润总额37.4亿元，纳税总额44.8亿元，吸纳就业人数17.3万人。6月1日起，外商投资企业办理年检分别到年检各职能部门单独办理复核手续。年末，全区参检企业1234家，投资总额108.8亿美元，合同外资53.2亿美元，实到外资48.9亿美元；参检企业2009年度实现营业收入771.9亿元，利润总额36.8亿元，纳税总额45.9亿元，吸纳就业人数17.5万人。(顾晓斌)

供销合作

■概况　2010年，区供销社为全面贯彻落实国务院《关于加快供销合作社改革发展的若干意见》(国务院〔2010〕40号)精神，坚持为农服务宗旨，明确供销社的性质、目标和任务，加快推进经营创新、组织创新、服务创新。下属供销社8家。年内，供销社参与创建15家社区综合服务中心、10家为农综合服务站、20家村级"万村千乡"农家店、5家金叶社区服务店。年末，全区为农综合服务站305家(其中双代店85家)、村级"万村千乡"农家店252家。配销服务额达到2.3亿元，比上年的2.04亿元增长12.36%。新增代收水费服务点53家，代收金额276.33万元，代收水费50889户次。2月，获上海市商委授予的"上海市农村现代流通网络建设暨'万村千乡市场工程'实施五周年突出贡献奖"。(陆根泉)

■成功参办2家专业合作社　2010年，供销社成功参与建设2家专业合作社，分别是夏阳街道的上海鹊群种苗科技专业合作社和上海卡诺农产品专业合作社，2家专业合作社统一使用中国供销社标志、标牌。上海鹊群专业合作社在奥特莱斯、青浦城区、朱家角等地先后设立3家具有青浦特色的农产品专卖店。(陆根泉)

■上海惠依超市有限公司组建　区供销社立足现有网络优势，尝试吸纳社会资本，采用联合与合作的模式，与刘建强组建上海惠依超市有限公司，总资本100万元。2月5日，首家超市练塘店开业。年内，在青浦地区开设以"惠依超市"为品牌的中型标准超市6家，分别是练塘店、宜达店、蓬莱店、民乐店、大盈店、西岑店，总面积2430平方米，共吸纳100多名社会人员上岗就业。(陆根泉)

■恢复环城供销社建制　为理顺和完善供销社的人员资产关系，3月，恢复环城供销社建制，位于青湖路825号，恢复后的环城供销社是区供销社下属全资企业。(陆根泉)

表35　2010年青浦区供销社所属公司、供销社情况表

名　称	地　点	电话	邮编
上海青浦商业公司(全资)	青浦区青浦镇海盈路205号	59202995	201700
环城供销社(全资)	青浦区青湖路825号	61219007	201700
徐泾供销社(上海泽鹏实业发展有限公司)	青浦区徐泾镇京华路90弄88号	59760402	201702
华新供销社(上海新晟晖实业有限公司)	青浦区华新镇新凤中路466号3楼	69236923	201708

续表 35

名　　称	地　　点	电话	邮编
重固供销社(上海重霄实业有限公司)	青浦区重固镇福泉山路 500 号	59781368	201706
白鹤供销社(上海联销经贸有限公司)	青浦区白鹤镇鹤江路 487 弄 6 号	59740533	201709
朱家角供销社(上海源森实业有限公司)	青浦区朱家角镇酒龙路 315 号	59240370	201713
练塘供销社(上海新泽晟实业有限公司)	青浦区练塘镇东风街 3 号	59257772	201715
金泽供销社(上海润泉实业有限公司)	上海市青浦区金溪路 276 号	59261062	201718

注:上海青浦商业公司、环城供销社为区供销社全资企业,其余各镇供销社已转制为股份公司,股东为区供销社和个人股东,区供销社为最大股东。　　(陆根泉)

■落实防汛物资　根据青浦区 2010 年防汛防台预案要求,为确保防汛物资足量储备,在现有库存的基础上,经区防汛办同意,于 5 月增购草帘子 17200 平方米。在 12 月 15 日、16 日两天的雨雪天气应急中,供销社调用草包 3 万余只,草帘子 8800 平方米。为防止灾害性天气再度出现,12 月下旬,供销社再次赶赴江苏省淮安市采购 17400 只草包,全力做好物资保障工作。(陆根泉)

7 月 8 日,惠依超市宜达店开业　　(区供销社供稿)

粮油管理

■概况　2010 年,依据《上海市突发公共事件总体应急预案》和《上海市粮食应急预案》等规定,制订世博期间粮食市场应急保障工作预案,确保粮食安全,提高区域粮食应急保障能力。开展 2010 年粮食收购资格审核工作,经区经委(粮食局)审核确认,上海淀山湖粮油购销有限公司、上海青浦储备粮管理公司、上海东江实业有限责任公司、上海恒阳粮油有限公司、上海先河粮油企业发展有限公司、上海青角稻米合作社有限公司等 6 家收购企业通过粮食收购资格审核,1 家收购企业被取消粮食收购资格。　　(顾晓斌)

■开展粮食库存检查工作　根据《国家粮食局关于开展 2010 年全国粮食库存检查工作的通知》(国粮检〔2010〕28 号)精神,按照上海市粮食局检查工作要求,于 4 月 8 日起开始区粮食库存自查工作。组织相关人员对 8 个代储点地方储备粮库存,以 2010 年 3 月 30 日为时点,按入库年限、数量、质量等情况进行自查。经自查,3 月底青浦区粮食账面库存合计为 21772 吨,其中:粳谷 21422 吨、大米 700 吨,各企业、仓、屯相关账面库数字一致,都能根据不同性质的粮食做到分账管理、分仓储存;没有发现虚库短粮的现象,粮食统计账和保管账相符;地方储备粮轮换能按计划执行。地方储备粮更谷库存 21422 吨为 2008 年、2009 年生产,均没有超过国家有关储存年限规定,库存粮食粮情正常,宜存率 100%。4 月 8 日,青浦区地方储备粮实际库存 21772 吨,分别储存在上海先河粮油企业发展有限公司所属的 8 个储存库点,实行委托代储管理方式。　　(顾晓斌)

■开展夏季粮油收购工作　6 月,开始夏季粮油收购。各粮食收购企业采取下乡收购、流动收购等多种方式,落实便民措施,方便农民售粮,严格执行粮食收购政策,按质论价,优质优价。区经委(粮食局)要求粮食收购企业作为主渠道,继续在粮食收购上起主导作用,防止出现压级压价、垄断或操纵价格的现象。收购工作于月底结束,共收购小麦 1000 吨、油菜子 2000 吨。　　(顾晓斌)

■推进居民副食品价格补贴发放信息化管理工作　年内,启动居民副食品价格补贴发放信息化管理工作。8 月 18 日,居民副食品价格补贴发放对象数据录入工作会议举行,各街道(镇)居民副食品价格补贴发放业务人员参加会议。会议要求各街道(镇)发放点管理人员将全区居民副食品价格补贴发放对象数据,逐个通过网络输入上海市粮食局数据中心平台数据库。10 月底,数据录入全部完成,共录入数据 5952 户,核对清理 305 户。在各镇、街道居民副食品价格补贴发放点,可直接利用上海市粮

食局数据中心平台管理居民副食品价格补贴发放信息对象信息。（顾晓斌）

■开展秋粮收购工作 11月，开始秋粮收购。针对2010年自然灾害频发，秋粮收购不确定因素增多的新情况、新特点，组织人员深入乡镇和周边地区，开展抽样调查，了解周边行情，掌握市场动态，加强与种粮大户联系，稳控粮源。指导粮食购销企业制定随行就市、防控风险的收购价格，既助农增收，又规避企业经营风险。坚持依质论价、优粮优价、合理定价，实现农户与企业双赢。发挥粮食购销企业长期经营粮食的优势，巩固和拓宽经营渠道，改变过去单一的坐站收购模式，采用定点与上门收购相结合、集中与分散收购相结合、直接与委托收购相结合的收购模式，优化服务，提升服务质量。至12月15日，全区共收购粳谷1.1万吨，收购量与上年持平，完成地方储备粮收购任务。

（顾晓斌）

烟草专卖

■概况 2010年，上海市烟草专卖局青浦分局(以下简称青浦分局)、上海烟草集团青浦烟草糖酒有限公司(以下简称青浦公司)围绕国家局、市局“卷烟上水平”的基本方针和战略任务，贯彻落实中华品牌卷烟“百万千亿”工程的总体思路，以促进卷烟营销、专卖监管、企业管理、队伍建设、文化建设5个方面“上水平”为目标开展各项工作。全年实现销售7.44亿元，实现毛利15589.90万元，实现利润5869.06万元。“三项费用”(即财务费用、管理费用、销售费用)支出6448.80万元，占预算目标的94.70%。全年上缴各类税费12914万元，比上年增长2.72%。公司拥有烟草销售网络客户2230户，实现卷烟批发销售29564.21大箱，比上年增长1.51%。公司获“2010年度青浦区纳税50强企业”和由上海市公安局治安总队和上海市企事业单位治安保卫协会联合授予的“2010年度治安安全合格单位”荣誉称号。

制订《世博安保工作实施方案》，落实世博安保责任制。开展世博年“示范文明窗口”创建活动，以“诚信和服务”主题，组织32家固定窗口和13家流动窗口参与活动，其中7家为示范窗口。专卖办证窗口获上海烟草专卖局(上海烟草集团公司)示范窗口，朱家角名烟名酒店荣获区总工会“工人先锋号”。

（张培欢）

■开展联合执法 年内，青浦分局共查处各类涉烟案件127起，查获各类卷烟53885条(含假烟19082.4条)，其中：网络(指上家、中家、下家形成网络销售)国标(符合国家局标准案件，为案值达100万元，逮捕3名以上涉案人员的案件)案件2起，案值达到30万元以上的市标(符合市局标准的大要案，为案值达30万元，逮捕1名以上涉案人员的案件)案件有2起。会同公安、工商等执法部门联合执法26次，移送公安处理案件3起，移送工商行政管理机关处理无证经营案件34起。与公安部门合作破获2起案值分别为137余万元和118万余元的非法卷烟销售网络国标案件，查获各类假冒卷烟17200余条，抓获犯罪嫌疑人12人，其中5人被依法追究刑事责任。

年内，青浦分局与检察院、法院召开工作协调会3次，贯彻落实“两高”(即最高人民检察院、最高人民法院)有关办理非法生产、销售烟草专卖品等刑事案件具体应用法律若干问题的《司法解释》，严厉打击涉烟刑事犯罪。年内追究刑事责任11人，累计罚金101万元。与工商、城管执法部门开展日常的联合整治，联合执法26次，并针对重点监控户开展突击检查，共查获无证经营案件46起，移送工商行政管理机关处理34起，移送立案率74%。与交通管理部门密切协作，开展道口设卡检查6次，查获无证运输案件22起。与区内2家物流公司签署共管协议，遏制利用物流非法运输卷烟趋势，查获案件5起，查获各类非法卷烟7250余条，案值逾54万元。开展浙、苏、沪毗邻地区协作机制，完善三地跨区域涉烟案件的查处；开展区区合作，与松江、金山、闵行召开工作例会，以抓大案要案、市场监管为工作重点。开展互动小组联合执法10次，查获各类卷烟1000余条。（张培欢）

■推进烟草市场监管社区化 年内，推进烟草社区化管理工作，在“一线二点二终端”(“一线”即政府部门，“二点”即居委会与警署，“二终端”即金叶社区服务点和平安工作站)及社区化“示范点”建设格局上，分局选取朱家角镇“一街一弄”示范点一街一弄(北大街、美周弄)作为实践市场监管社区化的试点，并向“五景一寺”(北大街、放生桥、圆津禅院、课植园以、报国寺)延伸。7月9日，上海卷烟市场综合监管现场交流会在青浦区朱家角镇工商所召开。市烟草专卖局领导及青浦各街道(镇)烟草社区联络员出席会议，会议全面总结新一轮专卖社区化管理工作，对深入推进专卖社区化管理进行探索。（张培欢）

7月9日，上海卷烟市场综合监管现场会在青浦区举行

（烟草专卖局青浦分局供稿）

■**强化专卖内管制度** 5月，梳理完善13项内管制度，增补2项新内管制度，并发文至相关卷烟经营部门。加大真烟追溯力度，按照市烟草专卖局要求，落实内管专职人员介入涉案非法渠道真品卷烟案件的调查工作，查获案值5万元以上真烟案件6起，累计案值121余万元。指定专人负责操作内部专卖管理监督信息系统，及时更新、备案系统各类信息数据，处理各类异常情况并预警，共处理内管系统预警95247条，处理异常情况474批次，其中：处理供货对象的预警119批次共5516条，配送异常的预警351批次共88820条，单次配送异常的预警2批次共908条；自行购进数量的预警2批次共3条。（张培欢）

烟草专卖内管人员在直属门店现场检查 （烟草专卖局青浦分局供稿）

■**增强卷烟营销能力** 2010年，公司有烟草销售网络客户2130户，实现卷烟批发销售29564.21大箱，比上年增长1.51%；卷烟批发金额52498.03万元，比上年减少18.25%；实现卷烟批发毛利12790.23万元，比上年增长18.48%。公司拥有核心客户230户，比重为10.8%。新装战略合作终端形象柜77户，累计安装形象柜182户。实施“诚信经营我引领、卷烟品质有保证”活动，190户核心客户签订《卷烟品质保证承诺书》，核心客户中未发生违规违纪情况。培育“晶派红双喜”品牌，在商业区销售能力较强的网点，加强“晶派红双喜”宣传力度；拓展与婚庆公司合作，与2户婚庆公司签订合作协议，推广使用“晶派红双喜”；直属门店实施买赠活动，共销售“晶派红双喜”300.2条。（张培欢）

■**开展岗位技能培训** 年内，开展专卖岗位技能培训、卷烟营销师初级、中级和高级培训。组织专卖人员参观青浦监狱，观看廉政警示教育纪录片，学习新修订的《中华人民共和国烟草专卖法》和《烟草专卖行政处罚程序规定》以及“两高”司法解释，并组织考试，合格率100%。通过内部、外送、引进等培训方式，逐步建立一支培训经验丰富、专兼结合的培训师资队伍。全区烟草专卖持证人员36人，其中：初级9人、中级10人、高级17人，持证率达100%。营销持证人员30人，其中：初级1人、中级12人、高级17人。（张培欢）

■**推广“诚信金叶”品牌** 年内，为推广“诚信金叶”的品牌形象和便民利民的宗旨，拓展非烟销售，销售部制定金叶加盟便利店“便民租车、订购车票机票、代收水电费服务”等便民服务相关细则，选取6家金叶社区服务点开展试点。金叶连锁公司全年实现销售21962.95万元，毛利2799.67万元，“三项费用”3266.86万元。年内，金叶社区服务点提供婚丧喜事服务300次，提供非烟商品配送198万元，代收水电费2329万元。（张培欢）

■**举办商品展销会** 举办迎春节商品展销会，邀请加盟店、网络商店约1189户，实现销售738万；举办夏令用品展销会，邀请加盟店、网络商店约800户，实现销售461.14万元；举办迎中秋、国庆商品展销会，邀请加盟店、网络商店约1200户，实现销售512.24万元。青浦烟草公司推出第二期喜庆导购手册，改进和丰富服务内容及商品品种，并将手册发放到婚姻登记处、婚庆公司等。年内，承接喜庆业务101笔，实现销售195.82万元。（张培欢）

■**实施稻香村商场加固改造工程** 上半年，启动稻香村商场加固改造工程，完成该项目的施工图设计、施工招标、政府相关部门审批、规划许可证办理、施工承包合同签订、施工许可证办理等各类前期准备工作，于7月25日正式开工。项目总投资3000万元。完成新泾路37、39号土地收购储备，并拆除旧房，储备土地面积2628.1平方米。（张培欢）

综 述

2010年年末，全区民营企业65759户，比上年增长13.20%，注册资本955.3亿元，户均注册资本145.2万元，比上年增长9.2%；全年实现税收89.9亿元，占全区税收总额的51.6%，比上年增长16.8%。个体工商户22647户，从业人员24997人，资金数额3.67亿元，户均资金1.62万元。全区民营经济的各项指标均呈现良好发展态势。

规模总量攀升，总体运行质量提高。新注册民营企业9551户，注册资本总量107.4亿元，户均注册资本为112.5万元，其中注册资本在500万元以上的企业有369户，比上年增长50%。年注（吊）销企业2000余户。注销企业生存年限逐步延长。

产业集群效应初显，高新技术企业成长快。受青浦"一城两翼"发展规划以及虹桥枢纽中心建设辐射影响，各经济小区明确招商重点，引进处于产业链高端环节的企业，加快建立生物医药、新材料、软件和信息服务的重点产业基地，产业集群效应初显。其中，生物医药中的生物医药制造和医疗器械销售实现产值和销售额分别比上年增长6%和17.4%，新材料、软件和信息服务分别比上年增长37%和86.75%。继续实施"三个一百"科技工程和"科技型中小企业成长计划"，培育一批具有自主知识产权、自主品牌和显著行业竞争优势的创新热点企业，新增民营科技企业100家，其中上海安诺其纺织化工股份有限公司和上海科泰电源股份有限公司在深交所创业板成功上市。

新兴行业引人关注，现代服务业势头强劲。出现多家从事合同能源管理、供应链管理、节能服务等新兴行业企业，新兴行业逐渐成为投资创业新热点。在重点跟踪的发展态势良好的会展业、房地产业、广告业、物流和中介服务业等九大现代服务业领域中，商务服务业、物流以及广告业，因注册资本增长加快不断显现出强劲的增长态势。

商标战略初显成效，企业软实力不断提升。新申报成功的"上海市著名商标"有"申通"、"谷和"、"上一"等17件，是自2003年开展著名商标培育工作以来，获得认定数量最多的一届。"富民"与"新城"成功获得著名商标认定，是青浦区经济小区商标战略零的突破。全区培育发展"上海市著名商标"41件，已拥有一批如"安信"、"熊猫"、"皮皮狗"、"金博"、"富臣"、"可爱可"等在内著名商标企业。

2010年12月18日，"后世博经济——民营企业可持续发展高峰论坛"在朱家角皇家金熙花园酒店三楼金色大厅举行。中共上海市委常委、统战部部长杨晓渡，上海市规划和国土资源管理局党组书记、局长冯经明，区委书记高亢，区委副书记、区长张国洪以及复星集团董事郭广昌，红星美凯龙董事长、首席执行官车建新，万丰奥特控股集团董事长陈爱莲，2010年上海世博会民企馆馆长孙军，上海星浩投资管理有限管理公司首席执行官赵汉忠等民营企业家出席论坛，共同探讨民营企业的可持续发展之路。高亢、杨晓渡以及民营企业家们分别作讲话。会议中，邀请赵汉忠、顾强、林文昌、殷哲、郑孟午、柳

12月18日，"后世博经济——民营企业可持续发展高峰论坛"在朱家角镇举行
（上海淀山湖新城开发公司供稿）

费国、刘玉亮 7 位嘉宾以论坛形式，就 民营企业的发展以及青浦区一城两翼 的发展空间进行讨论。 （熊维炜）

表 36 **2010 年青浦区私营企业情况表**

行业分类	合计				其中:城镇			
	户数（户）	投资者（人数）	雇工（人数）	注册资本（万元）	户数（户）	投资者（人数）	雇工（人数）	注册资本（万元）
合计	65759	125608	515974	9552937.9458	26393	51076	206844	4211052.5629
农、林、牧、渔业	160	294	1179	15131.9759	52	96	391	4424.4759
采矿业	0	0	0	0	0	0	0	0
制造业	10841	19407	121894	1572427.4188	2472	4608	29486	483359.4587
电力、燃气及水的生产和供应业	8	16	51	2091.0000	3	5	18	303.0000
建筑业	4203	8019	33979	652719.8106	2062	3980	16865	330787.8106
交通运输、仓储和邮政业	1734	3425	14748	314251.2500	918	1836	8134	144627.2500
信息传输、计算机服务和软件业	2002	4392	11979	241554.9610	962	2126	5753	114486.6152
批发和零售业	29591	55349	201285	2815918.8485	11185	20852	76751	1094621.1100
住宿和餐饮业	311	481	3115	19814.0000	203	318	2191	11765.0000
金融业	24	63	262	6870.0000	14	46	173	5450.0000
房地产业	1150	2320	10415	946868.8861	635	1303	5306	502640.3861
租赁和商务服务业	8691	17452	60994	2131415.0965	4452	8937	32814	1090485.1280
广告业	1804	3564	11706	146248.0964	877	1702	6057	74727.0000
科学研究、技术服务和地质勘查业	5038	10600	40790	618148.9884	2401	5047	20260	319229.8284
水利、环境和公共设施管理业	566	1110	4078	81766.8100	266	519	2025	38340.0000
居民服务和其他服务业	865	1549	6721	83506.4000	421	749	3791	43952.0000
教育	14	30	152	1050.0000	7	18	108	570.0000
卫生、社会保障和社会福利业	33	64	306	3334.0000	20	41	178	2152.0000
文化、体育和娱乐业	528	1037	4026	46068.5000	320	595	2600	23858.5000
其他	0	0	0	0.0000	0	0	0	0.0000

注:注册资本为出资金额。 （熊维炜）

表 37 **2010 年青浦区个体工商业情况表**

行业分类	合计			其中:城镇		
	户数（户）	从业人员（人数）	资金数额（万元）	户数（户）	从业人员（人数）	资金数额（万元）
合计	22647	24997	36772.6720	8520	9227	20765.5870
农、林、牧、渔业	104	145	619.5000	43	60	392.3000
采矿业	1	1	1.0000	1	1	1.0000
制造业	1332	1507	1836.3950	236	258	476.2950
电力、燃气及水的生产和供应业	1	1	0.6000	0	0	0.0000
建筑业	22	44	39.0500	8	27	15.5500

续表 37

行业分类	合计			其中:城镇		
	户数（户）	从业人员（人数）	资金数额（万元）	户数（户）	从业人员（人数）	资金数额（万元）
交通运输、仓储和邮政业	77	81	393.3500	36	39	302.7500
信息传输、计算机服务和软件业	30	36	57.9000	9	10	26.5000
批发和零售业	15611	16752	22848.8742	6034	6385	12422.2860
住宿和餐饮业	2162	2730	5524.1108	936	1123	3667.6300
金融业	0	0	0.0000	0	0	0.0000
房地产业	0	0	0.0000	0	0	0.0000
租赁和商务服务业	128	161	316.0300	49	53	182.1300
广告业	4	4	8.2000	3	3	7.2000
科学研究、技术服务和地质勘查业	0	0	0.0000	0	0	0.0000
水利、环境和公共设施管理业	9	9	9.1000	4	4	1.1000
居民服务和其他服务业	3133	3492	5025.4620	1145	1248	3219.9460
教育	0	0	0.0000	0	0	0.0000
卫生、社会保障和社会福利业	19	19	46.5000	7	7	21.3000
文化、体育和娱乐业	16	16	53.8000	12	12	36.8000
其他	2	3	1.0000	0	0	0.0000

（熊维炜）

民营规模以上企业简介

■开利泵业（集团）有限公司 该公司总部位于上海市青浦区朱家角工业园区，拥有控股子分公司8家，分公司18家及办事处100多个。公司主导产品有水泵、阀门、空气压缩机、水处理设备、供热制冷及电气自动化控制设备等。已通过ISO 9001:2008国际质量体系认证、ISO 14001:2004环境体系认证及国家电工产品3C认证，产品先后被人民大会堂、东方明珠、浦东国际机场、上海宝钢、大庆油田、金山石化、三峡工程、西昌卫星发射基地、可口可乐、英特尔等重点工程和世界500强企业所采用。

先后获“国家免检产品”、“国家重点新产品”、“国家建设科技成果推广项目”、“上海市高新技术企业”、“上海市科技小巨人培育企业”、“上海市名牌产品”、“上海市建设科技成果推广项目”、“上海市专利试点企业”、“上海市火炬计划项目”等称号。2010年，公司营业收入1.21亿元，利润总额411.6万元，缴纳税金400多万元。营业收入比上年增长52%。

（顾晓斌）

■上海创始实业有限公司 该公司注册地青浦区练塘工业园，办公地址位于闵行区罗阳路，注册资金700万元。公司有3个生产基地和1个研发事务所、42条生产线，有以“冷热敷理疗袋”、“速冷冰袋”、“速热热袋”、“热袋”、“冰袋冰盒”、“理疗床垫”为主导的全系列专业生产线。研发事务所有以化工、生物、医药为基础的博士级技术研发团队，拥有自主品牌6个、已授权的实用新型专利24项及发明专利1项。开发北美、欧洲和日本医疗器械市场、日用礼品市场和家居用品市场。

创立国内品牌“小医师”，国际品牌MEDICARE。“小医师”品牌在国内市场占有率80%，MEDICARE品牌产品在欧美市场的占有率30%。取得ISO 13485:2003国际质量体系认证、欧盟CEIIa类证书（欧盟认证）、日本MHLW（日本厚生劳动省）认证、美国FDA（美国食品和药物管理局）注册。2010年，公司利润521.58万元，净利润446.26万元。（顾晓斌）

■上海汉得信息技术股份有限公司

该公司成立于2002年7月，是为企业提供高端ERP（EnterpriseResource-Planning，企业资源规划）服务的IT咨询企业，为近500家来自于不同行业的公司提供ERP实施及外包服务，拥有松下电器（中国）有限公司、九阳股份有限公司、深圳中兴通讯股份有限公司、日立电梯（中国）有限公司、上海日立电器有限公司、中国中纺集团公司、中国中钢股份有限公司等众多客户。

该公司在高端ERP市场实施服务商中排名第四，在本土高端咨询实施服务市场排名第一，在中国基于ORACLE软件咨询服务市场中排名第一，在中国基于SAP软件咨询服务市场中排名第一。12月，通过在深圳证券所上市审核(2011 年上市,代码 300170)。公司发行前公司总股本 8572.45 万股,拟发行 3000 万股,发行股份占发行后总股本的比例为 25.92%。2010 年,公司营业收入 35543 万元,利润总额 6962 万元元,总资产 27357 万元。(顾晓斌)

■上海远跃轻工机械有限公司 该公司位于上海市青浦区练塘工业园。创立于 2002 年,公司拥有两大生产基地(分别坐落在青浦区和金山区),共占地 15 公顷,生产车间超过 14000 平方米,加工设备 150 多台(套)。员工近 300 人,其中:工程技术人员 36 人(其中:教授 2 人,高级工程师 4 人,工程师 30 人)、各类管理人员 26 人。公司专业制造制药机械设备,形成在天然物提取浓缩成套设备,药用钢制洁净容器,真空履带连续干燥机组,输液、疫苗洁净配料设备,全自动 CIP 在线清洗等非标容器等 5 大系列 200 多个品种的产品结构。积累代表国内先进水平的冷作技术、抛光技术、工程设计安装技术。产品销澳大利亚、俄罗斯、东南亚、中东等国家和地区。2007 年与华东理工大学、日本森松株式会社强强联合,合作创办上海森懋中药工程装备有限公司。2008 年,投入资金 50 万元成立科技研发中心,以此为平台与华东理工大学、上海中医药大学合作研发智能化中药煎药机的项目;引进博士等高技术人才并成立上海远跃信息技术有限公司。为公司取得规模化、集约化和专业化发展奠定基础。

高效节能的中药提取浓缩工业化模块获得国家科技部中小企业创新基金立项。真空履带连续干燥机获青浦区区级重点新产品称号、上海市重点新产品称号,智能化中药煎药机获青浦区级产学研立项。2007 年取得自营进出口权,2008 年获中国制药机械功勋企业、中国制药工业十佳品牌称号。公司在全国制药机械提取浓缩类产品中排名第一,市场份占全国制药机械同类产品额的 15%,拥有 40 多项国家专利。2010 年,公司主营业务收入 7581.3 万元,净利润 332 万元。3 年主营业务平均增长 32.6%,净利润平均增长率 80%。

(顾晓斌)

■上海华魏光纤传感技术有限公司

该公司成立于 2001 年,注册资金 1458.16 万,注册地白鹤镇赵中路 31 弄 2 号云峰大楼 701 室,生产基地位于上海市闵行区紫秀路 100 号。在中国首先介入分布式光纤温度监测技术产品市场,致力于光纤传感产品的研究开发。建有面积约为 800 平方米企业技术中心,研制出光纤分布式温度监测系统、光纤半导体温度在线监测系统、防区型全光纤周界安防系统、定位型全光纤周界安防系统、光纤光栅温度传感系统等经查新检索具有国际先进水平的科研成果。其中光纤分布式温度监测系统通过上海市科协学会中心的成果评估,被市政府评选为"上海市科技进步二等奖"。光纤分布式温度监测系统在国内销售 300 多套,完成三峡大坝防渗漏、轨道交通 9 号线、上海世博工程西藏南路越江隧道、上海外滩通道越江隧道(5 合 1 隧道群)等多个知名重点工程。2010 年,成都电力局采购光纤分布式温度监测系统 22 套,价值 3000 万;防区型全光纤周界安防系统在国庆 60 周年阅兵村示范应用,受到好评。

2008 年获得上海市高新技术企业认定,2009 年获得上海市小巨人(培育)企业的认定。公司光纤传感产品在国内市场占有率 40%,其中主导产品光纤分布式温度监测系统在国内公路隧道领域市场占有率 60%。2010 年,公司营业收入约 5000 万元,利润总额约 400 万元。(顾晓斌)

■上海乐美文具有限公司 该公司创立于 1998 年,位于上海市青浦区沪青平公路 2709 号。产品包括书写工具、美术画材、学生用品和办公用品四大领域,销至欧洲、美洲、东南亚等 100 多个国家和地区。主品牌"真彩"是中国驰名商标,连续多年获"中国十大文具品牌"称号,连续 3 年作为文具行业唯一品牌入选"中国最有价值品牌排行榜",在 2009 年度中国轻工业制笔行业十强企业评价活动中行业排名第一。获得上海市高新技术企业、上海专利示范企业、上海市外商投资先进技术企业等称号。复合型成品装配机、笔芯装配机等设备先后获轻工联合会科技进步奖二等奖、三等奖;晶彩棒、神奇油画棒、轻质黏土、中性墨水、白板墨水等产品先后获上海市重点新产品、上海市火炬计划等荣誉。2010 年,公司销售额 24616 万元,利润 1294 万元,缴纳税金 585 万元。(顾晓斌)

■上海方大药业股份有限公司 该公司成立于 2010 年 3 月,注册资本 8925 万元,7 月由普陀区常和路 318 号整体迁到青浦区沈砖公路 363 号朱家角工

上海远跃轻工机械有限公司 (区经委供稿)

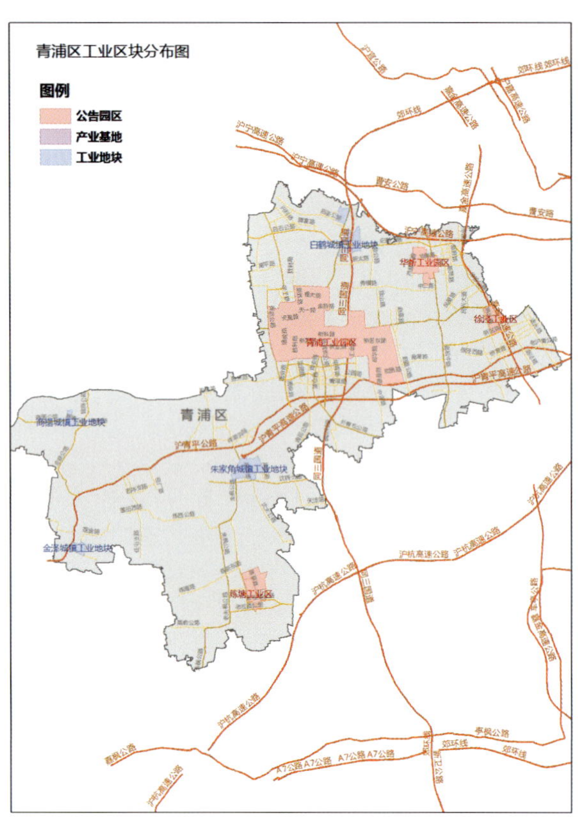

图5　青浦区工业区块分布图

（上海市开发区协会网站）

业园区。公司占地面积37600平方米，建筑面积17200平方米。建有办公大楼、质检科研楼、综合大楼、综合制剂车间、提取前处理车间，综合制剂车间设有冻干粉针、小容量注射液、片剂、胶囊剂、颗粒剂生产线。

公司主营中药制剂、化药制剂生产，主要生产品种有国家1035工程项目盐酸槐定碱注射液、国家高技术产业化项目尿毒排析散以及胃欣舒胶囊、金感欣片、五灵肝复胶囊、复方罗汉果含片、交通心肾胶囊、富锌趋铅片等一系列全国独家新产品。拥有4个国家新药，分别为一类新药、三类新药、四类新药、五类新药；18项国家专利，其中17项发明专利，为上海市高新技术企业。2010年，公司销售收入4710万元，利润320万元。（顾晓斌）

开发区简介

■概况　2009年，经市经信委核准，青浦区除原有的青浦工业区园区、徐泾工业园区、华新工业园区、练塘工业园区外，新增白鹤、朱家角、金泽、商榻工业区块，练塘园区的面积由原来的2平方公里增加到3.88平方公里。8月，全区8个产业区块被经信委列入全市104个产业区块。2010年6月，经青浦区委、区府决定，青浦园区分设为青浦工业园区、上海张江高新技术产业开发区和上海青浦出口加工区，简称“一园三区”。年末，全区有8个产业区块，即：“一园三区”、徐泾工业园区（西郊经济城）、华新工业园区（华民工业园区）、白鹤工业园区、朱家角工业园区、练塘工业园区、金泽工业园区、商榻工业园区；具有招商功能的开发区经营公司有50余家。

（陆国平）

表38　　2010年青浦区部分开发区经营公司情况表

公司名称	开展区面积	所属单位	公司地点	电话
上海新城投资（集团）有限公司	66.67公顷	赵巷镇	沪青平公路3398号	59750000
上海新练塘经济发展有限公司	700公顷	练塘镇	青浦区练塘镇章练塘路588弄15号	59815888
上海华民经济城公司	380公顷	华新镇	青浦区华新镇华腾路1288号	59797888
上海朱家角工业园区经济有限公司	400公顷	朱家角镇	朱枫公路201号	59230999
白鹤工业园区投资开发有限公司	200公顷	白鹤镇	白鹤镇鹤祥路1号	59742197
上海大观园经济城发展有限公司	无地	金泽镇	金泽商榻社区	59281718
上海金泽工业城发展有限公司	无地	金泽镇	青商公路701号	59261164
上海金泽实业发展有限公司	无地	金泽镇	青商公路215号	59262882
上海新西岑投资管理有限公司	无地	金泽镇	练西公路4187号	59295128
上海太浦河经济开发有限公司	无地	金泽镇	练西公路2850号	59270664
上海淀山湖经济城	无地	金泽镇	练西公路4815号	59294885
上海盈港经济城	无地	盈浦街道	胜利路539弄16号	69221885
上海鹏城经济发展有限公司	无地	盈浦街道	海盈路189号	69223881
上海盈港经济城城市工业扩散基地	无地	盈浦街道	胜利路539弄16号	69223726
上海城郊经济发展有限公司	无地	重固镇	上海市青浦区芊岱大厦15楼	33862218
上海万事发经济发展有限公司	无地	重固镇	上海市青浦区北青公路6878号	59781888
上海龙洲实业发展有限公司	无地	重固镇	上海市青浦区重固镇香花商城	59701838

续表 38

公司名称	开展区面积	所属单位	公司地点	电话
上海天佳经济发展有限公司	48 公顷	夏阳街道	青湖路 1023 号 8 楼	69728039
上海宏城经济发展有限公司	50 公顷	夏阳街道	青湖路 1023 号 8 楼	59725671
上海盛青经济发展有限公司	无地	夏阳街道	华青南路 485 号 6 楼	33862271
上海西部经济城有限公司	无地	青浦工业园区	华青南路 481 ~ 485 号芊岱大厦 17 ~ 18 楼	59717381
上海青浦工业园区创业投资有限公司	无地	青浦工业园区	公园路 99 号 11 楼	59734566
上海青浦工业园区招商中心有限公司	无地	青浦工业园区	公园东路 1818 号 11 楼	33861418
上海青浦商城实业有限公司	无地	青浦工业园区	浦仓路 485 号	59727810
上海沁园经济发展有限公司	无地	青浦工业园区	漕盈路 2500 号 9 楼	69228752
上海绿色科技园区有限公司	无地	青浦现代农业园区	青浦区救护大队路 52 弄	59737705
上海湖区经济投资服务有限公司	无地	上海湖区建设开发有限公司	青湖路 722 号	69238188
上海蕴湖实业有限公司	无地	青浦投资公司	佳邸别墅 215 号	59208181 – 19
上海宏亮经济发展有限公司	无地	青浦投资公司	公园路 99 号舜浦大厦 2 楼	61211258
上海青浦农工商经济城投资管理有限公司	无地	青浦投资公司	城中西路 111 号副楼	59732875

（赵　峰）

■练塘工业园区　2010 年，练塘工业园区以构建和谐园区为落脚点，以迎世博保安全为契机，落实各项工作新举措，强化基地建设的管理服务职能，加大招商引资力度、加快产业结构调整、提升管理服务水平、创造良好投资环境。2010 年，园区落户企业销售产值 61.2 亿元，税收入库 1.63 亿元，完成固定资产投资 2.4 亿元，吸纳各类劳动力 8776 人，其中当地就业人员 3950 人。

加大招商选资的力度，吸纳储备优质项目，调整淘汰劣势项目。年内，重新梳理评估以前交付部分定金的土地储备项目，淘汰 1 家企业的 1 公顷土地储备；新引进 8 家投入较大、科技含量较高的土地储备项目，共签约土地面积 13.07 公顷；积极对区内空置厂房进行腾笼换鸟，淘汰劣势企业，吸纳优质项目入驻园区生产。至年底，园区淘汰劣势项目 6 家，新引进落户项目 11 家，盘活厂房面积 36612 平方米，空置率下降 97%。

为扶植中小企业的发展，练塘工业园区与农商行青浦支行、上海住房置业担保有限公司分别代表园区、银行和担保机构签署三方合作协议，引入“园区企业易贷通”平台，2010 年，通过“易贷通”发放贷款 1700 万元，另有 2 家企业授信 600 万元，融资平台的引入，为园区经济发展注入新的活力。

推进实体项目的启动建设。2010 年，开工项目 11 个，建造建筑面积 11 万平方米；竣工项目 2 个，竣工面积 17210 平方米，并已办妥房地产权证。有 25 块土地按土地储备、招拍挂流程逐步办理相关手续。新增土地储备项目 9 个，申请用地约 18.38 公顷。年内，实施完成练东路延伸段总长 0.3 公里的路面浇筑及污水管道施工建设，总投入资金 99 万元；铺设管道长度 3.46 公里，资金 116 万元。至年末，累计完成道路建设 15.7 公里，河道拓宽 4.72 公里，桥梁 19 座，雨水管道 28.5 公里，污水管道 17.5 公里，市政给水管道 32.5 公里。2010 年，向国家商标总局申请商标注册，已受理注册。在市开发区协会会同市商标协会主办的“上海产业园区

落户在徐泾工业园区内的上海家化公司　（徐泾镇供稿）

第二次上海品牌园区和上海品牌建设优秀园区”的推选活动中，练塘工业园区被确定为“上海市品牌建设优秀园区”。（顾晓斌）

■上海西郊经济城 2010年，针对经济发展中的挑战与机遇，结合虹桥商务开发的规划，提出“认清形势、振奋精神、把握机遇、加快发展”的总体工作思路，各项经济工作指标超额完成考核任务。年末，公司本部实现工业总产值19.24亿元；实现税收收入9.3亿元，比上年增长7.7%；实现财力2.94亿元，比上年增长4.01%。本部招商247户，注册资金达到2.9亿元。

年内，先后到北京、温州、福建、青岛、威海等地招商，邀请北京东方风行、山东鲁能、中原地产等大企业到经济城考察，引进上海新富申公司等一批有规模、有效益的大企业入户。做好与企业的联系，加强追踪服务、了解情况及时反馈。同时，分析纳税大户的经济运行态势，上门走访沟通感情，帮助企业解决困难。改善企业变更服务水平，防止客户因故流失，客户满意度有所提高。（孙华军）

■朱家角工业园区 2010年，进一步完善园区整体规划，调整产业结构和招商策略，落实项目用地，启动新项目开发建设，优化基础设施建设，强化企业服务，推进园区功能转型和产业快速发展。全年招商引进项目58只，其中：实地型企业18只、商贸型企业40只，注册资金总额1.379亿元，新增固定资产7890元。完成销售产值62亿，比上年41亿增加21亿；税收完成2.38亿，比上年增加0.73万。其中：内资完成11839万，比上年增加839万；外资完成5909万，比上年增加1109万。商贸型完成5006万，比上年增加2006万，外贸出口退税1090万。

年内，启动希斯厨卫、展荟诗2个项目及金发专家公寓楼、德丰食品二期等工程建设。完成工业项目评估10户，发改委备案5户，办理租赁厂房环境评估12户、环保验收2户、卫生审核8户、民防审核5户、防雷审核5户、建设工程规划许可证5户、工业项目储备3户、历史遗留问题项目出让合同4户。配合开展上海西部交通枢纽的动迁工作；与农村商业银行青浦支行、华夏银行青浦支行合作，建立小企业融资平台；配合市开发区协会开展上海市品牌建设优秀园区申报工作，经评审已入围公示。（顾晓斌）

位于华新镇的上海华民工业园区（华新镇供稿）

■上海华民工业园区 该园区位于华新镇，东与闵行区闵北工业园区接壤，北与上海国际汽车城相邻，总面积6.2平方公里。2010年，完成工业销售176.49亿元，比上年增长28%；实现税收8.09亿元，占全镇税收的50%以上；完成招商709户。

华民经济城开发公司重视质量体系认证工作，在全区开发区中率先获得ISO 9001:2000国际质量体系认证，年内获得ISO 9001体系升级版ISO 9001:2008认证。上海橡果网络技术发展有限公司、上海圆通速递有限公司、上海中通吉速递服务有限公司等企业建立总部在园区，形成总部经济。整合各部门工作人员，在全国各地增设招商网点，及时消化、汇总信息。对各类企业开展分类管理和指导，建立大户企业联系制度，掌握企业动态资料。主动为客户服务，帮助企业解决经营困难、员工子女就学困难。客户从办证注册到税收申报全流程操作，各项工作纳入规范化的轨道，坚持消化信息快、办理证照快、帮助客户处理问题快的“三快”服务。（韩　良）

位于白鹤镇的上海白鹤工业园区（白鹤镇供稿）

■上海白鹤工业园区 该园区位于白鹤镇，占地面积2平方公里，于1994年经上海市建设委员会批准建立。交通方便，沪宁高速、同三国道、苏虹高速等

位于金泽镇的上海大观园经济城（金泽镇供稿）

穿越白鹤镇。园区以高科技、高效益、环保型的现代制造业为产业导向，包括汽车零部件、电子、出口加工、印刷、服装等先进制造业为主。由上海白鹤工业园区投资开发有限公司经营管理。该公司是一家以招商引资、企业管理、项目规划开发及前期工程配套建设和服务等为一体的公司。2010年，公司完成工业生产总值50亿元，比上年增长21%，占全镇工业生产总值58%；缴纳税金1.5亿元，比上年增长18%，占全镇税收的15%。园区入户企业有413户。（程　岗）

■上海大观园经济城　该经济城又名商榻工业园区，成立于1995年3月18日，位于金泽镇商榻社区，在长宁区和青浦城区以及西岑社区、商榻总部设有办事处。2010年，该经济城进一步转变思路，优化人员配置，加强招商队伍。选拔一批活动能力强、交际较广、懂经济业务、且表达能力好、会招商的人员加入招商队伍，开展专职招商。制订招商责任制，定出基础任务，超减实行经济奖惩，激发招商人员的招商积极性。开展全员参与招商引资工作，在年初召开全体员工会议，落实每个员工的招商任务。年末，新注册企业236户，比上年增长17.4%；实现税收1.69亿元，比上年增长20%。年内，进一步加强对客户的服务工作，到广州、湖南、安徽、江苏、浙江等地走访老客户，开展招商活动。健全列会制度，每月召开班子人员和部门负责人列会，集思广益探讨招商方案，拟定有益的经营决策。加强经营管理，健全财务报核制度，控制非生产性支出。协助工商部门开展年检工作，年检企业1200户，年检率91%以上。（张　磊）

■上海新城开发区　该开发区位于赵巷镇，由上海新城投资（集团）有限公司经营经营管理。该公司是一家以招商引资、实业投资、项目开发及前期工程配套建设和管理为一体的集团公司，先后开发土地66.67公顷，逐渐形成实业型企业集聚的新城一区、二区两大区域；于2000年在市区成立市区总部，加强对商贸企业的服务和管理。2002年，获得ISO 9001:2000国际质量认证体系。2009年，“新城”商标经专家评审委员会先后认定为“上海市著名商标”、“上海市名牌”。先后被评为“上海市文明单位”、“上海市郊先进基层党组织”、“上海市管理规范小区”。新城公司党支部获得上海市委颁发的创先争优世博先锋活动“五好”基层党组织。

年内，不断整合资源，建全招商引资渠道。完善“新城”一区、二区空置厂房跟踪制度，为供需双方及时提供信息，做好实业型企业的入驻工作。创新方式，提高服务水平。6月，成立青浦区私企协会新城分会，成为政府与企业之间交流沟通一重要平台。配合工商部门开展工商年检工作，年检企业3579户，年检率94.13%。2010年，全年完成生产工贸总值285.8亿元，比上年增长19.7%，完成全年计划的110%；实现工业总产值45亿元，比上年增长17.5%；上缴税金7.51亿元，比上年增长15.8%，完成全年计划的107%。新注册企业300户，受理工商变更610户，税务变更282户。（王秋明）

位于赵巷镇的上海新城开发区（上海新城开发区供稿）

综 述

2010年年末，全区有各类银行18家、证券机构6家，年内新增银行分支机构1家、证券公司营业部3家。各金融机构优化资产结构，调整业务和客户结构；根据市银监局银行业内控和案防制度执行年的活动要求，加强风险控制，规范服务流程，推进网点销售服务转型。加强小企业贷款业务，向居民开展金融业务宣传和服务。全区金融业存款余额保持较快增长。年末银行存款余额798.03亿元，比上年增长25.9，其中：城乡居民储蓄余额320.77亿元，比上年增长18.1%。银行贷款余额454.12亿元，比上年增长23.8%。个人贷款继续增长，增幅低于上年，其中：住房按揭贷款105.23亿元，比上年增长20.4%。全区公积金贷款26.40亿元，比上年增长11.5%。

10月，区政府金融系统座谈会召开

6月29日，华夏银行青浦支行于青浦区城中北路780号对外试营业。7月12日，上海证券公司徐泾营业部在徐泾镇振泾路238号5楼正式开业。8月2日，海通证券公司青浦营业部在公园路458号1-A区开业。11月16日，光大证券公司青浦营业部在华青路485号9楼909~909室开业，营业部主要以机构客户为服务对象。青浦区于7月8日成立区金融服务办公室，具体实施对区小额贷款公司的日常监管和风险处置工作。2家小额贷款公司运行质量良好。10月，区政府召开金融系统座谈会。青浦朱家角工业园区企业易贷通合作签约仪式于1月26日上午在朱家角镇举行，朱家角工业园区、上海市住房置业担保有限公司、上海农村商业银行青浦支行三方共同签约，副区长李跃旗出席协议，指出朱家角工业园区易贷通的开通“有利于缓解中小企业融资难的问题”。（赵 峰）

表39 2010年青浦区部分金融机构情况表

单位名称	地 址	邮编	联系电话
中国农业银行上海青浦支行	青浦区公园路6号~36号	201700	69721333
中国建设银行上海青浦支行	青浦区城中东路550号	201700	59725555
中国工商银行上海市青浦支行	青浦区城中东路485号	201700	59720088
中国银行上海市青浦支行	青浦区城中东路608号	201700	59729942
中国农业发展银行上海市青浦区支行	青浦区青湖路977号	201700	69714290

续表 39

单位名称	地 址	邮编	联系电话
上海浦东发展银行青浦支行	青浦区城中东路 699 号	201700	59722888
深圳发展银行上海市青浦支行	青浦区城中北路 735 号	200700	59855555
上海银行青浦支行	青浦区青浦区青安路 39 号	201700	59857812
中国交通银行上海市青浦支行	青浦区公园路 348 号	201700	59733533
中国光大银行上海青浦支行	青浦区青松路 22 号	201700	59726307
上海农村商业银行青浦支行	青浦区公园路 399 号	201700	59734475
中国邮政储蓄银行上海青浦区支行	青浦区公园路 655 号	201700	59722599
中信银行上海青浦支行	青浦区青安路 288 号	201700	69721953
兴业银行上海青浦支行	青浦区青湖路 1010 号	201700	69728295
中国民生银行上海青浦支行	青浦城区青湖路 1023 号	201700	69728112
广东发展银行上海市青浦支行	青浦区华青南路 489 号	201700	33863939
华一银行上海青浦支行	青浦区青湖路 1023 号	201700	69728088
华夏银行上海青浦支行	青浦区城中北路 780 号	201700	69795577
中国人民财产保险公司上海市青浦支公司	青浦区城中东路 2 ~ 8 号	201700	59711629
中国人寿保险公司上海市青浦支公司	青浦区城中西路 18 号	201700	59737377
中国平安人寿保险公司上海分公司青浦营销服务部	青浦区盈港路 453 号港隆国际大厦 19 楼	201700	69716513
上海安信农业保险公司青浦支公司	青浦区公园东路 1155 号	201700	69730130
中国太平洋财产保险公司上海分公司青浦营销部	青浦区公园东路 1118 号	201700	69730817
申银万国证券公司青浦营业部	青浦区公园路 222 号	201700	69718276
中信建投证券公司上海市青浦营业部	青区城中东路 485 号	201700	59739156
上海证券公司青浦营业部	青浦区城中东路 566 号	201700	59738888
海通证券公司青浦营业部	青浦区公园路 458 号 1 - A 区	201700	39287463
上海证券公司徐泾营业部	青浦区徐泾镇振泾路 238 号 5 楼	201702	69760500
明诚小额贷款公司	青浦区淀山湖大道 2 号	201700	39222727
兴众小额贷款公司	青浦区青湖路 1023 号 515 室	201700	69728115

（赵　峰）

银　行

■概况　年末，全区有各类银行 18 家，年内新增银行分支机构 1 家。各银行本部均分布于青浦城区。各银行积极服务地方经济，调整业务结构，扶持小企业、“三农”，发展小额贷款业务；调整完善营业网点布局，建设贵宾中心；加强风险管理，强化合规经营；配合上级银行布置深入社区开展反假货币宣传活动；开展迎世博优质文明规范服务活动。8 月 30 日，区政协经济委员会、区工商联联合举办的银企座谈会在农业银行青浦支行举行。（赵　峰）

■中国农业银行上海青浦支行　2010 年，该行深化经营机制改革，强化风险防控，推进精细化管理，加强队伍建设，抓住上海举办世博会的契机，围绕市场份额提升主线，发展各项业务，综合实力显著提升。实施网点营销竞争力提升方案。中国农业银行于 7 月 15 日和 16 日分别在上海和香港两地上市。12 月 21 日，支行启动销售竞争力提升项目，研究分行网点营销竞争力提升管理办法，结合支行网点现状与网点转型规划，制订《青浦支行 2011 年网点营销竞争力提升方案》，选择白鹤、徐泾 2 家网点作为活动的试点。8 月，支行获农总行 2008 ~ 2009 年“百家先进支行”称号。年末，各项存款首次突破 200 亿，比上年增长 38.37 亿元。人民币贷款余额比上年增长 4.85 亿元，中间业务收入比去年增加 2773 万元，完成分行计划的 102.83%。利润比上年增加 5303 万元，增长 21.33%。

4 月 2 日，为期一个月的以“警银联手出击、净化用卡环境、保障世博支付”

8 月 30 日，银企座谈会在中国农业银行上海青浦支行举行

（中国农业银行上海青浦支行供稿）

为主题的严厉打击银行卡犯罪专项行动在该行召开，活动中向市民分发《银行卡安全使用手册》、《教你如何使用银行卡》等宣传资料。4 月，举行慈善捐款仪式，该行员工向青海省玉树的地震灾民和西南旱灾灾民献爱心，募集捐款 68400 元。11 月 27 日，举办农行 2010 年职工羽毛球比赛。通过比赛，展示农行员工的拼搏精神和积极向上的精神风貌。12 月 2 日，该行被上海市体育局授予 2007 ~ 2010 年“上海市群众体育先进单位”称号。

加强与政府联系。8 月 30 日，由区政协经济委员会、区工商联主办，农行青浦支行协办的“银企座谈会”召开。区政协、工商联、农行青浦支行领导及近 20 位青浦知名企业家等参加座谈会。区政协主席张布尔和农行青浦支行行长王连军、工商银行青浦支行行长吴晓春分别讲话。11 月 5 日，邀请青浦区发改委领导作《青浦区经济发展情况和‘十二五’规划》专题报告。 （朱晓东）

表 40　　2010 年中国农业银行上海青浦支行网点情况表

网点名称	地　　址	邮编	联系电话
农业银行青浦支行（营业部）	青浦区公园路 6 ~ 36 号	201700	69721333
农业银行徐泾支行	青浦区盈港东路 1755 号	201702	59760818
农业银行赵巷支行	青浦区赵巷镇赵兴路 97 号	201703	59754174
农业银行华新支行	青浦区华新镇新益路 445 号	201708	59793526
农业银行凤溪支行	青浦区华新镇凤溪社区凤星路 1535 号	201705	59772330
农业银行重固支行	青浦区赵重公路 2778 弄 126 号 ~ 136 号	201706	59788323
农业银行白鹤支行	青浦区白鹤镇外青松公路 2688 弄 588 号	201709	69746009
农业银行赵屯支行	青浦区白鹤镇梅桥街 8 号	201711	59211046
农业银行大盈支行	青浦区香花桥街道大盈社区大盈路 391 号	201712	59221063
农业银行青浦区出口加工区支行	青浦区香花桥街道北青公路 9221 号	201707	59701086
农业银行青浦环城支行	青浦区城中东路 222 号 ~ 244 号	201700	59725117
农业银行青浦区工业园区支行	青浦区青安路 206 号	201700	69200355
农业银行朱家角支行	青浦区朱家角镇漕平路 19 号	201713	59240150
农业银行沈巷分理处	青浦区朱家角镇沈巷社区沈巷路 103 号	201714	59830548
农业银行练塘支行	青浦区练塘镇练新路 94 号	201715	59250920
农业银行盈浦分理处	青浦区城中西路 338 号	201700	59853710
农业银行西岑支行	青浦区金泽镇西岑社区西虹街 365 号	201721	59294187
农业银行金泽支行	青浦区金泽镇金溪路 287 号	201718	59265180
农业银行商榻支行	青浦区商周路 25 号	201719	59281078
农业银行夏阳支行	青浦区青湖路 746 号 ~ 758 号	201700	33863310
农业银行盈港路分理处	青浦区盈港路 1002 号	201700	59207889
农业银行青浦城中支行	青浦区青浦镇城中北路 5 号	201700	59731027
农业银行青浦开发区支行	青浦区新园路 506 号	201700	69213839

（朱晓东）

■中国建设银行股份有限公司上海青浦支行　2010年，该行贯彻落实国家和市分行各项政策要求，开展创先争优活动，加强世博金融服务，不断调整业务和客户结构，改革支行本部机构。正视同业竞争激烈态势和业务发展困难局面，应对市场变化，提升市场竞争力，加快资产业务，提高经营效益。根据市分行政策导向，制定考核激励办法，提高支行整体管理水平和员工队伍的素质。经营水平得到提升，年度目标得到实现，效益稳定增长。年末，存款110.78亿元，比上年增长12.11%；贷款56.22亿元，比上年增长12.08%。其中个人住房按揭贷款19.62亿元，比上年增长12.49。公积金贷款7.71亿元，比下降3.27%。考核利润比上年增长9.79%，中间业务净收入比上年增长41.30%。

11月28日，中国建设银行上海青浦支行员工向居民进行金融知识宣传咨询　（中国建设银行上海青浦支行供稿）

根据市分行在全行实行基层营业网点经营职能调整和经营单位绩效工资考核分配办法调整等改革要求，支行明确基层经营网点批发业务经营责任集中到支行，网点成为经营零售业务和提供交易服务的责任主体。为实现零售业务和批发业务专业专注经营的调整要求，调整支行本部机构，增设业务七部、业务八部，调整业务一部、业务五部工作职责。加强绩效激励，激励员工到业务经营的第一线。该行成立薪酬委员会及其办公室，根据上级行制定的绩效工资考核分配办法，制定支行实施细则。开展创先争优活动。成立创先争优活动领导小组及办公室，召开动员会议，部署创先争优活动推进工作，明确工作责任，分解细化工作任务，提高客户满意度和员工的凝聚力。4月14日，撤销建设银行开发区支行，并入支行本部营业室。年末经营网点10个，比上年减少1个全行动员、全方位开展世博金融服务。成立世博金融服务领导工作小组，由该行行长任组长，分管行长任副组长，下设世博金融服务工作小组、世博金融服务保障小组、世博金融服务督导小组及金融应急处理4个小组开展具体工作。制订青浦支行世博金融服务方案，召开青浦支行世博金融服务动员大会，布置各项工作，组织全行一线员工学习金融服务手册，完成金融服务13个预案的演练，专题检查世博重点网点朱家角支行，并进行整改。该行实施定时限、定人员、定方案，一包到底的“三定一包”方案，把世博具体责任落实到每个具体环节和每个人。充实一线服务人员，要求各部门、各级干部到网点支持服务工作，该行领导和职能部门的党员带头到网点担任大堂经理助理。开展“世博优质服务竞赛活动”，提升服务标准，让客户体验“无障碍”、“高愉悦”、“零事故”、“不间断”的优质服务，达到“高标准、高质量、高效率”的世博金融服务目标。　（姚金龙）

表41　2010年中国建设银行上海青浦支行网点情况表

行　名	地　址	邮编	联系电话
建设银行青浦支行	青浦区城中东路550号	201700	59725555
建设银行北门支行	青浦区城中西路302号~310号	201700	59853901
建设银行城东支行	青浦区青湖路837号	201700	61200805
建设银行徐泾支行	青浦区徐泾镇京华路85号	201702	59760395
建设银行赵巷支行	青浦区赵巷镇赵兴路92号	201703	59752199
建设银行华新支行	青浦区华新镇华新街369号	201708	59797562
建设银行白鹤支行	青浦区白鹤镇鹤如路60号	201709	59741327
建设银行城中支行	青浦区公园路718号	201700	59734724
建设银行朱家角支行	青浦区朱家角镇祥凝浜路363号	201713	59240243
建设银行练塘支行	青浦区练塘镇练新路58号	201715	59251744

（姚金龙）

11 月 28 日晚，中国工商银行上海市青浦支行行庆 20 周年晚会举行

（中国工商银行上海市青浦支行供稿）

■中国工商银行股份有限公司上海市青浦支行 2010 年，该行下设综合管理部、公司业务部、个人金融业务部、业务管理部等 4 个部室，下辖营业部、青湖路支行、城东支行、朱家角支行、工业园区支行、华新支行、徐泾支行、赵巷支行 8 个网点，从业人数 154 人。面对激烈的同业竞争，加速该行经营管理的转型，扩大信贷规模；提高网点产能，提升零售业务经营意识。该行在主要总量指标、效率指标上处于同业领先位置。围绕青浦区经济发展重点，参与徐泾新虹桥生态商务区、赵巷市郊现代服务业集聚区和新城商贸圈建设，开展银政合作，力争前期介入。年末存款余额 57 亿元，比上年增长了 28%，其中：居民储蓄存款 32 亿元，比上年增长 27%；企业存款 25 亿元，比上年增长 30%。贷款余额 61 亿元，其中：企业贷款 51 亿元，比上年增长 31%；个人贷款 9.7 亿元，比上年增长 97%，加强网点建设，华新支行于 9 月迁址至华新镇新府中路 1750 号对外营业，紧邻西郊农贸展示中心，营业面积 485 平方米，二楼建有贵宾服务中心。12 月 20 日，赵巷支行在赵巷镇镇中路 520 号开业，营业面积 420 平方米。3 月，启动“一日捐”活动，帮助困难员工，展现工行人互帮互助的精神风貌。5 月，以世博为契机，该行党组织在全体党员中开展“加强党性修养，争当世博先锋”为主题的党员集中教育月活动。6 月，召开该行党工团联席会议，举办争创“青年文明岗、党员先锋模范岗”活动。7 月，参加人民银行上海总部在青浦区祥龙社区反假货币宣传站举行的第一次培训活动，各商业银行分支机构的社区反假货币辅导员 150 人参加培训。9 月，开展“创先争优”活动，促进该行基层党组织建设。10 月，在上海分行牡丹信用卡“双领先创新高”活动庆功动员大会上，青浦支行被授予“最佳发卡贡献奖”。

（王亚萍）

表 42 **2010 年中国工商银行上海市青浦支行网点情况表**

网点名称	地　址	邮编	电话号码
工商银行青浦支行	青浦区城中东路 485 号	201700	59720088，59724800
工商银行朱家角支行	青浦区朱家角新风路 168 号	201713	59241986
工商银行徐泾支行	青浦区徐泾镇京华路 71 号	201702	59768718
工商银行华新支行	青浦区华新镇新府中路 1750 号	201707	39763577
工商银行青浦工业园区支行	青浦区漕盈路 2500 号	201700	69228671
工商银行青浦城东支行	青浦区城中东路 66 号	201700	59714101
工商银行青浦青湖路支行	青浦区青湖路 789 号	201700	61249736
工商银行赵巷支行	青浦区赵巷镇镇中路 520 号	201703	59750986

（王亚萍）

■中国银行股份有限公司上海市青浦支行 2010 年，该行贯彻落实总分行关于“继续深入贯彻科学发展观，紧紧围绕总行‘调结构、扩规模、防风险’的工作方针，执行总行发展战略规划，加快发展防风险，服务世博创佳绩”的工作要求，落实各项工作措施，继续推进支行健康持续发展。年末存款 68.94 亿元，比上年增长 8.85%；贷款 54.02 亿元，比上年增长 7.50%。住房按揭贷款 24.83 亿元、公积金贷款 4.65 亿元，分别比上年增长 3.02% 和 5.03%。

业务方面，紧盯重点，采用名单式营销，跟踪区内重点企业。加强与政府部门沟通，行政事业单位存款有增加，争取多家政府融资平台在支行开户；联系各工业开发区，扩大对公客户总量；注重联动，应对同业的激烈竞争；配合分行中小企业授信业务“加盟”模式，推进中小企业授信业务。个金储蓄方面，开展多个个性化的客户端营销活动，重点开展新增代发企业营销活动，吸引客户资金。每日通报网点储蓄增长情况及产品销售情况，加强对网点的督导，引导网点关注每日大额资金出入情况，及时寻找变动原因，稳定储蓄新增源头；要求理财客户经理每天上报揽存计划、每周回顾营销情况，督促其充分重视储蓄发展工作；要求消费贷款经理利用房贷理财账户积极营销，寻求储蓄增长的新亮点。中间业务方面，通过产品创新，开辟新的收入来源。制定一系列竞赛方案，强化内部激励考核机制，促进中间业务的良性发展。资产业务方面，走区内区外双线发展道路，面对房地产调控政策的变化，及时调整业务发展重点，拓展投融资类贷款及汽车大额分期付款市场。自身建设方面，关注员工心理，注重企业文化建设。举办“心动行动，超越自我”系列活动，开展心理调试培训、中行价值观主题教育活动、迎世博演讲比赛、技能擂台赛、“不抱怨的世界”主题读书活动、田园趣味健身大赛、“我唱我闪亮”卡拉OK歌唱大赛等活动，建立“青浦支行青风图书馆”等，倡导快乐工作和健康生活的理念，增强团队的凝聚力。

5月7日，中国银行上海市青浦支行举行文明优质服务礼仪培训

（中国银行上海市青浦支行供稿）

强化内控管理，确保业务合规经营和操作。年内，制定《青浦支行2010年月度考核办法（支行版）》、《青浦支行2010年业务质量考评和问责办法》；制定并完善《青浦支行重要空白凭证管理办法》、《青浦支行现金库存限额管理办法》、《青浦支行关于客户风险分类操作办法的提示》等多项操作规程，规范网点的业务操作；修订《青浦支行2010年派驻业务经理绩效考核办法》，将派驻业务经理绩效与网点的业务差错与相挂钩。每月对支行6个营业网点逐个进行现场检查；开展专项检查案件排查、延伸排查和重点账户排查；举办“风险防控，从我做起”新行员座谈会，对新行员进行风险警示教育；设立内控学习班制度；举行培训活动，邀请分行专家讲授内控知识。该行行长室与辖属各单位负责人分别签订《党风廉政建设工作责任书》、《安全保卫工作责任书》和《案件防控目标责任书》。

加强对窗口服务的指导、检查、督促、评比、奖惩等各环节的工作。年初，制定《青浦支行2010年文明优质服务计划》，1～4月，展开《迎世博优质文明规范服务系列活动》；5～10月，参加分行“世博服务活动竞赛”和“世博服务质量月”的活动。4位员工被分行授予世博服务明星奖和风采奖，1个网点被分行授予世博服务品牌奖，该行营业部和个金部被分行授予世博服务贡献奖。世博期间184天录像抽查中，文明优质服务合格率100%。

安排各业务条线157人次参加分行组织的IT蓝图（中国银行金融管理系统）第一轮集中培训。完成74项各类数据补录、核对工作。按时按质完成各项蓝图上线准备工作。在分行关于2010年第三季度IT蓝图上线准备工作进程维度指标得分中，该行排名第一。（焦 慧）

表43　　2010年中国银行上海市青浦支行网点情况表

网点名称	地　址	邮编	电话号码
中国银行青浦支行营业部	青浦区城中东路608号	201700	59729942
中国银行青湖路支行	青浦区青湖路822号	201700	69732601
中国银行徐泾支行	青浦区徐泾镇京华路222号	201702	59762460
中国银行朱家角支行	青浦区朱家角镇祥凝浜路351号	201713	59241856
中国银行凤溪支行	青浦区华新镇凤中路267号	201705	59771459
中国银行青浦出口加工区支行	青浦区北青公路8118号	201707	59703326

（焦 慧）

9月20日，中国农业发展银行青浦区支行信贷人员参加“三个办法一个指引”贷款新规统一考试　　（中国农业发展银行青浦区支行供稿）

■**中国农业发展银行青浦区支行**　2010年，该行履行国家农业政策性银行的职责，发挥政策性银行在服务国家宏观调控、促进“三农”发展中的职能作用。按照发展空间合理、治理结构科学、体制机制健全、经营管理规范、操作手段先进、具有可持续发展能力的要求，完善体制机制，强化经营管理，打造现代农业政策性银行。年内，基本形成“两轮驱动，双轨运行”的新业务战略格局，即以支持国家粮棉购销储业务以及支持新农村建设和水利建设为重点的农村基础设施建设信贷业务为两轮，以政策性业务为主、以商业性业务为补充的双轨运行模式，培育“建设新农村的银行”的品牌形象。

以开展“银行业内控和案防制度执行年”活动为契机，完善内控机制，提升管理水平；以开展“创先争优”活动为主题，加强队伍建设，构建和谐支行；以加强“平安农发行”建设为抓手，落实党风廉政建设和安全保卫工作责任制，加强风险管理和安全管理，有效防范各类案件、事故和违规违纪行为。2010年，该行的财会工作和纪检监察工作在分行系统考评中均获第二名，有3名员工分别获得分行系统知识型标兵、青年岗位能手等光荣称号。年末，该行各项贷款余额17353万元，存款余额5799万元，不良贷款为零，收贷收息率100%。支持地方储备粮体系，发放储备粮贷款2940万元，发放粮食收购贷款2000万元；在新农村建设领域发放中长期项目贷款10082万元。　　（姚莹莹）

■**上海浦东发展银行青浦支行**　2010年，该行强化服务，加强内控管理，经营管理取得成效，完成世博金融服务工作。获上海市银行同业协会颁发的“2010年上海银行业文明服务示范单位”称号，分别被浦发银行总行、分行授予“世博金融服务优秀集体”称号；青浦支行营业部获得上海市总工会“迎世博600天‘五一巾帼示范岗’”的称号；许缪妙、张莺、朱锋3位员工被授予上海分行“世博金融服务优秀个人”荣誉称号；张莺、干洁等2位员工获得“青浦区世博服务优秀个人”荣誉称号。开展一系列社区金融讲座。5月，组织员工进社区向居民传授识别假钞知识。该行存贷款规模发展态势良好，经营管理能力有较大发展。年末存款余额41.96亿元，创历史新高；贷款余额27.64亿元，实现账面利润9166.53万元。（沈　杨）

5月8日，上海浦东发展银行青浦支行员工进社区向居民传授识别假钞知识　　（上海浦东发展银行青浦支行供稿）

表 44　　2010 年上海浦东发展银行青浦支行网点情况表

网点名称	地　址	邮编	联系电话
上海浦东发展银行青浦支行	青浦区城中东路 699 号	201700	59722887
上海浦东发展银行徐泾支行	青浦区徐泾镇京华路 77 号	201702	59765268
上海浦东发展银行临空支行	长宁区金钟路 633 号	200335	32523600

（沈　杨）

深圳发展银行青浦支行　　（深圳发展银行青浦支行供稿）

■深圳发展银行股份有限公司上海市青浦支行　2010 年，该支行面对复杂严峻的经济金融形势，坚定信心，迎难而上。关注青浦当地形势变化，及时调整营销渠道和方向，重点以先进制造业、新兴行业、现代服务业、贸易融资业务等方向为该行转型突破口，提倡为客户服务的业务营销思路，开展客户营销，后续跟进企业的票据、保险代理、网银等配套业务，提高客户的综合收益率。在网点营销上，推出网点飞跃模式（由总行提出的为客户一条龙服务的服务模式），提高零售客户对支行的认同感和忠诚度。响应分行的“内控和案防制度执行年”的活动方案，坚持内控机制建设，制作警示牌强调员工合规和案防意识，引导员工牢固树立正确价值观，爱岗敬业，忠于职守，提高员工的自律和风险防范意识，依法合规操作业务，逐步形成全员防范案件的良好氛围。年末，存款 7.24 亿元，比上年增长 14.12%；贷款 15.51 亿元，比上年增长 57.88%。（李　仙）

■上海银行青浦支行　2010 年，该行克服信贷调控的不利影响，调整信贷结构，实现资产业务较快的增长。拓展负债业务。面临同业竞争、存贷比压力，采取一系列措施，强化考核激励机制，加强存款变动管理，实现存款业务的较快增长。人民币企业存、贷款日均增长 30% 以上，人民币储蓄存款日均增长在 20% 以上，考核利润增长在 30% 以上。根据总行加快网点转型的要求，推进网点销售服务转型。加强小企业贷款业务，年末小企业贷款余额上年增长 104.7%，小企业贷款净增量、新增小企业贷款户数均超额完成计划指标。资产质量持续向好，年末总贷款不良率为 0.40%，比上年末下降 0.28 个百分点。

加强内部管理。落实各项自查、检查和整改工作，并与案件防控相结合，开展自查和有针对性的专项检查，及时发现制度、操作和管理等方面的漏洞和薄弱环节，结合市银监局银行业内控和案防制度执行年的活动要求，该行组织员工学习《员工行为准则》、《金融机构从业人员职业操守》、《金融机构案件防控知识问答》等文件，并组织专题考试，员工的案件防范意识明显增强，年内该行成功堵截电信诈骗案、假存单案各 1 起。开展创先争优活动。支部努力创建学习型党组织和学习型领导班子。支部继续推进与盈浦街道结对共建活动，获得 2010 年总行“基层党建创新案例”优胜奖。开展一系列社区金融讲座和反假宣传活动，

上海银行青浦支行员工向居民进行金融知识宣传　　（上海青浦支行供稿）

参加街道捐书和太极拳表演展示等活动。支行被评为2009～2010年青浦区文明单位。（黄　旻）

表45　　2010年上海银行青浦支行网点情况表

网点名称	地　址	邮编	电话
上海银行青浦支行	青浦区青安路39号	201700	59723023
上海银行徐泾支行	青浦区徐泾镇盈港路1548号	201702	59766421
上海银行城中西路支行	青浦区城中西路312号	201700	59853963
上海银行华新支行	青浦区经华新镇华强街607号	201708	59795336

（黄　旻）

■中国交通银行股份有限公司上海市青浦支行　2010年，该行面对金融危机影响尚未完全消除、经济基础依旧脆弱的外部环境，克服自身基础差、规模小、竞争压力大的困难，努力进取，以加快发展和服务世博为重点，落实业务提速发展要求，注重业务发展能力，坚持优化客户结构，夯实客户基础，推进各项业务，实现分行年初提出的“提速、提高、提升”发展目标。主体业务实现快速发展，负债业务发展速度跑赢分行同序列行和区域同业；资产业务继续保持快速发展的态势，贷款增量和增幅仍位居区域同业前例；以创新业务为国际业务发展的突破口，发展速度和市场份额均有提升；个人金融主体业务发展稳健，私人高端客户拓展成效显著；个人贷款，提前一个季度超额完成全年计划指标。年末，银行存款余额19.25亿元，比上年增长31.64%；银行贷款余额42.08亿元，比上年增长28.34%。

以“全面风险管理”为指导，推进支行内部管理的科学化、规范化。落实“管理提升年”的工作要求，强化各层级风险管理的责任制，培养和巩固全员风险管理文化，防控信用风险，提升支行资产质量。强化操作风险管理。落实风险排查制度，每月例行排查和定期、定项排查相结合，以会计综合化为抓手，不断提高会计工作效率。提升内控管理思路，建立提前介入机制，在控制风险的同时，支持业务发展。

提升网点服务水平，实现平安世搏的目标。实行支行行长及网点负责人负责制，通过“世博服务责任书”的形式将世博服务要求和目标层层落实到网点负责人和每位员工。组织开展对员工业务知识、岗位技能、服务标准、服务礼仪、临柜英语、手语等内容的培训和考核，提高员工的业务技能和服务能力，确保实现网点员工文明规范服务和技能达标的要求。梳理和优化网点服务的流程、管理体系，落实世博服务窗口专柜和绿色通道，为外宾和游客提供优质高效的服务。开展“世博服务应急预案”的培训和演练工作，完善和优化演练方案，实现“安全零事故”的目标。加强对网点现场客户投诉的管理，排摸几年来网点服务纠纷的易发案例及难点，结合投诉处理应急预案制订好相应的解决对策，确保实现“服务零投诉”的目标。加强网点现场服务的管理，督促柜面和大堂员工规范服务操作。

坚持“公开、公平、公正”的人才竞争选拔原则，重视员工职业生涯规划的推进实施，为员工提供业务培训学习的机会和施展个人才干的发展平台。改革激励机制，优化和完善员工绩效考核办法，实现考核的合理性、公正性、透明度。以开展“创先争优”等主题活动为载体，推进支行企业文化的建设。开展“依法廉洁从业、遵守职业操守”教育活动、“学习党章、重温入党誓言”党性教育活动，提高党员和干部的党性修养；开展“创新金融服务、提升管理水平、增强全行经营能力”的劳动竞赛和“2010年负债业务全员营销活动”，调动全行员工为支行业务发展多作贡献的工作热情。（何小龙）

■中国光大银行上海青浦支行　2010年，该行坚持依法合规、稳健经营、勇于创新、持续发展的宗旨，确保各项工作有序向前推进，杜绝信贷事故、结算事故、道德风险和各类刑事责任案件的发生。经总行批复确认，全面启动中小企业担保、互保，全国跨行收单等模式化经营业务，新增中小企业授信客户38户、新增授信1.6亿元。对公存款、对公贷款、中间业务收入、新增有效对公客户等均比上年有增加。零售业务方面，开展社区宣传，向居民推介零售产品；个人贷款投放、新增优质客户超计划完成任务，在分行系统内名列前茅。理财产品、保险销售、信用卡发行等比上年有较大幅度提高，对私贷款不良率持续“双降”（即贷款不良余额和贷款不良余额占总贷款比例均下降）。年末，银行存款余额19.39亿元，比上年增长34.71%；银行贷款余额17.08亿元，比上年增长13.66%。

提高服务技能，在分行开展的业务基本功比赛中，前6名获奖选手中青浦支行占2个，继续2009年光大银行阳光服务年活动。二季度起，在总行阳光服务“神秘人暗访”考评中，连续三个季度获满分100分。该行编排舞蹈《开门红》，演出获分行新春文艺汇演优胜奖。3月，光大银行上海分行在青浦区浦仓路设立24小时自助银行。

（黄承宏）

■上海农村商业银行青浦支行　2010年，该行坚持科学发展观为统领，贯彻落实国家宏观调控政策，抓住区域发展热点，推进业务发展；紧扣世博金融服务理念，提升服务质量。抓住青浦区启动“一城两翼”建设机遇，明确重点项目、重点环节，开展全员营销，业务经营取得较好业绩。年末，各项存款余额128.28亿元，比上年增加20.23亿元，增幅为18.72%；各项贷款余额64.33亿元，比上年增加15.63亿元，增幅为32.09%；实现账面利润

2.17 亿元。

风险防控能力持续增强。应对经济形势，动态调整信贷政策，风险管理能力增强；实现不良贷款“双降”，资产质量得到提升。事后监督风险预警监测系统上线启用。组织案件防控风险排查，实施重要岗位轮岗等 5 项制度。开展岗位练兵，提高柜台服务员服务技能；开展各项新业务的培训辅导。制作上海农商银行“记忆上海”系列文化明信片，2011 版以青浦为主题，收纳福泉山古文化遗址、普济桥、阿婆茶、青龙塔等颇具青浦特色的传统文化。

贯彻落实世博金融服务工作部署，完成世博金融服务任务。青浦支行获得市公安系统安保先进集体，辖内朱家角支行获得市金融工作委员会立功竞赛先进集体、团市委“青春世博行动”优秀集体，有 4 人分获上海银监局、市金融工作委员会和青浦区世博工作优秀个人。

上海农村商业银行“记忆上海”系列文化明信片青浦主题系列

（上海农村商业银行青浦支行供稿）

（李　燕）

表 46　　2010 年上海农村商业银行青浦支行网点情况表

网点名称	地　址	邮编	电话
农村商业银行青浦支行营业部	青浦区公园路 399 号	201700	59717940
农村商业银行城中分理处	青浦区青安路 40 号	201700	59738199
农村商业银行赵巷支行	青浦区赵巷镇赵兴路 94 号	201703	59754374
农村商业银行北崧分理处	青浦区沪青平公路 2750 号	201703	59756513
农村商业银行徐泾支行	青浦区徐泾镇盈港东路 1775 号	201702	59760508
农村商业银行京华分理处	青浦区徐泾镇京华路 108 号	201702	59760509
农村商业银行华新支行	青浦区华新镇华新街 508 号	201708	59791490
农村商业银行凤溪支行	青浦区华新镇凤星路 1531 号	201705	59770039
农村商业银行重固支行	青浦区重固镇赵重路 2439 号	201706	59788328
农村商业银行福泉分理处	青浦区重固镇福泉山路 489 号	201706	59781223
农村商业银行白鹤支行	青浦区白鹤镇外青松公路 2727 号	201709	59746716
农村商业银行赵屯支行	青浦区白鹤镇赵江路 201 号	201711	59211861
农村商业银行大盈支行	青浦区香花桥街道大盈路 415 号	201712	59221398
农村商业银行香花桥支行	青浦区北青公路 9188 号	201707	59702043
农村商业银行环城支行	青浦区青湖路 885 号	201700	59715355
农村商业银行盈中支行	青浦区城中西路 134 号	201700	59729451
农村商业银行朱家角支行	青浦区朱家角镇祥凝浜路 98 号	201713	59245078
农村商业银行珠溪分理处	青浦区朱家角镇新溪路 48 号	201713	59242452
农村商业银行沈巷支行	青浦区朱家角镇沈巷路 89 号	201714	59830625
农村商业银行小蒸支行	青浦区练塘镇共喜路 202 号	201716	59812475
农村商业银行蒸淀支行	青浦区朱枫公路 6338 号	201717	59821112

续表 46

网点名称	地 址	邮编	电话
农村商业银行练塘支行	青浦区练塘镇练新路 129 号	201715	59250343
农村商业银行莲盛支行	青浦区金泽镇镇中路 53 号	201722	59272891
农村商业银行金泽支行	青浦区金泽镇金溪路 235 号	201718	59261081
农村商业银行商榻支行	青浦区金泽镇商蔡路 48 号	201719	59282973

（李 燕）

■中国邮政储蓄银行有限责任公司上海青浦区支行 2010 年，该行着眼于加快向现代商业银行转型、推动可持续发展，强化基础管理，加强风险防控，巩固邮银（邮政银行与邮政公司）和谐，超额完成分行下达的年度任务。年末，支行吸纳公众存款 24.43 亿元，比上年增加 4.13 亿元；吸纳企业存款 4.2 亿元。各类人民币贷款 1.8 亿元。

坚持服务“三农”、服务中小企业。该行成立 3 年来，为超过 500 家“三农”和中小企业提供贷款服务。2010 年，继续发展小额贷款、个人商务贷款业务，优化产品种类，10 月，推出最高额度为 1000 万元的小企业贷款，切合小企业融资需求，受到中小企业主的广泛好评。

坚持“根植城乡，服务百姓”理念。多次深入到社区开展“送金融服务进社区”活动，为社区居民讲解金融知识，提示金融风险，扫除金融盲点，传输理财理念。组织员工开展“参与世博，服务世博，争做合格东道主”活动。根据分行示范网点建设要求，在支行营业部建设示范网点，加强营业现场管理，落实专人负责日常窗口服务工作，实施服务责任制；整顿营业环境，规范用语，统一着装，微笑服务；强化业务培训，提高操作技能。该行营业部在市分行“当好东道主，文明庆世博”优质服务竞赛中获得二等奖。（徐姗姗）

表 47 2010 年中国邮储银行青浦支行网点情况表

网点名称	地 址	邮编	电话
邮储银行青浦区支行营业部	青浦区公园路 655 号	201700	59728113
邮储银行青浦区新风支行	青浦区朱家角镇新风路 125 号	201713	59242713
邮储银行青浦区赵屯支行	青浦区白鹤镇赵江路 193 号	201711	59211711
邮储银行青浦区商榻支行	青浦区金泽镇商蔡路 2 号	201719	59281719
邮储银行青浦区徐泾支行	青浦区徐泾镇京华路 133 号～139 号	201702	59760000
邮储银行青浦区赵巷支行	青浦区赵巷镇赵兴路 126 号	201703	69751287
邮储银行青浦区凤溪支行	青浦区华新镇凤溪社区凤星路 1460 号	201705	59770018
邮储银行青浦区重固支行	青浦区重固镇福泉路 478 号	201706	59781224
邮储银行青浦区香花支行	青浦区重固镇香花社区北青公路 9355 号	201707	59701143
邮储银行青浦区华新支行	青浦区华新镇华新街 608 号	201708	59791785
邮储银行青浦区白鹤支行	青浦区白鹤镇外青松公路 2980 号	201709	59747166
邮储银行青浦区练塘支行	青浦区练塘镇练新路 90 号	201715	59251715
邮储银行青浦区金泽支行	青浦区金泽镇金溪路 294 号～296 号	201718	59260718
邮储银行青浦区城中储蓄所	青浦区城中东路 42 号	201700	69712400
邮储银行青浦区大盈储蓄所	青浦区赵屯镇大盈社区大盈路 412 号	201712	59222120
邮储银行青浦区沈巷储蓄所	青浦区朱家角镇沈巷社区万步路 50 号	201714	59830714
邮储银行青浦区小蒸储蓄所	青浦区练塘镇小蒸社区贞溪南路 205 号	201716	59811716
邮储银行青浦区蒸淀储蓄所	青浦区练塘镇蒸淀社区蒸兴路 127 号	201717	59820717
邮储银行青浦区西岑储蓄所	青浦区金泽镇西岑社区西虹街 397 号	201721	59294721
邮储银行青浦区莲盛储蓄所	青浦区金泽镇莲盛社区莲湖路 28 号	201722	59271722

（徐姗姗）

■**中信银行上海青浦支行** 2010年，该行结合青浦当地金融实际情况，提高综合竞争力，强化服务手段，以客户服务为中心，以经营客户为手段，通过产品组合包装、贷款授信、贸易融资等方式。对公业务方面，加强与客户合作关系，与青浦地区的各家开发区开展合作，为区内的中小企业提供优质的金融合作以及解决方案。年末，对公存款4亿元，对公贷款余额为5.64亿元；日均存款余额为9亿元；完成国际结算6500万元；完成公司网银交易量40.81亿元。零售业务方面，发挥支行混合经营、理财产品的优势，在上海青浦工商信息学校，城东居委会街道等人员较集中以及影响力较大的场所举办理财知识讲座，主要面向教师、离退休人员、公务员等群体。年末，零售管理资产余额突破1.3亿元；储蓄存款余额10326万元，个人贷款余额2940万元。完成利润1372万元。

（周　磊）

■**兴业银行股份有限公司上海青浦支行** 2010年，该行结合青浦经济特点，发挥股份制商业银行活力，服务青浦地方经济建设，先后为青浦投资有限公司、朱家角投资有限公司、青浦工业园区（集团）有限公司等市政重大项目给予授信，围绕青浦区"一城两翼"和"新农村"建设的契机，加大对中小企业的信贷支持力度，为地区经济和社会发展给予资金支持和金融服务。2月10日，组织员工到夏阳湖社区居委会开展反假货币知识宣传的活动，向居委会代表派发反假宣传手册，开展反假币知识的问答比赛。年末，对公存款余额11.53亿元，对公贷款余额2.78亿元；对私存款余额1.02亿元，对私贷款余额1.29亿元；实现净利润1200万元。（何嘉俊）

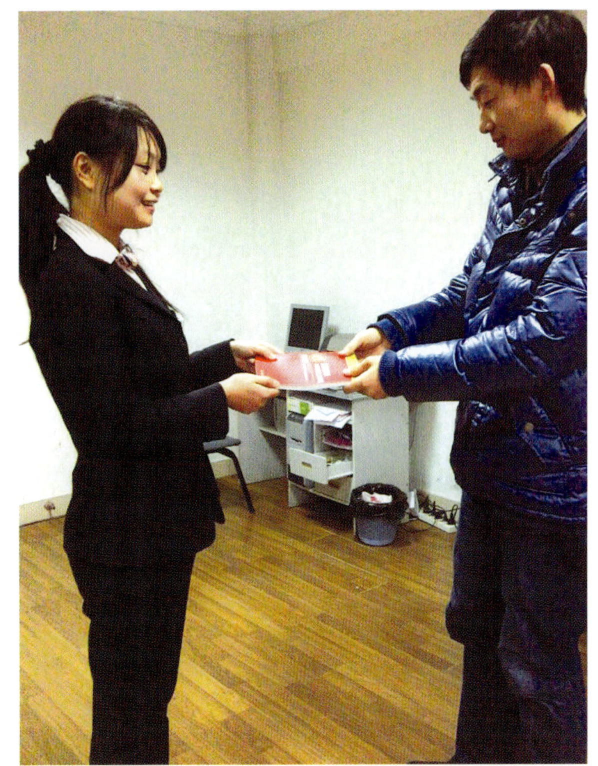

2月10日，兴业银行股份有限公司上海青浦支行员工向夏阳湖社区居委会代表发放反假宣传手册

（兴业银行股份有限公司上海青浦支行供稿）

■**中国民生银行上海青浦支行** 2010年，该行开展针对小微企业的"商贷通"新业务，为小微企业业主融资困难提供解决方案，至年末，"商贷通"项目贷款1.07亿元。开展对公业务推介会；开展对私业务客户营销会；深入多个小区举办"周周有活动"，向居民介绍推荐青浦支行特色业务。在世博会期间，每天轮检区内离行式ATM机，确保设备安全正常运行。以建设"平安支行"为目标，开展银行防抢劫预案演练2次，开展消防预案演练，检查维护对支行内消防设备。年末，存款余额31.97亿元，比上年增长344.44%；贷款余额2.28亿元，比上年增长19.56%。（徐燕莉）

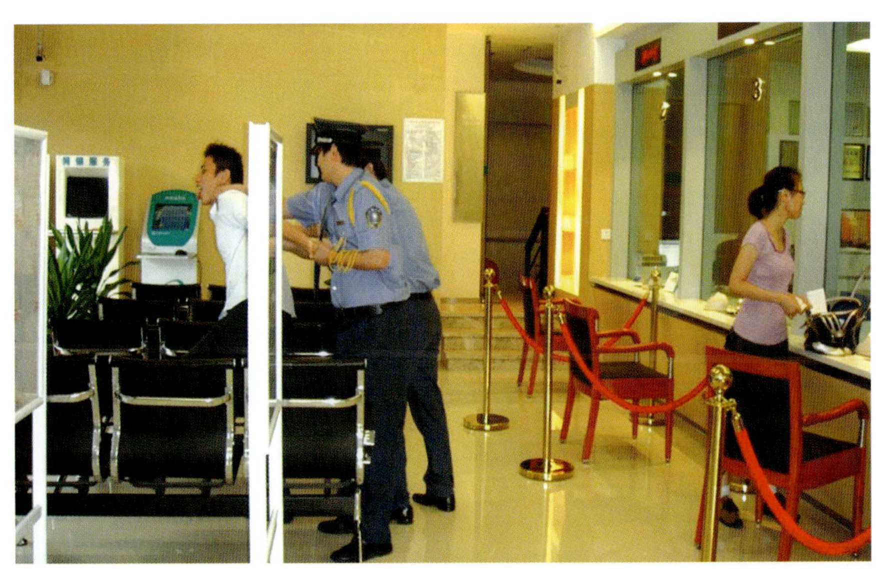

8月31日，中国民生银行上海青浦支行开展反抢劫预案演练

（中国民生银行上海青浦供稿）

■**广东发展银行上海市青浦支行** 2010年，该行下设营业部和信贷部，有正式员工16人，其中本科以上16人。立足服务中小企业宗旨，推出适合中小型企业的产品"好融通"、"厂商银"，深受中小型企业好评。推出短期投资理财产品"薪加薪"。10月，组织员工到夏阳湖社区宣传理财产品"薪加薪"。11月，举行青浦青年企业家金融知识讲座，邀请中小企业客户参加。开展内控风险检查。年末，对公存款3.58亿元，储蓄存款2300万元；对公贷款1亿元，个人贷款1.72亿元。

（徐唤然）

■**华一银行青浦支行** 2010年，该行存、贷款业务呈稳步上升的态势，各项业务指标均超额完成总行任务。存款方面，全年存款余额15.39亿元，增幅明显大于上年。该行尚未开办境内居民个人人民币存款业务，客户均为公司客户及境外非居民个人客户。贷款方面，年末余额为9.32亿元。华一银行具有台资背景，该行参与青浦区台

商投资企业协会举办的各项活动。3月8日，在青浦宾馆举办的台协“三八妇女节”活动中，为台商开展理财讲座。 （张秀红）

■华夏银行青浦支行 6月29日，位于青浦区城中北路780号的华夏银行青浦支行对外试营业，于8月11日正式开业。该行建筑面积1387平方米，二个楼面。下设营业部、公司业务部、个人业务部3个部门，有金融从业人员27人。华夏银行是一家全国性股份制商业银行，第一股东为首钢总公司。支行坚持质量、效益、速度、结构协调发展，扩大经营规模，提高赢利能力，保持持续稳定、健康发展的良好态势。推动经营方式由粗放营销逐步向产品营销转变，推动银行优质产品的营销工作，使公司产品线切入目标客户市场；提高服务质量、服务档次和产品的组合能力；完善集中营销体制，细分客户群体，提供差异化、特色化服务，实施分类营销，推介慧盈、创盈等特色理财产品，各类华夏基金产品、黄金买卖等产品。支行拥有“华夏易达金”信用卡、“华夏丽人卡及商旅卡”信用卡、“现金新干线”公司集团财务管理、“融资共赢链”贷款产品等为代表的一批品牌产品，市场份额在业内名列前茅。年末，本外币存款10.23亿元，其中：对公存款9.3亿元、居民储蓄存款9315万元；贷款余额3.84亿元。 （顾徐浩）

华一银行青浦支行营业大厅 （华一银行青浦支行供稿）

保 险

■概况 年末，全区有中国人民财产保险公司青浦支公司、中国人寿保险公司青浦支公司、上海安信农业保险公司青浦支公司、中国太平洋财产保险公司青浦支公司、中国平安人寿保险公司青浦营销服务部、中国平安保险公司上海分公司虹桥支公司青浦营业所、中华联合财产保险公司青浦支公司、大众保险有限公司青浦支公司、都邦财产保险公司上海分公司青浦营销服务部、中国大地财产保险青浦公园路营销服务部等保险公司分支机构，除中国人寿保险公司青浦支公司在朱家角镇、白鹤镇和赵屯地区有营业网点外，各保险公司分支机构及营业部均分布于青浦城区。各保险公司分支机构及营业部加强员工队伍建设，完善规章制度，依法合规、诚信经营，加强风险管理，积极开展保险业务，服务地方经济。4月14日，区推进农业保险委员会工作会议举行，副区长陈勇章主持会议。陈勇章要求继续推行“以险养险”工作，加大政策扶持力度，确保财政补贴到位，坚持创新发展，做宽做深现代农业配套农业保险。 （赵 峰）

华夏银行青浦支行 （华夏银行青浦支行供稿）

■中国人民财产保险股份有限公司上海市青浦支公司 2010年，该公司始终坚持效益第一的经营理念，按照分公司提出“一年一变样，三年大变样”的近期目标，强化责任，开展各项工作。全年完成账面保费收入9000多万元，处理各类赔案18218件，累计赔款支出7000多万元。

年初，开展“认清形势，坚定信心，励精图治，扭转局面”大讨论活动，统一员工思想。转变经营理念，遵循“短期有效，长期有利”的原则；转变发展方式，发挥专业销售团队作用。完善内控管理机制，强化合规风险管控。加强销售合规管理，执行费率和手续费标准；落实财经纪律责任状，规范财务运营；开展反洗钱工作。开展数据真实性和财务业务质量检查、“打三假”和“反欺诈”活动，及时发现和化解合规经营管理风险。组织开展“业务结构调整和实务培训”、“销售人员中级序列培训班”、“读书与分享”等活动；开展“坚持效益第一，强化合规经营”专题警示活动和“自觉遵纪守法，强化职业道德，提升服务能力”的主题教育活动。支公司成立世博服务领导小组，借调人员参与世博会人保馆工作，完成世博各项任务。（马晓萍）

3月15日，中国人民财产保险股份有限公司上海市青浦支公司员工向市民提供咨询服务（中国人民财产保险青浦支公司供稿）

■中国人寿保险股份有限公司上海市青浦支公司 2010年，该公司有销售人员177人。面对市场竞争环境，坚持以分公司“科学发展观为指导，加快队伍发展、加快业务发展、加大结构调整、严密管控经营风险”为指导思想，完成各项业务指标。实现总保费2.43亿元，比上年增长46.39%，其中：公司团体险、个人险、银保（银行渠道销售保险产品）各项业务较上年都有大幅增长。

5月，围绕分公司“诚信我为先”活动开展各项诚信教育活动，以“客户资料真实性”、“防范代签名”两个重点开展系列活动，所有销售人员接受两个风险点专题教育的参训时间4课时，参训率80%以上。该公司柜面有关风险点宣传覆盖率100%。落实“治本抓源头责任制”自查自纠工作。根据分公司要求，建立健全公司反洗钱内部控制制度。8月，组织“小金库”自查自纠。9月，组织全体员工学习防腐倡廉相关知识，并组织考试，参考率100%。11月，开展对中介（银行、邮政销售渠道）业务的合规性（是不符合保险规范）进行自查自纠，全年检查保险产品说明会资料1358份，检查银邮（银行、邮政）网点56个，检查网点宣传资料56份。（张苏青）

表48 2010年中国人寿保险股份有限公司上海市青浦支公司营业网点情况表

网点名称	地 址	邮编	电话
中国人寿保险青浦支公司营销服务部	青浦区公园路348号5楼	201700	59731100
中国人寿保险青浦赵屯营销服务部	青浦区赵屯梅桥街95号	201711	39210016
中国人寿保险市青浦朱家角服务部	青浦朱家角镇大新街祥凝浜15弄8号~9号2层	201713	39240022
中国人寿保险青浦漕盈路营销服务部	青浦区漕盈路2500号主楼807	201700	39202300

（张苏青）

■中国平安人寿保险股份有限公司市西营业区青浦营销服务部 8月28日，该营销服务部迁入盈港路453号港隆国际大厦19楼新址。该服务部有员工292人，其中：人寿险外勤员工280人、人寿险内勤员工4人、柜面4人、综合开拓4人、保费部4人。年内，面对竞争激烈的市场，抓住机遇，时刻以客户利益为重，完善标准化岗位管理，以业绩为导向，充分调动员工工作积极性。注重与客户互动，举办100余场大小规模的VIP客户答谢酒会及产品说明联谊会，到场客户1万余人。6月，停售世纪赢家少儿险产品；7月，推出世纪天骄新型少儿险产品。全年保费收入6871万元，较上年有显著增长。（吴乐懿）

■上海安信农业保险股份有限公司青浦支公司 2010年，该公司完成总保费收入2865万元，比上年增长41.5%，其中种养两业保险费1784万元。种植业保费收入912万，比上年增长25.52%；养殖业部分收入872万，比上年增长107%。总计赔款1164万元。

年内，根据国务院《关于促进农业稳定发展农民持续增收的若干意见》精神，为加快发展多种形式、多种渠道的农业保险，探索建立健康可持续的白对虾养殖保险经营运作方式，改善白对虾养殖道德风险高、理赔难度大的局面，4月13日，由安信农保和上海市农委共同组织的青浦区南美白对虾互助保险试点启动大会青浦区农委举行。会议通过《青浦区南美白对虾养殖保险互助运作试点章程》、《青浦南美白对虾互助保险试点实施细则（试行）》、该公司与14家自愿参加互助保险的合作社签订《互助保险合作协议书》。青浦区南美白对虾养殖保险互助运作试点的基本运作原则是互助互济、非营利性和权力义务对等。主要任务是在虾农自愿参加、政府政策资金扶持、保险公司风险技术支持的基

4 月 13 日，白对虾互助保险签约仪式举行

（上海安信农业保险股份有限公司青浦支公司供稿）

础上，逐步探索建立白对虾养殖风险补偿保障机制，维护虾农的经济利益，促进虾农增收。“互助运作试点”的运作接受上海市农委、青浦区农委等政府部门的监督检查。白对虾的赔付率从 2008 年的 103%、2009 年的 100%，降低到 55.7%。12 月 17 日，在青浦南美白对虾养殖保险互助运作试点总结暨推广介绍会举行，市农委水产办，安信农保公司，青浦、奉贤、浦东、金山、松江等区县农委负责人及合作社代表出席会议。

按照中国保监会于 7 月 28 日召开的国有及国有控股保险机构“小金库”专项治理试点动员部署会议精神，将“小金库”专项治理工作作为下半年重要工作之一。该公司成立领导小组，对照自查重点，梳理经营行为，对 2010 以往的业务逐一自查，未发现违规行为。创建“职工小家”，使职工有一个集学习、交流、休闲、娱乐为一体的活动场所。（陆　颖）

■中国太平洋财产保险股份有限公司上海分公司青浦支公司　该公司营业地址位于青浦区公园东路 1818 号信息大楼 9 楼，面积 600 多平方米，员工 20 多人。2010 年，根据分公司要求，创新经营模式，提升管理水平，转变观念。随着业务规模的扩大，对客户服务的质量和广度需要不断提高，支公司明确分工，创新思维，发挥团队作用。全年完成签单保费 6000 多万元，比上年增长 43.7%，其中：非车险 1220 万元，比上年增长 43.7%。保费应收率为 1.9%，简单赔付率为 47.8%。

秉承“诚信天下、稳健一生、追求卓越”的企业价值观，开展创建文明规范服务窗口，开展各类劳动竞赛，评比星级员工等活动。参与与世博相关的各类宣传活动，承保一系列世博保险项目。采取统一集中管理模式，加强内控体系建设，提高依法合规经营的自觉性和主动性，探索和完善支公司的经营管理模式。按照分公司全面预算管理要求，在实现保费业务增长的同时，有效降低费用成本和手续费成本。把握发展和效益之间的关系，业务上把好承包业务进口关，加强承保前的风险防范工作和承保后的防灾防损工作，努力降低赔付率。

加强与政府部门的沟通和协调，结合青浦地区的特点和要求，完善报案——查勘——赔付一系列绿色通道服务，使受损的客户能及时获得赔付。定期深入各社区开展安全防范知识宣传，增强居民防御风险的意识和抵御风险的能力。推行社区综合保险，包括街道辖属社区居民住宅及公共设施火灾责任综合保险、社区公共责任保险、街道固定财产保险和团体人身意外伤害综合保险等。青浦区各社区实现社区综合保险全覆盖。6 月 24 日凌晨，练塘镇发生重大火灾事故，过火面积约 200 平方米，有 12 家砖木结构房屋被烧毁，并导致 3 人死亡、2 人受伤。青浦支公司理赔部于 1 周内将预付赔款 50 余万元送到镇政府，为镇党委、政府妥善解决该事故提供财力支撑。社区综合保险有助于增强社区事故处理和矛盾化解的专业性、科学性、合理性；为弱势群体、低保家庭解决危机中所遇到的实际困难，加强弱势群体抵御风险的能力。（陈　琪）

证　券

■概况　年末，全区有申银万国证券公司青浦营业部、中信建投证券公司上海市青浦营业部、上海证券公司青浦证券营业部、上海证券公司徐泾营业部、海通证券公司青浦营业部、光大证券公司青浦营业部 6 家证券营业部，比上年增加 3 家。各证券营业部服务青浦经济，加强营销队伍建设，履行反洗钱职责。向客户开展分层次服务，组织总公司专家及各营业部专业分析员向股民讲解股市知识，点评股票；开展投资者教育活动，帮助投资者树立正确的理财观念。（赵　峰）

■申银万国证券股份有限公司青浦营业部　2010 年，该营业部同心同德，规范经营，优质服务，开拓进取，取得良好的经营业绩和管理成效。营业部实现交易总量 541.90 亿元，其中：沪、深 A 股交易总量 529.84 亿元，沪、深 B 股交易总量 1.85 亿元，沪、深基金交易总量 2.01 亿元，沪、深权证交易总量 2.3 亿元，沪、深债券交易总量 0.19 亿元，国债回购 5.74 亿元。沪 A、深 A 市场占有率（证券交易所内交易比例）0.0547%，沪 B、深 B 市场占有率（证券交易所内交易比例）0.0422%，市场占有率排名保持在公司第 4 位。代理手续费收入 8413.44 万元，报表利润 6409.06 万元。该营业部利润排名保持公司第 5 位，按照公司新的考核办法综合排名第 7 位。

2010 年，面对激烈的市场竞，青浦营业部所有员工投入到客户保卫战中。通过对周边营业部的实地暗访调研，总结出自身的优劣势，有针对性地提出以利留人、以情留人、服务留人的三大应对策略，尽量将客户流失的损失降到最低。同时,加大客户基础服务的投入。改善营业场所内设施和卫生清洁建设,更换破旧报废设备,保证营业部良好的投资环境和氛围;提升员工服务态度和工作热情,全年投资者投诉员工次数为零。随着公司党委"三创三争"活动(即创建先进党委、创建先进党支部、创建先进党小组,争当先进党员、争当学习型员工、争当岗位能手活动)的开展,营业部在多个岗位设置党员示范岗,通过党员的带头作用提升服务质量。开展营业部客户咨询及增值服务,加强营业部咨询人员的研究能力,新招公司管理培训生2人,充实咨询服务队伍。细分营业部存量客户,按照不同的资产总量及交易总量对客户进行分类,实施差别化服务。由客户经理重点维护A类大客户,提供专人一对一服务,服务包括邮件资讯服务,短信、飞信服务及员工关怀服务,不定期地组织客户参加VIP沙龙等活动。对中小投资者,增加服务内容,加强风险揭示提醒,通过邮件、短信、QQ群及新浪博客等形式给有需要的投资者提供及时的资讯。9月起,加强QQ群及博客的建设,宣传推广,建立QQ群3个,入群客户近850人,QQ群服务内容覆盖申万研究所的各类咨询信息;内部开展员工"荐股竞赛"活动,配合QQ群信息发布,对荐股优胜的员工给予奖励,通过两个多月的实践,荐股活动逐渐得到投资者认可。

5月16日,申银万国证券股份有限公司研究所执业分析师向股民作股市投资机会与风险报告　　（申银万国证券股份有限公司青浦营业部供稿）

营业部处于由交易中心角色逐步向理财服务中心及营销中心角色转移的过程中。年内,建立银企合作联系人制度,通过指定银行联系人制度,加强与银行间联系与合作;开展全员营销,制定营销激励制度,事先有预约、事后有登记,奖励与客户资产及交易量相挂钩。营业部6名经纪人,全年交易量20.29亿,手续费收入138.11万元。开展手机证券营销工作,手机交易占营业部交易量比例的9.78%。全年销售基金20只,销售总额2979.4万元,销售申万3号理财产品1091万。

公司获得股指期货IB业务资格和融资融券业务资格。营业部在公司的统一部署下开展相关准备工作。期货业务专员通过证监会的培训考试;落实各项规章制度;开展期货IB业务客户的投资者教育工作,组织客户参加期货IB业务的报告会,让客户了解市场投资风险。参与期货交易的客户有29人,其中股指期货交易的4人,年末客户权益143.66万元,公司内排名57位;留存手续费41.28万,排名31位;股指期货留存手续费24.55万,排名26位。开展融资融券业务的学习和准备工作,开展客户的调查摸底、客户投资者的教育工作。8月,营业部正式获得融资融券业务资格,11月,开展首笔融资融券业务。年末,营业部办理融资融券的客户15名,授信额度2194万元。　　（尤丽芳）

3月26日,中信建投证券有限责任公司上海市青浦营业部迁址到青浦区城中东路485号　　（中信建投证券有限责任公司上海市青浦营业部供稿）

■中信建投证券有限责任公司上海市青浦营业部　3月26日,该营业部迁址到青浦区城中东路485号(青浦工商银行办公楼)。新址服务环境服务设施全面提升,设业务柜台区、中散户区、营销服务区、VIP客户区等,交通便捷。营业部抓住经济回升、资本市场回暖的时机,努力为广大客户服务,应对同业竞争,业务规模和经营绩效有新的发展。市场占比和客户规模实现持续增长。着力营销队伍建设,引进6名新员工。

对客户开展分层次服务,专业交易

8月2日，海通证券股份有限公司上海青浦营业部在公园路458号开业

（海通证券股份有限公司上海青浦营业部供稿）

服务面向中小投资者，智尊高品质资讯产品服务面向中高端客户，智多星秘书式投资顾问服务面向高端客户。初步形成全方位的产品服务体系。完善的资讯产品组合，包括《中信建投视点》（每日），《分析师短信》（每日），“潜力股组合”（每日），《新咨讯》（每周），《月度策略》，举办投资沙龙、股民学校。深入住宅小区开展营销活动，普及证券知识。开展投资者风险教育，通过各种方式向投资者提示投资风险。按照金融部门有关反洗钱工作要求，开展反洗钱工作的培训和宣传。（孙帆达）

■上海证券有限责任公司青浦证券营业部 该营业部位于青浦区城中东路566号，营业面积900平方米，有散户大厅、中户室及大户室。其中，散户厅有30台自助委托机；中大户区可容纳数百名客户，提供电子股评资讯信息，配有专人服务。

2010年，青浦营业部继续秉承“诚信、专业”的核心价值观，以诚信经营为根本，以专业服务为中心，规范运作，稳健务实，致力于打造经营品牌，走现代金融企业的可持续发展道路。与工商、农业、中国、建设等17家银行开通第三方存管业务，推出“玉如翼”手机炒股软件，涵盖多数手机类型，为投资者提供便利。根据客户的风险级别和投资偏好为中小投资者提供全方位的咨询服务。通过公司的综合管理平台，每天通过短信方式向客户发送早评、午评、日评、个股精荐、新股申购等一系列操作策略，受到客户的好评。对于核心高端客户，提供一站式专人服务，提供投资研究报告，定期组织参加公司举办的高级投资策略会。（瞿云峰）

■海通证券股份有限公司上海青浦营业部 8月2日，该营业部在公园路458号开业，为上海地区第30家营业部。该营业部一层为客户业务办理区、交易大厅，另四层为中大户室、彩虹俱乐部以及员工办公区域。有员工18人，均为本科以上学历，其中9人具有相关金融行业工作经历。设立由6名具有投资咨询资格的员工组成的投资咨询团队。8月，投资咨询团队开展“以深入股民投资生活”为理念的投资咨询报告会。举办股市沙龙，初期每周1场，年末每周三、周日各1场的，获得与会客户好评。走进社区为街道居民举办投资报告会。细化客户类型，针对不同类型客户提供不同的套餐服务模式，使客户获得实时的一对一的投资咨询服务。

加强与银行等相关金融机构的合作，按照营业部客户经理的业务特点分派不同的银行，实行银行渠道分包责任制。重视营销人才的培养与挖掘，招聘前台营销人员25人，参与银行渠道建设，分布在青浦城区各大银行。年内，银行渠道开发客户1500多户，其中前台营销人员开发客户600多户。

发挥公司投资银行部作用，营业部结合青浦地区的实际情况，发展机构客户，寻求青浦地区有实力的企业，对有实力有意愿上市的公司进行实地考察，帮助其与总部投资银行建立联系，为青浦企业开辟直接融资渠道提供便利。在开业初期成立期货IB以及融资融券等创新业务服务区。公司投资银行部在股权分置改革业务方面的市场排名第一。（蔡诗琦）

■上海证券有限责任公司徐泾证券营业部 7月12日，该营业部在徐泾镇振泾

7月12日，上海证券有限责任公司徐泾营业部在徐泾镇振泾路238号5楼正式开业

（上海证券有限责任公司徐泾营业部供稿）

路238号5楼正式开业，面积966多平方米，有散户大厅、中户室及大户室。散户厅有自助委托终端和自助行情分析终端30台，行情液晶屏6台；有大户室8间、中户室2间、特大户室1间，提供电子股评资讯信息。有员工8人，全部为大学本科及以上文化程度。与工商银行、建设银行、农业银行、中国银行、交通银行、招商银行、浦发银行、光大银行、华夏银行、民生银行、兴业银行、上海银行、深圳发展银行等开通人民币银证转账业务，其中工商银行、中国银行、招商银行可为B股的投资者提供外汇（美元、港币）转账业务。年内，开展各种形式金融知识讲座，提高客户服务水平。年末，营业部客户资产2.3亿元，实现营业收入20.95万元，交易量5.1亿元，平均市场份额万分之0.2。（朱福元）

小额贷款公司

■概况 2010年，按照市金融办《上海市小额贷款公司试点工作指引》要求和《青浦区小额贷款公司监督管理暂行办法》（青府办发〔2009〕8号），经区编委发文《关于对区发展和改革委员会成立青浦区金融服务办公室请示的批复》（青编〔2010〕15号），同意在青浦区发改委增挂"青浦区金融服务办公室"牌子，具体实施对区小额贷款公司的日常监管和风险处置工作。7月8日，区金融服务办公室成立。全区有小额贷款公司2家，运行质量良好，建立基本客户群体，并在资金来源、具体业务、"三农"贷款比例、小额贷款比例、关联交易、贷款利率、遵守规章制度等方面均能动态地符合监管要求。（凌 娥）

■青浦明诚小贷公司 该公司于2008年12月8日成立，总资产16930万元，注册资本10000万元，为青浦区首家小额贷款公司，上海市首批8家小额贷款公司之一。该公司在2009年度上海小额贷款公司先进单位评选中获"回报社会奖"。2010年，发放贷款余额139笔、金额16842万元，其中"三农"发放贷款余额11558万元、企业贷款余额2730万元、非涉农个人贷款余额2554万元。累计发放贷款607笔、金额84933万元。（凌 娥）

■青浦兴众小贷公司 该公司于2008年12月26日成立，总资产12457.55万元，注册资本10000万元。注重练好内功、健全制度、规范操作，以风险控制为前提搞好小贷投放业务，确保经营可持续发展。2010年，发放贷款余额104笔、金额12208万元，其中："三农"发放贷款余额8208万元、企业贷款余额3450万元、非涉农个人贷款余额550万元。累计发放贷款607笔、金额84933万元。（凌 娥）

综　述

2010年，青浦区按照“五个确保”目标要求，服务和保障世博，巩固、增强经济回升向好势头，加快调结构、促转型步伐，着力推进“一城两翼”建设、促进城乡一体化，着力改善民生、促进社会和谐。年内经济运行延续向好态势，完成情况总体好于预期，综合实力进一步增强。全年实现地区生产总值589.7亿元，比上年增长13.1%。三次产业结构比为1.5∶60.8∶37.7。投资、消费和出口三大需求增势良好，全社会固定资产投资278亿元，比上年增长60.5%；社会消费品零售总额250.6亿元，比上年增长20.6%。财政收入较快增长，全口径财政收入188.7亿元，比上年增长15%，其中区级财政收入59亿元，比上年增长21.1%。

先进制造业加快发展。实现规模以上工业总产值1326.5亿元，比上年增长26.6%。加快布局调整和结构优化，青浦工业园区分设后成立“一园三区”，优化重组的3家公司明确承担不同功能，开发建设力度加大，全年规模产值655.8亿元，比上年增长27.3%。新增民营科技企业100家、市高新技术企业33家、市创新型企业11家、市科技小巨人(培育)企业7家，成功培育2家科技企业上市。企业加快运用新技术、新工艺提升产业能级，分别有3个、13个、55个项目获批国家、市、区级技术改造项目。17件商标被认定为上海市著名商标。

现代服务业稳步推进。西虹桥、湖区等现代服务业集聚区的相关规划工作开展。市郊大型购物商圈集聚辐射效应显现，西郊国际农产品交易中心(一期)和展示中心投入运行，珠江创展、吉盛伟邦二期、意邦国际建材家居品牌中心、夏阳湖国际酒店等重大项目顺利推进。服务业载体建设取得成效，2010年度获得市服务业发展引导资金600万元、区服务业专项扶持资金340.1万元支持。旅游业在世博效应的拉动下大幅增长，接待游客人次650万、比上年增长44.1%。

现代农业建设取得新进展。政策扶持力度加大，农业生产经营产业化、组织化、品牌化、标准化程度有提高。继续推进设施粮田、设施菜田建设。建成枇杷特色农产品生产基地107.6公顷。加快对茭白、草莓、枇杷等资源的开发和利用，开展特色产品展示展销活动。继续推进“三一联动”(即三产、一产联动)，引导农家乐提升经营管理水平，举办淀山湖捕捞节、草莓节等农事节庆活动。开展星级农民专业合作社创建活动，促进农民专业合作社健康发展。

资源节约集约利用得到加强。坚持低碳理念，采取有效措施，推进节能降耗，实施节能技改项目13个、产业结构调整项目101个，推广可再生能源利用，强化建筑、公共机构等领域节能工作，严把高能耗建设项目准入关。青浦工业园区热电节能减排标准化示范区被列为上海市第一批节能和环保标准化示范试点项目。燕龙基再生资源利用有限公司废玻璃加工项目获得市循环经济发展和资源综合利用专项资金支持，15个项目获得区循环经济专项资金支持。实施“腾笼换鸟”，闲置土地、闲置厂房盘活工作有序开展。

推进改革开放，加快城镇规划建设步伐。整合重组淀山湖新城、西虹桥商务区以及湖区的开发建设主体，明确区域功能定位和产业发展方向。按照推进“产城一体”和产业结构调整的要求，优化青浦工业园区的建设机制，形成“一园三区”的发展框架。启动“一城两翼”建设。淀山湖新城总体城市设计形成中期成果，东片城市设计完成最终成果，东、西两块配套商品房基地建设有序推进。西虹桥地区开展城市设计国际方案征集，成功引入国家会展中心项目。湖区形成总体规划中期成果，西郊淀山湖湿地修复和环湖生态带项目有序实施，“梦上海”旅游项目签署合作意向书。继续推进金泽、练塘小城镇发展改革试点。轨道交通20号线(后改名为17号线)选线专项规划获得市批准。

(凌　娥)

表 49　　2010 年青浦区国民经济和社会发展主要目标完成情况

序号	指标名称	全年目标		全年完成		
		总量	增幅%	完成数	增幅%	完成年目标%
1	地区生产总值(亿元)	573.8	10	589.7	13.1	102.8
2	#第三产业增加值(亿元)	240.6	16	222.04	7.1	92.3
3	工业总产值(亿元)	1486	6	1633.7	16.5	109.9
4	#规模以上工业总产值(亿元)	1150	6	1326.5	26.6	115.3
5	合同外资(亿美元)	5	—	7.5	—	150
6	外方到位资金(亿美元)	4	—	4.93	—	123
7	社会消费品零售总额(亿元)	245.1	18	250.6	20.6	102.2
8	全社会固定资产投资(亿元)	187.9	10	278.0	60.5	148
9	全口径财政收入(亿元)	180.5	10	188.7	15	104.5
10	#区级财政收入(亿元)	52.6	8	59	21.1	112.1
11	万元地区生产总值综合能耗(吨标准煤)	进一步下降		进一步下降		完成
12	化学需氧量排放量(万吨)	进一步下降		进一步下降		完成
13	新增就业岗位(个)	25100	—	30777	—	完成
14	城镇居民家庭人均可支配收入(元)	持续稳定增长		25152	10.1	完成
15	农村居民家庭人均可支配收入(元)	持续稳定增长		12936	11.6	完成

注:1. 表内以及报告中有关 2010 年完成情况的数据均为全年实际完成数;
2. 表中全口径财政收入和区级财政收入不包括基金收入;
3. 根据规定,“万元生产总值综合能耗”和“化学需氧量排放量”完成情况待市核定后统一公布。　　(凌　城)

国有(集体)资产监督管理

■概况　2010 年,全区国有企业占有、使用国有资产年报单位 118 户,资产总额 356.20 亿元,负债总额 251.53 亿元,净资产(含少数股东权益)104.67 亿元,资产负债率 70.61%。净利润 1.21 亿元。

城镇集体企业占有、使用集体资产年报单位 18 户,资产总额 4.75 亿元,负债总额 1.26 亿元,净资产 3.49 亿元,资产负债率 26.53%。净利润 0.11 亿元。

全年办理评估国有、城镇集体资产备案 16 户。完成产权交易 14 户(其中:国有产权转让 1 户、集体产权转让 13 户),产权转让价格 3133.28 万元,成交金额 3576.46 万元。　　(杨海军)

■完成“一城两翼”战略开发建设主体整合重组　按照加快推进淀山湖新城和西虹桥商务区开发建设以及发展湖区经济的要求,通过对原青浦新城公司、朱家角投资公司、淀山湖开发公司、大观园旅游开发公司、上海西郊开发公司等 5 家区属企业进行重组整合,3 月,组建完成上海淀山湖新城发展有限公司、上海西虹桥商务开发有限公司和上海湖区建设开发有限公司“一城两翼”三大区域性投资开发主体,分别开发淀山湖新城、西虹桥商务开发区、淀山湖湖区。　　(杨海军)

■青浦工业园区分设　按照“产城一体”和产业结构调整的要求,根据市政府关于加快上海张江高科技园区扩区建设部署,以及上海“两个中心”建设、虹桥商务开发机遇和推进青浦新城产城联动的实际需要,形成青浦工业园区改革分设方案,将青浦工业园区分设为“一园三区”,分别由 3 家区属公司[上海青浦工业园区发展(集团)有限公司、

11 月 18 日,青浦区国资国企工作会议举行　　(区国资委供稿)

上海张江高新技术产业开发区青浦园区有限公司和上海青浦出口加工区开发有限公司]承担开发建设任务,明确各区域的开发主体、建设范围、产业布局和资产结构,形成"一园三区"发展框架。 (杨海军)

■组建上海青浦巴士公交公司 坚持国有主导、公交优先的原则,加快公交行业国有化改革。通过收购重组等方式,加强与市属国有企业合作,年初完成国有公交骨干企业上海青浦巴士公交公司组建工作。公司注册资本5000万元,其中区国资委持有国有股份70%。完善公司整合管理工作,协助企业提高公共交通服务水平。 (杨海军)

■实施古镇旅游资产属地管理 根据区委、区政府关于对朱家角古镇旅游资产属地管理的决定,按照统一授权原则,5月7日,由区国资委与朱家角镇人民政府就对朱家角古镇旅游发展公司委托管理签订协议,明确古镇旅游国有资产的管理责任,维护出资人权益,促进国有资产保值增值。同日,上海淀山湖新城发展有限公司和朱家角镇人民政府就朱家角古镇旅游资产移交托管有关事项签订协议书。至此,朱家角古镇旅游资产移交托管于朱家角镇。

(杨海军)

■完成科教系统国有企业整合 根据市委、市政府国资国企改革发展工作会议精神,按照政资分离、政事分开和管办分离的原则,结合区政府关于政企分开的要求,年内,推进相关委办局管办企业脱钩改革工作,完成科教系统所属星火科技开发公司及下属青浦科技园发展有限公司、上海中际建筑工程公司的整合优化改革工作。 (杨海军)

■推进企业董监事会建设 4月,制定并由区府办转发《关于进一步加强区属公司监事会工作的指导意见》(青府办发[2010]51号),完善监事会设置,规范监事会运作。会同区相关职能部门指导区属企业的董事会、监事会建设,向区国家出资企业委派监事,加强对董事、监事的管理,确保按照出资人的方式履行监管职责。 (杨海军)

■初步建立国有企业经营者管理工作体系 4月,协助区委组织部制定并下发《青浦区区管国有企业领导人员管理暂行办法》(青委办〔2010〕14号),推进管人和管资产、管事相结合。拟定区属企业负责人业绩考核与薪酬管理办法,强化激励和约束机制,明确企业领导人员年度业绩考核和薪酬管理的方法与程序,确保国有资产保值增值和国有企业良性持续发展。推进企业财务监督,制定财务监管总体意见;规范企业投资行为,制定投资管理办法。按照区"小金库"治理工作办公室的要求,加强国有企业自查自纠工作的督促和指导,参与和组织国有企业"小金库"自查自纠和重点检查工作。 (杨海军)

■谋划国资国企发展规划 3月,建立"十二五"规划编制工作领导小组,制订规划编制方案,召开各类座谈会,开展规划讨论。于5月完成《上海市青浦区国资国企改革和发展第十二个五年规划纲要》,共1800余字,成为《上海市青浦区国民经济和社会发展第十二个五年规划》的重要组成部分。 (杨海军)

固定资产投资管理

■概况 2010年,建立项目稽查制度,对于政府投资项目建设,执行"四个制度"(即项目法人责任制、招投标制、监理制和合同管理制),并拟定《青浦区政府投资项目稽察暂行办法》,努力降低政府性项目建设的成本,提高资金使用效率,发挥政府性资金的主导作用。全年投资计划批准项目957个,投资503.34亿元,建筑面积971.94万平方米,用地面积918.31万平方米,道路长度132.29公里。财政资金建设项目309个,投资74.52亿元,建筑面积188.79万平方米,用地面积129.93万平方米,道路长度10.51公里。 (凌 娥)

■规范投资项目审批 年内,简政提效,依法行政,加快项目审批,确保投资规模较快增长。全年批复文件796份,其中:核准82个、备案110个、审批604个;总投资442.12亿元,比上年增长60.36%。严格把关,统筹安排年度政府性项目,制定《青浦区政府投资项目论证会审管理办法》,增强项目决策的透明度和可控性,提高政府资金的使用效益。加大公共财政投入向城市功能提升、服务业发展、社会公共管理、民生事业等方面倾斜,2010年度安排政府性项目131项,总投资77.45亿元,当年度计划投资59.24亿元。加强督查,实施政府项目动态管理,制定《青浦区投资项目稽查暂行办法》,执行政府性项目建设"四个制度",健全和推进政府性项目代建制相关工作。按季度追踪项目进度,及时掌握和协调解决项目实施过程中存在的困难和问题。 (凌 娥)

■合理安排储备项目 按照项目储备制,在储备项目中安排年度投资项目。项目计划安排后,项目按照建设程序审批,并对财政性投资项目进行概算审核,控制投资规模,对财政性资金投资项目进行跟踪调查,全面了解和掌握财政性资金项目的进展情况、资金投资情况及资金到位情况。每季度进行项目进度情况汇总,上报区领导参考。

(凌 娥)

表50 **2010年青浦区投资计划批准项目情况表**

产 业	项目数(个)	建 设 规 模			投资(万元)
		建筑面积(平方米)	用地面积(平方米)	道路长度(米)	
合计	957	9719410	9183182	132292	5033444
一产	36	3251	789210	1295	8407
二产	170	2010257	3195110	310	612524

续表 50

产　　业		项目数(个)	建设规模			投资(万元)
			建筑面积(平方米)	用地面积(平方米)	道路长度(米)	
三产	751	7705902	5198862	130687	4412513	2628609
	63	5093610	3918880	0	3243571	1438738
	124	208834	306115	3136	208128	133319
	233	455887	399154	124475	329892	290212
	10	294691	191705	0	154363	371674
	321	1652880	383008	3076	476559	394666

（凌　娥）

表 51　　2010 年青浦区财政资金建设项目情况表

项目类型	项目数	规　　模			投资
	(个)	建筑面积(平方米)	用地面积(平方米)	道路长度(米)	(万元)
合　计	609	1887938	1299287	105141	745240
农　业	32	1646	789210	0	6884
公用事业	110	167888	203056	2536	186713
市政建设	186	453887	164534	99555	314540
其　他	281	1264517	142487	3050	237103

（凌　娥）

财　政

■概况　2010 年，落实科学发展观，贯彻实施积极财政政策，坚持依法行政，科学理财，加强宏观调控，聚焦民生保障，强化科学管理，深化财政改革，促进经济社会和谐健康发展。全年实现全口径财政收入 188.70 亿元，比上年增长 14.98%；区级地方财政收入 58.95 亿元，比上年增长 21.10%。上级各项补助收入 33.36 亿元(含中央、市拨专款 5.23 亿元)，上解上级支出 3.19 亿元。全区可安排使用的收入 89.12 亿元，比上年增长 13.56%。地方财政支出 88.40 亿元(含中央、市拨专款 5.23 亿元)，比上年增长 12.77%。收支相抵结余 7233 万元，累计结余 13659 万元。

2010 年，全区直接与民生相关的财政支出 23.98 亿元，占区财政支出 27.13%，是“十五”期末的 1.8 倍。教育经费支出 13.53 亿元(其中一般预算内 10.72 亿元)，支持义务教育经费保障机制改革，提高教育经费保障水平；改善各类学校的办学条件，落实青浦高级中学综合改造、幼儿园园舍修缮以及中小学校舍安全工程等建设经费。社会保障和就业支出 7.69 亿元，实施“西劳外输”就业补贴、职业技能培训补贴、青年见习补贴等政策；落实高校毕业生到基层就业、创业等促进高校毕业生就业措施，推动完善城乡基本养老保险制度。医疗卫生支出 4.13 亿元，落实公立医院、基层医疗卫生机构、基本公共卫生服务等资金需求，支持基层医疗卫生服务体系建设，实施公立医院改革试点；推进基本医疗保障制度建设，确保城镇居民医保补助所需资金，全区参加医保人数达到 37.09 万人。城乡社区事务及节能环保支出 16.85 亿元，加强公共基础设施建设，保障市容环境整治，落实世博专项资金。文化体育传媒支出 1.45 亿元，重点支持公共文化服务体系建设和文化产业发展，建成一批惠民公共设施项目，包括 24 个农民健

8 月 2 日，青浦区 2010 年半年度财政工作会议召开　　（区财政局供稿）

身工程、37 个社区健身苑点、7 个社区文化活动中心等。

年内，编印《2011 年青浦区预算编制文件汇编》，完善预算管理制度体系。制定和落实《青浦区财政局开展"机关效能建设，提升服务水平"活动实施方案》、《青浦区财政局 2010 年机关作风建设考核办法》等一系列制度措施。开展效能服务质量调查、批办单(来信来访)办结情况抽样跟踪调查，定期开展行风检查等活动。根据市财政局"三定"(即定职能、定机构、定编制)方案和区有关部门的要求，制定《青浦区财政局干部选拔和职位轮换工作暂行办法》，在全局范围内开展干部选拔、岗位交流和部分科室职能梳理调整工作。组织干部教育培训，参加市财政局组织的相关培训 40 人次，自行组织各项培训 1616 人次。组织开展"三德、三珍惜"(即自觉践行社会公德、珍惜工作岗位；自觉恪守职业道德、珍惜执法权力；自觉提升个人品德、珍惜荣誉前途)教育活动。围绕《党风廉政建设联席会议赋予财政牵头和配合的任务》，加强财政部门自身党风廉政建设和源头治理惩防腐败体系建设。组织开展"创先争优"、"结对帮困"、"民主评议"、"世博先锋行动"、"世博志愿服务"、"健康单位创建"和财政文化系列活动等。 (朱 英)

■实施积极财政政策 年内，发挥财政政策导向和财政资金杠杆作用，支持工业园区、新城开发、朱家角新镇及现代农业园区等功能区域的建设发展，支持先进制造业、现代服务业、高新技术企业、战略性新兴产业，淘汰落后产能，区级财政核拨功能区及重点产业专项扶持资金 6.98 亿元；为中小企业融资提供担保 1.73 亿元，缓解部分中小企业融资难问题。实施家电下乡、汽车(摩托车)下乡，推动农村消费，全年拨付资金 165.8 万元。 (朱 英)

■支持循环经济试点区建设 年内，根据《青浦区循环经济专项资金使用和管理暂行办法》(青府办发〔2009〕36 号)及《青浦区循环经济专项资金使用和管理暂行办法补充规定》(青府办发〔2010〕137 号)，结合国家和上海对发展循环经济的相关政策要求，设立循环经济专项资金，预算安排 1000 万元，主要支持节约降耗项目，环保产业项目，资源综合利用项目，合同能源管理项目，技术服务项目，获得国家、市循环经济资金支持需要地方配套的项目和其他需要支持的事项 8 个方面项目，支持方式为奖励资助、贴息资助和配套资助。年内，实际支出 657 万元。 (朱 英)

■加强预算编审工作 年内，制定《青浦区部门项目支出预算审核办法(试行)》，成立部门预算审核小组，按照保障重点、统筹兼顾和控制一般性支出增长的原则，对列入部门预算的项目支出实行集中审核把关。拟定《青浦区财政预算资金绩效考评管理办法(试行)》，要求预算单位在上报项目的同时，提供相关的依据，并对 50 万元以上专项实施预评估，提供有关项目预期达到的目标、效益等说明。 (朱 英)

11 月 18 日，中央督导巡查组到青浦区进行"小金库"专项治理督导检查

(区财政局供稿)

■完善财政转移支付制度 年内，制定实施《新一轮区与镇财政转移支付制度实施方案》、《关于区对镇镇保资金实施专项转移支付的意见》和《2010 年生态补偿转移支付实施方案》，促进财政转移支付资金分配的规范化、科学化；研究制定街道财政保障体制，促进街道职能转变，推进街道对社区的管理与服务；提出完善市与区财政转移支付制度的有关建议，得到市有关部门的肯定和财力支持。全年共安排转移支付资金 10.45 亿元，比上年增加 1.8 亿元，增长 20.81%。 (朱 英)

■加强财政性资金监管平台建设 年内，按照统一领导、统一规划、统一技术标准和统一组织实施的要求，提出"一个应用支撑平台、二级数据处理、三个系统"的工作方案。"一个应用支撑平台"是将各类应用软件整合纳入一个系统平台中，各类应用软件开发以该平台的接口标准为依据，该项目于 11 月通过验收；"二级数据处理"是在全区财政数据集中的基础上，实现区级与镇(街道)财政数据的分级处理；"三个系统"是预算编制系统、预算执行系统、公务卡系统 3 个应用系统的建立和完善，项目以财政国库制度改革为依托，市财政局项目处于应用软件测试阶段，根据市财政局工作计划和区政府的统一部署实施，将于 2012 年年底完成。支持涉农补贴资金监管平台建设，确保财政信息科技建设有规划、有计划实施。 (朱 英)

■推进政府采购信息化建设 年内，在区政务内网信息平台基础上，完善政府采购网上反拍和询价系统。市财政局建立上海市政府采购信息管理平台(外网)，年内，青浦区进行政府采购信息管理平台一期的推广应用前期准备工作(于 2011 年 1 月 1 日正式启动)，计算

机、复印机、空调器等7大类387款通用设备纳入协议供货范围。（朱　英）

■政府采购规模创新高　2010年，坚持“公开透明、公平竞争、公正及诚实信用”的原则，贯彻落实《中华人民共和国政府采购法》，规范操作流程。全年实施政府采购822次，实际采购金额21.13亿元，较上年增加0.98亿元，增长4.9%，较预算节减资金2.36亿元，节约率10.06%。其中：货物采购330次，节约资金0.32亿元，节约率11.43%；工程采购367次，节约资金1.92亿元，节约率9.69%；服务采购125次，节约资金0.12亿元，节约率13.97%。（朱　英）

■推进“金财工程”建设　年内，根据市财政局《金财工程应用支撑平台区县推广实施工作方案》的要求，于10月20日召开青浦区金财工程应用支撑平台推进会议，启动“金财工程”（政府财政管理信息系统）应用支撑平台建设。逐步建成一体化的财政管理信息系统，为财政管理提供技术支撑，提高政府理财效率和水平。（朱　英）

■强化建设项目监管　年内，全面实施基建项目财政监、管、控兼施的工作思路，加强事前、事中、事后全过程监管。严格建设项目预算审核，推进建设资金直接支付制度，加强建设项目结算、决算审查工作，完善审价监督和管理，逐步完善中介机构监管。全年审核工程结算262项，送审金额11.45亿元，审定金额9.82亿元，核减金额1.63亿元，核减率14%；审批竣工财务决算42项，决算金额7.10亿元。（朱　英）

■加强会计监督　年内，对601家企业进行信用等级评定，经评定601户中A类6户、B类101户、C类393户、D类101户。对231个单位进行年检，对20家企事业单位进行会计信息质量检查，对全区300余名相关行业财会人员进行会计培训，以网络继续教育与面授培训结合的方法完成会计人员继续教育14362人。（朱　英）

■加强行政事业单位国资监管　7月12日，区政府发文《上海市青浦区人民政府办公室关于印发青浦区国有资产监督管理委员会主要职责、内设机构和人员编制方案的通知》（青府办发〔2010〕95号）。规定，自10月1日起，区行政事业单位国有资产的监督管理职责由区国资委划出至区财政局，区行政事业单位的资产处置、资产统计和报告编制、资产评估核准备案以及“非转经”房屋资产监管等工作全部由区财政局负责管理。为保证相关管理职责的顺利划转和国资监管职能的有效发挥，推进区行政事业单位国有资产管理改革，区财政局与区监察局、区国资委沟通、协商，组织召开专题会议，讨论部署具体管理工作。9月底，完成移交工作。（朱　英）

■推进财政信息公开　年内，成立财政信息公开领导小组，下设办公室，形成工作网络；印发《上海市青浦区财政局政府信息公开工作规程》、《青浦区预算信息公开指导意见》，在向社会公开区人大审议通过的预、决算报告的基础上，首次在青浦区财政局官方网站（http://fina.shqp.gov.cn）上向社会公开月度财政收支运行情况，以及各类财政专项扶持资金管理办法、操作流程等。全年在财政局官方网站“政府信息公开”栏目中主动公开文件49件，依申请公开目录61条。（朱　英）

■开展专项检查　年内，会同相关部门组织开展强农、惠农资金专项清理和检查工作，对2007年以来的32个重要项目开展检查，及时整改问题，探索建立强农、惠农专项资金长效管理机制。开展“小金库”专项治理工作，在组织行政事业单位专项治理“回头看”工作的基础上，会同相关部门全面协调和部署国有及国有控股企业、社会团体、供销社系统所属企业的“小金库”专项治理工作，针对检查中发现的问题，落实整改措施，提高各单位对“小金库”危害性的认识，严肃财经纪律。（朱　英）

税　务

■概况　2010年，青浦区税务局坚持以科学发展观统领税收工作全局，树立征纳双方法律地位平等理念，坚持依法治税，根据信息管税思路和税收风险管理理念，推行税收征管模式改革，优化纳税服务措施，强化干部队伍管理，推进机关建设。建设“四个体系”（即现代征管体系、纳税服务体系、税务稽查体系和税务文化体系），保持税收收入持续增长。2010年，全区共完成税收174.31亿元，比上年增收19.19亿元，增长12.37%。（施圣伟）

■开展税收分析　年内，结合区域经济统计指标及政策调整和征管措施落实

税务干部走访企业　（区税务局供稿）

情况，开展经济变动与税收收入的关联度分析、政策调整和征管措施对税收收入影响分析及四级重点税源分析，对汽车零部件制造、通用设备制造、房地产等12大行业开展行业税收专题分析，对低于行业税负预警值下限的72户低税负企业开展税负专题分析。把握经济发展态势，掌握重点税源、重点行业变动趋势。在税收征管辅助软件中增加各税务所月度税收收入查询功能，方便基层税务所加强税收分析和预测，提高税收预测准确性和组织收入工作主动性。（施圣伟）

■**强化重点税源监管** 根据市税务局重点税源企业选户标准和区情实际，对符合条件的企业及2009年四级重点户进行摸底排查，筛选出生产经营情况正常、财务核算制度健全、有一定发展潜力和税源基础的企业作为总局级和市局级重点税源企业；筛选出经营情况相对稳定的企业，作为区局级和所级重点税源企业。2010年度确定四级重点税源企业2847户，其中：总局级158户、市税务局级290户、区局级983户、税务所级1416户。1～4月，开展重点企业走访活动，汇总走访调查的2847户企业数据，在原有重点税源监控基础上，在辅助软件预警监控模块开发重点税源户报表报送数据校验标准，对申报异常情况即时进行处理。根据行业税负预警值测算结果，在辅助软件中开发分税种行业税负预警监控指标，由系统按期进行数据自动运算和预警提示。对2009年度四级重点税源的184个行业开展行业增值税、营业税和企业所得税税负预警值测算和分析。对低于预警值下限的企业开展税负专题分析，为集约化联动提供依据。（施圣伟）

表52　　2010年青浦区税收前60位企业情况表

排名	企业名称	所属镇、街道、园区或公司
1	尤妮佳生活用品（中国）有限公司	青浦工业园区
2	高田（上海）汽配制造有限公司	青浦工业园区
3	妮维雅（上海）有限公司	青浦工业园区
4	新大洲本田摩托有限公司	华新镇
5	上海家化联合股份有限公司	徐泾镇
6	上海新城创置房地产有限公司	淀山湖新城
7	上海中海房地产有限公司	赵巷镇
8	上海佳苑房地产发展有限公司	徐泾镇
9	上海珠佳康桥半岛房地产发展有限公司	赵巷镇
10	北京发那科机电有限公司上海分公司	青浦工业园区
11	上海美蓓亚精密机电有限公司	金泽镇
12	上海恒睿房地产有限公司	赵巷镇
13	上海创力矿山设备有限公司	张江青浦园区
14	上海烟草集团青浦烟草糖酒有限公司	区属企业
15	上好佳（中国）有限公司	徐泾镇
16	上海久青房地产开发经营有限公司	徐泾镇
17	英威达纤维（上海）有限公司	张江青浦园区
18	上海仁杰河滨园房地产有限公司	淀山湖新城
19	上海奥特莱斯品牌直销广场有限公司	赵巷镇
20	上海晶元置业有限公司	赵巷镇
21	奎克化学（中国）有限公司	张江青浦园区
22	上海绿地集团青浦置业有限公司	白鹤镇
23	上海桥梓湾置业有限公司	青浦工业园区
24	上海橡果网络技术发展有限公司	华新镇
25	基胜工业（上海）有限公司	青浦出口加工区
26	上海欧雅装饰材料有限公司	青浦工业园区

续表 52

排名	企业名称	所属镇、街道、园区或公司
27	上海奥维思市场营销服务有限公司	青浦工业园区
28	上海英济电子塑胶有限公司	青浦工业园区
29	上海金发科技发展有限公司	朱家角镇
30	上海荣春贸易有限公司	青浦工业园区
31	上海名华工程建筑有限公司	淀山湖新城
32	上海珠街阁房地产开发有限公司	赵巷镇
33	上海敏特投资有限公司	练塘镇
34	上海明虹房地产有限公司	徐泾镇
35	上海萨克斯动力总成部件系统有限公司	华新镇
36	申雅密封件有限公司	张江青浦园区
37	安美特（中国）化学有限公司上海青浦分公司	青浦工业园区
38	鞋柜商贸有限公司	香花桥街道
39	上海东航复地房地产开发有限公司	淀山湖新城公司
40	上海浦卫房地产开发有限公司	青浦工业园区
41	巴克曼实验室化工（上海）有限公司	青浦工业园区
42	上海顺意丰速运有限公司	徐泾镇
43	橡果贸易（上海）有限公司	华新镇
44	上海京郊房地产开发有限公司	徐泾镇
45	上海元祖梦果子有限公司	赵巷镇
46	上海中原物业代理有限公司	青浦工业园区
47	英威达纤维有限公司	张江青浦园区
48	上海汉得信息技术股份有限公司	青浦工业园区
49	美津浓（中国）体育用品有限公司	朱家角镇
50	上海博星房产有限公司	徐泾镇
51	上海金深房地产开发有限公司	徐泾镇
52	上海青池房地产开发有限公司	赵巷镇
53	上海全筑建筑装饰工程有限公司	朱家角镇
54	上海罗门哈斯化工有限公司	青浦工业园区
55	新大洲本田摩托有限公司上海分公司	华新镇
56	上海欧菲滤清器有限公司	青浦出口加工区
57	上海吉富绅置业集团有限公司	淀山湖新城公司
58	紫荆花制漆（上海）有限公司	重固镇
59	安信伟光（上海）木材有限公司	青浦出口加工区
60	上海佳吉快运有限公司	徐泾镇

（施圣伟）

■落实税收优惠政策 落实市税务局《营业税差额征税管理办法》,2010年,受理备案设计劳务企业17户,享受差额征收营业税的7户;劳务公司备案并享受差额征收营业税的4户;专利商标代理机构2户,享受差额征收营业税1户。

年内,办理各类退税事项2203项,退税金额16231.81万元,其中:民政福利企业增值税先征后返10457.45万元、软件产品增值税即征即退2195.78万元,国家级项目监狱劳教企业先征后返1574.93万元、其他退税2003.65万元。审核办理342户次各类减免税申请,其中涉农增值税免税企业91户次(减免税额不作统计);公有住房租金及售后公房管理费收入免征营业税额12户次,减免税额47.80万元;技术开发、转让项目免征营业税184户次,减免税额1429.67万元;耕地占用税减免48户次,减免税额2403.27万元。

审批15户会展业企业的备案申请,审核确认差额征税抵扣税额175.33万元;审批6户专业服务业企业的备案申请,审核确认的差额征税抵扣税额0.5万元;试点物流企业3户,已审核确认差额征税抵扣税额835.29万元;科技孵化器单位1户,已享受营业税减免17.81万元。

落实企业研发费加计扣除政策,向全区所有查账征收所得税企业送达《关于企业研发费税前扣除有关事宜的通知》和回执,公示相关政策和操作流程,会同区科委审核研发项目登记内容。税务部门内部推行企业研发费加计扣除落实工作单项考核制度,确定各部门的职责和各岗位的考核办法,并落实责任到人。年内,新审批85户企业的研究开发项目登记,104户企业享受研发费加计扣除政策,共加计扣除28693.36万元。

落实高新技术企业税收优惠政策,根据《高新技术企业认定管理办法》、《高新技术企业认定管理工作指引》以及《上海市高新技术企业认定管理实施办法》,对高新技术企业的申报资料和数据进行审核认定,督促符合条件的企业及时进行网上注册登记,并及时办理认定。年内,77户高新技术企业享受15%所得税税率,减免税收1.73亿元。

落实小型微利企业所得税优惠政策。结合2009年企业所得税汇缴工作,对2009年度应纳税所得额、从业人员以及资产总额符合小型微利条件的企业,及时对其进行资格认定。2010年,审批小型微利企业6870多户。 (施圣伟)

■加强增值税管理 全年清理6353户零税申报企业,分析零税申报原因,确定风险类型及对应管理措施。分两个阶段开展增值税留抵税额核查工作,了解企业的生产经营情况,排摸企业留抵税额增大的原因。核查企业7345户,发现有问题企业13户,查补税款10.3万元;对5069户增值税小规模纳税人取消税种核定并转为非增值税纳税人,37户企业转为非正常户,82户企业予以注销,36户企业转为证件失效户。 (施圣伟)

9月30日,区税务局举行庆祝中华人民共和国成立61周年升旗仪式

(区税务局供稿)

■规范软件产品即征即退税项目的审核管理 年内,明确对兼营一般货物或申请多种软件产品退税提供资料的审核要求,精心设计电子审核附表,通过设置相应的计算公式,合理划分一般货物和软件产品的进项税额。对嵌入式软件配套的硬件设备成本利润率进行自动计算并调整到税法规定合理水平;对一般货物税负率畸低以及软件产品税负率畸高的,开展纳税评估。2010年,对37户销售软件产品的企业规范管理措施;对3户企业的嵌入式软件产品即征即退销售额进行自动计算调整,调整增值税即征即退税额59.18万元。 (施圣伟)

■893户企业通过跨境贸易人民币结算评审 年内,落实跨境贸易人民币结算试点政策,制定跨境贸易人民币结算试点操作规定,划分部门管理职责,对一般贸易进出口、进料加工进出口、来料加工进出口业务分别设立相应的管理台账。2010年,组织1096户出口企业开展跨境贸易人民币结算评审工作,893户企业通过跨境贸易人民币结算评审。(施圣伟)

■完善出口退(免)税管理 2010年,办理187家外贸企业的退税审核,受理45882万美元的退税出口额申报,实际办理退税额46499万元。办理851户生产企业的退税审核,受理376610万美元的退税出口额申报,审核确认并办理的免抵退税额244029万元,其中:免抵税额70084万元、应退税额173945万元。办理特殊退税(出口旧设备退税、出口加工区水电气退税)393万元。强化出口退税预警评估,防范骗税行为发生。选取日常审核工作中货物流、资金流、票证流明显不合常理的出口业务、敏感口岸出口业务和明显超出自身常规经营范围的出口业务进行预警评估,对出口额异常增长和出口单价异常波动的企业开展重点评估。2010年,选取8个指标140户次的企业进行退税评估,涉及出口额400094万元,调整退税额50.13万元,补缴增值税50万元。 (施圣伟)

■开展企业所得税汇算清缴工作 年内,通过多种形式组织汇算清缴工作和

企业所得税政策的宣传辅导，使纳税人掌握汇算清缴的范围、时间要求、申报程序、应报送的资料及其他应注意的事项。选派业务素质较高的人员为纳税人提供咨询服务，解答政策和操作问题。按规定程序，及时受理和审批纳税人申请的减免税事项以及财产损失税前扣除等各项税前扣除事项的审批或备案。推行网上申报，与网络维护公司合作，确保网上申报的及时畅通。以纳税监控和辅助软件为依托，加强受理年度纳税申报后审核控制工作。通过纳税监控对汇缴数据、汇缴过程进行跟踪管理，发现申报错误和疑点，及时修正或要求企业重新申报，确保汇缴质量。实时监控退税企业户数和退税工作进度，及时完成汇缴退税工作。2010 年，完成 12518 户查账征收企业及 34135 户核定征收企业的汇算清缴工作，11855 户企业涉及补税，补缴企业所得税 5.62 亿元；1861 户企业涉及退税，退还企业所得税 1.59 亿元。开展后续管理工作，逐一核查 2009 年度企业所得税汇缴中纳税调整、税收优惠、收入比对和扣除比对项目中异常情况，发现 47 个指标 5492 户纳税人 7396 条异常记录，补税 6283.15 万元。　（施圣伟）

■**加强国际税收工作管理**　加强非居民企业税源管理，针对非居民企业税源分散的特点，借助外商投资企业联合年检，开展非居民税收政策的宣传和辅导工作，增强代扣义务人代扣代缴意识。结合国际税务协定（中国与有关国家、地区单独签订的税务协定）的执行，严格把关非居民企业免税资格认定条件。规范“非贸出证”（即服务贸易、收益、经常转移和部分资本项目对外支付出具的税务证明），加强非居民日常税源管理。严格区分与特许权使用费相关联的劳务和一般劳务、重点关注境内外劳务划分。2010 年，“非贸出证”787 次，涉及非居民企业 247 户，缴纳企业所得税 19798.37 万元、营业税 3068.53 万元、个人所得税 992.92 万元。涉及非居民享受税收协定待遇的服务贸易、收益、经常转移和部分资本项目对外支付出具“税务证明”22 次，涉及应纳税所得额 2147.96 万元，应减免税额 1047.65 万元，实际减免税额 1047.65 万元。

梳理、汇编《国际税收业务涉税事项操作规范》，整理包括非居民企业所得税源泉扣缴备案登记、享受税收协定待遇、非居民承包工程和提供劳务税收管理、对外付汇税务证明等 13 项涉税事项，明确办事依据、办理条件、提供资料、工作流程及工作要求等内容。按时按质完成国际税收情报交换核查工作，筛选并制作所辖企业 2009 年度向美国、日本、韩国、澳大利亚、加拿大 5 国税收居民支付的服务贸易等项目自动税收情报 50 份，其中：美国 18 份、日本 20 份、韩国 3 份和澳大利亚 5 份、加拿大 4 份。完成避税嫌疑户的筛选工作和调查结案工作，贯彻落实税务总局反避税工作安排和市税务局重点工作中关于反避税工作的要求，根据外商投资企业所得税汇算清缴情况及日常征管信息，筛选所辖企业，对关联交易较大、利润波动异常的企业进行案头审计，对 1 家有避税嫌疑企业进行转让定价调查，对 1 家企业进行预约定价。　（施圣伟）

■**全面推行税源专业化管理**　在 2009 年试点税务所推行税源专业化管理过程中，了解试点单位的税源结构、户管分布特点以及试点中出现的新情况和新问题，制定对策。年内，在各基层税务所成立重点税源管理组和一般税源管理组，把四级重点税源户和其他税源户中年税收收入较大的企业（一般占基层管理所全年税收收入的 70% 左右）作为重点税源，由各税务所重点税源管理组实施精细化、集中管理；把其他企业作为一般税源，由一般税源管理组实施专业化监控管理。完善和深化重点税源管理岗位与一般税源岗位的工作职责和内容，确定管事岗位，明确各岗位职责，规范岗位操作流程。修订与税源专业化管理配套的岗位操作规范，设立专职纳税评估管理岗。通过税源专业化管理，按照分析识别、等级排序、应对处理、绩效评估等设计纳税遵从风险管理流程，初步建立风险预警监控体系。　（施圣伟）

■**建立税收征管状况监控分析工作运行机制**　有序开展征管状况数据监控分析工作，建立税收征管状况监控分析工作运行机制。根据市税务局下发的“税收征管状况及质量考核分值汇总表”，对涉及的考核指标、风险指标进行分析，设定“购买发票后一年以上未验旧”、“增值税一般纳税人连续 3 月零税申报有验票”等 17 项指标。初步构建税源监控指标体系，结合市税务局下发的税收征管状况数据以及区情实际，提出 22 项新指标的业务需求，调整 6 项指标的业务需求，并按日常管理需要将监控指标体系分成户籍监控、纳税核定、纳税申报、征收监控、发票监控等 5 大类指标，明确指标级别，制订相应的处理方式。　（施圣伟）

■**开展纳税评估工作**　开展市税务局级、区局级、税务所级纳税评估工作，

11 月 2 日，青浦区税务局承办 2010 年首届上海市税务系统纳税评估优秀案例评选会　（区税务局供稿）

2010年评估户数3065户,评估入库税额7984.65万元,评估成效率80.23%,其中对增值税普通发票红字发票年度累计开具金额大于500万元且红字发票年度累计开具金额超过蓝字发票开具金额50%以上的16户企业,开展市税务局级纳税评估工作。选择6个税务所试点开展国际货运代理业、医疗机械经销行业评估,构建行业性评估模型。根据试点税务所构建的行业模型,在全局范围开展448户国际货运代理业及医疗机械行业企业的行业性评估工作,评估补税及加收滞纳金668.48万元。结合个人所得税股息、红利分配所得自查,选择股息红利分配所得应缴与实缴差额超500万元以上的企业纳入纳税评估流程,核查有关情况,评估补税5195.51万元。在试点税务所成立纳税评估组,开展所级纳税评估,评估补税总计2119.46万元。11月2日,青浦区税务局承办2010市局首届上海税务系统纳税评估优秀案例评选会。 (施圣伟)

■提高税务行政效能 放宽企业发票购票量,对重点税源户和生产型非重点户每次发票核定量放宽至3个月,对非生产性非重点户每次发票核定量放宽至1个月。减少纳税人纸质材料的报送种类和时间,对在办税服务厅直接办理的增值税一般纳税人申报、营业税申报、辅导期预缴申报、电子申报户等不同申报事项,取消部分原要求报送的纸质申报类资料。对需验旧供新购买发票的纳税人,取消增值税普通发票购买需提供的作废发票原件等资料。缩短审批时间,扩大即办事项,根据纳税人的办税需求,将即时办理的涉税业务增加至42项。制定《特殊事项审批表》,进一步缩短企业涉税事项的办理时限。 (施圣伟)

■加快税控收款机(器)推广进程 年内,加快对9000余户使用服务业发票企业的税控收款机(器)推广进程,对有服务业发票结存且年营业额超12万元以上的纳税人必须推行税控收款机(器),12万元以下的企业可选择使用税控器或纳入税控共享开票系统。推广到位后,收缴手工版服务业发票,核减相应的手工版服务业发票种类。服务业、娱乐业、文化体育业已推广税控户数10582户。推行商业零售业税控收款机164户。推行税控收款机(器)远程抄报税,解决纳税人来回奔波和排队等候等问题,税控收款机(器)远程抄报税推广率60.39%。 (施圣伟)

表53 **2010年青浦区税务局办税服务厅(点)情况表**

名　称	地　址	电　话	邮　编
第一税务所办税服务厅	青浦区城中西路100号	59719296	201700
第六税务所办税服务厅	青浦区赵巷镇赵华路400号	59751269	201703
第十一税务所办税服务厅	青浦区朱家角镇漕平路1号	59240342	201713
第五税务所办税服务点	青浦区徐泾镇盈港东路1838号	39283026	201702
第七税务所办税服务点	青浦区北青公路8886号(香花桥)	39785105	201707
第八税务所办税服务点	青浦区华新镇华富街428号	59797752	201708
第九税务所办税服务点	青浦区赵屯镇白石路2618号	39298211	201711
第十二税务所办税服务点	青浦区练塘镇练北新村53号	59251428	201715
第十三税务所办税服务点	青浦区金泽镇莲西公路4488弄100号	39780035	201721

(施圣伟)

■加强税务稽查 2010年,继续加强税务稽查工作,健全稽查管理机制,规范稽查基础管理,探索信息化稽查,实施各类专案、专项检查520户,已入库查补税款5142.31万元、加收滞纳金908.02万元、罚款448.67万元,合计6499万元。其中,开展房地产及建筑安装业、药品经销业、交通运输业、营利性医疗及教育培训机构等专项检查265户,查补税款1456.25万元、加收滞纳金30.73万元、处罚款290.61万元。

组织协调查处税务总局、市税务局督办的"宝山颜真专案"、"普陀6·11专案"、"广州7·30专案"等税务案件,开展专案检查。查处企业255户,涉案发票2700余份,追缴入库税款769.60万元、罚款515.70万元、加收滞纳金112.96万元。

规范涉税举报案件查处。受理涉税举报来信(电、访)316件,较上年下降39%,已查处(回复)292件,补税罚款合计2200余万元。为5位举报人(次)办理提取举报奖励手续,奖励金额57290元。

开展金税工程网上协查工作,全年接受网上受托协查发票1595份,发现有问题发票377份,涉及税款152.26万元,累计回复率100%;网上委托协查发票114份,回复114份,发现有问题发票73份,回复率100%,挑选发票准确率64.04%;手工委托协查发票272份,手工受托协查发票530份,发现假发票251份,均已及时回复。开展增值税专用发票和其他抵扣凭证审核检查工作,审核增值税专用发票534份,海关完税凭证1250份,运输发票210份。

(施圣伟)

■规范稽查执法行为 2月,制定《案件公开审理暂行办法》,规范稽查审理工作。全年案件公开审理8次,涉及案件67起。完善稽查反馈联系制度,将原来

续表 54

序号	类别	注册类型	2009 年末户数	2010 年增加户数	2010 年减少户数	2010 年户数	其中：共同登记户	农林牧渔业	采矿业	制造业	电力燃气及水的生产和供应业	建筑业
14	内资企业	私营企业	52947	9745	3322	59521	13730	112	0	10041	0	3577
15		私营独资企业	4714	2275	378	6626	2769	9	0	2521	0	239
16		私营合伙企业	253	81	24	310	93	0	0	75	0	18
17		私营有限责任公司	47970	7388	2919	52574	10864	103	0	7443	0	3318
18		私营股份有限公司	10	1	1	11	4	0	0	2	0	2
20		小计	55921	9973	3846	62517	14826	136	0	10588	18	4084
21	港澳台商投资企业	合资经营企业（港或澳、台资）	108	3	9	100	81	0	0	80	0	1
22		合作经营企业（港或澳、台资）	68	0	0	64	59	0	0	59	0	0
23		港、澳、台商独资经营企业	344	53	20	386	285	0	0	279	0	6
24		港、澳、台商投资股份有限公司	2	0	0	2	1	0	0	1	0	0
25		小计	522	56	29	552	426	0	0	419	0	7
26	外商投资企业	中外合资经营企业	203	6	45	191	157	0	0	144	0	13
27		中外合作经营企业	70	1	1	69	61	0	0	61	0	0
28		外资企业	609	43	33	629	510	0	0	502	0	8
29		外商投资股份有限公司	1	0	0	1	1	0	0	1	0	0
30		小计	883	50	79	890	729	0	0	708	0	21
31	外国企业		1	0	0	1	0	0	0	0	0	0
32	个体经营		9607	879	490	10137	382	15	0	351	0	16
33	其他		407	156	3	568	219	207	0	8	0	4

（施圣伟）

2009 年、2010 年青浦区税收收入对比情况表

表 55

单位：万元

序号	项目	2010 年实收数	2009 年实收数	占同期
1	税收收入合计	1743056	1551197	112.37%
2	其中："增、消"两税	752729	763056	98.65%
3	免抵调增增值税	70000	141801	49.36%
4	出口退税	230000	154400	148.96%
5	一、中央级收入	963986	860361	112.04%
6	1. 消费税	13932	9075	153.52%
7	2. 增值税	554098	565486	97.99%
8	其中：免抵调增增值税	52500	106351	49.36%
9	3. 企业所得税（内资）	193166	146479	131.87%
10	4. 企业所得税（外资）	104399	58498	178.47%
11	5. 个人所得税	98306	80723	121.78%
12	6. 车辆购置税	85	100	85.00%

续表 55

序号	项　　目	2010 年实收数	2009 年实收数	占同期
13	二、市级收入	292909	265055	110.51%
14	1. 增值税	73880	75398	97.99%
15	其中:免抵调增增值税	7000	14180	49.37%
16	2. 营业税	114543	106380	107.67%
17	3. 企业所得税(内资)	50699	38410	131.99%
18	4. 企业所得税(外资)	25097	14748	170.17%
19	5. 个人所得税	19735	16401	120.33%
20	6. 土地使用税	7652	10841	70.58%
21	7. 城建税	3251	2828	114.96%
22	8. 车船税	-1948	50	
23	三、区级收入	486160	425781	114.18%
24	1. 增值税	110820	113097	97.99%
25	其中:免抵调增增值税	10500	21270	49.37%
26	2. 营业税	171814	159570	107.67%
27	3. 企业所得税(内资)	76048	57615	131.99%
28	4. 企业所得税(外资)	37646	22121	170.18%
29	5. 个人所得税	45802	37414	122.42%
30	6. 土地增值税	23620	20196	116.95%
31	7. 城建税	4877	4240	115.02%
32	8. 印花税	10437	7680	135.90%
33	9. 房产税	3122	3847	81.15%
34	10. 车船税	1974		

(施圣伟)

工商行政管理

■概况　2010 年,工商行政管理青浦分局(以下简称工商青浦分局)保障各类市场安全有序,创新服务经济加快转型,参与各项世博活动。实行重大项目跟踪服务制度,帮助企业解决发展中的困难。以推进"一城两翼"、"一园三区"建设为契机,建立完善重大项目跟踪扶持机制,提前介入、专人辅导、全程服务,确保大型项目及早落地。推进并联审批制度,落实网下、网上行政审批和管理服务平台建设的配套准备工作。工商青浦分局领导班子成员带队走访各类企业 200 余户,帮助企业解决实际问题 95 个。12 月,核发首张供应链管理企业上海腾邦供应链有限公司营业执照,核发生产性服务业企业上海德力西集团营销有限公司营业执照。全区各类经济主体 91217 户,其中:私营企业 64630 户;外资企业 1336 户,内资企业 2328 户;个体工商户 22647 户,农村专业合作社 276 户。

开展世博窗口志愿者服务等,获得"上海市模范集体"、"全国工商系统法

工商青浦分局服务大厅　(工商青浦分局供稿)

制工作先进集体”称号；在世博窗口满意度测评中，一次名列全市第一、三次名列全区第一，并获迎世博优质服务贡献奖；在全市工商系统第二届精神文明建设活动中荣获“双十佳”称号；分局注册大厅先后被评为“上海世博会窗口服务先进集体”、“世博和谐窗口”，6 家窗口单位获得为上海市“巾帼文明岗”、区级“巾帼文明岗”称号。全年有 108 人次获得全国、市级、区级先进个人荣誉称号。（熊维炜）

■**牵头群防群治工作** 群防群治工作协调小组于2009 年8 月成立，由工商青浦分局牵头，区综治办、公安青浦分局等9 个相关职能部门参加，工商青浦分局局长何强任组长，协调小组工作持续到2010 年 11 月 30 日。9 家单位联合下发《青浦区世博会公共场所经营管理安全保卫群防群治工作方案》。按照方案要求，组织“含瘦肉精猪肉”、“废品收购”、“假冒五常大米”、“欺行霸市”等专项整治活动 10 余次，出动执法人员 5632 人次；组织牵头各部门联合检查 32 次，会同参加专项检查 41 次，对包括农贸市场在内的 7 个行业分别开展检查 15478 户次；取缔黑网吧、无照废旧收购等无照经营活动 204 起，收缴用于违法经营活动的电脑 835 台。对相关行业立案查处累计 205 起，罚没款 130.61 万元，未发生一起重大安全事故。（熊维炜）

■**成立区无照经营综合整治联席会议** 6 月，分局制定并由区政府下发《青浦区开展无证无照经营综合整治工作意见》（青府办发〔2010〕69 号），成立青浦区无照经营综合整治联席会议，由文化、公安、城管、食药监等行政管理机关组成，明确各职能部门的工作职责，初步形成无照经营综合整治的工作机制。分局制订《青浦分局世博会期间执法办案和无照监管突发性事件应急预案》，完善无照监管的应急处置机制。全年取缔无照经营 884 户，疏导 1632 户，其中：高危、重热点行业取缔 503 户，疏导 196 户。（熊维炜）

表 56　　2010 年工商行政管理青浦分局各部门情况表

单　位	地　址	电　话	邮　编
工商青浦分局机关	青浦区青松路 175 号	59725800	201700
检查大队	青浦区夏阳街道青龙路 185 号	69733812	201700
青浦工商所	青浦区盈浦街道三元河路 46 号	59734078	201700
赵巷工商所	青浦区赵巷镇赵兴路 2 号	59754361	201703
重固工商所	青浦区重固镇重固大街 628 号	59781043	201706
工业园区工商所	青浦区工业园区盈顺路 200 号	69228199	201700
朱家角工商所	青浦区朱家角镇沙家埭 8 号	59240256	201713
练塘工商所	青浦区练塘镇练北路 59 号	59251574	201715
淀山湖工商所	青浦区金泽镇练西公路 4325 号	59295257	201721

（熊维炜）

■**开展“三贩”整治行动** 7 月 28 日，上海工商行政管理局召开打击“三贩”（即贩卖假冒世博门票、贩卖假冒世博场馆预约券、贩卖假冒世博特许商品）专项整治部署会。8 月，分局成立专项整治领导小组。结合青浦实际，确定查处的重点为倒卖世博会票证和销售假冒世博会特许商品违法行为，整治重点为朱家角主题实践区、赵巷奥特莱斯、桥梓湾等商业聚集区以及车站、书报亭、农贸市场等人流集中地带。为防止假冒世博特许商品从陆路流入上海市，分局建立陆路道口检查机制，配合公安部门检查道口来往车辆。8 月 2 日起，工商检查支队、工商工业园区所、淀山湖所派员在道口坚守排查。其间，全区出动 1550 人次，651 车次，取缔倒卖世博门票摊点 113 处，收缴假冒世博会特许商

3 月 15 日，消费者权益保护日活动现场（工商青浦分局供稿）

11 月 11 日，工商干部在农贸市场开展食品快速检测　（工商青浦分局供稿）

品 2987 件，整治行动取得明显成效。（熊维炜）

■创新食品许可监管方式　2010 年，工商青浦分局尝试许可权限下放工商所。年初，个体工商户食品卫生许可证到期换证受理权下放到各工商所。总结经验，全面推进个体工商户食品流通许可权下放试点工作，扩大工商所食品流通许可受理范围、审查权限，实行受理、审查和审核三级审批制度。针对世博食品供应，工商青浦分局按照定人、定岗、定责的原则，对辖区内 7 个发货点各配备 3 名监管干部实行全程“零距离”监管，做到 24 小时全天候保障。世博会结束，各发货点供博食品品种 84 个，发货量 277 余吨，未发现不合格食品进入世博园区。（熊维炜）

■创新熟食店公示制监管模式　针对熟食行业食品安全风险大的特点，工商青浦分局创造性地探索熟食店公示制监管模式，率先在工业园区所试点公示制监管模式。强化经营者自律意识，在 18 户熟食店内以张贴公示牌的形式把 5 方面监管信息（即供货商证照、进货凭证台账登记、从业人员健康证、操作流程、卫生状况）向社会公示，发挥社会监督作用。年内，试点辖区熟食店未发生食物中毒事件。（熊维炜）

■强化消费维权工作　2010 年，受理消费者申诉 183 件，举报 905 件，申诉、举报办结率均达到 100%。专门成立“服务世博维权小组”，在朱家角古镇内开展涉外维权工作，拓展维权网络，开展“五进”（即进企业、进学校、进商场、进超市、进市场）活动。全区有消费维权联络点 247 家，年内，进一步完善联络点的基础建设，实行名称牌匾统一、职责上墙统一、记录台账统一。指导有条件的示范（重点）联络点设立专门的“调解工作室”，开展特色维权工作，如：在老年人集中的夏阳街道章浜社区推出“温馨小茶室”服务，在重要路口设置“维权联络点”引导牌，在餐饮场所设立台历式消费维权提示牌等。开展“问题奶粉”、“节日市场”、“地沟油”、“鱼专家”、熟食店等 16 项食品安全专项检查；以朱家角古镇旅游区、城区商业中心等为重点，查处违背消费者意愿强制消费的“吊模宰客”等违法行为；打击利用会员卡、预付消费卡欺诈消费者的违法行为；开展“家电下乡”等专项检查及 11 类重点生活必需品的质量监测，确保流通环节产品质量。（熊维炜）

■上海市著名商标新增 17 件　年内，坚持把扶持重点商标企业申报“著名商标”、“驰名商标”作为促进地方经济发展的抓手，开展商标培育发展工作，打造青浦品牌经济新亮点。全区有 17 件商标被认定为第 14 批“上海市著名商标”，为青浦区历届认定数量最多的一次；私营经济小区管理领域有 2 件被认定为上海市著名商标，实现青浦区私营经济小区管理领域著名商标零突破。完成 31 家企业第 15 批“上海市著名商标”培育推荐工作。年末，全区有“上海市著名商标”41 件。通过开展常态化的打击商标侵权假冒工作，切实维护商标权利人的合法权益；通过上门授牌、宣传，提升著名商标的社会知悉度；通过辅导企业建立自身的商标维权体系，提高著名商标企业的维权能力。（熊维炜）

■核发首张供应链管理企业营业执照　青浦区首家供应链管理企业上海腾邦供应链有限公司在青浦提出注册申请，分局全程跟踪服务。企业提出的经营范围在全市领域内属于新兴行业，国民

8 月，外资企业芝华士公司代表向工商青浦分局赠送维权锦旗（工商青浦分局供稿）

10 月，区发改委召开住宅物业成本调查和分等收费标准测算工作会议
（区发改委供稿）

经济行业标准中尚无该经营范围表述，分局启动设立申请案的合议制度，经讨论经营范围核定为“供应链管理分析和诊断服务”。12 月 15 日，上海腾邦供应链有限公司注册成立，注册资本 1000 万元，公司主要从事供应链管理分析和诊断服务，中国物流百强企业深圳市腾邦物流股份有限公司公司是其重要股东。（熊维炜）

■扶持蒸淀农村地区创业促就业 练塘镇蒸淀社区羊毛衫加工业是该地区的支柱产业，吸收了大量农村富余劳动力、城镇低保户以及外地流动人员的就业。由于历史原因，羊毛衫生产加工业经营者多数没有办理有关部门的许可证和工商部门的营业执照。为落实“创业促就业”相关政策，服务、监管农村市场，维护农民权益，工商部门开展宣传活动，要求经营者办理营业执照。在咨询、受理办照过程中采取一系列便民措施。有近 1200 户经营者向工商所递交开业申请，经审核具备经营条件，核发营业执照的有 901 户。年末，蒸淀地区从事羊毛衫生产加工的合法经营户 1014 户，直接就业人员 1 万多。

（熊维炜）

物价管理

■概况 2010 年，继续加强物价监测管理，维护市场价格基本稳定。一是加强市场价格监测、预警和监督检查，维护消费者合法权益。二是发挥价格监测的职能优势，开展调查研究和分析预测工作，力求准确把握价格变动趋势，及时提出措施和建议，逐步实现价格监测工作的制度化、规范化和科学化管理。三加强世博监测价格工作，涉及娱乐、旅游、餐饮等 6 个行业价格监测，为保障世博会期间旅馆住宿价格等提供基础信息。（凌 娥）

■价格鉴定评估 根据市价格认证中心〔2010〕12 号文件精神的要求，成立世博期间价格鉴证应急小组，建立涉案物品的价格鉴定快速处理机制，对比较简单的物品，受理后 2 天内完成鉴定；对较复杂的物品，经专业技术部门鉴定后，3 天完成鉴定。全年办理涉案物品价格鉴定 806 件，涉案价值 758 万元。

（凌 娥）

■收费管理 年内，加强收费清理和年审工作，制止乱收费行为。完成 2009 年度行政事业性收费许可证发放工作，全区持有 2009 年度行政事业性收费许可证 152 张，参加年审 152 户，年审率 100%；涉及收费系统 29 个；注销收费许可证 59 张。开展 2010 年度行政事业性收费许可证新证发放工作。根据“收费许可证”管理要求，行政事业性单位重新换发“收费许可证”新证，全区 2010 年度行政事业性收费许可证（不包括幼儿园）全部换发完毕，共 119 张。

（凌 娥）

审计工作

■概况 2010 年，围绕区委、区政府决策部署和市审计局工作要求，全面落实科学发展观，加大审计跟进力度，统筹安排审计工作和其他各项工作任务，发挥审计保障经济社会健康运行的“免疫系统”功能。全年完成审计和审计调查项目 71 个，涉及审计（调查）单位 505 户，审计（调查）资金总额 231.24 亿元，查出违规金额 2152.68 万元，查出管理不规范金额 82.27 亿元，促进增收节支 1566.46 万元，提出审计意见和建议 363 条。相关被审计单位制定整改措施 176

审计工作人员在重固 2 路向乘客作公交“村村通”问卷调查 （区审计局供稿）

条,建立健全规章制度21项。审计信息被中国审计报、区政府动态、市审计局动态等采用83篇次。区政府领导对11篇审计综合报告、结果报告、专报进行批示。年内,向社会公开"农村社会养老保险基金审计结果"、"'村村通'专项审计调查结果"、"社区卫生服务中心专项审计调查结果",主动接受社会监督、舆论监督。12月底,开展干部竞聘上岗工作,19名审计干部竞聘科级岗位13个(正科6个,副科7个),提拔正科级干部4名、副科级干部5名。赖伟春获2010年区"三八"红旗手称号,金海疆获2010年区重大项目建设先进工作者称号,姚真君获区"五五"普法先进个人称号。（赖伟春）

■构建财政审计大格局 年内,贯彻审计署和市审计局构建"财政审计大格局"要求,重点对区财政局组织本级预算执行情况进行审计,对20家一级预算单位及10家二级预算单位预算执行和其他财政财务收支情况、契税征收管理情况、水利专项资金使用管理情况进行延伸审计,对区农委本部及下属8户事业单位预算执行及其他财政财务收支情况进行系统审计,审计资金总额63.11亿元,涉及单位93户。坚持"统一领导、统一计划、统一方案、统一组织、统一人员",注重加强内部联动、综合协调,形成全局"一盘棋"工作格局,突出整体性。关注财政资金管理使用、政策措施贯彻落实、专项资金使用效益等绩效方面的问题。注重综合分析,从政策、机制、制度和管理层面分析审计中发现的问题,提出审计意见和建议85条。区领导针对审计报告中反映的问题作出书面批示,责成相关部门逐条研究提出整改措施,完善相关制度规定。（赖伟春）

■加强投资建设项目审计 年内,围绕区重大项目和实事项目,组织开展轨道交通2号线徐泾站前期动迁工程、嘉松公路综合治理工程跟踪审计,南菁园、复兴路、赵重公路等重大项目竣工决算审计,区中小学校舍安全情况专项审计调查。开展其他政府投资项目竣工决算审计和委托审计45个,核减资金1723.7万元,核减率11.77%。关注项目成本核算、计划投资、建设程序等方面的问题,注重加强综合分析,首次建立政府投资项目审计综合报告制度,提出加强工程项目建设管理、质量管理、资金管理的意见和建议,发挥审计建设性作用。制定《关于进一步加强政府投资项目审计管理的意见》,促进政府投资项目审计规范化。加强对中介机构审计工作管理,修订完善《2010年对定点社会中介机构考核办法》,组织开展中介机构参与完成的33个审计项目的质量考核,注重质量控制,规避审计风险。按照"公开、公平、公正"原则,于12月底组织完成第二轮定点社会审计中介机构招标工作,确定中介机构8家,服务期限3年。（赖伟春）

■开展专项审计 年内,进一步关注民生资金和民生项目管理,组织开展农村社会养老保险基金、科技资金使用管理情况的专项审计,开展"村村通"公交投入运营情况、村级组织综合配套改革实施情况、社区卫生服务中心管理运营情况的专项审计调查。审计和审计调查资金总额29.96亿元,涉及单位297户。审计工作以相关政策措施的贯彻落实为重点,注重揭示和反映政策落实不到位、政策目标未实现以及影响和损害群众利益的问题,确保民生资金安全、民生项目实施。（赖伟春）

1月4日,8位审计人员被聘为区重点审计项目主审（区审计局供稿）

■组织世博项目审计 组织开展迎世博加强市容环境建设和管理600天行动项目跟踪审计调查,调查单位9家,调查资金2.89亿元。组织开展世博运行专项资金使用、管理、效益情况的专项审计调查,涉及单位16家,抽查资金2.88亿元,占全区世博运行资金的98.27%。审计调查过程中,督促有关单位边审边改,完善制度,加强管理,实现"零整改"。（赖伟春）

■开展领导干部任期经济责任审计 把握经济责任审计特征,组织开展对10个单位13名领导干部的任期经济责任审计。审计工作以领导干部决策、管理、政策执行三项职责的履行为主线,重点监督检查领导干部重大经济决策、内部控制制度执行以及领导干部所在单位的经济行为,重点关注领导干部履行经济责任情况。通过审计,促进领导干部依法履职、依法理财。推进经济责任审计工作制度化建设,会同有关部门起草《青浦区单位内部管理的负责人任期经济责任审计实施办法》、《领导干部离任经济责任交接办法》、《经济责任审计工作联席会议组织办法》。（赖伟春）

■开展内部审计工作 贯彻落实区政府《关于进一步加强本区内部审计工作的意见》(青府办发〔2008〕7号),开展调研,制定《审计工作联系制度》,通过联网核查、定期走访、召开片会等多种形式,加强与各镇(街道)、委、局、区属公司共68个单位的经常性联系和沟通,指导各单位规范经济活动行为。完善《2011年内部审计工作指导意见》和《2011年内部审计工作考核办法》,推进内部审计工作的规范化、制度化建设。结合年度工作重点和要求,对全区26个单位37个审计项目进行质量检查与考评,对45个单位内审工作开展考核。开展业务培训,组织相关镇、街道内审机构同步开展3个审计和调查项目，以审带训；组织有关单位内审人员5人参加区局审计项目挂职锻炼，实行“一对一”结对帮教；组织全区240人次内审人员参加中国内审协会和市、区审计局组织的各类培训，及时更新和拓宽业务知识面。全区有46家单位已建立内审机构。全年完成审计项目980个，增加经济效益934.52万元，纠正管理不规范金额6662.59万元，促进增收节支9923.65万元，提出审计意见、建议被采纳290条。（赖伟春）

■首次实行项目主审聘任制 以争创“优质项目”为目标，创新项目管理形式，实施项目主审聘任制。1月4日，举行项目主审聘任制聘任仪式。14个重点审计项目聘任9名审计人员担任项目主审，占全部一线审计人员的50%，改变以往人人可做主审、人人轮做主审的局面。（赖伟春）

■推进审计整改工作 8月1日，区政府召开调整和充实审计整改督办联席会议。针对未能整改的主要问题召开专题会议，部署整改要求，督促相关单位落实审计整改。健全细化审计整改工作制度，提高审计整改执行力。加大审计整改全过程跟踪督查力度，建立审计组审计整改检查报告制度，会同有关部门开展联合督查，提升审计整改督查质量和实效。坚持审计整改工作情况报告制度，促进审计整改落实到位。各被审计单位重视审计发现的问题，逐项分解整改内容，健全完善相关制度。对审计结果整改情况的回访检查，年末52个已到法定整改期的审计项目中，对审计决定的整改率100%，对审计（调查）报告提出问题和建议的纠正率91.61%，涉及管理不规范问题金额纠正率88.55%。（赖伟春）

统计工作

■概况 2010年，坚持以提高统计数据质量为核心，强化统计服务，统计法制建设、统计基础队伍和统计信息化建设，加强统计数据监测力度，提高统计分析水平。开展青浦区第六次全国人口普查工作；在全区统计系统开展统计基础规范化创建工作；在全市率先推行工业、能源网络版电子台账，在全国处于领先水平。12月26日，完成国家统计局青浦调查队科室设置，成立办公室、农业调查科、住户调查科、企业调查科、专项调查科、综合科等科室。梳理、修改、完善《青浦区统计局调查队制度汇编》。区统计局获得“上海市第一次全国污染源普查先进集体”荣誉称号。区统计局机关开展学习型机关创建活动，获“2010年度上海市学习型机关创建工作先进单位”、“2010年度青浦区学习型机关创建工作先进单位”称号。（甘富新）

■开展统计服务 加强统计预警监测，深入基层和企业指导统计业务。全年向区政务公共信息平台报道各类统计信息353篇；上海统计网采用信息173条，以370分的成绩排名各区县第一；市政府“中国上海”网站采用152篇。加强统计分析、统计调查力度。倡导“用数字讲话、为决策服务”理念，为区委、区政府领导及时提供各类统计数据和信息。撰写《青浦统计信息》44篇、《青浦统计专报》28篇、《情况汇报》2篇。推出反映青浦年度数据的《数据青浦》和综合反映青浦概况的《统计手册》，受到领导及各相关单位的好评。继续开展《统计公报》、《统计预测报》、《统计快报》、《统计月报》和《青浦统计年鉴》等统计资料的收集、编辑和数据发布工作。（甘富新）

■《上海市青浦区第二次经济普查年鉴》出版 开展第二次经济普查（2008年）数据资料汇编工作，整理编辑出版《上海市青浦区第二次经济普查年鉴》。全书339页，分为综合、第二产业和第三产业三卷，设综合、企业、事业、机关、社团和民办非企业、工业、建筑业、交通运输仓储业、批发零售业、住宿餐饮业、房地产业、其他服务业和行政事业等11篇，收录统计表格88张。（甘富新）

■《上海市青浦区第二次经济普查分析资料汇编》出版 开展第二次经济普查（2008年）数据资料开发工作，整理编辑出版《上海市青浦区第二次经济普查分析资料汇编》。全书329页，分为图片资料、主要数据公报、部分分析资料和附录四部分。收录青浦区第二次经济普查领导小组成员单位分析资料9篇，区、镇、街道、青浦工业园区管委会经济普查办公室分析资料15篇。附录部分包括大事记、《全国经济普查条例》、经普风采录、第二次经济普查部分重要文件选编和青浦区第二次经济普查组织机构名单。（甘富新）

■第六次全国人口普查取得阶段性成果 3月24日，区政府召开青浦区第六次全国人口普查领导小组扩大会议。区委常委、副区长、区第六次全国人口普查领导小组组长张汪耀到会并作重要讲话。区公安分局、人口和计生委、宣传部等30个领导小组成员单位，以

第二次经济普查“蓝”系列资料　（统计局供稿）

11月1日，区委常委、副区长张汪耀（中）到徐泾镇视察第六次全国人口登记工作　　（统计局供稿）

及各镇、街道分管领导参加。4月18日，成立上海市青浦区第六次人口普查领导小组办公室（人普办），办公室设在统计局。是月，各镇、街道完成镇级普查机构组建工作；开通青浦区第六次全国人口普查网站，开展普查区区域勘界与飞地协调工作。5～6月，借助"世博大礼包"发放机会，将人口普查告知书发放到居民手中，开展村（居）委会核界和普查区域划分工作。7月，区人普办在夏阳街道、盈浦街道、徐泾镇开展综合试点工作，配合区公安局开展户口整顿工作。7月27日，在区第六次全国人口普查工作会议上，张汪耀代表区政府与全区11个镇街道分管领导、人普领导小组组长签订目标责任书。8月，开展普查业务培训，全区近600名普查指导员参加。9～10月，开展清查摸底工作，制作《户主姓名底册》。11月1日，全国人口普查开始正式上门登记，张汪耀到徐泾镇视察第六次全国人口登记工作。11月16日至年底，开展人口普查登记数据快速汇总工作。11月26～28日，第六次全国人口普查国家级暨市级事后质量抽查组进驻青浦区开展质量抽查。经过3天的抽查登记和比对，抽中普查小区无漏登重登人口，数据准确无误，通过国家级暨市级事后质量抽查验收。　　（甘富新）

■**推进统计基础规范化创建工作**　5月，成立区统计基础规范化创建工作领导小组，成立局规创办。区政府办公室转发区统计局《关于加强统计基础规范化建设的实施意见的通知》（青府办发〔2010〕50号）以及两个配套的实施方案，要求从改善统计工作环境、规范统计工作程序入手，用3年左右的时间在全区各镇、街道、各委办局、各区级公司以及"三上"（即规模以上工业企业，限额以上商业企业和有资质的房地产建筑业企业）单位范围内组织开展统计基础规范化建设，依法规范统计网络和统计队伍、原始记录和统计台账、统计信息化、统计调查与统计资料发布、统计档案管理等基础工作，提升全区统计工作的规范化、制度化、科学化能级和水平。年内，有5个镇级统计部门和88家企业作为第一批创建对象开展创建工作，经过创建单位自查整改、镇级检查、区级检查和区级验收，奥特莱斯等35家企业以及夏阳街道等3个镇（街道）级统计部门通过创建验收，达到五星级创建标准。　　（甘富新）

■**率先在全市推广应用工业及能源网络版统计电子台账系统**　年初，开发试行工业、能源网络版统计电子台账系统。2月，完成工业、能源网络版电子台账系统开发调试并布置上线。2～8月，采取点面结合的方式在全区开展试点工作。选取夏阳街道作为试点地区，街道规模以上工业企业全面试行电子台账系统；在全区其余10个地区分别选取具有代表性的5家企业进行面上试点。采用集中授课、下发《统计电子台账操作手册》、观看培训视频、组织培训人员现场练习、区统计局专业人员指导答疑等方式开展应用培训，举办培训班16个，培训1200人次，培训企业占全区规模以上工业企业的92%。在镇（街道）级统计工作考核的基础上专门制定《2010年镇级统计电子台账和网上直报工作考核办法》，单独进行表彰奖励。年末，全区有1062家规模以上工业企业建立电子台账，有445家企业实现单轨上报，大中型企业上报率94.8%，重点能耗企业上报率95.2%。该系统为全市首创。　　（甘富新）

■**国家统计局青浦调查队启动住户样本轮换工作**　为保持样本的代表性，客观反映区内城镇和农村居民家庭的收入、消费等基本情况。年内，国家统计局青浦调查队全面启动住户样本轮换工作，对全区800户农村住户和500户城镇住户，按照国家样本轮换方案进行样本轮换，农村住户国家点调查由70户扩到120户，新设150户城镇住户国家点。完成农村低收入家庭情况调查、青浦区居民就业变动情况监测、上海市居民民生问题专项调查、财政投入"三农"资金情况调查、新农村建设评价体系调查、组织工作满意度调查、2010年党风廉政建设民意调查、公安社区民警熟悉率调查、自然资源和生态环境专项调查、居民环境满意度调查等20多项调查任务。　　（甘富新）

■**加强能源统计监测工作**　在执行《能源统计工作评比表彰办法》和《各区县能源统计上报情况》的基础上，对能源统计报表数据质量情况及相关工作开展情况评分，对能源程序审核"错误类"、"核查类"和"万吨企业核实类"等具体审核要求作出详尽的细分和规定。围绕重点能耗企业、不降反升企业，细化能源统计监测体系，每月密切跟踪重点能耗企业特别是不降反升企业能耗数据，了解企业生产运作情况，分析能耗上升原因。9月，区统计局、发改委和经委联合召开不降反升重点能耗企业座谈会，全区33家不降反升重点能耗企业节能工作负责人以及能源统计人员分8批参加会议。会议对不降反升重点能耗企业及所在地区提出工作要求。从三季度开始，每月对不降反升的高耗能企业进行梳理、汇总，为区政府各职能部门下阶段的节能降耗工作的顺利开展作好统计数据信息支持。全区“十一五”时期单位增加值能耗下降21.75%，超额完成市下达下降20%的目标。（甘富新）

■**统计普法执法** 年内，开展形式多样的统计法制宣传。结合人口普查工作，全区展出大型广告牌12块、宣传板块15套135张，发放46万份告居民书，在学校开展“小手牵大手，携手共普查”人口普查宣传活动，通过《青浦报》专版、电视台宣传片、上街设摊等形式宣传人口普查工作和统计法相关知识。根据全国执法大检查的要求，区统计局会同监察局和司法局对全区30家企业进行执法检查，向企业宣传统计工作的重要性和统计法律法规知识。开展2010年统计从业资格培训考试工作，有251人报名参加培训。实施从业资格认定制度，累计完成1700多人的换证工作。（甘富新）

■**加强统计信息化建设** 稳步推进网上直报工作，有工业、能源、科技、建筑业、房地产开发经营、固定资产投资、批发零售和住宿餐饮业、社会服务业、劳动工资、经济小区统计、企业景气调查、工业品价格调查等专业实现网上直报。自主设计委托开发工业、能源统计电子台账系统，全年培训规模以上工业企业统计人员1200人次。设计开发统计执法信息系统，集成统计执法流程、基本单位名录和统计人员的管理，全区1867名统计从业人员的基本信息已经采集进入系统。编制修改工业、房地产汇总程序、房地产和商业网上直报系统复杂汇总表、经济小区统计网上直报程序、服务业统计试点报表网上直报程序、青浦区第六次全国人口普查快速汇总数据处理程序以及环境满意度、社区民警熟悉率等专项调查数据处理程序等。（甘富新）

质量技术监督管理

■**概况** 2010年，青浦质量技监工作围绕世博安全保障工作，开展产品质量、食品生产和特种设备3个领域公共安全工作；围绕服务“一城两翼”建设，推进“质量兴区”工作。年末，全区有食品生产加工企业230家，其中A级39家，B级129家，C级53家，另有9家未分级。名牌企业73家，其中：产品类63家、服务类8家、区域类2家；农业标准化示范区国家级4个、市级4个、区级63个；地理标志产品保护1家；良好农业规范（GAP）认证示范区3家。拥有特种设备16355台（件）。

年内，系统分析青浦2006～2008年产品质量监督抽查情况，编辑发布《青浦区2009年度质量安全状况分析报告》；编写《青浦区地板类人造板2009年度质量安全状况分析报告》和《青浦区2009年度产品质量监督抽查情况分析报告》。开展“质量提升服务进万企”活动，邀请专家入企业检查指导质量工作，组织12家水泵生产企业负责人、12家人造板生产企业代表参加质量分析会。推荐金博（上海）建工集团有限公司申报上海市质量金奖组织类奖项；完成40家企业41项2010年度上海名牌的申报工作。

全年办理企业标准备案307项，发放企业标准代号58个，完成企业采标（采用国际标准和国外先进标准）18项，办理企业代码35410件［其中一门式（行政服务中心一门式受理）10997件］。（沈　建）

表57　**2010年青浦区农业标准化示范区建设情况表**

序号	示范名称	示范区名称	项目主要承担单位
1	国家标准化管理委员会农业标准化示范区	练塘茭白标准化示范区	上海练塘叶绿茭白有限公司、上海市青浦区质量技术监督局
2		白鹤草莓标准化示范区	上海市金草莓科技发展有限公司、上海市青浦区质量技术监督局
3		赵巷枇杷生产标准化示范区	上海庆鸿枇杷合作社有限公司、青浦区赵巷镇农业综合服务中心
4		金泽沙田湖水产养殖标准化示范区	上海青浦岑湖特种水产有限公司、青浦区金泽镇农业综合服务中心
5	上海市农业标准化示范区	上海市鹤晖食用菌标准化示范区	上海鹤晖食用菌合作社
6		上海市泖岛蔬菜标准化示范区	上海泖岛茭白合作社有限公司
7		上海市水稻规模化经营生产标准化示范区	上海农优粮食种植合作社有限公司
8		上海市南美白对虾高产养殖标准化示范区	上海海帮虾类养殖合作有限公司
9	青浦区农业标准化示范区	盈中水产养殖基地	盈中水产养殖场
10		上海香绿园艺有限公司	上海香绿园艺有限公司
11		上海莲湖鳖业有限公司标准化基地	上海莲湖鳖业有限公司
12		上海青浦岑湖特种水产有限公司	上海青浦岑湖特种水产有限公司
13		青西禽蛋鸭笼养标准化基地	青西禽蛋食品有限公司
14		田山庄双低油菜标准化基地	金泽镇科技站
15		食用菌基地	上海鹤晖食用菌合作社有限公司
16		赵屯草莓标准化基地	上海青浦赵屯草莓研究所

续表 57－1

序号	示范名称	示范区名称	项目主要承担单位
17	青浦区农业标准化示范区	上海金长蔬果农业标准化基地	上海永新瓜果农业合作社
18		上海金太园艺有限公司基地	上海金太园艺有限公司
19		上海牛奶集团香花鲜奶有限公司	上海牛奶集团香花鲜奶有限公司
20		上海曾奇水产种苗有限公司无公害标准化基地	上海曾奇水产种苗有限公司
21		练塘茭白标准化生产基地	上海练塘叶绿茭白有限公司
22		优质茭白标准化生产基地	青浦区巷农经贸有限公司
23		沈巷特种水产养殖中心	沈巷特种水产养殖中心
24		大棚西瓜标准化生产基地	上海任翔农业技术有限公司
25		特色蔬菜生产基地	青浦区巷农经贸有限公司
26		赵巷特色蔬菜实验场	赵巷镇农业综合服务中心
27		食用菌科技示范基地	区农技中心
28		上海京绿林果生产基地	徐泾农业服务中心、京绿公司
29		上海庆鸿枇杷生产基地	赵巷农业服务中心、庆鸿枇杷合作社
30		宝峰果业合作社葡萄生产基地	华新农业服务中心、宝峰果业合作社
31		百茸食用菌生产基地	重固农业服务中心、天茸菌菇合作社
32		民科园艺场生产基地	重固农业服务中心、民科园艺场
33		香丝瓜生产基地	白鹤农业服务中心、香丝瓜合作社
34		上海昌源特种水产养殖基地	香花街道农业服务中心、昌源水产公司
35		绿邦果蔬生产基地	夏阳街道农业服务中心、绿邦果蔬合作社
36		安庄蔬菜种子繁殖基地	朱家角农业服务中心、安庄村委会
37		富民农耕南美白对虾养殖基地	现代农业园区、兴农水产合作社
38		蔬菜生产基地	现代农业园区
39		上海金田葡萄生产基地	练塘农业服务中心、金田葡萄公司
40		全杰特种水产养殖基地	金泽农业服务中心、全根合作社
41		岑盛特种水产养殖基地	金泽农业服务中心、岑胜特种水产场
42		金苑公司水产养殖基地	金泽农业服务中心、金苑公司
43		徐泾果园标准化生产基地	徐泾农业服务中心、徐泾园艺有限公司
44		赵巷张泾林果标准化生产基地	赵巷农业服务中心、张泾绿化工程公司
45		白鹤亿得利草莓标准化生产基地	白鹤农业服务中心、上海亿得利公司
46		夏阳彰显渔业合作社王仙标准化养殖基地	夏阳农业服务中心、彰显渔业合作社
47		夏阳鹊群种苗科技合作社标准化种植基地	夏阳农业服务中心、鹊群种苗科技合作社
48		朱家角泖岛特色蔬菜标准化生产基地	朱家角农业服务中心、泖岛合作社
49		朱家角蕾蕾合作社南美白对虾标准化养殖基地	朱家角农业服务中心、蕾蕾渔业合作社
50		练塘佳宇果园标准化生产基地	练塘农业服务中心、上海佳宇实业公司
51		练塘沙浜村果园标准化生产基地	练塘农业服务中心、上海野农果园有限公司
52		练塘思农食用菌标准化生产基地	练塘农业服务中心、上海思农食用菌合作社
53		现代农业园区平利水产合作社标准化养殖基地	现代农业园区、平利水产合作社
54		金泽岑盛养鱼场标准化养殖基地	金泽农业服务中心、岑盛水产公司
55		金泽协旺特种水产标准化养殖基地	金泽农业服务中心、协旺水产品公司
56		金泽稼仓食用菌标准化生产基地	金泽农业服务中心、稼仓农产品科技有限公司
57		赵巷玉丰枇杷种植生产基地	赵巷农水科、五月果苗圃

续表 57－2

序号	示范名称	示范区名称	项目主要承担单位
58	青浦区农业标准化示范区	上海普科水产养殖合作社基地	赵巷农水科、上海普科水产养殖合作社
59		上海利农兴蔬菜合作社生产基地	上海利农兴蔬菜合作社
60		跃民水产养殖基地	上海跃民水产专业合作社
61		练塘泖河水产养殖基地	上海泖河水产品专业合作社
62		上海亿农水产品养殖基地	上海亿农农产品专业合作社
63		上海为众杭州茭种育基地	上海为众茭白销售专业合作社
64		上海太浦河葡萄园生产基地	上海太浦河葡萄种植有限公司
65		佳敏水产养殖专业合作社基地	佳敏水产养殖专业合作社
66		上海春鸣蔬果专业合作社基地	上海春鸣蔬果专业合作社
67		上海国珠水产有限公司	上海国珠水产有限公司
68		上海宁都菌菇有限公司	上海宁都菌菇有限公司
69		上海雪云粮食专业合作社	上海雪云粮食专业合作社
70		上海商盛河虾合作社	上海商盛河虾合作社
71		上海佳丰生物科技有限公司	上海佳丰生物科技有限公司
72	国家地理标志产品保护	国家标准化管理委员会练塘茭白标准化示范区	上海练塘叶绿茭白有限公司、上海市青浦区质量技术监督局
73	良好农业规范(GAP)认证	草莓 GAP 认证	
74		上海春鸣蔬果专业合作社	
75		上海佳丰生物科技有限公司	

（沈　建）

■开展产品质量监督管理　年内，召开全区产品质量安全监管工作会议，部署产品质量集中监督检查、许可证年审等相关工作。开展2010年度工业产品生产许可证年审工作，年审参加率88%，合格率97%。开展服装产品质量区域整治，对55家服装生产企业进行监督检查，监督抽查服装11批次，合格9批。组织召开服装产品质量分析会，通报服装类产品区域整治的总体情况。开展问题企业重点监管，对6家连续两年产品质量监督抽查2次以上不合格生产企业实行企业监管，现场检查企业产品质量保证能力。开展质量咨询机构认证调查、管理体系获证企业和食品农产品认证有效性监督检查。开展机动车安检机构集中监督检查，整治完成青浦第20机动车安全检测站。完善产品质量安全档案，完成皮制品纺织品服装鞋类、婴幼儿用品、燃气器具等13类共1086家日用消费品生产企业的质量建档工作。开展产品质量监督抽查后处理工作，收到不合格移送单44件，完成38件。（沈　建）

■食品生产行政许可　全年受理食品生产许可证申请106家，涉及证书148张；全区有190家企业获得食品生产许可证，证书342张。开展获证企业年度审查工作，办结年度审查报告48份；食品相关产品生产企业获得生产许可证54家，完成年审23家。（沈　建）

■推进食品专项整治行动　2月、7月，两次对37家使用乳制品生产食品企业和1家乳制品生产企业开展问题乳制品专项清查，出动执法人员336人次，抽查乳粉原料24批次、含乳食品38批次，抽检产品全部合格。继续开展打击违法添加非食用物质和滥用食品添加剂专项整治，相继开展地沟油检查、生猪原料索证索票检查、食品包装材料专项清理、蜜饯生产加工企业专项检查，以及大米、肉制品、月饼、沐浴产品等10余项专项整治行动。

加强分类分级监管，全区登记在案各类食品生产加工企业230家，其中：A级39家，B级129家，C级53家，另有9家未分级。食品生产分类分级监管出动执法人员3200余人次，监督巡查及回访企业1096户次，发出各类责令改正书24份；巡查抽检食品428件次，合格率96%。（沈　建）

■加大食品安全宣传　3月，召开食品生产企业监管工作会议，向全区食品生产企业开展包括世博食品安保在内的多项知识培训宣传，元祖公司等5家供博食品生产企业及优秀食品生产企业代表共同发起“严格落实食品质量安全主体责任、切实做好供博食品质量安全保障、持续提高食品质量安全水平”的倡议。结合《中华人民共和国食品安全法》（以下简称《食品安全法》）实施1周年纪念活动，6～9月，先后在金泽、练塘、朱家角和赵巷4镇召开地区食品生产监管会议；在闹市区设咨询摊位，向市民进行《食品安全法》及其实施条例等法律、法规和食品安全知识等内容宣

9月18日，质量月活动现场　　（区质监局供稿）

传。组织开展“质检邀您看企业、食品安全大家行”活动，邀请区内部分媒体工作者、人大代表以及消费者代表3批15人次参加饮料、食用植物油、粮食加工品企业进行观摩检查，督促企业落实主体责任，营造社会共同关心食品安全、支持食品安全监管的氛围。　（沈　建）

■开展特种设备安全监察　全年办理特种设备安装告知645笔；特种设备作业人员审核发证1834人次；处理投诉举报特种设备案件13起。日常检查特种设备使用单位130家、生产单位29家，设备656台，签发安全监察指令书28份。推进危险性评价分级与分类监管工作，完成52台设备的危险性评价工作，对16家单位42台设备实施分类监管。重点对全区19家重点单位55台重点设备落实保障性要求，全年出动5432人次，检查2536家次单位10786台（套）特种设备，发现隐患112处，签发监察指令书26份，立案查处案件3起。开展夏季户外起重机械安全大检查，检查使用单位61家，检查户外起重机械96台，查出隐患6处，全部完成整改。　（沈　建）

■开展特种设备安全应急救援演练　5月31日，在青浦工业园区热电有限公司举行的“安全生产月”活动开幕式上，举行特种设备应急救援演练，演练由质监、安监、公安、消防、卫生等行政管理部门共同组织，检验青浦区特种设备应急救援方案的可操作性。6月18日，在盈浦街道佳丽花园开展电梯应急救援演练，组织近百名小区居民全程观看演练。演练活动开始前，向小区居民播放特种设备安全教育警示片，宣传特种设备安全知识。　（沈　建）

■加强气瓶安全管理　推进工业气瓶电子标签应用工作，年内召开气瓶安全工作会议2次，明确气瓶安全主体责任，对气瓶10家充装单位和1家气瓶检验单位进行大检查2次；开展气瓶“两站（气瓶充装站、检验站）治理”，督促“两站”完善技术条件，规范“两站”许可工作和气瓶安全管理。　（沈　建）

■开展电梯安全监管　年内，会同区安监局、房管局等监管部门，借助《青浦报》、青浦电视台、区局网站等多个平台，开展宣传，引导电梯维修保养单位、使用单位及广大群众参与和监督电梯工作安全。6月，在《青浦报》公告全区维保数量前12名的电梯维保单位；8月，组织召开青浦区提升电梯维保质量专题座谈会，研究推出六项措施持续推进电梯安全工作，即实施新版《电梯定期检验规则》、开展电梯自检人员辅导培训工作、建立青浦区维保单位档案，落实维保登记备案制度、规范日常使用登记及定检报检制度、全面实施电梯维保考核和评价工作、实行年终总结通报制度。　（沈　建）

■开展高耗能特种设备节能工作　推动安全与节能管理标杆锅炉房评选工作，推荐的上海市新收犯监狱锅炉房被评为全市前6名标杆锅炉房上报国家总局。落实节能新技术应用示范项目，推荐上海烨惠新能源技术开发有限公司和上海莱客盛制笔材料有限公司的生物质燃料替代节能新技术，上报市税务局特种处。开展换热压力容器节能普查统计，完成32家单位96台换热压力容器节能普查统计工作。　（沈　建）

■在朱家角古镇率先建成市级公共信息图形标准化示范点　区质监部门联合区迎博600天窗口指挥部、旅游局、

5月31日，青浦区2010年“安全生产月”开幕式暨应急救援演练举行
（区质监局供稿）

朱家角镇等，在朱家角古镇实施公共信息图形标志规范工作。4月29日，完成公共信息图形的设计、审核、施工、安装等工作，拆除旧指示牌54块，安装导向系统标志102处、232块，新增导向标志178块；6月，通过市质监局组织的专家验收，朱家角古镇成为全市第一个通过验收的市级公共信息图形标准化示范试点单位。（沈　建）

■推进节能减排示范区工作　按照《青浦工业园区热电节能减排标准化示范区计划任务书》（沪质技监标〔2009〕366号）要求，于2009年启动青浦工业园区热电节能减排示范区创建工作。2010年，督促示范区内企业（上海青浦工业园区热电有限公司供热覆盖企业）推广采用国际标准和国外先进标准，完成采标（采用国际标准和国外先进标准）5个，备案企业标准45个。成立"青浦区JJ（节能减排）小组志愿者服务队"，为青浦企业节能减排工作提供服务，发放"随手关灯"和"节约用水"标贴、节水节电宣传画、示范区创建手册等3000余份宣传品。举行节能减排研讨会2次，完善《节能减排工作实施方案》、《能源计量管理工作手册》、《热控装置监督管理制度》、《热网计量仪表管理规定》、《热网仪表数据巡检制》等规范文件；召开区质监局、经委、工业园区推进节能减排工作现场会，总结创建工作的阶段性成果。（沈　建）

■构建农业标准化示范区三级网络　2008年起，开展国家、市、区三级农业标准化示范区标准化建设工作。2010年6月，赵巷枇杷国家级标准化示范区通过国家标准委员会专家的验收，并通过ISO 9001国际质量认证体系和绿色认证，成为世博农产品特供基地；9月，沙田湖水产养殖国家级标准化示范区以96+5分的高分通过国标委专家组验收。推荐上海市鹤辉食用菌专业合作社等4家青浦龙头农业企业申报第四批上海市农业标准化示范项目，获得通过。对11个区级农业标准化基地开展考核验收，其中：上海佳丰生物科技有限公司基地为区级农业标准化示范基地，上海国珠水产有限公司等4个单位为区级标准化生产基地。年内，开展上海市农业标准化综合示范镇创建试点工作，推荐练塘农业标准化综合示范镇项目，获得批准，成为上海市第一批农业标准化综合示范镇试点项目之一。（沈　建）

■实施区政府实事项目　2010年，实施"家庭用水银血压计免费校准"项目，完成262个居、村委，总计9867台水银血压计的免费校准任务；实施"集贸市场电子计价秤免费检测"项目，完成全区17家集贸市场、总计1531台电子计价秤的免费检测任务。（沈　建）

■开展民用水表计量监督检查　针对上海有市民反映水表计量的问题，7月，根据市质监局工作部署，成立应急处理小组，制定民用水表监督检查工作计划。7月20日，召开全区各自来水公司、乡镇水厂领导紧急会议，部署民用水表排摸工作。在摸清在用水表情况的基础上，对7家自来水厂、乡镇水厂企业进行计量专项监督执法检查，共查在用民用水表187637只。民用水表受检率由监督检查前的12%提高到100%，合格率100%。（沈　建）

■开展计量监管　加强行政许可工作，全年新增7家企业获中小企业计量检测保证能力评定；完成8家制造计量器具企业和1家修理计量器具企业的制造修理计量器具许可证到期复证，注销2家到期未申请复查换证的制造计量器具企业的许可证。加强计量监督检查，开展环淀山湖宾馆、饭店专项执法联合检查，开展餐饮业计量专项监督检查。针对名贵中药材、保健品及超市自包装等商品，开展零售领域计量专项执法检查。参与"迎世博诚信计量示范集贸市场"创建活动，推进城东农贸市场参评"迎世博诚信计量示范集贸市场"。组织对朱家角镇浴室锅炉在用压力表进行监督检查；结合"3·15"活动，在徐泾镇、赵巷镇举行"3·15"计量专项执法检查；对青浦巴士出租汽车有限公司和上海绿舟出租汽车有限公司的397辆出租车计价器进行计量专项检查；开展饲料、化肥、种子、农药等农资计量专项检查；对汽车衡（即地磅，一种衡器）经销企业和在用汽车衡开展汽车衡计量专项整治。（沈　建）

■开展打假治劣工作　2010年，开展迎世博劳防用品专项执法打假行动、"清新居室"建筑材料产品专项执法检查、机动车零部件产品专项执法检查、电热毯（燃气热水器）产品执法检查、"家电（汽车摩托车）下乡"产品执法检查、儿童（婴幼儿）用品和服装类产品专项检查、农资产品生产企业专项执法检查、能源效率标志专项执法检查、塑料购物袋专项执法检查。联合公安青浦分局、工商青浦分局、区交通运输管理局等部门开展擅自改装摩托车整治行动，会同区消防支队、工商青浦分局开展消防产品联合整治行动。全年行政执法出动近900人次，检查企业220余家，立案查

5月20日"计量日"，工作人员为居民提供血压计免费校准服务　（区质监局供稿）

处各类质量违法案件33起，办结27起，罚没款5万元以上13起，罚没款总计98.9万元。受理产品质量举报案件7起，办结7起，查证属实案件3起；受理食品安全举报案件29起，办结26起；受理产品质量申诉案件26起，办结26起。处理申诉涉及商品总标值13.71万元，为消费者挽回经济损失6.47万元。（沈　建）

■开展技术检验检测　6月，成立检测工作整顿活动领导小组，制订实施方案和工作推进表，明确工作目标、主要内容和措施、责任部门和时间节点。区计量质量检测所全年服务企事业单位近2100家，检测计量器具台约32000台（件）；检定燃油加油机502台1200枪，受检率和合格率达100%。代为企业送检计量器具近1600台/件，约请市级机构上门检测20多次。区特种设备监督检验所全年完成锅炉内部检验532台、外部检验359台、水质监测634台/次、安装监检（监督检验设备）72台、制造监检18台；压力容器定期检验657台、安装监检19台、制造监检398台、年度检验30台；压力管道定期检验18254米、安装监检14742米；电梯定期检验2242台；起重机械定期检验1924台、制造监检166台、安装监检270台、厂内机动车辆1952台。（沈　建）

■开展行政执法技能大比武　8月27日，举行行政执法技能大比武训练活动，区质量技监局40名持证人员全部参加训练。9月8日，区质量技监局代表队获市质量技监局行政执法技能大比武复赛团体第三名；9月26日，获市质量技监局行政执法技能大比武决赛团体第一名。吴璐璐获个人第八名；张荣入选市代表团，参加全国质检系统大比武活动，入选复赛成绩第五十名，获国家质检总局表彰。（沈　建）

■开展世博安全保障工作　开展供博食品监管调研，动态掌握供博食品生产企业情况。举行供博食品生产企业突发事件应急演练，提高应对食品突发事件处置能力。按照供博规范要求，对元祖、上好佳等6家直接或间接供博食品生产企业，开展日夜跟踪监管，巡查239家次，出动检查人员491人次；抽检样品193件，合格率98%。落实安全责任制，与2748家特种设备生产、使用单位签订世博安保责任书；完成10家工业气瓶充装单位检查30家次，发现隐患12处；液氨装置专项检查5家单位19台设备，发现隐患20处；LPG（液化气）储罐专项检查12家单位37台特种设备，发现隐患16处；化工企业专项检查15家单位248台设备，发现隐患16处；相关行业检查871家单位2520台设备，发现隐患15处。加强对世博会特许产品生产企业的监管，督促企业建立健全质量安全可追溯机制和体系，确保特许产品质量安全。《上海法治报》总第3837期（2010年6月23日）刊登《竭诚服务世博盛会　努力实现质量提升——上海市青浦区质量技术监督局工作纪略》，专题介绍青浦区质监局围绕服务世博开展质量提升工作的有关情况。（沈　建）

5月25日，工作人员到企业开展六一节儿童婴幼儿用品专项执法检查
（区质监局供稿）

海　关

■概况　2010年，青浦海关下设办公室、通关科、加工贸易监管科、通关备案科（派驻青浦出口加工区），业务涵盖通关管理、税费征收、减免税备案与审批、加工贸易监管、企业管理、特殊监管区域监管、缉私、稽查、统计等，在编干部职工48人。青浦海关干部职工长期志愿服务中福会养老院老人，开展“携手同行、圆梦世博”和共度端午节、重阳节等活动，获上海海关最佳组织生活实例入围奖，受到上海电视台“新闻坊”栏目报道。被评为2009～2010年上海市文明单位。（储亦张）

■服务地方经济　2010年，与区政府、区经委、出口加工区管委会开展定期互访，了解地方政府和企业对海关的需求。在海关办公场所内，设立咨询专窗和政策解读专栏，为企业提供通关便利，减少通关时间和物流成本。先后召开外资企业海关政策法规宣讲会、出口加工区保税物流政策宣讲会、电子化手册业务推广会，组织宣讲队到徐泾、朱家角等镇开展海关政策法规宣讲，为企业提供具有针对性的政策咨询服务。支持青浦出口加工区内重点企业上海普惠飞机发动机维修有限公司启动运营，支持出口加工区内保税物流业务发展，批准开展生产型保税物流业务企业3家，分别为上海普惠飞机发动机维修有限公司、上海欧菲滤清器有限公司和美晶纺织品（上海）有限公司；注册专业保税物流公司2家，分别为上海青浦出口加工区物流有限公司和上海惠德物流有限公司。2010年青浦出口加工区进出区备案货物总值实现翻番。（储亦张）

10 月 14 日，电子化手册推广会举行　（青浦海关供稿）

■提升服务水平　2010 年，围绕服务世博主题开展世博知识竞赛、全员综合业务知识竞赛、“窗口微笑服务关员”评选等活动，提升全体关员服务技能。强化内务规范，提高服务意识，以“服务世博”为契机提升窗口文明形象。制定世博安保预案。全年收到锦旗 6 面，登报表扬 5 封，电子派单叫号系统的窗口满意度测评满意率全年保持在 100%。世博期间，配合有关部门对列入危险品清单的货物实施 100% 查验。（储亦张）

■推进大监管体系建设　2010 年，全国海关正式推进实施海关大监管体系建设。青浦海关落实大监管体系建设的相关要求，推进各项重要业务改革。组织学习大监管体系建设方案，结合实际，开展调研讨论活动，为开展“企业稽查、保税中后期核查、减免税核查归口管理”（简称“三查合一”）工作做好准备；实施分类通关改革，推广加工贸易电子化手册业务，深化出口加工区功能拓展业务改革等，通过各项业务改革，推进以风险管理为先导，“由企及物”（即经由对企业风险评估后，再指向具体的进出口货物）的新型海关管理模式的形成。（储亦张）

区级投资、开发公司选介

■概况　3 月 26 日上午，青浦“一城两翼”三大投资开发公司成立仪式在朱家角皇家金煦花园酒店举行。上海西虹桥商务开发公司、上海淀山湖新城发展公司和上海湖区建设开发公司正式揭牌成立，3 家投资开发公司分别承担青浦区淀山湖新城、东翼西虹桥商务开发区、西翼淀山湖湖区的开发任务。其中，上海淀山湖新城发展有限公司由上海朱家角投资开发有限公司与上海青浦新城区建设发展（集团）有限公司合并组建成立，上海湖区建设开发有限公司在上海淀山湖开发有限公司基础上成立，上海西虹桥商务开发有限公司在上海西郊商务区开发有限公司基础上成立。7 月 6 日，上海青浦工业园区发展（集团）有限公司、上海青浦出口加工区开发有限公司和上海张江高新技术产业开发区青浦园区集团有限公司揭牌仪式举行，标志着占地 56.2 平方公里的市级工业开发区青浦工业园区分设。（赵　峰）

■上海青浦投资有限公司　2010 年，该公司针对年内项目开工启动较集中[根据政府性项目安排，续建在建项目以及当年新开项目资金需求 16 亿元（不包括急需特殊原因安排民生项目）]、偿债高峰（历年借款需当年还贷的资金 10 亿元，扣除财政预算安排还贷资金 6 亿元，需借新换旧 4 亿元，两项合计需融资安排资金 20 亿元）和货币宏观政策等情况，克服种种不利因素影响，确保资金供应，确保重大项目、重大工程按计划顺利实施、如期完工，享受到较低的利率水平，严控融资成本。2010 年年末，银行贷审批准项目授信 25 亿元。全年节约利息支出约 1600 万元。年末，根据工程工作量、资金需求实际借款 12.66 亿元，主要用于轨道交通 2 号线站体建设、公交换乘、区级道路等 27 个项目，总支出 9.26 亿元，以及归还到期借款 4.2 亿元。

加强与完善政府债务管理，控制债务规模。按照政府性项目管理要求，完善债务预算管理；根据政府批准下达年度项目计划，编制年度融资计划；开展债务基本情况统计、分析工作，全面、真实地反映政府债务状况，通过政府债务动态管理，及时掌握政府债务的状况、构成、新债产生的原因、趋势等情况。2010 年，公司债务规模 40.04 亿元，较年初债务规模增加 2.48 亿元，增幅

3 月 26 日，青浦区“一城两翼”发展战略启动，三大投资开发公司正式成立
（淀山湖新城发展有限公司供稿）

6.6%,其中:土地收购储备投入5.8亿元、属政府债务34.24亿元,为区人大批准的债务规模50亿元的68.48%。

2010年,支付各类工程款项12.8亿元(含政策调整因素3.54亿元),其中:新开工建设项目7项、完成竣工结算资产移交项目2项、在建项目19项、未开工建设项目9项、已竣工未完成财务结报手续的项目17项。计划立项投资项目9项,计划投入资金14.09亿元,项目有青浦原水厂三期、青浦第二水厂三期及深度处理、中山医院青浦分院扩建、历年公路建设区代镇垫资等。历年结转资金的项目40项,计划结转资金22.14亿元,已竣工未完成财务结报项目19项,在建及未开工建设项目21只,在建项目主要有精神卫生中心、朱枫路四期、盈港路改建、外青松公路南段改建、青浦三水厂一期等项目。

2010年,农工商、宏亮、蕴湖3个经济小区实现税收5.25亿元,完成年计划104%,比上年增长19%。3个经济小区完成招商992户,比上年增加315家,完成全年计划的198%。(潘莹莹)

■上海青浦资产经营有限公司 9月,该公司迁入城中北路105号新址,集中办公。全年实现经济总收入3440.42万元,完成年计划101.19%,其中:投资收益2181.27万元、存量固定资产租赁费收入396万元、专项收入450万元。因提高消费税及烟糖公司基建等因素,烟糖公司股权分红收益比2009年有所减少。应该上缴与划出的"非"转"经"(非经营性房产转为经营性房产)租赁费收入、核销资产收入和投资朱家角发展公司回报收入413.15万元,完成年初计划的103.29%。

根据区政府意见,将公司在青浦工业园区、淀山湖湖区公司及大观园等单位的投资,划给区国资委管理。年末公司总资产为11.62亿元,净资产为8.32亿元,分别比上年减少18.34%和21.88%。根据区政府意见,投资区内外部分国有企业,年末投资余额为9.73亿元(占公司总资产的83.73%)。公司派员出席各企业的董事、监事会会议,代表区政府履行出资人职责。按区政府要求,为部分投资企业贷款担保,担保贷款12.1亿元。

年末,公司管理的原区属公司改制后移交的托管人员6277人,其中:退休职工5052人、协保人员248人、伤残217人、职工遗属645人、精简回乡人员85人、中华人民共和国成立前参加革命工作的老干部11人、其他19人。公司继续为退休及在职职工缴纳住院保险费71.35万元,参保率100%,为933人(次)报销住院医药费60.79万元;向伤残、长病假人员及职工遗属按时发放生活费236.23万元,为在职职工缴纳"三金"205.23万元;将111名家庭经济比较困难的在职职工的个人信息发布在市总工会的帮困网上,先后有80名职工得到资助;为43名员工办理退休退工手续;向139名病故人员家属发慰问金76450元。3月,在盈浦街道城北居委、夏阳街道章浜居委开展托管人员的网格化管理试点。在2个街道及居委的配合和支持下,通过调查摸底,有服务对象(托管人员)337人,其中:城北居委254人,按楼组划分为7个小组;章浜居委有83人,划分为3个小组。服务对象基本情况由信息员输入电脑数据库,根据服务对象变化情况,及时调整数据库信息。通过"网格",能及时掌握服务对象的情况,有效地开展管理及服务工作。

全年公司下拨改制基金410万元,解决原区属公司及委办局所属企业改制遗留问题,用于改制企业原职工宿舍维修、动迁及偿还债务等费用。2009年下半年起,公司调查梳理原区属公司部分企业改制时作为挂账资产处理的职工宿舍(绝大多数已批准核销,属"账销案存"),区别情况进行处理(部分维持原状;部分因项目开发建设,实施动迁、搬迁)。配合赵巷商务区珠江国际会展中心项目,原申汇机械厂职工宿舍河西部分48户64间,于3月完成动搬迁;原县种畜场职工宿舍属危房,住户联名写信给区领导,于5月完成动迁,13户住进宜达小区新居。7月,启动原申汇机械厂职工宿舍河东部分21户44间和原赵巷粮管所职工宿舍22户49间的动搬迁工作,为珠江创展项目以及青浦新城的开发建设创造条件。

全年保障服务分公司窗口接待来人、来信、来电1916多件(次),均及时答复、协调解决;受理区信访部门转办、交办的信访件33件,信访难点主要涉及动搬迁等改制遗留问题。(陈恒德)

■上海朱家角投资开发有限公司 该公司承担着朱家角9.46平方公里新市镇的开发建设任务。经过8年建设,朱家角新市镇所有整体与专业规划都已完备、基础设施建设全部完成、污水治理与绿化景观营造成效显著,成功创建华东首个"国家宜居城市"和中国第一个获评"国际花园城市"的小城镇。

1月4日,公司举行第八次"春晖"关爱捐款仪式,副区长朱明福、30家参加朱家角新市镇建设的单位代表与公司全体员工参加募捐。1月7日,朱家角新市镇区域B3~4和B7~8地块现场竞价交易进行,嘉华中国投资有限公司、上海古北集团有限公司分别以10269.87元/平方米、10000元/平方米的价格拍得两地块。2月8日,朱家角泰安公寓菜场正式开业。3月,按照青浦区委、区政府"一城两翼"发展战略需要,上海朱家角投资开发有限公司与上海青浦新城区建设发展(集团)有限公司正式合并,组建成立上海淀山湖新城发展有限公司。(王颖佼)

■上海青浦新城区建设发展(集团)有限公司 该公司是经青浦区人民政府授权对青浦新城区规划建设范围进行整体开发建设的国有企业公司,下辖上海盛青房产有限公司、上海盛青经济发展有限公司、上海青浦新城区房屋拆迁置换有限公司、上海凯顺投资管理有限公司、青浦新城区建设工程管理咨询有限公司、上海青浦区工程项目管理有限公司6家子公司。主要业务职能包括新城区建设用地的收购、储备;新城建设的前期和基础设施配套开发与建设;新城建设资金的投融资运作;新城区公建项目、代建项目的工程建设、管理、营运;新城所属资产的经营、资本运作。

2月1日,上海市区域卫生规划"5+3+1"项目——复旦大学附属中山医院青浦分院扩建工程奠基仪式举行。4月,青浦区西大盈港双桥建成通车,该桥是连接和贯穿青浦新城东西区域标志性城市桥梁,主桥全长201.96米,桥型为中承式无推力钢拱桥,大桥获第八届中国建筑"钢结构金奖"。3月28日,位于青浦区淀湖路238号的上海青浦新城周洁(国际)艺校正式开学,艺校是旅美舞蹈家周洁继1997年在美国成功创办J&L Dance School后,2002年在上海连锁创办的舞蹈学校。3 月，按照青浦区委、区政府“一城两翼”发展战略需要，上海青浦新城区建设发展（集团）有限公司与上海朱家角投资开发有限公司正式合并，组建成立上海淀山湖新城发展有限公司。（王颖佼）

上海淀山湖新城发展有限公司 3 月 26 日，上海淀山湖新城发展有限公司挂牌成立。公司位于华青南路 777 号。该公司由原青浦新城公司与原朱家角投资公司采用“新设合并”的形式组建而成，承担着淀山湖新城建设的任务。公司下设一室、九部门，即：办公室、规划设计部、前期服务部、投资发展部、人事行政部、财务部、市场部、合约部、企划部、法务审计部。下属上海盛青房地产发展有限公司、上海角里资产经营有限公司、上海青浦新城区工程项目管理有限公司、上海盛青经济发展有限公司、上海各利实业发展有限公司、上海青浦新城区房屋拆迁置换有限公司 6 个子公司。公司开展规划、动迁、基础设施建设等工作，立志将青浦新城建设成为集“现代商贸、休闲度假、生态居住、绿色工业”为一体的现代化城市。公司市场部获上海市巾帼文明岗称号。6 月 17 日，副市长沈骏到新城调研保障性住房建设土地储备情况。

青浦淀山湖新城是上海“十二五”期间重点发展的郊区新城之一，开发面积 58.3 平方公里。公司开发四至范围为：（自北侧开始顺时针方向）沪常高速公路（原苏沪高速公路）——油墩港——章泾江——老通波塘——公园路——油墩港——沪青平公路——淀山湖——盈港路——老青赵公路。规划范围总面积为 119 平方公里（青浦工业园区一园三区）。战略发展总体布局形成“三轴、六片、四心”的发展结构。

年内，注重加强内控制度建设，完善招投标管理制度、内部审计制度、合同管理办法等 10 项内控制度；制定财务付款制度、固定资产和低值易耗品管理办法、会议制度等 14 项日常管理制度；细化 21 项核心业务流程，确保公司有序、高效运行。2010 年，淀山湖新城出让土地共 41.65 公顷，出让总价约 40 亿元；已挂牌土地 41.98 公顷，挂牌总底价约为 23.5 亿元，预计土地出让总收入为 63.5 亿元。与区相关职能部门、镇、街道建立联席会议制度，原则上每月召开一次，解决新城建设中涉及的动迁、办证、规划审批、电力配套等方面的瓶颈问题。与镇、街道召开动迁协调会议 304 次。与规土局召开协调会议 6 次。

9 月 29 日，朱家角人文艺术馆开馆　（淀山湖新城发展有限公司供稿）

开展各项活动，主动参与世博。推出系列文化活动，主要包括“一展一节三馆二戏三书”。参与举办“上海朱家角国际水彩画双年展”、“上海朱家角水乡世界音乐节”；成立朱家角人文艺术馆、朱家角国际水彩画展示馆、上海证大现代艺术馆等 3 大艺术展馆；推出谭盾水乐工作室（水乐堂）和昆曲《牡丹亭》实景版两台大戏；编辑出版《墨韵珠溪》、《淀山湖》画册、《上海朱家角人文旅游手册》等 3 本书籍。

公司团委组织 15 名团员参加世博志愿者站点服务工作，分布于朱家角地区 4 个世博服务站点。4 位员工志愿参加平安志愿者服务工作。世博期间，向朱家角居民发放 2 万余册《上海世博会与朱家角新市镇建设 38 问》宣传册，涉及朱家角地区 28 个村、9 个居委会、4 所中小学、近 11 个企、事业单位，为当地居民提供及时的开发建设方面的资讯。推出“一湖知上海，一城写江南”广告语，效果良好。作为上海小城镇的代表，在中国馆播放介绍古镇朱家角的宣传片；在 990 广播电台，每天 12 次投放“一湖知上海，一城写江南”淀山湖新城宣传广告；在青浦电视台，每天投放 15 秒新城品牌宣传广告以及播放“给你一个爱上青浦的理由宣传片”。

通过推行党务公开，拓宽党员参与党内事务的渠道，落实党员的知情权、选择权、参与权和监督权等民主权利。涉及“三重一大”（即重大事项决策、重要干部任免、重要项目安排、大额资金的使用）事项，都由党政班子集体讨论做出决定。公司每年第一个工作日举办春晖关爱大型慈善募捐活动，连续 7 年共募集到资金 434.89 万元。

（王颖佼）

上海西虹桥商务开发有限公司 3 月 26 日，青浦“一城两翼”三大投资开发公司成立仪式举行，上海西虹桥商务开发有限公司在上海西郊商务区开发有限公司基础上成立。公司办公地址位于青浦区徐泾镇沪青平公路 1362 号。该公司注册资金 5 亿元，为青浦区人民政府直属全资国有企业，下设党政办公室、计划财务部、规划建设部以及市场发展部，下属上海西虹桥动拆迁有限公司和上海西虹桥创业服务有限公司 2 家全资子公司。该公司承担虹桥商务区青浦区域（即西虹桥商务区）的整体开发建设任务，在贯彻落实虹桥商务区开发建设以及青浦区“一城两翼”发展战略的基础上，努力将西虹桥商务区打造成高品质的现代服务业集聚区，上海国际贸易中心的标志性区域之一，以及青浦区服务上海、加快“四个中心”建设、联动长三角发展、辐射亚太地区的重要平台。

8月10日，人大常委会主任巢卫林（中）、副主任姚全根（右）到上海西虹桥商务开发有限公司调研　（西虹桥商务开发有限公司供稿）

7月18日，雨润集团董事长一行在青浦区委书记高亢，区委常委、副区长张汪耀陪同下到西虹桥商务区考察。9月9日，召开国家会展中心土地储备与动迁工作推进会。9月17日，商务部部长陈德铭一行到西虹桥商务区现场考察国家会展中心选址地块，副市长唐登杰，青浦区委副书记、区长张国洪，区委常委、副区长张汪耀，西虹桥商务开发公司董事长顾连云、总经理颜贵志陪同考察。11月5日，召开西虹桥蟠龙古镇保护区开发建设研讨会。12月28日，在公司本部召开银企合作座谈会，国家开发银行上海分行以及17家驻青浦区银行领导出席会议

4月，与市发改委信息中心完成调研课题《上海西虹桥商务区现代服务业政策研究》。9月，与法国翌德国际设计机构和德国SBA公司2家国际城市设计公司合作研究完成《青浦区西虹桥地区城市设计方案征集》。10月，完成编制《西虹桥地区"十二五"规划》。11月，组织《上海西虹桥商务区产业发展规划》研究。11月13日，在国家会计学院召开西虹桥商务区产业发展战略研究成果讨论会，专题研讨《上海西虹桥商务区产业发展规划》。12月，完成《上海西虹桥商务开发有限公司企业发展战略规划》。

7月13日，注资成立全资子公司上海西虹桥动拆迁有限公司。注册资金500万元，主要负责西虹桥商务区内的企业动迁工作。年末，动迁企业10户、土地面积18.13公顷、建筑面积95525.53平方米。9月10日，注资成立全资子公司上海西虹桥创业服务有限公司，注册资金100万元，主要负责西虹桥商务区内的招商引资及为企业提供服务。年末，注册企业2家，注册资金2000万元。公司规划建设部获"2010年度上海市重大工程立功竞赛优秀集体"称号。　（冷丽静）

■上海湖区建设开发有限公司　3月26日，上海湖区建设开发有限公司在上海淀山湖开发有限公司基础上正式挂牌成立。公司位于青浦淀山湖畔金泽镇青商路702号。7月19日，区国资委发文，大观园旅游发展有限公司划归上海湖区建设开发有限公司，成为湖区建设开发有限公司的全资子公司。公司下设行政办公室、计划财务部、规划工程部、综合事务部及养护服务社共五个部门。下属上海湖区经济投资服务有限公司和上海大观园旅游发展有限公司两家全资子公司。

2010年，青浦区确立"一城两翼"发展战略，公司作为西翼，主要承担实施整个淀山湖地区200平方公里的开发建设任务，包括64平方公里水面旅游项目。公司结合湖区自身特点和发展条件，以"利用环境、创新环境、保护环境"为原则，综合权衡环境、社会、经济三方面总体效益，创建"生态、低碳、环保"的湖区经济业态，打造湖区成为新旅游经济模式下自然景观独特、服务设施先进、地域文化浓郁，集休闲旅游、生态居住、商务会务、康体疗养、文化创意等于一体的有吸引力的休闲地、有想象力的旅游地和有魅力的居住地。

9月17日，2010上海淀山湖湖区经济论坛在朱家角举行。论坛由公司联合区旅游局、世界自然基金会（WWF）、市绿化市容局野保处（站）等单位合作策划。论坛上，公司与北美五大湖区代表签署湖区战略合作备忘录，结成"5+1"湖区联盟；公司与无锡灵山实业有限公司草签"梦上海"项目意向协议。计

大莲湖湿地修复示范区　（湖区建设开发有限公司供稿）

划在青浦西部、淀山湖南部区域实施“梦上海”大型旅游度假项目，项目涵盖旅游、文化、商业、景观设计等领域。

9月18～24日，上海西郊淀山湖湿地世博活动展示在世博会B区的国际组织联合馆举行，为期一周。活动以“绿色青浦、生态湖区”为主题，借助世界自然基金会（WWF）的平台，宣传青浦作为重要的生态环境保护区，在关注生态、关注生活、享受生命价值的大城市环境里诠释“城市，让生活更美好”的生态理念。展示周期间日平均参观约3000人，

实施大莲湖湿地修复示范区（41.67公顷）基础设施建设，投资约750万元，完成2公里主干道（外围围网长2600米，木栈道1066米）、1个水闸、2个涵洞和部分辅助设施。9月17日，上海市青浦区水务局发布大莲湖水质监测报告，占地41.67公顷大莲湖示范区水质为II类。至2012年，大莲湖湿地修复示范模式将推广至大莲湖全部区域100公顷，并与周边28公里的河道水网完成水系沟通，全面提升黄浦江水源地的水质。

4月23日，中共中央政治局原常委罗干（右五）在市委常委、统战部部长杨晓渡（右四），区委书记高亢（左五），区委副书记、区长张国洪（左二）陪同下参观大观园

（上海大观园供稿）

■上海大观园旅游发展有限公司 上海大观园始建于1978年，1985年部分建成并逐步对外开放，为上海市园林管理局直属正处级事业单位。1993年，由事业转制成立为国资企业，改名为上海大观园旅游发展有限公司。2004年1月，整体划归青浦区。2010年7月19日，大观园旅游发展有限公司划归上海湖区建设开发有限公司，为湖区建设开发有限公司的全资子公司。公司下设7部1室1村，即财务部、人力资源部、后勤保障部、市场拓展部、旅游策划部、招商部、游览管理部、党政办公室和民族文化村。下属独立法人上海大观园园林绿化工程有限公司，有二级绿化资质和古建筑维修三级证书、养护能力认定证书。公司主营《红楼梦》主题景点旅游，是集景点旅游、水上游乐、生态休闲游、绿化经营于一体的企业。整座园林东临淀山湖，西濒元荡湖，北靠由元荡湖、淀山湖相连的河流，处在三面环湖的半岛上。半岛占地137.93公顷，绿化达78.13公顷，树龄在150年至700年间、被列入古树保护名录的树木有25株。

世博会期间，接待国家和省部级领导人12批次、176人次。4月20日，黑龙江省委书记吉炳轩在区委书记高亢的陪同下参观大观园。4月23日，中共中央政治局原常委罗干在中共上海市委常委、统战部部长杨晓渡，区委书记高亢、区长张国洪陪同下参观大观园。4月24日，国务院原副总理吴仪在区委书记高亢、区委常委、区委宣传部部长孙萍的陪同下参观大观园。5月2日，中纪委副书记张惠新在区委常委翟必槐陪同下参观大观园。（李祥生）

综　述

2010年，青浦区完成第四轮环保三年行动计划和太湖流域水环境综合治理年度任务，全年全社会环保投入达到17.5亿元。完成青浦第二污水处理厂三期、练塘污水处理厂二期和商榻污水处理厂迁建工程，敷设污水管网126.3公里，城区污水处理率达到95%。大力开展重点地区环境专项整治，环境监督管理得到加强。固体废弃物、扬尘和噪音污染的管理力度进一步加大，空气质量优良率达到90.4%。积极实施农药化肥减施替代工程，农业面源污染控制工作继续加强。环淀山湖生态带和淀山湖生态湿地建设有序推进，全区绿化覆盖率达到42.9%。清洁生产审核工作稳步实施，调整淘汰落后产能101项，“十一五”期间节能减排的目标任务基本完成。创建国家环境保护模范城区通过国家环保部核查验收。城镇网格化管理机制不断完善，市容环境综合管理力度持续加大，通过了国家卫生区复审。（李静梅　黄　成　沈承凯）

环境建设

■**概况**　2010年，继续推进全区环境建设。第四轮环保行动计划安排的79个项目，启动9个，实施41个，完成28个。年内，青浦区“创模”（创建国家环境保护模范城区）工作通过环境保护部的考核验收。环境监督管理继续得到加强。环境监测能力水平不断提高，环境质量持续改善。环境宣传教育工作继续深化，“创模”、“六五”世界环境日等宣传活动深入推进。（李静梅）

12月23日，区节水型社会建设领导小组会议暨第四轮三年环保行动计划水务项目专题推进会举行（区水务局供稿）

■**有序推进第四轮环保三年行动计划**
2010年是青浦区实施第四轮（2009～2011年）环保三年行动计划的关键年，至年底，在计划安排的79个项目中，启动9个，实施41个，完成28个。其中市政府下达的58个项目中，启动8个，实施29个，完成20个。一是完成了青浦第二污水处理厂三期扩建工程，新增一、二级污水管网25.72公里和三级管网10.15公里；完成居民小区阳台雨污水管道改造约483幢居民楼，2491路管道；完成黑臭河道整治和淀浦河西段综合整治工程，整治96座坝基；青浦原水厂三期扩建工程和青浦第三水厂一期工程开工建设。二是完成重点企业燃煤锅炉脱硫25台、清洁能源替代2台，另还停用10台、拆除6台。三是完成高速公路2个噪声敏感点治理工作。四是完成练塘绿色工业园区绿化隔离带建设、金泽工业区污水纳管、太湖流域综合治理10家企业的治理和上海太浦河经济城污水纳管4项任务。五是完成农药减施工程、蛙稻生态种养、农村卫生厕所建设和4家畜禽牧场标准化建设，治理农村生活污水11000户。六是完成上海西郊淀山湖湿地修复工程、朱家角新镇区淀浦河沿岸绿化工程、嘉松公路绿化带（青浦段）、1座老公园改造、屋顶绿化建设和同三国道东侧林带6项任务。七是完成环境监察标准化建设，环境监测和辐射环境监管、信息标准化、宣教能力建设等也在推进实施中。（李静梅）

■**环境创建工作**　年内，继续做好各项环境创建工作。一是完善和改进“创模”工作。根据2009年12月国家环保部对“创模”技术评估专家组的反馈意见，制订《青浦区创建国家环境保护模范城区整改工作方案》；对照“创模”考核标准，修改完善“创模”技术档案资料，全面落实22项“创模”整改任务。在全区各相关部门的共同努力下，青浦区“创模”工作于11月通过环境保护部的考核验收。二是积极做好安静居住小区创建工作。全年在夏阳、盈浦两街道创建4个市级安静小区。三是继续做好绿色创建工作。年内，创建4个区级绿色社区和4个区级生态村（绿色社区：夏阳街道的青水湾、金地格林郡。盈浦街道的佳邸别墅、西部花苑一区。生态村：金泽镇的新港村、育田村。练塘镇的浦南村。朱家角镇的王金村。）。（李静梅）

■环境监测能力建设 2010年，环境应急监测能力和复杂案件监测能力水平继续提高。在年内8次较大规模突发应急监测中，区环境监测站实验室接样后，第一时间组织分析人员分析检测，及时上报分析数据，为环境管理、事故处置提供有力的技术支持。区环境监测站全年为环境监督管理提供监测数据109628个，监测样品总数达12872份；实行时报监测365天，其中优良天数330天，累计空气质量优良率为90.4%；完成各类工作简报50余份以及《2009年青浦区环境质量报告书》等；组织各类业务培训44次，其中环境监测站自行组织专题质量培训19次，完成换证5张，新证131张。（李静梅）

■环境宣传教育 2010年，继续深化环境法制宣传教育工作。一是做好“创模”宣传工作。对“创模”画册和专题片进行修改和完善，在《中国环境报》、《青浦报》制作“创模”专版；在G50高速和城区显著位置制作“创模”高炮宣传海报，在城区交通干道悬挂宣传招风旗；在青浦5家主要宾馆发放“创模”宣传卡等。二是编印环保宣传信息。全年完成《青浦报》环保专版6期、国家级专版（《中国环境报》）2期、专题片2部、环保信息12期和简报25期。三是开展各类环境宣传教育活动。在“六五”世界环境日期间开展系列活动：召开环境质量发布会；在《青浦报》编制环保专版，向市民宣传低碳理念；在电视台播放“低碳减排、绿色生活”公益广告。6月5日主题日，组织开展政策法规咨询、“鲜花换废电池”等活动，进行主题展板和横幅展示，发放《青浦区环境质量公报》等多种宣传资料近万份，近千名市民参与宣传活动。开展“迎世博创环保模范城区”教育培训活动，对5万市民进行培训；开展社区“世博绿色出行”宣传活动，举办“低碳世博、绿色出行”专题讲座，进行绿色出行问卷调查以及与有关单位填写承诺书等，近百户社区居民代表参与活动。同时，积极开展节能减排、英特尔科技环保进社区等宣传活动。（李静梅）

环境治理与管理

■概况 2010年，环境治理与管理工作收到较好的效果。区环保局以高度的政治责任感，全力以赴，严防死守，完成各项环境整治和安全保障工作任务。始终按照“严字当头，从严管理”要求，严格环境执法监督，开展“整治违法排污企业，保障群众健康”环保专项执法和饮食服务业污染等专项整治工作。同时，继续强化污染源监控管理，开展污染源普查更新调查工作。2010年，全区重点监管企业废水达标排放率97.37%，全区新增污水处理量2.66万吨/日，新增COD（化学需氧量）削减量1736吨，完成全区26户重点企业清洁生产审核并完成验收。环境信访调处、环境影响评价审批等工作都不断增强。同时，围绕城市化地区“规范、有序、美化”，农村地区“整洁、有序、干净”的工作目标，对照《青浦区迎世博加强市容环境建设和管理600天行动计划任务书》，全面推进实施市容市貌改观工程、市民生活环境改善工程、城市管理水平提升工程，全力抓好世博会期间的运行服务保障工作。统筹安排每月15日的“环境清洁日”集中行动，使全区环境面貌有了进一步改观。世博会期间，除每日开展晨查、午查、夜查以外，共组织开展日常巡查49次，综合巡查6次，不定期巡查32次，各镇、街道则每日开展自查自纠。（李静梅　沈承凯）

■世博环境安全保障工作 2010年，区环保局认真贯彻落实市委、市政府关于办好一届“成功、精彩、难忘”的世博会的要求，切实保障世博会期间的环境安全。一是加强领导，精心组织，有序推进世博环境安全保障工作。成立世博环境安全保障领导小组和5个专项工作组，制订《世博环境综合整治和安全保障工作方案》和《世博期间青浦区主要风险源管理工作方案》等9个专项工作方案，确保抓好、做实面广量大的环境综合整治、安全保障两个重点领域的工作；召开环保系统保障世博会环境安全动员部署大会和全区危废重点企业、区级重点监管企业、风险企业、冒黑烟单位等208户企业的保障世博环境安全动员部署大会，要求相关企业签订《青浦区区级重点监管企业、环境风险企业世博承诺书》；组建迎世博巡查执法队伍，开展锅炉炉窑冒黑烟、黑臭河道、建筑工地扬尘、环保风险企业、秸秆焚烧等每日巡查工作，并实行监察、监测24小时值班制度。二是突出重点，强化措施，全面落实各项环境整治和安全保障任务。全力保障黄浦江上游水源环境安全，开展水源保护区环境安全大检查，建立水源保护区风险企业数据库，加大对水源保护区内34家风险企业日常检查力度；加强饮用水源水质监测，建立自动预警体系；加强水域河道管理，对水上化学运输船只实行申报并进行全程监控。强化辐射源和危险废物安全管理，实施重点辐射源滚动式检查，确保辐射源可控、安全，实施涉源单位零报告制度；加强移动辐射源管控，世博期间停止审批移动源作业和辐射源异地转移；加强危险废物处置监管，规范危险废物堆放场所，严格执行“五联单”（为加强对危险废物转移的有效监督，实施危险废物转移联单制度，简称五联单制度。危险废物产生单位应如实填写“五联单”，不得缺项，并加盖公章。经危险废物运输单位核实无误验收签字后“五联单”第1联由危险废物产生单位自留存档，“五联单”第2联在废物运出后一周内寄送上海市危险废物处理中心，“五联单”第3、4、5联交付危险废物运输单位随同转移的废物转移运行。）制度，确保危险废物合法合规处置。三是全面杜绝秸秆焚烧。调整种植结构，完善责任体系，建立区政府、镇和街道以及各行政村三级监督网络，确保秸秆禁烧各项措施落到实处。

四是严格控制扬尘污染和冒黑烟。加强建筑工地和道路的扬尘控制;加大锅炉整治力度,完成11台燃煤重油锅炉的脱硫改造;加强锅炉冒黑烟的巡查力度,确保主要交通沿线不发生冒黑烟现象。（李静梅）

■环境执法监督 年内,继续开展"整治违法排污企业,保障群众健康"环保专项执法行动,围绕保障世博会环境安全、重金属污染专项整治和巩固减排成果的执法后督察三项工作重点,开展扬尘污染整治等14次专项行动,共出动执法人员1200余人次,检查炉窑3700多台次、建筑工地500多个次、河道500多条次、环境风险企业650多户次、放射性同位素单位159厂次,发放告知单500余张。整改冒黑烟企业10多家、建筑工地6个、整治黑臭现象河道6条、制止和扑灭秸秆焚烧8起,并对50多家环境风险企业进行指导。继续开展饮食服务业污染专项整治工作,共出动30多批次60多人次,对80多户的饮食服务企业进行检查,发出告知整改书40多份,对10多户饮食服务单位立案进行行政处罚。开展危险废物产生单位和医疗机构危险废物、医疗废物专项整治工作,共检查辖区内18家医疗卫生机构、100多户次危险废物产生单位,确保危险废物和医疗废物安全管理和处置。开展非法制售皮革蛋白粉等皮革碎料制品清理整顿工作,对20家有皮革碎料等相关固废产生企业的固废处置情况进行检查。开展纳管企业污水排放情况检查、沿江沿河化工石化企业环境污染隐患排查整治和"绿色护考"等专项行动。区环境监察支队全年共出动1580批次,3374多人次,对3460多户次的排污企业进行监督检查;共对213户次违反环保法律法规的企业进行立案,处罚127户次,发出听证告知书108份,实际举行听证会66次,提交行政强制执行案件111件。区环保局案件评审小组召开案件评审会15次,评审案件203件,复议案件18件。（李静梅）

■污染源监控管理 年内,继续强化对重点监管企业的检查力度,对11户污水处理厂每月监察1次,其他工业企业每2个月检查1次,特别是对废水未能达标排放的企业加大检查频次。全年共检查废水、废气、固废等重点监管企业512多户次,发出责令整改通知38份;对16户废水超标排放重点监管企业立案,行政处罚6户。全区重点监管企业废水达标排放率97.37%。稳步推进污染减排工作,制定《2010年青浦区化学需氧量(COD)减排工作意见》,明确减排目标。2010年,全区新增污水处理量2.66万吨/日,新增COD削减量1736吨。完成11台锅炉的脱硫改造工作,其中10台锅炉二氧化硫、氮氧化物等指标均达标排放。开展太湖流域水污染物特别排放限值治理工作,全年需治理和纳管的企业50户,年内39户企业已纳管、3户完成改造、4户关闭、2户停产、1户委托污水处理厂装运处理、1户未纳管。开展重点企业清洁生产审核工作,对全区26户重点企业开展清洁生产审核并完成验收,至年底,共完成41户重点企业的清洁生产审核工作。开展锅炉及炉窑专项调查工作,共调查锅炉406台,其中:40台停用、18台改用清洁能源;调查炉窑166台,其中28台停用。开展污染源普查更新调查工作,确定418户工业企业、33户农业源、17户集中式污染治理单位的更新调查名单,并将更新调查数据汇总上报市环保局。（李静梅）

整治后的练塘镇金田村江（青浦报社供稿）

■环境信访调处 2010年,区环保局共收到信访件1121件,比上年减少40件;调处954件,回复率100%。为做好环境信访工作,区环境监察支队结合开展重信重访专项整治行动,并对一批矛盾突出、重点疑难信访问题实行领导包案制度。至年底,在领导包案的13件信访件中,7件矛盾基本解决、6件整改方案和措施正在落实之中。（李静梅）

■环境影响评价审批 2010年,区环保局共审批项目环评758个(其中:登记表340个、报告表378个、报告书40个),其中:试生产281个、验收318个,环保投资14.39亿元。环保局项目评审小组共组织20次评审,对246个项目进行集体评审。同时,完成工程建设领域突出环境保护问题排查和《青浦工业园区B地块大气环境影响回顾评价报告》等工作。（李静梅）

■环保政风建设工作 年内,召开环保系统政风建设工作会议,全面部署政风建设工作,制定并下发《青浦区环保局2010年政风建设实施意见》。坚持环保进社区、下企业活动制度,共组织50人次走访34个社区、89户企业,征询到意见和建议40条,并制定针对性措施加以落实解决。针对2009年度区政风行风测评反馈问题,制订整改方案,明确责任领导、责任部门、责任人和时限要求,积极进行整改,整改率较上年有较大提高。不断加强对干部职工的培训,认真做好科级及以上干部的在线学习工作、党员世博专题培训和人保局组织的各项培训;开展职业道德修养和中国共产党的基本知识政治理论讲座；参加环保部组织的短期业务培训。扎实开展“创先争优”活动，2010 年，区环境监察支队获 2007 ~ 2009 年度“上海市模范集体”光荣称号，区环境监测站分析室获区“巾帼文明岗”称号。（李静梅）

■水域保洁管理工作　年内，进一步加强境内水域保洁管理工作：一是全力开展水生植物的打捞工作，全年共打捞绿萍 18029 吨、水葫芦 21592 吨、蓝藻 4805 吨、其他漂浮垃圾 150380 余吨，累计出动打捞船只 118496 艘次，累计出动打捞人员 305140 人次，有效控制了境内水域范围内水生植物及蓝藻的爆发；二是完善河道拦截设施，完成 157 对定点拦截设施设置，完成 21 只黄浦江、苏州河支流河口拦截设施设置；三是加强对各镇、街道水域保洁管理工作的考核和 1400 余名水域保洁人员的培训，全区水域保洁管理水平较上年有一定提升；四是开展水域市容环境卫生示范点的建设工作，要求各镇、街道落实一个试点村，制定保洁人员制度，设置保护水域市容环境卫生宣传栏，起到较好的示范效应。（沈承凯）

■进一步规范建筑垃圾和工程渣土管理　一是加强执法，进一步加大对全区渣土偷乱倒高发道路的夜间巡查力度，进行全方位的执法整治。二是严格行政许可，由区渣土管理所加强对渣土处置申报的管理工作。三是强化源头管理，每周两次巡查全区各工地，建立动态管理档案，实行全程跟踪管理。四是快速处置暴露垃圾，按照“两个最”（最短时间发现、最快速度清除）要求，以及“3 个 2”（20 分钟立案、2 个小时到现场、24 小时内清除）原则，及时对暴露渣土进行巡查和清除，并及时处置暴露垃圾投诉。五是加强渣土运输企业和车辆资质审查，将偷乱倒渣土垃圾的运输企业和车辆信息及时上报市有关部门，审查并取消其运输资质；同时，扶持具备合法资质的渣运单位扩大市场空间，要求施工单位将挖掘道路、铺设管线等产生的渣土交由具备资质的单位承运。（沈承凯）

■开展公共厕所规范化建设　一是统一制作公共厕所服务公示内容，内容包括：公共厕所等级、服务时间、服务管理标准、服务管理人员工号、服务管理单位及投诉电话等；二是加强对新进公厕服务人员的基本素质及专业技能培训，提升青浦市容环卫系统职工在世博服务中的能力；三是加强公共厕所设施设备改造，全年完成水管改造公厕 3 座、纳污管网改造公厕 4 座、原址重建公厕 1 座、内部结构大范围改造公厕 3 座。（沈承凯）

工作人员在赵巷镇油墩港拦截打捞绿萍　（区绿化市容局供稿）

■完成国家卫生区复审迎检工作　2010 年是青浦区国家卫生区的复查年。在区委、区政府的正确领导和统一部署下，全区上下同心协力，积极落实迎复审各项工作，大力开展环境卫生整治活动，全力迎接国家卫生区复查。一是加强领导、建立机制。在巩固国家卫生区领导小组的基础上，形成以创建办为主、爱卫办协助的工作组。二是广泛宣传、全面动员。如：在 G50 高速公路青浦出口、朱枫公路 318 国道交叉口等地设置高炮宣传广告；制作和发放 25 万份宣传资料；举办“迎接国家卫生区复审，你我共同努力”群众性文艺演出活动。三是聚焦重点、攻克难点。按照整治难易程度，分别对城区 21 个整治点、街镇 22 个整治点进行分类梳理，以点带面，全面展开整改活动。四是严格督查，狠抓整改。每月安排一次区级督查，领导督查、新闻督查、专项督查或者巡回督查穿插进行；各街镇有序开展自查自纠。10 月下旬，全国爱卫会检查组采取暗访的形式对青浦区进行复审检查。12 月中旬，根据《全国爱卫会关于 2010 年国家卫生城市、区、镇复审工作的通报》（全爱卫发〔2010〕7 号），青浦区通过复审检查，重新确认为国家卫生区。（沈承凯）

市容卫生管理

■概况　2010 年，青浦区进一步加强市容卫生管理工作，城镇市容卫生面貌得到不断改善。一是市容环境责任区管理达标创建活动成效明显，夏阳街道、盈浦街道参加上海市市容环境责任区管理达标街（镇）的创建活动，获得机制考核全市第一、实效考核连续四个周期名列前三位的成绩；二是市容综合整治力度切实加大，重点开展户外广告设施和店招店牌的整治工作、省际通道沿线的市容环境整治和城市化地区 23 条中小道路的整治；三是城区广场和景观灯光的修缮工程有序推进，重点对崧泽广场、白玉兰广场的基础设施和公园路、环城河等地区的景观灯光设施进行维修和改建。（沈承凯）

■加强城区非机动车、“三乱”和便民服务摊点等管理工作　一是加大城区主要道路的非机动车停放管理。对各路段的原有停放区域重新调查整合，重点突出因客观条件造成的停放区域狭小、影响周边群众出行的地段。二是加强“三乱”清理和便民服务摊点管理。要

工作人员错时清洗青浦城区主干道上的油污道板　　（区绿化市容局供稿）

求基层清理队员扩大巡查范围，增加巡查次数，确保青浦城区道路和各生活小区无“三乱”现象出现；要求在清理时做到铲除无痕迹，要用涂料覆盖的，颜色必须与主体保持一致。在世博会运行期间，对街面便民点心车实行日检查制度，使其保持摊点整洁、卫生、规范，人员持证上岗，并严格要求上午9时半准时撤摊，维护街面整洁、畅通。

（沈承凯）

■加快环卫作业装备更新　年内，严格按照政府采购程序，通过公开招投标方式，集中购置环卫作业车辆40辆（其中：区级装备12辆、镇级装备28辆），总投资1376.32万元，区财政共计补贴857.48万元。所购车辆均在规定期限内交付使用，有效提升了区、镇（街道）两级环卫作业车辆运输能力，全区生活垃圾收运效率明显增强。同时，按照市迎世博600天行动城市管理指挥部办公室的工作要求，及时落实好配套经费，购置全自动割草保洁船5艘、5吨级河道保洁船5艘，共计投入经费325万元。所购船只及时交付镇、街道河道作业单位使用，为切实保障世博期间水域环境卫生质量、提高日常打捞作业效率发挥了有效作用。　（沈承凯）

■加强农村地区垃圾收运管理　年内，为切实提升农村地区生活垃圾收运效率，实施农村生活垃圾收集车采购工作，并按照农村生活垃圾收集特点，确保所购车辆满足农村地区实际使用需求。全区共购置农村生活垃圾收集车2267辆，区、镇（街道）共投入资金435万元。所购车辆于12月中旬全部交付使用，至此，全区农村地区实现生活垃圾桶装化收运模式，农村生活垃圾收集、收运、处置得到有效衔接，日常作业效率得到明显提升。　（沈承凯）

■城市网格化管理工作力度进一步加大　年内，进一步加大网格化管理案件处置力度。至年底，区城市网格化管理受理监督中心累计发现上报各类案件134956件，立案派遣123731件，结案122584件，结案率为99.0%。其中：2010年共上报案件20319件，立案20052件，立案率为98.7%；派遣案件20060件，结案19776件，结案率为98.6%。同时，有序拓展网格化管理区域，将网格化管理区域拓展到赵巷镇、重固镇，拓展区域面积4.97平方公里，使全区城市网格化管理区域面积达到57.04平方公里。至年底，全区除白鹤镇、练塘镇、华新镇、金泽镇以外，城市化地区基本实现网格化管理全覆盖。

（沈承凯）

绿化管理

■概况　2010年，青浦区围绕迎世博600天行动绿化景观优化计划和世博会期间绿化景观保障工作，及时制定绿地调整改造和花卉布置计划，完成世博绿化保障工作任务。迎世博期间共计调整改造绿地46公顷，绿化整治164.5公顷，完成花坛花境、立体绿化等1.08万平方米，组合花卉256组，经市绿化管理指导站检查验收，总体完成质量较好。世博会期间，全区共设置主题景点19处，在青浦城区主要路口、广场绿地布置造型各异、色彩丰富的立体花坛8组。　（沈承凯）

■提高绿地养护标准　为保障世博会期间有一个整洁、优美的景观面貌，区绿化部门及时制定世博会期间各项保障预案，包括公园窗口服务、投诉处理、公共绿地景观维护等。同时，积极发挥

公园路绿地改造后景观　　（区绿化市容局供稿）

行业指导职能，根据季节转换，及时发布各类养护要点，如病虫害防治、防汛抗台、树木修剪、土壤施肥等，引导作业单位做好各项养护工作。对城区公共绿地划定若干区域，实行划片包干、责任到人制度，要求相关人员按照各自指定区域进行绿地养护情况的日常检查，保证及早发现问题、及早解决问题。整个世博会期间青浦城区绿地面貌情况良好。 （沈承凯）

■深化群众绿化工作 7月，围绕“经典上海、精彩世博”主题，积极组织市民群众参与2010年“上花杯”上海市民插花大赛，青浦区有2名选手进入复赛并获优秀组织奖。3月，举办第五期绿化初级工培训班，有6户企业的32名学员参加培训并获得上岗证。深入推进“绿化服务进社区”工作，4月，会同区委宣传部、区文明办、朱家角镇党委共同举办“花香朱家角，笑迎世博会”主题活动。12月，上海市开展“花园单位”、“园林式居住区”创建评比工作，青浦区选送的宋庆龄幼儿园、朱家角小学2家单位均获评上海市“花园单位”。同时，对区内大豪公寓、新青浦花苑一区、新青浦佳苑、晨兴公寓、新城逸境、盈湖三岛、华源别墅、新锦港、诚中城9家“园林式居住区”单位进行复查，除新锦港需进行整改外，其他8家单位均通过复查，保留“园林式居住区”。 （沈承凯）

■构建文明和谐公园 世博会期间，全区各公园积极行动起来，以服务世博为中心，加强日常管理，落实各项措施，开展丰富多彩的主题活动。围绕“不断提升公园品质，完善为民服务功能”的目标，加强各类专业知识和技能的培训，先后组织曲水园、大观园、珠溪园三大公园进行“平安世博、文明观博”、有害生物控制、导游规范服务、公厕保洁等一系列培训工作，进一步提高公园管理人员的综合素质和一线人员的服务水平。三大公园还开展“百座公园、百万市民、文明游园”签名活动，在近1个月内共有1307人参与。积极举办各类群众性文艺性演出、书画展示、免费露天电影进公园等活动。丰富的活动、良好的氛围吸引了更多的市民走进公园。

（沈承凯）

水 务

■概况 2010年，区水务局围绕科学发展、改善民生、服务世博的时代主题，较好完成“十一五”规划主要目标。在防汛保安方面，5大水利控制片、128个圩区现有动力达到531.83立方米/秒，流域防洪挡潮能力基本达到50年一遇；圩区排涝能力普遍达到10年一遇以上；城区排水基本达到一年一遇。在水资源配置方面，全面构建“一网三片”的供水格局。青东地区，徐泾、华新两镇由上海市南自来水公司负责供水；青中地区，完成青浦第二水厂二期扩建、启动三期扩建；青西地区，启动青浦第三水厂和原水厂三期扩建，全面实现供水集约化。在水环境治理方面，全区城镇生活污水处理率由“十五”末的40%提高到80%，青浦城区污水处理率从67%提高到近90%，全区城镇污水处理格局基本形成；完成“千河整治”行动、黑臭河道专项整治、农村水环境治理（水系沟通、农村生活污水）“三大战役”，城乡水环境面貌明显改善。在农田水利方面，开展金泽沙田湖水产生态园水利配套、上海西郊国际农产品交易中心水系整治；实施设施粮田和设施菜田外围水利配套项目，共更新改造水闸32座、排涝泵站28座39台套、灌溉泵站149座163台套，水利设施兴利除害的能力明显提高。在行政管理方面，供排水行业加快市场化进程，水利行业实施排灌体制改革、河闸体制改革和街镇水务一体化改革“三部曲”，执法管理和审批程序不断优化；政策配套和人才保障体系得以完善，全系统硕士及以上学历从“十五”末的4人增加到21人，本科学历从78人增加到169人，中级职称及以上从37人增加到66人；涌现出青水热线、小强抢修、排水志愿者服务队等服务品牌和劳模集体，政风行风测评由全区中下游水平提升并保持在全区前列。

年内，以服务和保障世博为主线，完成新建泵闸4座、堤防建设14公里，实施排水设施修护改造，敷设干管1.6公里，改造积水点7处，保养水闸466座、排涝泵站336台套；在实现城区水利控制片技防全覆盖后，大控制沿线水闸增加9个点；投入约400万元进行5个点的防汛物资专业储备；编印发放《防汛防台宣传小手册》，及时向全区530余名各级防汛干部发送防汛防台预警信息。成功抵御台风“圆规”和多次暴雨袭击。 （黄 成）

■汛情 汛期降水量及梅雨期降水量均较往年略偏多，汛期平均降水量为579.0毫米，比常年572.8毫米略偏多；梅雨期平均总降水量为237.0毫米，比常年224.7毫米略偏多，且入梅稍迟，出梅偏晚。汛期雨日21天，最大日雨量为徐泾站77.5毫米（7月4日）。泖

7月27日，市水务局局长张嘉毅（前左一）到青浦调研污泥应急处置工作

（区水务局供稿）

询最高水位3.38米(7月16日),青浦南门最高水位3.26米(7月5日)。8月31日~9月1日,受“圆规”台风外围影响,青浦区局部地区出现大到暴雨,最大日雨量为前明站52毫米(9月1日),但全区未出现超警戒水位的高潮位,没有发生严重的险情、灾情。 (黄 成)

■世博安保 年内,区水务局认真贯彻落实区委、区政府世博安保相关精神,全年完成28座大控制水闸拦船栅安装,落实专人对管控水闸进行巡查;制订《管控水闸运行方案》、《管控水闸日常巡查报告制度》、《管控水闸船只进出管理制度》;配合公安、海事部门对重点管控闸口设卡安检。制定世博全天候值班制度,落实各种应急预案,保障平安世博。 (黄 成)

■供水安全 年内,先后3次召开反恐安保和供水安全工作会议,举办供水系统反恐安保专项培训;制订世博期间供水保障方案,修订供水应急预案;启用原水厂化验室,出厂水水质达标率达98%以上;切实履行“先让客户用上水”的服务承诺,完成自来水网上付费通协议签订,实现网上缴费。 (黄 成)

■污水处理 年内,进一步加强污水处理运行管理。全区日处理污水能力达24.15万吨,全年完成污水处理7108.26万吨,城镇污水处理厂COD[是Chemical Oxygen Demand的缩写,即用化学氧化剂(如高锰酸钾、重铬酸钾)氧化水中需氧污染物质时所消耗的氧气量,是评定水质污染程度的重要综合指标之一]削减量约2.2万吨,全区城镇污水处理率达到83%。 (黄 成)

■练塘、商榻污水处理厂完成扩容升级 练塘污水处理厂二期扩建工程、商榻污水处理厂扩建工程于2009年9月同时开工建设。练塘污水处理厂二期扩建工程投资2399万元,扩建工程提升污水处理能力6000吨/天。商榻污水处理厂扩建工程投资3345万元,扩建工程提升污水处理能力2500吨/天。两个项目均于2010年9月底竣工并投入试运行。 (黄 成)

■青浦城镇污水处理厂污泥处理工程开工 该工程位于青浦区香花桥街道久旺路西侧、尚景路南侧、青浦第二污水处理厂东侧,占地面积约1.77公顷,建设规模为处理污泥200立方米/日(脱水污泥含水率80%),服务范围包括青浦区内各城镇污水处理厂。该工程采用高温好氧发酵工艺,污水处理厂脱水污泥经与辅料(或回料)混合、破碎后,通过二级好氧发酵工艺进行高温好氧发酵处理后,泥质可达到《城镇污水处理厂污染物排放标准》(GB18918—2002)、《城镇污泥处理厂污泥处置园林绿化用泥质》(CJ248—2008)等相关标准。该项目建成后,全区城镇污水处理厂可达到污泥减量化、稳定化和无害化的要求。 (黄 成)

叶水路港泵闸工程现场 (区水务局供稿)

■3个饮用水源保障工程开工 青浦太浦河原水厂三期扩建、青浦第三水厂一期新建、青浦第二水厂三期扩建(含深度处理)3个饮用水安全项目先后于7月、9月、10月开工建设。青浦太浦河原水厂三期扩建工程扩建规模为新增39万立方米/日土建和24万立方米/日的取水设施设备,总投资约11147万元;青浦第三水厂一期新建工程新建规模为10万立方米/日常规处理、污泥处理和深度处理,以及新建贯通朱家角、练塘和金泽镇的输水管网61.3公里,中途水库增压泵站2座,总投资约46400万元;青浦第二水厂三期扩建工程扩建规模为新增20万立方米/日常规处理、污泥处理以及40万立方米/日深度处理,总投资约53619万元。这3个项目的完成,将对提高全区供水水质,加快集约化供水步伐,全面形成青浦区“一网三片”的供水格局具有重要作用。 (黄 成)

■叶水路港泵闸工程开工 该项目位于朱家角镇叶水路港与淀山湖交汇处。项目总投资4421.31万元,工程内容为新建流量10立方米/秒的泵站(双向泵3.35立方米/秒×3)及单孔14米的节制闸1座、整治河道550米、拆除原有老闸3座(闸宽4米)、界河疏浚以及相关的管理设施建设等。项目于6月初开工,至年底约完成总工程量的80%。 (黄 成)

■斜沥港水系沟通工程开工 该项目南起朱泖河,北至淀浦河。项目总投资8120.86万元,工程内容为整治河道2.0公里,疏拓河道、开通坝基土方共计12.4万立方米,新建护岸(包括15米陆域范围内的绿化)4公里,新建节制闸3座、桥梁2座。项目于9月底开工,至年底约完成总工程量的35%。 (黄 成)

■农村水环境治理 年内,结合国家太湖流域水环境综合治理,加快推进农村地区水系沟通、村沟宅河整治和农村生活污水处理。全年共实施水系沟通143个坝基改造,完成124条段约77公里的

村沟宅河治理和1万户农村生活污水处理设施建设。（黄　成）

■**积极推进全国节水型社会试点建设**　年内，根据全国节水型社会试点建设的相关要求，加强计划用水管理，开展3家重点企业水平衡测试；推进节水型工业园区建设，创建53个节水型小区和6家节水型企业；研究开发计划用水信息化管理软件；加快实施节水型器具改造，全区计划用水率提高到74.8%。（黄　成）

■**水利普查全面铺开**　8月，青浦区第一次全国水利普查领导小组成立。副区长朱明福任组长。领导小组下设办公室（设在区水务局），全面负责此次普查工作的组织实施、业务指导和督促检查工作。12月底，区政府召开水利普查动员大会，标志着青浦第一次全国水利普查暨第二次上海水资源普查工作全面铺开。（黄　成）

■**《青浦区水务“十二五”规划》完成编制**　9月，完成《青浦区水务“十二五”规划》（以下简称《规划》）编制。该《规划》明确了青浦区水务工作在“十二五”期间的11个一级指标、140余项具体任务和约100亿元的固定资产总投资，为“十二五”中的全区水务工作的开展指明了方向。结合青浦新城一站大型居住区及青浦工业园区水系规划调整，完成青浦新城、青浦工业园区蓝线电子方案编制。争取到4项区科委课题和1项区科协课题，开展了典型城市化圩区降雨径流关系和中小河道淤积成因等研究。（黄　成）

金田村污水处理站　（区水务局供稿）

■**街镇水务一体化改革**　年内，街镇水务一体化管理改革试点开展，选择练塘、华新两镇为先期试点，并计划于2011年在全区范围内实施。改革后，水务所的职能将由水利建设为主转为集水政管理、给排水管理、水利管理为一体的管理上来。（黄　成）

■**规范水务执法**　年内，区水务局规划科、给水排水管理所、水务执法支队实现信息资源共享，进一步完善水务执法与城管大队、环保执法的联动机制，并开展“三小行业”（小饭店、小足浴店、小发廊）等专项执法检查，共计检查639家，其中：餐饮432家、发廊156家、足浴39家、洗车业12家。针对“三小行业”缺乏污水处理设施或污水处理设施简陋，未按排水许可要求排水等较突出问题，提出了加强排水管理、从源头上减少污染物排放量和加强“三小行业”废水研究等对策，并勒令企业作相应整改。（黄　成）

综 述

2010年，青浦区进一步加强城镇建设，城镇面貌得到持续改善。完成了淀山湖新城总体规划修改，新城各单元控制性详细规划、西虹桥商务区和环淀山湖地区概念规划取得阶段性成果。加快城镇基础设施建设，新增公共基础设施全社会投资23亿元，建成一批功能性、枢纽型、网络化基础设施。轨道交通2号线徐泾东站建成运营，轨道交通17号线（原20号线）选线专项规划已得到市批准，淀山湖大道、崧泽高架、沪常高速等道路顺利通车，青浦原水厂、青浦第二水厂扩建和青浦第三水厂新建工程有序推进，防汛抗台设施建设进一步加强。小城镇发展改革试点工作稳步推进，研究出台试点实施意见等政策。依法开展动迁工作，动迁居民3797户、企业117户。拆除违法建筑35.6万平方米。（林 洁 徐剑鸿 李磊慧）

规 划

■**概况** 2010年，全区规划编制工作紧紧围绕区委、区政府“一城两翼”的总体发展格局，以青浦城区总体规划修改工作为契机，以青浦新城、大虹桥地区和环淀山湖地区为重点，实现城乡统筹、区域共同发展。（林 洁）

■**《青浦城区总体规划》完成修改** 郊区新城建设是当前乃至今后上海社会经济发展全局中的重大工作，是推动城市战略转型的重要抓手。《青浦城区总体规划》于2006年8月批准。后根据上海市发展战略，于2009年下半年着手修改，并按照“实施评估、战略研究、总规优化”三步骤，按照《城乡规划法》对于城市总体规划编制的要求有序推进。该规划在编修时，注重城市总体规划、土地利用总体规划、国民经济和社会发展规划以及总体规划环评的相互衔接，做到“三规一评”无缝对接。该规划在虹桥枢纽建设的背景下，对青浦新城的总体规划定位、建设用地规模、规划人口规模、总体发展定位等方面进行了调整，重点突出了“产城一体、水城融合”的理念，进一步凸显青浦城区的区位优势，强化青浦城区作为相对独立的大城市参与长三角城市群的分工与协作，旨在将青浦新城建设成为服务长三角的上海西部综合性生态宜居新城。（林 洁）

■**《青浦区土地利用总体规划》开始编制** 6月，启动《青浦区土地利用总体规划》编制工作。该规划以“两规合一”工作为基础，以“总建设用地不超过208平方公里，基本农田不少于38.28万亩（25520公顷）”为原则，对全区的土地利用进行总体布局和精确落地。至年底，编制工作正在充分分析现状资源、研究解决遇到的困难和问题的阶段，并针对工业项目的保留、小城镇发展改革试点工作、农村宅基地置换工作、各镇近期建设、区重大项目的落地（如梦上海）等现状和要求，在作进一步的权衡、探索。（林 洁）

■**青浦新城各单元规划编制工作全面展开** 为进一步提升青浦新城的城市空间品质，加强规划对新城建设的指导作用，2010年开始，全面开展青浦新城各单元的规划编制工作。至年底，《青浦新城一站大型居住社区控制性详细规划》、《青浦新城中四单元控制性详细规划》、《东方绿舟地区控制性详细规划》和《朱家角B1、B2地块控制性详细规划局部调整》已完成编制并获得市政府批准；《青浦新城中二单元控制性详细规划》和《沪青平公路以北、青松路以东地块控制性详细规划》已完成编制并进入审批程序；青浦新城西片单元的城市设计已形成最终成果并得到区政府认可，下一步将纳入西片单元控制性详细规划中；《青浦新城中一单元控制性详细规划》、《青浦新城西二单元控制性详细规划》、《朱家角镇区控制性详细规划（修编）》和《朱家角复兴路以西地块控制性详细规划》已启动修编。（林 洁）

■**西虹桥地区国际方案征集工作完成** 该项工作旨在进一步确定区内西虹桥地区的发展目标、功能定位、用地布局和产业结构。3月初，区规划和土地管理局于委托德国AS&P、法国翌德国际设计机构和中建国际设计公司开展了西虹桥地区（19平方公里）国际方案征集工作。4月底，徐泾东站大型社区核心区44公顷的城市设计形成中间成果。6月底，西虹桥地区（19平方公里）规划形成中期成果，并于7月召开专家和市、区相关部门的评审会。7月底，由于国家会展中心项目确定落户在西虹桥地区，因此对西虹桥地区规划重新进行方案征集和规划调整工作，并于9月召开规划成果的评审会。根据评审会意见和对该地区的规划设想，区规划和土地管理局会同西虹桥公司对该地区的规划进行了进一步的完善。10 月起，正由市规划院对规划成果进行整合并纳入虹桥商务区拓展区结构规划。

（林　洁）

■《环淀山湖地区概念规划》形成中期成果　3 月，重新启动环淀山湖地区规划的编制工作。此次环湖地区规划范围除青浦区境内的环淀山湖区域之外，还包括位于昆山市境内的淀山湖岸线以及吴江市域内的元荡水域及其周边地区，共计 570 平方公里（其中涉及青浦区 280 平方公里），是联合昆山市和吴江市一起开始的规划研究工作。该规划旨在指导环湖地区下一层面的规划和建设工作，将环淀山湖地区真正建设成为面向长三角的生态休闲湖区。于 7 月形成《环淀山湖地区概念规划》中期成果，并在市级和区级层面广泛征求相关部门和专家意见。（林　洁）

■地名管理　全年共办理各类地名审批 22 条（其中：居住区建筑物名称 12 条、道路名称 10 条），及时更新区域内的地名信息，编制完成 1∶35000 比例《青浦政区图》、2010 版《青浦区便民图》各 1 幅。年内，会同区规划协会，对青浦新城二期 31 条道路、2 座桥梁、2 块绿地以及新城一期地名规划中需要补充的 9 条道路进行公开征集活动，并在此基础上委托市地名学研究会编制地名方案，至年底已完成初步方案。历时 3 年的《青浦地名志》编纂工作已接近尾声，12 月底进入付印、出版阶段。

（林　洁）

土地管理

■概况　2010 年，全区土地管理工作以“十分珍惜和合理利用每寸土地，切实保护耕地”为主线，加快调整经济结构，转变经济发展方式，努力缓减土地供求矛盾，积极探索符合区情实际、科学高效的土地利用新途径。（林　洁）

■土地储备　年初，市规划和国土资源管理局（以下简称市局）批准青浦区 2010 年经营性用地收购储备计划约为 328.33 公顷（含历年结转和单列计划），涉及地块 60 幅，结合测绘情况实际面积约为 335.15 公顷。至年底，完成储备 33 幅地块，面积约为 191.81 公顷，占总量的 57%；处于储备实施阶段 23 幅地块，面积约为 104.14 公顷，占总量的 31%；未启动的地块为 4 幅，面积约为 39.19 公顷，占总量的 12%。

（林　洁）

■经营性用地出让　年初，区规划和土地管理局制定的 2010 年经营性用地出让计划约为 259.77 公顷，地块为 37 幅。至年底，已完成出让经营性用地共 21 幅（包含 2009 年公告，2010 年出让的地块），出让面积约为 154.33 公顷，成交价约为 144.06 亿元；已完成工业用地出让 45 幅，出让面积约为 115.93 公顷，成交价约为 5.45 亿元，合计出让面积约为 270.26 公顷，成交价约为 149.51 亿元。有 15 幅经营性用地已进入预申请，出让面积约为 105.15 公顷，由于预申请时间等因素将结转至 2011 年出让；有 1 幅经营性用地由于选址问题终止出让活动，出让面积约为 0.29 公顷。

（林　洁）

■土地整理复垦　2010 年，青浦区通过市局确认获取占补平衡指标为 447.28 公顷，待验收确认的有 15.55 公顷，准备报申请验收的有 20.88 公顷，已通过市局立项审批在组织实施的总面积为 1308.40 公顷，在市局立项待审批的有 31.72 公顷。青浦区 2010 年土地整理复垦通过市局立项数和通过市局确认数均位立全市各区（县）第一。

（林　洁）

■闲置土地处置　年内，为进一步加强土地管理、盘活存量土地，提高土地利用效率，根据市局有关规定，启动了对区内疑似闲置土地公告登记工作，共立案登记疑似闲置土地 169 幅、共 861.46 公顷，闲置原因涉及规划、动拆迁、市政配套、企业自身及报建过程中等五大类。根据“依法处置、以用为先、市场配置、节约集约”的处置原则，处置方式分为限期开工、延期开发、协议收购、无偿收回和调整土地使用者等。至年底，完成 103 幅调整合同开竣工时间项目的处置决定，其余 66 幅其他类型的项目也正在按处置流程抓紧办理。

（林　洁）

■土地权籍管理　年内，进一步理顺权籍管理工作，积极做好土地过户、土地权属争议、私房权属证明、土地权属调查等工作，共完成土地过户变更 22 项、土地权属争议调查 2 项、私房权属土地证明 47 项。配合相关部门，完成松江区试点村和青浦区交界处的指界及行政界线划分和调整工作。（林　洁）

■土地合同监管　年内，继续完善“一地一档”总信息平台，每月更新一次动态信息，确保将区内每一户企业能及时地纳入监管系统中。至年底，所监管的项目共有 109 个，其中：超过约定开工时间的项目 12 个、未到开工时间的项目 51 个、已开工的项目 39 个。

（林　洁）

■土地使用费征收　年内，坚持以“一核查、二告知、三开单、四征缴”的流程开展土地使用费征收工作，至年底，全年实际共发出非税收入一般缴款书 108 份，实际到账 726.98 万元。（林　洁）

■征地管理　年内，严格执行“二公告一登记”（“两公告”分别指《征用土地方案公告》和《征地补偿安置方案公告》；“一登记”指被征收土地的所有权人、使用权人应当在公告规定期限内，持土地权属证书到当地人民政府土地行政主管部门办理征地补偿登记）制度和法定的补偿标准，全年共完成征地告知项目 193 只、征收土地方案公告 74 只、征地补偿安置方案公告 271 件，完成征地包干项目 104 只、征地面积 602.2 公顷、征地补偿费用 42636.2 万元。依法征地和妥善补偿，有效维护了农村集体经济组织和农村居民的合法权益，为促进地区经济社会可持续发展和社会稳定起到了积极的作用。

（林　洁）

■土地测绘　全年共完成土地勘测定界项目 115 件、面积 405 公顷，地籍变更项目 15 件、修侧面积 41 公顷，建设用地供地信息补录项目 268 件，并开展了金泽、练塘 2 个镇 22 个村的基本农田维护标志位置的测绘工作，确保了全区建设用地正常报批和建设项目的顺利进行。（林　洁）

■**做好农民建房服务工作** 农民建房工作是2010年区政府的一项重点工作，也是一项民生工程。年内，全力做好农民建房服务工作，切实解决农民利用宅基地建房问题；对占用耕地的农民建房申请，按规定上报市局办理“农转用”（当建设项目需占用农用地时，必须先依法办理农用地转为建设用地的审批）手续。全年共审批农民建房（占用老宅基）1300户，占用老宅基地22.93公顷；涉及赵巷、徐泾、重固、白鹤、朱家角、金泽、练塘7个镇和夏阳、香花桥2个街道，总用地面积53.39公顷。至年底，赵巷、朱家角等7个镇的“农转用”已获市局批准，其余正在市局流转办理过程中。（林　洁）

城市化建设

■**概况** 2010年，确定淀山湖新城建设范围，共涉及盈浦、夏阳、香花3个街道和赵巷、朱家角2个镇，土地面积共58.3平方公里（不包含青浦工业园区）。其中：已建成用地1888.67公顷，占总用地的32.4%；基本农田895.6公顷，占总用地面积的15.4%；出让未建成区域579.93，占9.9%；未建设区域2465.8公顷，包括基础设施用地（水系、道路、绿化、学校、社区公建设施等非经营性用地）1555.2公顷，可出让用地913公顷，占总用地的15.6%。至年底，淀山湖新城在售新楼盘仅有中信泰富朱家角新城、上实海上湾，其余仁恒运杰、新城地产、东航复地等均为尾盘销售，合计已开工面积约107万平方米。

年内，继续做好S32申嘉湖高速、S26沪常高速等市重大工程前期工作，共动迁居民450余户、各类苗木大棚33.33余公顷、鱼塘等26.67余公顷，腾地近133.33公顷，确保S32申嘉湖高速、S26沪常高速于3月建成通车。帮助推进动迁安置房建设，S32安置房已建成待分配，S26安置房结构已封顶，共筹集动迁补偿经费6.5亿元。完成虹桥枢纽交通配套工程的崧泽高架、嘉闵高架青浦段、京沪高铁配套318国道改建等工程的协调工作，共动迁企业50余户、农户80余户，完成46.67余公顷建设用地的交地任务，筹集前期经费近7亿元。（王颖佼　徐剑鸿）

■**明确淀山湖新城规划定位** 年内，上海淀山湖新城发展有限公司在充分研究淀山湖新城自身特色的基础上，提炼出新城品牌优势，结合新城未来功能定位和相关规划，最终确定今后淀山湖新城的规划定位宣传口号为：“古今交融，上海之源，河湖相串，现代水城——青浦·淀山湖新城”。这一口号可以阐释为“上海文化之根，浦江上游之源”，既体现出淀山湖新城扎根5000年“崧泽文明”的深厚背景，起源和演绎海派经典文化的职责使命，同时又表达了新城将在传承中发展的美好愿景，融汇低碳而宜居、艺术而现代、亲水而悠然等多个无可复制的核心概念。（王颖佼）

小西门绿地改造后景观　　（区绿化市容局供稿）

■**《青浦新城总体规划》完成编制** 12月，完成《青浦新城总体规划》编制工作，并上报审批。同时，推进13项控制性详细规划，至年底已完成11项，包括：总体城市设计、总体规划优化、东片大社区城市设计、东片大社区控规、大型居住社区动迁基地修建性详细规划、同三东侧公园东路南侧水系调整方案、崧泽花苑商业策划、中二单元控规、中四单元控规、西片城市设计、“十二五”规划。编制低碳环保、煤气、雨污水、信息等专业规划共24项，其中：东片区专业规划10项，已基本完成9项；西片区专业规划14项（均未完成）。（王颖佼）

■**重大课题研究** 2010年，上海淀山湖新城发展有限公司确定的重点研究课题共13项，其中：淀山湖新城整体功能定位研究、青浦老城区近期交通改善研究、青浦老城区东西向地下通道研究、新城交通组织规划、新城主入口研究、公园路功能定位和改造等10项已完成研究报告。（王颖佼）

■**全力推进新城动拆迁工作** 4月，对新城范围内动迁情况进行全面梳理，梳理情况为：需动迁的总户数为5790户，其中：居民843户、农民4947户；需动迁的企业共174户。5月，成立由公司党委书记、董事长任总负责人的动迁工作组，并从区相关部门及下属分公司抽调60名工作人员，加强动迁人员配置，全力推进新城动拆迁工作。动迁工作小组共有5个小组，分别对接盈浦、夏阳、香花桥3个街道和朱家角、赵巷2个镇。每个动迁工作小组明确区域联系领导（由公司班子领导担任）和区域负责人，并明确相关职责。至年底，完成居民评估2312户，占总动迁量的40%，年度计划的191%；完成企业评估75户，占总动迁量的43%，年度计划的188%；完成居民签约1568户，占总动迁量的27%，年度计划的129%；完成企业签约47家，占总动迁量的27%，年度计划的118%。（王颖佼）

■**加快动迁安置基地建设** 为让动迁居民成为新城建设的受益者，上海淀山湖新城发展有限公司本着“选址选的好一点、品质造的高一点”的动迁安置房建设理念，将新城范围内最好的土地用于动迁安置基地建设，并聘请一流的设计单位和施工单位，建设动迁安置基地。至年底，共规划四块动迁安置房基地，分别为：东片崧泽绿地花苑、中片盈浦国际花园和双桥国际花园、西片区五浦汇城市花园，总占地面积67.8公顷，总建筑面积为150万平方米，约提供13315套动迁房，可基本满足动迁安置的需要。（王颖佼）

■大力推进基础设施建设 至年底，已启动境域内东片30条、中片9条、滨湖片7条道路路网的设计工作，并完成施工图；西片主干道青浦大道以及规划八路启动设计工作。西片已完成淀山湖大道二期项目和西大盈港桥项目，并于上海世博会开幕前顺利完成通车；西片淀山湖大道一期南侧路网项目于上年底开工以来，至年底已完成5条道路、4座桥梁工程量。（王颖佼）

■加快完善新城公共设施 年内，进一步加快新城公共设施建设步伐，至年底，复旦大学附属中山医院青浦分院的下部承重桩及维护结构已基本完工；朱家角人民医院（迁建）已完成结构封顶，二层结构也已基本完工；青浦少体校新校舍已经完工；青浦青少年活动中心也完成结构封顶；豫才学校与环境监测站项目已分别于6月和4月开工建设。（王颖佼）

■全力推进公建项目和功能性项目的引进和建设 淀山湖新城有限公司主动与国内知名学校协调与沟通，吸引了包括世界外国语小学等在内的一流学校。11月9日，均瑶集团投资青浦区世外小学教育项目合作协议签约，世外小学及幼儿园项目将正式落户青浦淀山湖新城。此举将为青浦整体教育水平的提高起到积极的作用。

年内，积极推进开发功能性项目和住宅项目建设，淀山湖新城范围内的功能性项目共有19个，占地总面积为95.07公顷，其中：已开工的项目有9个，主要以商业、酒店项目为主；年内开工的有6个，还有4个项目计划于2011年开工。（王颖佼）

重大项目建设

■概况 2010年，列为青浦区年度重大项目有55项，按类别分分别为：环境建设16项、基础设施20项、社会事业10项、民生项目9项。其中：年初计划竣工项目17项，为金泽中学改扩建、博文学校（即实验中学新校舍）、淀山湖大道二期（含西大盈港桥）、崧泽高架前期、嘉闵高架前期、崧泽高架地面道路、轨道交通2号线徐泾东站、嘉松公路绿化、经济适用房华新基地前期、青西污水处理厂改扩建、红旗塘防汛通道沟通工程、拦路港二期防洪工程、生活污水处理工程、少体校迁建、盈港路改扩建（嘉松公路——徐乐路）、经济适用房徐泾二联基地前期；年初计划开工项目23项，为豫才学校、太浦河原水厂三期扩建、城镇污水处理厂污泥规范化处理工程、中小学校园安全建设、青少年活动中心扩建、环境监测站业务用房、朱枫公路北段、上达河（中段）续建、水系沟通、朱家角人民医院迁建、拦路港左岸防汛通道工程、中山医院青浦分院二级升三级、城中南路综合改造、崧泽大道白改黑、青浦三水厂一期及深度处理、青浦二水厂三期及深度处理、外青松公路南段改造、“村村通”完善改造、青西天然气工程、斜沥港河道整治、淀山湖岸线综合整治、上海西郊国际农产品交易中心二期（前期）。（高 冲）

■环境建设力度加大 年内，青西污水处理厂、青西污水管网工程、红旗塘防汛通道沟通工程、拦路港二期防洪工程已竣工。环境监测站、太浦河原水厂三期、青浦第三水厂一期、青浦第二水厂三期、城镇污水处理厂污泥标准化处理工程、水系沟通、上达河（中段）续建、斜沥港河道整治、淀山湖岸线综合整治及拦路港左岸防汛通道工程等项目正在建设。上述项目的建设在硬件上为改善生态环境、提升城市环境质量和提高水利功能打下坚实的基础，也将为青浦的节能减排发挥重要作用。（高 冲）

■基础设施建设持续改善 已经竣工使用的淀山湖大道二期（含西大盈港桥），其双桥可称是区内地标性建筑，道路标准高，两边绿化已基本形成，年内已凸现成效，呈现绿树成荫、花香鸟语的秀丽风光，成为连接青浦和朱家角的交通要道和观光走廊。崧泽高架、嘉闵高架、轨道交通2号线徐泾站、崧泽高架地面道路、嘉松公路绿化工程和盈港路改扩建（嘉松公路——徐乐路）等项目的建成，为上海世博会顺利召开和改善区域交通条件作出了贡献。（高 冲）

■民生项目建设更贴民心 “村村通”交通完善工程，将公交车通到村里宅旁，方便了群众出行。经济适用房华新、徐泾基地前期，在困难中完成前期腾地，项目分别于3月、6月开工；徐泾

12月竣工的练塘污水处理厂三期工程（区水务局供稿）

北(华新拓展)大型社区项目于11月开工，正在加快动迁；青浦新城一站大型社区的前期工作正在有效、有序推进，4个大型社区的建设将为解决低收入家庭的住房困难起到重要作用。上海西郊国际农产品交易中心项目一期已正式启用，二期已开工建设，该项目建成后将成为上海乃至全国农产品交易的场所。（高 冲）

道路桥梁建设与管理

■概况 年内，积极落实市政府、市城市建设交通委关于打通“断头路”工程的要求，青浦区共涉及3条道路，即：朱枫公路四期(老松蒸路——大蒸港桥)，全长5.4公里，总投资22434万元，工程于8月开工；外青松公路南段(G50青浦出入口——松江区界)，全长5.4公里，总投资37915万元，年内完成动迁评估等工作，于11月作开工准备；金丰路——诸光路连接道路工程(蟠龙港——龙联路)，全长0.5公里，总投资2640万元，年内完成了工可编制并送审，已办理土地测绘、预审及环评手续等。完成嘉松公路综合整治工程，该工程全长16.13公里，总投资14397万元，绿化面积61.85万平方米，于4月底基本完成。完成盈港路新改建一期(嘉松中路——徐乐路)工程，该工程全长1.88公里，总投资13773.94万元，于2009年12月开工，2010年年底基本完工。推进市大型社区华新基地市政配套道路，该工程包括：徐乐路(北青公路——盈港东路)新建工程，全长3.51公里，总投资44166.84万元，其中北青路——纬三路段，于4月开工，其余路段完成扩初评审；凤徐路(嘉松公路——新凤路)新建工程，全长1.36公里，总投资16916.47万元，其中纬一路——新凤路段于4月开工，其余路段完成扩初评审。推进崧泽大道白改黑工程，该工程包括：嘉松路——华徐路段，全长4633米，总投资6595万元，于11月开工；胜利路——赵重公路段，全长7.6公里，年底该工程扩初方案已报送有关部门待评审；复兴路向南延伸(318国道——沈砖路延伸段)，全长2.6公里，已完成项建书报批和环评手续，土地完成测绘进入预审，待土地预审通过后工可报批。启动朱枫公路曹芳泾危桥改建工程，该工程总长度770米，其中桥梁长度335米，工程投资2868万元，于10月开工。实施城中南北路(盈港路——318国道)综合改造工程，该全长2.56公里，总投资11354.11万元，于9月开工建设，至年底，完工前期管线和强电的排配、低电压和路灯的排管施工、自来水管的铺设、南门桥两侧栏杆的铺装、城中南路雨水管改造和城中北路板块注浆等。（徐剑鸿）

■道路养护 年内，继续加强对区管公路、市政道路与农村公路的养护工作，至年底，区管公路养护总长189.38公里，市政道路养护总长70.32公里，农村公路养护总长705.22公里，全年落实三项养护经费共计22822万元。（徐剑鸿）

徐泾镇镇政府门前道路景观绿化　（区绿化市容局供稿）

■农村公路养护管理体制改革 4月，区政府批转《农村公路管理养护体制改革实施方案》的通知。6月，区建交委制定下发《青浦区农村公路养护管理实施细则》，明确农村公路管理养护的责任主体、资金来源、使用原则和养护质量管理要求，将农村公路管理养护纳入制度化的管理体制。全年农村公路养护经费投入8357万元，其中农村公路日常养护投资2245.6万元，17项大中修项目已完成13项，累计完成工作量3755万元，完成大中修项目计划工作量的73.8%。（徐剑鸿）

■公路规费征收 全年公路规费征缴13562.82万元，其中：征收市内道路通行费9295.02万元、道口征收通行费4267.8万元。（徐剑鸿）

城区管理

■概况 2010年是世博年，也是城管部门展示新形象、开创新局面的一年。青浦区城管大队紧紧围绕“服务世博、保障世博”这一主题，着力推进队伍的标准化、规范化、制度化建设，使队伍的管理能力得到锤炼和提升，队员的个人素质和业务水平得到全面提高，探索并落实长效管理机制有新的成效，攻克执法难题顽症有新的突破。全年共查处各类违法案件1979起，“迎博”、“办博”期间大队组织大规模集中整治500余次，区域性专项整治1500余次，累计出动执法人员60000人次。（李磊慧）

■继续推进城管队伍建设 年内，区城管大队以“内强素质、外树形象”为要求，进一步推进城管队伍建设：一是以世博概念为载体，推动法制宣传工作。世博会期间大队组织11个镇(街道)分队开展城管法制巡回宣传活动，通过设立图文板报、散发资料以及便民咨询等形式，向广大人民群众宣传城管法律法规和工作职责；通过“三进”(城管工作进社区、进学校、进企业)工作机制和区城管大队网站，宣传世博概念，介绍城管工作，公开各类信息。二是以换新制服为契机，提升城管队伍形象。7月起，全市城管队员换着2010式制服，区城管大队以此次换装为契机，紧紧扣住服务世博的主题，开展“新服装、新面貌、新形象、新作为”专题教育活动，引导队员要坚定信念，牢记使命，增强战斗力、凝聚力，以崭新的队伍形象、良好的精神风貌、严谨的工作作风、高效的执法效率投入到世博运行和执法保障中去，为营造整洁、优美的市容环境作出贡献。三是以准军事化为要求，建设规范化分队。年内再次创建夏阳、盈浦两支分队。至年底，全区已有7个分队经市局严格审核，被授予规范化分队称号，创建达标率为58%。在加强“硬件”投入的基础上，着力提升队伍的“软件”质量，进一步规范执法程序和行为，加强内部管理，完善档案和基础台账管理，细化各岗位的工作职责，提高队员的责任意识和依法行政的能力，使分队全面达到规范化分队的建设标准和准军事化的管理要求。（李磊慧）

■做好“迎博”、“办博”期间各项执法保障工作 一是有序推进治理乱设摊和跨门经营两项牵头任务。在“迎世博”行动中，区城管大队对全区的乱设摊和跨门经营进行全面排摸，制定出分阶段治理的推进计划。2010年，共开展集中整治行动1000余次，累计出动执法队员3万余人次，取缔60余处集聚点上的1200多个乱设摊，查处跨门经营案件95起，罚款1.25万元。通过治理，有效解决了一些历史遗留问题，如盈浦街道聚星街、胜利路八字桥、青赵路等乱设摊集聚点，夏阳街道浦仓路和朱家角的东、西井街跨门经营等问题。二是全面完成各项世博会保障任务。做好朱家角古镇旅游区的市容保障工作。大队从机动分队、大队机关抽调人员，充实古镇旅游区节假日的值班力量；双管齐下治理“五乱”（即乱涂写、乱刻画、乱张贴、乱悬挂、乱散发）行为。针对“五乱”行为动态性、反复性强的特点，一方面加大办案力度，立案查处此类违法案件91起，处罚金额2.75万元。另一方面根据有关规定在办案中暂停“五乱”发布者通讯工具的使用，有力遏制了“五乱”的蔓延势头；牵头相关镇和交警部门，条块联动治理违法处置渣土问题，在青东地区区际结合部设置12个全天候检查卡点，并适时开展联合执法检查，全年共查处违规渣土车150辆次，制止偷乱倒渣土行为40余起，罚款15万元。通过条块联动治理，基本消除青东地区渣土偷乱倒等违法处置现象。同时，根据“迎世博行动计划”和区“平安建设”要求，积极配合区拆违办拆除违法搭建，全区共拆除违法建筑约1400处、350102平方米。（李磊慧）

安全生产监督管理

■概况 2010年，全区安全生产监督管理工作继续深入贯彻落实科学发展观，全面贯彻中共十七大以及国务院文件精神，坚持“安全第一、预防为主、综合治理”方针，以预防事故为中心，以隐患排查治理为主线，继续深入开展“安全生产年”活动，认真贯彻落实国务院、市政府关于世博期间的安全生产的各项工作要求，精心组织、周密部署、全面落实各项工作措施，切实开展打非治违行动，切实消除大量安全生产隐患和问题，提升全区安全生产监管水平，完成世博安保的各项任务，确保了全区安全生产形势的总体受控局面。（许佳雯）

■切实营造安全生产良好氛围 年内，组织开展“安全生产月”、“安全杯”主题摄影比赛等；向生产经营单位和各类从业人员分别发放了《我为世博保平安》安全生产公开信，组织开展了应急预案演练等宣传教育活动，参加人数近5万人次。全年累计对26079名各类人员进行安全生产相关知识培训，其中：生产经营单位主要负责人1381人、安全生产管理人员1290人、危化作业人员612人、焊工752人、电工1936人、制冷和空调安装69人、有限空间39人、农民工20000人。（许佳雯）

■推进安全进社区、进农村、进企业、进学校活动 年内，以夏阳街道、盈浦街道荣获“上海市安全社区”称号为契机，加强安全普法宣传，普及应急救援知识，全面提高社区居民的安全素质。向全区17所农民工子弟学校赠送近2万份《从业人员安全防范手册》，通过孩子的“小手”把安全知识送到在工作岗位上父母的“大手”，在农民工子弟学校的10882名学生中开展“四个一”（即上一堂安全常识课，送一本安全常识本，参观一个生产企业或建筑工地，给家长写一封温馨的安全祈愿信）的新举措；在全区所有学校“开学第一课”中开展安全知识和自救能力培训和讲座，增强师生安全意识，提高师生自救、自护能力。组织开展“安全文化、安全科技、安全法制”三下乡活动，深入农村提供安全生产咨询服务，发放各类安全生产宣传物品1万余份。（许佳雯）

3月23日，青浦区安全生产监管与保障服务世博动员暨2010年安全生产工作会议召开（区安监局供稿）

■**扎实开展安全生产打非治违及隐患排查行动**　认真贯彻国务院办公厅以及市政府关于推进安全生产打非治违及相关文件精神，吸取“2·21”、“11·15”事故教训，及时制订打非治违、隐患排查和各类大检查方案，布置有关工作措施，切实加强对高危行业、重点地区的安全生产监管。全年累计检查企业94396家(次)，查出隐患85938条，其中整改82519条，整改率达到96%；取缔无证无照场所233处(废品收购点、网吧、浴室等)，关闭企业6户，搬迁企业1户。

■**严肃事故处理和加强事故防范**　严格按照国务院493号令和相关规定，规范事故调查处理程序，严肃事故查处和责任追究。建立安全生产事故责任追究协调集体讨论制度，对事故责任的认定和事故责任追究的落实情况加强沟通协调和监督检查。全年调查处理工矿商贸生产安全事故28起，其中：“死亡事故17起，死亡22人；重伤事故11起，重伤19人；对12家事故责任单位和19名事故责任人进行行政处罚，合计罚款164万元。　(许佳雯)

■**加强危险化学品安全监管**　一是严把危化品从业单位市场准入关。认真贯彻危险化学品生产许可、经营许可制度，严把申请材料审查和现场核查关，无证违法生产、经营、储存危险化学品的情况基本得到遏制。二是推进重点区域危化品企业布局调整。按照全市统一部署，积极开展黄浦江上游水源保护区内非工业园区危险化学品生产企业的布局调整，年内有2户企业已搬迁，5户企业落实停产，顺利完成年初制定的对7户危化生产企业实施“关、停、转、迁”的计划。三是把好进沪西大门。加强对318国道西岑道口和S26沪常高速道口世博会期间危险化学品道路运输安全管理和应急处置工作，与区交运、公安等部门加强合作，联合处置。仅世博会期间，累计出勤43次，确认并处理道口违规运输危险化学品13起，其中：液化气钢瓶108瓶、其他危险品共约9124公斤。四是严格控制加油站成品油灌装零售。按照市局要求，对灌装零售购买汽油的单位进行登记备案，对购买汽油的用途、数量、购买人、经办人身份证明等逐一核实，全年共对160余家单位进行备案。　(许佳雯)

■**强化企业主体责任**　年内，认真贯彻落实《国务院关于进一步加强企业安全生产工作的通知》，向全区2万户家企业发放了政策和法规宣传读本。区安全生产监督管理局与全区危险化学品从业单位签订《2010年上海世博会期间危险化学品安全管理承诺书》，签约率100%。通过落实和强化企业主体责任，加强企业做好安全生产工作的主动性和积极性，确保了世博会期间全区危化企业安全生产事故0发生率。

(许佳雯)

5月31日，青浦区安全生产月开幕式暨应急救援演练队伍集合仪式举行

(区安监局供稿)

消防管理

■**概况**　2010年，青浦区消防工作以确保上海世博会消防保卫工作为目标，积极开展公共聚集场所、高层建筑、地下空间、危棚简屋和民用爆炸品等消防安全专项整治行动和公众娱乐场所火灾隐患排查整治行动，及时排查并督促整改了一大批火灾隐患，全区消防安全环境得到进一步净化。6月，启动应急救援队伍建设，以消防支队为依托，挂牌成立青浦区应急救援支队，并认真抓好应急救援联动机制、装备建设、训练与演练、保障体系、宣传报道五项工作措施的落实，全力提升区域应急救援能力。全年支队和中队共接警2087起，其中：火灾接警404起、抢险救援接警567起、社会救助接警500起、其他及虚假警接警615起，出动车辆3162辆、警力29482人，抢救疏散被困人员282人，抢救财产价值2706.2万元，灭火率100%。　(袁小强)

■**做好世博会消防安保工作**　在巩固夯实世博保卫600天行动计划成果基础上，根据区世博安保办制定的世博会期间《消防安全保卫工作实施方案》和《社会面消防安保工作实施方案》，召开全区消防工作会议，与各镇、街道签订责任书。积极落实“点、线、面”(点：朱家角主题实践区、主要宾馆和饭店；线：主要交通要道，如318国道、G50高速；面：全区面上工作)三防措施，专门成立上海世博会主题实践区——朱家角古镇世博消防安保指挥部，针对世博安保实战需求，认真做好主题实践区、辖区主要旅游景点、重要交通枢纽安保预案，加强部队对安保工作预案的实兵、实装和实战演练。年内，完成专项预案制作11个、作战计划卡720张，开展实战拉练20余次。各类消防实战演练，有效提升了区内消防部队的攻坚处突能力。切实做好世博会运行期间战勤保障工作，筹措资金435.4万元购置执勤战备常规器材和攻坚组特种装备，即1辆五十铃泡沫水罐车和1辆消防摩托车投入到世博安保执勤战备；投入经费

37.5万元添置热成像仪等消防监督装备，协调市消防局做好2辆一七式消防车配发工作。辖区执勤战备力量的增强，确保了世博消防安保工作的顺利进行。（袁小强）

■扎实推进“防火墙”工程建设 年内，认真落实《青浦区构筑消防安全“防火墙”工程实施意见》，明确各级党委政府和相关部门的职责，持续加大火灾隐患整治力度，有序推进社会面消防安全普查、废品收购站加工场所等专项治理，普查各类单位、场所25000余家，签订消防安全责任书21420份，确保火灾隐患得到有效整改。（袁小强）

■全面推动《上海市消防条例》宣传贯彻活动 依托各类宣传媒介延伸宣传触角，认真做好《上海市消防条例》宣传贯彻力度，通过举办消防培训活动、组织防火干部深入社区农村进行消防知识辅导、开放消防宣传基地等形式积极开展消防安全知识宣传。年内，全区公安消防部门共排查单位1.4万余家，整改火灾隐患7600余处，发出各类消防监督检查法律文书1.4万余份，责令“三停”（停产停业、停止施工、停止使用）单位8家，依法处罚271家、个人27人，辅导培训群众2万人次，培训单位法人代表、消防中级管理人员（获得市社会保障局颁发4级资职证书）1229名。全区消防安全环境进一步得到优化。（袁小强）

12月2日，区委副书记、区长张国洪（右二）督查消防及安全生产工作（区安监察局供稿）

■打造消防铁军工作 年内，继续推进打造消防铁军进程，完成新兵第二阶段集训工作、举办第四届消防体育运动会、全面部署开展执勤岗位大练兵等各类训练、活动的开展，使官兵业务技能、体能储备和灭火指挥员指挥作战能力进一步提升，打造消防铁军的成效初步显现。青浦支队被市消防局评为岗位练兵和后勤练兵先进支队，城北、徐泾、白鹤3个中队被市消防局评为岗位练兵先进中队，机关干部体能达标率97%，基层官兵体能达标率98%，业务技能达标率95%，等级达标率达98%。（袁小强）

综 述

2010年,青浦区继续完善水利、供电、燃气等公用事业设施,加强基础设施建设和改造,提高综合调控和服务能力,着力保障城市安全运行。以水资源综合利用为核心,对区域清水系统水厂和主干网系统进行合理布局和优化配置,构筑覆盖全区的一网分片供水系统,提高全区供水能力和供水水质,加强水源地及原水系统保护与建设,提高太浦河原水水质监测与保护能力。推进集约化供水,加强配套管网建设,启动青浦第二水厂三期建设及深度改造和青浦原水厂三期、青浦第三水厂一期建设等工程。继续提高电力供应能力,积极推进35千伏、110千伏、220千伏变电站等电力设施建设,加快形成具有较高安全性,能满足各类不同用户供电要求,与区域发展相配套的城市供电系统。大力推广使用天然气,实现管道燃气的天然气化,推进老式小区燃气配套管网改造和天然气转化,加快完善天然气输配管网系统,积极筹划和推进练塘天然气门站及出站管道工程、金泽天然气主干管工程,加快推进城镇天然气管网全覆盖建设。继续聚焦民生热点、整改公交行风,除公交"村村通"外,新辟青浦11路、朱徐线、白徐线、徐泾4路、虹桥枢纽6路等5条公交线路,调整青风徐专线、徐蒸专线、徐泾1路、徐泾2路、徐梅线等5条线路走向,进一步方便了市民出行。

(孙成刚　徐剑鸿　沈德荣)

供 电

■**概况**　1月7日,青浦供电分公司更名为上海市电力公司青浦供电公司(以下简称青浦供电公司)并正式挂牌。年内,青浦供电公司坚持以建设"一强三优"现代公司发展战略为指导,紧紧围绕世博保电、安全生产、电网建设、优质服务、劳动组织综合改革深化完善等重点工作,不断夯实基础管理,完成年初确定的各项工作目标和任务。全年完成售电量47.63亿千瓦时,比上年增长17.72%;最高负荷106.24万千瓦,比上年增长12.75%;线损率5.96%;综合电压合格率99.82%;城网供电可靠率99.99%;各项经营业绩指标保持稳定发展态势。通过2009~2010年度上海市文明单位初审,在区政风行风网上测评中获得公共服务性行业第一名,在上海市电力公司2010年同业对标和业绩考核中分别获得第三名。

(孙成刚)

■**圆满完成世博会保电任务**　年内,青浦供电公司严格执行世博会保电工作要求,建立电力保障和综合保障工作机制,层层落实责任,加强设备运行维护、隐患排查、应急管理、外损治理以及运行方式优化等各项措施,对直接涉及保电的16座变配电站、31条10千伏及以上线路和7家重要客户进行重点守护和特巡,一级状态时还对211基500千伏输电铁塔进行值班守护守,共投入保电人员7830人次。同时,选派15名员工直接参加世博园区的保电任务。整个迎峰度夏期间,经受住了持续极端高温、局部热点地区供电紧张、抢修任务繁重等多重考验,确保世博保电无失误、无事故。

(孙成刚)

■**继续加强安全生产工作**　年内,青浦供电公司严格贯彻、落实《上海市电力公司2010年安全生产工作意见》精神,深入开展"三不发生"(不发生人身死亡事故、不发生重大设备事故、不发生大面积停电事故)安全专项活动,严格执行管理人员到岗到位制度,狠抓"三种人"(工作票签发人、工作负责人、工作许可人)责任落实,规范"两票三制"(两票:工作票、操作票;三制:交接班制、巡回检查制、设备定期试验倒换制)执行,坚持开展危险点分析和预控,不断推进反违章工作。牢固树立安全生产一体化管理思想,遵循分工不分家原则,加强安全生产全过程监督与管理;积极整合施工抢修资源,有效提高抢修应急联动和快速恢复供电的能力,实现全年安全生产无事故。

(孙成刚)

■**加快电网建设步伐**　为全面推进电网发展方式的转变,青浦供电公司主动加强与地方政府的联系和沟通,进一步加快区域各级电网的协调发展。年内,先后编制《青浦供电公司"十二五"配电网发展规划》、《青浦供电公司"十二五"电网技术改造规划》,全年投入基本建设1.71亿元,35千伏明珠变电站、城中南北路架空线入地工程和35千伏庆丰变电站前期工作取得突破性进展。同时,积极主动做好区域内特高压、超高压项目的前期准备工作。在重大工程立功竞赛活动中,获得2个上海市优秀集体、1 个管线赛区先进集体和 1 个综合赛区先进集体称号。

（孙成刚）

■科技研究成果 年内，青浦供电公司共完成 7 项科技项目研究，分别是《一种新型的变压器防盗报警方法研究》、《资产全寿命周期管理过程性指标的延伸应用》、《诊断远动装置隐性故障技术装置的研制》、《新型智能无功补偿装置在低压客户上应用的研究及推广》、《地区电网运行评价指标体系及评价方法研究》、《早期绝缘子上 RTV 涂料运行情况评价及性能研究》、《在智能电网中营销服务方式优化及预付费机制的研究》，其中《资产全寿命周期管理过程性指标的延伸应用》是国家电网资产全寿命周期管理项目向一线供电公司深化应用的试点；获得 8 项专利授权，分别是"一种用于边相绝缘子螺帽的带电紧固棒"、"一种用于中相绝缘子螺帽的带电紧固棒"、"一种路灯防盗窨井"、"一种用于路灯防盗窨井的防盗锁"、"一种用于路灯电缆接线装置的接线盒"、"一种节约型免维护路灯电缆接线装置"、"一种断路器防跳保护电路"、"一种变电站自动切换装置"。在《供用电》、《低压电器》、《华东电力》等核心期刊上发表论文 4 篇，其他刊物发表论文 8 篇。全年共获得 1 项"全国优秀 QC 成果"、4 项"上海市优秀 QC 成果"，《电网异常综合处理体系建立及应用》获得上海市现代化企业管理创新成果二等奖。

（孙成刚）

低电压改造施工现场 （青浦供电公司供稿）

■优质服务得到提升 按照上海市电力公司"迎世博优质服务年"主题教育活动的要求，通过对营业"窗口"规范化服务的效能监察，建立和完善《营业窗口人员优质服务考核标准》等管理制度，开展供电营业窗口"7S"［整理（SEIRI）、整顿（SEITON）、清扫（SEISO）、清洁（SEIKETSU）、素养（SHITSUKE）、安全（SAFETY）和节约（SAVING）］管理研究与应用项目，进一步增强营业人员的服务意识、提升服务技能。结合流程梳理和制度建立，进一步规范业扩管理工作，认真贯彻"一口对外、以合同为基础、三不指定、办事公开"的业扩工作（新装和增容工程）管理原则，全面提高客户服务质量和效率。年内，青浦供电公司营业厅被评为上海市"五一"巾帼示范岗和上海市电力公司"工人先锋号"，获得上海职工世博服务品牌奖；徐爱蓉被评为国家电网公司"优秀服务之星"和上海市劳动模范、"微笑服务大使"。

（孙成刚）

10 月 15 日，志愿者深入社区宣传安全节约用电 （青浦供电公司供稿）

供 水

■概况 2010 年，上海青浦自来水有限公司（以下简称区自来水公司）紧紧围绕《青浦区水务局重点工作明细表》和上海世博会"城市，让生活更美好"的主题，进一步创新工作机制，提高效能，切实实现安全、优质供水。提前实施机泵保养、滤池加沙，加强抢修人员、车辆配备，确保年内 30.87 万立方米/日的最高供水安全，全年供水量约 93827.69 千立方米，水质四项综合合格率达 99.5%。青浦第二水厂三期及深度处理工程和青浦原水厂三期、青浦第三水厂一期等工程按计划稳步推进。

（姚 玮）

■开展世博安全供水服务保障工作 年内，区自来水公司高标准、严要求地开展世博安全供水服务保障工作：一是强化意识，建立机制。于 2010 年 6 月成立世博供水服务保障工作小组，明确职

建造中的青浦原水厂三期工程现场　　（区水务局供稿）

责，形成“一把手”亲自抓、分管领导具体抓、全体员工共同参与的工作机制。针对青浦水厂“3·17”反恐检查情况，加强宣传教育，进一步提高干部职工反恐意识，切实做到思想不松懈、工作不松劲，管理不松弛。二是完善预案，保障设施。完善夏季高峰用水和水源地遭污染等12个突发事件的专项应急预案，完成消防化救液氯堵漏演练，全方位保障世博期间的供水安全。进一步严格门卫管理制度，增设安保力量，增加巡检次数，并追加投入60万元进行技防设施的维护保养。针对夏季高峰供水用水量大的特点，提前启动设备保养工作，完成下属水厂进出水泵、污泥处理、冲洗、加氯加药系统等50台次设备的维护和水库清洗；完成机泵设备保养。狠抓安全生产管理，完成下属14个科室和11个水厂的安全签约工作及全年安全工作计划；完成10次生产例会的安全自检自查工作；定期和不定期下基层水厂督查指导82次，增强安全巡查力度，共排查安全隐患4次；观看安全电教片2次；张贴宣传画40张。三是全力以赴，优质供水。启动原水厂化验室，增加有毒生化物、疑似污染物和原水嗅味的监测，形成从源水到用户终端龙头水的全方位水质监控体系，使出厂水四项指标达标率稳定在99.5%以上。（姚　玮）

■“小强抢修”服务队工作呈亮色　“小强抢修”服务队名称以队长孟小强之名命名，成立于2007年，是区自来水公司的一支对外抢修队伍，主要负责青浦中部地区300平方公里供水区域内的排管抢修工作。至年底，有抢修队员34人，其中：工程技术管理人员6人，一线抢修工人28人。在孟小强带领下，服务队完成多个急、难、险抢修任务，确保了广大城乡居民的正常用水。无论是平时，还是节假日，全体队员24小时开机，随时随地处于待命状态，哪里水管出状况哪里就是命令。经他们抢修的工程，验收合格率100%，抢修及时率100%。同时，服务队还承担着管道日常修理养护工作，全区管道分布轮廓、管径尺寸、埋设时间、主要阀门位置等在每个队员心中都有一张“活地图”。他们还主动承担了改造老旧管道工作，至年底，服务队已完成城区庆华1村～4村、城北新村1号～46号楼、盈中小区1号～38号楼老旧管道的改造。2010年，服务队队长孟小强被评为上海市劳动模范。（姚　玮）

供　气

■概况　2010年，全区天然气用户发展8600户，比上年新增用户数增长58%。至年底，全区共有天然气用户数77021户，比上年增长13%；全年销售天然气7376.71万立方。2010年，全区人工煤气用户发展1700户，比上年新增用户数增长24.1%。至年底，全区共有人工煤气用户13009户，比上年增长15%；全年销售人工煤气2361万立方。全区液化气用户发展6100户，比上年新增用户数减少26.2%。至年底，全区共有液化气用户203626户，比上年增长3.1%；全年销售液化气14700吨，比上年销售量减少2.6%。（徐剑鸿）

■天然气管网建设　2010年，积极推进境内天然气管网建设，建设项目有：练塘天然气门站出站管道一期工程，总长7.2公里，总投资1932万元，年内已完成施工图设计，正在办理招投标手续中；练塘天然气门站工程，占地0.42公顷，总投资1675万元，年内已完成施工招标。金泽天然气主干管工程，总长19.4公里，总投资4338万元，年内已完成施工图设计，正在办理招投标手续中。（徐剑鸿）

公共交通

■概况　2010年，全区交通工作紧紧把握世博重点、聚焦民生热点、整改行风难点，顺利完成世博安保和交通保障任务，深入推进公交事业发展，不断深化公交体制改革，公交行业面貌得到持续改善。新辟青浦11路、朱徐线、白徐线、徐泾4路、虹桥枢纽6路等5条公交线路，调整青风徐专线、徐蒸专线、徐泾1路、徐泾2路、徐梅线等5条线路走向（除“村村通”公交），开通世博临时专线1条（世博38路）。（沈德荣）

■深化公交改革　2月，区政府与上海巴士公交有限公司合资组建的上海青浦巴士公共交通有限公司正式成立。新公司组建后，先后开展了稳定职工队伍、搭建公司架构、准备新辟线路运营、确定经营目标和预算编制、推进经营机制转变等基础性工作。年内相继取得区内新辟5条常规公交线路经营权，并按时开通。同时，在世博期间承担世博38路（临时）专线的营运任务，公司经营逐步进入正轨。（沈德荣）

■完成轨道交通2号线徐泾东站公交配套工程建设　3月16日轨道交通2号线徐泾东站试运行。同期，青浦区按

7月7日，青浦区“十二五”交通规划发展讨论会召开　（区交运局供稿）

时完成地面道路、交通标志标线、周边景观、临时公交枢纽、出租车候客站、非机动车停车等配套工程，先后组织8条公交驳运线路进入临时公交枢纽，并形成徐民路、诸卫路以东区域公交专用，以西区域出租车候客，临时允许诸光路两侧社会车辆停车的交通组织方案。

（沈德荣）

■继续完善“村村通”公交工程　年内，全区改建道路30.9公里、桥梁7座，延伸、调整线路19条，增加营运里程30公里，解决1个行政村和96个自然村约4.5万群众的公交出行问题，农村公交覆盖面继续得到扩大。

（沈德荣）

■大力推进公共交通基础设施建设　年内，分别启动以下项目：一是城区公交信息站牌改建项目，建设范围包括青浦城区东至汇金路，南至外青松公路，西至青赵公路，北至崧泽大道区域内公交站点信息站牌，工程量150根，总投资140万元。二是公交首末站新建项目，共有民惠家园、宜达小区、豫英学校、华浦路中山医院4处，总投资55万元。三是重要站点视频监控项目，共有盈港路世纪联华站、城中北路世纪联华站、中医院站、中山医院站4处9个监控点，总投资114万元。四是公交港湾式停靠站建设项目，包括青浦城区14个、徐泾4个、金泽2个共20个，总投资515万元。五是公交候车亭新改建项目，新改建青浦城区及城区外围骨干道路91处公交站点的150个候车亭，总投资791万元。

（沈德荣）

运输管理

■概况　2010年，全区新开业专业运输企业140户；新开业非专业运输企业344户；新开业二类汽车维修企业12户，三类专项修理17户，快修（A类）1户；新开业公共停车场（库）3户，转出15户。全年车辆等级评定及二级维护检测共计10196辆次。开展普通货物运输车辆年度审验1596户、车辆5239辆。稳步有序开展港口经营许可证核发工作，强化船证管理工作，全年共换发内河船员证书137张。

（沈德荣）

■交通和港航日常监管　年内，继续加强对区内长途、公交、出租、货运、危险品运输、停车场（库）、汽车维修企业的监管，共出动313次（748人次）对区内从事客运、货运、汽修、停车场（库）经营户进行日常监督检查。共开展各类行业稽查771次（出动执法人员5080人次），查获各类违章748件。对渡口、旅游船单位的安全隐患进行排查和整改，加强浮吊船安全目标管理，加强涉航工程的前期审查、施工监督、竣工验收，深入施工现场开展宣传指导。将杭申线航道疏浚、太浦河原水厂三期和青浦第二水厂取水口建设等工程作为监管重点，落实安全责任措施。

（沈德荣）

■交通和港航专项整治　年内，在交通枢纽站、大型超市、各轨交站及部分乡镇车站周边及市民反映比较强烈的区域开展非法营运专项整治，共查获违法案件94件。对辖区内34艘浮吊船进行全面隐患排查，通过整改及时消除安全隐患。取缔朱家角镇内非法载客船共5艘，查处老通波塘“三无”（无牌、无照、无证）船舶共10

9月14日，世博安保白鹤入沪道口稽查到一批违规运输的危险化学品

（区安监局供稿）

5 月 5 日，区邮电局开展特色邮政志愿服务活动　（区邮政局供稿）

艘；同时，积极开展治理船舶超载专项整治活动，确保了内河运输的安全。

（沈德荣）

邮　政

■概况　上海市邮政公司青浦区邮政局（以下简称青浦区局）下设 10 个支局，共有营业网点 26 处。全区 ATM 自动取款机 18 台，信筒、信箱 252 只，投递邮路 105 条，累计 3443.6 公里（其中：开箱线路 1 条 2.6 公里、乡邮邮路 77 条 2553.09 公里、汽车投递邮路 1 条 14 公里、摩托投递邮路 44 条 1727.29 公里、自行车投递邮路 56 条 825.8 公里、机要投递邮路 2 条 240 公里、二级转趟线路 4 条 239.7 公里）。服务面积 668.49 平方公里，服务人口 94.57 万人。年末在册职工 107 人，其他用工 254 人。

青浦区局坚持以科学发展观为统领，坚持发展是第一要务，积极转变经营服务方式，较好地实现年初预定的各项工作。2010 年通信总量 14742 万元，同比增长 15.67%；完成业务收入 8154.11 万元，同比增长 24.22%。年内，被上海市精神文明建设委员会、上海市迎世博 600 天行动指挥部评为第六批“迎世博贡献奖—优质服务贡献奖”，被上海市邮政公司评为文明单位及综合考评优胜单位。（臧晨君）

■制作第六次人口普查明信片　年内，青浦区局抓住第六次人口普查工作在全国开展的契机，积极与区统计局联系，以“用行动参与人口普查、用微笑支持人口普查”主题明信片向全区居民及外来务工人员投送，达到广泛宣传的目的，使人口普查家喻户晓、人尽皆知，使广大普查对象积极配合人口普查，确保普查数据真实可靠、准确完整，共制作 40 万枚邮资明信片。

（臧晨君）

■开发福泉山诗词散文辑录邮册　年内，青浦区局根据地方镇政府及旅游公司宣传福泉山的意向，结合当地古文化遗址和名人的诗词散文，开发制作了《福泉山诗词散文笔会作品辑录诗词邮册》，每本邮册包含个性化邮票 2 版以及其他邮票 7 套，共制作 800 册，形成收入 16 万元。（臧晨君）

■强化服务意识教育　年内，继续加强对新进员工进行入局规范服务、礼仪教育，举办管理岗、监控岗“两岗”履职培训、规范服务培训，开展营业员投递员岗位业务操作比赛培训等。通过各类培训，提升了员工对通信生产以及质量与服务业务知识等认识、认知，进一步推动了邮政窗口服务质量、服务水平、服务效率、服务标准、服务环境、服务功能的全面提升。青浦区局全年用户满意度为 93 分，比上年提高 3.42 分。城厢支局投递员赵振华主动为行动不便的老人提供个性化投递服务，被区委、区政府评为“青浦区世博工作优秀个人”。

（臧晨君）

■落实迎世博“三五”行动　上海世博会期间，围绕“邮政与世博同行，邮政为世博添彩”主题教育，积极参与志愿服务日行动，每月 5 日在主要营业网点开展“红缎带”微笑迎客，优质服务活动；每月 15 日进行服务环境整治，开展清扫环境活动；每月 25 日开展文明骑车、安全行车为主题的遵守“公共秩序日”教育活动；坚持“军邮便民服务日”活动，开展有特色、有成效的邮政志愿服务活动项目，建设长期制度化的邮政志愿服务基地，“青浦军邮服务站”被市邮政公司命名为邮政文明志愿服务基地之一。（臧晨君）

■加强世博期间邮件收寄安全　年内，围绕上海世博会期间邮政总体目标，青浦区局强化各项安全防范措施，确保安全管理各项措施落到实处，深入持久开展安全隐患排查整改，积极落实世博防恐应急处理预案并开展演练，严格把握邮件收寄关，收寄验视、称重、无缝隙监封、收寄复称重，确保世博期间邮件收寄安全。赵巷支局监封员范斌在世博会期间检查包裹、特快专递、印刷品邮件达 49743 件，检查中发现禁止寄递物品 7 次，有效地控制违禁物品流入邮政渠道寄递，被区委区政府评为“青浦区世博工作优秀个人”。（臧晨君）

■开展中小学生集邮活动　年初，青浦区在上海市青少年迎世博书信文化展活动中成绩喜人，徐泾小学荣获一等奖，4 所参赛学校在文化展评比中全部获奖，受到大会的表彰，另有 16 位学生的书信入选《童言童语迎世博—上海市青少年迎世博书信选集》。6 月 17 日，由区文明办、区教育局、区邮政局、徐泾镇人民政府、区集邮协会联合举办的“精彩世博、魅力集邮”青浦区第三届中小学生集邮节闭幕式暨成果展示活动在青浦区邮政局通天大厦举行。大会对集邮节优秀组织奖单位颁发奖牌，对优秀指导老师、比赛获奖学生代表颁发证书，全区共有5万多中小学生参加此届集邮节活动。　（臧晨君）

■开展“双定”精细化管理　年内，继续加强各网点岗位疏理，按照定员、定额的“双定”要求，加强工时精细化管理，合理兼并岗位，优化组织流程。根据网点业务量忙闲规律实行动态排班和错时排班，提高工作效率。对邮件转运中心重新进行线路整合，并调整合并邮路检查人员检查内容。通过“双定”，加强对人员总量的控制，合理、节约地使用劳动力，调动员工积极性，提高劳动生产率和企业管理水平。　（臧晨君）

6月17日，“精彩世博、魅力集邮”青浦区第三届中学生集邮节闭幕式举行（区邮政局供稿）

综 述

2010年，是青浦区推进、实施区"十一五"规划的最后一年。全区住房保障和房屋管理工作按照相关规划，紧紧围绕住房保障和房屋管理的政府职能，紧锣密鼓地推进、实现相关目标任务：一是有条不紊实施住房保障政策，多层次、多渠道改善中、低收入群众的住房环境；二是坚决贯彻房地产市场调控规定，维护地区房地产市场稳定有序；三是大力推进市大型居住社区和保障性住房建设，市区联动促使项目开工；四是完善新建住宅建设监管、房屋动拆迁管理、住宅小区物业管理、房屋执法和监督等工作，大力推进区政府重点工作实施；五是在总结分析"十一五"工作的基础上，制定《青浦区房地产业发展"十二五"规划》。

（鲁菊英）

住房保障

■概况 2010年，区政府积极响应国家及市政府有关政策，将广大市民关心的住房保障民生问题置于突出地位，花大力气、下大工夫，从多种渠道入手，进一步解决中、低收入家庭的住房困难问题，切实改善中、低收入家庭居住条件，努力让更多的人民群众改善居住环境、得到实惠。全年配租廉租房2.8万平方米，发放租金补贴89.13万元；完成朱家角镇3万多平方米、重固镇2.97万平方米旧住房综合改造；落实7.67公顷土地集中建设经济适用房房源。同时，认真贯彻落实《上海市发展公共租赁住房的实施意见》精神，积极筹划公租房工作，力争通过5年的时间，筹措一批公租房，用以解决全区引进人才、青年职工和来沪务工人员及区内住房困难"夹心层"（不符合申请廉租房标准，但又买不起经济适用房）的阶段性居住困难。

（鲁菊英）

■廉租房配租工作 2010年，共受理78户低收入家庭的廉租申请。经调查、审核后，对符合规定的61户家庭实行廉租住房租金配租。全年共配租面积2.8万平方米，发放租金补贴89.13万元，14户家庭由于收入或住房情况发生变化退出保障范围。至年底，累计对符合规定的260户家庭实行廉租住房租金配租，配租面积7.13万平方米，共计发放租金补贴213.85万元，累计有45户家庭退出保障范围。年内，研究制订《青浦区实物配租工作方案》，确定实物配租对象。

（鲁菊英）

■经济适用房建设筹划工作 年内，围绕《青浦区保障性住房（2008～2012年）规划》中关于筹措1500套经济适用住房的要求，确定由淀山湖新城发展有限公司落实7.67公顷土地集中建设房源。制定《青浦区经济适用住房工作实施方案》，为启动经济适用住房销售做好准备。

（鲁菊英）

■动迁安置房建设 2010年，根据青浦区新城区开发建设、西虹桥商务区开发、轨道交通建设规划、市重大工程建设的拆迁计划和过渡动迁户的实际需求，编制了《2010～2014年青浦区动迁安置房（配套商品房）建设计划》。年内，重点围绕86.72公顷土地9个项目启动相关前期工作，分别是徐泾诸光路"二联家园（西区）配套商品房"项目、青浦新城一站"崧泽花苑"项目、华新拓展基地"陆家角家园动迁安置房"项目、青浦新城"双桥国际花园"和"盈浦国际花园"项目、青浦工业园区"清河湾小区一期"项目、练塘镇"市重大工程安置基地"项目、朱家角镇"珠溪新苑五期"项目和"泖溪A区地块"项目。

（鲁菊英）

■市大型居住社区和保障性住房建设 2010年，4个市大型居住社区和保障性住房建设基地（即：华新基地、徐泾诸光路基地、华新拓展基地和青浦新城一站基地）落户青浦区。4个项目规划用地总面积1007公顷，规划建筑面积733万平方米。年内，克服种种困难推进市保障性住房建设工程，全年开工总量105.8万平方米，其中以区为主建设的华新拓展基地55万平方米项目开工计划如期完成。

（鲁菊英）

■旧住房综合改造 5月，经区发改委立项批准朱家角镇旧住房成套改造一期和二期工程，该项目共涉及32幢、823套房屋，总面积3.49万平方米，其中：28幢房屋于年底基本完成主体工程；4幢房屋的业主同意率未达100%，不具备开工条件。9月，对重固镇2.97万平方米多层旧住房进行综合整治，主要对房屋墙面、屋面、结构等进行粉刷、改造，至年底全部完工并完成竣工验收。

综合整治后的朱家角课植园　　（住房保障和房屋管理局供稿）

年内，组织已完成改造的北门街首期2500平方米房屋内50户居民回搬。做好第10、第18、第25板块共1056平方米房屋改造前的各项前期准备。

（鲁菊英）

■继续推进农村低收入户危旧房改造　该项目为2009年市、区实事工程。年内，继续推进该项目，全年完成农村低收入户危旧房改造34户，其中：翻建28户、修缮6户，涉及5个镇1个街道，于11月底全面完成并验收合格。

（徐剑鸿）

房屋管理

■概况　2010年，全区新建住宅持续增长，商品房交易市场活跃、价格上扬，房屋动拆迁工作取得较大进展，房屋执法监督面临新情况新形势。为促进经济和社会发展稳定有序，不断加强房屋建设监管，努力创建优质的房屋建设和管理项目，维护群众利益。　（鲁菊英）

■新建住宅建设　年内新开工住宅209万平方米，竣工住宅116.62万平方米，年底在建住宅施工面积300万平方米。交付使用和配套管理对接有序，全年颁发新建住宅交付使用许可证34件，交付新建住宅834幢116.62万平方米；发放“使用说明书”和“质量保证书”8596套。签订配套费支付协议书21份，协议应缴额2.33亿元，实际征收配套费2.08亿元。与21家开发商签订《公建配套用房建设协议》，拟建配套用房2.14万平方米；与1家开发商签订《城市基础设施配套费包干协议》，核定公建配套用房面积590平方米；与10家开发商签订《公建配套用房交接协议》，交接公建配套用房5464平方米。积极制订上海市节能省地型“四高”（高起点规划、高水平设计、高质量施工、高标准管理）优秀住宅小区项目创建计划，全年有4个项目通过创建评审，分别是：上海金深房地产开发有限公司开发的“金地天御”、上海证大西镇置业发展有限公司开发建设的“证大西镇花苑”、上海正科置业有限公司开发建设的“逸皓华庭”、上海珠街阁房地产开发有限公司开发建设的“中信泰富朱家角新城A5－1、A5－2地块”，2个项目通过“四高”优秀小区综合验收，分别是上海明虹房地产有限公司开发的“沁风雅泾轩二三期”（住宅面积54157平方米）、上海珠街阁房地产开发有限公司开发的“中信泰富朱家角新城A5－3”（住宅面积39135平方米）。有1个国家AAA级、1个AA级住宅性能认定项目通过设计初审，分别是上海仁杰河滨园房地产有限公司开发建设的“御澜湾苑”和上海精文赵巷置业有限公司开发建设的“香水湾别墅”。健全新建住宅建设监管机制，提早介入和监管、提前告知和培训，经常组织有关单位“四高”优秀小区创建、全装修房要求、新建住宅交付使用许可等内容进行专题指导，深入新建住宅项目基地踏勘检查。与17家新开工住宅开发单位签订《项目防治质量通病目标责任书》，进一步明确职责，强化责任。继续扎实推进住宅建设立功竞赛活动，不断深化和拓展住宅建设立功竞赛的内涵，争创优质工程。

在上海市住宅建设立功竞赛活动中，上海运杰河滨园房地产有限公司被评为住宅建设先进单位，上海金深房地产开发有限公司项目部、上海赵巷精文置业有限公司项目部、上海青浦房地产交易中心窗口受理部门被评为住宅建设先进集体，胡全伟、周美贵、陈蓉被评为住宅建设功臣，季克敏、王亚云、陈峻、韩国庆、沈永东、钟宪成、冯胜丽被评为住宅建设个人记功，冯志良被评为

表58　2010年青浦区房地产企业房地产投资额前十强情况表

排　名	企业名称	所属地区
1	上海新城金郡房地产有限公司	盈浦街道
2	上海丰泽置业有限公司	朱家角镇
3	上海重万置业有限公司	重固镇
4	上海文基置业有限公司	华新镇
5	上海绿地集团青浦置业有限公司	白鹤镇
6	上海金深房地产开发有限公司	徐泾镇
7	上海新城创置房地产有限公司	夏阳街道
8	上海恒睿房地产有限公司	赵巷镇
9	上海正泽房地产有限公司	赵巷镇
10	上海德天置业有限公司	赵巷镇

（甘富新）

住宅建设优秀组织者。（鲁菊英）

■**商品房交易** 2010年,全区批准上市新建商品房95.82万平方米,其中批准上市商品住宅70.2万平方米(其中:公寓房41.57万平方米、其他住宅28.63万平方米)。成交新建商品房90.15万平方米,其中成交商品住宅(不含配套房)48.31万平方米。在房价方面,新建商品住宅价格比上年有较大涨幅,新建商品住宅(不含配套房)均价为19741元/平方米,其中公寓房(不含配套房)均价为16076元/平方米(其中青浦城区公寓房均价为13334元/平方米)。（鲁菊英）

■**房地产市场监管** 年内,继续加强市场监管,经常开展房地产开发企业违规行为检查,规范开发企业销售行为,要求开发企业加快开发进程,及时将符合预售条件的楼盘尽快上市。及时组织注册区内的房地产开发企业和经纪机构召开会议,传达中央和市政府关于房地产市场调控新政的通知精神,要求切实贯彻执行。按照上海市住房保障和房屋管理局安排,11月起,对全区在售楼盘进行房地产交易秩序专项检查,重点检查开发企业捂盘惜售、违反本市限定居民家庭购房套数政策、未公示销售方案和一房一价表等违规行为。

年内,为18家房地产开发企业办理新申请开发资质手续,为2家企业办理三级升二级资质和为3家企业办理暂定级升三级资质手续。至年底,注册青浦区有开发资质的房地产开发企业共153家。为22家房地产经纪企业办理登记备案延期手续,为31家经纪企业办理新登记备案手续,注销26家经纪企业登记备案,为221位经纪人员变更登记信息。至年底,全区有登记备案的经纪公司204家。（鲁菊英）

■**房地产权证登记管理** 全年办理房地产权证16754件,建筑面积724万平方米;预告登记5965件,建筑面积53.8万平方米;抵押14346件;注销登记6452件;文件备案登记1261;房地产信息查阅13200余次;签订二手房买卖合同4751件,二手房交易面积48.08万平方米。组织31家竞买企业进入土地有形市场。不断提高房地产登记发证标准和质量,严格落实件袋质量定期抽查制度。不断健全计算机设备维护、网络使用管理制度,指定专人负责对各类登记和楼盘表核心数据库进行安全备份,受理、收费、审核、缮证及发证等业务处理全程实现计算机管理,做到一人一卡,权限控制。区房地产交易中心以创建2009~2010年市级文明单位为契机,不断严格内部建设,提升办事效率和管理服务水平,规范交易秩序,优化交易环境。（鲁菊英）

■**房屋动拆迁管理** 2010年,区住房保障和房屋管理局不断加强对动拆迁工作的指导和管理,完善动拆迁机制,集中力量推进动拆迁,大力保障市、区重大项目建设。年初,制定年度拆迁目标,共涉及民居3765户、非居105户。从区政府各部门、区属各单位借调56名工作人员进驻房屋拆迁推进办,组成4个工作小组,分别负责统筹、协调、推进全区11个街镇的动拆迁工作。组织拆迁工作人员参加市房管部门组织的拆迁上岗证培训,300多人通过培训考试。健全检查考核机制,规范拆迁行为:一方面对各镇、街道房屋拆迁工作进行考核,考核范围覆盖到11个镇(街道)和有关区级公司;另一方面对区房屋拆迁推进办工作人员进行考核,提高工作人员责任心和进取心,激励拆迁工作者创新工作思路,理顺工作体制,营造合力拆迁。严格执行拆迁政策,坚持拆迁许可制度,规范拆迁许可证审批和裁决申报程序。坚持执行“五项公开制度”(公示制度,信访接待制度,举报制度,承诺书制度,监管制度),对规定的内容上墙公示。要求每个基地在现场设立信访接待和举报箱、举报电话,及时处理被拆迁人提出的疑问和问题。坚持在裁决前,先行调解和召开听证会。对房屋拆除施工单位进行严格审查,倡导推行机械化作业,对违章施工和不符合文明施工规定的拆房行为坚决予以制止。至年底,全区实际完成拆迁签约3914户,其中:民居3797户、非居117户;拆平基地47个,其中:新基地30个、老基地17个。年底,全区共有在拆基地122个,批准与备案拆迁户数6471户。其中:许可证在拆基地31个,批准拆迁户数2203户;协议拆迁备案基地91个,备案拆迁户数4268户。

（鲁菊英）

表59　2010年青浦区房地产企业房屋销售面积前十强情况表

排名	企业名称	项目名称	所属地区
1	上海新城创置房地产有限公司	新城盛景园	夏阳街道
2	上海珠街阁房地产开发有限公司	中信泰富	朱家角镇
3	上海西洲置业有限公司	泰安公寓	朱家角镇
4	上海金深房地产开发有限公司	金地天御	徐泾镇
5	上海久青房地产开发经营有限公司	久事西郊名墅	徐泾镇
6	上海晶元置业有限公司	赵巷晶源	赵巷镇
7	上海三友置业有限公司	绿地逸湾苑	华新镇
8	上海浦卫房地产开发有限公司	富力桃园	香花桥街道
9	上海绿地集团青浦置业有限公司	启航城	白鹤镇
10	上海仁杰河滨园房地产有限公司	仁恒运杰河滨花园	夏阳街道

（甘富新）

■**房屋执法监督** 年内,继续加强房屋稽查执法,通过不定期自查和集中检查的方式,持续监督保障性住房建设工程、房地产市场秩序、房地产中介服务市场管理、新建住宅交付使用、物业管理、优秀历史建筑保护管理、房屋拆迁管理、房屋权属登记管理、房屋租赁管理、房地产测绘和住房建设管理等方面违法违规问题并实施稽查。联合各房管办、镇(街道)拆违办、当地居委会和物业管理企业等单位,着重加强全区房屋政策法规的宣传、指导和监督,按照法律、法规的要求,严肃、严格开展房屋执法。全年处理各类涉房案例240件,

其中：责令限期改正36件；当场拆除违法建筑197件；行政处罚7家房地产企业，罚款35.28万元。（鲁菊英）

■房屋权籍管理 年内，继续有序开展房地产二、三级市场权籍变更和国有土地上总登记未登记私有房屋认定。全年完成房地产二、三级市场权籍变更119件，认定国有土地上总登记未登记私房项目10件。认定房地产开发企业申报业主共有房地产和公益性公共服务设施房地产项目26件。完成测绘系统房项目237件，建筑面积72.23万平方米；测绘商品房项目40件，建筑面积71.68万平方米。完成全区1016幅地籍图（包括1∶1000、1∶2000图幅）更新工作。（鲁菊英）

住宅物业管理

■概况 2010年，全区共有城镇居住房1638万平方米。年内，坚持从物业企业资质管理等基础工作入手，严格小区物业管理。按照相关法律法规规定，严格前期管理招投标，通过招投标方式选聘前期物业企业，全年完成11个新开发项目前期招投标，总面积100万平方米。加强物业企业资质管理，严格资质审批条件，对11家物业企业完成法人变更、资金变更等资质变更工作。围绕"条块结合、属地管理"的工作机制，会同居委会指导业主大会组建、换届改选。全年新增业主大会2个，完成换届改选19个，信息变更1个。至年底，全区有136个业主大会。（鲁菊英）

■维修资金管理 年内，继续加强商品房维修资金管理，确保住宅"老有所养"。督促业委会严格按照维修资金使用决策程序、使用范围、支取流程使用维修资金，推进维修资金账目公开，使用信息公开和维修资金使用项目审计。全年全区应归集维修基金7.5亿元，已归集维修资金7.02亿元，归集率93.47%。全区上线开户的业委会（业主大会）108个，划转到业主大会产业分户数58547户，上线建筑面积679.12万平方米，业主大会账户总余额3.73亿元。全区年内支取使用维修资金959.53万元。（鲁菊英）

■强化行业培训和各类评优创优 年内，组织开展房屋行政人员物业管理专题培训、物业日常工作和保安人员培训等，共计培训2500多人。通过培训，广大从业人员的整体素质有所提升。鼓励相关企业加入诚信承诺企业团队，全区累计有31家物业企业被评为诚信承诺企业（其中年内加入10家）。热情参与上海市物业管理行业协会组织的"与业主同心—2010·不辱使命、奉献世博"活动，全年有34个物业项目开展活动61次，涉及物业企业19家，全区有5家企业获得团体奖、7人获得组织奖、11个项目获得单项奖。提倡争做市优秀项目经理和服务能手，申报优秀服务经理5名、优秀服务能手6人。（鲁菊英）

■努力做好住宅小区世博会安保工作 2010年，紧紧依托"服务世博，保障民生"的主线，不断加强住宅物业管理。重点保障住宅小区尤其是老公房安全管理使用，提升住宅安保水平。以确保居民居住安全为目标，以评估检查房屋安全状况为措施，以信息操作系统为保障健全住宅小区安全管理防范体系，开展集中督查和日常车轮式检查。3月，区住宅保障和房屋管理局组织对全区住宅小区集中开展安全检查，发现49处安全隐患，各基层房管部门和相关物业企业及时开出督修单24份；对在部分私房中发现的48处安全隐患，开出督修单27份，要求业主或责任单位立即整改。4月，组织全区物业企业和基层房管部门召开动员大会，全面部署住宅小区世博安保工作，要求严阵以待、全力以赴做好住宅小区安全防范。区住宅保障和房屋管理局建立世博安保工作督查队，下设6个督查小组，分片、分区、定责、定位对全区11个街镇的相关住宅小区物业管理服务和安全防范进行监督检查，包括水箱（水池）检查日报、安保督查工作周报、安保志愿者工作成效半月报、小区检查月报、社区班车检查月报等，并建立动态管理机制，实施物业企业、房管办、区局、市局逐级上报反馈检查情况。5月，要求各职能部门和物业企业对住宅小区（街坊）内的排水管道和地下停车库的排水设施、设备及其排水能力情况进行检查，确保排水管道的畅通和排水防涝设施、设备正常运行，对易积水小区（街坊）和曾经发生积水住宅小区地下停车库整改防范措施进行重点检查。要求配备地下停车库挡水板，储备必沙包、阻水袋、排水泵、发电机等物资器材，保证应急抢险所需。6月，结合季节特点和区情，组织对全区住宅房特别是木质结构老公房开展全面检查，努力排除安全隐患。上海世博会期间，对237个住宅小区完成检查867次，发出工作整改单320份。11月，迅速制订房屋防火安全排查方案，部署房屋防火安全排查任务，对辖区内的住宅和各类老公房再集中进行地毯式防火安全排查，强调加强对重要部位和重要设备的管理，健全有效的工作联动机制，确保房屋安全使用。对住宅小区和旧住房综合整治工地开展消防安全检查并实施日报制度。对住宅小区的消防栓完好情况进行摸底排查，发现损坏的则抓紧与相关部门协调争取修复。12月，下发关于住宅房屋防冻保暖工作通知，进一步加强住宅小区的各项消防安全和防冻保暖工作，努力帮助居民安全过冬。（鲁菊英）

■招募住宅小区世博平安志愿者2800人 年内，为提高住宅安保工作影响广度和渗透程度，在物业从业人员中招募住宅小区世博平安志愿者2500人，全面参与世博安保志愿服务，充分利用群众优势投身到住宅安保各项任务中。房管系统的300位职工都报名参加了志愿服务队伍，努力利用在房管部门工作的技能特长，为住宅小区世博安保贡献力量，促进建立全面动员、广泛关注、群策群力的工作格局。物业管理部门一季度发放培训手册2500份、培训光盘400张，3月底前完成对物业从业人员平安志愿者（物业保安）培训及考核。（鲁菊英）

■组织物业企业开展房屋维修应急演练 为提升物业企业应对紧急突发事件的能力，在有关部门的支持配合下，于3月起陆续在住宅小区围绕火灾消防救援、外来车辆强行闯入住宅小区、供水安全事故、防汛防台等突发事件开展应急处置演练活动。通过政府门户网站或有关载体呼吁居民更加重视应急应对，督促、支持、帮助小区物业企业管理处完善应急预案，开展好房屋管理应急演练活动，促使从细微处发现隐患，不让应急工作流于形式。4月，组织962121物业呼叫平台青浦中心、房屋应急维修中心、有关物业企业在盈浦街道侨鑫公寓开展“迎世博、保平安”房屋应急维修演练活动，该演练包含房屋应急问题报修、接单、派单、维修、反馈、结案等全过程。通过应急演练，进一步提升了相关部门对房屋应急维修的效率和能力。（鲁菊英）

■努力促进和谐住宅小区建设 年内，多次召开住宅小区环境整治专题会议，不定期开展环境检查，针对小区乱停车、乱晾晒、建筑垃圾乱堆放等顽症进行专项整治，明显改善小区环境。为控制疾病发生和传播，督促物业企业积极配合居委会做好灭蚊、灭鼠工作，加强环卫设施管理。为努力创建无烟世博，组织物业企业积极参与到控烟宣传中，世博会期间在46个小区、728部电梯轿厢及其等候区域张贴禁烟标志及962121监管电话标志10500份，招募控烟志愿者88人。配合区健康促进委员会开展各类宣传、联合执法活动。11月，房管部门和区绿化署联合举办专题培训班，系统讲解了绿化养护、病虫害防治、绿化修剪的知识和办法等，并组织学员到夏阳湖景观绿地实地踏勘，对不同类型的树种和绿化植物的修剪方法进行分析和说明。通过系列活动，清洁美化了家园环境，提升了居民文明指数，从而促进了和谐小区的建设。（鲁菊英）

■切实解决旧居住区物业管理资金不足等难题 年内，针对近年来在配套商品房和老住宅小区普遍存在的管理费收缴率低造成物业管理难的“瓶颈”问题，制定《青浦城区配套商品房物业服务达标补贴实施办法》和《老小区物业服务达标考核补贴实施办法》，通过对物业企业实施达标考核补贴的方式，改善物业企业经营环境，提升物业管理品质。（鲁菊英）

综 述

2010年是青浦区信息化“十一五”规划的最后一年，也是青浦区信息化迈入“扩大共享，融合互动”阶段的一年。区信息化工作围绕“建设绿色青浦、构建和谐社会”的总体目标，通过“以信息化带动工业化”和“优先发展信息产业”的发展战略，构建“政府为先导、应用为基础、产业为核心、服务为重点、安全为保障”的发展机制。至年底，“十一五”规划目标任务基本完成，且通过统筹，兼顾长远和当前、全局和局部，加大网络、资源、平台、数据库的整合，形成信息化凸显重点、整体推进、综合应用的态势，把加快信息化建设作为推进“科教兴区”的重要手段，使信息化全方位、多领域地服务于青浦经济和社会的发展。全区共有软件和信息服务业（为区重点发展的五大高新技术产业化领域之一）企业2000多家，其中：市小巨人培育企业2家、市高新技术企业11家、市软件认定企业46家。共实现销售额150.82亿元，其中：电子信息设备销售和租赁98.03亿元，占65%；信息传输业34.34亿元，占22.8%；软件服务业17.77亿元，占11.8%。青浦区荣获2010年中国城市信息化发展进步奖。

（蔡信燕）

电 信

■概况 2010年，青浦电信局（以下简称青浦局）全年完成经营收入45054万元。资本性支出11821.72万元，收支系数完成29.34%。移动用户发展57220户，累计达到141131户；宽带用户发展11982户，累计达到124446户；IPTV用户净增13452户，累计达到47439户。服务质量、网络质量全面达标。全年未发生安全事故责任。年末，正式职工304人，退休职工133人，离休员工2人，线路外包职工142人，营业外包人员90人。

（杜虹峰）

■做好品牌用户发展和业务拓展 年内，进一步做好品牌用户发展和维系工作，新装电话宽带用户重点推荐融合套餐，通过宣传和推广提升融合套餐渗透率和IPTV融合占比。青浦局公客新装宽带融合套餐渗透率始终保持在70%以上，名列公司前茅。政企渠道维系执行率位列公司第七，维系成功率排名公司第一。利用自身产品优势，采取各种措施，减少宽带市场份额的流失，做好宽带存量用户的升速，宽带竞争力明显提高，全年公客宽带净增10423户，完成年度目标的112.9%。全年共计改造存量用户1万余户，至年底FTTH发展3996户。政企宽带以收入为管控目标，重点关注楼宇、开发区，专业市场、酒店等，通过开展组合营销，加大带宽业务的推广力度，保持商铺客户的宽带业务。

（杜虹峰）

■移动业务实现规模化效益化发展 年内，通过开展楼宇巡展、园区业务推荐会等，广泛宣传中国电信3G业务。通过有效推动终端渠道社会化，以终端促移动业务发展规模化。以青浦局自有营业厅为载体，积极推进社会渠道终

9月26日，“信息化与世博同行”青浦区数字家庭知识竞赛决赛举行

（区妇联供稿）

端柜台入驻。按照社会网点的建设要求，全年新增天翼专营店4家，基本实现各区域内社会网点的布局要求。同时，加强渠道协同，10000号延伸平台、公客经理及营业窗口作为公众客户市场的主要渠道，进一步加强业务宣传发展和与老用户维系。政企渠道全年以推动行业应用为主线，打造物流、政府等行业的标杆案例，推进了政企客户的规模发展。（杜虹峰）

■“城市光网”资源管理工作有成效 年内，严格执行资源开放制度，规范“城市光网”建设后的资源创建工作；对资源组的录入工作进行二次梳理，逐步理顺资源组工作流程，管线资源整合工作有效提升。根据体制改革现状，结合青浦局实际，先后制定光网资源放装流程和资源开放标准，并努力排除光网发展中各项资源上的瓶颈隐患。开展二次纤芯资料核查、核拆工作，并顺利通过集团公司检查。（杜虹峰）

■进一步完善前端应用系统 前端应用系统是青浦局较有特色的一项业务指导应用系统，多年来，在多位支撑人员的努力下，已开发十多个大项、几十个小项，成功地指导着分局业务的发展。年内，青浦局采取多种措施、办法，进一步完善该系统。一是培训分局数据支撑人员，通过培训，使数据支撑人员能独立、快速地开展取数工作，方便分局尽早掌握业务发展动态。二是设置IT支撑岗位，使分局独立处理系统故障的能力得到有效提升，逐步实现IT故障受理到IT指导和疑难故障处理的工作转变。三是整合分析团队力量，进一步加强区域特点的分析，分类对各分局进行指导；数据支撑团队不断完善数据统计精度和广度，形成有效支撑各分局工作的局面。同时，结合业务发展要求，对前端应用系统进行整合，新增存量维系、合同续约、业务审核、号码管理等板块，强化权限管理，避免竞争信息外泄，使系统成为分局实现销售管控的有效辅助途径。（杜虹峰）

■强化区域信息化主导地位 2010年，是农村信息化普及宣传收官之年。青浦局于10月底提前完成全年任务，共完成宣传普及37809户，完成率为157.5%。通过普及宣传，丰富了农村的信息知识，为拓展农村市场做好了前期准备工作。推进公安系统监控系统的实质性展开。在后期公安图像监控的建设中，青浦局维护外包队伍提前跟进，积极参与图像开通与排障。继续配合政府相关部门做好政务网络的安全保障工作，积极探索政府信息化应用安全方案，协助政府完成城市网格化管理处置单位及网格化平台的联网。对现有的“校校通”网络进行网络升级，解决了校园网存在的网络速度比较慢、稳定性比较差的状况；同时，为各校园门口安装全球眼监控系统，并对已经安装的系统进行改造。（杜虹峰）

■加强精确化管理力度 2010年，青浦局加大终端管理力度，将终端管理纳入分局绩效，使终端管理工作步入正常轨道。一是重视节能减排工作，将生产和办公用电予以区分，有效控制能源消耗，完成公司全年考核目标；二是自行开发安全生产管理平台——《青浦电信局安全管理系统》，建立各部门的月度安全生产工作沟通机制，采用月报、月度安全沟通会等方式加强部门间的安全沟通工作，使员工的安全保障工作自觉性大大提高。（杜虹峰）

移动通信

■概况 2010年，中国移动通信集团上海有限公司青浦分公司（以下简称上海移动青浦分公司）共有员工185人，下设综合部、市场部、集团客户部、网络部，营业厅总数16家，覆盖青浦区各个镇、街道。至年底，上海移动青浦分公司放号并激活总数6.87万户，客户总数达到107.82万户，比上年增长11.1%，其中3G TD－SCDMA客户数达3.53万户（年内新增2.2万户），比上年增长165.4%；中国移动通信集团旗下中国铁通公司家庭宽带用户479户；重要集团客户3622家。全年运营收入6.66亿元，其中集团信息化收入1201.5万元。

2010年，上海移动青浦分公司拥有2G宏站物理点208个，比上年增长12.4%；2G宏站逻辑点285个，比上年增长9.6%。2G室内覆盖58个，比上年增长26.1%；2G小区覆盖80个，比上年增长16%。TD站点共178个，比上年增长48.3%。WLAN和直放站各为51和41个，分别比上年增长4.1%和5.1%；传输节点仍保持1个。（冯　轶）

■继续创新服务、拓展业务 2010年，上海移动青浦分公司加强与区委、区政府的沟通联系，争取地方政府更多的理解和更大的支持力度；紧密与区科委（信息委）以及各相关委、办、局、三大区级公司（上海淀山湖新城发展有限公司、上海西虹桥商务开发有限公司、上海湖区经济开发有限公司）、青浦工业园区三大区属公司［上海张江高新科技产业开发区青浦园区有限公司、上海青浦工业园区发展（集团）有限公司、上海青浦出口加工区开发有限公司］的沟通合作，高度关注、积极跟进地方规划建设和属地重大建设项目，积极参与推进政府信息化建设和行业信息化应用；进一步拓展与社区、小区物业的合作关系，充分发挥属地区域和镇、村信息员队伍、属地代理

表60　2010年上海移动青浦分公司网络资源情况表

站点数	2G宏站	2G室内覆盖	2G小区覆盖
	283	58	80
	TD宏站	TD室内覆盖	TD小区覆盖
	113	60	5
	数据专线	WLAN	直放站
	52	51	41

（冯　轶）

商和合作伙伴的作用,拓展业务发展触角。年内,积极与区交通运输管理局沟通,签订了相关视频监控项目的5根宽带专线,并着手打造青浦地区“智能交通信息系统”。与“上海意邦国际建材品牌中心”强强联手,打造建材航母整体通信解决方案意邦建材,并争取将之建设成为移动融合通信业务的示范区。聚焦属地物流行业市场,深入挖掘客户需求,分别与属地内“佳吉快运”、“德邦物流”、“韵达快运”等物流公司签订了各项集团业务合作协议,积极推进属地物流行业的信息化建设。积极参与世博志愿服务,组织志愿服务团队参与世博园区网络维护、属地农民工子女学校支教等活动;开通世博彩信播报、世博安保短信等便捷广大志愿者。至年底,“校讯通”业务已覆盖青浦区93所学校,覆盖学生总人数达51359人次。（冯　轶）

■进一步提升窗口服务质量　2010年,上海移动青浦分公司紧紧围绕“上善若水、以客为尊”的核心理念,牢固树立“客户为根、服务为本”的服务意识和责任,采取一系列措施提升窗口服务质量,满足客户服务的要求:一是加大检查考核力度,重点发挥服务蹲点有效果、党员结对解难题。二是完善奖励激励机制,引导外包合作方形成共同目标。三是通过学习和培训,提高管理人员和营业人员的服务意识和服务技能。四是通过创新服务,巩固和强化服务水平。五是重视客户投诉,在处理回访中提高发现问题、分析问题、解决问题的能力;注重提前发现投诉隐患,提前做好防范,在营业厅层面上有效减低投诉率的发生。六是结合班组文化建设相,从提升客户体验和感知上下工夫;利用各种手段培育营业人员爱心、专心、责任心“三心”专业精神,用文化凝聚人心、用制度规范人行、用成就激励人生,达到真正提升客户感知度和满意度的目的。全年共受理投诉1442件,处理率和办结率均为100%;区消保委受理投诉3件,处理率和办结率均为100%。同时,在分公司领导的高度重视和全体员工的共同努力下,上海移动青浦分公司获评2009~2010年度上海市级文明单位。（冯　轶）

信息化建设

■概况　2010年,青浦区信息工作坚持贯彻落实科学发展观,积极推进信息产业发展,不断深化政府信息公开,有序推进政府信息化实事工程,优化信息化环境,用信息化手段为促进青浦经济社会全面协调发展提供有力支撑。全区全年主动公开政府文件类信息2695条,主动公开率比上年增长8.4%;“上海青浦”政府门户网站访问量225.5万人次;完成市民信息化培训2229人、宣传38419人。青浦区荣获2010中国城市信息化发展进步奖。“上海青浦”政府网站在“第一届最佳政府网站实践经验交流暨2009年中国优秀政府网站推荐与综合影响力评估颁奖”大会上,获得2009年度中国政府网站优秀奖;在中国社会科学院信息化研究中心举办的中国政府网站绩效评估暨第五届中国特色政府网站评选发布会上,获“服务创新”奖;在2010年上海市人民政府办公厅对全市政府网站测评中,“上海青浦”政府网站以网上访谈活动获“互动特色”栏目奖;在“第四届中国政府网站国际化程度测评结果发布暨外文版网站发展趋势研讨会”上,获优秀外文版网站奖项。（蔡信燕）

■推进“两化融合”和电子商务建设　年内,组建青浦区信息化专家指导组,加强对“两化融合”(即以信息化带动工业化、以工业化促进信息化)的指导,共有45户企业在平台中作预申报,在经过预申报、再申报、初审、实地调研、专家评审、领导小组审核等环节审查之后,金汇通、金发科技等16户企业的信息化项目立项,并按照专家评分进行专项资金的分配,共支助资金200万元。启动电子商务资助资金项目的申报和受理以及中小企业应用电子商务平台试点工作,共有4个第三方电子商务平台申报项目,4户平台计划投资1360万元,全区累计有144户企业参与电子商务应用,获得市经信委补贴42万余元。（蔡信燕）

■软件和信息服务业持续发展　软件和信息服务业为青浦区重点发展的五大高新技术产业化领域之一。2010年,全区共有软件和信息服务业企业2000多家(其中:市小巨人培育企业2户、市高新技术企业11户、市软件认定企业46户),共实现销售额150.82亿元,其中:电子信息设备销售和租赁98.03亿元,占65%;信息传输业34.34亿元,占22.8%;软件服务业17.77亿元,占11.8%。该产业已初步形成由市小巨人培育企业、市高新技术企业、市软件认定企业组成的领军企业队伍。（蔡信燕）

■政务公开和政府信息公开　2010年,全区共主动公开政府文件类信息2695条,公开率66.2%,比上年增长8.4%;依申请公开信息317条;提供服务类信息1581条;现场接待5262人次,电话咨询5638人次;手机网站发布各类政府信息11647条、政府文件类信息2173条。重点加大对财政预算、专项资金、政府采购、政府非税收入公开(公开国有土地使用权出让金情况)等信息公开。全年在政府网站共发布财政资金、政府采购类信息253条,工程投标、中标信息255条,发布项目审批动态等非文件类信息34127条,政策法规、规划计划类信息107条,公共服务1581条,政府信息公开专栏访问量为60万余次。举办4次网上专题文字访谈、6次民生类网上专题视频访谈;建成29个政府信息公开基层服务示范点,进一步增进政府与公众的沟通交流。（蔡信燕）

■政府网站建设　年内,“上海青浦”政府网站访问量276.7万人次,点击数8.17亿次;网站共发布各类动态类信息9440条、各类要闻4127条;发布世博类文字信息1047篇(条)、图片信息131篇(条)、世博简报68期,有近10万人次访问“精彩世博　你我同行”世博专题。完成企业设立事项网上行政审批和管理服务平台建设等相关配套工作,推进协同业务的网上流转平台。对政府网站邮件系统进行扩容,在增加政府用户及市民用户邮箱容量至1G的基础上,支持大容量附件收发、手机短信来信通知、网络硬盘共享等服务功能,至年底,有政府部门注册用户5204个、普通市民用户15941个。完成WAP(即Wireless Application Protocol的缩写)手机门户网站建设并上线,让市民打开手机就能获取青浦区政府的最新信息。 (蔡信燕)

■农村信息化培训普及工作 年内,农村信息化培训普及工作各项任务完成,全年共完成培训2229人、宣传38419人,完成率分别为171.5%和160.1%,超额完成市领导小组分配的普及、培训任务。 (蔡信燕)

■社保卡、学籍卡、居住证申领发放工作 全年制发各类社保卡(蓝卡、红卡、婴幼儿卡)9701张、中小学生学籍卡13809张、70岁以上老人敬老服务专用卡3321张;补换社保卡、学籍卡、婴幼儿卡和敬老服务专用卡等7109张;制发正式居住证新办967张(其中:从业类505张、投靠类462张);新办临时居住证186080张、补办13504张、新证续签175404张。 (蔡信燕)

■信息基础设施建设 年内,实施"城市光网"建设,完成90个公用移动通信基站的集约化建设,全面实施光纤化网络改造,实现2万用户光纤覆盖,为用户提供了"百兆进户,千兆进楼,T级出口"的网络能力。完成区重大工程——淀山湖大道通信基础设施集约共建任务、城中南北路和赵巷商务区(嘉松中路)口架空通信线入地工程以及轨道交通2号线徐泾东站通信基础设施共建工程。积极落实青浦新城、徐泾镇两个重点区域信息基础设施规划的调整修编,完成"青浦新城一站"大型社区基础设施专业规划的编制。 (蔡信燕)

■电子政务建设 年内,继续推进电子政务建设,完成镇、街道及区级部门区政务外网终端安全管理系统的推广应用工作,政务外网内5600多台电脑终端安装使用了终端安全管理系统,应用效果良好。组织实施区政务外网和政府网站系统应急演练,保证了世博会期间政府网站系统的安全稳定运行。积极深化政府部门互联网安全接入试点工作,切实增强政府信息系统防病毒、防攻击、防泄密和反窃密能力。6月,国家工信部在青浦区召开现场会推广青浦经验,青浦区互联网安全接入工作成为全国样板。(蔡信燕)

■政府诚信建设 年内,继续加强政府诚信建设,以政府诚信带动社会诚信体系建设加速发展。加大政府掌握社会信用信息的公开力度,全年公开医证、医疗管理、疾病预防、卫生监督信息209条;工程投标、中标信息255条;《青浦环保》12期、环保违法企业名单12批;各类企业招聘信息、职业培训信息1660条;食品药品安全公开食品、药品、医疗器械检查信息和不合格企业名单24批。启动区内中小企业信用信息数据库和信用服务平台建设工作,为统一区内企业征信奠定基础。编制完成《青浦区社会诚信体系发展"十二五"规划》,为"十二五"期间青浦区进一步深入推进社会诚信体系建设、优化经济社会发展软环境指明方向。 (蔡信燕)

1月7日,上海市青浦区人民政府、中国联通上海分公司战略合作框架协议签署仪式举行 (区科委供稿)

■区政府与上海联通就信息化建设签署战略合作框架协议 1月7日,青浦区人民政府与中国联通上海分公司就信息化建设签署战略合作框架协议书。根据协议内容,上海联通将把青浦作为重要的战略发展区域及业务发展、网络建设的重点区域,在3年时间内投入3.9亿元,为青浦城市建设和功能定位的落实提供优质可靠的综合信息服务。区委副书记、代区长张国洪,副区长朱明福出席签约仪式。 (蔡信燕)

■光纤"村村通"开通 3月18日,青浦区"千村万户"农村信息化培训普及推进大会暨光纤"村村通"开通仪式在区会务中心举行。市"千村万户"农村信息化培训普及工程项目领导小组副组长、市经信委副巡视员施兴德和区委常委、副区长李跃旗共同开通青浦区光纤"村村通"工程并讲话。"村村通"光纤项目是青浦区从建设集约化新农村网络环境出发,在全市率先对区内各村居委网络进行有效整合应用的实事工程,全区共敷设光缆15033芯公里,实现并承载区、镇两级办公自动化系统、来沪人员管理系统、农民一点通等多项农村信息化应用。(蔡信燕)

■成功举办区政务外网和政府网站系统应急演练 在"迎世博,保平安"的总体要求下,为保障世博会期间区网络与信息系统安全稳定运行,4月18日9:00至18:00,区科委组织实施了区政务外网和政府网站系统应急演练。此次应急演练现场模拟了防火墙、交换机、服务器宕机等故障,分别对政务外网上联市政务外网出口、政务外网接入层网络、政务公共信息平台应用，以及政府网站 WEB 系统、DNS 系统、网页防篡改系统、网上访谈系统、网上办事系统、黑客攻击等进行抢修实战演练，各系统恢复时间均在预定范围之内。（蔡信燕）

■工信部政府部门互联网安全接入试点工作会议在青浦召开 6 月 17 日，国家工业和信息化部在青浦区召开政府部门互联网安全接入试点工作会议。工信部信息安全协调司司长赵泽良、市经信委副主任陈跃华出席会议并讲话。区委常委、副区长李跃旗出席会议并致辞。北京、上海、重庆、陕西、天津、河北、云南、新疆生产建设兵团工业和信息化主管部门负责信息安全工作的领导和政府部门互联网安全接入试点工作专家指导组专家等参加会议。会上，青浦区介绍试点工作情况并进行现场演示。北京、重庆、陕西等试点地区介绍试点工作情况。天津、河北、云南、新疆生产建设兵团等下一阶段试点地区汇报试点工作思路。试点工作专家指导组对试点工作进行技术指导，并对政府部门互联网安全接入标准规范进行了研究讨论。（蔡信燕）

■召开助力百家企业信息化推荐会 近年来，区科委在走访扶持企业发展过程中，发现企业十分注重使用信息化手段提升管理效率，但对于许多中小企业而言，靠自身来推进信息化应用又遇到了人才与资金方面的困难。为此，区科委积极联系区内通信运营企业，为中小企业提供信息化管理服务。经过多次沟通与协调，由区科委和区信息化协会于 10 月 21 日联合召开助力百家企业信息化推荐会。会上，青浦移动公司向与会的近百家企业介绍了最新的企业管理信息化技术，并与企业代表进行深入的沟通，使企业进一步了解信息化管理手段，帮助企业运用信息化提升自身管理能级与水平。此次会议为通信运营企业与区内众多中小企业搭建起交流平台，为区内中小企业提供了一个了解新科技、运用新技术的机会，使信息技术助力中小企业发展落到实处。

（蔡信燕）

综　述

2010年，是青浦区实施"十一五"教育发展规划和"青浦教育现代化行动计划"的决战年。全区教育工作以全面贯彻落实科学发展观为统领，大力弘扬以"用心做教育，全力谋发展"为核心的青浦教育精神，按照"学有所教，学有优教"的总体要求，围绕国家和市《中长期教育改革和发展规划纲要2010～2020年》的实施，大力推进教育公平，着力建设平安校园，全力参与和服务世博会；围绕"软硬兼顾、以软为主"工作策略，深化内涵建设，推进重点工作，促进各类教育全面协调发展。全区教育经费财政拨款93088万元，城市教育费附加9921万元，农村教育事业费附加10011.97万元，拨入专款18462.48万元。

2010年，全区科技工作坚持贯彻落实科学发展观，大力发展高新技术产业，加快推动科技成果产业化，不断完善创新服务体系，深入推进信息化应用，着力提高区域自主创新能力和市民科学素养，以科技支撑引领全区经济社会发展。全区市级及以上科技立项255项，其中：16个项目被列为国家科技型中小企业技术创新基金项目、5个项目被列为国家重点新产品计划项目，各类科技项目获市级以上资助奖励金额超过6000万元。新增市科技小巨人(培育)企业7户，新增市高新技术企业33户。至年底，全区有高新技术产业化企业228户，全年实现产值271.8亿元，比上年增长38.1%，高于全区规模工业平均发展水平11.5个百分点，高于全市高新技术产业化发展水平14.7个百分点，增速位居全市郊区县第三。

（王　良　陆　超　蔡信燕）

12月28日，青浦区教育工作会议召开　　（区教育局供稿）

教育科研与管理

■**概况**　2010年，区教育局全面完成《青浦区教育事业"十一五"发展规划》的落实和《青浦区中长期教育改革和发展规划纲要(2010～2020年)》的编制，基本完成《青浦区教育发展第十二个五年规划》的编制。1月，出台《2010年青浦教育工作要点》，将全面推进教育现代化、加强师资队伍建设、深化课程教学改革、完善终身教育体系、重视硬件资源建设和保障弱势群体受教育权益作为年内进一步推动教育内涵发展的六项重点工作。2月，召开深入推进教育内涵发展大会，出台《青浦区教育局关于进一步深化课程教学改革促进学生全面发展的若干意见》和《青浦区教育局关于进一步加强教师队伍建设的实施意见》，进一步明确今后一个时期青浦教育改革与发展的阶段性工作目标。3月，召开2010年青浦区深入推进课程教学改革工作计划研讨会，提出要从导向、课程、教学、平台、机制五个方面推进2010年课改工作计划。12月，召开区教育工作会议，要求强化教育发展责任，注重教育科学管理，推动教育协调发展；积极参与部、市合作的"基础教育体制综合改革"试点项目，全面推进"区域内涵发展的机制创新"，主动适应和服务区域经济社会发展的实际需求，着力提升教育服务能力，为推动区域经济社会发展作出新贡献。是月，青浦实验继20世纪90年代在全国范围内推行并获全国首届教育科学优秀成果一等奖后，《青浦实验：新世纪教师"行动教育"》又荣获国家教育部首届基础教育课程改革教学研究成果一等奖。

（王　良　陆　超）

■积极开展青少年德育工作　积极落实市学生思想道德素质、心理健康教育和校外教育工作3个三年行动计划要求，广泛开展世博主题教育，努力构建青少年校内外德育体系。开展"我为世博添光彩，青浦学子在行动"系列活动；举办"迎世博、讲文明"交通安全宣传活动、"拒绝吸烟、拥抱健康"专题控烟活动和红色经典小故事讲演活动。各学校以"世博实践年"为抓手，积极开展"小手牵大手，世博引风尚——争当'风尚好少年'系列活动"。落实《上海市中等职业学校学生行为规范》，以"主题教育活动"、"劳动实践周"、"志愿者服务"、"心理健康教育"等为抓手，做好中职校学生德育工作。

（王　良　陆　超）

■推进优质硬件资源建设　实施校舍新建和改扩建项目，推进东航复地幼儿园等公建配套幼儿园及豫才学校、区青少年活动中心建设。9月，大盈学校迁建并更名为博文学校，商榻中学、西岑中学并入金泽中学，新增青浦区早教指导中心、毓秀幼儿园。继续实施"上海市中小学校舍安全工程"，对15所学校校舍进行加固和改造。加强寄宿制学校、农民工子女民办学校和所有幼儿园的技防设施建设。投入资金271.5万元，实施万兆环网三期改造；投入资金780万元，购置计算机及多媒体设备180多套。

（王　良　陆　超）

■继续加强师资队伍建设　年内，调整完善教师招聘程序、标准和办法，招聘教师370人；完善教师职称评议程序；组织实施岗位设置，继续完善绩效考核工作，使整个师资队伍结构朝着更加科学合理、优质均衡的方向发展。以参与世博、服务世博为契机，组织全体教职工开展迎世博文明承诺行动、"文明服务·文明观博·文明出行"主题实践活动、"教职工迎世博知识竞赛"、"迎世博巾帼文明岗"创建等活动。推出"每周师德之星"专栏，举行"强师能　铸师魂"第26届教师节主题庆祝活动。以实现"三个同步提高"（专业水平、工作质量、生活品质）为重点，开展新农村教师培训、礼仪培训、240培训、540培训等师训工作，强化师资队伍建设。5月28日，召开青浦区教师专业发展推进大会。对第四届青年教师大比武获奖者进行表彰和颁奖，对区内11个特级教师工作室和12个学科教师研修基地进行授牌。其中：特级教师工作室由领衔的特级教师召集2～3位区名优教师任指导教师，组成10人左右的团队，以特级教师的经验和智慧引领，有重点地攻克各学科课程教学改革和教师教育培训中的重点难点；学科教师研修基地面向区内各学科教师开展专题研修，承担教师在职学习、学科教学改进、学校管理创新实践等任务，该模式打破校门阻隔，使优质师训资源能在更大区域内得以共享。年末，正式聘请上海教科院顾泠沅教授为青浦区教师进修学院名誉院长。

（王　良　陆　超）

■举行学前教育课程推进展示周活动　1月20日，在青浦区实验幼儿园启动主题为"关注幼儿成长，提升办园品质"的展示周活动。活动共展示9个集体教学、7项经验介绍、356件自制教玩具、28份课程资料和"实幼嘉年华——欢天喜地迎新年"大型特色活动，共组织4场研讨，评审论文383篇。该活动，总结了近年来青浦区学前教育课程实施情况，提炼和分享了相关经验。

（王　良　陆　超）

■各级领导关心区教育事业发展　2月25日，副区长陶夏芳到区教育局进行工作调研，结合2010年青浦教育工作推进和计划落实，提出具体要求。5月13日，区委书记高亢，副区长、公安青浦分局局长陈振华，区政协副主席、教育局局长顾峰等一行到佳佳幼儿园、佳禾小学、太阳花幼儿园、毓华学校进行安全防范工作检查指导。5月14日，副区长陶夏芳，区政协副主席、教育局局长顾峰等到华新中学、华新小学、华新幼儿园、华益民办小学等5所学校检查安全保卫工作。8月17日，市教委副主任尹后庆一行到青浦调研，充分肯定青浦教育在加强师资队伍建设、促进内涵发展、推进区域教育均衡优质发展等方面取得的成绩和经验；提出"十二五"期间，青浦教育要鼓励学校追求卓越，发展特色，不断深化课程教学改革，让学生丰富学习和生活经历，拓展视野，培养创新意识和实践能力。9月1日，副区长陶夏芳在区教育局党委书记陆文一和局长印国荣等陪同下到朱家角中学看望新疆班学生，视察学校开学准备工作。9月10日，区委、区人大常委会、区政府、区政协领导在区教育局和相关镇有关人员陪同下，分四路慰问区内教师，为辛勤耕耘在教学第一线的教师送

9月，新改建的金泽中学正式投入使用　（金泽镇供稿）

去诚挚的节日问候。

（王 良 陆 超）

■举行“教学改进”现场研讨会 4月1日，“准确解读文本，提升课程理解力”——青浦区“教学改进”现场研讨会在颜安中学举行。区教育局党委书记印国荣、副局长朱良俊，有关专家、教研员和各初中学校校长、教导主任以及语文、数学、英语、化学学科教师代表共200余人参加。与会人员观摩了颜安中学语文、数学、英语、物理、化学5门学科的6节研讨展示课，并聚焦“准确解读文本，提高课程执行力”进行了深入研讨。（王 良 陆 超）

■推进农村中小学教育信息化应用实验项目 5月20日，区教育局在重固中学召开青浦区农村中小学教育信息化应用实验项目现场研讨会。重固中学全面展示了在语文、数学、政治、科学与美术学科教学过程中如何有效利用信息技术提升课堂教学效益的一些手段与方法，尤其是Eduoffice软件的应用、交互式电子白版的介入、网站式教学的实施等，其有效改善学生学习方式、优化学生学习过程的效果给与会人员留下深刻的印象。（王 良 陆 超）

■上海市博文学校举行落成典礼暨交接仪式 8月5日，青浦区公立九年一贯制学校——博文学校正式落成。该校为青浦工业园区民惠佳苑社区配套项目，占地面积4.70万平方米，建筑面积2.49万平方米，设54班，可容纳2400多名学生就读。该校是国内首家按照国家标准——“绿色建筑评价标准”进行设计，并申报列入联合国工业发展组织与教科文组织配合中国教育部、住宅和城乡建设部、环保总局在中国启动实施的“节能减排与可持续发展学校——社会行动项目”，投入运行后可使综合能耗比传统学校降低近30%。

（王 良 陆 超）

■3项举措着力推进素质教育 9月初，区教育系统大力弘扬“用心做教育，全力谋发展”精神，按“学有所教，学有优教”总体要求，在新学年强化推进课程教学改革、加强师资队伍建设、优化教育管理3项工作，着力推进素质教育。一是以建构与实施有效课堂为重点深化课程教学改革。丰富学生课程经历，重点将本土教育资源课程化，并及时将成熟的校本课程实现区内共享；推进课堂改进实验，积极推进“以学定教、先学后教、多学少教”的课堂改进实验，制定《青浦区常态课改进计划》和《落实新课程课堂教学课例引领标准》；开展有效作业实践，鼓励学校结合本校学生特点，自主设计和编写具有针对性的专题作业，推行作业“校本化”和“层次化”。二是以实现“三个同步提高”为重点强化师资队伍建设。建立教师学科教学研修基地，开办特级教师工作室，建立办学顾问机制，培育教育领军人物和教师专业发展示范校与基地，提高教师专业水平；提高教师工作质量，强化学校生活的精细化管理，引导教师全面关注学生，提高教育教学的一次成功率；以开展教师读书活动为主线，引领教师提升生活品质，全面关心教师身心健康。三是以提升服务和指导能力为重点优化教育管理机制。改进教师进修学院的服务，继续改进优化调研、培训和教研活动的内容与方式，大面积提升区域教研与培训质量；完善学业质量监控系统，建设基于课程标准的学业质量监控系统，逐步建设以“达标度”为主要监测指标的评价体系；强化职责，确保工作重心下移至课堂，全面实施行政部门、业务部门人员“两听两看”制度（即：听老师上课，听学校干部评课；看学生作业情况，看教师批改后反馈指导情况）；建立学校管理指导研究室，成立由区内知名老校长、专家组成的教育管理指导研究室，担负起巡视、总结、诊断、指导职能，并要求其定期形成书面报告，为有关部门提供优化教育管理的意见建议和实证材料，并以此来完善教育督导部门的学校发展性评价指标。

（王 良 陆 超）

基础教育

■概况 2010年，全区基础教育改革稳步推进，质量进一步提高。全面执行市教委制定的课程计划，严格控制课时总量，认真执行“三类课程”的安排要求；精细教学管理要求，进一步树立科学的教学质量观；严格规范教学常规，进一步完善教学协作制度；努力提高课堂教学的有效性，重视现代教学技术的运用，形成灵活多样、丰富有效的教学形态；提高作业质效，丰富作业类型，提高教学反馈的及时性、针对性和有效性，切实减轻学生过重的学业负担。建立健全教学质量管理、监控、分析和改进制度，积极探索“单项与综合相结合、随机与定期相结合、过程与结果相结合、诊断与指导相结合”的区域质量监控机制，全面实施行政部门、业务部门人员到学校“两听两看”制度。2010年，小学毕业考试试行网上阅卷，学生学业成

4月1日，青浦区“教学改进”现场研讨会举行　　（区教育局供稿）

绩一律采用等第制。全区共有中小学、幼儿园和特殊教育学校118所，其中：中学26所（含九年一贯制、少体校）、小学44所（含民办农民工子女小学）、幼儿园46所（含民办幼儿园）、特殊教育学校2所，学生共89905人。

（王　良　陆　超）

■继续推进学前教育　年内，继续推进“区域性高质量推进0岁～6岁婴幼儿托幼一体化”项目的园本实践，全面开展0岁～3岁散居婴幼儿的早教指导活动。选送3所幼儿园分别与长宁区的优质幼儿园结对，形成“互助共建、交流共享、合作共赢”的工作机制。组织园长参与“课程管理研讨会”和“课程领导论坛”，制定园本课程实施方案。佳佳幼儿园通过市示范幼儿园评审，夏雨幼儿园、贝贝幼儿园争创市一级幼儿园，朱家角幼儿园等4所幼儿园开展二级幼儿园等级验收工作，学前教育优质资源得到进一步扩充。（王　良　陆　超）

■义务教育各具特色　年内，全面贯彻《上海市实施〈中华人民共和国义务教育法〉办法》，坚持做“活”小学、做“宽”初中，切实加强教育教学常规管理，提高学校课程领导力；以课程教学改革和师资队伍建设为重点，坚持课改实践，坚持自主发展，争创办学特色，不断提升办学品质。开展课程教学管理专项调研，在重固中学举行“立足常态课堂，抓实有效训练”教学周展示活动；在颜安中学举行“准确解读文本，提升课程理解力”——青浦区“教学改进”现场研讨会，在庆华小学举行“深化课程教学改革，提升学生学习品质”现场专题研讨活动，在瀚文小学举行“构建课程文化，打造活力课堂”专题研讨活动。

（王　良　陆　超）

■高中教育质量提高　年内，坚持“错位发展、整体提高”思路，各高中学校基本形成完善的办学理念——5月，在青浦高级中学举行“增进教学内容的情境性，提高学生的情境理解力”教学研讨活动；3月，朱家角中学正式成为市实验性示范性高中；青浦一中以“学校教学常规与教研的swot分析与目标”课题为抓手狠抓教学常规落实；青浦二中围绕“三信教育”（信念、信心、信任）理念，强化办学特色，全区高中教育办学质量和水平不断提高。（王　良　陆　超）

■特殊教育再上台阶　10月19日，与卫生局共同召开特殊教育医教结合工作联席会议，落实《青浦区特殊教育三年行动计划》，加强特殊教育学校的建设和管理，开展义务教育阶段随班就读的实践与研究，拓展重残少儿“送教上门”工作内容。基本形成以特殊教育康复指导中心为核心、特殊教育学校为骨干、随班就读为主体、送教上门为补充的具有城郊型特点的区域特殊教育新格局，0～18岁的残疾儿童能在各种适合其需求的教育机构中获得帮助。

（王　良　陆　超）

■德育工作常抓不懈　1月19日，区教育局召开2009年青浦区中小学德育工作总结会，从“深入推进‘两纲’实施，加强基础道德教育”、“围绕‘向国旗敬礼，为世博添彩’，深入开展主题教育”、“构建和谐师生关系、家校关系，营造良好育人氛围”、“发挥德育骨干专业引领作用，促进德育队伍专业化成长”、“加强中小学德育科研，传播有效德育经验”五方面进行回顾总结。3月31日，区教育局以世博实践年为契机，在实验小学举行“提升行为品质，实践世博文明”中小学德育现场会。会上，下发《关于开展“小手牵大手、世博引风尚”系列活动的通知》，要求各中小学广泛发动，以学生带动家长，家长指导学生；以家庭辐射社区，践行文明礼仪，遵守公共秩序，养成良好习惯，引领世博风尚。11月10日，主题为“夯实德育基础，奠基幸福人生”的青浦区中小学养成教育现场会在实验小学举行。全区中小学德育分管领导、班主任代表、学科教师代表近200人参加。现场活动分课堂教学展示、论坛交流与现场互动、专家点评及领导讲话3个部分。实验小学做实德育基础，从根本上呼应国家和市教育发展规划要求的目标方向。

（王　良　陆　超）

■推进民办教育和农民工子女教育　年内，批准成立3所民办教育机构，至年底全区累计有民办教育机构72所（其中：幼儿园10所，小学23所，九年制学校2所，民办非学历学校37所）。全面实施《青浦区农民工子女义务教育三年计划》，扩充公办学校吸纳能力；新纳入6所农民工子女民办小学，加强纳民学校管理；由区综治委牵头，联合开展清理和关闭无证简易农民工子女学校、幼儿园专项工作。全部解决区域内农民工同住子女免费就读义务教育问题，其中初中全部进入公办学校就读。

（王　良　陆　超）

■青浦区青少年集邮活动走向全国　1月5日，以青浦区徐泾镇命名的“徐泾杯”第五届全国生肖个性化邮票青少年设计大赛颁奖仪式在苏州市图书馆举行，全国部分青少年集邮爱好者和指导老师参加。青浦区政协副主席、教育局局长、区青少年集邮工作委员会名誉主任顾峰为仪式题词——“方寸看世界、人文通古今”。大赛中，青浦区徐泾小学张子麒、徐晓希获个性化邮票设计金奖，庆华小学张沁雨获铜奖，徐泾小学陈茜茜获特别纪念奖；徐泾镇人民政府获特别贡献奖，徐泾小学获优秀组织奖，青浦区少年宫获地区活动组织工作奖。是日，《庚寅年》特种邮票（虎票）首发，全国第四届生肖集邮展，第二届生肖（庚寅年）画信展及全国第五届生肖（庚寅年）个性化邮票青少年设计大赛优秀作品展同时举行。青浦区青少年集邮工作委员会、徐泾小学共同制作40余幅“青浦区中小学生喜迎世博”集邮成果展示板也列入展示，吸引众多集邮爱好者驻足观望，并获得一致好评。

（王　良　陆　超）

■青少年迎世博书信文化活动成绩喜人　1月21日，在上海世博会倒计时100天之际，由市世博局、市文明办、市教委、市集邮协会等单位联合举办的《上海世博园》邮票首发式暨上海市青少年迎世博书信文化展在上海邮政博物馆举行。会上，青浦区徐泾小学四年级学生杨黄颖作为全市青少年的唯一代表发言。由青浦区少年宫选送的4所学校在展评中全部获奖，其中：徐泾小学荣获一等奖，庆华小学荣获二等奖，华新小学和毓华学校荣获三等奖。青浦区有16位学生的书信入选《童言

3月25日，副区长陶夏芳(左三)一行到青浦高级中学调研　(区教育局供稿)

童语迎世博——上海市青少年迎世博书信选集》。(王　良　陆　超)

■与长宁区六所幼儿园携手签订城郊结对协议　2010年起，上海市开展新一轮的"学前教育城郊结对合作交流"工作，加大学前教育优质资源向郊区农村辐射力度。3月3日，长宁区实验幼儿园、愚园路第一幼儿园、天山幼儿园与青浦区淀山湖幼儿园、赵巷幼儿园、白鹤幼儿园在长宁区实验幼儿园签订结对协议，就园本教研、职初教师专业化发展、充分培养幼儿的表现表达能力等几方面作为主打项目，并以此为突破口构建多种形式的结对学习交流互动平台，加强幼儿园内涵建设，促进城郊学前教育均衡、优质发展。

(王　良　陆　超)

■朱家角中学正式成为市实验性示范性高中　3月22日，上海市教育委员会发文，正式命名朱家角中学为上海市实验性示范性高中。这是继青浦高级中学之后，区内又一所市实验性示范性高中。2004年，朱家角中学易址并成为寄宿制高中，该校以区内大力推进教育内涵发展为契机，确立"坚持以人为本，致力和谐发展"的办学理念，提出"一切为了师生和谐发展"的办学思想，积极启动创建"上海市实验性示范性高中"工作。争创行动中，朱家角中学在内涵发展上取得显著成效，逐步形成德育有特色、智育有质量、体育有强项、美育有传统的现代化寄宿制高中。学校的"春晖系列社团"和"义务门诊"成为两个品牌。2009年10月，学校顺利通过市实验性示范性高中总结性评审。

(王　良　陆　超)

■副区长陶夏芳调研学校工作　3月25日，副区长陶夏芳到青浦高级中学、实验中学调研，她察看了两所学校的教学楼、科技楼、体育馆、图书馆和学生食堂，看望一线教师，观看拓展型课程教学，欣赏学生民乐队和铜管乐队的演奏，并详细询问学校发展中的矛盾和困难。30日，陶夏芳到朱家角中学视察调研，对朱家角中学正式成为上海市实验性示范性高中表示热烈祝贺。同时要求学校在新的发展层面上进一步提高教育教学质量；要继续办好新疆班，促进民族教育和社会稳定发展；在世博期间，要把各项安全措施落到实处，为平安世博作出应有的贡献。4月15日，陶夏芳到区初等职校和辅读学校，对区内特殊教育工作进行调研，要求抓住青浦区特殊教育三年行动计划制订和实施的契机，争取青浦的特殊教育上一个更高的台阶。5月13日，陶夏芳由区政协副主席、教育局局长顾峰等陪同到青浦一中进行调研，听取了区人大常委会副主任、青浦一中校长王学才对学校整体发展的介绍，并予以充分肯定。

(王　良　陆　超)

■开展办学水平综合督导评估　4月中旬，区教育督导室、区教育局中小教科、区教师进修学院等组成区办学水平综合督导评估组一行15人，深入各校开展第十六批办学水平综合督导评估，对逸夫小学、东方中学、东门小学进行示范校复评，对毓华学校进行办学水平升级评估。评估结果为：东方中学保持示范A级学校称号，逸夫小学、东门小学均保持示范B级学校办学水平，毓华学校由合格A级提升为规范C级学校。至此，全区义务教育阶段的中小学校都成为规范或示范学校。10月中旬，区办学水平督导评估组开展第18批办学水平综合督导评估活动，先后对颜安小学、蒸淀小学、毓秀学校、实验中学进行办学水平综合评估。经全面汇总和科学分析，4所学校实施有效管理、注重自主发展，"十一五"期间的办学水平均取得长足进步。评估结果为：实验中学继续保持示范A级学校称号，蒸淀小学由规范B级提升为规范A级学校，毓秀学校首次被评定为规范A级学校，颜安小学保持规范B级学校办学水平。

(王　良　陆　超)

■市政府参事夏秀蓉一行到青浦开展民办小学专项督导　5月10日，由市政府参事夏秀蓉、市政府教育督导室主任杨国顺等市教委、市政府教育督导室人员组成的督导组一行30人，在副区长陶夏芳陪同下对青浦区以招收农民工子女为主的民办小学开展专项督导。通过个别访谈，查阅资料，实地督查小康、育才、曙光3所以招收农民工子女为主的民办小学的办学情况，督导组对青浦区的管理工作给予充分肯定和高度评价。认为青浦的领导重视，理念超前，工作认真很有创新，民办小学的办学模式和管理机制走在全市前列，有很好的示范作用。(王　良　陆　超)

■习近平回信殷切勉励青浦学生　2007年儿童节前夕，时任上海市委书记的习近平视察青浦区徐泾镇农民工子女民办小学——民主学校，向孩子们送上节日的祝福，同时也要求青浦教育工作者切实保障农民工子女的受教育权益。至2010年，这批孩子一直接受着良好的教育，感受着党和政府的温暖，对习近平伯伯的感激之情油然而生。儿童节前夕，孩子们联名给尊敬的习近平伯伯写去感谢信，汇报学习情况，表达对生活的热爱。7月23日，习近平回信发出“少年有志，国家有望”的感言，还勉励同学们勤奋学习、提高本领，热爱集体、团结互助，勇敢坚强、诚实守信，快乐生活、全面发展，努力成为中国特色社会主义事业的建设者和接班人。

（王　良　陆　超）

■市慈善基金会在民主小学开展“放飞希望”关爱农民工子女捐赠活动　9月20日，市慈善基金会到青浦区徐泾镇民主民办小学开展“放飞希望”关爱农民工子女捐赠活动。市政协主席、市慈善基金会理事长冯国勤，市慈善基金会名誉理事长陈铁迪，市慈善基金会监事长罗世谦和青浦区委书记高亢，区委副书记、区长张国洪，区人大常委会主任巢卫林，区政协主席张布尔及区内部分民营企业家，一起向该校全体学生及全区的农民工子女送去爱心，把一套套崭新的校服和《小学生全功能字典》送到学生手中，勉励孩子们勤奋学习，报效祖国。

（王　良　陆　超）

■推进特殊教育医教结合工作　10月19日，区教育局和区卫生局在辅读学校联合召开青浦区特殊教育医教结合工作联席会议，旨在加强教育与卫生部门合作，多渠道开展特殊教育医教结合工作。会议讨论《青浦区教育局、青浦区卫生局关于开展特殊教育医教结合工作的意见》草案，并提出修改意见。进一步明确区教育局、区卫生局及在特殊教育机构工作的教师、医师各自的职责，决定青浦区将通过建立适合每一位残疾儿童的教育与康复服务体系，建立残疾儿童发现、诊断与安置工作管理网络，建立特殊教育指导医生队伍，建立医教结合工作管理制度，以推动此项工作持久、有效地开展下去。

（王　良　陆　超）

■举行“世博引风尚，你我共成长”表彰总结活动　12月2日，由区文明办、区教育局联合主办的“世博引风尚，你我共成长”总结表彰活动在毓秀学校举行。自迎世博活动开展以来，区内广泛发动全区学生积极参与“小手牵大手，世博引风尚”系列活动，努力营造学校、家庭、社会共同宣传世博、畅想世博、参与世博、奉献世博的良好氛围，在社会各界和广大师生共同努力下，取得可喜成果。该活动共表彰了96名区“世博风尚好少年”和34户区“风尚好家庭”。

（王　良　陆　超）

职业教育

■概况　2010年，全区中等职业技术教育改革快速推进，校企合作不断深化，服务经济社会发展能力不断增强。对中职校专业设置与结构进行调整优化，逐步形成与区域经济社会发展相适应的专业布局，其中：上海工商信息学校形成电子电气、加工制造、财经商贸、旅游服务、计算机等5个专业群及1个园艺专业，青浦职校将汽车运用与维修作为重点建设专业。在此基础上，按照课程建设的规范要求建设好相应的课程结构体系，明确目标、任务、内容、考核与评价，分阶段、分目标、分层次开展教育教学活动。全区有教育部门办中等职业技术学校2所、学生4721人。

（王　良　陆　超）

■副区长陶夏芳调研职业教育工作　4月14日，副区长陶夏芳到上海工商信息学校作中等职业教育工作调研，在察看学校的模拟银行实训室、数控实训中心、电子电气实训中心和会展客房服务实训中心，听取学校近年来教育教学实践及下阶段内涵发展思路的汇报后，她要求学校要紧紧围绕职业教育为地方经济社会发展服务这个中心，随区域产业功能调整适时调整专业设置布局；要加强中职校师资队伍建设，进一步整合教育资源，加强实训中心建设，为青浦经济社会发展培养更多更优秀的人才。

（王　良　陆　超）

■上海工商信息学校培养出首位学生技师　6月，上海工商信息学校07级电子专业学生潘麟臻，在2010年全国职业院校技能大赛上获电工电子技术技能大类电子产品装配与调试比赛一等奖，并取得技师证书，成为该校首位学生技师。

（王　良　陆　超）

终身教育与学习型社会建设

■概况　2010年，全区共有成人中等文化技术学校12所，社会力量非学历办学37所。年内，全区终身教育体系不断健全，学习型社会建设取得初步成果，全面推进全国社区教育实验区工作。2月9日，召开推进学习型社会建设指导委员会全体会议，布置2010年主题学习活动申报工作，交流本单位推

4月14日，副区长陶夏芳（左三）一行在工商信息学校听取学生学习成果介绍

（区教育局供稿）

进学习型社会建设工作的推进情况及设想，并对2010年区学习办工作设想提出意见和建议。区委副书记胡燕平，区委常委、宣传部部长孙萍，区人大常委会副主任张海珍，区政协副主席、学习办主任、教育局局长顾峰等领导出席会议。3月，区学习办领导带领区文明办、教育局、社区学院等相关人员到夏阳街道成人中等文化技术学校，对该校成立一年来的工作情况进行调研。6月，区教育局召开成教工作会议，围绕学校内涵建设、社区教育实验工作等主题进行交流，对争创全国社区教育示范区工作进行详细部署。9月，青浦区召开社区教育研讨会，进一步明确社区教育发展的方向、思路和工作途径，努力形成青浦特色的社区教育发展模式，真正为地方经济和社会发展服务。12月，成立青浦区成人教育协会，发挥协会在成人教育、构建终身教育体系、学习型社会建设中的参谋、桥梁、纽带作用。

（王　良　陆　超）

■积极争创全国社区教育示范区　6月，全面部署争创全国社区教育示范区工作，积极组织和开展相关工作：规范社区教育实验项目管理，组织社区教育教科研成果评优活动；组织“文明观博”、“百万市民学环保”等各类培训；举办第四届青浦市民读书节、“我学习，我快乐”市民学生网上阅读学习交流和家庭讲故事比赛等各类主题学习活动；促进老年教育规范化发展，举办2010年青浦区老年教育艺术节活动；开展“特色学习活动”评选和“主题学习活动”征集，全年组织各类培训约33万人次。

（王　良　陆　超）

■开展市级社区教育实验项目阶段性巡访　1月19～21日，区社区教育实验项目管理办公室对区内2009年立项的12个社区教育市级重点及其他一般项目进行阶段性巡访，推动市级社区教育实验项目规范、有序开展。巡访活动分两组进行，巡访对象为区社区学院及夏阳、香花桥、白鹤、华新、重固、赵巷、徐泾、金泽、练塘、朱家角等街道、镇社区学校。巡访组成员在听取实验项目阶段性进展情况介绍和查阅实验项目推进过程中积累的各种相关材料后，分析了实验项目的阶段性成果和存在的问题，并提出合理的推进建议。

（王　良　陆　超）

■成人教育获多个荣誉奖　年初，青浦区练塘成人学校荣获2009年度“全国农村成人教育先进单位”称号。练塘成校充分挖掘和整合各类教育资源，大力开展农村富余劳动力职业技能培训，因地制宜、注重特色，围绕茭白叶编结、羊毛衫编织等特色产业，开展具有地域特点的培训，有力提高全镇农民的就业能力和岗位转换能力。另外，在2009年全国社区教育特色课程评比活动中，青浦区社区学院的“丝网版画”和白鹤镇社区学校的“现代蔬菜园艺”2门课程荣获“全国社区教育特色课程”奖。

（王　良　陆　超）

9月14日，青浦区社区教育研讨会召开　（区教育局供稿）

■开展“迎世博，百万市民环保培训”专题考察调研　3月9日，市环保局和市学指中心到青浦区进行“迎世博，百万市民环保培训”专题考察调研。市环保局党委书记范贤彪、市学习型社会建设服务指导中心副主任王连华、市环保局副调研员奚爱玲、市学指办主任杨平、电大信息技术中心主任薛伟、市学指办副主任姚爱芳等由区环保局、教育局、练塘镇相关领导陪同参与考察调研。调研组考察了练塘镇社区学校茭白叶变废为宝的编织培训，听取了练塘镇市民环保培训工作汇报。调研过程中，区社区学院院长徐洪生作《结合青浦水资源保护，有效开展市民环保培训》的交流发言；长宁、徐汇、卢湾、闵行、嘉定、金山、松江、奉贤等8个社区学院的院长就“百万市民学环保”项目进展情况作交流汇报。（王　良　陆　超）

科艺体卫教育及其他

■概况　2010年，全区科技教育、艺术教育工作认真落实有关精神，积极开展相关活动：开展区科技教育特色学校评审，创建区市两级知识产权试点学校；建设区青少年实践中心地震科普馆；开展校外教育教师业务展示评比，邀请华东理工大学博士生导师安琦教授为区内东湖中学学生作“青少年科技创新”专题报告；举办第五届青少年明日科技之星评选活动、“青少年走近科学家”系列活动、“福泉山之蕴”青少年科普知识竞赛以及科技教育沙龙、科技创新峰会等；组织学生参加市第二十五届青少年英特尔科技创新大赛、市第二届头脑奥林匹克创新学习活动亲子擂台赛、市青少年电子竞赛、市第二届青少年模型节比赛等；组织学生参加“迎世博上海市优秀儿童剧展演”和“真彩杯”、“樱花杯”青少年书画展等活动；举办青浦区第六届学生艺术节、第十六届中小学生书画展、第六届青少年民族文化培训系列活动以及“高雅艺术进校园”、“走近经典”相约大剧院等活动；组织学生参加市阳光体育大联赛；承办青浦区第三届运动会踢跳比赛、田径比赛青少年组等赛事；开展“千校万班”乒乓球、篮球等活动。出台新一轮体育传统校申报和评估办法，规范学校体育场地（馆）设施向社会开放工作。举办“骨肉情深盼团聚”——青浦区庆祝青少年涉台教育10周年纪念活动。联合区卫生局开展常见病和传染病检查，落实晨检和因病缺勤上报制度，对手足口病进行专项督查；联合区疾病控制中心对中小学生开展体检，并对学生近视眼、龋齿、肥胖进行干预；联合区食品药品监督所开展学校食堂管理和食品安全培训，开展食堂卫生、食品安全大检查，强化对学生营养午餐的监管。（王　良　陆　超）

5月8日，青浦区第六届学生艺术节开幕式举行　（区教育局供稿）

■举办科技教育特色活动　年内，开展区科技教育特色学校评审，创建区市两级知识产权试点学校；建设区青少年实践中心地震科普馆；开展校外教育教师业务展示评比。4月26日，区教育局、科委联合在上海市毓秀学校举办“体验科学与创新的乐趣”——青浦区学生科技创新报告会，邀请有“发明家，创造大师，神奇教练”之称的中国创造学会理事、世界发明联合会青少年创新基地副秘书长黄曾新老师主讲，进一步激发学生创新意识，提高观察和动手能力，积极投入各项创造发明活动，争当“小小发明家”。举办第五届青少年明日科技之星评选活动、“青少年走近科学家”系列活动、“福泉山之蕴”青少年科普知识竞赛和科技教育沙龙、召开科技创新峰会等；组织学生参加上海市第二十五届青少年英特尔科技创新大赛、上海市第二届头脑奥林匹克创新学习活动亲子擂台赛、上海市青少年电子竞赛、上海市第二届青少年模型节的比赛等，其中：在4月举办的第二十五届英特尔上海市青少年科技创新大赛上，青浦参赛队获得各类奖项30个，其中：一等奖3个、二等奖8个、三等奖19个。8月，区实验中学学生曹子安发明的“智能防汽车超载装置”获第四届“上海市青少年科技创新市长奖”，成为青浦区第一位获此殊荣的学生。（王　良　陆　超）

■艺术教育多姿多彩　2010年，配合上海世博会，区内加大艺术教育力度，组织学生参加“迎世博上海市优秀儿童剧展演”和“真彩杯”、“樱花杯”青少年书画展等活动；举办青浦区第六届学生艺术节、第十六届中小学生书画展、第六届青少年民族文化培训系列活动以及“高雅艺术进校园”、“走近经典”相约大剧院等活动。重固中学在办学过程中重视学生全面发展，尝试将艺术人文教育与福泉山文化相结合，探索出以浮雕、版画这一独具特色的方式开展美术教育。4月，青浦区选出7件优秀实物作品，其中重固中学的浮雕“世博与我们同在”和5幅版画共6件作品入选为上海世博会“公众参与馆”展品。5月，青浦区商榻小学的“少先队阿婆茶”作为“青浦馆”主打项目，参与在中福会少年宫举行的“童乐世博——2010年上海少年儿童庆祝六一国际儿童节博览会”现场展示活动。8月23～25日，重固中学师生到上海世博会公众参与馆“秀·空间”舞台，以“福泉山古文化——触摸远古的记忆”为主题，采用浮雕艺术形式展示浮雕制作过程、手模制作、浮雕展示秀、个性T恤衫制作及现场走秀5个环节，将福泉山古文化的悠久历史和深厚底蕴栩栩如生地呈现在世界各国人民面前。12月，东门小学荣获全国艺术教育先进单位荣誉称号。（王　良　陆　超）

■体育教育有新进展　年内，继续实施《国家学生体质健康标准》，落实“三课、两操、两活动”，确保学生每天锻炼1个小时。组织学生参加市阳光体育大联赛，承办青浦区第三届运动会踢跳比赛、田径比赛青少年组等赛事，开展“千校万班”乒乓球、篮球等活动；出台新一轮体育传统校申报和评估办法，规范学校体育场地（馆）设施向社会开放工作。（王　良　陆　超）

■加强学校卫生工作　年内，联合区卫生局开展常见病和传染病检查，落实晨检和因病缺勤上报制度，对手足口病进行专项督查；联合区疾病控制中心对中小学生开展体检，并对学生近视眼、龋齿、肥胖进行干预；联合区食品药品监督所开展学校食堂管理和食品安全培训，开展食堂卫生、食品安全大检查，强化对学生营养午餐的监管。（王　良　陆　超）

■进一步规范语言文字工作　年内，开展第十三届推普周宣传活动；举办“世博心语”系列活动、小学生规范汉字书写比赛、精锐教育杯魅力汉语普通话大赛等；组织开展区语言文字规范化示范校评估，完成900多名中职学生的普通话测试。3月20日，区语委办会同区“迎世博600天办公室”及区文明办、经委、工商局、文广局、绿化市容局、城管大队和盈浦、夏阳2个街道，开展“迎世博，规范使用英文标识”专项整治活动，集中检查城中东路商业街等路段，进行英文标志规范化等专项检查整治。

(王 良 陆 超)

■切实加强校园安全工作 年内,及时传达全国综治维稳工作电视电话会议精神,全面落实上级部门关于切实加强中小学幼儿园安全防范工作的要求,切实加强中小学、幼儿园安全保卫工作,严防针对学生的恶性案件发生。夯实学校人防、物防和技防保障,加强寄宿制学校夜间安全管理。全面开展安全形势教育,组织“三防”(防灾害、防劫持、防入侵)安全演练。开展全区教育单位安全大检查,对部分中小学幼儿园进行暗访,对存在的安全隐患限期整改,并回访督查。完成世博期间校车安全管理责任签约,对全区校车进行检查。“中小学校舍安全工程”为2010年区政府推进的教育实事工程之一,年内,在全面完成检测鉴定的基础上,按计划推进15所学校(约75000平方米)的校舍加固、改造工作。11月16日,区教育局召开安全工作紧急会议,传达市、区有关防火安全生产紧急会议精神,部署教育系统安全检查工作,强调要认真吸取上海“11·15”特别重大火灾教训,切实增强忧患意识、责任意识,进一步落实各项安全措施,为师生提供安全保障。17日起,区教育局分6个组,对全系统185所学校、幼儿园开展安全大检查。 (王 良 陆 超)

■把好政风行风管理关 坚持把政风行风建设作为一项长期性重要工作,不断加强领导、明确责任、优化措施、精心管理,不断完善行政管理,提升服务水平,努力建设“六型”机关,并取得一定成效。年内,完善12项机关内部管理制度;认真对待上年度评议中的意见、建议,积极整改或作出说明;针对存在的问题和新阶段的要求,积极采取新举措,创造性地开展“有偿家教”网上调研等活动。努力杜绝中小幼学校(教师)违规参与社会力量办学等行为,对部分学校开展包括代办收费、收费公示、食堂账务、票据管理等内容的检查,总体情况良好。2月21日,区教育系统在门户网站推出“每周师德之星”宣传专栏,通过集中展示教师们平凡而感人的事迹的形式,树立师德典型,培育一批深受学生爱戴、让人民满意的好教师,在全社会大力弘扬高尚师德,塑造教师良好的社会形象,营造和谐的社会氛围。通过多种途径,全年宣扬30多位师德模范,为广大教师树立典范。指导基层单位开展文明单位创建工作,完成2009~2010年度文明单位创建中期检查。3月24日,区教育局党委在上海工商信息学校召开“青浦教育文明在线”创建平台启动仪式暨青浦教育系统文明单位在线创建培训会,19家争创市级、系统级文明单位的学校参加会议。

(王 良 陆 超)

5月13日,区委书记高亢(右二)一行检查校园安保工作 (区教育局供稿)

■开展“迎世博、学英语”主题系列活动 3~4月,区文明办、教育局和团区委联合主办青浦区“迎世博、学英语”主题活动。活动分宣传发动、世博英语培训和世博英语展示3个阶段,由区教师进修学院、区中小学英语学会、区少年宫承办。3月13日,“迎世博、学英语”宣传咨询和市民签名活动在桥梓湾广场举行,吸引1000多名市民签名承诺学英语,当好东道主。区中小学英语学会编印《青浦区迎世博英语100句读本》分发给市民、东方商厦和周围餐饮店的员工。在随后的1个多月中,区中小学英语学会组织全区英语教师利用课堂穿插世博英语的教学,并分别开展小学、初中、高中、成人组“海贝杯”世博英语演讲比赛。学会还组织人员将《青浦区迎世博英语100句读本》送到街道社区和农民工子女学校。4月24日,“迎世博、学英语”演讲赛颁奖仪式暨展示活动在青浦图书馆举办,仪式上,小学、初中、高中、成人一等奖获得者进行世博英语演讲汇报,展示青浦市民“学会用英语,当好东道主”的热情、实力和风采。 (王 良 陆 超)

■成立区知识分子联谊会教育分会 5月22日,青浦区知识分子联谊会教育分会成立大会在区教师进修学院举行。区委常委、统战部部长陆建铭,区人大常委会副主任、区知联会会长王学才,区政协副主席、教育局局长顾峰,区委统战部副部长、区知联会副会长李希凤,区委组织部副部长、区知联会副会长程伟等以及青浦教育系统的区拔尖人才、区学术带头人、区知联会会员和特级教师等出席大会。会上,首批68名分会会员一致通过《青浦区知识分子联谊会教育分会章程》,并产生第一届理事会,分会会长、副会长,秘书长和名誉会长。 (王 良 陆 超)

■青浦高级中学成为科技拓展培训基地 6月26日,上海市“明日科技之星——科技拓展培育基地”项目总结交流会暨结对仪式在上海科技馆举行。该项目由上海市科普教育基金会和上海市女科学家联谊会联合主办,2009年年底正式启动,旨在为上海市科技特色学校、市实验性示范性高中与国家重点实验室之间搭建育人桥梁，为国家培养未来科学工作者提供有效途径。青浦高级中学在长期办学过程中，积极营造创新环境，培养学生的创新能力，提高全体学生的科技素养特别是资优生的进一步发展作出成效，有幸成为第二批科技拓展培训基地学校，结对上海市农业科学院，被授予“科普体验实践基地”铜牌。（王　良　陆　超）

■举办“绿韵”艺术团暑期集训夏令营　7月8～11日，由区少年宫举办的“绿韵”学生艺术团暑期集训夏令营在青浦区青少年实践中心举行。该活动安排两天半集训，由艺术团指导老师专业辅导。训练之余，学员们还学习陶艺、杯印、模拟驾驶等，参观实践中心地震科普馆、区博物馆、东方绿舟国防教育馆，组织艺术实践联欢活动。10日晚，全体团员在东方绿舟剧场参加上海世博会市文化广场“周周演”教育专场，表演了民乐合奏、合唱、舞蹈等。11日，举行结营仪式，并表彰上半年优秀团员。

（王　良　陆　超）

■学校师生参与“世博会国际参展方进青浦”互动交流活动　8月23日，35个国家的93位世博国家馆馆长及外方代表到青浦，参加世博会国际参展方进青浦区互动交流活动。区教育系统推荐具有代表性的文艺展示节目和互动项目，参与此次“走进世博　相约青浦”友好交流。上午，在东方绿舟宾馆举行的社区文艺展示上，区音乐教师编排的舞蹈《阿婆茶》跳出浓郁的生活情趣和水乡风情；颜安小学苗苗评弹团的学生演唱了新创作的弹词开篇《小城新语》，商榻小学学生表演了《阿婆茶歌》。演出结束后，学生和几位阿婆热情邀请外宾朋友一起学打莲湘，让他们体验具有中国民间特色的文化艺术。下午，在朱家角课植园，青浦区少年宫书法、国画兴趣班和重固中学、尚美中学的18名师生代表参加互动活动，现场展示书法、国画创作，浮雕和工艺虎头鞋制作。青浦师生与世博会参展方外宾融洽互动、共享快乐，用优美的歌舞、灵巧的双手、热情友好的微笑展示青浦独特的文化和魅力。（王　良　陆　超）

青浦区青少年实践中心地震科普馆外景（区科委供稿）

■举行第二十六届教师节主题庆祝活动　9月10日，青浦区以“强师能　铸师魂”为主题的庆祝活动在专题片《淀山湖新曲》中拉开序幕。该片介绍了区委、区政府为促进区域经济社会快速发展而推出的“一城两翼”战略布局，让全体与会领导和教师深受鼓舞。活动中，6位“师德之星”以演讲、小品表演等形式，生动讲述他们关爱学生、爱岗敬业的平凡事迹。专题片《与世博同行》，生动地展现青浦教育系统广大师生参与世博、奉献世博所作的贡献。

（王　良　陆　超）

■区青少年实践中心地震科普馆建成开馆　由区财政投资70万元的青浦区青少年实践中心地震科普馆于6月竣工并投入试运行。9月16日，市防震减灾科普教育基地暨青浦区青少年实践中心地震科普馆揭牌仪式在青浦区青少年实践中心举行。该馆建筑面积240平方米，主要设施有：地震知识展板、地球内部构造及板块与漂移模型、地震模拟演示器及地震基本知识光电模拟演示器、地震灾难及次生灾害自救多媒体展示仪、地震及自救互救知识抢答系统、地震模拟体验及防震训练小屋和家庭地震安全隐患排查等。该基地运行后，成为全市第二家、区县首家市级防震减灾科普教育基地，已有近3万名学生受益。（王　良　陆　超）

■开展“珍爱生命，远离毒品”系列教育活动　11月，区教育局在全区范围内开展“珍爱生命，远离毒品”系列教育活动。30日，有6所学校在朱家角中学进行区中学生青少年法律知识竞赛决赛，青浦中学获一等奖，东湖中学、豫英实验学校获二等奖，朱家角中学、实验中学、民主民办小学获三等奖。12月2日，区小学生“珍爱生命，远离毒品”法制演讲比赛在区司法局举行，全区28所公办小学和民办小学的29名小学生参加比赛。系列教育活动深入贯彻落实《中华人民共和国禁毒法》和国家禁毒委的要求，推进全区中小学（包括中等职业学校）毒品预防教育工作，提升青少年学生识别、防范、抵制毒品的意识和能力。（王　良　陆　超）

科技管理

■概况　2010年，全区科技工作坚持贯彻落实科学发展观，大力发展高新技术产业，加快推动科技成果产业化，不断完善创新服务体系，深入推进信息化应用，着力提高区域自主创新能力和市民科学素养，以科技支撑引领全区经济社会发展。贯彻实施高新技术产业化发展规划，加快推进张江青浦园区、生物医药产业基地、软件和信息服务业产业基地、新材料产业基地建设；深入实施“三个一百”（即：纳税百强企业科技引导工程、潜力百强企业科技培育工程、

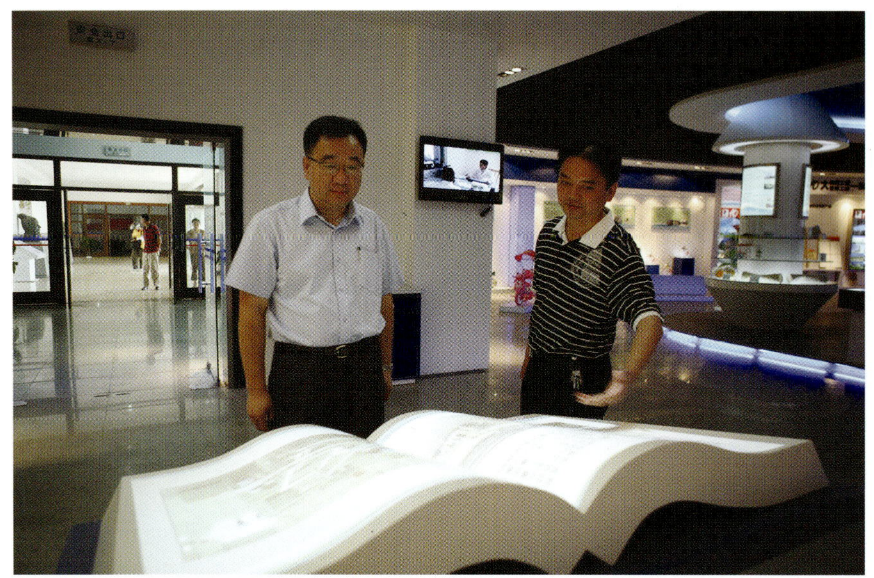

9月8日，区委副书记、区长张国洪（左）到区科委、区科协调研，由区科委主任、区科协主席顾啸流（右）陪同参观区科技成果展示厅（区科委供稿）

百项成果科技转化工程）科技工程，加强对科技企业的认定和培育；完善落实各类科技政策，加强对企业的政策指导和服务；加强产学研合作，营造创新创业环境；以企业需求为导向，加快完善科技综合服务。（蔡信燕）

■召开青浦区科技奖励暨2010年科技工作大会 4月7日，青浦区科技奖励暨2010年科技工作大会在区会务中心召开。区委书记高亢，区委副书记、区长张国洪出席会议并讲话。高亢指出：当前和今后一个时期，全区科技工作要以科学发展观为指导，以增强自主创新能力为主线，以科技项目建设为重点，以完善科技服务体系和发展环境为保障，大力实施科教兴区战略，为促进经济社会发展提供强有力科技支撑。张国洪强调：加快科技创新，是一项长期战略任务，政府各部门要在科技发展政策和环境上再下工夫、不断创新，要在人才、技术、资金等方面继续努力走出新路，为实现青浦"科教兴区、人才强区"战略目标作出积极贡献。区人大常委会主任巢卫林，区政协主席张布尔，区委副书记胡燕平，区委常委、副区长李跃旗等出席会议。各街镇、经济小区、委办局、区直属事业单位、区级公司负责人及科技干部等600多人参加会议。会议宣布了2009年度青浦区科学技术奖获奖名单，简要回顾2009年科技工作，部署了2010年工作。"电器用耐候无卤阻燃PC/ABS合金"等3项科研成果获区技术发明奖，"光纤分布式温度监测系统"等12项科研成果获区科技进步奖，姜继海获区科技合作奖，华新镇叙南村等14家单位获区科学普及奖。上海新朋实业股份有限公司、西氏医药包装（中国）有限公司代表分别作交流发言。（夏骥 蔡信燕）

■完善落实各类科技政策扶持企业发展 年内，制定《青浦区科普资助项目管理办法（试行）》、《青浦区财政性资金投资信息化项目管理办法》和《信息化运维项目管理办法（试行）》等，进一步发挥财政资金的扶持作用。出台《关于促进技术经纪和技术交易的奖励办法》，对148项技术交易项目进行认定，奖励金额73万元。有79家企业的396个项目享受上年度研发经费150%加计扣除政策优惠2.87亿元，有7家企业的8个项目享受市高新技术成果转化项目贷款贴息106万元，有9家企业获得中小企业担保贷款2960万元。（蔡信燕）

■推进区科技综合服务平台建设 年内，建设完成企业地理信息（GIS）系统、科技项目申报一点通、综合服务管理系统、技术经纪服务管理系统、科技人才库、科技专家库等7大数据库系统，特别是在全市率先建立和不断完善青浦区科技企业地理信息GIS系统，平台注册的571家科技型企业均能在GIS系统上查询信息。建立区科委、科技综合服务平台、街镇级科技服务分站、科技企业四级工作网络。平台拥有市级8大机构，11个镇（街道）、园区分站，会员企业700多家，企业科技联络员1142人。全区有签约技术经纪人71人，成为全市技术经纪最活跃的地区之一。71名技术经纪人中有7名与市技交所签约，成为首批上海创新驿站框架下的签约技术经纪人。全年走访企业281家、521次，收集企业有效技术需求信息514项，成功帮助企业解决需求395项；

企业管理者与院士共同探讨企业科技发展的未来（区科委供稿）

对区内40多件高科技产品进行推荐。（蔡信燕）

■加强科技项目管理 年内，继续推进科技项目“五化”（公开化、规范化、程序化、精细化、品牌化）管理，建立项目预申报制度，进一步提升项目质量。科技综合服务平台受理项目14类、2184项，其中204项通过网上申报系统实施。有16个项目被国家科技部列为2010年度国家科技型中小企业创新基金项目，5个项目被列入国家重点新产品计划项目，10个项目被列入市创新资金初创项目，26个项目被列入市创新资金一般项目，18个项目被列入市重点新产品计划项目，17个项目被列入市高新技术成果转化项目，2个项目被列入第一批市生物医药产业化项目，2个项目被列入第二批市生物医药产业化项目。全年市级及以上科技立项255项，共获得市级及以上资助、奖励金额超过6000万元。（蔡信燕）

■启动区内首家科技创业投资基金 4月10日，青浦首家科技创业投资基金——领锐科技创业投资基金正式启动。该基金投融资规模5亿元，由入驻青浦区科技创业中心的上海领锐科技创业投资有限公司建立，并立足青浦持续滚动发展，为区内科技型中小企业解决融资难题。该基金旨在通过政府引导民间资本风险投资，引导区内的科技型中小企业自主创新，做大做强，加快形成区域科技投资多元化格局。同时标志着青浦投融资体系建设迈上新的台阶。（蔡信燕）

■区科技创业中心成为“大学生科技创业见习基地试点单位” 3月12日，国家科技部下发《关于确认北京奥宇科技企业孵化器有限责任公司等149家单位为大学生科技创业见习基地试点单位的通知》，青浦区科技创业中心被列为大学生科技创业见习基地试点单位。列入试点单位后，区科技创业中心进一步加强对大学生科技创业见习基地的建设，推动大学生以创业带动就业；充分利用国家促进大学生创业就业相关政策，并发挥科技孵化器优势，运用政策、创业资金、技术平台等自身综合优势，引导和扶持大学生科技创业和就业，培育大学生创业意识和创新能力，为大学生创新创业提供强有力的支撑和服务。（蔡信燕）

科技创新

■概况 2010年，全区市级及以上科技立项255项；新增市科技小巨人（培育）企业7家，累计达31家；新增市高新技术企业33家，累计达147家；3家科技企业成功上市，累计达5家。认定技术交易合同217份，完成技术交易额2亿元。16个项目被列为国家科技型中小企业技术创新基金项目，5个项目被列为国家重点新产品计划项目，各类科技项目获市级以上资助奖励金额超过6000万元。至年底，全区有高新技术产业化企业228户，全年实现产值271.8亿元，比上年增长38.1%，高于全区规模工业平均发展水平11.5个百分点，高于全市高新技术产业化发展水平14.7个百分点，增速位居全市郊区县第三。（蔡信燕）

■3人被评为上海农业科技创新人 年内，上海能正渔业科技开发有限公司总经理阳清发、上海太浦河葡萄种植有限公司总经理姜毓敏、青浦区农委农业技术推广服务中心高级农艺师蔡奎荣3人被评为上海农业科技创新人。

阳清发以其所掌握的鱼类学基础理论知识为指导，近几年在无毒暗纹东方鲀家系全人工繁殖和规模化标准化养殖技术开发、节能充气式增氧机开发、富营养湖泊生物工程控藻技术研究等方面取得成果，培育出无河豚毒素的暗纹东方鲀家系苗种和商品鱼，获相关专利6项，发表河豚研究文章近20篇，出版《河豚养殖与利用》一书，其研发的节能充气式增氧机具有节能、高效、安全的特点。

姜毓敏先后承担区科委下达的“早熟优质葡萄高产栽培技术研究”、“优质晚熟葡萄延迟采收技术研究”、“葡萄补光助长技术研究”、“葡萄棚架下香菇种植技术研究”等项目，均获成功。他所掌握的绿色食品生产技术被推广到合作社生产实践中去，起到良好的示范带头作用。

蔡奎荣在数十年的农业科技创新及技术推广中业绩突出，主持完成40多个科技项目，获得科技成果奖30多项，曾被评为青浦县首届科技功臣。近几年来，由他主持的课题组在水稻新品种育种方面连创佳绩，“青角10”、“青角306”、“青角301”、“青角307”等先后通过市品种审定，并在特色稻米新品种的选育方面取得可喜成果。2009年，全区“青角307”种植面积达1300多公顷，在全市被广泛引进试种。“青角301”被指定为全市唯一的救灾储备用品种。（蔡信燕）

■周正仙入选2010年上海市青年启明星（B类）计划 由青浦区科委推荐的上海华魏光纤传感技术有限公司科技人员周正仙，入选市科委公布的2010年上海市科技人才计划中的青年启明星（B类）计划。周正仙承担的“分布式光纤振动传感器关键技术研究”科研项目，采用多元化信息采集、传输、监控、管理及一体化集成等高新技术，建立一套全天候安全监控防范系统，将大量取代现有的传统形式振动传感器，可应用于企业、医院、银行等公共场所，特别是公安系统，能大量节约警力资源和实现安防系统现代化管理。该启明星计划的项目课题执行年限为2年，将获市科委不超过15万元的项目资助。（蔡信燕）

■区科委荣获市创新资金管理工作先进集体称号 1月20日，青浦区科委在上海市科委火炬中心召开的上海市创新资金实施10周年总结会上，荣获“创新资金管理工作先进集体”称号。自1999年国家、市相继设立科技型中小企业技术创新基（资）金以来，青浦区有209个项目列入国家、市创新基（资）金项目，其中：国家创新基金项目66项、市创新资金项目143项，共获得国家、市资助资金5300万元，从而优化了全区创新环境，推动一大批科技型中小企业快速成长，并产生显著经济效益和社会效益。（蔡信燕）

■区科委荣获“2009年度上海市高新技术成果转化工作先进集体”称号 1月19日，青浦区科委在2009年度上海市高新技术成果转化工作会议上，荣获“2009年度上海市高新技术成果转化工作先进集体”称号。2009年，青浦区依照《上海市高新技术成果转化项目认定程序》，积极做好高转化项目的组织申报、推荐初审工作，把好项目审核关，认定项目的数量、质量均有所上升，申报48项，已通过认定43项。这些项目都具有科技含量比较高大多达到国际先进水平、拥有自主知识产权、产业化前景比较好等特点，并绝大部分已投入批量生产。自1998年市政府发布《上海市促进高新技术成果转化的若干规定》起，全区有413个项目被认定为高转化项目。（蔡信燕）

■16个项目被列为国家科技创新基金项目 根据国家科技部技术创新基金立项公告，由青浦区科委推荐的上海气焊机厂有限公司承担的“门式数控等离子切割机”等11个项目被国家科技部列为2010年度第一批国家科技型中小企业创新基金项目，共获国家资助资金760万元。由上海亚太蓝星计算机信息技术有限公司承担的“基于RFID中间件技术的医疗信息交互系统”等5个项目被国家科技部列为2010年度第二批国家科技型中小企业创新基金项目，共获国家资助资金340万元。（蔡信燕）

■7家企业被认定为2010年度上海市科技“小巨人”（培育）企业 年内，市科委、市经信委公布2010年度上海市科技“小巨人”（培育）企业名单。注册青浦区内上海光维通信技术有限公司被认定为“小巨人”企业，上海汇益液压控制系统工程有限公司、上海金和生物技术有限公司、上海联能置信非晶合金变压器有限公司、上海交运汽车精密冲压件有限公司、上海永冠胶粘制品有限公司、上海慧翰信息技术有限公司等6家企业被认定为“小巨人”培育企业，7家企业共获资助资金750万元。至此，全区有上海市科技“小巨人”企业9家，上海市科技“小巨人”培育企业22家。（蔡信燕）

■新增青浦区技术创新示范（争创）企业8家 年内，区科委会同相关单位开展2010年度青浦区技术创新示范企业及技术创新示范争创企业的评审工作。经信息发布、网上申报、真实性调查、专家组评议、区政府审核等过程，已命名紫荆花制漆（上海）有限公司、上海索菲玛滤清器有限公司、上海通产丽星包装材料有限公司、上海佩纳沙士吉打机械有限公司4户企业为2010年度青浦区技术创新示范企业；命名上海信谊万象药业股份有限公司、上海金鹏源辐照技术有限公司、上海皇家酿酒有限公司、上海置信电气非晶有限公司4家企业为2010年度青浦区技术创新示范争创企业。至此，全区共有技术创新示范企业及争创企业55家。（蔡信燕）

■11家企业被列为2010年度“上海市创新型企业” 7月30日，在上海展览中心召开的国家技术创新工程上海市试点工作推进大会发布的2010年度上海市创新型企业名单上，青浦区11家优秀企业榜上有名，分别是：上海华魏光纤传感技术有限公司、上海新朋金属制品有限公司、上海金发科技发展有限公司、上海乔治费歇尔亚大塑料管件制品有限公司、上海富臣化工有限公司、上海宝龙药业有限公司、上海熊猫机械（集团）有限公司、上海沪工电焊机（集团）有限公司、亚士漆（上海）有限公司、上海络安信息技术有限公司、上海荣泰健身科技发展有限公司。（蔡信燕）

■36个科技创新项目被列为市创新资金项目 2010年，青浦区申报创新基金（资金）项目107项，根据市科委发出的《关于下达2010年上海市科技型中小企业技术创新资金项目及经费安排的通知》，青浦区有36个科技创新项目被列为2010年上海市创新资金项目，获市资助经费490万元，其中：成长期企业创新资金项目26项、初创期企业创新资金项目10项。（蔡信燕）

■4个项目被列入2010年度上海市生物医药产业化项目 4月，市科委发布《上海市高新技术产业化2010年度生物医药产业化项目申报指南》。青浦区科委根据申报指南要求，组织区内8家生物医药企业申报产业化项目，涉及现代中药、化学新药、化学制剂、医疗器械、制药设备等行业。经市科委组织专家对申报项目进行评审，青浦区有4个项目获立项批准，其中：第一批批准立项2项，分别是上海远跃轻工机械有限公司的中药浓缩提取设备产业化扩建项目和上海双申医疗器械有限公司的技术改造项目，总投资分别为2000万元和1700万元，获市财政资助各150万元；第二批批准立项2项，为上海宝龙药业有限公司和上海滇虹药业有限公司的新建项目，总投资分别为1.5亿元和9478万元。（蔡信燕）

11月9~13日，青浦生物医药产业园区内的20多家医药企业亮相上海工博会，在科技创新展区进行产品展示（区科委供稿）

■37 个项目列入区 2010 年产学研合作项目 7 月和 11 月，区科委和区财政局联合下发《关于下达 2010 年青浦区第一批产学研合作发展资金项目和扶持资金的通知》和《关于下达 2010 年青浦区第二批产学研合作发展资金项目和扶持资金的通知》，有 37 个项目立项（其中：第一批 25 个、第二批 12 个），获区财政扶持资金 625 万元，其中首期拨付 500 万元。37 个项目中，工业类 29 项，其中：新材料领域 12 项、电子信息制造业 8 项、生物医药 3 项、其他 6 项；农业类 8 项，其中：种植类 4 项、养殖类 4 项。此次项目承担企业中有 19 家企业属首次，占承担企业总数的 51%；4 家企业已多次承担项目，均为市高新技术企业，其中 2 家是市科技“小巨人”企业。（蔡信燕）

■2 家科技企业被评为国家火炬计划重点高新技术企业 12 月 8 日，上海金发科技发展有限公司、上海晨兴希姆通电子科技有限公司 2 家企业（青浦区共申报 5 家）被科技部火炬中心评为国家重点火炬计划高新技术企业（全市共入选 29 家）。至此，全区共有在有效期内的国家火炬计划重点高新技术企业 3 家。（蔡信燕）

■6 家科技企业获“第五届上海科技企业创新奖”荣誉 6～7 月，由上海市工商业联合会、上海市科技企业联合会、东方网、上海市科技传播学会、上海市科技企业孵化协会联合主办的第五届上海科技企业创新奖评选活动举行。经企业申报、区县或主管单位部门推荐及“创新奖”评委会评审，在 12 月 9 日公布的荣誉榜中，青浦区上海科大重工集团有限公司、上海德力西集团有限公司、开利泵业（集团）有限公司、上海洁润丝新材料股份有限公司、上海富臣化工有限公司、上海熊猫机械（集团）有限公司等 6 家科技企业荣获第五届上海科技企业创新奖，胡成国、李建飞、刘顺获第五届上海科技企业家创新奖，王朋成获得上海科技企业管理者创新奖。（蔡信燕）

知识产权保护

■概况 2010 年，区科委坚持实施知识产权战略和科教兴区主战略，认真落实《青浦区知识产权战略推进计划（2006～2010 年）》，围绕世博知识产权保护，切实加强知识产权宣传培训，鼓励发明创造，加快推进专利技术产业化，加大知识产权保护力度，知识产权的创造、运用、保护和管理能力进一步提高。全区专利申请量 3382 件，比上年增长 43%。举办“发明创造与世博同行”活动、学生科技创新报告会、解读《中华人民共和国专利法》讲座等一系列活动。上海教科院豫英实验学校、青浦区实验中学被命名为 2009 年度上海市知识产权试点学校；2 家企业列入 2010 年度市专利示范企业，10 家企业列入市专利试点企业，3 家企业被认定为上海市知识产权示范企业（第五批）。开展保护世博会知识产权专项执法检查，进一步深化商业系统“销售真牌真品，保护知识产权”承诺活动。至年底，全区已培育发展“上海市著名商标”40 件，37 家企业的 38 项产品（服务、区域）获 2010 年度“上海名牌”荣誉称号。（蔡信燕）

■赵雯到青浦调研知识产权工作 2 月 4 日，副市长赵雯、市知识产权局局长吕国强等领导到青浦调研知识产权工作。区委副书记、区长张国洪和区委常委、副区长张汪耀等陪同调研。赵雯一行考察了上海德力西集团有限公司、亚士漆（上海）有限公司，并召开知识产权专题座谈会听取汇报，她对青浦区知识产权工作给予高度的评价和肯定。（蔡信燕）

■修改完善专利资助政策 年初，与区财政局联合修订《青浦区专利申请费资助办法》，在核心技术和关键技术方面，加大政策和资金的扶持力度：明确专利申请资助范围，新增专利申请奖励。区知识产权局对各镇、街道、工业园区实行专利量化目标考核，每年度将对专利工作做出突出贡献的企业、专利工作者及街镇和工业园区科技干部给予一定金额的奖励，以进一步调动基层单位的积极性和创造性。年内对 2239 件专利实施资助，金额 33.6 万元，比上年增长 62.7%。帮助 28 家企业申办上半年市专利专项，资助 51.28 万元。（蔡信燕）

■启动“发明创造与世博同行”活动 4 月 22 日，区知识产权局举行“发明创造与世博同行”启动仪式暨知识产权工作表彰大会。区知识产权局局长顾啸流，副局长朱国健、张慧明和各镇（街道）、工业园区的科技干部，企业、试点学校专利工作者以及专利中介机构代表等 100 余人出席会议。会上，举行“发明创造与世博同行”启动仪式。该活动主要包括加强宣传报道、开展专业培训、实施专利奖励和开展保护世博会知识产权专项执法检查等。其间，开展了优秀专利企业、优秀专利工作者评选，对参与世博、服务世博及专利申请量多质高的企业和贡献大的个人，给予精神和物质鼓励，以营造良好的世博知识产权氛围，鼓励企业发明创造。同时对 2009 年度知识产权工作先进单位和先进个人进行表彰，并为 6 家企业进行区专利试点企业的授牌。（蔡信燕）

■开展“销售真牌真品，保护知识产权”承诺单位中期调查 年内，由区知识产权局牵头区经委，并邀请市知识产权局政策法规处人员对青浦烟草糖酒有限公司、上海云湖药材有限公司、上海百联东方商厦有限公司、上海奥特莱斯品牌直销广场 4 家市“销售真牌真品，保护知识产权”承诺单位开展中期调查，听取 4 家单位的情况介绍和意见、建议，并进行实地检查核实。检查组对调查情况表示满意。（蔡信燕）

■12 家企业被分别认定为市专利示范企业、专利试点企业 年内，青浦区上海富臣化工有限公司、上海晨兴希姆通电子科技有限公司 2 家企业被认定为上海市专利示范企业；上海熊猫机械（集团）有限公司、上海沪工电焊机（集团）有限公司、上海开利泵业（集团）有限公司、上海伊莱克斯有限公司、上海永利带业股份有限公司、上海华魏光纤传感技术有限公司、上海博格工业用布有限公司、上海和达汽车配件有限公司、益而益（集团）有限公司、上海荣泰健身科技发展有限公司 10 家企业被认定为上海市专利试点企业。（蔡信燕）

■3 家企业被认定为市知识产权示范企业 年内，青浦区上海金发科技发展有限公司、上海安宇实业有限公司和上海富臣化工有限公司3家企业被认定为市知识产权示范企业(第五批),并分别获市专项资助100万元。　(蔡信燕)

■开展知识产权专项执法检查　11月12日,由市知识产权局政策法规处领导带领,区知识产权局联合松江区知识产权局及区内工商青浦分局、区经委、食药监青浦分局等部门,贯彻落实国务院"知识产权保护与执法工作电视电话会议"精神,对朱家角古镇区域进行知识产权专项执法检查。此次专项执法行动,重点检查朱家角药店、北大街商铺的商品专利规范标志与使用等情况,起到宣传教育作用,促进商户进一步规范涉及知识产权的经营行为,有效提高各商户的知识产权意识,优化市场知识产权环境,加强流通领域的知识产权保护。

12月10日起,区经委、区知识产权局联合工商青浦分局、公安青浦分局、食药监青浦分局、区文广局、区质监局、区农委等部门,在区内开展为期半年的打击侵犯知识产权和制售假冒伪劣商品专项行动。检查组先后检查了华新镇上海西郊国际农产品交易中心、徐泾镇五天实业有限公司、七百札电视购物电话业务中心、金汇通等企业。此次专项执法检查集中力量查处各领域的突出问题,遏制规模了性知识产权侵权假冒等违法行为,全面提高了区内保护知识产权工作的水平。　(蔡信燕)

防震减灾

■概况　2010年,青浦区防震减灾工作以科学发展观为统领,认真贯彻落实预防为主、防御与救助相结合的方针,建立并不断完善监测预报、震害防御、应急救援三大工作体系,努力提高地震灾害综合防御能力,促进全区防震减灾事业又好又快发展。1月21日,召开2009年青浦区防震减灾联席会议成员单位联络员、街镇防震减灾助理员工作会议。区地震办荣获2009年度全国市县防震减灾工作综合评比优秀奖和地震应急救援单项奖。　(蔡信燕)

■优化地震应急专项预案　根据区应急办工作要求,在市地震局的指导帮助下,组织修订青浦区地震专项应急预案,并报区政府批准实施。在此基础上,启动区地震应急分预案及街镇地震专项应急预案的修订工作,组织区防震减灾联席会议成员单位联络员和街镇防震减灾助理员等相关人员40余人参加的培训,邀请市地震局肖功建处长进行预案修订辅导,区地震办副主任张慧明部署预案修订工作并提出要求。镇、街道及有关部门按照时间节点和要求完成预案编制并报区地震办备案,进一步完善区内地震应急预案体系建设,使青浦区的地震应急预案体系更具前瞻性、实用性和可操作性,提升了处置地震灾害的能力。　(蔡信燕)

■加强地震应急志愿者队伍建设　根据镇、街道机构改革和人员变动实际情况,及时调整地震应急志愿者队伍,确保全区地震应急志愿者落实到位。8月26日,组织新上岗地震应急志愿者50余人参加培训。邀请上海市地震局应急救援处肖功建处长讲授地震知识、上海地震应急工作形势、地震应急志愿者队伍工作任务及组建方法等,使志愿者明确工作职责和任务,提高应急救援工作重要性的认识和应急救援处置能力,为今后开展地震应急救援工作打下扎实基础。　(蔡信燕)

■《青浦区防震减灾"十二五"规划》完成编制　根据《中华人民共和国防震减灾法》、《上海市实施〈中华人民共和国防震减灾法〉办法》规定和上海市防震减灾联席会议办公室《关于开展区县"十二五"防震减灾规划编制工作的通知》的要求,区地震办会同区有关部门在充分调查研究基础上,起草《青浦区防震减灾"十二五"规划》。经多层次征求意见和修改完善,于11月底完成规划编制工作,并经区政府批准实施。

(蔡信燕)

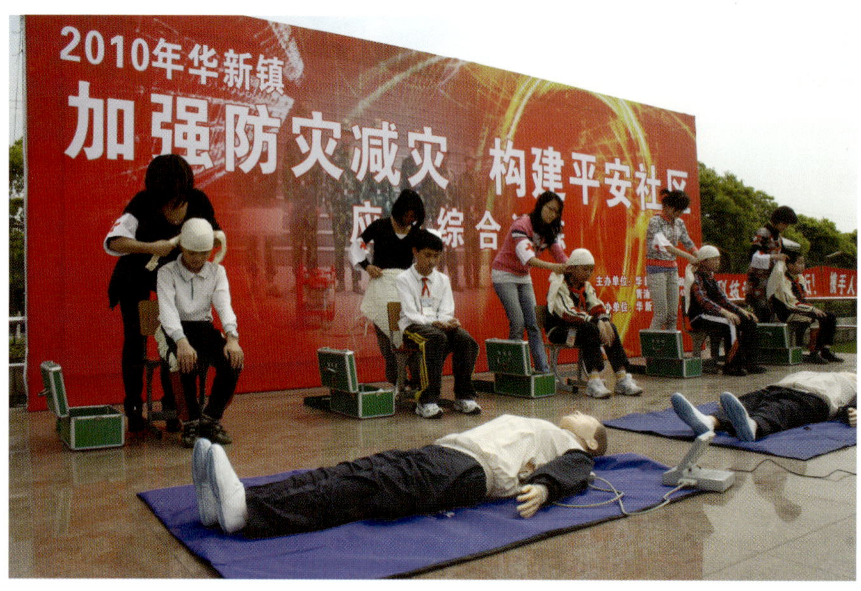

5月11日,"加强防震减灾、构建平安社区"应急综合演练在华新镇凤溪小学举行　(区科委供稿)

■普及防震减灾知识　年内,区地震办会同区科协及有关镇、街道在重固、赵巷、白鹤、华新、练塘、夏阳等社区开展科普知识宣传下乡活动,展出防震减灾科普宣传展板500多块,发放宣传资料5000多份,接待咨询1万多人次;组织科技系统机关干部职工、街镇科技干部、地震应急志愿者等500余人观看电影《唐山大地震》;组织科技系统离、退休人员近40人,听取近几年全区防震减灾工作情况、创建市级防震减灾科普教育基地情况介绍,参观地震科普馆。5月,区内组织实施"防灾减灾宣传周"暨汶川特大地震两周年纪念活动。6~15日,在区科技文化活动中心大楼前悬挂防震减灾宣传横幅,城区桥梓湾广场、崧泽广场大型电子显示屏滚动播放防震减灾宣传片及宣传口号。5月12

日，在青浦报开设专版，纪念汶川地震2周年并宣传防震减灾知识和自救互救技能。是日，区地震办会同华新镇在凤溪小学组织开展地震应急综合演练；后又在朱家角镇、白鹤镇、重固镇、徐泾镇、盈浦街道等镇（街道）、学校相继组织地震应急演练活动，让广大市民了解防震减灾知识，提高抵御地震灾害能力。（蔡信燕）

■召开2010年青浦区防震减灾联席会议 4月12日，召开青浦区防震减灾联席会议。市地震局副局长王绍博、副区长朱明福、市地震局应急救援处处长肖功建和区科委主任、科协主席、地震办主任顾啸流等出席会议。会议作《中华人民共和国防震减灾法》、《上海市实施〈中华人民共和国防震减灾法〉办法》职能分解报告，传达全国防震减灾工作会议和市防震减灾联席会议精神，部署2010年区防震减灾工作。区建交委作交流发言。区防震减灾联席会议成员单位分管领导，镇、街道分管领导等50多人参加会议。（蔡信燕）

■上海市防震减灾科普教育基地暨青浦区青少年实践中心地震科普馆揭牌仪式举行 9月16日，上海市防震减灾科普教育基地暨青浦区青少年实践中心地震科普馆揭牌仪式在区青少年实践中心举行。市地震局副局长王绍博，副区长朱明福，市地震局震防处处长张辞，区科委主任、科协主席、地震办主任顾啸流，区教育局局长印国荣，区科委副主任、区地震办副主任张慧明等出席会议。区防震减灾联席会议成员单位联络员，镇、街道分管领导，防震减灾助理员，区内各中小学校分管领导、学生代表，社区、村（居）委会代表，区科委区科协有关人员等300余人参加会议。顾啸流主持仪式。张慧明作青浦区青少年实践中心地震科普馆建设情况介绍。张辞宣读市地震局关于命名青浦区青少年实践中心为上海市防震减灾科普教育基地的决定。印国荣作发言。王绍博、朱明福共同为防震减灾科普教育基地、地震科普馆揭牌。（蔡信燕）

综　述

2010年，区文广影视局工作坚持以邓小平理论和“三个代表”重要思想为指导，深入学习实践科学发展观，以保障人民群众基本文化权益为出发点，以满足人民群众精神文化需求为落脚点，坚持正确的舆论导向，进一步提高舆论宣传水平。坚持关注民生、服务人民，进一步加强对民生、民意的宣传力度；完善区三级文化设施建设，公共文化服务单位面向基层，提高文化服务质量和群众满意度；提升文化市场窗口服务质量，严格市场准入，完善日常监管机制；加强全区文化遗产保护，形成非遗传承体系；健全科学管理运行机制，运用综合管理手段，提高科学管理能力和水平，巩固“人人参与文化，人人创造文化，人人享有文化”的建设成果，推进青浦文化大繁荣大发展。（阮　怡）

文化设施

■概况　2010年，不断加大区三级文化设施建设力度，采用新建、改建、置换等各种方式，因地制宜，大力推进社区文化活动中心标准化建设。青浦区图书馆、区文化馆、区博物馆等区级文化单位和各村文化信息化“三合一”服务点、农家书屋等文化阵地的功能设施不断完善，服务质量不断提升，市民参与率不断提高。（阮　怡）

■加紧建设“一站式”文化服务设施　年内，华新镇、白鹤镇、练塘镇、夏阳街道、香花桥街道社区文化活动中心正在加紧建设。各社区文化活动中心使用面积均达3500平方米以上，并设置社区信息苑、图书馆、多功能室、展示厅、健身活动室、团队活动室等功能设施，使社区群众能够享受到便捷的“一站式”文化服务。（阮　怡）

■2所现代化多厅型影院建成开放　年内，上海润骋电影放映有限公司和上海永乐文化发展有限公司分别在金地格林郡商业区和区总工会内，投资建成现代化多厅型影院，且分别加入中影星美院线和上海联和院线。2所多厅型影院共有座位1100余个，基本满足区内市民电影消费需求。（阮　怡）

■有线电视网络整合有序推进　按全市统一部署，青浦区于9月成立有线电视网络整合工作领导小组，并制定详细的整合方案，开展全区有线电视摸底调查和资产评估等工作，为推动区内广播电视有线网络数字化、信息化、规模化、产业化发展，更好地发挥有线网络的功能和作用，实现一城一网、全城全网奠定坚实的基础。此外，在夏阳、盈浦2个街道分别增设1个有线电视收费点，方便城区用户就近缴费。（阮　怡）

■国家新闻出版总署督查验收青浦农家书屋工程　11月，国家新闻出版总署代表一行到青浦区，对光联村、连庵村、方夏村的农家书屋建设情况进行督查验收。验收内容包括，农家书屋配备出版物是否达到规定的品种、数量和选配比例，是否对照该地区采购目录统一采购配送图书，是否存在库存书和非法出版物，是否备有农家书屋出版物登记本或电子文档，农家书屋管理员信息是否相符登录信息等。督查验收后，国家新闻出版总署代表对青浦区农家书屋工作给予充分肯定，并希望以此次督查验收工作为契机，切实解决广大村民“买书难、借书难、看书难”的问题。（阮　怡）

文化市场

■概况　2010年，文化市场实施规范与繁荣并举，在管理上实现新突破。严格把好市场准入关，加强文化经营项目前置审批管理，实行窗口受理预审制度。对网吧、大型娱乐场所等社会影响面广、市民关注度高的文化项目严格实行申报要件审核；对所有进入青浦的演出剧团进行重新登记，严格规范演出经济活动，及时清理不健康的演出广告和不合格的演出剧团。（阮　怡）

■完成市、区行政审批事项调整的落实和衔接　年内，区文广行政事务社区延伸服务点建设，开展网吧、游戏(艺)机房、印刷企业、卫星地面接收设施等专项整治和年检年报工作；建立健全文化市场三级联动日常监管机制，开展街镇交叉巡查活动，全年巡查356场次。完善与公安、工商、文化执法等单位的联动抄告机制，发挥行业协会自律和社会监管作用，确保区内文化市场规范有序健康发展。（阮　怡）

■召开印刷年检大会 1月6日，根据新闻出版局《关于开展2010年印刷企业年度核验工作的通知》精神，区社会文化管理所和青浦区印刷协会联合召开2010年青浦区印刷年检大会，布置相关工作，并由市新闻出版局印刷管理处领导进行年检培训。同时，针对迎世博联合执法中发现的问题，要求各企业作出相关变更，及时向主管部门申请。全区270家印刷企业法人、负责人出席会议。（阮　怡）

■召开2010年文化市场工作会议 7月15日，青浦区2010年文化市场工作会议暨三级联动巡查员培训在朱家角景苑水庄举行，区内11个镇(街道)巡查员共40人参加。会议通报2010年上半年区演出工作和2010年区文化市场管理工作及设想，向各镇、街道颁发上海市文化市场巡查员证。会议还邀请市文广影视局有关人员对全体巡查员进行业务培训。（阮　怡）

■新增文化与旅游互动产业 除KTV、歌舞厅、电影院等文化消费外，年内，新增谭盾的水乐堂、实景园林版昆曲《牡丹亭》、水彩画国际双年展、朱家角人文艺术馆和水乡音乐节等一批具有一定社会影响力的文化产品，丰富了文化供给内容，提升了文化市场品质。（阮　怡）

■文化市场监管从“事后”监管向“事先”预防转变 上半年，青浦着手完善文化市场市、区、街镇三级联动日常监管巡查员制度，努力实现文化市场监管从“事后”监管向“事先”预防转变。根据区统一安排，各街道配备3～5名巡查员，负责对区域内开放式文化经营场所进行日常巡查，并对区域内文化创意园区、商业集中区、外籍人员聚集区、文化场所集中路段等进行重点巡查；对演出展览场所、大型娱乐场所、网吧等进行安全隐患巡查，发现问题即时上报。11月10日，组织区内各街镇就文化市场监管巡查工作进行交流。（阮　怡）

文化艺术活动

■概况 2010年，全区文化艺术活动强化体现时代特征的公共文化特色，在文化品牌建设上实现新突破。各类文化社团、业余文艺团队等积极开展摄影、书法、绘画、音乐、舞蹈、插花、时装、评弹、宣卷等活动。全年开展各类群众文化活动9500余场次，参与140余万人次；农村数字电影放映约8000场次，观众25万人次。赵巷镇文化书场、徐泾镇文艺团队、重固镇数字电影放映、华新镇村级文化团队、白鹤镇沪剧传承、朱家角镇民俗民间文化展示、金泽镇民间文艺“打莲湘”、练塘镇“苗苗评弹”、夏阳街道“周周演”、盈浦街道“天天演”、香花桥街道企业文化等特色活动广泛开展，使“一镇一品”向“一镇多品”方向发展，深入推进青浦文化特色区创建。社区文化活动中心等基层单位依托东方社区信息苑、东方宣教中心、东方社区文艺指导中心及区图书馆、文化馆等市、区两级公共文化服务机构，建立起便捷、常态配送机制，通过文化“配菜”与“点菜”服务相结合，提供文化“三下乡”，社区文化指导员培训和“青溪讲坛”进社区、进学校、进企业等服务，满足基层群众各类文化需求。（阮　怡）

■世博主题文化活动丰富多彩 年内，积极开展世博园区内的“世博合唱节”、10天30场的“上海之源——社区市民活动青浦专场演出”和世博园区外的城市文化广场“周周演”、“世博畅想　欢乐星期六”世博城市文化体验日等活动；组织2场“军民共建保世博”慰问演出，慰问奋战在上海世博安全保卫战线上的武警官兵；开展一系列“送戏、送书、送电影”慰问活动。2010年，区文广影视局被市文广影视局和市文物局评为“上海市文物广播影视行业世博工作优秀集体”，获“上海世博会城市文化广场‘周周演’优秀组织奖”；徐泾镇、朱家角镇的世博活动方案在“世博城市文化体验日”策划评选活动中，均被评为全市30个社区最佳方案之一。（阮　怡）

■举办2010淀山湖文化旅游艺术节 9月16日至10月29日，区委、区政府主办2010淀山湖文化旅游艺术节，并成为第十二届中国上海国际艺术节系列活动之一。16日，青浦区第三届运动会暨2010淀山湖文化旅游艺术节开幕仪式举行。区委书记高亢致开幕词并宣布开幕。区人大常委会主任巢卫林，区政协主席张布尔，市文明办副主任朱响应，市体育局副局长李伟昕，市旅游局副局长杨劲松，市文联党组副书记、副主席何麟以及区四套班子有关领导

6月13日，“军民共建保世博”慰问演出队在朱家角演出

（区文广影视局供稿）

10月29日，第七届上海青浦淀山湖文化旅游艺术节在舞剧《丝路花雨》的表演中落幕 （区文广影视局供稿）

出席开幕式。副区长陶夏芳主持开幕仪式。该艺术节以“绿色水都，魅力青浦”为主题，由开幕式、群文系列活动及闭幕式三大板块组成，旨在体现青浦文化软实力，勾勒出青浦作为“上海之源”的风采，畅想“后世博”青浦“一城两翼”的美景。开幕式在青浦体育场举行，开幕式上的大型文艺表演分为序“崧泽·传承”、第一篇章“彩蝶·飞腾”、第二篇章“水都·畅想”、第三篇章“新城·律动”和尾声“绿色·和谐”5个部分。艺术节期间，开展文艺演出、艺术展览、影片展映、市民讲座、才艺展示等50多项、近150场次群众文化系列活动，参与群众80万人次。10月29日，是届艺术节在新版“丝路花雨”专场演出中落下帷幕。 （阮 怡 周 敏）

■举办“同一片蓝天”为外来建设者送文艺巡回演出活动 年内，青浦区“同一片蓝天”为外来建设者送文艺系列活动经过6个场次的巡回演出，于10月14日在青浦工业园区职工家园顺利落幕。区委常委、宣传部部长孙萍，区人大常委会副主任、区总工会主席张海珍与职工家园近千名企业职工一同观看文艺演出。巡回演出由区文明办、区总工会、区文广影视局主办，是青浦区历年来慰问广大外来建设者的传统保留项目之一。是日，青浦工业园区职工家园的近千名员工观看了女声独唱、笛子独奏、舞蹈等丰富多彩的文艺节目，深切感受青浦政府部门和工会组织对广大外来建设者的关爱之情。 （阮 怡）

■举办《水乡吟》书画展 9月26日，由青浦区文广影视局主办，区文化馆、青浦画院、青浦书画协会承办的《水乡吟》书画展在青浦曲水园开幕。该展览于8月初开始在区内征稿，主题为赞美家乡的繁荣美好；收到作品152幅，甄选出109幅作品参加展览。作为第七届上海青浦淀山湖文化艺术节系列活动之一，除在青浦曲水园展出外，还将到朱家角、徐泾、赵巷3个镇巡回展出，展期近1个月。 （阮 怡）

图书馆事业

■概况 2010年，全区图书馆事业深入贯彻落实科学发展观，围绕构建和谐社会总目标，本着“以人为本、开放性、公益性”的服务理念，为广大市民提供多层次、多样化的服务。世博会期间，在做好常规业务工作的同时，抓住迎世博契机，举办一系列迎世博活动，为青浦区创建学习型社会营造良好氛围，得到广大读者的肯定和好评。年内新设盲人阅览室，新增、升级4个数据库，使大型数据库达到18个。全年入藏新书46977册；新办读者证6368张，持有效读者证的读者达21534人；举办各类读书活动182场，参与83334人次；有馆外服务点22家，服务26次，提供图书流通2876册，送书下乡1160册。全区公共图书馆接待读者93万人次，外借图书88万册次。青浦区图书馆被市文广影视局评为上海市中心图书馆工作先进单位。 （阮 怡）

■“彩虹桥”少儿寒假读书月活动拉开序幕 1月23日，2010年“彩虹桥”少儿寒假读书月“青溪讲坛”之“文学青浦”名家系列讲座首场在区图书馆报告厅举行，《青浦报》社副总编、上海市作家协会会员徐斌作《文学与人生》讲座。读书月期间，还邀请中华诗词研究所研究员杨凤生、上海作家协会会员戴仁毅、青浦博物馆副馆长王辉3位青浦本土作家到该讲座与市民见面。此次“文学青浦”名家系列讲座作为2010年“彩虹桥”少儿寒假读书月活动之一，旨在让青浦市民和学生认识青浦人文特色，领略水乡青浦丰富的文化底蕴，进一步提高文学创作水平。 （阮 怡）

■新增文化共享工程县级数字图书馆资源 2月，区图书馆新增国家数字图书馆——县级数字图书馆资源，主要分为视频、图片、书刊和网络四大部分。其中：有以百年守望、馆藏故事和文明与创造为代表的视频资源；以年画撷英和前尘旧影为主的图片资源，电子资源分为电子图片和电子期刊；网络资源则有政府信息和中国事典。 （阮 怡）

■吴越文化数字图书馆开通 5月23日，区图书馆正式开通吴越文化数字图书馆。该馆利用覆盖区文化共享工程服务网络，使广大读者足不出户便可远程访问，获取图书馆的特色信息资源，不仅丰富了数字图书馆文献资源，还为宣传、研究青浦古文化、水文化提供新的载体。 （阮 怡）

■区图书馆盲文阅览室正式开放 6月30日，区图书馆盲文阅览室正式向社会

6月30日，青浦图书馆盲文阅览室正式向社会开放　（区文广影视局供稿）

开放。该阅览室有盲文图书140种，盲用电脑4台、有声读物光盘246件。各种全新高科技盲用设备和有声读物为区内视障人士打造出人性化的阅读服务。　（阮　怡）

■举办“青溪讲坛进校园”系列活动　8月23日，由区委宣传部、区教育局主办，区图书馆承办的“青溪讲坛进校园”活动正式启动。是日，由上海世博会信息中心网站总编、《世博与科技》作者吴敏教授到朱家角中学，为500余位学子作《世博与科技》精彩讲座，介绍世博会与科技的紧密关系，受到师生普遍欢迎。“青溪讲坛进校园”系列活动与全区9所中学签订协议，由区委宣传部向签约学校授“青溪讲坛学校讲座点”铜牌。9所学校从图书馆开列的选题讲座目录中选取学生们最感兴趣的内容，由区图书馆邀请专家，并送讲座进学校。活动进一步加强了图书馆与学校间的交流，发挥了图书馆第二课堂的作用。　（阮　怡）

■区图书馆举办数字阅读体验周　11月19日，区图书馆联手上海图书馆读者服务中心启动“从甲骨文到电子书”的数字阅读体验周活动，现场展示10多款电子产品，免费供到场参观的市民试用体验。体验周展示了图书馆的各种高科技设备，并举办由上海图书馆专家作的《架起通向未来的桥梁——电子书与一卡通》讲座，市民可以接触到区图书馆的最新技术。　（阮　怡）

■“文化共享世博行”青浦区世博主题作品征集活动圆满结束　12月10日，“文化共享世博行”青浦区世博主题作品征集颁奖仪式在区图书馆举行。活动由区图书馆主办，为期4个月，得到9个镇（街道）图书馆、区摄影协会、区委老干部局、城北社区书画站和广大市民的响应和支持。收到文字、书画、摄影作品近600件，展现市民积极参与世博的高度热情和独特风采。活动评选出一、二、三等奖18名，优秀奖23名，入围奖87名。颁奖结束后，华东师范大学世博研究院院长林拓教授为“青溪讲坛”作《上海世博会的文明成就带给我们的启示》讲座。　（阮　怡）

文博事业

■概况　2010年，青浦区第三次全国文物普查实地文物调查阶段工作顺利通过市专家组验收，普查覆盖全区11个镇（街道）的184个行政村、74个居民委员会，实地调查文物信息点1100处，登录各类不可移动文物点299处，其中：新发现126处、复查173处。区文物地理信息系统项目有序推进，编纂出版《青浦区第三次全国文物普查图录》。年内，召开全区文物保护工作会议，完成区级保护单位“襄臣桥”和登报单位“朱家新宅”的修缮工程，抢救赵屯出土的清代青花瓷。区博物馆成立教师志愿者队伍，利用“青溪讲坛”开设“崧泽文化”、“青浦的桥”等专题讲座，举办“陆士谔生平展”、“世界精品蝴蝶展”、“水乡人家展”、“益友斋书画展”等临时展览，全年接待观众约20万人次。11月9日，出席国际博物馆协会第二十二届大会的国内外代表68人到青浦区博物馆参观交流，对青浦源远流长的历史文化和该馆舒适雅致的展示环境倍加赞许。2010年，青浦博物馆讲解员队伍被上海市总工会授予“巾帼示范岗”荣誉称号。练塘镇继朱家角镇之后，被国家文物局、住房和城乡建设部命名为“中国历史文化名镇”。　（阮　怡）

■“迎世博爱自然——世界精品蝴蝶展”在区博物馆开展　为普及科普知识，丰富学生寒假生活，发挥科普教育基地作用，迎接上海世博会到来，1月25日，区文广影视局、科委、教育局和科协在区博物馆联合举办“迎世博爱自然——世界精品蝴蝶展”。展品由常州博物馆提供，有属世界各地的精品共155种共340余件，其中：有美国、日本、马来西亚等多个国家的国蝶，有太阳闪蝶、数字蝶等富有特色的观赏蝶，更有光明女神蝶、金斑喙凤蝶等多种列入国际或国内保护名录的珍稀蝶。展品标本新鲜精美，使参观者从中获得美的享受，激发对大自然的热爱，增强保护生态环境和人与自然和谐发展的思想理念。　（阮　怡）

■形成“非遗”保护传承体系　年内，区文化馆开展国家级“非遗”保护项目——田山歌代表性传承人技艺的普查与抢救工作，录制视频70条，拍摄照片400多张，记录文字近万字，并向传承人颁发证书和奖牌。同时，对现有“非遗”资源10个项目的唱词、照片、录音等进行系统整理和补充，使“非遗”数据库资料增至千余条。编纂出版“上海市国家级‘非遗’名录项目丛书”分卷《青浦田山歌》，并拍摄成电视专题片。文化遗产日期间，朱家角镇的民间行街、摇快船和白鹤镇的江南丝竹等农耕、民俗文化活动，生动展现青浦区非物质文化遗产资源的独特魅力。　（阮　怡）

10月13～14日，第十二届中国上海国际艺术节“浦东塘桥杯”长三角地区原生民歌邀请赛在浦东新区图书馆举行。图为青浦田山歌新传承人的《落秧歌——十二样生肖》、《码头号子》等4个曲目获大赛金奖 （区文广影视局供稿）

■福泉山古文化遗址陈列馆揭牌 6月25日，在福泉山遗址被国务院命名为全国重点文物保护单位9周年之际，福泉山遗址陈列馆正式揭牌。陈列馆通过图片、文字等形式展示福泉山古文化遗址的历史风貌。 （阮 怡）

■区第三次全国文物普查工作顺利通过市级验收 3月，青浦区第三次全国文物普查实地文物调查阶段工作顺利通过市专家组验收。普查覆盖全区11个镇（街道）的184个行政村、74个居民委员会，实地调查文物信息点1100处，登录各类不可移动文物点299处，其中：新发现126处、复查173处。新发现的文物点中既有古遗址、古墓葬、古建筑、古桥梁等传统意义的文化遗产类型，又有近代工商业遗产、名人故居、水桥码头、烈士陵园、教育机构和交通设施等新文化遗产类型，丰富了文化青浦的人文内涵。 （阮 怡）

■白鹤镇赵屯村发现大量清代瓷器 9月4日，白鹤镇赵屯村村民在北凌巷9号民宅前挖掘树木时，发现大量瓷器。此次出土的瓷器以青花瓷为主，兼有少量粉彩、青瓷、白瓷，款识多为清乾隆、嘉庆、咸丰年间，完整器共130余件，多数为日常用瓷，包括碗、盘、杯、盏、盅、壶、碟、调羹。其中：碗、盘数量大、样式多，造型、纹饰、大小各不相同且成套组合；少量瓷器上留有破损修补的痕迹，表明这批瓷器曾在日常生活中使用。此次发现是近年来区内出土瓷器的重要发现，对研究清代瓷器、了解清代民间日常用瓷的配套组合有一定价值。 （阮 怡）

■完成襄臣桥抢修工程 襄臣桥座落于大盈社区，为区文物保护单位。由于年久失修，桥面下沉，踏步散失，影响到当地居民和学生出行。年初，青浦博物馆委托上海同济大学建筑设计院对该桥进行勘察设计，并按照修旧如旧原则制定修复方案。修缮工程于10月16日开工，11月底竣工。12月2日，市文物局和区财政局、区文广影视局、区博物馆等有关领导和专家对该桥的基础加固、龙筋石拉结和桥身、桥面的维修进行现场勘验，通过验收。 （阮 怡）

■青浦博物馆举行志愿者工作总结暨表彰大会 12月3日，青浦博物馆举行志愿者工作总结暨表彰大会，10名教师、学生志愿者获优秀志愿者荣誉称号。2006年，青浦博物馆建立首批学生志愿者服务队；2010年，建立首支教师志愿者队伍。至此，青浦博物馆先后招募7批志愿者，共92名学生、老师参加志愿服务。年内有32名志愿者到馆服务251人次，接待观众讲解430场、近5万人次。 （阮 怡）

广播影视

■概况 2010年，广电宣传牢牢把握正确的舆论导向，紧紧围绕区委、区政府中心工作，对全区上下认真贯彻落实中共十七届五中全会、九届市委十三次全会和区委三届十四次全会等重要会议精神，开展“十一五”回顾和“十

9月4日，白鹤镇赵屯村出土大量清乾隆、嘉庆、咸丰年间的青花瓷器 （区文广影视局供稿）

二五”展望，对“参与、服务世博”，落实“一城两翼”战略布局、实事工程建设，保障和改善民生，促进社会和谐等进行及时报道宣传，为青浦经济社会又好又快发展营造良好舆论氛围。全年在市级以上媒体播出电视新闻200余条、广播新闻50余条，在美国斯科拉网播出电视专题片14部，有16部作品在市级以上节目评比中获奖。2010年，区文广影视局被国家广电总局授予全国广播影视系统法制宣传教育先进集体，被市委宣传部授予上海市国防教育先进单位。 （阮 怡）

■完善安全播出机制 年内，区广电台、有线电视网络中心和各镇文体中心全力做好重点保障期的安全播出工作，积极开展广播电视系统日常维护和技术练兵，完善《防插播应急处置预案》，进行“广播电视防插播”培训和演练，提高应急处置能力，确保广播电视安全播出。区文广影视局被市文广影视局评为世博会广播电视安全播出保障工作先进集体。

（阮 怡）

■开展“共享世博”宣传 世博会期间，区广电台编辑、制作《喜迎世博》宣传短片，引进并开播100集《世博纪事》纪录片；新闻节目开办《共享世博》、《世博天天看》、《世博瞬间》摄影竞赛3个栏目，向全区观众普及文明观博礼仪，展示世博瞬间摄影作品400余件。并对主题实践区、志愿者服务站、水陆路安检、普及世博知识等展开宣传，对进博企业、城市志愿者进行及时报道。结合新华社新闻资源，播发世博会场内新闻100余条，成为区县台世博报道一大亮点。

（阮 怡）

■广播节目进行改版 年内，广播节目增设社教专题《多彩生活》和《社会观点》，文艺类节目开设《难忘旋律》和《缘来都市夜》栏目，使广播播出的节目进一步涵盖社会民生、百姓生活各个方面。《青广新闻》一改隔日新闻的习惯做法，使其与电视《新闻报道》同步，时效性更强。 （阮 怡）

《青浦报》

■概况 2010年，青浦报社（以下简称报社）紧紧围绕区委、区政府“一手抓办博、一手抓发展”的要求，服务发展大局，服务社会民生，坚持正确舆论导向，精心策划深入采访，推出一系列重大主题、重大活动及重大典型报道，大力宣传青浦改革开放发展成效，积极为社会民生鼓与呼，为加快“一城两翼”建设提供良好的舆论支持，进一步开创新闻宣传工作新局面。全年出版《青浦报》104期，刊发文章和照片近5000篇（幅）。2010年，报社获得青浦区世博工作先进集体称号；报社党支部获青浦区创新型党支部称号；刊发的系列报道《身边的感动》，获2010年青浦区宣传思想工作“实践与创新·先进典型学习与宣传”最佳项目奖。 （曹边防）

■突出主题宣传 年内，报社紧扣区委、区政府及上级部门的工作重点，精心策划组织宣传报道，对学习实践科学发展观活动、“一城两翼”建设启动、园区分设三大开发公司等重大举措，予以全方位、多角度报道。特别是推出一批专栏，进一步增强舆论引导力度。

2009年底至2010年1月，推出《坚持科学发展、实现“四个确保”》专栏，刊发长篇通讯和消息报道10余篇，反映镇（街道）、部门在深入学习科学发展观活动中所取得的成效。1月，推出《开拓创新、壮大发展民营企业》专栏，陆续重点报道新朋实业、荣泰健身、汇益股份、富臣化工等15家民营企业在科技创新、节能减排、企业文化、应对金融危机等方面的做法和经验。2月，推出“十一谈开创青浦科学发展新局面”系列评论，进一步贯彻落实区委全会和“两会”精神，结合产城联动、湖区经济、虹桥商务区、奉献世博、解放思想等话题，撰写11篇评论，解读区委全会和“两会”的重大决策，鼓舞士气营造大发展大建设氛围。3月，推出《2010年政府实事项目解读》专栏，从实事项目、推进举措、相关链接等方面解读2010年政府十大实事项目，每期1篇，共刊发10篇。3月，推出《夯实基础、充分发挥基层作用》专栏，精心策划主题，派出记者深入村（居）委会，专题报道朱家角沈巷村党员议事会、盈浦街道“五员”志愿者、质监局社区工作法、北大街商铺党支部等10个基层先进事迹，反映基层党组织创先争优发挥战斗堡垒作用，引导各级党组织和广大共产党员为推动发展、服务群众、凝聚人心、促进和谐作出新贡献。4月，世博会开幕前夕，推出《一起为世博加油》、《世博先锋行动》专栏，报道全区各行各业积极参与世博、奉献世博的感人事迹和动人故事，包括参与世博场馆建设的博大、亚士漆等一批企业，参与向世博会供应食品的元祖、上好佳等青浦企业；先后报道区内公安、武警、综治、海事等部门全力以赴做好世博安保的生动事迹等。为引导市民文明观博，还辟出6个专版，重点宣传世博会看点和特色展馆，介绍青浦市民观博出行路线，宣传文明观博礼仪知识。6月，推出《调结构、促转型、谋发展》专栏，陆续报道华新镇、徐泾镇、朱家角镇、青浦工业园区等积极调整经济结构、加快转变发展方式的新实践、新探索和新成效。在迎接国家卫生区复审工作中，推出“责任制怎么落实”、“其实我们能做好”、“视觉疲劳背后是体制问题”、“由问题想到……”等浅显易懂的系列导向性言论，掀起创卫舆论热潮。10月，推出《回眸“十一五”、展望“十二五”》专栏，列举“十一五”期间区内工业经济、科技创新、商贸服务、文化体育、环境建设、政策惠农、就业保障等经济发展与社会民生方面的成效，同时憧憬美好的“十二五”远景。11月，推出《世博留给我们的思考》专栏，从城市管理、社区服务、大联动、文化建设等四个方面，专题探讨城市化管理和服务的新思路。

年内，继续开设《身边的感动》专栏，报道朱家角城管分队队长戴志华、青浦工业园区投资企业服务中心负责人张卫农、练塘镇社区服务中心主任高根木、白鹤镇王泾村党支部书记吴林琴等15位包括劳模在内的典型人物，进一步弘扬社会正气、职业道德、社会公德和人间美德。 （曹边防）

■继续加强外宣工作 年内，报社按照区委、区政府对外宣传工作要求，打出一组对外宣传“组合拳”，一方面积极向市级媒体投稿发稿，另一方面利用《新民晚报》“美国版”向海外供稿，介绍青浦改革开放以来经济社会发展成果、地方民俗人文特色，展示青浦良好形象，进一步提高青浦知名度和影响力。全年由《青浦报》供稿，在《解放日报》、《新民晚报》、《文汇报》等报刊头版发表新闻报道10多篇，在《东方城乡报》等报刊发表报道30余篇。并继续承担好每月1期《新民晚报》“美国版”青浦新闻的撰稿组稿编审工作，组稿70余篇，刊发图片20张。 （曹边防）

■规范发行工作 年初，除邮政投递和自办发行外，报社还在图书馆、博物馆、区行政服务中心、工业园区“职工家园”、居礼酒店等5个市民出入人数多的地方增加发行点，扩大有效读者。年内，报社重视读者关于投递发行的投诉，加强自办发行投递员队伍管理，积极与自办发行区域内居委会联系，不定期暗访监督投递工作，提高2.5万多份自办发行的投递到位率。为重点解决投递不到位和一户多份两大问题，11月起，启动2011年《青浦报》征订工作，并在夏阳、盈浦、香花桥3个街道派出自办发行员，划片包干，深入39个社区居委会办理赠阅投递手续，扩大投递范围，增加读者群，基本保证爱看《青浦报》的读者每家1份。 （曹边防）

综 述

2010年,青浦区卫生工作以迎世博和世博保障为契机,深入开展科学发展观学习实践活动,认真落实新医改方案,有效推进政风行风和精神文明建设。深化“迎世博、讲医德、优服务、树形象”主题实践活动,推进卫生文化建设,创新服务理念,服务世博,奉献世博。适度调整区域卫生规划,扎实推进中山青浦分院创建三级医院,全面提升区内其他医疗机构功能。深入推进社区全科团队和“户籍制医生”服务模式,提高基本医疗服务质量,落实医疗安全长效管理机制。完成三年一周期的重点学科、特色项目和学科带头人培养工作,实施区卫生系统选拔学科带头人试行办法,完善卫生人才队伍建设各项机制,强化绩效管理和成本管理,提高系统内部管理水平。制定并实施新一轮公共卫生体系行动计划。全区人均期望寿命81.58岁,其中:男性79.35岁、女性83.79岁。婴儿死亡率千分之2.61。孕产妇死亡率0。全年甲、乙类传染病发病率继续控制在历史较低水平。

至年底,全区共有各级各类医疗卫生机构333所,其中:区政府直属医疗机构1所、区卫生局所属机构24所(包括综合性医院1所、中医医院1所、专科防治院1所、社区卫生服务中心10个、区妇幼保健所1所、医疗急救中心1所、其他卫生机构9所)、民办医疗机构27所、私立诊所24所、企业单位内部医疗机构37所、村卫生室219所、其他一级综合性医院1所(青东农场医院);核定床位1630张,实际开放2014张,床位使用率76.5%。全年门急诊诊疗367万人次,比上年增加11.72%;全年出院病人37610人,比上年增长1.24%;手术11300人次;院前医疗急救用车15017车次。全年各类卫生监督检查5606户次,立案606件,处罚568件。全区卫生系统在编3206人,其中:卫生技术人员2682人(其中:高级职称113人、中级职称1032人、初级职称1537人;博士5人、研究生90人、本科945人)、其他技术人员186人。

全年受理各类卫生许可、审核等2966份,备案等卫生审核30份,监督性检测样品4844件,卫生监督检查5606户次,卫生行政处罚568件。全区有27个小区开展建设健康小区;有24个村列入建设健康村区政府实事工程,累计177个村被评为市级健康村,建设率达96.2%。全区统一发放健康世博礼包46万份。发动全区62个委办局与居民小区结对开展环境卫生整治,取得明显效果。积极开展公共场所控制吸烟宣传,全区26家“无烟机关”和52家“无烟单位”分别通过区、镇验收。迎博办博期间,全区发动群众323527人次,整治居民楼9742幢,清除卫生死角12863处,清除乱招贴26790处,清理垃圾杂物9027多吨,处理蚊蝇孳生地13281处。

2010年,青浦区体育工作认真贯彻落实《全民健身条例》,围绕“全民健身与世博同行”主题,突出重点,狠抓落实,群众体育、竞技体育和社会体育三方面都取得新突破。全年举办各级各类群众体育赛事活动27项,参与9000多人次。各镇、街道举办各类赛事活动80多项,参与17900多人次。成功举办青浦区第三届运动会,有5673人次参加成年组、青少年组共29个项目的比赛,产生210枚奖牌。成功举办2010年世界华人龙舟邀请赛、长三角地区门球和农民篮球邀请赛等特色体育赛事;积极办好端午节龙舟赛、全民健身日和全民健身节等重大节日赛事。宣传贯彻《全民健身条例》,向全区发出《全民健身倡议书》,印发宣传海报、单页4000张,制作宣传版面17块、横幅50条。大力推行广播体操,为37个单位开展广播体操培训,为15个居民小区安装音响设备,有41家单位把开展全民健身活动列入日常工作。加强群众体育设施和组织建设,新建社区公共运动场1片、农民体育健身工程23个、健身苑点37个;举办各类社会体育指导员培训班4期,培训学员322名;新发展体育健身团队91支;新成立门球、体育舞蹈2个单项协会。完成第三次国民体质监测工作,采集有效样本2460份。开展体质监测进社区、机关活动,为35个社区和9家机关事业单位的2100多名干部群众开展体质测试、体质干预指导和科学健身知识普及等活动。加强业余训练工作,业训项目达12个;新成立国家级青少年体育俱乐部4个,全区达11个。向上级输送优秀体育人才17人。全区运动员在第四届全国体育大会、全国青年U-16赛艇锦标赛、市第十四届运动会等比赛中,共获金牌49.5枚、银牌25.5枚、铜牌21.5枚;青浦区运动健儿在第十六届亚运会上夺得金牌1枚、

3月2日,2010年青浦区卫生工作暨迎世博动员会议召开　（区卫生局供稿）

铜牌1枚。深化体教结合工作,合理调整布训项目,形成“小学——初中——高中”一条龙人才训练培养体系,制定《青浦区体育传统(特色)项目学校申报办法》,进一步完善学校体育运动项目布局。做好公共体育设施向社会开放服务,全年举办游泳培训班5期,培训学员1600余名;区体育中心累计接待健身群众100多万人次,其中免费开放接待5万余人次。全年新增电脑体育彩票销售网点18家,销售总量6677万元,比上年增长83%。

（程　东　林烈培）

医政管理

■概况　2010年,进一步整合区域内医疗资源,优化卫生布局,完成《2010～2020年青浦区区域卫生规划》编制。年内,成立上海世博会期间青浦区卫生系统工作领导小组,建立世博医疗保障组织体系和服务体系,制定医疗保障工作预案,设立白鹤、朱家角2个安保部队医疗保障点,共接诊1750人次。加强病原微生物实验室安全管理,杜绝生物安全事故发生。持续改进医疗服务质量,推进中山青浦分院创建三级医院工作,设置床位1000张;朱家角人民医院迁建工程启动,设置床位500张。区医学会鉴定办公室受理医疗事故争议6例,完成鉴定5例,其中:构成医疗事故2例,均为三级戊等医疗事故,医方承担次要责任;3例不构成医疗事故。继续抓好党风廉政和政风行风建设工作,不断加强对基层干部队伍管理,健全干部考核机制,提升干部管理能力和水平。12月21～23日,区卫生局召开基层领导干部2010年度述职述廉大会,42名基层党政主要领导(含主持工作)、机关科室长,分别以多媒体报告形式进行现场述职述廉并接受测评。

（程　东）

■落实保障世博卫生工作　3月2日,青浦区召开2010年卫生工作会议暨卫生系统迎世博动员大会。区委副书记胡燕平、区人大常委会副主任张海珍、副区长陶夏芳、区政协副主席龙婉丽出席会议。会议传达了全国和上海市卫生工作会议精神,回顾总结了2009年卫生工作,全面部署2010年具体工作,动员全系统干部职工进一步落实医改方案,为迎接2010年世博会的召开作出积极贡献。

4月22日,团区委、区卫生局团委、区中心医院团委在区医疗急救中心举行“世博·青浦医疗志愿者服务队”启动仪式。来自全区医疗机构、急救中心、卫生监督的50名志愿者代表进行宣誓,庄严承诺“以医载德、志愿实践、奉献世博”。世博期间,“世博·青浦医疗志愿者服务队”负责全区5个服务点以及朱家角镇服务站的医疗急救、医疗咨询及相关服务工作。

（程　东）

■区领导调研区卫生事业发展情况

4月8日,区委副书记、区长张国洪和副区长陶夏芳及区发改委、卫生局、淀山湖新城公司负责人等调研朱家角人民医院迁建工程建设情况,听取迁建工程情况汇报。该项目对于完善青浦新城功能,提升青西地区医疗卫生事业发展水平具有十分重要的意义。5月17日、20日,副区长陶夏芳分别到区疾病预防控制中心、卫生监督所、徐泾镇社区卫生服务中心调研医疗卫生工作,强调卫生从业人员要强化责任意识,争取更大的作为;世博期间,要做好医疗卫生保障工作;要加强联动、形成合力,团队要下沉社区为群众服务,进一步促进医疗卫生行业的整体发展。6月2日,副区长陈勇章、陶夏芳到区卫生局调研卫生人才工作,并就进一步做好卫生人才培养和使用工作提出5个方面的要求。7月27日,区委副书记胡燕平、副区长陶夏芳到区卫生局调研区卫生事业“十二五”规划编制工作。（程　东）

■全面完成四川都江堰市医疗卫生对口援建任务　年内,共有2批、2人参加上海市卫生系统对口支援都江堰市工作,并分别荣获上海市医疗队“援建之星”称号。至9月底,青浦区完成对口支援都江堰市青城山镇卫生人才培训项目12人的任务。（程　东）

表61　青浦区对口援建四川省都江堰市医疗卫生工作情况表

援建者	单　位	批　次	时　间
陈志强	赵巷镇社区卫生服务中心	参加市第七批	2009年12月28日～2010年3月29日
徐　龙	徐泾镇社区卫生服务中心	参加市第八批	3月29日～6月28日

（程　东）

健全医疗质量管理体系加强医疗安全监管 3月，制定《关于加强医疗安全工作的实施意见》，建立和完善医疗质量管理和医疗安全评价控制体系。各级医疗机构对各自单位发生的医疗事故、重大医疗过失行为和纠纷事件开展院内专家委员会讨论，实行医疗事故和过失行为责任追究制。完善医患纠纷应急突发事件处置预案，加强医疗纠纷排查工作，主动联系重点对象，对医疗安全实行动态管理，二级医疗机构实行副主任医师查房考核制度。落实卫生部《医院投诉管理办法》，将投诉管理与医疗质量安全管理相结合，各医疗单位定期对投诉情况进行分析研究，针对薄弱环节落实整改。年内，组织全覆盖医疗安全督查4次，组织医疗安全培训7次，赴现场协调处置重大、突发医患纠纷事件8起，比上年下降46.6%。

（程　东）

5月12日，区四套班子领导接见、慰问护士代表　（区卫生局供稿）

纪念“5·12”国际护士节 3月29日，召开“迎世博、纪念‘5·12’国际护士节”活动动员大会。5月12日，举行“与世博同行、展护士风采”纪念“5·12”国际护士节活动，区政协主席张布尔，区委常委、宣传部部长孙萍，区人大常委会副主任张海珍，副区长陶夏芳等出席活动并接见慰问护士代表。大会表彰了上海市卫生系统迎世博微笑服务天使提名奖获得者、青浦区卫生系统迎世博“护理服务天使”及提名奖获得者、护士节系列竞赛和征文活动的获奖者。是日，区卫生局党委书记蔡锦法、局长徐春余带领党政班子成员及相关科室成员，分两组到医疗机构慰问临床第一线护理人员。

（程　东）

举办大型志愿为民服务活动 5月16日、12月4日，由区文明办、卫生局和相关镇分别在白鹤镇、重固镇共同举办“青浦卫生　关爱您的健康”大型志愿为民服务活动及文艺演出。中山医院青浦分院、区中医医院、朱家角人民医院等基层单位的卫生系统第一届区名医、医苑新星，优秀护士代表以及医疗卫生志愿者近60人，组成包括外科、内科、骨科、中医科、口腔科、妇科、儿科、五官科、泌尿外科、内分泌科、眼科、精神卫生心理咨询、卫生监督、疾病预防等多科综合义诊服务队，携1辆母婴健康车和图文并茂的宣传版面，开展为民服务宣传活动，共接受医疗卫生咨询530人次，发放健康保健知识宣传资料580余份。

（程　东）

12月4日，举办“青浦卫生关爱您的健康”大型志愿为民服务活动及文艺演出。图为义诊一角　（区卫生局供稿）

不断完善中医药服务体系 年内，整合区内中医医疗资源，完善农村中医三级网络建设，开展中医医院管理活动，落实区中医院急诊项目建设，推进中医痔科、针灸科等重点学科建设，开设老中医工作室，促进名老中医的经验技术推广。邀请市级专家定期到区中医医院作业务指导，区中医医院和社区卫生服务中心开展双向交流工作。根据上海市社区中医药服务达标建设评估标准，至年底，有8家社区卫生服务中心中医药服务通过达标验收，有9人完成上海市中医全科规范化培训并取得合格证书。

8月27日，市中医医院与区卫生局中医药进社区签约暨上海市中医医院第三届文化节开幕仪式在徐泾镇社区文化活动中心举行。市中医医院院长虞坚尔向徐泾镇、赵巷镇、华新镇、金泽镇和盈浦街道5个社区卫生服务

8 月 27 日，上海市中医医院与青浦区卫生局中医药进社区签约仪式举行

（区卫生局供稿）

中心授“上海市中医医院中医药进社区示范点”铜牌。市中医医院 30 余名失眠、儿科、风湿、骨伤、脑病、肿瘤、肺病等科室专家，当场举行义诊咨询和中医保健知识讲座，发放中医保健和食疗养生处方。10 月 15 日，举行上海市中医药大学实习医院授牌仪式暨青浦区中医医院西学中培训班开班典礼。市卫生局副局长、市中医药发展办主任沈远东充分肯定青浦区中医医院在保护、继承和发扬中医药事业方面所做的工作，并介绍了上海市“十二五”期间中医药发展规划。副区长陶夏芳希望区中医医院抓住契机，充分运用大学的教科研优势，提升区内医院技术水平和服务能力，为青浦人民提供更优质的中医药服务。（程　东）

■成功开展上海市首次航空救护任务　9 月 27 日，区医疗急救中心与市公安局警务航空队合作，在青浦地区成功开展全市首次航空救护，将一名不适于常规救护车转运的德国籍急腹症患者从中山医院青浦分院转至上海三级医院——华山医院诊治，整个过程不足 20 分钟。东方卫视《看东方》栏目对此进行了报道。（程　东）

■完成第一轮学科（特色项目）建设和人才培养　12 月 14 日，区卫生局召开青浦区卫生系统第一轮学科（特色项目）建设和学科人才培养工作总结大会。该项工作于 2007 年 7 月启动重点学科（特色项目）建设和学科带头人培养工作，以 3 年为一个建设周期，在全区医疗卫生机构中选择 6 个重点专科、4 个重点社区项目进行学科（特色项目）建设，选拔 30 名优秀青年医学人才进行学科带头人培养。通过督导、培训、交流等方式进行动态管理，组织市级专家对学科建设、带头人培养的实施进度、实效等进行年度考核，全面完成原定计划，取得良好成绩。（程　东）

■深化卫生部门集中采购工作　年内，进一步完善和健全各单位政府采购组织体系、网络框架及各项采购流程和制度，制订基本建设项目的日常管理和审批流程，重点实施系统内用量较大的低值一次性耗材招标采购工作，建立检验试剂、医用耗材信息化采购平台。全年集中采购西药和中成药药品 2.72 亿元，市招标药品占总采购量的 93.38%。办理医用设备招标采购业务 122 个项目，其中采购站组织招标的有 95 个；医用设备采购 329.78 万元，节约资金约 16 万余元。全额拨款单位印刷品、宣传品采购共议价 22 次、117 个项目、92.81 万元，办公用品集中采购 18.51 万元。（程　东）

疾病预防与控制

■概况　2010 年，青浦区完成第二轮公共卫生体系建设三年行动计划，开展公共卫生风险评估，为世博会营造良好的公共卫生环境。3 月 31 日，区卫生局召开卫生防病工作会议，围绕世博保障，就疾病控制、精神卫生、妇幼保健和卫生监督工作进行重点部署。年内，未发生传染病公共卫生突发事件，未发现疑似人禽流感、SARS 和不明原因肺炎等病例，共调查、处置集体单位 2 例及以上手足口病 55 起，重症手足口病 45 例，无死亡病例发生。完成 13.14 万人流感疫苗接种及 8.92 万适龄儿童麻疹疫苗的强化免疫，接种率 99.79%。推进“中盖艾滋病防治

区内医疗单位积极投入无烟医疗卫生机构创建工作　（区爱卫办供稿）

项目”、“第五轮全球基金结核病项目”，启动实施“全球基金艾滋病滚动项目”，推动以社区为基础的艾滋病高危人群和高危场所干预机制，推进免费咨询、检测和抗病毒治疗工作，完善社区药物维持治疗门诊服务，加强结核病人社区督导管理，减免治疗费用16.99万元。做好对血吸虫病、疟疾和丝虫病的监测巩固工作，加强对外来流动人员的“六病”检疫。区、镇二级健康教育讲师团、健康促进志愿者开展各类培训和讲座400余场次，受益2.62万余人。开展无烟医疗卫生机构创建工作。加强重点慢性病管理和干预，高血压病人管理率79.82%，肿瘤病人规范随访率100%，糖尿病人规范管理率67.31%，学生龋齿充填率32.28%，实施白内障手术472例。完成6个镇(街道)的精神卫生健康促进镇的创建工作，为全区无业贫困精神病人提供免费服药服务3912人次，心理咨询门诊和热线电话接受咨询245人次，市民对精神卫生知识知晓率达78%。开展孕产妇预警风险评估，孕产妇系统管理率97.48%；加强产科质量管理，抢救危重孕产妇18例，无孕产妇死亡。婚检率53.9%，同比提高16.04%。建立妇女“两病”(妇科病、乳腺病)筛查长效工作机制，完成5.4万妇女“两病”筛查。完成农村孕产妇住院分娩补助和农村妇女增补叶酸预防神经管缺陷两个国家级公共卫生项目的实施。通过“卫生部疾病预防绩效考核”工作评估、《全国麻风病防治规划(2006～2010年)》终期评估和《结核病防治十年规划》终期评估。

(程　东)

■区领导关注精神卫生中心工作　1月27日，区委常委、区纪委书记翟必槐，区纪委副书记吴春泉等一行到区精神卫生中心进行工作调研，实地察看两个病区，听取工作汇报和情况介绍。3月15日，陶夏芳副区长到区精神卫生中心调研，着重了解对全区登记在册重性精神病人及外来精神病人的排查、风险评估及重性精神病人加强监管和治疗的情况，并查看增设的重性精神病人收治病房。

(程　东)

■“‘12·1’世界艾滋病宣传日”主题宣传活动　4月16日，青浦区召开2010年度公共卫生联席会议暨防治艾滋病工作委员会会议。会议总结2009年区公共卫生和防治艾滋病工作，部署2010年工作要点。朱家角镇、区农委作大会交流。12月1日，“世界艾滋病宣传日”——“遏制艾滋，履行承诺”大型主题宣传活动在桥梓湾广场举行。该活动由青浦区防治艾滋病工作委员会牵头，区卫生局、文明办、禁毒委、计生委、红十字会、妇联、文广局、团委、疾控中心和盈浦街道联合举办。区防治艾滋病工作委员会主任、副区长陶夏芳出席活动并致辞。是日，各镇、街道也分别在辖区内开展各种形式的艾滋病宣传咨询活动。

(程　东)

■全面完成区麻疹疫苗强化免疫　8月25日，青浦区启动消除麻疹和疟疾工作暨开展2010年麻疹疫苗强化免疫活动。按照全国、全市统一部署，全面完成对区内8月龄至14周岁儿童开展麻疹疫苗强化免疫接种工作，努力实现在2012年消除麻疹、2015年消除疟疾的工作目标。区卫生局、教育局分别对做好麻疹疫苗接种工作进行部署。9月7日、12日，副区长陶夏芳分别到区卫生应急中心和香花桥社区卫生服务中心接种点、赵巷幼儿园临时接种点调研、检查麻疹疫苗强化免疫接种工作。全区累计完成89230位儿童的麻疹疫苗接种，无异常和不良反应病例，完成率达97.09%；剔除儿童不易接种禁忌症等因素，儿童麻疹疫苗接种率达99.79%。

(程　东)

■结核病疫情平稳下降　10月，根据国家和上海市结核病防治规划(2003～2010年)要求，对结核病防治工作开展情况进行全面评估。其间，通过制定每年结核病防治工作计划，开展年度督导和考评，各项防治措施落实到位，指标任务顺利完成，并开展《青浦区肺结核病例早期发现方式的探讨》、《青浦区流动人口肺结核管理方式之践行》等课题，在《上海预防医学》发表《上海市青浦区90例首次复治菌阳肺结核病例分析》、《上海市青浦区老年肺结核临床特点分析》、《上海市青浦区疑似肺结核病人发现报告与追踪情况分析》等论文。肺结核病人治疗严格按照治疗管理技术方案执行，并对结核病人实行减免治疗费用，依托全球基金流动人口结核病防治项目对流动人口肺结核病病人实施减免治疗。10年来，全区新登记患病率由37.87/10万下降到20.9/10万，新涂阳登记率维持在10/10万左右，结核病疫情平稳下降，达到有效控制。

(程　东)

卫生监督与执法

■概况　2010年，坚持依法行政，做好卫生监督和法制工作。强化监督员培训，加强对行政处罚、行政许可全过程的规范化管理。以《监督员不良行为积分管理办法》为抓手，提升监督执法能力，年内有11名监督员被扣分。规范卫生行政许可行为，全年受理各类卫生许可、审核等2966份，其中：公共卫生许可2138份、医疗执业许可828份；备案等卫生审核30份；监督性检测样品4844件，样品合格率为95.5%；卫生监督检查5606户次(饮水卫生监督352户次、公共场所监督2266户次、执业卫生755户次、传染病577户次、放射卫生126户次、学校卫生195户次、消毒产品117户次、医疗机构1178户次、母婴保健22户次、血液18户次)；卫生行政处罚568件〔警告421件；罚款177件，罚没款(罚款+没收款)74.43万元〕。深化职业卫生服务试点工作，开展多种形式宣传培训，结合职业卫生服务指导手册，加强对企业的服务指导。加强法制干部队伍建设，推进卫生领域依法治理工作，全年组织行政处罚听证13起，复议1起，无行政诉讼。

(程　东)

表 62　　2010 年青浦区卫生监督执法情况表

类别	立案数（例）	处罚数（例）	其中					
			警告案件数(例)	纯警告案件数(例)	罚款数	罚款额（元）	没收案件数(例)	没收款（元）
饮水卫生	5	9	0	0	9	12300	0	0
公共场所	383	361	259	248	113	20900	0	0
职业卫生	165	149	145	131	18	490000	0	0
医疗机构	42	37	8	4	33	195100	8	556
医务人员	2	2	1	1	0	0	0	0
医疗事故	4	6	6	6	0	0	0	0
放射卫生	1	1	1	0	1	4000	0	0
消毒卫生	2	2	0	0	2	8000	0	0
母婴保健	1	1	1	0	1	10000	1	3500
传染病	1	0	0	0	0	0	0	0
合计	606	568	421	390	177	740300	9	4056

（程　东）

■加强医疗安全和质量督查　4 月，区卫生局组织卫生监督所与相关专业条线 10 余名督查人员，对辖区内 17 家公立医疗机构和 12 家民营医疗机构开展医疗安全和质量督查。内容涉及医疗安全、医政管理、病史质量、合理用药、精麻药品管理、处方点评、基础护理质量、分级护理质量、护理安全目标、消毒隔离、护理病历书写、急救仪器与急救物品管理以及病原微生物实验室生物安全等方面，重点为病原微生物菌（毒）种及样本的保藏管理。并将督查结果及发现的安全隐患书面反馈，限期整改，以确保世博期间的医疗安全。

（程　东）

■打击非法行医　6 月 23 日，召开 2010 年青浦区打击非法行医领导小组工作会议。副区长陶夏芳出席会议并作讲话。7 月 30 日，青浦区打击非法行医领导小组办公室在青浦世纪联华广场组织开展"打击非法行医，规范医疗广告"主题宣传活动。活动中，卫生监督员就如何识别无证行医、非法义诊、违法医疗广告及如何防范"医托"等方面向现场群众进行宣传和解答，发放各类宣传资料 1200 余份、宣传用品 1100 份，解答近 200 位群众的现场咨询，并对 100 名市民就如何识别违法医疗广告进行问卷调查。区卫生部门全年出动 1132 人次，监督检查 526 户次，取缔无证行医点 248 处，立案处罚 33 件，被追究刑事责任 6 人。

（程　东）

■开展卫生监督执法人员业务培训　6 月 25～26 日，区卫生局举办全体卫生监督执法人员业务培训。市卫生局卫生监督所法制科及相关业务科室科长和主任为区卫生局监督员讲课，内容包括卫生行政处罚流程及注意事项、突发公共卫生事件卫生监督应对措施、卫生监督综合应用系统数据维护及使用等，提高卫生监督员的业务水平和综合执法能力，进一步规范卫生行政执法行为。培训结束，卫生局组织监督员对基础法律及相关业务知识进行闭卷考试。

（程　东）

社区卫生服务与合作医疗

■概况　2010 年，继续推进社区卫生综合改革，优化服务模式，深化全科团队和户籍责任制医生服务。完善收支两条线管理，实行预算管理，实施镇、村医疗机构一体化管理，加强乡村医生队伍建设，完善新型的收入分配和考核激励机制，启动新的社区卫生服务绩效考核方案。动态管理健康档案，建档率城区 54.05%，农村 92.60%。完成 33 家村卫生室标准化建设，开展户籍责任制医生服务试点村（居委会）117 个，扩大试点服务人群到户籍人口的 45.75%；试点区域内重点慢性病管理 1.63 万人，签约管理率 99.2%，开展慢病随访 5.37 万人次；提供上门服务 4.46 万次，接受电话咨询 5240 次，开展老年人保健服务 10.11 万人次。社区卫生服务中心减免诊疗费用 160.58 万人次，减免费用 1124.05 万元；村卫生室减免诊疗费用 58.70 万人次，减免费用 117.40 万元。有 126.69 万人次享受基本药品"零差率"，累计费用 574.61 万元。新型农村合作医疗工作坚持政府组织、积极引导、农民自愿参保，全区镇村覆盖率 100%，实际投保率 99.43%，实现应保尽保（如遇到户籍在青浦，但因长期居住在外投保时联系不到或本人不愿投保的，也属应保尽保）。继续完善合作医疗制度，提高筹资水平，全年总筹集合作医疗资金 8484.26 万元。农民补偿逐年增加，年内人均享有合作医疗资金 985 元，全年门诊住院实报总额 11001.33 万元，比上年增长 39.84%。"医卡通"实时结报持续推广，方便农民看病就医，全年实时结报 167.75 万票数，实时结报总额 7788.8 万元，实时结算金额占总报销金额的 71%。

（程　东）

■贯彻落实《2011 年新型农村合作医疗实施意见》　9 月 26 日，青浦区召开贯彻落实《2011 年新型农村合作医疗实施意见》专题会。副区长陶夏芳出席会议并讲话，对推进2011年新型农村合作医疗工作提出了要求。11月4日，副区长陶夏芳就该项工作落实情况到区合作医疗基金管理中心作专题调研。（程　东）

■**对乡村医生承担基本公共卫生服务任务实行补助**　年内，区卫生局和财政局联合印发《关于对青浦区乡村医生承担基本公共卫生服务任务实行补助的实施意见》，对完成文件规定工作任务的乡村医生，按辖区内每常住人口不低于8元的标准给予考核补助，各镇、街道财政要将这部分新增的乡村医生补助资金纳入财政预算。区卫生局、财政局组成考核小组，具体实施对辖区内乡村医生承担基本公共卫生服务项目的数量、质量以及群众满意度进行绩效考核，并将考核结果作为补助拨付的依据，对未按规定完成工作任务的要相应扣减补助资金。各镇、街道社区卫生服务中心结合实施镇村一体化管理，制定乡村医生补助的实施方案和考核方法，对乡村医生的工作任务、补贴标准、考核办法等内容进行细化，并根据考核结果确定乡村医生收入。（程　东）

■**继续推进乡村医生培养工作**　按照区卫生局《关于在本区户籍应届高中毕业生中定向培养社区医生的通知》，委托上海医药高等专科学校举办三年制临床医学专业定向培养乡村（社区）医生，年内定向免费培养招生11个名额，累计完成定向培养社区医生招生70个名额。至年底，已有11名定向培养学生走上工作岗位。培养期间，加强教学管理，组织不定期教学督导，保证乡村（社区）医生培养质量。各项补助资金已发放到位。（程　东）

■**市社区全科医师公益性培训青浦区活动**　根据2010年健康管理社区行——城市社区全科医生公益性培训项目组委会制定的培训方案，由市卫生局科教处委托上海泰福健康管理专修学院统一组织，邀请市中山医院呼吸科和五官科医院耳鼻喉科等具有高超水平和授课经验的副高以上专业职称的讲师，以面授为主，互动及病例讨论为辅的方式，对青浦区全科医师进行公益性培训。7月，培训“过敏性鼻炎社区管理和支气管哮喘的诊治和社区管理”科目；8月，培训“高血压的药物联合治疗与社区管理和冠心病治疗与社区管理”科目。各社区卫生服务中心从事防病治病的全科医生和公共卫生医生约90余人参加培训。（程　东）

■**全面启动“10101010”电话服务热线**　3月5日，区卫生局全面启动卫生系统“10101010”电话服务热线。该服务热线具有医疗卫生、健康保健等咨询服务及投诉功能，可以转接到青浦卫生系统的相关单位和具体责任人，接听热线的人员按照统一流程提供相关的服务与咨询。同时，该服务热线对于社区卫生团队服务和探索户籍制医生服务模式起到辅助和促进作用，辖区内群众，尤其是老年患者可以方便快捷地通过该服务热线联系到自己的户籍制医生，不出家门就能咨询和解决一些实际健康保健问题。（程　东）

中山医院青浦分院

■**概况**　2010年，是中山医院青浦分院（以下简称分院）贯彻落实上海市区域卫生“5+3+1”规划、提升医院能级、创建三级医院的第二年。分院在区委、区政府和中山总院领导下，全面贯彻落实科学发展观，医院管理不断深入，医疗护理质量持续改进，学科人才队伍建设完成阶段性目标，医教研工作取得新进展，医疗业务指标有新增长。

2月1日，分院二期扩建工程正式启动。医院扩建后，占地面积将由6.47公顷扩大到10.53公顷，总建筑面积将达11.53万平方米。7月9日，分院创建三级医院领导小组召开第二次会议。会议通报了“创三”（即创建三级医院）工作进展情况和青浦分院二期扩建工程进展情况，创建工作有序推进并取得阶段性成效。12月16日，通过上海市医院综合评价（评审）中心专家组一行的指导性预评审。

至年底，分院共有在编人员1125人，其中：卫生技术人员969人、其他技术人员67人。卫生技术人员中高级职称55人、中级职称329人、初级职称585人；研究生学历60人（其中博士5人）、本科学历351人。

全年门诊893340人次，增幅12.93%；急诊196616人次，增幅5.04%；出院22327人次，增幅1.79%；住院手术7796人次，增幅11.3%；门诊手术1820人次，下降1.67%。病床使用率为102.06%，增幅0.84%；病床周转率为37.21次，增幅1.78%；平均住院天数由10.16天下降至9.93天。（沈莉莉）

■**沈晓明到青调研**　9月25日，副市长沈晓明率市卫生局、申康医院发展中心等部门领导到青浦召开上海市区域卫生规划“5+3”创建情况进展交流调研会。会上，申康中心汇报了“5”的整体

12月16日，市评审中心专家组在分院进行指导性预评审

（中山医院青浦分院供稿）

推进情况;“5+3”5家医院交流了创建进展情况。副区长陶夏芳和分院领导进行“创三”进展工作汇报。（沈莉莉）

■科教研建设 2010年,在中山总院及复旦医学院支持下,分院开办临床医学研究生课程班,有28名临床医师就读。在其他医学院在职学习的研究生有20人。6月,分院成为南通医学院的教学医院;10月,成为上海市急诊专业护士实训基地;11月,成为复旦大学上海医学院的教学医院。分院11名学科带头人经培养和考核全部合格,共发表论文25篇,开展先进技术项目57项,有4人获区名医称号,3名获区十佳医师称号。

全年共申报继续教育项目6项,其中:国家级2项、市级4项。新增科研申报项目有:市中医药科研基金2项、市医院管理研究基金项目3项、市科技奖1项、市引导类项目3项,医学伦理研究项1项;区科普项目5项。撰写论文190篇。年内,申报市自然基金项目7项,待批;申报市卫生局课题12项,立项2项;申报区课题40项,立项19项。区课题科技奖一项公示中。洪斌医师的科研课题获2009年中华医学科技奖三等奖、市科技进步一等奖,范隆华医师的科研课题获区科技进步二等奖,洪斌、周朝晖、周立新医师的科研课题获区科技进步三等奖。

年内,分院医疗技术又有新进展:首例腹腔镜辅助经阴道全子宫切除术获得成功;泌尿外科通过二次经皮肾镜碎石术(PCNL)手术方式,成功治愈一例双侧完全性鹿角形复杂性肾结石病人;妇产科开展子宫颈癌筛查新技术——新柏氏TCT检测;骨科创伤小组成功开展微创肱骨干骨折内固定手术,达国内领先水平;骨科成功抢救一例严重多发伤并发DIC(DIC的死亡率高达60~80%)的高龄患者。（沈莉莉）

分院护士在“开展优质护理服务示范工程”活动中研讨

（中山医院青浦分院供稿）

■医疗质量、安全管理 年内,分院成立单病种临床路径管理委员会、指导评价小组和实施小组,确定个案管理员和试点病种,制定相关职责和制度,逐步开展单病种临床路径试点工作。加强病历督查,抽查全院运行病史875份,抽查率20%,其中一票否决制病历比上年同期下降78.94%。抽查全院终末病史4175份,抽查率22.88%。其中:死亡和危重病例428份,疑难病例23份,输血病例313份,一票否决制病历比上年同期下降96.29%。建立院、科、组三级质量评价体系,协助完成市质控对医院31项质控指标的督查、考核工作,总结问题,落实整改,规范医院医疗质控工作。同时,完成对区内各医疗机构单位每年两次的质控考核工作,进一步提高全区医疗水平。

年内,增加手术安全核查、手术部位标识、围手术期管理制度、主动报告医疗安全(不良)事件等14项制度,并加强对医疗制度落实情况的督查,重点对医院核心制度和手术安全制度进行督查,进一步强化医疗安全管理,核心制度的知晓率明显提高,抽查手术部位的标识率由最初的33.33%上升到现在的100%。聘请国内知名管理专家对中层干部开展了三期品管圈QCC(质量控制)管理理论培训,在药剂科、护理部、检验科、医务科、妇产科等科室的示范引领下,在全院范围内开展质量QCC活动,发挥每个圈员的“啄木鸟”作用,查找问题,解决问题,持续改进医疗护理质量和医疗安全。12月26日,经专家第一轮现场评审,“LOVE圈”等10个质量管理圈分获一、二、三等奖。（沈莉莉）

■开展优质护理示范岗活动 按照2010年全国护理工作会议精神及卫生部“优质护理服务示范工程”的工作要求,分院积极开展优质护理服务活动,将七病区、十病区作为首批责任制护理示范病房,增强护士责任意识,推进医疗安全和基础护理的落实。在示范病房引领下,全院其他病区根据各自特点,在分析病人基础护理现状和需求的前提下,从晚间护理、重症病人生活护理等方面着手推进工作落实,提高护理目标和质量。（沈莉莉）

■加快专科建设 年内,分院采取添置专科设备、增加病例数、提高技术水平、优化人员结构等措施,建设8个重点专科、8个一般专科和内外妇儿二级专科,其中骨科、产科、肝胆外科、心内科4个特色专科已完成区级重点专科考核评定。年末,分院急诊科、神经内科、中医科自评分数均达到专科建设要求。（沈莉莉）

■药事管理 分院门急诊药房、病区药房实行实库存管理,做到药品账账相符、账物相符。3月,中药房中药饮片实行信息化管理。5月起,按照总院模式,成立三级药房管理中心,使医院药品收支统计、公药数据统计更加完整、准确。中药房对传统的手抓戥分中药配方调剂方式进行革新,将原先抽屉式的储药箱全部更换为货架式药柜,所有中药材及饮片均为分剂量单独包装。新流程不但解决了称准分匀问题,还提高了中药的储存质量,为实现节约成本和可控管理夯实基础。（沈莉莉）

■做好世博医疗保障工作 3月，分院成立世博医疗保障领导小组和应急医疗救援小组。并进行批量伤员的院内外急救演练、参加区世博保障应急演练，为世博提供安全、优质的医疗保障。4月，分院召开世博动员暨精神文明建设推进会，对世博期间医疗服务投诉的处理规定予以具体明确，积极倡导医护人员在世博期间文明服务、优质服务的良好氛围。（沈莉莉）

■海外学术交流 10月13～16日，美国心脏协会（AHA）在华盛顿举行第64届高血压研究年会（HBPR 2010）。分院心内科洪斌副主任医师主持的上海市卫生局科研课题《上海市青浦区青少年血压情况的研究与对策》被大会录用，并由美国心脏协会高血压研究年会主席 Sus Kunish 博士邀请参加大会。他的研究项目《High Prevalence of Pre－hypertension and Hypertension among Adolescents in China》参加了交流和讨论，论文摘要被该届大会论文汇编收录，并应邀被《Hypertension》杂志全文刊出。（沈莉莉）

食品药品监督管理

■概况 2010年是上海世博年，食品药品监督管理青浦分局（以下简称分局）坚持公众生命安全高于一切的原则，按照区委、区政府和市食品药品监督管理局的总体部署，突出监管重点，抓住制度创新，全力保障世博会食品药品安全，扎实推进食品药品安全专项整治行动，有效保障公众饮食用药安全。至年底，全区有药品生产企业18家、药品批发企业1家、药品零售企业136家，医疗器械生产企业56家、医疗器械经营企业1244家，化妆品生产企业27家，保健食品生产企业5家，餐饮服务单位2697家、集体食堂973家、集体供餐配送单位16家、半成品（原料）配送企业7家、畜禽屠宰单位1家。2010年许可餐饮服务620户，延续1510户，变更34户，注销646户。受理办证咨询4458户次。食品安全企业标准制订备案51份，延续备案1份，修改备案2份。药品零售变更34家，换证4家，药师挂牌88人次；新开办医疗器械经营企业344家，变更213家，换证44家，注销7家。完成区“两会”、绿色护考、国际殡葬协会会员大会青浦水乡招待晚宴、全国爱卫工作会议、第一届“南岸市集”等13次重大活动食品安全保障任务，保障14250人次用餐安全。

分局获市食药监局颁发的“世博食品药品安全奖”。区食品药品监督所被评为上海市世博工作先进集体。分局系统青年志愿服务队评为区世博工作先进集体；记三等功3人，嘉奖8人，获上海共青团“青春世博行动”优秀个人1人；被市食药监局授予监管之星、世博保障功臣、世博服务标兵等荣誉称号共15人，青年突击队3个；获“青浦区世博工作优秀个人”称号21人。（沈文艳）

■组织食品安全综合评价 年内，制定《2010年青浦区食品安全工作意见》，落实部门责任，签订《食品安全责任书》；牵头组织区食品安全联席会议相关成员单位，全面推进从农田到餐桌的食品安全专项整治，确保全区食品生产经营规范有序；协调相关部门分析研究区内食品安全问题，督促落实监管措施，组织开展食品安全状况评价和风险监测。5月27日，青浦区三届人大常委会第二十八次会议专题听取和审议区政府关于贯彻实施《食品安全法》情况报告，肯定各职能部门做出的努力及食品安全监管工作成效，并针对问题和不足提出要求。年内，对11个镇（街道）开展食品安全综合评价，赵巷镇、白鹤镇、朱家角镇、香花桥街道和华新镇被评为A级单位，夏阳街道、盈浦街道、徐泾镇、重固镇、金泽镇、练塘镇被评为B级单位。（沈文艳）

■落实世博食品药品安全保障 2010年，世博食品药品安全受到各级领导的高度重视，国家农业部党组成员、驻部纪检组组长朱保成，市食药监局党委书记王龙兴，青浦区政协主席张布尔，市食药监局副局长谢敏强，区人大常委会副主任张海珍、张映华及副区长陶夏芳等实地调研了青浦世博中心厨房保障、世博餐饮保障工作。成立中心厨房保障组，对区内8家世博中心厨房落实监督检查553户次，全力保障中心厨房提供的1084车次、235050人份食品和1089503.61公斤入园食品的安全。加大对朱家角景区、赵巷奥特莱斯品牌直销广场、桥梓湾商业街等重点区域的食品安全示范街餐饮单位检查力度，认真落实餐饮单位公示制度，提高示范街餐饮单位整体管理水平。并对各景点、农家乐、世博接待单位、旅游团队用餐单位和景点周边餐饮单位等重点场所采取强化培训、错时错峰巡回检查等方式，及时发现、消除食品安全隐患，确保267030人次的游客用餐安全无事故。采取多种措施控制风险，落实集体供餐单位负责人例会制度，通报监管情况并督促整改；强化20家药品生产企业监管，发现缺陷项目做到现场跟踪检查、督促整改到位，加大高风险品种药品的

2月4日，2010年青浦区食品药品监管工作会议召开

（食药监局青浦分局供稿）

4月8日，区政协主席张布尔（右一）率队考察世博餐饮中心厨房食品生产安全工作　（食药监局青浦分局供稿）

检查频次和抽样量，从源头保证药品质量；对全区136家药品零售企业开展药师在岗、销售处方药、麻黄碱制剂销售限量和店容店貌等3轮全覆盖检查，并采取跟踪检查方式确保整改到位。成立世博食品药品安全保障党团员志愿者服务队，发挥党团员带头作用。世博期间，志愿者们对重点区域、重点单位开展食品药品安全保障工作巡查，积极开展食品药品安全宣传，督促各配送中心、餐饮单位、药品生产和经营企业守法诚信经营。　（沈文艳）

■推进食品药品安全规范管理　至年底，有13家集体供餐单位、46家中小学食堂、18家示范街餐饮单位、17家连锁餐饮单位达到规范化管理要求。完善餐饮业量化分级管理和监督结果公示，分局完成1576户次餐饮单位的量化分级等级评分工作。同时，规范监督结果公示制度，动态反映实际情况，发挥监督警示的社会效益，共完成快餐类以上经营要求餐饮单位公示1006户次，占总数的96.3%；完成快餐类以下经营要求餐饮单位公示815户次，占总数的54.7%。

完成全区16家药品生产企业5年“药品生产许可证”换证全覆盖现场审核检查以及网上申报资料审核工作。开展医疗器械经营企业梳理，对全区38家经济小区的890余家医疗器械经营企业开展调查，通过自查和督查，变更注册地址61家次，变更仓库地址12家，变更质量管理负责人8家，进一步规范许可管理和经营行为；并对新申请从事心脏起搏器、心脏瓣膜、整形用植入类假体、一次性无菌医疗器械、介入器材、人工晶体、体外诊断试剂和免费体验业务的医疗器械经营企业开展预评价工作。　（沈文艳）

■强化专项和常态检查　年内，强化食品、药品、保化产品安全专项检查，开展节假日食品安全、问题乳制品、公共场所卫生专项联合执法、世博旅游接待饭店食品安全、酒类产品、一次性塑料餐盒、加强畜禽屠宰监管确保肉品质量安全、餐饮单位食用油、青浦区创建国家卫生城镇等食品专项检查10余次，检查单位6086户次，责令整改915户，行政处罚4户。开展贵重中药材产品质量、妇女儿童用药和降压药、清热解毒类中药材（饮片）、“打击非法收购药品、地下制售假劣药品及药品、医疗器械、保健食品违法”、医用氧、疫苗生产使用、隐形眼镜等药品医疗器械专项检查共14次，检查单位360户次；抽样检查180批次，采集样品26批次。开展“减肥类和辅助降血糖类保健食品”、“美容院产品”等保健化妆品专项检查共3次，对2户保健食品生产企业和4户连锁经营单位开展检查，抽样检查55件化妆品。同时，加强药品、医疗器械生产经营常态监管，开展各类企业的飞行检查、日常行政检查、跟踪检查、许可验收检查计654家次，其中：药品生产企业71家次（包括特殊药品生产企业15家次）、药品经营企业205家次、医疗器械生产企业36家次、医疗器械经营企业257家次、医疗机构85家次。开展保健品、化妆品全程监管，全年检查保化生产企业32家，抽检样品155件，合格153件；监督检查保化经营单位1065户次，抽检样品58件，全部合格。

（沈文艳）

■完善案件审查制度　年内，制定《行政处罚类案件质量审理汇总表》，对每件食品药品案件进行及时审查，发现问

食药监局青浦分局对冬季滋补药品进行专项检查　（食药监局青浦分局供稿）

题及时纠正，并记录汇总。全年审查案件136件，举办听证3次，作出行政处罚120起，罚没款金额62.6万元。其中：药品医疗器械类案件30起，罚款21.3万元；食品类案件90起（当场处罚20起），罚款41.3万元。全年受理投诉举报292件，其中：食品类267件、药品医疗器械类25件，均在规定时限内进行派发、核实、查处及回复；已办结290件，其中情况属实175件。（沈文艳）

■加大抽样检验力度 完成食品抽检3546件，合格率89.3%；完成药品、医疗器械、药包材抽样1039批次，合格率96.6%。青浦食品药品检验所完成日常监督抽验药品1804批次、食品900批次、化妆品47批次；小容量注射液"可见异物"专项现场检查145批次；各类委托检验74件/批次。（沈文艳）

■深化宣传教育培训 年内，分局按照新闻宣传经常化、知识宣传系列化、专项宣传专业化的要求，利用报纸、电视、网络、短信等媒体形式，结合重大节日及有关主题活动，充分发挥联系服务社区制度，加大宣传力度。全年举办培训和讲座70场，受训4225人次；发放各种宣传资料和宣传品21000余份；接待咨询9300余人次。（沈文艳）

爱国卫生工作

■概况 2010年，青浦区爱国卫生工作以服务世博会为主题，坚持科学发展、以人为本，全面推进健康生活方式行动，夯实健康城区建设，努力提升市民健康素养，积极营造健康环境，提升环境卫生管理水平，全力以赴开展迎接国家卫生区复审的各项工作，为全面推进全区爱国卫生工作作出积极贡献。

（孙 贺）

■加强健康宣传教育 年内，区、镇（街道）二级组成健康讲师团深入镇（街道）、村（居）开展健康大讲堂活动，邀请市专家开展"健康世博，健康上海"市民健康讲座，开展健康理论及慢性病防治知识、技能等各类健康教育知识大型讲座30多次，受益3450人次，广泛普及健康理念，健康知识知晓率和健康行为形成率有进一步提高。组织开展2010年青浦区建设健康城区征文活动，收到征文70多篇，并将34篇文章编成《青浦百姓追求的健康生活》，印制4500本发放到各镇、街道，企事业单位。区爱卫办以控油盐、控烟、合理膳食和适量运动的健康生活方式理念为主要内容，设计制作环保袋、湿纸巾等各类宣传品12万份，各类控烟、控油盐宣传版面等2000块，编印青浦区农民健康促进行动系列读本（第4辑）《中国公民健康素养解读》9万册进行健康宣传。各镇、街道制作围裙、迷你垃圾桶、购物袋等"一镇一品"宣传纪念品，发放到市民家庭，加大健康社区建设工作宣传力度。各镇、街道积极创作有关建设健康城区文艺节目，结合文艺"三下乡"等群众性演出活动，以纳凉晚会、周周演等多种形式，进行健康文艺宣传演出。充分依托区政府网站、电视台、爱卫网页、《人与健康》期刊等各类新闻媒体加强宣传，在《青浦报》和市《人与健康报》分别刊登"健康自我管理小组工作"、"建设健康城区工作"专题报道，扩大宣传效应。继续在《青浦报》开设每月一期的《建设健康城区　塑造健康人生》专栏和编纂每季一期的《健康城区简报》，新开设政府信息平台发送健康温馨提示，覆盖人群4000多人次。在汽车站、候车点和中心城区人口密集的地方，设大型广告宣传牌34块。利用处级干部和后备干部培训，在区委党校进行健康城区宣传版面展示，并为干部赠送健康知识读本。（孙 贺）

■不断提升健康建设水准 年初，健康社区及健康村工作列入区政府性建设项目和实事工程。为巩固提高"健康世博、健康上海、全民健康促进行动"示范区工作，以项目建设为抓手，有序推进年度建设健康城区工作落实。举办"健康世博、健康上海"市民健康讲座暨2010年青浦区建设健康城区工作培训以及健康自我管理小组工作业务培训，有效提高基层工作人员业务水平和操作能力。年内，全区有27个小区开展建设健康小区活动。各镇、街道按照递增5%的户籍市民家庭要求参与健康家庭建设，丰富各类健康促进活动。全区新增建设健康单位61家，累计达455家。其中，香花桥街道旭统精密电子有限公司和徐泾镇正伟印刷有限公司2家单位，围绕"四控一动"（即控盐、控油、控烟、控体重和适量运动）工作重点，积极推进上海市健康单位试点建设。

年内，有24个建设健康村列入区政府实事工程，投入资金402万元。召开工作推进会，进一步推动年度实事工程健康村的建设，经评估均达到建设标准。其中：评为优良的4个村，占16.7%；良好的16个村，66.6%；达标的4个村，16.7%。还有153个项目建设村，评为优良的22个村，占14.4%；良好的111个村，占72.5%；达标20个村，

3月31日，健康世博、健康上海、市民健康讲座暨2010年青浦区建设健康城区工作培训会举行（区爱卫办供稿）

占13.1%。全区累计177个村被评为市级建设健康村，建设率达96.2%。各村把中年农民健康体检作为推进健康村建设的为民办实事工作，让村民享受到健康建设的好处，有90%以上健康村完成健康体检。同时，在村委的宣传发动下，村民参与健身活动的积极性不断提高，形成良好的群众健身氛围。

年内，新组建健康自我管理小组267个，吸收组员4095人。至年底，全区有健康自我管理小组552个，小组人员9275人。组员从开始的高血压人群为主，逐步发展到糖尿病、精神卫生、心理健康等问题人群。小组工作得到各镇、街道重视，活动经费基本保证，区健促办将全年健康自我管理工作优秀小组列入区级先进集体评选。全区新建的267个小组，开展课时培训、老年平衡操、海宝操以及其他创新性自主活动共2646次，平均每个小组活动9.9次。新组员血压控制优良的2395人，占58.5%；良好的1372人，占33.5%；控制一般及不良的仅7.5%。

分别在上半年和下半年组织对建设健康社区、健康村、健康单位、健康自我管理小组、健康小区开展工作评估，并将评估结果进行全区通报，推进效果有进一步提高。（孙　贺）

市民积极参与环境卫生整治活动（区爱卫办供稿）

■继续深入“五个人人”健康市民行动

围绕“健康世博”主题，按照“迎世博600天”行动计划“人人动手清洁家园”的要求，广泛动员各级党员干部、单位职工、社区居民等参加所在区域的环境卫生整治活动，全力营造“人人参与护环境”的浓厚氛围；积极开展“人人劝阻室内吸烟”行动，倡导市民树立控烟意识，养成不在公共场所吸烟、劝阻室内吸烟、不主动敬烟和不接受敬烟的行为习惯。全年发放各类宣传资料103230份，开展控烟宣传活动128次、参与57984人；继续倡导“体育生活化”理念，开展“人人坚持日行万步”行动，引导市民每天进行累计相当于1万步左右的身体运动，镇、街道和委办局开展“工间操”活动，倡导职业人群加强日常健身锻炼。镇、街道全年新增健康路8条，全区健康路总数达38条。全区健身锻炼参与率达45%，完成年度建设指标任务要求。深入宣传“每人每天摄入盐控制6克以内，摄入油控制25克以内”的知识，提高市民认知程度；实施“人人掌握控盐控油”行动，全区221家机关及单位食堂、18家营业餐厅开展控油控盐工作，根据每月盐油用量统计比较，盐油使用量得到有效控制。区红十字会开展“人人学会应急自救”行动，全年培训红十字救护员841人，普及培训5553人，各类救护培训宣传服务活动达4539人次，完成2010年应急自救知识知晓率43%。（孙　贺）

8月27日，青浦区举办健康世博礼包赠授仪式暨海宝操竞赛（区爱卫办供稿）

■全面推进全民健康生活方式行动

年内，着力推进全民健康生活方式行动，继续开展健康社区、单位、食堂、学校、医院、餐厅、超市7个类型的全民健康生活方式行动示范点建设。重固镇开展市健康镇试点工作，组织健康讲座进社区10次，受益500多人次；利用老年学校传播健康知识20期，受益1500多人次；开展中医治未病、练习降压操等健身保健操等多种形式活动，社区卫生服务团队下乡服务21次；在每个村（居）委会建立3个健康自我管理小组，总计34个，组员近600人；建立机关和3个单位健康自我管理小组，组员45人；开设“张医生问诊”、“老叶讲故事”，在社区居民健康自我管理小组中巡回咨询、演讲，很受组员和老年人的欢迎；通过对村、企事业单位1050人实施近一年的健康促进干预，居民每日人均食盐摄入量降到6.08克/日、食用油摄入量降到23.8克/日,已分别接近和低于中国营养学会推荐的使用量。9月1日是全国第三个全民健康生活方式行动日,全区积极开展四项主题活动:向市民发放健康世博礼包、举办"健康世博行"海宝健身操竞赛活动、组织市民参加"四控一动"健康大讲堂、区及镇(街道)统一组织健康咨询活动。全区统一发放健康世博礼包46万份。抽查11个镇(街道)市民330人,《知识手册》收到率、保留率均为100%,学习率为99.69%。全区收到健康自我管理手册问卷调查11471份,从中抽取2294份问卷,并发放了奖品。8月,举办2010年青浦区"健康世博行"海宝健身操竞赛活动,各镇、街道22支参赛队参加角逐。年内,区爱卫办举办学教培训班,录制"健康一二一"海宝操教学光碟5000张发放各基层单位。各镇、街道举办培训及相关竞赛活动42场次,参与市民近5000人。（孙　贺）

10月21日,控烟志愿者在公共场所劝阻市民吸烟　（区爱卫办供稿）

■积极落实公共场所控烟工作　全区发放张贴禁烟标志、禁烟海报、《上海市公共场所控烟条例》(以下简称《控烟条例》)单行本、《控烟条例》公告、控烟宣传折页、告单位书和致市民公开信等13万份,制作宣传展板1200块、宣传纪念品50000份。2月,在桥梓湾广场举行《控烟条例》实施启动仪式,演出控烟宣传文艺节目,开展公共场所控制吸烟签名、控烟咨询、公共场所吸烟劝阻等"宣传周"活动。各镇、街道和监管部门共同协作,分别完成学校、医院、机关和星级旅馆、商场、电梯以及客运、公共交通工具等5个专题宣传活动。3月,区健康促进委员会组织对各镇、街道、相关监管部门管辖的控烟工作落实情况进行专项检查,共抽查单位122家。年内,7个监管部门各自对监管区域内的4596家公共场所进行执法活动,未发现违反《控烟条例》规定的行为。同时,全区招募控烟志愿者1990人,参与控烟劝阻活动和日常监管829次。组织控烟志愿者积极参与对全区19家医疗机构的控烟工作检查。9～10月,区健促办组织41名市级控烟志愿者进入世博园区劝阻吸烟,共劝阻在非指定地点的吸烟游客1026人,劝阻率达96%。"世界无烟日"宣传周期间,各镇、街道普遍开展"吸烟与健康"主题讲座,听课6173人次。区健促会在桥梓湾广场,联合7个监管部门,开展"无烟日"主题宣传,向市民发放宣传资料和宣传品,开展相关咨询,并组织捡拾烟蒂赠"绿色吊兰"活动。与此同时,各镇、街道健促会在中心城区、镇区和部分社区等21个摊点,组织330人开展街头宣传教育活动,约有1.64万人次受到服务和教育。各镇、街道和控烟监管执法部门共出动志愿者2600人次,组织107次劝阻活动。全区21家卫生医疗机构有1213名医务人员以签名、宣誓等方式自愿参与岗位控烟行动。全区21所中小学的15980名学生参与"拒绝烟草,远离烟雾——拥抱健康"主题大讨论。7个监督管理执法部门分别对129家单位开展集中宣教、统一执法。区健促办联合组织以"5·31行动"为代号的控烟统一执法活动,出动20人对网吧、汽车客运站、商场、超市、饭店等重点和难点控烟场所进行监督执法。

区人大常委会上半年组织对网吧、餐饮等行业进行督查,下半年专项对医疗机构进行检查。10月、11月,分别组织市级控烟志愿者对全区19家医疗机构实施《控烟条例》工作检查,并按市健促办要求落实区际检查工作。区健促办协调7家控烟监管部门联合行动,对区内政府机关、学校、餐饮行业、行政事业单位等103家公共场所进行控烟环境和《控烟条例》执行情况监测调查,结果显示:103家公共场所均有禁烟标志,注重控烟宣传;市民对公共场所控烟知晓率和支持率较高,在接受调查的人群中,98.14%的人了解《控烟条例》,94.89%的人支持控烟条例,持反对态度的人仅占0.5%;市民对吸烟危害知晓率从54.1%上升至88.70%,对公共场所控烟满意率为87.1%。年内,继续将创建"无烟机关、无烟单位"列入政风行风建设考核内容。区健康促进委员会、区卫生局联合制定创建实施方案和考核标准,发动领导干部、机关单位带头控烟。年底,申报的26家"无烟机关"和52家"无烟单位"分别通过区、镇的考检验收。（孙　贺）

■持续加大整治力度　迎博办博以来,区爱卫会组织大型和专项环境卫生整治活动36次,逢五一、国庆等重大节日,区、镇(街道)党政领导参加重点、难点环境卫生问题整治活动,整治各类突出的环境卫生问题123个。爱国卫生月期间,发动各镇、街道在城乡结合部、背街小巷、农贸市场等重点区域掀起环境卫生整治高潮。开展周四爱国卫生义务劳动和每月15日"环境清洁日"活动,发动单位职工、社区居民对单位内外环境及家庭卫生进行清洁打扫,在镇、街道和委、办、局中组织爱国卫生义务劳动并开展流动红旗评比。赵巷镇、朱家角镇、重固镇和区卫生局、农委、教育局、财政局、税务局、公安青浦分局等单位在评比中获得区爱卫会颁发的流动红旗。在迎博办博期间,全区共发动群众323527人次，整治居民楼9742幢，清除卫生死角12863处，清除乱招贴26790处，清理垃圾杂物9027多吨，处理蚊蝇孳生地13281处；清扫公交站点180个，添置三防设施7381处；整治背街小巷689条；整治交界结合部56处；劝阻不卫生行为6624次，发放宣传单（品）85588张（件）。年内，在4次市级爱国卫生工作大巡查活动中，市爱卫办反馈给青浦区60个问题，借助市、区电视台等媒体宣传，均在规定时间内落实整治措施。（孙 贺）

■不断提升卫生长效管理水平 继续实施区、镇（街道）、村环境卫生工作考核制度，实行奖惩机制，以积分制形式考评卫生管理中存在的各种问题和不足，实现考核到底，落实到基层。年内，区爱卫办全力以赴配合区创建办做好国家卫生区复查迎检工作，通过全国爱卫会的暗查考核，被重新确认为国家卫生区；指导赵巷镇创建国家卫生镇工作，经过区、镇的共同努力，赵巷镇已通过全国爱卫会考核，被命名为国家卫生镇；国家卫生镇朱家角镇作为全国爱卫会2010年复审对象，区爱卫办组织区相关职能部门加强对朱家角镇的检查指导，10月中旬，朱家角镇通过全国爱卫会的暗查考核，12月被全国爱卫会重新确认为国家卫生镇。2010年，经过考核验收，有近6000家单位被评为“青浦区迎世博爱国卫生合格单位”，并进行挂牌命名和媒体报道，进一步提升了单位卫生管理水平。（孙 贺）

■扎实做好病媒生物控制工作 2010年，青浦区围绕“清洁城市、消灭四害、保障世博、促进健康”世博病媒生物工作主题，开展除害宣传咨询活动，发放除害宣传画及宣传折页34501份。对“四小”行业业主、村居委会卫生干部等加强病媒生物防控知识和法制培训，有效提升除害防病意识。开展压制蚊、蝇、鼠、蟑高峰的消杀活动，整治病媒生物孳生地3276处。指导农家乐做好灭蚊蝇消杀控制工作，推广柳条鱼灭蚊。同时，对260家饮食食品行业进行爱国卫生执法检查，对30多家病媒生物控制不力的单位或经营户给予行政处罚，并责令限期整改，起到以法治害作用。制订《青浦区世博病媒生物控制方案》，并根据方案配备应急队伍、配齐应急设备。区爱卫办还于5月、9月会同区疾控中心分别在朱家角镇、夏阳街道联合举行病媒生物应急队伍培训和演练活动，各镇、街道近130人参加。（孙 贺）

■落实“清洁家园、美化环境”活动 区爱卫办认真贯彻落实区政府交办的“清洁家园”重点工作，制定《青浦区关于开展“清洁家园、美化环境”活动的实施意见》。区、镇（街道）爱卫办成立领导小组，健全工作网络，加强对工作的领导和统筹协调，并进行职责分解。3月，区爱卫会启动“清洁家园，美化环境”活动，结合健康村建设，加强日常工作的督导、考核，发动群众参与环境卫生整治活动。“清洁家园”活动期间，共开展大型环境卫生整治活动36次，整治各类突出的环境卫生问题400余个；开展压制蚊、蝇、鼠、蟑高峰消杀活动，整治病媒生物孳生地3276处，发放各类除害宣传画及宣传折页34501本。该项工作收到较好成效。（孙 贺）

12月14日，青浦区被全国爱卫会重新确认为国家卫生区（区爱卫办供稿）

■有效开展血吸虫病防治工作 按照《上海市预防控制血吸虫病中长期规划（2004～2015年）》，年内，会同区疾病预防控制中心，重点做好春季查螺和夏、秋季血防监测工作。春季，共监测查螺26个村，面积192155平方米，其中：河道61630平方米、沟渠27710平方米、塘25540平方米、田地55480平方米、滩21795平方米，未发现钉螺存在。3月，区爱卫办召开浙沪四县（市）血防、爱卫联防工作会议，做好交接班工作。同时，积极做好浙、苏、沪八县市（区）毗邻地区血防联防的各项工作。（孙 贺）

群众体育

■概况 2010年，青浦区群众体育工作以深入贯彻《全民健身条例》为契机，广泛开展丰富多彩的“全民健身与世博同行”活动。全年举办区级群众体育赛事活动27项，各镇、街道举办各类赛事活动80多项。在全区范围内大力宣传贯彻《全民健身条例》，积极推行广播体操，全区工、青、妇等群团组织在各类人群中扎实开展“全民健身与世博同行”活动，进一步推动全民健身运动走进千家万户。加强群众体育组织和设施建设：对全区社会体育指导员队伍进行调查摸底，掌握基本动态，并加大对社会体育指导员的培训力度，提高队伍整体素质；积极推进社会体育指导员社区指导站规范化建设，制定《2010年青浦区社会体育指导员社区指导站评估办法》，加强指导，提升社区指导站的服务能力；进一步规范体育社团建设，体育健身团队呈稳步增长态势；完成区政府实事工程建设任务，“十一五”期间，人均体育场地面积达2.2平方米，80%的行政村实现“一场一点”（即1个球场和1个健身苑点）。完成第三次国民体质监测工作，为促进区全民健身工作提供科学依据。积极开展体质监测进社区、机关活动，支持广大干部群众开展体质测试、体质干预指导和科学健身知识普及等活动。全区各体育场馆、社区公共体育设施和学校体育场地坚持以满足群众健身需求为导向，加强管理，努力为广大群众提供良好的健身场所和优质的健身服务。（林烈培）

■广泛开展全民健身活动 年内，先后举办2010年青浦区迎春长跑健身活动，海宝健身操大赛，社区文体团队展示活动，外商投资企业篮球、足球联谊赛，长三角地区门球和农民篮球邀请赛等一系列群众喜闻乐见的体育赛事活动27项，参与9000多人次。各镇、街道也开展丰富多彩、贴近群众的赛事活动80多项，参与17900多人次。徐泾镇、重固镇还举办镇级运动会。全区有41家单位把开展全民健身活动列入日常工作，工、青、妇等群团组织在各类人群中扎实开展“全民健身与世博同行”活动，进一步推动全民健身运动走进千家万户。（林烈培）

■举办青浦区第三届运动会 以“运动、健康、和谐”为主题的青浦区第三届运动会于4月17日开赛，9月16日在青浦体育中心隆重开幕，11月8日闭幕，历时近8个月。全区11个镇（街道）、25个机关企事业单位和1所高校组建37个参赛代表团，有5673人次参加成年组18个项目和青少年组11个项目的比赛，产生奖牌210枚。（林烈培）

■举办2010“港隆杯”上海世界华人龙舟邀请赛 9月10～14日，在中国龙舟协会和上海市体育局指导下，成功举办2010“港隆”杯上海世界华人龙舟邀请赛。有美国、加拿大、德国、日本、新加坡、菲律宾等国家和中国香港、澳门、台北地区的19支龙舟队、300多名运动员参赛，吸引近万名观众观看。（林烈培）

■完成第三次国民体质监测工作 年内，按照国家体育总局在全国开展第三次国民体质监测工作的要求，成立以分管副局长为组长的国民体质监测领导小组，组建一支18人的体质监测队伍，制订监测方案，落实监测经费，周密组织实施。此次监测共采集幼儿、成年人和老年人3个年龄段、24个年龄组的2460份有效样本，通过对比分析，全面、准确地反映了青浦区五年来国民体质的变化情况，为促进全区全民健身工作提供科学依据。（林烈培）

10月23日，青浦区第三届运动会钓鱼比赛项目在淀山湖西侧金泽镇金龟岛举行（区体育局供稿）

■加强体育场馆开放管理 按照“亲民、便民、惠民”要求，以加强科学管理、安全开放为抓手，切实提高体育场馆的服务质量和服务水平。年内，举办消防安全知识培训讲座，制定公共体育场馆开放突发事件应急预案，并组织开展应急演练，进一步提高安全防范意识。体育俱乐部在更衣室内安装吹风机，在停车场安装隔离护栏，向劳动模范和现役军人免费开放；全年举办游泳培训班5期100个班次，培训学员1600余名，取得良好的社会效益。体育中心训练馆改装灯光110盏，免费为健身群众提供开水，为老年人和青少年学生开设免费开放时段，坚持早开放、晚关闭，进一步提高场馆开放使用率，努力提供人性化服务，全年累计接待健身群众100多万人次，其中免费开放接待健身群众5万余人次。（林烈培）

■巩固学校体育场地开放成果 3月，组织召开体教结合联席会议，就进一步完善体制机制，在硬件设施、财力保障和政策扶持等方面形成合力，推动学校体育设施向社会有序有效开放；制订《2010年青浦区学校体育场地向社会开放工作评估办法（试行）》，确定评估原则、评估方法、实施步骤和奖惩办法。7月28～30日，开展学校体育场地开放情况检查，针对检查中发现的问题，督促各开放学校安排专人加强值班并做好开放记录；加强宣传教育，通过网站、宣传资料及社区宣传栏等渠道，引导广大社区居民文明健身。（林烈培）

竞技体育

■概况 2010年，青浦区竞技体育工作以参战市运会为契机，坚持“选好苗子、打好基础、积极输送、跟踪服务”的指导思想，大力提高人才输送质量，努力探索业余训练和人才培养工作新路子，切实加强体育后备人才培养工作。积极组织参加各级各类体育比赛，以赛促训，在国际国内比赛中均取得优异成绩。积极推进“国家高水平体育后备人才基地”创建工作，成立创建工作领导小组和办公室，加强少体校标准化建设。抓好教练员队伍建设和体育科研工作，继续实施教练员岗位培训和人才引进计划，不断提高教练员人才队伍整体水平。深化体教结合工作，完善体教结合联席会议制度，强化部门职责。合理调整布训项目，形成“小学——初中——高中”一条龙人才训练培养体系。加强对传统学校和布训学校的考核管理，制定《青浦区体育传统（特色）项目

12月6日，上海市第十四届运动会青浦区代表团总结大会召开

学校申报办法》，进一步完善学校体育运动项目布局。（林烈培）

■积极参战上海市第十四届运动会 2010年，青浦区集中力量，采取一系列有效举措参战第十四届市运会。根据参赛任务，明确目标，确立以水上项目为重点，其他项目为突破的指导思想，层层落实责任。市运会青少年组的11个参赛项目，其中赛艇、皮划艇、OP帆船等7个项目由区少体校承担，其他4个项目分别由办训学校和单位承担；大众组16个项目分别由有关镇、街道和体育单项协会组队参赛。区少体校开展暑期集训，通过量化训练指标、科学安排训练计划，切实提高训练水平。同时，主动为教练员、运动员提供各种有利条件，帮助各参赛队伍解决后顾之忧；定期对运动员体能进行监控，为开展科学训练提供依据；合理搭配运动员饮食，确保运动员安心训练。该届市运会，青浦区体育健儿共夺取32.5枚金牌、18.5枚银牌、12.5枚铜牌。（林烈培）

■大力推进“国家高水平体育后备人才基地”创建工作 年内，“国家高水平体育后备人才基地”创建工作领导小组办公室（于上年12月成立），针对各项评估指标要求，认真抓好基础工作，加强少体校标准化建设。同时，抓好教练员队伍建设和体育科研工作，选派教练员参加市级以上培训班和现场观摩比赛，结合各类比赛，定期组织公开教学活动，提高教练员的业务水平。对各队指标实行量化管理，定期检查各队课时计划和周计划，促进训练工作规范化管理。继续实施教练员岗位培训和人才引进计划，年内举办教练员岗位培训班1期，选派3名教练员参加市级培训，新招聘游泳、羽毛球和赛艇教练各1名，不断加强和充实教练员人才队伍。（林烈培）

■增强业余训练发展后劲 年内，区级体育部门加强领导，完善体教结合联席会议制度，进一步明确工作分工，强化部门职责。合理调整布训项目，形成“小学——初中——高中”一条龙人才训练培养体系，确定全区新一轮布训项目。加强对传统学校和布训学校的考核管理，制定《青浦区体育传统（特色）项目学校申报办法》，对全区体育传统学校进行重新申报，进一步完善学校体育运动项目布局。继续深化体教结合工作，年内新成立国家级青少年体育俱乐部4个（累计有11个），切实增强业余训练的吸引力和发展后劲。（林烈培）

社会体育

■概况 2010年，青浦区社会体育管理工作认真贯彻落实《全民健身条例》，围绕中心，服务大局，加大易筋经、五禽戏、六字诀和八段锦等四种健身气功推广力度；组织参加市级健身气功交流比赛大会，进一步推广品牌站点，满足广大群众科学健身需求。加强夏季游泳场所开放监督管理，确保各游泳场所安全有序开放。做好体育彩票销售工作，销量增幅在全市名列前茅。（林烈培）

■体育彩票销售增幅名列市前茅 年内，科学合理设置育彩票销售网点，新增电脑体育彩票销售网点18家，共有销售网点91家；增设体育彩票专管员2人，加强对销售网点的监督管理和业务指导，分期分批开展销售员学习和培训，进一步改善窗口服务形象，优化服务水平。全年销售总量达6677万元，比上年增长83%，增幅在全市名列前茅。（林烈培）

8月8日，2010年“全民健身日”青浦区主题活动暨第三届运动会秧歌比赛举行

（区体育局供稿）

综 述

2010年,青浦区进一步加强社会保障体系建设,坚持广覆盖、保基本、多层次、可持续地推进社会保障体系建设,全区民生方面的财政投入达23.9亿元,占可安排使用收入的26.8%,人民生活保障水平进一步提升。把握民生需求的新变化,制定镇保人员参加"新农合"(即新农村合作医疗)政策,市场化就业和援助性就业协调推进,新增就业岗位30777个,城镇登记失业人数控制在市政府下达指标内。按照市政府部署,提高各类养老金、最低工资、城乡最低生活保障等标准。至年末,全区参加城保单位9997户共92705人,参加镇保单位6117户共58416人。享受城镇养老待遇29814人,享受小城镇养老待遇46338人;享受生育生活津贴及生育医疗补贴待遇2334人;享受工伤保险待遇773人。全区参加医保约61万人,其中:城保约15.2万人、镇保14.8万人、居民医保约7万人、市民医疗互助帮困904人、大学生医保8905人、综合保险约23万人。

2010年,全区有养老机构22家,有养老床位4010张(年内新增500张),入住率33.59%。有爱心送餐服务点10家,500余名老人用餐。全区有631名居家养老服务员和部分志愿者,享受居家养老服务的老人达6687人。实施12项常规救助208874人次,金额6105.2万元;开展节假日临时帮困送温暖救助和对口支援地震灾区。落实对三峡水库移民后期扶持工作,青浦区获"全国水库移民后期扶持工作先进集体"称号。如期发放义务兵优待、补助金,继续调整提高重点优抚对象抚恤补助标准。完成2009年冬季退役士兵接收安置工作,发放安置补助费700多万元。

(陆 明 黄 萍 姚家望)

劳动就业

■概况 2010年,青浦区进一步加大就业再就业工作力度,积极推动创业工作开展,强化技能人才培养,推进社会保障体系建设,依法维护劳动者合法权益,完成《青浦区就业保障"十二五"规划》编制,为全区"十二五"期间就业和社会保障事业的发展指明方向。全区新增就业岗位30777个,完成市政府下达指标25100个的122.6%。其中:非农就业岗位13688个,完成年度指标5000个的273.7%;残疾人就业安置岗位528个,完成年度指标398个的132.7%。城镇登记失业人数始终控制在市政府下达指标6500人之内。青年职业见习769人,完成年度指标600人的128.2%。帮助595人成功创业,完成市政府下达指标500人的119%。职业技能培训9683人,完成年度指标8000人的121%。其中:中高层次培训4468人,完成年度指标4000人的111.7%;高级及以上培训468人,完成年度指标300人的156%。外来农民工培训2849人,完成年度指标2500人的114%。外来从业人员综合保险参保257888人,完成市政府下达指标202000人的127.7%。工资集体协商覆盖职工227257人,完成年度目标200000人的113.6%。

(陆 明)

■实施积极的就业政策 从区内实际出发,落实创业扶持政策,充分发挥开业专家志愿团作用,深入各镇、街道开展创业知识讲座6次。在鼓励企业吸纳就业困难人员、促进创业带动就业、职业(创业)见习、职业技能培训、低收入农户家庭补贴等方面出台多项就业扶持新政策,如《关于进一步加强本区促进创业带动就业的实施意见》(青府办发〔2010〕101号)、《关于进一步推进本区青年职业见习和创业见习工作的实施意见》(青府办发〔2010〕102号)、《关于进一步加强本区职业技能培训工作的实施意见(青府办发〔2010〕103号)和《关于用人单位吸纳就业困难人员给予就业岗位补贴的实施意见》(青府办发〔2010〕100号),并制定相关配套操作细则,确保政策的顺利实施。同时继续做好2009年各项就业扶持政策的宣传落实,并在每季度开展一次集中自查工作,确保整体运行情况良好。

(陆 明)

■搭建就业供需平台 年内,区人保局与区工商联、教育局、团委、工会等多方联动,加大岗位收集力度,并指导各镇、街道结合各自区域特点开发岗位和制定扶持政策。组织开展各类专场招聘会,为劳动者和企业提供双向选择平台。全年举办各类专场招聘会30场次,其中:区级规模大型招聘会12次,联合镇、街道举办18次,有715家用人单位参加,提供招聘岗位3452个,达成录用意向4229人次;举办人才招聘会19场,其中:定期招聘会18场、大型招聘会1场,有587家单位设摊招聘,提供就业岗位4630个,近13700人次进场交

3月27日，青浦区举办的百家企业招聘会现场　　（区人保局供稿）

流洽谈，达成初步意向3195人次。（陆　明）

■创建充分就业社区　年内，在全区范围内开展创建充分就业社区活动，畅通就业信息和援助渠道，充分掌握社区内劳动力资源情况，实施动态管理；积极开展以“就业援助进家入户，帮您解决就业困难”为主题的就业援助月活动，加大对零就业家庭和各类就业困难人员的援助力度，努力使社区总体就业率、就业困难人员安置率、零就业家庭安置率、就业困难高校毕业生就业率等指标都达到创建要求。全年全区认定就业困难人员244人，撤销35人，其余人员均在规定时间内予以妥善安置，动态安置率100%。认定零就业家庭11户，已全部安置。（陆　明）

■推进大学生就业工作　9月10日～10月10日，举办以“服务就业、成就人才”为主题的高校毕业生就业服务月活动，区、镇两级连续开展多次针对大学生的专题招聘会和职业指导讲座。强化就业援助工作，帮助区内历届离校未就业且家庭困难的大学生全部实现就业；结合新出台的优惠政策，不断做好青年见习工作，切实提高见习后就业率。至年底，全区2010届高校毕业生人数为2452人，已实现就业及升学、出国的有2038人，就业率为94.7%。（陆　明）

■规范人力资源市场　年内，区人保局联合区公安局、区工商行政管理局派出1565检查人次，对区内85家持有许可证的人才中介、职业中介、家庭劳务中介机构进行规范运行情况检查，向符合条件的机构换发统一的人力资源服务许可证，取缔非法中介229家，有效推进人力资源服务市场的规范运行。（陆　明）

■开展中高层次职业技能培训　按照“校企合作、产学结合、半工半读、定向培养”的方针，进一步健全区校企合作培养制度，加大培养力度，年内上海工商信息学校87名学生通过校企合作培养模式获得数控机床工（中级）国家职业资格证书。积极组织开展职业技能竞赛，结合世博会的召开，区人保局联合区总工会举办以“服务世博、提升技能、促进就业”为主题的2010青浦区职业技能竞赛活动，有174名选手参赛，81人获中级国家职业资格证书，32人获高级国家职业资格证书，1人获技师国家职业资格证书。推出家政服务从业人员上岗培训项目，全年有100名人员培训合格。（陆　明）

■完善培训机构管理　年内，结合区产业发展方向和特点，审批增加中级培训专业4个、高级培训专业3个。强化培训督导工作，委托有资质的职业培训评估机构对全区所有政府补贴班级进行日常督导，进一步提高督导的准确性和客观性。同时加大对培训机构的管理，对2家网检结果不合格的机构要求限期整改。（陆　明）

■做好工伤认定工作　年内，坚持疑难重大案件、工作难点集体讨论制度，确保认定工作质量。世博期间开通“绿色通道”，根据部分企业实际情况，将调查笔录现场放到企业，实行专场服务，共开设工伤专场36次，服务企业42家，认定工伤员工423人。全年办结工伤认定案件6116件，比上年增长20%；劳动能力鉴定案件3044件，比上年增长16.8%。（陆　明）

■推进工资集体协商工作　年内，在市

职业技能服装裁剪培训现场　　（区人保局供稿）

政府下达工资集体协商覆盖职工 18.50 万人指标的基础上，自行加压，确定全区全年覆盖职工 20 万人，努力推进企业集体合同的订立和工资集体协商机制的建立，并积极推动行业性、区域性集体协商工作。全年共召开 3 次工资集体协商现场观摩会。（陆　明）

■开展劳动合同专项检查活动　3～5 月，在全区范围开展劳动合同签订和履行情况专项检查活动，对全区企业的用工情况进行全面排查摸底，督促各类企业全员签订和依法履行劳动合同，重点对辖区内中小企业、租赁企业和劳动密集型企业开展检查。全年全区有小企业 6881 户，员工总数 228944 人，劳动合同签订率为 95.6%。（陆　明）

■强化劳动保障监察　年内，集中开展农民工工资支付情况、维护女职工权益、清理整顿人力资源市场秩序、整治非法用工打击违法犯罪等专项检查活动，有效保障劳动者合法权益；做好对全区各类企业定期排摸及时汇总上报工作，实施分类监管和重点监控，通过协管队直接上门指导服务，经常性排摸拖欠工资及关、停、并、转、迁、匿等用人单位的情况，确保突发性、群体性劳资纠纷的可控和及时处置。全年上门监察用人单位 1816 户，立案 763 户，处理处罚 76 户，为劳动者追索各类欠薪欠保 2785.71 万元，涉及 24708 人。（陆　明）

■做好劳资纠纷调解　年内，进一步强化基层调解组织建设，要求各镇（街道）明确工作职责，配备专职调解员，落实调解室和工作场地，规范劳资纠纷调解程序。坚持实行劳动纠纷调解季度工作例会制度，组织开展专题业务培训，不断提高调解业务水平。9 月，区人保局和区总工会联合下发《关于在企业中加强劳动争议调解组织建设的通知》，要求 3 年内全区 80% 的建会企业建立调解组织。全年各镇（街道）受理劳动纠纷调解 3893 起，比上年增长 53.6%；调解成功 3135 起，成功率为 80.5%，比上年上升 8 个百分点；为劳动者追索各类欠薪欠保款项等 1989.6 万元。（陆　明）

■依法及时处理劳动争议　春节前后，认真贯彻落实国务院办公厅紧急通知，做好春节前劳动争议处理工作，特别是涉及农民工拖欠工资的劳动争议案件，做到快立、快审、快结。针对劳动争议纠纷群体化、多样化趋势明显的特点，进一步加强人保、司法、工会及镇（街道）等部门的沟通协调，形成处理劳动争议纠纷的合力，有效分流案件。继续按照“调裁结合、以调为主”原则，将调解作为劳动争议处理的主要方式，提高调解结案率和成功率。全年受理劳动争议案件 2298 件，比上年下降 37.8%。其中 5 人以上的集体争议 37 起、554 件；办结案件 2360 件（包括上年遗留案件），其中通过调解和调解后撤诉的有 1018 件，调解率 43%，比上年上升 7 个百分点。（陆　明）

社会保险

■概况　2010 年，全区城保参保单位 9997 户共 92705 人，镇保参保单位 6117 户共 58416 人。享受城镇养老待遇 29814 人，其中年内新增 1904 人；享受小城镇养老待遇 46338 人，其中年内新增 5710 人；享受生育生活津贴及生育医疗补贴待遇 2334 人；享受工伤保险待遇 773 人。全年办理外来人员参保户数 987 户共 5728 人。

2010 年，全区医保工作紧紧围绕“以人为本、至善至诚”的医保服务宗旨，为广大人民群众提供高效、便捷、周到、满意的服务。至年底，全区医保参保人数总计约 61 万人，其中：城保约 15.2 万人、镇保 14.8 万人、居民医保约 7 万人（包括高龄无保老人 875 人、老年遗属 402 人）、市民医疗互助帮困 904 人、大学生医保 8905 人、综合保险约 23 万人。（黄　萍　陆　明）

■城镇企事业单位退休人员基本养老金标准调整　1 月 1 日起，对上海市 2009 年年底前已按城镇养老保险规定办理退休（退职）手续，并按照企业、事业单位办法计发基本养老金（生活费）的人员，增加养老金（生活费）。先每人每月增加 90 元，再按照本人工作年限，每满 1 年增加 1 元，上述两项合计每人每月增加基本养老金不足 100 元的，补足 100 元。按上述规定增加养老金后，2009 年 12 月底以前年满 70 周岁，且基本养老金（生活费）不到 2000 元（含按沪人〔2001〕161 及 169 号、沪府办发〔2003〕49 号、沪人〔2007〕8 号文件规定增加的“补充养老金”，下同）的人员，再按下述办法增加基本养老金（生活费）：满 70 周岁不满 75 周岁（1935 年 1 月 1 日～1939 年 12 月 31 日期间出生）的人员，每人每月增加 40 元；满 75 周岁不满 80 周岁（1930 年 1 月 1 日～1934 年 12 月 31 日期间出生）的人员，每人每月增加 60 元；满 80 周岁及以上（1929 年 12 月 31 日及以前出生）的人员，每人每月增加 80 元。上述人员按照规定增加后的月基本养老金最高不超过 2000 元。

按照企业办法计发并增加基本养老金（生活费）的企业退休人员，每人每月再增加 30 元基本养老金（生活费）。按上述规定增加养老金后，2009 年 12 月底前男性满 65 周岁、女性满 60 周岁的人员，月基本养老金（生活费）不到 1300 元的，每人每月增加基本养老金 30 元，增加后的月基本养老金最高不超过 1300 元。（黄　萍）

■小城镇社会保险领取养老金人员增加养老金　1 月 1 日起，对上海市 2009 年底前已按小城镇社会保险相关规定办理按月领取养老金手续的人员增加养老金，每人每月增加 70 元。2010 年办理申领养老金手续的参保人员，每人每月增加 30 元养老金，并从其实际领取养老金之月起执行。（黄　萍）

■离退休（职）人员元旦、春节一次性生活补助费发放　参加上海市城镇养老保险，于 2009 年底前办理离退休（职）手续的人员，年龄在 80 周岁及其以上的人员，补助每人 150 元；男性 70 周岁及其以上、女性 65 周岁及其以上，且月养老金不到 850 元的人员，补助每人 100 元；离休干部、中华人民共和国成立前参加革命工作并符合原劳动人事部劳人险（1983）3 号文规定，享受原工资 100% 退休费的老工人、两航起义人员、招商局驾船起义人员（指持有中国海员工会核准颁发的起义船员证书者），补助每人 100 元；其他退休（职）人员补助每人 50 元。以上各类人员补助不重复享受，并按就高标准执行。参加上海市小城镇社会保险，并于 2009 年底前办

理按月领取养老金手续的人员，补助金额每人为50元。（黄　萍）

■企业退养人员、精减退职回乡老职工死亡后配偶生活补助费标准调整　1月1日起，超过法定退休年龄，不符合退休（职）条件，历年来由单位按月发给生活费的退养人员（不含征地养老人员）的生活费标准在原基础上提高66元。精减退职回乡老职工死亡后，其配偶的生活困难补助标准每月在原基础上提高46元。（黄　萍）

■企业退休具有高级职称的科技人员等特殊对象“专加”养老金　1月1日起，上海市2009年按城镇养老保险规定办理退休（职）手续、按照企业办法计发并增加基本养老金的高级专业技术人员（含高级政工师，下同）和高级技师，可按照《关于对本市企业具有高级职称的退休科技人员等特殊对象“专加”养老金的通知》（沪劳保养发〔2006〕44号）规定的标准，通过审批、申领程序享受“专加”养老金。企业2009年底前年满70周岁且已按照沪劳保养发〔2006〕44号等相关文件规定“专加”养老金的高级专业技术人员和高级技师，再按以下办法增加养老金：具有（比照）正高级职称的，每人每月增加500元；具有（比照）副高级职称的，每人每月增加300元；高级技师，每人每月增加200元。上述人员具有（比照）多项高级专业技术职称的，不重复享受。（黄　萍）

■企业退休的市级以上劳动模范“专加”养老金　对2009年按城镇养老保险规定办理退休（职）手续、按照企业办法计发并增加基本养老金的市级以上劳动模范，每人每月增加基本养老金200元。2009年年底前年满70周岁，且已按照沪劳保养发〔2007〕8号等相关文件规定“专加”养老金的市级以上劳动模范，每人每月再增加基本养老金200元。企业退休的市级以上劳动模范同时符合具有高级职称等多种“专加”养老金条件的，“专加”养老金标准就高执行，不重复享受。（黄　萍）

■工伤人员伤残津贴和生活护理费标准调整　4月1日起，对上海市致残一级至四级工伤人员的伤残津贴和生活不能自理工伤人员的生活护理费标准进行调整。伤残津贴：致残一级增加250元/月，致残二级增加230元/月，致残三级增加220元/月，致残四级增加200元/月。调整后的最低伤残津贴标准为：致残一级3210元/月，致残二级3030元/月，致残三级2850元/月，致残四级2670元/月。生活护理费：生活完全不能自理的增加130元/月，生活大部分不能自理的增加110元/月，生活部分不能自理的增加80元/月。调整后的生活护理费标准为：生活完全不能自理的调整为1780元/月，生活大部分不能自理的调整为1430元/月，生活部分不能自理的调整为1070元/月。（黄　萍）

■因工死亡人员供养亲属抚恤金调整　4月1日起，对上海市因工死亡人员供养亲属增加抚恤金每人每月40元。（黄　萍）

■做好参保人员跨省市流动就业的保险关系转移衔接工作　1月1日起，执行国办发〔2009〕66号文，对参保人员跨省流动就业的，由参保所在地社会保险经办机构开具参保缴费凭证，其基本养老保险关系随同转移到新参保地。但对男性年满50周岁和女性年满40周岁的，在原参保地继续保留基本养老关系，同时在新参保地建立临时基本养老保险缴费账户，记录单位和个人全部缴费。参保人员达到基本养老保险待遇领取地条件的，其在各地的参保缴费年限合并计算，个人账户储存额（含本息）累计计算；未达到待遇领取年龄前，不得终止基本养老保险关系并办理退保手续；其中出国定居和到香港、澳门、台湾地区定居的，按国家有关规定执行。2010年，区中心受理外省（直辖市）人员开出缴费凭证90人，转往外省市3人。（黄　萍）

表63　**2010年青浦区社会保险缴费基数调整情况表**

种　类	缴费基数（元）	养老保险		医疗保险		失业保险		生育保险	工伤保险
		单位	个人	单位	个人	单位	个人	单位	单位
机关、企事业单位、社会团体	2140～10698①	22%	8%	12%	2%	2%	1%	0.50%	0.50%
个体工商户	2140～10698	个体业主缴22%	个人（包括业主自己）缴8%	个体业主缴7%，个人（包括业主自己）缴1%②；或个体业主缴12%，个人（包括业主自己）缴2%③		个体业主缴2%	个人（包括业主自己）缴1%	0.50%	0.50%
自由职业者	2140～10698	30%	8%② 或14%③			/		/	/
非正规劳动组织从业人员	1120或 2140～10698	30%	14%			3%		0.50%	0.50%

说明：①单位职工个人缴费基数按照实际工资性收入申报，下限为2140元，上限为10698元；单位按照本单位职工个人缴费基数之和确定。

②享受住院大病医疗保险待遇。

③享受城镇职工基本医疗保险待遇（2010年11月起，新参保者统一为14%）。

④小城镇社会保险缴费基数2140元；外来从业人员缴纳综合保险费基数2140元。

本标准执行期为2010年4月1日～2011年3月31日。（黄　萍）

■适度调整农村社会保障待遇 从青浦区实际出发，调整2010年度农保单位和个人缴费标准，并对2010年度农保退休人员、征地养老人员、原乡镇办企业中原居民户口退休(职)人员和未参保老年农民及未参保自理口粮户老人的养老标准作出适度调整。其中农保基础养老金从每人每月305元的调整为340元，征地养老人员生活费发放标准从每人每月625元调整为695元，原乡镇办企业中原居民户口退休(职)人员根据年龄不同养老金标准每月增加90元~150元不等，未参保老年农民及未参保自理口粮户老人养老补贴标准每月增加20元。 (陆　明)

■推进农保缴费卡工作 年内，根据新农保政策实现个人按年缴费、个人银行卡扣缴方式的要求，着重推进全区农保缴费卡的发放和运行，完成制卡、签约、下发等各项工作，并在全区范围内正式实施银行卡扣缴保费。至年底，有21460人成功扣缴保费，涉及金额1502万元。 (陆　明)

■做好镇保管理 配合赵巷、华新等街镇，妥善办理974名失地农民纳入镇保工作，并认真做好2010年度镇保缓缴资金的测算督促工作，确保按时足额上缴。结合青浦区实际，对征地养老人员死亡后增发一次性6000元经济补助。 (陆　明)

■加大综合保险工作力度 3月，在全区开展以“服务进城务工，共迎世博盛会”为主题的“春风行动”，大力宣传综合保险政策。深入企业调查摸底，全面掌握单位用工信息，加强用工登记工作。清理综保系统内长期欠缴及迟缴的单位，由劳动监察查处，不断提高征缴率。提升服务内容，开设区、镇(街道)两级来沪人员就业服务窗口，为外来人员提供公益性就业服务。 (陆　明)

■强化医保基金监管 全年完成参保人员“两个异常”审核17例，违规1例，未追款；预审住院高额费用97例，其中家庭病床33例，审核扣除基金不合理支付费用3.54万元。开展定点医药机构检查2次，追回基金不合理支付费用4.19万元；协助市医保监督所开展检查，检查定点医药机构6家次。每月对各定点医疗机构开展医药机构药品编码及甲乙类审核工作，审核扣除基金不合理支付费用14.71万元。 (陆　明)

■医保服务进医院工作全面铺开 2月1日起，医保服务进医院工作在全区11个镇、街道全面铺开。每周一上午，各医保服务点都选派专管员到各自社区卫生服务中心设台服务，接受参保人现场咨询，向定点医疗机构和参保人“零距离”宣传医保政策和办事须知。 (陆　明)

■规范医保费用结算申报流程 针对长期以来青浦区定点医药机构医保费用结算管理较松散、日对账通过率和一次结算成功率较低的情况，区医保中心于年初制定实施《青浦区定点医药机构医保费用结算管理规范》，对结算单位实行定岗、定人、定时的“三定”规则，规范结算申报流程，推出奖惩制度和内部评比制度，并将评比结果与总控指标分配挂钩，从源头上治理申报结算中的不规范现象，有效提高区内医保费用结算申报工作质量。 (陆　明)

社会福利

■概况 2010年，区政府继续关注、关心社会福利事业，积极推动养老服务设施建设，不断完善为老助老服务体系。7月，区政府出台《青浦区养老机构管理实施办法》。年内，完成新增养老床位500张，新设1个社区老年人助餐服务点，新建1家老年人日间服务中心的市政府实事项目。至年底，全区养老床位有4010张。五保供养工作进一步制度化和规范化，区民政局被国家民政部评为全国农村五保供养工作先进单位。赵巷、徐泾、夏阳街道等6所敬老院实施“霞光计划”改造，共投入经费708万元。开展为老服务人员招聘和上岗培训工作，完成为6300名对象提供养老服务预定目标。完成2名孤儿回归社会安置工作。

2010年，全区有社会福利企业130家(其中：新办6家、注销6家)，共安置残疾职工3341人(其中年内新安置105人)；实现销售收入20.88亿元，比上年增长38.7%；利税总额0.89亿元，比上年增长62.2%。

福利彩票销售势头良好，电脑型福利彩票销售8342万元，同比增长13.3%；即开型彩票销售1733万元，比上年增长50.3%。

三峡移民安置扶持工作遵循“迁得出、稳得住、逐步能致富”的原则，落实大中型水库移民后期扶持结余资金建设项目，全力做好移民的稳定和后期扶持工作。11月，青浦区被国家水利部评为全国水库移民后期扶持工作先进集体。 (姚家望)

■社会福利事业社会办 区领导高度关注全区社会人口老龄化程度不断加大的严峻现实，高度关注老年群体的生活，积极践行政府和社会力量共同参与的方针，缓解养老服务需求和供给之间的矛盾。年内，新开办上海青浦区香花苑敬老院和上海亚莱菲康颐院，超额完成市府实事下达新增养老床位的指标。至年底，全区有养老机构22家，共有养老床位4010张，入住1347人，入住率达33.59%。其中：政府办13家，床位1601张，入住老人870人，入住率达54.34%；社会力量办9家(占全区养老机构数的40.91%)，床位2409张，入住老人477人，入住率仅19.80%。完成对精神病人日间照料中心11家的验收和登记工作。 (姚家望)

表64　　**2010年青浦区养老机构情况表**

序号	机构名称	地　址	联系电话	核定床位数(张)	年底入住数(人)
1	夏阳街道敬老院	公园路2026弄22号	59716490	50	41
2	徐泾镇敬老院	徐泾镇明珠路305号	59762610	178	28

续表 64

序号	机构名称	地　址	联系电话	核定床位数(张)	年底入住数(人)
3	朱家角镇敬老院	朱家角镇沈巷路 246 号	59835126	220	167
4	重固镇敬老院	重固镇福泉西路 728 号	59785431	78	46
5	盈浦街道盈中敬老院	胜利路 539 弄 18 号	59204970	100	96
6	练塘镇敬老院	朱枫公路 10 号	59250699	84	56
7	练塘镇蒸淀敬老院	蒸富路 288 号	59820630	62	50
8	金泽镇敬老院	锦商公路田图港南侧	59281139	221	67
9	赵巷镇敬老院	赵华路 470 号	59754542	90	48
10	白鹤镇敬老院	外青松公路 2980 弄 33 号	59740370	75	63
11	盈浦街道敬老院	青屯路 500 号	59204336	58	48
12	香花桥街道敬老院	青赵路 5701 号	59222386	122	38
13	华新镇敬老院	华新镇华强街 495 号	59794215	263	122
14	上海健乐颐养园	庆丰路 888 号	69209681	714	169
15	上海青浦西湖老年公寓	朱家角西湖新村 30 号楼	59245535	60	32
16	青浦塔湾新天地颐养院	沪青平公路 5251 号	59721990	218	155
17	上海中福会养老院	公园东路 1126 号	69719831	390	100
18	上海盈康养老院	大盈路 488 号 13 街坊	59224182	335	21
19	上海青浦区香花苑敬老院	华青路 1099 号	13916331136	181	—
20	上海亚莱菲康颐院	北青公路普光路 209 号	13801697998	158	—
21	上海青浦区颐仁苑养老寓	河畔路 238 号		203	—
22	王仙农业生态园	王仙村		150	—
合计	22 家			4010	1347

（姚家望）

■开展多种形式的养老服务　年内，开展“居家养老”需求工作调研和检查，申报青浦区为老服务培训基地和带教实习基地，完成居家养老信息化管理系统，完成全区养老机构基础信息输入工作，制订养老机构信息化建设工作目标，进一步做好养老服务。至年底，全区建有 4 家老年人日间服务中心，供部分老人享受日间照料服务；有爱心送餐服务点 10 家，为 700 多名居家老人提供助餐服务，有 500 余名老人用餐。全区有 631 名居家养老服务员，为 2540 名享受政府居家养老服务补贴的老年人服务，并按照料等级发放补贴费；另有志愿者为 4147 名老人开展居家养老服务。全区享受居家养老服务的老人达到 6687 人。（姚家望）

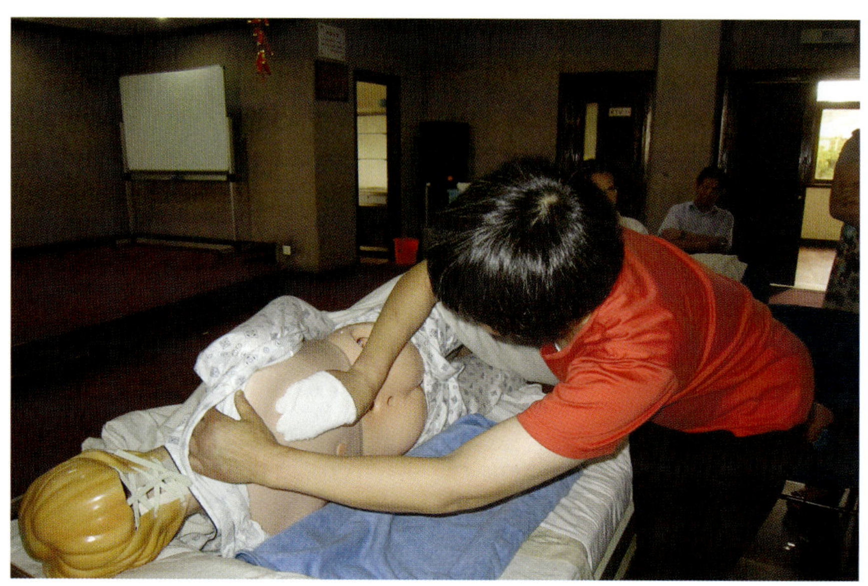

对居家养老服务员进行培训　（区民政局供稿）

■提升养老机构服务水平　2010 年，青浦区被定为养老机构标准建设试点单位。区民政局与市福利中心、市社会福利行业协会和区技监局联合开展养老机构标准建设调研，组织编制《青浦区为老服务事业发展十年规划》。超额完成市府实事工程新增床位 500 张任务，完成“霞光计划”改建工程并通过验收。完成 17 家养老机构意外责任保险参保

区四套班子领导与“蓝天下的至爱”捐助企业代表合影留念　（区民政局供稿）

工作，完成区级社会福利院选址并向区发改委申报区级社会福利院项目。制定《青浦区养老机构管理办法》和《青浦区老年人日间服务中心管理办法》。指导全区养老机构参加文明行业创建并向社会公开承诺，对全区13家政府办养老机构工作人员进行培训，持证上岗，参加培训196人（合格率达99%）。委托中介审计机构对社会办养老机构进行审计。与消防部门协作开展2010年社会福利机构消防安全大检查。

社会救助与慈善事业

■概况　2010年，区政府继续加强社会救助，积极动员、广泛发动各方参与慈善事业，进一步提升慈善救助工作宣传力度。4月，城镇低保标准提高到月人均450元，农村低保标准提高到年人均3600元。12项常规救助208874人次，金额6105.2万元。2010年春节期间开展帮困送温暖活动，救助39706人次，金额2149.36万元。世博会、国庆期间给予部分民政救助对象、支内回沪人员发放一次性生活补助273.83万元。推进社会救助体系建设，与区内18个职能部门沟通、协调，拟订青浦区社会救助帮困“一口上下”（即：救助对象通过一个口子向上级申请救助，经核准后，仍由原口子发放救济金）《项目汇总表》（68项救助项目）、《青浦区社会救助帮困工作相关单位职责分工》等文件，并做好“一口上下”社会救助系统平台建设准备工作。开展市民综合帮扶，对3592人次的低保和低收入家庭开展教育救助、医疗救助、临时救助等，发放帮扶资金373.15万元。完成19户申请廉租房家庭经济收入状况比对工作，完成34户农村贫困户危旧房翻建和修缮。12月起，全区开通新农合“医卡通”民政医疗救助系统，在全市率先实行农村医疗救助“一站式（前置性）服务”机制。

开展“蓝天下的至爱”慈善募捐活动，募得善款6639.21万元。为玉树地震募得捐款404.9万元。积极实施助学、助困、助医等慈善公益性项目，发放各类慈善救助资金2652.86万元。

扎实做好世博期间城市流浪乞讨人员救助管理工作，救助街头流浪人员376人。　（姚家望）

■12项常规社会救助　至年底，全区城镇低保家庭2934户，比上年增加330户；保障对象5714人，比上年增加615人。农村贫困户987户，比上年增加180户；保障对象2198人，比上年增加244人。全年对城镇低保、实物救助、重残无业、重残无业困难补助、农婚知青、支内回户、粮油卡、粮油券、医疗救助、居民医保、农村低保、临时救助等12项常规救助金额6105.15万元，救助对象208874人次。　（姚家望）

表65　**2010年青浦区社会救助情况表**

<table>
<tr><th>序号</th><th>种类</th><th colspan="7"></th><th>人数（次）</th><th>金额（元）</th></tr>
<tr><td rowspan="3">1</td><td rowspan="3">城镇低保</td><td rowspan="2">户数（次）</td><td rowspan="2">家庭人数（次）</td><td rowspan="2">实际领取人数（次）</td><td colspan="2">职工家庭</td><td colspan="2">失业人员</td><td rowspan="3">65923</td><td rowspan="3">20987705</td></tr>
<tr><td>人次（次）</td><td>金额（元）</td><td>人次（次）</td><td>金额（元）</td></tr>
<tr><td>33652</td><td>74532</td><td>65923</td><td>24333</td><td>5405070</td><td>41590</td><td>15582635</td></tr>
<tr><td>2</td><td>实物救助</td><td colspan="7"></td><td>6808</td><td>272320</td></tr>
<tr><td rowspan="2">3</td><td rowspan="2">重残无业</td><td colspan="2">居民（人次）</td><td>金额（元）</td><td colspan="2">农民（人次）</td><td colspan="2">金额（元）</td><td rowspan="2">29599</td><td rowspan="2">10427863</td></tr>
<tr><td colspan="2">11482</td><td>6309804</td><td colspan="2">18117</td><td colspan="2">4118059</td></tr>
<tr><td>4</td><td>协保</td><td colspan="7"></td><td>29599</td><td>706800</td></tr>
<tr><td>5</td><td>农婚知青</td><td colspan="7"></td><td>12</td><td>9900</td></tr>
<tr><td>6</td><td>支内回沪</td><td colspan="7"></td><td>5068</td><td>2545438</td></tr>
<tr><td>7</td><td>粮油卡</td><td colspan="7"></td><td>12289</td><td>553005</td></tr>
<tr><td>8</td><td>粮油券</td><td colspan="7"></td><td>617</td><td>9255</td></tr>
<tr><td>9</td><td>医疗救助</td><td colspan="3">申报金额（元）</td><td colspan="4">25980138.8</td><td>2070</td><td>13257320</td></tr>
</table>

续表 65

<table>
<tr><th>序号</th><th>种类</th><th colspan="8"></th><th>人数(次)</th><th>金额(元)</th></tr>
<tr><td>10</td><td>居民医保</td><td colspan="8"></td><td>58</td><td>13770</td></tr>
<tr><td>11</td><td>农村低保</td><td colspan="8"></td><td>25395</td><td>1425428</td></tr>
<tr><td rowspan="2">12</td><td rowspan="2">临时救助</td><td colspan="4">生活救助</td><td colspan="4">医疗救助</td><td rowspan="2">31436</td><td rowspan="2">10842750</td></tr>
<tr><td>人数(次)</td><td>25777</td><td>金额(元)</td><td>8387350</td><td>人数(次)</td><td>5659</td><td>金额(元)</td><td>2455400</td></tr>
<tr><td></td><td colspan="9">合　　计</td><td>208874</td><td>61051554</td></tr>
</table>

（姚家望）

■做好节假日期间帮困送温暖工作 根据国家、市、区各级领导的要求，区民政局以“迎世博、惠民生、促和谐”为主题，深入开展帮困送温暖工作，在迎世博氛围中营造社会和谐，确保困难群众度过欢乐、祥和的中华民族传统节日。春节前夕，区领导分11路指导各镇、街道开展帮困送温暖工作，走访慰问烈军属、老劳模和困难家庭等；全区科级以上干部开展一对一结对帮困，为困难家庭送钱、送物、送关怀、送岗位。市民政局为全区3156户(6787人)城乡低保家庭发放节日补助券，在指定商店领取价值150元的粮油等制品，计47.76万元。区民政局为全区农村807户贫困户发放一次性节日补助费76.9万元(每户800元～1000元，残疾家庭1200元)，为2508户城镇低保户发放一次性节日补助费209.92万元(每户800元～1000元，残疾家庭1200元)，对165户农村小乡干部，市级以上老劳模、先进工作者、“三八红旗手”中的困难户，发放一次性节日补助金每户1600元，共26.4万元。对2009年度享受医疗救助的低保和低收入家庭，以及慢性病门诊困难人员列入生活救助、医疗救助范围，给予一次性救助共5659人次，计245.54万元；对支援外地建设退休(职)回沪定居享受分档帮困补助的367户家庭，按每户给予一次性300元节日补助，计11.01万元；区民政局发放专项补贴56.54万元，其中：40万元用于医疗救助的资金缺口、10万元用于全区养老机构在院老人节日慰问、6.45万元用于全区117名少数民族困难帮扶对象；春节期间为全区3320户城乡低保家庭发放实物救助，每户发放价值约350元慰问品，计116.2万元；对春节期间救助管理站滞留对象等给予每人每天50元补助。区市民帮困基金对政策未覆盖到的困难群体进行帮困送温暖175万元。春节期间，区民政系统帮困送温暖共支出933.79万元。（姚家望）

■全面实施春节期间相关救助 春节期间，区民政局全面部署，要求各镇、街道为享受定期抚恤和定期定量补助对象每人补助390元，计34.28万元；对2792位民政特殊救济对象、农村贫困户中不可扶对象和散居五保老人每人发放300元，计83.76万元；对6户城保、镇保月养老金偏低且无子女的“一老养一老”家庭，每户补助300元，计0.18万元；对社会救助对象中155位“三无”对象和其他御寒困难救助对象，实施冬令御寒补助，每人230元，计3.57万元。区人保局对300位登记失业困难人员给予一次性补助，发放补助金8万元。工会重点做好困难职工、退休职工、困难劳模帮困工作，共帮困485人，计35.1万元。区残联走访残疾困难家庭并发放慰问金，计102.87万元。市慈善基金会对特困家庭学生发放一次性助学帮困金32万元。区慈善基金分会开展助学、助困活动，受益150人，救助金额22万元；对1230户按政策实施救助后仍有严重困难和政策未覆盖到位的困难家庭，进行一次性助困，发放助困金43万元。区红十字会开展“千万人帮千万家”活动，帮助800多人次，助困金50万元。区妇联为390名特困事实孤儿、46名妇科重症病人、23名特困“三八红旗手”帮困。区团委组织开展“青春世博”点亮百个小心愿送温暖行动，为辅读学校学生送温暖、献爱心。区宗民办开展对少数民族春节帮扶活动。（姚家望）

■对地震灾区开展对口支援活动 春节期间，为四川省都江堰市青城山镇(2009年起青浦区与都江堰市青城山镇结对)城镇低保、农村低保、农村五保、困难优抚对象、两残一孤、地震遇难(失踪)人员、震后居住在板房内的困难家庭、震后生育困难家庭、80岁以上老人、其他特困人员共10类、1632户家庭送温暖，发放价值150元的年货，惠及3212人。（姚家望）

■及时调整救助标准 4月1日起，社会救助力度加大，社会救助内涵不断拓展，城镇低保标准从每人每月425元增至450元，农村低保标准从每人每年3400元增至3600元；传统救济人员定期补助标准亦有所调整，农村最低生活保障金继续实行按月发放，即年家庭最低生活保障救助金按月折算，并取整数发放，余额部分于当年度12月发放时一次结清。（姚家望）

■开展城乡居民最低生活保障救助 至年底，全区有城镇居民最低生活保障覆盖对象2934户共5714人，全年发放保障金2098.77万元；有农村最低生活保障覆盖对象987户共2198人，全年发放保障金142.54万元；救助重残无业人员29599人次，救助金额1042.79万元；重残无业困难补助29599人次，补助金额70.68万元；救助农婚知青12人次，0.99万元；救助支内回沪人员5068人次，254.54万元；发放粮油卡12289张，55.30万元；发放粮油券617张，0.93万元；医疗救助2070人次，救助金额1325.73万元；居民医保救助58人次，金额1.38万元；临时救助(包括生活救助和医疗救助)31436人次，救助金额1084.28万元。全年翻建农村贫困户

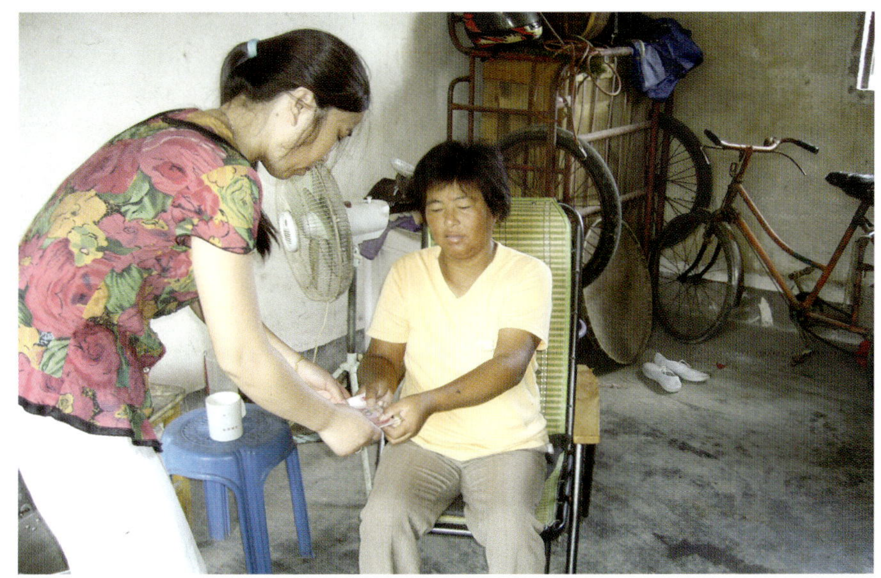

工作人员走访慰问困难家庭 （区民政局供稿）

危房34户（由建交委执行）。世博期间，为部分民政对象、支内回沪人员7735人（户）次，发放一次性生活补助155.48万元。国庆期间，给予部分民政对象7062户，发放一次性生活补助118.35万元。 （姚家望）

■社会力量积极参与社会救助工作 年内，区政府把社会救助工作放到确保民生得到持续改善、确保社会和谐稳定的高度给予关注和支持，区四套班子领导、全区科级以上干部与贫困家庭开展一对一结对帮困，各镇（街道）、村干部也踊跃参与一对一结对帮困活动。全年区、镇两级共筹集市民帮扶资金249.5万元，其中：区级191.11万元、镇级58.39万元。累计筹集资金2967.88万元，其中：区级1270.66万元、镇级1697.22万元。2010年，为政策未覆盖困难群众发放帮扶资金373.15万元，其中：区级235.05万元、镇级138.1万元。 （姚家望）

■全力做好世博期间救助管理工作 区救助管理站根据上海市世博救助管理工作方案，制订青浦区救助管理工作实施方案和总体安排，树立参与世博、服务世博、奉献世博的工作理念，成立由民政、公安、城管共同参与的专职救助服务队，重点加强世博期间救助管理工作，加大对生活无着、流浪街头人员的巡视和救助力度，使救助工作更趋规范化、程序化。全年救助生活无着、流浪街头人员376人；支付救助人员医疗费67.51万元，其中：120救护车费0.38万元，24名大、重病人住院费2.07万元，48名痴呆和精神病人住院费65.06万元。区救助管理站荣获市世博会救助管理工作世博平安奖，1人被评为市级世博工作优秀个人，3人被评为区世博工作优秀个人。 （姚家望）

■加强福利彩票的发行工作 2010年全区有电脑福利彩票网点106个，其中新增示范型网点32个；销售电脑福利彩票8342.44万元，比上年增加974.74万元；销售即开型福利彩票1733.55万元，比上年增加580.05万元。区福利彩票发行中心获市2009年度福利彩票组织工作奖。 （姚家望）

■做好募捐救助稳定社会 年初，一年一度"万人帮、帮万家，让特困家庭过好年"的"蓝天下的至爱"募捐活动，共募集善款6639.21万元（全年实际到账数），比上年增加6486.71万元。区慈善基金分会为玉树抗震救灾筹集捐款243.3万元，为舟曲灾区募集捐款17.59万元。全区21个经常性捐赠点全年接收"送温暖"捐赠物资8094件，接受企业捐赠物品价值64.80万元，转发给敬老院、困难群体、民工子弟学校。社区居委会和"两新组织"组织志愿者队伍，开展送医、送药、送生活用品和医疗、健身器材进社区、敬老院，营造"安老、扶幼、助学、济困"的慈善氛围。

年内，区慈善基金分会用于慈善救助2652.86万元，其中：发放专项基金577万元，下发各镇、街道补助款1376.77万元，慈善助学250人共47.2万元，合作医疗大病救助300人共45万元，元旦、春节助困800户共32万元，春节专项慈善助困300人共43万元，慈善助医376人共68.3万元，春节送温暖专项补助400万元，尿毒症专项补助380人共11.23万元，贫困老人白内障复明250人共80万元（青浦分会承担的25%费用），安装慈善健康通123户共1.56万元，发放慈善医疗救助卡1016张共50.8万元。 （姚家望）

市政协主席冯国勤向农民工子女学校学生赠送校服和字典 （区民政局供稿）

■积极探索慈善救助新路子 区慈善基金分会建立慈善救助工作管理网络，加大慈善救助工作的宣传力度，与区红十字会、老年基金会青浦分会、区教育基金会联合主办慈善季刊《青浦慈善》(9月出创刊号，年内印发2期)进一步提升青浦区慈善救助工作宣传力度。同时，调动和发挥由区内大型企业捐资的13个专项基金的积极性，其中：成立最早的“百草缘”专项基金年内出资23.62万元，为灾区帮困助学；“景港”专项基金成立一支民族慈善乐队；“亚士漆”专项基金出资80万元，捐建古樟树公园；“科大”专项基金出资58万元，捐建希望小学；“科技园”专项基金出资40万元，支持金泽河祝村的新农村建设；“放飞希望”专项基金，3年来(2008~2010年)共投入292.2万元，为区内民工子女学校做实事(送校服、送文具等)。年内，争取到上海晨兴希姆通电子科技有限公司的210万元捐款，用于区内慈善公益性项目；从荣泰公司募集到按摩沙发转送到敬老院；从东隆羽绒募集到羽绒服用于春节帮困；牵头建立青浦第一个对外慈善公益聊天屋，接受学生、家长来访咨询；出资20万元，为云南省红河州的2个县建立蓄水池。

(姚家望)

优抚工作

■概况 2010年，完成全区316名义务兵和直招士官优待金发放工作，计695.2万元；为885名重点优抚对象按时足额发放定期抚恤金、定期定量补助、优待金等各类经费915.15万元；为在乡复员军人遗孀101人发放补贴费17.2万元；为485名生活困难优抚对象发放春节、八一节临时困难补助24.9万元；为494人次重点优抚对象减免医疗费48.7万元。组织举办退役士兵双向选择招聘会，初步达成用工意向96人(次)。接收2009年冬季退役士兵182人，发放退役士兵安置补助金707余万元。

(姚家望)

■优待、补助金如期发放 至年底，全区共有义务兵296人(其中：2009年141人、2010年155人)，士官4人。义务兵优待金按每人每年2.2万元标准发放，计660万元。全年为213名重点优抚对象发放优待补助金63万元，为全区抗日战争时期入伍的在乡抗日老战士发放一次性生活补助金每人3000元。

建立世博安保部队官兵及家属特殊困难补助基金，先后给150名官兵家属发放补助金29.2万元。世博会试运行期间，组织700名优抚对象参观世博园区；组织世博安保部队军属观看世博会和向重点优抚对象赠送世博门票达26万元。先后组织优抚对象150人次参加上海市双拥活动中心和上海市荣誉军人疗养院短期世博疗休养活动。

(姚家望)

■逐步提高重点优抚对象待遇 2009年10月1日起，调整提高重点优抚对象抚恤补助标准，并于2010年春节落实到位。其中，残疾抚恤金标准最高为每月3195元，最低每月662元；定期抚恤金标准最高为每月2890元，最低每月1237元；定期定量补助标准最高为每月2112元，最低每月821元；部分参战参试退役人员生活补助标准递增为每月310元。2010年10月1日起，再次启动调整提高重点优抚对象抚恤补助标准，要求于2011年春节前发放到位。至年底，全区为122名享受优待抚恤在乡复员军人发放152.4万元，为3名无业复员军人补差3.57万元，为204名伤残军人发放304.4万元，为137名烈属、改嫁烈属和烈士子女补差、慰问发放227.7万元，为6名因公牺牲军人遗属发放12.6万元，为13名病故军人遗属发放23.76万元，为7名带病回乡军人发放7.68万元，为306名参战参试人员发放补助113.84万元，为652名年满60周岁在乡老退伍军人发放117.18万元，为101名在乡复员军人遗孀发放补助17.2万元，为494人次重点优抚对象发放医疗补助48.7万元，为485名困难优抚对象发放春节、八一节临时补助24.9万元。

(姚家望)

■退伍军人安置 2010年，完成2009年冬季退役士兵接收安置工作，发放安置补助费700多万元。全区接收退役士兵182人，其中：非农户籍102人、农业户籍80人(其中：退伍义务兵145人、一期复员士官22人、二期复员士官6人、转业士官9人)。区级安排就业2人，城镇退役士兵自谋职业100人。安置费发放标准不变，145名义务兵每人3万，计478.14万元；22名一期士官每人5万，计126.545万元；6名二期士官每人6万，计37.78万元；9名转业士官每人8万(2名安排工作不发)，计57.53万元。年内，接收军队离退休干部2人，病故1人。至年底，军休所共有军休干部14人。

(姚家望)

综 述

2010年，青浦区积极开展和谐社区创建活动，按照“一性两化”（即：管理统一性和建设标准化、服务内容规范化）和“五个统一”（即：服务项目统一、运行机制统一、管理模式统一、服务规范统一、标志统一）要求，进一步加强和完善社区事务受理服务中心标准化建设，规范服务渠道。建成村级社区综合服务中心87个，村级社区事务代理室194家，实现村级社区事务代理室全覆盖。进一步推进民主法治示范单位创建工作，全区创建“全国民主法治示范村”4个，创建市级民主法治示范村（居）委会98个，创建区级民主法治示范村（居）委会212个。开展村务公开和民主管理“难点村”治理工作，15个“难点村”有14个达到治理标准。进一步规范民间组织管理办法，促进社会组织健康发展。完成世博会赠票赠卡工作任务。加大婚姻法律法规宣传力度，优化婚姻、收养登记管理和服务，全年办理结婚登记3665对，离婚登记1251对，收养登记105人。坚持双拥工作，继续做好区内部队官兵和优抚对象的慰问、优抚，完成年内征兵和干部转业、士兵退役任务，全区接收退役士兵182人，接收军转干部10人，为5名随军家属安排就业。加强殡葬法律法规宣传，抵制丧葬陋习，关注弱势群体，深化殡葬改革。全年火化遗体4401具，销售墓穴13595穴，寄存骨灰盒9101只；清明、冬至接待祭扫市民142万人次、车辆14.7万辆次。

组织编制《青浦区“十二五”人口和计划生育事业发展规划》和《“十二五”时期青浦区加强人口综合服务和管理思路研究》，加强人口计生宣传，落实人口计生培训，优化各项服务。积极推动养老服务设施建设，不断完善为老助老服务体系，全区建市级标准化老年活动室22家，总面积6425平方米；有老年办学机构238家，老年学员40669人次。

继续做好残疾人工作，年内有528名残疾人实现就业，其中集中就业477人，对缺比例安排单位征缴保障金2536万元；全区有社会福利企业130家，安置残疾职工3341人。残疾职工投保率达100%。有2534人享受重残无业最低生活保障金，用于残疾人养老、医疗、危房改造、教育培训等补贴约650多万元，有14385名残疾人享受基础性康复服务。

城乡居民生活水平继续提高，城镇居民人均可支配收入25152元，农村居民年人均可支配收入12936元，分别比上年增长10.1%和11.6%。自来水、燃气、供电、道路等公用事业日益发展，环境保护工作取得明显实效。绿化建设力度继续加大，全区园林绿化覆盖总面积6238.1万平方米，绿化覆盖率42.9%。人均公共绿地面积23.3平方米/人。年内通过国家卫生城区复审。

（姚家望 曹 菁 胡依依 朱婷婷 甘富新）

社区建设

■**概况** 2010年，完成23家村级社区事务代理室建设任务，全区三年共建成村级社区事务代理室194家，实现全区村级社区事务代理室全覆盖，区镇两级总投资582万元。深入开展和谐社区示范单位创建活动，全区建全国和谐社区建设示范街道1个，市和谐社区建设示范街道1个，市社区建设模范街道2个，市和谐社区建设示范居委会45个，市社区建设模范居委会57个，市社区建设示范居委会64个。实施“银发无忧”综合服务、残疾人“康复家园”服务等4个社区公益服务项目，切实发挥福利彩票公益金的功能和效应。根据城区建设等实际，调整街镇部分行政区域界线，开展新建居委会调查、审核、报批工作，年内新建11个居委会，全区共有社区居委会85个。加强村（居）委会成员业务培训，组织村（居）委会主任集中培训，受训近90人；各镇、街道组织村（居）委成员培训600多人次。

2010年，区社区办围绕改善民生、促进和谐两大重点，在加强居委会规范化建设、培育扶持发展社会组织、积极探索政府购买社会组织服务等方面进一步落实措施，推进社区建设，提高社区管理水平。由社区办牵头的社区综合保险服务满3周年，3年共发生各类出险理赔113起、赔付403万元。配合质监局做好市、区两级政府的实事项目“血压计免费校准”工作，共完成校准和维修血压计15882台，全面完成年初预计校准1万台的目标。

表 66　　2010 年青浦区村、居委情况表

	赵巷镇	徐泾镇	华新镇	重固镇	白鹤镇	朱家角镇	练塘镇	金泽镇	夏阳街道	盈浦街道	香花桥街道	合计
村委会数（个）	8	9	19	8	21	28	25	30	8	5	23	184
社区居委会数（个）	4	10	2	2	3	9	4	5	20	19	7	85

（姚家望　严莉莉）

■完成世博会赠票赠卡工作任务　世博会期间，成立由副区长陈勇章任组长，区委办、区府办、区监察局、区民政局、区人武部、公安青浦分局、区新闻办、区人口办等部门组成的专项工作领导协调小组，制订工作方案，根据赠票赠卡工作要求和特点，按照“加强统筹、精心组织，应发尽发、属地受理，审慎操作、严明纪律，把好事办好、实事做实”的工作方针进行部署。通过准备、宣传动员，操作培训、上门摸底造册，领取分送、上门发放，补领、资料归档和汇总上报四个阶段，世博大礼包发放工作有序进行。前期登记 234016 户，实际发放 238596 户。其中：本市户籍家庭 165032 户、持有居住证（临时居住证）家庭 72355 户、境外人士家庭 1209 户。至 7 月 15 日，全区赠票赠卡任务圆满完成，并以前期统计数和实际发放数误差最小、差错率最低、投诉量最少受到市局领导的充分肯定。（姚家望）

■新建社区居委会 11 个　10 月 1 日、3 日，夏阳街道新建青安、青乐 2 个居委会。10 月 6 日，盈浦街道新建浩泽、民欣 2 个居委会。10 月 11 日，徐泾镇新建徐安第一、徐安第二、高泾、卫家角第一、卫家角第二 5 个居委会；香花桥街道新建民惠第二、都汇华庭 2 个居委会。全年共新建居委会 11 个，全区居委会总数从上年的 74 个增加到 85 个。（姚家望）

■推进“民主法治示范单位”创建　年内，区民政局和司法局联合对各街镇的民主法治示范单位进行抽查，进一步推进民主法治示范单位创建工作。全区已创建“全国民主法治示范村”4 个；创建市级民主法治示范村（居）委会 98 个，其中年内创建 27 个；创建区级民主法治示范村（居）委会 212 个。民主法治示范单位的创建推进了村级集体财务管理的规范化，使村务公开和民主管理工作的途径拓展、内涵深化。（姚家望）

■开展“难点村”排查和治理　根据全国村务公开协调小组印发的《村务公开和民主管理“难点村”治理工作计划（2009～2011 年）》精神和“难点村”参考标准，在全区排查出 15 个“难点村”。年内，区内组建 4 个检查组，对全区 184 个村的村务公开、民主管理工作进行检查，并编发《青浦区村务公开和民主管理工作检查情况通报》。3 月，市民政局对青浦区开展村务公开民主管理“难点村”治理工作，尤其是严格控制村委会暂缓选举、健全各项制度、加强基层培训等方面给予充分肯定，并在民政部全国“村务公开民主管理‘难点村’治理工作经验交流会”上作交流发言。经过验收，至年底有 14 个“难点村”达到治理标准。（姚家望）

向市民赠送的世博大礼包　（区民政局供稿）

■推进社区规范服务　年内，认真贯彻《中共中央办公厅、国务院办公厅关于加强和改进城市社区居民委员会建设工作的意见》和《上海市人民政府关于完善社区服务促进社区建设的实施意见》，按照近民、便民、亲民、惠民原则，深入开展居委会规范化建设调研，召开基层组织建设和社区建设分析研讨会、加强和改进社区居委会建设工作座谈会，掌握全区大型社区的规划、建设等情况，通报全区社区居委会建设基本情况、主要做法、成效和目前存在的问题。面临新情况，从六个方面提出相应对策措施，拟就《关于社区居委会设置（新建）的基本要求、要素、原则、规模和程序》和《青浦区加强社区居委会建设的实施意见》讨论稿。按照市政府领导提出的“一性两化”和“五个统一”要求，进一步加强和完善社区事务受理服务中心标准化建设，规范服务渠道。（姚家望）

■“和谐社区建设示范单位”创建成果累累　2010 年，按照“居民自治、管理有序、服务完善、治安良好、环境优美、文明祥和”基本标准，积极开展和谐社区创建活动。年内，盈浦街道创建为“市和谐社区建设示范街道”。至年底，

全区创建"全国和谐社区建设示范街道"1个,"市和谐社区建设示范街道"1个,"市社区建设模范街道"2个,"市和谐社区建设示范居委会"45个,"市社区建设模范居委会"57个,"市社区建设示范居委会"64个。（姚家望）

■农村社区建设日趋完善 年内,不断推进农村社区建设实验工作:开展社工站及社工人才建设相关调研,探索建立社会工作者人才队伍岗位培训及开放式本科学历教育相结合的机制,提高全区社会工作者综合素质。开展社区志愿者注册工作培训,受训40多人。全区11个镇(街道)已全部开设社区志愿者注册窗口,至年底,有注册社区志愿者1674人。组织全国社会工作者职业水平考试报名和集中培训等,全年参加考试49人,考取社工师1人、助理社工师8人(至年底,全区有社工师42人、助理社工师54人)。落实大学生进社区工作,为有志于社区工作的大学生提供施展才华的舞台,至年底,全区有200多名大学生落实在村(社区)岗位工作,完成市局下达的指标任务。

积极巩固"全国农村社区建设实验全覆盖示范区"创建成果,寻找薄弱环节,做好各项工作。年内,区、镇两级总投资582万元,新建、改扩建村级社区综合服务中心6个,累计建成87个;建成村级社区事务代理室23个,累计建成194个,实现全区村级社区事务代理室全覆盖,70余万群众受惠。年内,形成《创新中发展、落实中深化,扎实推进农村社区建设实验全覆盖创建工作》调研论文,并于10月在宁夏召开的全国农村社区建设实验工作推进会上进行交流。（姚家望）

■坚持社区公益项目招投标工作 根据《上海市民政局关于福利彩票公益金资助项目实施公益招投标的意见》,继续打造受社区群众欢迎的优质、专业社区公益服务项目,扶持有能力、讲诚信的公益性社会组织,形成公益服务项目招投标的管理和评估机制,切实发挥福利彩票公益金为社区群众谋福利的功能和效应。夏阳街道的"银发无忧"综合服务、"老来乐"服务、残疾人"康复家园"服务和"精神残疾人"关爱服务4个项目运转正常,深受市民欢迎。年内,夏阳街道、盈浦街道以及老年协会等共申报"银杉"行动助老安老、"宝贝计划"婴幼儿早期教育、"爱心助老,温馨服务"、"七彩夕阳欢乐行"等9个服务项目,共计资金391.19万元,其中区福利彩票公益金承付195.59万元。（姚家望）

4月12日,2010青浦·青城山"社区守望相助"专题活动举行

（区民政局供稿）

■"社区守望相助"活动有序开展 2010年,区委、区政府对社区守望相助活动进行全面部署,确保活动有序开展。元旦、春节期间,除按市局统一布置对城乡低保家庭发放慰问品外,向94户"帮扶结对"家庭和94名结对学生寄去慰问品、慰问信,并打电话进行精神慰藉。4月,组织部分志愿者赴四川省都江堰市青城山镇,就青浦·青城山社区守望相助活动进行双向交流,并走访慰问94户"帮扶结对"家庭和94名结对学生,进一步展示社区对社区、户对户、心贴心的相助力量,增进两地人民的情谊。（姚家望）

■巩固完善行政区域界线长效管理机制 2010年,完成区级行政区域界线界桩年度联检和"沪浙线"行政区域界线界桩联合检查,并将"沪浙线"界桩全部更换成具有宣传警示保护等功能的新型界桩。同时,扎实开展"平安边界"建设各项工作,和相邻省、市、区、县通过协商、互访、沟通,不断完善工作机制,形成良好氛围。9月,根据市统一部署和年度工作计划,和区房管局、区规土局等协作,组织专项培训,启动村(居)委会界线核定工作。认真做好勘界和日常界线管理文件资料的立卷、归档、保管、利用等工作,并开通青浦区政务网档案管理系统平台,将档案资料(除图纸)全部输入区档案局业务档案系统,提高检索速度和档案利用效率。年内完成《上海市行政区划简册》"青浦篇"的修订工作。（姚家望）

■积极扶持培育发展社会组织 年内,配合盈浦街道、香花桥街道建立社会工作站,实现全区3个街道都建立社工站的目标。盈浦街道社工站公开招录8名社工人员,并对新招社工进行培训,安排社工下居委会实践1个月,调研社区现状,为今后公益服务项目实施打基础。（严莉莉）

■完善居委会公建配套设施 老城区公建配套不足是长期困扰居委会开展社区管理和服务的症结,严重影响老城区居民的生活质量和水平。为此,区社区办在深入调研的基础上,提出整合资源、余缺调剂的办法,以出资购买、租赁等方式逐步解决公建配套不足问题,并将此项工作列入区政府年度工作计划。年内,为盈浦街道龙威居委会有效解决了活动室缺乏的问题。（严莉莉）

民间组织管理

■**概况** 2010年,全区有社会组织351家,其中:社会团体135家、民办非企业单位216家。年内,新批准成立登记社会团体4家;办理社团变更登记31次,其中:名称变更2次、住所变更14次、法定代表人变更15次;办理社团到期换证42家。有民办非企业单位216家。受理民办非企业单位核名67家;准予登记31家,其中:民政类12家、教育类9家、劳动类1家、卫生类1家、科技类1家、体育类2家、文化类1家、其他类4家。办理民非企业变更登记29次,其中:名称变更3次、住所变更2次、法定代表人变更8次、业务范围变更16次;办理民非企业到期换证61家。

(姚家望)

■**提高民间组织管理成效** 年内,进一步规范社会团体以及民办非企业单位审批程序,重新明确申请成立所需递交的材料和申办流程,社会组织成立登记(筹备)审批时限由原来的60日缩短至30日。同时,规范登记证书延期申请程序,即由社会组织填写申请表并经业务主管单位确认,再由登记管理机关审批。继续做好社会组织年检工作,加强同各业务主管单位的沟通与协作,严格审查每一份年检材料,提出能够真实反映社会组织实际运作情况的年检结论。全区参加2009年度年检的社会组织有278家,其中:社会团体126家,年检合格123家;民办非企业单位有152家,合格131家。年检结果在《东方城乡报》公示。

(姚家望)

■**社会组织治理成效显著** 年内,积极开展社会组织治理,完成企业协会政社分开,全区22家政社不分的企业协会实现四分开,即与党政机关人员、机构、财务、资产分开,32名公务员退出企业协会。完成全区社会团体涉企收费清理工作。召开区社会团体"小金库"专项治理工作会议,进行自查自纠,并对8家单位进行"小金库"重点检查。

(姚家望)

人口与计划生育

■**概 况** 2010年,全区常住人口104.96万人,其中户籍人口46.19万人。户籍人口出生2949人,出生率6.40‰,自然增长率-0.81‰,计划生育率99.56%,人口出生性别比102(男女比例为102:100)。来沪人员出生4517人,计划生育率88.42%,人口出生性别比116(男女比例为116:100)。常住人口出生性别比110(男女比例为110:100)。区委、区政府坚持将人口计生事业经费纳入区、镇(街道)财政预算,常住人口人均计生事业经费达32.8元,高于区经常性财政收入增长幅度。年内,组织编制《青浦区"十二五"人口和计划生育事业发展规划》,开展《青浦区流动人口青少年性与生殖健康教育与服务运作性研究项目》、《青浦区出生缺陷一级预防工作的培训》等课题调研。为全区符合奖励补助、农村奖扶等条件的9949人审核发放各类奖励补助金1292万元。

年内,举办基层人口计生干部培训、新农村新家庭计划培训、流动人口信息服务管理培训、避孕药具知识培训、育婴师职业资格培训、出生缺陷一级预防培训等,人口计生干部参加培训共约3000人次。2010年,在区级机关行风政风综合评议A类37个部门中,区人口计生委名列第4位。(曹 菁)

■**开展宣传教育活动** 坚持将人口理论教育纳入区委党校举办的各级领导和中青年后备干部培训班课程中,在城区、镇(街道)、村(居)主要道路、人口集聚地等树立人口计生公益广告牌,编印各类宣传资料、宣传品,充分利用人口计生纪念日开展各种形式的宣传活动。5月21日,区人口计生委以2010年上海世博会的召开和科技活动周举办10周年为契机,邀请上海市人口计生系统专家讲师团成员朱惠斌教授为朱家角镇驻青部队官兵送上"城市、创新、世博——让生活更美好"的生殖健康知识讲座,有100余名官兵参加。在"7·11"世界人口日和"9·25"中央《公开信》发表30周年之际,结合全国第六次人口普查,开展桥梓湾广场大型宣传活动,同时,通过在《青浦报》开设宣传专版,举办电影招待会、世博记忆摄影展,走访慰问基层老计生干部、独生子女困难家庭,对新婚夫妇开展"进家庭,送政策、送知识"上门温馨告知服务等活动进行宣传。(曹 菁)

■**依法行政** 认真落实青浦区人口计生有奖举报制度,完善社会监督机制,提高工作水平。规范办理各项行政事务,全年审批再生育许可417件,新办独生子女父母光荣证2929份,组织病残儿鉴定15例。加大社会抚养费征收力度,全年立案159件,结案87件,征收社会抚养费191.82万余元。严厉打击"两非"行为(非医学性需要的胎儿性别鉴定和非医学性需要的选择性别人口终止妊娠行为),会同区卫监所开展经常性执法检查,对非医学需要的胎儿性别鉴定案件进行立案查处,全年开展执法检查10次,取缔非法窝点5个。

(曹 菁)

9月25日,青浦区纪念中共中央《公开信》发表30周年宣传活动在桥梓湾广场举行 (区人口计生委供稿)

■**流动人口服务管理** 年内，联合世界卫生组织、上海市计划生育科学研究所开展《青浦区流动人口青少年性与生殖健康教育与服务运作性研究项目》，选择徐泾镇两个企业为研究点（其中：一个为干预组，另一个为参照组），随机各选取300名18~25岁未婚外来务工青年为研究对象，分基层调查、干预活动、效果评估三个阶段有步骤地推进。制定出台《青浦区2010年流动人口计划生育"一盘棋"工作实施方案》，联合劳动保障、社会中介等部门，形成"信息互通、服务互补、管理互动、责任共担"的流动人口管理服务"一盘棋"格局，全面提升流动人口计划生育服务管理水平。春节期间，组织开展以"情满浦江、喜迎世博"为主题的送知识、送温暖流动人口计划生育关怀关爱活动。在落实国家规定的基本计生技术服务项目的同时，以人口计生重大节日和同一片蓝天等活动为载体积极开展计划生育法律知识和生殖健康知识宣传、孕前优生咨询、0~3岁科学育儿指导等计划生育基本公共服务。加强省际间区域协作，主动与流入人口较多的地区进行沟通联系，探索流动人口互动管理，健全双向传输的管理信息网络，全年与外省市共交换反馈信息5万余条。（曹 菁）

■**开展"生育关怀"和"母婴健康社区行"活动** 年内，区人口计生委组织开展"生育关怀"活动，争取区慈善基金会的支持，春节期间走访慰问计划生育困难家庭143户，发放慰问金7.15万元；关怀围绝经期妇女生殖健康，提高她们的生活质量；关怀独生子女空巢老人家庭，利用服务网络开展各类关爱服务活动。落实《青浦区关于对独生子女死亡特殊家庭实施定期补助的意见》，对全区25个特殊家庭父母，给予每人每月200元的定期补助。11月7日，与上海市人口与发展研究中心联合组织"上海市母婴健康社区行"活动，由上海市长海医院儿科方凤教授，为夏阳街道和赵巷镇的70余人作"家庭心智开发促进宝宝潜能"和"孕期营养与胎儿发育"专题讲座。（曹 菁）

■**出生缺陷一级预防** 年内，联合上海人口发展研究院开展"青浦区出生缺陷一级预防工作的培训"项目。培训围绕出生缺陷的定义、原因、危害和现状，以及婚前、孕前医学检查的流程和内容等方面，陆续在全区11个镇（街道）有序展开。各镇（街道）、村（居）人口计生干部、人口计生综合服务站工作人员、村人口和家庭计划指导室指导员等633人次参加培训学习。继续联合区卫生部门抓好为拟怀孕新婚夫妇提供免费孕前优生健康检查服务工作，适时增加服务项目，加强重点对象的跟踪随访服务；加强对技术服务机构监督管理，提升孕前优生健康检查的质量和水平。全年有1604人享受免费孕前优生健康检查，为117例不宜怀孕者进行指导。发挥人口学校、人口计生宣传栏等阵地作用，以入户访视、培训讲座、宣传指导等多种形式，扩大预防出生缺陷科学知识的覆盖面和影响力，为新婚夫妇赠送优生优育知识大礼包。（曹 菁）

4月20日，区人口计生委在金泽镇进行出生缺陷一级预防培训

（区人口计生委供稿）

■**组织协会工作** 年内，通过问卷调查、主题培训等方式，开展促进流动人口计生协会能力建设项目，提高流动未婚青年的自我保护能力。健全基层计生协会组织，新建2个流动人口规范化分会。完成基层协会换届选举，对人员结构进行适当调整。开展村（居）自治工作，华新镇白马塘村、徐泾镇宅东居委会、练塘镇东庄村3个村（居）计生协会争创国家人口计生基层群众自治示范村。组织协会会员、志愿者深入"幸福工程"项目点，举办主题为"关注计划生育家庭，促进妇女创业发展"的技能培训。认真做好"孕前关爱、孕育和谐"福利彩票发行工作。独生子女保险计划推进有序，全年全区完成独生子女保险5226份。（曹 菁）

■**加强各类业务培训** 2010年，区人口计生委多次举办各类培训班，进一步提高全区人口计生干部的政策水平和业务素质。

4月27~29日，分别举办3期新农村新家庭计划创建村培训。各镇（街道）组织实施"强基固本营氛围行动"、"人口健康伴我行行动"、"暖巢工程解民忧行动"、"共建共享促和谐行动"4个项目。10月，组织有关成员单位分两组深入全区68个创建村，经过评估，2010年度各创建村基本达到新农村新家庭计划标准。至年底，青浦区新农村新家庭三年创建计划共有151个行政村达标，占全区184个行政村的82.1%，超过预定目标。

4月23日，举办计划生育优质服务提质提速业务培训，对全区11个镇（街道）的人口计生办主任（人口计生科科长）、人口计生综合服务站咨询员30余人进行综合服务站工作职责业务培训。

7月28日，举办育婴师职业资格培训，各镇人口计生办主任和各街道人口计生科科长，村（居）人口计生干部、优生优育指导服务点指导老师等40余人参加。培训主要内容为如何科学养育0~3岁婴幼儿。11月20日，组织参加

市统一考试，10 多人合格，其中 1 人取得市人保局签发的国家育婴师职业资格证书和华东师大育婴师培训结业证书各 1 张。

7 月下旬起，相关人员陆续深入 11 个镇（街道）开展流动人口计划生育工作专题培训。培训通过市人口与计划生育综合管理信息系统平台，对流动人口相关模块及 PADIS 平台信息进行操作。培训历时两个星期，184 个村、74 个居委会的人口计生干部及信息员共 480 人参加培训。

12 月 7 ~ 9 日，在东方绿舟宾馆分批举办 2010 年青浦区基层人口计生干部业务培训班，对各镇（街道）、村（居）人口计生干部等 300 余人进行人口形势分析、计生政策法规、流动人口管理服务、0 ~ 3 岁优生优育等业务培训。

年内，区人口计生委与区人口和计划生育指导中心，针对 2010 年全市新推出的复方醋酸环丙孕酮口服避孕药、零距离纳米银隐形避孕套、高阻隔安全套等三款新品，就使用注意事项、药具养护、药具发放质量管理及避孕方法知情选择等 4 个方面，在全区 11 个镇（街道）陆续开展培训。各镇（街道）人口和计划生育综合服务站专职服务人员、村（居）人口计生干部及人口和家庭计划指导室的指导员共约 826 人参加培训。

8 月 16 日，举办青浦区计生药具系统“三基”知识竞赛。全区 11 个镇（街道）及区人口计生委的 12 支代表队、36 名队员参加竞赛。内容涉及人口计生法律法规、人口理论基础知识、药具管理服务理论、生殖健康知识等。（曹 菁）

■接受市级专家、领导评估 5 月 11 日，市计生协会副会长周剑萍率市计生协会基层协会评估认定小组到青浦开展基层协会评估认定工作抽查调研。周剑萍一行听取青浦区计划生育协会关于开展基层协会评估认定工作情况汇报，实地察看基层计生协会活动场所，与镇（街道）、村（居）、企业等基层分会会长、会员代表进行座谈，听取意见。12 月 3 日，市人口计生社区优生优育指导服务示范单位专家组和市人口计生公共服务机构标准化建设示范单位专家组一行 6 人到青浦区进行评估，实地考察区夏阳街道社区优生优育指导服务点和朱家角镇、盈浦街道的人口计生综合服务站。经实地考察、听取介绍、翻阅资料等查看软硬件建设情况，专家组对青浦工作给予充分肯定。至年底，全区 11 个镇（街道）已有 9 个镇（街道）成立社区优生优育指导服务点，其中：2 个创建为国家级社区优生优育指导服务示范单位、6 个创建为市级社区指导服务示范单位。11 个镇（街道）的人口计生综合服务站已有 10 个达到社区人口计生公共服务机构标准化建设，其中 9 个达到示范单位创建要求。（曹 菁）

■与金山区、海南省同行友好交流 4 月 15 日，金山区人口计生委主任陈延东一行到青浦区交流考察新农村进家庭计划开展情况，听取区人口计生委主任王小敏关于近两年该项工作情况的汇报，实地考察夏阳街道塘郁村新农村新家庭计划创建情况，查看该村人口和家庭计划指导室的建设、人口计生的宣传氛围和新农村新家庭计划各类项目文本。9 月 9 日，海南省人口计生委副主任隋枝叶到青浦区对赵巷镇“对外宣传窗口示范点”进行考察。隋枝叶一行先后到金葫芦新村人口文化廊、镇中路人口文化街、人口计生综合服务站进行实地查看，听取赵巷镇领导对人口文化建设的介绍，并与综合服务站、优生优育指导服务示范点的相关人员进行了交流。（曹 菁）

8 月 16 日，青浦区计划生育药具“三基”岗位练兵知识竞赛举行

（区人口计生委供稿）

婚姻与收养

■概况 2010 年，组织开展纪念《中华人民共和国婚姻法》（以下简称《婚姻法》）颁布 60 周年系列活动，努力推进和谐婚姻家庭建设。全力做好 10 月 10 日结婚登记工作，是日办理结婚登记 284 对，创全区单日结婚登记历史新高。开展“离婚劝和”服务，接待当事人 1254 对，心理疏导 822 对，劝和成功 432 对，劝和率 34.29%。全年办理结婚登记 3665 对，离婚登记 1251 对，出具结婚证明 703 份，离婚证明 59 份，无婚姻登记记录证明 1402 份。受理收养登记 105 人，收养发证 32 份。（姚家望）

■做好婚姻、收养登记管理和服务 1 月，会同区妇联成立“白玉兰开心家园——婚姻咨询室”，由资深妇女工作者、心理咨询师、社工师担任婚姻心理咨询工作，为当事人提供免费“离婚劝和”服务。全年接待当事人 1254 对，心理疏导 822 对，劝和成功 432 对，劝和率 34.29%；另接待离婚咨询 109 人。同时建立婚姻健康咨询室，开展婚姻登记、婚检咨询一门式服务，婚检率从上年的 35.1% 上升至 55.73%。

树立“一切为了孩子”的工作理念，规范区内收养评估和收养登记后的定期回访工作。由公证处和收养登记处电话预约当事人办理手续，为收养人提供并联式服务模式，最大限度方便收养人。年内，将 2001 年之前历年的婚姻、收养档案进行补录，使数据库信息完整，杜绝重婚、骗婚现象发生，同时也满足补证需要，为婚姻登记业务规范化操作提供支持。（姚家望）

■加大婚姻法律法规宣传力度 5 月 1 日是《婚姻法》颁布 60 周年纪念日，以此为契机，组织举办“梦韵水乡——青

纪念《婚姻法》颁行60周年，区民政局、团区委等联合举行世博新人集体领证仪式 （区民政局供稿）

浦，让生活更美好”2010青浦世博新人结婚登记集体颁证仪式、“倡导文明婚俗，促进和谐婚姻家庭建设”广场咨询活动、“探索婚姻新思路，构建和谐大家庭”座谈会、“以人为本，优化服务，全力构建和谐婚姻建设”培训班等一系列纪念活动。同时，以展板形式加强《婚姻法》宣传，推进婚姻家庭建设，倡导构建和谐家庭。 （姚家望）

■树立窗口服务好形象 年内，区民政局以迎世博600天行动计划为契机，加强规范化建设，努力营造迎世博氛围。在婚姻登记管理工作中，推出网上预约、免费为市民提供“无婚姻登记记录证明”、婚前保健咨询，实行婚姻登记与婚姻服务分离。坚持做到周一至周六全天办公，节假日如元旦、五一、十一全天办理结婚、离婚、收养业务，午间值班确保服务不间断。开设现役军人、70岁以上老人、残疾人、预约登记等绿色通道便民举措，树立文明高效的政府“窗口”形象。1月，被区行政服务中心授予“标准化达标窗口”称号；被区总工会授予“2008～2009年度青浦区工会系统文明班组”称号。2月，被市迎世博600天行动窗口服务指挥部授予“优质服务示范窗口”称号。3月，被市巾帼建功活动领导小组、市妇联授予“为上海世博会增光添彩巾帼文明岗”称号。 （姚家望）

双拥工作

■概况 2010年，全区双拥工作紧扣“服务世博大局，共筑军地和谐平安”的主题，坚持为驻区部队、世博安保部队和优抚对象多做好事、多办实事，组织开展走访慰问和科技、文化拥军活动。军民携手并肩，营造世博平安、社会稳定良好局面，双拥工作取得较好成效。组织召开双拥工作恳谈会和军政迎春座谈会，开展“军徽映夕阳”签约活动。进一步优化东乡、西乡革命烈士陵园祭扫环境，清明节期间，烈士陵园共接待祭扫单位122家共4500余人，接待烈属103户共321人。以创建“和谐军休家园”为主线，围绕“六个老有”（即老有所养、老有所医、老有所教、老有所学、老有所为、老有所乐），认真落实军休干部政治待遇和生活待遇。军休所党支部获青浦区“基层五好党组织”称号。 （姚家望）

■双拥工作扎实开展 年内，扎实开展各类拥军优属、拥政爱民活动。元旦、春节期间，召开军政迎春座谈会；五一、八一、国庆期间，组织走访慰问驻区部队、新兵连和重点优抚对象，参与采集青浦籍军人风采的宣传创作工作，全年编印《青浦双拥简报》7期。

驻区部队和地方结对共建，积极参与地方建设和保卫工作，参与“和谐社区”和“平安社区”建设。驻区消防部队尽心尽职开展消防安全教育进社区活动，全年接警2332起，其中：火灾458起、抢险救援624起、社会救助543起，出动车辆3588辆次、人员33307人次，抢救被困人员200人，疏散被困人员104人，抢救财产价值3979.2万元。青浦支队在总队举行的练兵活动中，被评为岗位练兵“先进支队”，白鹤、徐泾、城北3个中队被评为岗位练兵“先进中队”。武警青浦区中队官兵在完成本职任务的基础上，出色完成维护青浦城区社会稳定的任务，有27名战士在退伍前坚持义务献血。 （姚家望）

■为世博安保部队做好后勤保障服务 全区有12支部队担负世博安保任务，其中临时移防青浦7支，分5个点驻扎，担负陆路、水路安检和民生目标单位保卫工作。区内及时制定《青浦区关于做好本区世博期间双拥工作的意见》，召开全区世博安保工作协调会议，为世博安保部队的驻扎、执勤、训练和

4月28日，副区长陈勇章（右）率队赴南汇万祥基地慰问世博安保部队 （区民政局供稿）

生活提供保障;建立世博安保部队负责人与区政府职能部门负责人联席会议制度,让地方政府和职能部门及时掌握和了解部队官兵的需求。在此基础上,组织文艺演出队、电影放映队、流动图书站等进军营服务,丰富部队官兵的业余文化生活;建立医疗、食品卫生监督制度,为部队官兵提供就医绿色通道、饮食安全保障;建立世博安保部队与镇(街道)、相关企事业单位结对共建制度,让部队光荣传统在地方结对发扬光大。在五一、八一、十一和世博会闭会4个节点,区四套班子领导带队走访慰问世博安保部队,开展系列拥军活动,安排2700多万元专项经费用于世博安保部队拥军实事,帮助部队官兵解决生活、工作、训练中遇到的困难。

(姚家望)

■继续推进国防建设 年内,继续开展以爱国主义教育为核心的国防教育和双拥宣传活动,进一步提高全民国防观念。8月,举办国防教育图板巡回展,组织国防知识与世博知识相结合的宣传和竞赛活动。积极加强爱国主义教育基地建设,对区内2所烈士陵园基础设施进行多方位改造,充实陈列物品,丰富展示内容,充分发挥基地资源教育作用。在清明、建党纪念日期间,精心组织安排有区四套班子领导带头参与的祭扫活动。清明期间,2所烈士陵园共接待祭扫单位122家共4500余人,接待烈属103户共321人。

全年征集义务兵超额完成征兵任务。重视和加强民兵预备役部队建设,认真做好民兵预备役训练工作,出色完成与外省区接壤交通辅助路口安全检查执勤任务,受到警备区领导表扬。完成2009年冬季退役士兵和军转干部接收安置任务,妥善安排随军家属就业。全区共接收退役士兵182人,接收军转干部10人,为5名随军家属安排就业。倾心为部队官兵和优抚对象服务,区双拥办组织采购价值70万元的文化体育用品,于中秋节前送到各部队。开展军地两用人才培训,为武警区中队、73166部队等官兵分别举办电脑技术运用和多媒体技术运用培训班,80名官兵参加培训,60%的学员取得合格证书。针对白鹤镇、香花桥街道3位烈士父母年岁偏大、居住房子陈旧而又无力改善居住环境等情况,会同区财政局等部门,由区财政补贴每户15万元、镇配套每户3万元~5万元,资助他们在镇中心区域购置住房,让他们安享晚年。

春节、五一、八一、中秋节、世博会闭幕期间,区政府用于慰问各部队经费276万元,赠送慰问品折合人民币170万元。建立世博安保部队官兵及家属特殊困难补助基金,先后给150名官兵家属发放补助金共计29.2万元。春节、八一期间,对重点优抚对象发放临时困难补助共计25万元。

(姚家望)

清明时节,区领导在东乡革命烈士陵园祭扫革命烈士　（区民政局供稿）

老龄工作

■概况 2010年,区委、区政府继续把老龄工作纳入工作议程,共同谋划老龄事业的发展。2月3日,举行市老年基金会青浦区分会揭牌仪式。3月26日,区委、区政府召开区老龄工作委员会第九次全体扩大会议。6月18日,举行区老年协会成立大会,审议通过《上海市青浦区老年协会章程》,选举产生第一届理事会理事,聘请副区长陈勇章为区老年协会名誉会长。

至年底,全区户籍总人口46.19万人,60周岁及以上老年人总数106591人,占户籍总人口的23.43%。其中:60周岁~69周岁55640人,占老年人总数的52.20%;70周岁~79周岁34316人,占老年人总数的32.19%;80周岁~89周岁15227人,占老年人总数的14.29%;90周岁~99周岁1393人,占老年人总数的1.31%;100周岁及以上15人,占老年人总数的0.01%。区老龄办下设综合科、老龄工作科,在编人员8人。直属单位有区老龄事业发展中心和区老年综合服务中心,在编人员分别为4人和6人。

(胡依依)

■落实各项为老服务 春节期间,组织专项资金进行走访慰问,为22591名老人送上慰问金和年货,总金额840.30万元;为5335名老人提供急难帮困服务,总金额237.94万元。各级政府和有关组织还举办迎新春茶话会、专场文艺演出等,受益老人达16179人次。在"送清凉"工作中,全区各镇、街道把独居老人、高龄老人、重病老人和困难老人作为关爱的重点,走访慰问8528人,赠送现金和礼品共123万余元。为180名困难老人提供每人500元的资金帮扶。

1~3月,全区18家大众浴室为1350名老人提供助浴服务,并为老人购买助浴期间人身意外伤害保险,还配备专职人员照顾助浴老人。同时,区老龄办向11个镇、街道发放2000张助洁券,为1440名独居、高龄及困难老人做好助洁工作;为5179名老年人提供安全检查,并及时更换老化的煤气软管。

全年全区各镇、街道卫生室,退休医护人员为5532人次的老年人开展免

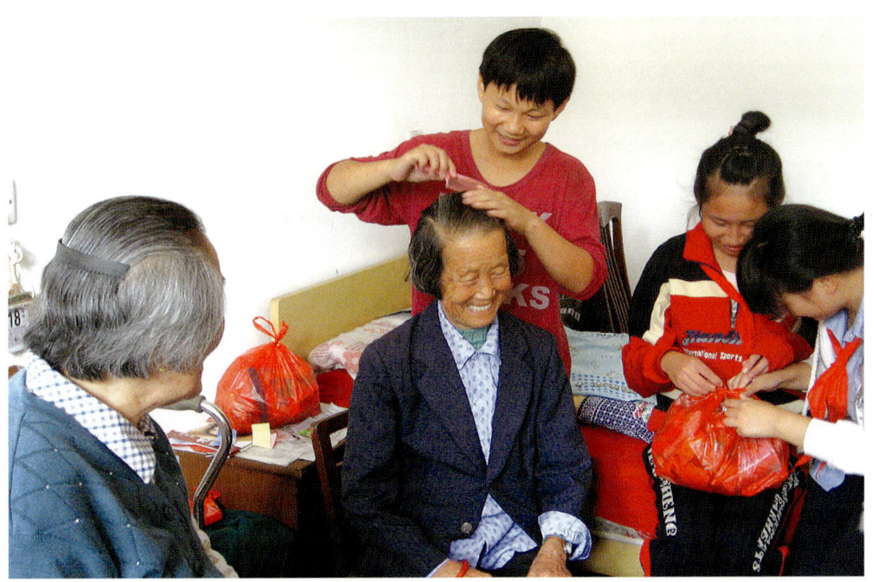

金泽中学学生主动为敬老院老人服务　（区老龄办供稿）

费上门医疗服务。组织部队军医到区老年综合服务中心为社区老年人免费咨询服务，受益老年人达200多人。为全区80名大病重病老年人每人发放500元的助医帮困卡。全区投保“银发无忧”老年人意外伤害保险23851人，比上年增加5816人；投保金额51.54万元，比上年增加11.31万元。

年内，因区工人俱乐部舞厅改建为永乐电影院期间暂停营业，6月21日起，区老年综合服务中心多功能厅克服困难，每天增加一场6:00~8:00的早场舞服务。8月下旬至10月底，上海市老年基金会青浦区分会和区老年协会举办“七彩夕阳欢乐行”活动，组织全区16支文艺团队赴11个街镇的社区、敬老院巡回演出207场，参与演出4538人次，观众4.2万。9月2日、7日、8日，经区人武部、民政局、老龄办组织安排，上海警备区政治文工团分别到徐泾镇文体中心、区科技馆和朱家角镇沈巷影剧院举办“军徽映夕阳”军民共建助老慰问演出，满足中老年人业余文化生活的需要。

年内，认真落实市标准化老年活动室创建工作，进一步拓展活动室设施建设。全年全区创建市级标准化老年活动室22家，总面积6425平方米，总投资1193.25万元。至年底，全区共有市级标准化老年活动室162家。协助区民政局对2005~2009年各镇、街道以及村（居）委会创建市、区标准化老年活动室的下拨资金进行审计，加强创建活动室会计工作的专业性和规范性。（胡依依）

■维护老年人合法权益　年内，区老龄办参加由区法宣办牵头，区民政局、法律援助中心、公证处和上海政法学院等部门共同参与的“法制宣传月”主题活动。在11个镇（街道）敬老院开展“全民参与世博，法制宣传映夕阳”系列活动，受到广大老年人的欢迎。根据市老年维权中心要求，与区司法局等部门共同开展老年维权工作以及《中华人民共和国老年权益保障法》征求意见调研工作。6月25日，在赵巷镇综治工作中心召开老年人权益保障情况调研座谈会，市老年人法律服务中心和区司法局、老龄办以及部分镇、街道老龄干部、司法干部对所在地区老年人权益保障方面存在的难点、热点以及薄弱环节和老年维权示范岗工作等作分析探讨。

（胡依依）

■组织老年人活动　2月25日，区老龄办与区委老干部局、区人保局、区退管会、区旅游局、朱家角镇、市老年基金会青浦区分会联合举办“青浦区快乐老人‘迎世博、聚古镇、看发展’元宵庆典活动”，参加活动的老年代表共约200人相聚古镇，乘车观光朱家角新城风貌，并在朱家角皇家金煦花园酒店进联欢活动。4月15日，区老龄办和区文明办联合主办全区11个镇（街道）以老年人和老年家庭为主的社区精神文化生活展示评选活动，比赛评出华新、赵巷、徐泾、白鹤镇和盈浦街道的五组家庭和表演队，代表青浦区参加由市老年基金会和市精神文明办在SMG新闻娱乐频道联合举办的“精彩老朋友”社区文化展示比赛。年内，组织全区11个镇（街道）的495名老年人参加市老年基金会组织的“申城万名老人游世博”活动，组织80名老人参加“黄山五日游”活动。

（胡依依）

■实现老有所学　3月22日，召开青浦区老年教育工作会议，对2010年各街镇老年学校的办学规范提出新要求，进一步完善全区老年教育工作网络，明确各街镇的老年教育联络员制度，将远程教育收视点和学校办班情况纳入其职责范围。4月28日~5月20日，组织开

老年教育让生活更美好　（区老龄办供稿）

展以“老年学员为世博添光彩，老年教育让生活更美好”为主题的老年教育艺术节活动。区老年大学和9个街镇的老年学员参加综合艺术展示、摄影、书法、绘画、剪纸、手工制作等作品的展示评选活动。全年全区有老年办学机构238家，其中：区老年大学1所、各镇街道老年学校11所、居(村)委办学点222个、其他办学点4个，投入老年教育经费338.3万元，开设知识型、技能型、休闲型、保健型4类课程。老年学校办班104班，学员13921人次；居(村)委办学点开班333个，学员13852人次；其他办学点学员461人次；远程收视点153个，集中收视学员4237人次，有组织分散收视学员8198人次。共计参加老年教育的学员为40669人次，其中60岁以上为25991人次。 (胡依依)

表67　2010年青浦区百岁老人情况表

家庭住址	姓　名	性　别	出生年月
重固镇新联村10队	董桂英	女	1907-11
盈浦街道盈中社区13号203室	夏瑞英	女	1908-12
夏阳街道城东新村41号501室	李宝娟	女	1909-06
白鹤镇沈联村金泾队	邵万氏	女	1909-08
香花桥街道泾阳村	张全宝	女	1909-09
金泽镇金杨居委杨舍新村192号	王进才	男	1909-12
徐泾镇金联村14队	金小妹	女	1910-02
朱家角镇张巷村童南193号	金宝英	女	1910-04
金泽镇王港村	董小宝	女	1910-05
朱家角镇先锋村保卫5组	沈秀英	女	1910-10
白鹤镇第一居委	顾凤仙	女	1910-11
夏阳街道界泾港新村97号203室	钱素云	女	1910-11
华新镇叙中村徐家宅队	陈宝啥	女	1910-12
练塘镇东泖村东三106号1室	钱刘宝	女	1910-12
金泽镇金杨居委杨舍新村254号	孙大姐	女	1910-12

(胡依依)

■继续实施长寿政策　1~10月，全区为16位百岁老人每人每月发放300元的营养补贴，每天1瓶鲜牛奶，每年免费体检2次；为204位95~99周岁的高龄老人发放重阳节一次性营养补贴300元，每年免费体检1次；90~94周岁的老人由各镇实施相应的长寿政策。年内，百岁老人的丧葬补贴从原来的300元提高到500元。 (胡依依)

■开展敬老系列活动　10月16日重阳节(九月初九)，是上海市第二十三个敬老日，区老龄办围绕“敬老在身边，共建和谐社会”主题组织开展“敬老月”系列活动，营造全社会敬老的良好社会氛围。重阳节前夕，区四套班子领导分四组在相关部门陪同下，分别走访慰问全区10名百岁老人，送上由韩正市长亲笔签名的“百岁寿星生日贺卡”和鲜花、蛋糕、慰问金，送上节日的问候和祝福。10月13日，举办庆祝上海市第二十三个敬老日大会暨“孝亲敬老”颁奖文艺演出，区老龄委成员单位及其他相关单位领导和老年人代表等400余人参加活动。会议宣布了被评为市、区级孝亲敬老模范单位和个人获奖名单并进行颁奖，赵巷镇敬老院等4家单位荣获市敬老模范单位(集体)称号，香花桥街道姚青荣获市孝亲敬老楷模称号，朱华等10人荣获市孝亲敬老之星称号；徐泾镇蟠龙社区居委会等19家单位荣获区敬老模范单位(集体)称号，朱纪林等22人荣获区孝亲敬老之星称号。16日，区老龄办与区司法局、法院、卫生局、人保局、社保中心、医保中心、妇联、退管会、红十字会等部门联合举办庆祝上海市第二十三个敬老日大型咨询服务活动，为350余人次老年人提供老年维权、医疗、医保、物业、消费等方面的相关政策宣传和咨询服务。 (胡依依)

10月11日，副区长陈勇章(前右二)向老人赠送“百岁寿星生日贺卡”

(区老龄办供稿)

残疾人工作

■概况　2010年，青浦区有户籍人口46.19万人，有残疾人45900人(其中年内新增2735人)。至年底，全区有持证残疾人16300人，其中：视力残疾1870人、听力残疾1434人，言语残疾103人、肢体残疾9320人、智力残疾1675人、精神残疾1889人、多重残疾9人；农业户籍的残疾人有8698人，占53.36%；非农业户籍的残疾人7602人，占46.64%；15岁以下92人，16岁~55岁9180人，56岁以上7028人。处于就业年龄段的有9180人，占56.32%。

年内，加大助残宣传力度，形成全

社会倡导扶残、助残的浓厚社会氛围。创建示范福利企业基地，提高残疾人就业整体水平和社会福利企业综合素质。全区有社会福利企业130家，其中：新办福利企业6家、注销6家，共安置残疾职工3341人，全年新安置残疾职工105人。残疾职工投保率达100%。全国残疾人工作示范城市创建成功。

（朱婷婷　姚家望）

表68　　2010年青浦区持证残疾人分布情况表

镇(街道)名称	残疾人数量(人)	年内新增人数(人)	镇(街道)名称	残疾人数量(人)	年内新增人数(人)
合　计	16300	2735	朱家角镇	1975	147
赵巷镇	873	71	练塘镇	1984	134
徐泾镇	829	58	金泽镇	3305	1549
华新镇	1788	236	夏阳街道	817	51
重固镇	603	47	盈浦街道	926	108
白鹤镇	1810	256	香花桥街道	1390	78

（朱婷婷）

2010年青浦区持证残疾人情况表

表69　　单位：人

年龄	人数(人)	男	女	残疾类别						
				视力残疾	听力残疾	言语残疾	肢体残疾	智力残疾	精神残疾	多重残疾
合计	16300	8351	7949	1870	1434	103	9320	1675	1889	9
0－5岁	12	9	3	0	6	0	6	0	0	0
6－15岁	80	43	37	12	18	2	37	11	0	0
16－55岁	9180	4944	4236	934	728	69	4811	1327	1305	6
56岁以上	7028	3355	3673	924	682	32	4466	337	584	3

（朱婷婷）

■残疾人劳动就业　全年有528名残疾人实现就业，其中：集中就业477人、非正规就业37人、分散按比例就业8人、个体开业2人、自主创业1人、其他就业3人。完成市下达就业指标392人的135%。积极推进残疾大学生就业工作。2010年，全区应届残疾大学毕业生6人，除1人读研外，其余5人已全部实现就业。全年征缴残疾人保障金2536万元，比上年增加15%。通过强化服务，对2个过去未征缴的镇（街道）分别开展农村地区保障金征缴业务培训；经各镇（街道）配合，全区征缴农村残疾人保障金330万元，比上年增加74%。

年内，区社会福利企业管理办公室，通过多渠道、多层次、多形式进一步扎实做好残疾人就业工作。至年底，全区有福利企业130家，职工9320人，其中残疾职工3341人，比上年增加356人，占企业职工的35.85%；残疾职工投保率达100%。福利企业在积极参与市场竞争的同时，关心残疾职工疾苦，根据各自企业特点，为残疾职工安排适合其生理特点的工作岗位，实行“同工同酬，适当照顾”，帮助残疾职工树立“自尊、自信、自强、自立”的进取精神，提高残疾职工的劳动积极性。

（朱婷婷　姚家望）

金泽阳光职业康复中心内残疾职工正在加工菌菇　　（区残联供稿）

■残疾人社会保障 2010年，全区享受重残无业最低生活保障金2534人，其中：城镇982人、农村1552人。年内新列入重残无业保障范围187人，其中：城镇76人、农村111人。为494名残疾人补贴农村养老保险缴费，金额27.96万元；为3821名残疾人补贴农村合作医疗费，金额66.10万元，两项合计94.06万元。对1481名农村重残无业人员实施门急诊医疗救助29.62万元，对162人次城镇重残医保人员500元门急诊医疗费补贴5.01万元，对身患大病重病的110名残疾人救助54.95万元。为9户农村残疾人危房改造家庭赠送价值1500元购物券，为12户城镇残疾人低收入家庭给予房屋修缮补贴。为2名残疾人个体工商户补贴社会保险缴费9970.80元。在8个扶贫基地中安置残疾人就业58人，联动残疾人农户100户，共补贴21.60万元。

（朱婷婷）

■残疾人教育培训 2010年，全区“扶残助学春雨行动”顺利开展，对694名残疾学生及残疾人家庭子女发放扶残助学金153.65万元，其中：高中阶段224人共34.25万元，高等教育阶段470人共119.40万元。发放助学金6.05万元，受益残疾人学生27人，其中：肢体残疾15人、视力残疾7人、听力残疾5人；发放助学金147.60万元，受益残疾人家庭子女667人。另外，给予当年录取的6名残疾大学生一次性补贴5.6万元。对3所承担特教任务的学校进行慰问性补贴，涉及辅读学校学生136人、随班就读180人、初等职业技术学校165人。会同教育部门对39名残疾学生实施送教上门。2010年，全区1753名残疾人分别接受各类不同形式的职业技能培训，占市下达培训指标1674人的105%。其中参加中、高级职业技能培训12人，培训内容包括计算机操作、玉米种植技术、保健按摩、插花艺术、服装干洗、应用文写作、助残服务、消防安全知识、康复业务和世博礼仪等。

（朱婷婷）

■残疾人康复工作 年内，全区认真做好残疾人基础性康复工作，康复服务14385人，完成康复任务。为6301名残疾人提供“送康复服务上门”，服务经费42.22万元。残疾人机构、社区、家庭完成肢体残疾人康复训练66人，其中：成人49人、儿童17人。开展贫困肢体残疾人手术补助，为27名骨关节置换手术者每例补助1万元，为2名矫治手术者每例补助4800元，两项合计27.96万元。全区完成白内障复明手术222例，其中88名贫困患者获补助（未包括区慈善基金会，区眼防中心的免费手术人数）；完成10名低视力患者助视器佩戴工作；对19名盲人进行定向行走训练。完成聋儿康复训练4人，其中新增2人；培训聋儿家长4人。2010年，全区有精神病患者3620人（其中持证1849人），免费服药311人，显著好转3287人，显好率90.80%；参与社会人数3300人，社会参与率91.16%；肇事肇祸0人次，肇事率在0.1‰以下。（朱婷婷）

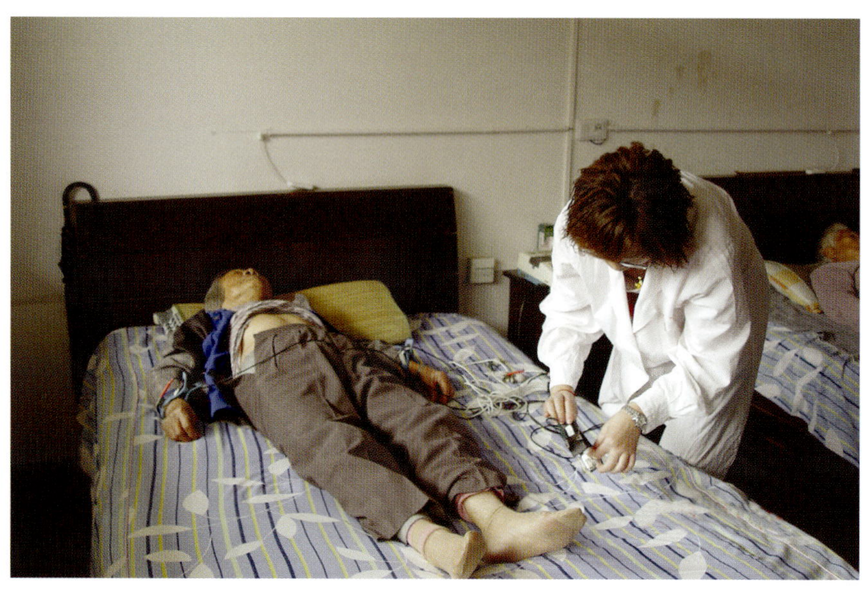

残疾人康复送服务上门 （区残联供稿）

■残疾人辅具配发工作 全年为210名残疾人系统性地组合适配辅助器具212件，配发辅助器具3874件，安装假肢35例、矫形器64例。为6名在校学生、147名成人听力障碍者配发助听器；为1名重度听力障碍者植入人工电子耳蜗实施补贴。为确保残疾车主的行车安全，通过与区交警部门协调，将残疾车年检纳入法制轨道。全年年检残疾车113辆，其中上门服务4辆，年检率100%；为2名残疾车主更换新车，并每辆补助2800元。（朱婷婷）

■残疾人无障碍环境建设 2010年，全区为129户生活困难、无能力改造居住和出行环境的残疾人家庭进行无障碍进家庭普通型改造，改造项目有门口坡道、卫生间扶手、楼梯扶手等。对30户重度残疾人家庭进行提高型改造，配置残疾人辅助器具，使其卫生间、厨房等达到无障碍程度。较好地为残疾人创造了方便舒适的生活环境和出行环境，提高了残疾人的生活质量。2010年，青浦区督导大队及镇（街道）督导队对社区中物业、居委会、老年活动室、超市、菜场等与残疾人日常生活相关服务机构的无障碍设施建设进行督导，在农村重点对“三室一点”（即村委会、卫生室、老年活动室和健身点）无障碍建设进行督导。年内，区督导大队检查28次，参加检查111人次；镇（街道）督导队检查133次，参加检查236人次。（朱婷婷）

■深入开展助残帮困活动 1月26日，区残联分五路走访11个镇（街道）的22户困难残疾人家庭，为每户送上慰问品和1000元慰问金。1月28日，区残联组织在全区率先开展“青浦区残联干部扶贫帮困残疾人家庭结对仪式”，为8户结对残疾人家庭每户送上1000元慰问金。元旦、春节期间，区残联对2499名困难残疾人发放慰问品、慰问金，共计102.87万元。

5月16日是中国法定第二十次“全国助残日”，10～16日是第十一次“上海助残周”。区社会福利企业管理办公室紧紧围绕“加大扶持与救助力度、帮扶农村贫困残疾人”的活动主题,在全区福利企业中,以“迎世博”为契机,掀起一股“扶残助残,共有你有我”的助残活动新高潮。加大助残宣传力度,形成全社会倡导扶残、助残的浓厚社会氛围,让更多人理解、尊重、关心、帮助残疾人事业;组织部分残疾职工游览世博园区,让他们感受不出国门看世界的精彩;在全区范围内开展一次扶残帮困、送温暖活动,走访慰问386户残疾人家庭,发放慰问金8.98万元、纪念品800份;开展创建示范福利企业基地活动,引导传统民政福利企业向新型社会福利企业转变,提高残疾人就业整体水平,提升社会福利企业综合素质,将1家福利企业作为区示范福利企业基地上报市局,12月8日接受市民政局企管处验收,受到一致好评。（朱婷婷　姚家望）

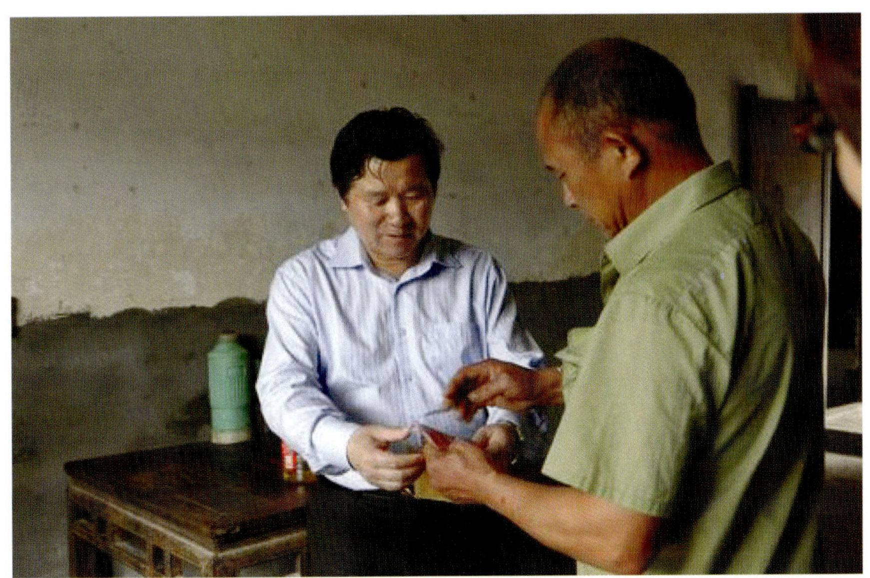

5月18日,区残联理事长衣伟昌(左)走访困难残疾人家庭　（区残联供稿）

■残疾人信访维权工作　年内,区残联建立健全残疾人信访工作责任制,落实“首问责任制”、“星期四领导接待日”等各项制度,并做好信访督查工作,对所有分办的信访件均附有信访处理单,设定时限,按期答复,做到有信必督、有访必督,使群众来信来访件件有着落、事事有结果。全年收到来信15件、电子邮件9件、来电39个、来访49人,经有关部门通力协作,对每件信访事项都给予满意的回复。区残疾人法律援助中心全年受理法律援助案件37件,法律咨询服务74人次。（朱婷婷）

■继续做好残疾职工权益保障工作　年内,在抓好福利企业规范化管理同时,继续做好保障残疾职工权益工作。严格要求福利企业必须与每位残疾职工签订劳动合同,并因人制宜为残疾职工设置工作岗位,利用各种方式方法提高残疾职工劳动积极性;严格执行上海市劳动部门颁布的全市就业人员最低工资标准,要求企业一律通过银行等金融机构支付残疾职工工资,确保残疾职工生活水平得到保障和提高;进一步做好福利企业中残疾职工的社会保险缴纳工作,最低也要缴纳小城镇保险,并在日常的残疾职工资格认定、人员变动时,认真核对,严格把关,使在福利企业就业的残疾职工均能享受小城镇保险,确保区内福利企业中残疾职工的小城镇保险全覆盖。（姚家望）

殡葬管理和服务

■概况　2010年,继续加强殡葬法律法规宣传,深化殡葬改革,优化治丧环境;进一步规范公益性公墓、埋葬地管理工作,清理乱葬乱埋坟头3582穴,平复耕地0.53公顷。积极开展迎世博窗口服务各项活动,努力完善便民利民措施,切实提高窗口服务质量,清明、冬至祭扫旺季做到秩序井然、人车安全。全年火化遗体4401具,为62户外来务工困难人员及其他困难群体减免殡殓服务费用27.08万元,对57户社会救济对象、优抚对象等实行殡葬补助共3.42万元。区殡仪馆被上海市诚信企业组委会授予一星级诚信企业荣誉称号;静园公墓被市物价协会授予“AAA”资信等级企业称号,获“区巾帼文明岗”称号。（姚家望）

■清明、冬至祭扫接待　年内,按照区加强清明和冬至祭扫管理工作领导小组关于“文明祭扫、优质服务、确保安全”的指导思想和区府办《关于加强清明和冬至祭扫管理工作实施方案》,区民政局制定《关于清明和冬至祭扫期间突发事件处置预案》、《2010年青浦区清明祭扫接待工作方案》,及时召开应对清明、冬至祭扫高峰工作专题会议,并利用新闻媒体加大安全出行、文明祭扫宣传力度,清明、冬至期间,祭扫接待工作情况良好,扫墓人群秩序井然、人车安全。清明期间,全区各殡葬单位接待祭扫市民100万人次,车辆10.8万多辆次,落葬2096穴。冬至期间接待祭扫市民41.79万人次,车辆3.91万辆,落葬5148穴。全年销售墓穴13595穴,寄存骨灰盒9101只。（姚家望）

■不断深化殡葬改革　清明、冬至期间,区民政部门发挥电视、广播、报纸、网络等媒体作用,广泛宣传殡葬法规、殡葬利民惠民政策和殡葬改革对节约土地资源、保护生态环境、减轻百姓负担及促进人与自然和谐发展的重大意义,各公墓大力宣传“文明殡葬、阳光殡葬、便民殡葬、绿色殡葬”的新殡葬文化。协助指导各镇(街道)搞好集中深埋点管理及平迁私建坟墓工作,杜绝新的乱葬乱埋苗子出现。全年共清理乱葬乱埋坟头3582穴,平复耕地5330平方米。推出占地少、制造巧、式样新、工艺精的“小型墓”新品,实施节地葬,保护土地资源和环境。（姚家望）

■规范殡葬单位经营行为　年内,各公墓继续做到明码标价,透明各项收费标准,无搭售、捆绑销售和超标准收费现象,按时将维护费收入上缴银行专用账户,并按规定办理使用审批手续,杜绝违规挪用维护费情况。

区内殡葬行业关注弱势群体,积极参与由市殡葬服务中心统一启动、7家公墓联合建设的“博爱苑”公益性壁葬群活动。该项目总体规划1万穴位,7家公墓首期各建100穴位,售价低于普通壁葬。区内卫家角息园、徐泾西园、淀山湖归园3家公墓参与其中。年末,卫家角息园"博爱苑"率先落成。同时,贯彻落实《关于对特殊和困难对象殡殓服务费用实行补助的办法》,全年为57户社会孤老、农村五保户、重点优抚对象、城镇低保人员、农村贫困户每户补助殡殓服务费用600元,共补助3.42万元。为外来务工17户、其他困难群体47户减免殡殓、火化费用27.08万元。向困难群体13户推出每户800元以下殡葬低消费服务,消费总额7280元(每户平均560元)。 (姚家望)

居民生活水平与质量

■概况 2010年,政府加大对民生关注力度,居民收入继续提高,城镇居民人均可支配收入为25152元,比上年增长10.1%;农村居民年人均可支配收入12936元,比上年增长11.6%,"十一五"期间年均增幅达10.8%。农村居民年人均可支配收入中,工资性收入8917元,增长11.7%,占68.9%;家庭经营净收入958元,下降1.8%,占7.4%;财产性收入1366元,增长12.8%,占10.6%;转移性收入(主要为农保、镇保收入和政府补贴)1695元,增长19.4%,占13.1%。全区社会消费品零售总额250.6亿元,比上年增长20.6%;居民对家用汽车、住房等仍然看好,耐用消费品拥有量继续增加。

(甘富新)

表70 **2010年青浦区农村居民每百户主要耐用品拥有量情况表**

耐用品名称	单 位	拥有量	
		2009年	2010年
洗衣机	台	99	99
空调机	台	149	169
抽油烟机	台	78	83
微波炉	台	81	85
热水器	台	99	105
摩托车	辆	85	72
汽车(生活用)	台	6	10
移动电话	部	197	211
彩色电视机	台	209	215
影碟机	台	26	23
计算机	台	60	66
#接入互联网	台	51	61

(甘富新)

■公用事业日益发展 2010年,全区水厂综合生产能力42万吨/日,年末供水管道长度1790公里。全年供水总量14672.5万立方米,其中:生产用水量5957.8万立方米、生活用水量3694.0万立方米。城镇、农村自来水普及率均达100%。

2010年,实施市政燃气配套项目重固福泉山路、练塘章练塘路、赵巷7号路等10个工程,总投资约1300万元;实施住宅配套项目富丽桃园、河畔小区、新城盛景等44个工程项目,总投资约1900万元;完成单位用户项目好丽友、富美家、远星汽配等26个项目,总投资约900万元。全年供应天然气8140万立方米,比上年增加1824万立方米。其中:企业用户432家,用气6624万立方米;居民用户76202家,用气1516万立方米。年末用气人口30万人。供应液化气8290吨,液化气单位用户1319户、居民用户158694户,用气人口64万人。

至年底,全区主要供电设备有110千伏变电站3座,变压器容量441兆伏安;35千伏变电站35座,容量1576兆伏安;10千伏配电站1441座,1646台配变,容量1011兆伏安;110千伏架空线40.5公里;35千伏架空线362.5公里,比上年减少6.4%;10千伏架空线1933.7公里。全区用电户数292069户,售电量47.63亿千瓦时,比上年增长17.7%。其中:各行各业用电量41.99亿千瓦时,比上年增长17.3%;城乡居民生活用电5.64亿千瓦时,比上年增长20.6%。最高负荷1080.2兆千瓦,比上年增长14.6%,创下历史新高。线损率6%,比上年下降0.2%。城网供电可靠率99.99%,全口径供电可靠率99.96%,综合电压合格率99.83%。

年末,区管公路总里程达912.9公里,其中:一级公路8.7公里、二级公路388.7公里、其他515.5公里。全区公路桥梁1169座,总长度41.4公里。

(甘富新)

■环境保护和治理取得明显实效 2010年,全区环境保护工作以迎接创建国家环境保护模范城区验收为重点,围绕污染减排、第四轮环保三年行动计划、世博环境安全保障等中心工作,细化措施,狠抓落实,取得明显实效:全面完成市政府下达的污染减排目标；第四轮环保三年行动计划安排的79个项目中，已完成28项，正在实施41项，启动9项，未启动1项；“创模”取得重要成果，已通过国家环境保护部的考核验收；世博环境安全保障任务完成，没有发生影响世博的环境安全事件。

环境基础设施建设力度进一步加大。青浦第二污水处理厂三期扩建，练塘污水处理厂二期扩建和商塌污水处理厂迁建工程已完成，至年底，全区生活污水日处理能力达24.25万吨，比上年增加0.85万吨。环境综合治理成效显著。青浦城区居民小区阳台雨污水管道改造累计完成483幢居民楼共2491路管道，城区居民生活污水处理率达95%。2010年黑臭河道整治任务全部完成。大气治理完成4台10蒸吨燃煤锅炉洁净煤燃烧技术改造和24台燃煤锅炉脱硫改造。噪声治理完成2个高速公路噪声敏感点的治理。污染源设施改造完成10家。清洁生产审核完成41家。生态环境保护和建设取得新进展。完成上海西郊淀山湖湿地修复工程、朱家角新镇区淀浦河沿岸绿化工程、嘉松公路绿化带（青浦段）、沪渝高速（G50）沿线（朱家角以西）绿化和同三国道（华盈路——陶泾浜）东侧林带的绿化建设任务。全区环境空气质量总体保持稳定，二氧化氮、二氧化硫和可吸入颗粒物污染指标均达到国家Ⅱ类标准。空气质量指数达到二级和优于二级的天数累计为329天，优良率90.1%。全区降尘基本保持在5.5吨/平方公里·月，处于全市较低水平。

青浦城区一角（区爱卫办供稿）

全区地表水环境质量基本与上年持平，其中淀山湖水环境质量好于上年。黄浦江上游水源保护区环境综合治理已全面启动，全年有541家企业纳管并办理排水许可证，其中：三小行业129家、房地产行业35家、工业企业377家。农业和农村污染防治进一步深化，在完成化肥减施、农药减施和农药替代工程基础上，又完成畜禽牧场标准化建设4家，标准化生态养殖772.73公顷。

（甘富新）

■继续加大绿化建设力度 2010年，绿化建设力度继续加大，全区园林绿化覆盖总面积6238.1万平方米，绿化覆盖率42.9%。园林绿地总面积6201.9万平方米，绿地率42.6%。其中公共绿地面积1071.3万平方米，人均公共绿地面积23.3平方米/人。

2010年，青浦城区新增公共绿地面积1.6万平方米，年末城区绿地总面积529.3万平方米，城区绿地率30.2%，城区人均公共绿地19.6平方米/人。青浦城区绿化覆盖面积549.7万平方米，绿化覆盖率31.4%。其中：行道树覆盖面积20.4万平方米，公园绿地面积7.5万平方米，街道绿地面积186.5万平方米，生产绿地面积36.7万平方米，单位附属绿地覆盖面积79.5万平方米，居住区绿地覆盖面积144.2万平方米，道路绿地面积75万平方米。（甘富新）

综 述

2010年，青浦区共有8个镇、3个街道，分别是赵巷镇、徐泾镇、华新镇、重固镇、白鹤镇、朱家角镇、练塘镇、金泽镇和夏阳街道、盈浦街道、香花桥街道。辖184个行政村和85个居民委员会。镇和街道总面积658.76平方公里，其中耕地面16895.86公顷。随着经济社会的发展，11个镇(街道)交通便捷，基础设施较完备；财政总收入达103.26亿元，农村居民人均可支配收入13626.73元。借助优越的地理位置，青东地区的徐泾镇、华新镇、赵巷镇和青浦城区的夏阳街道、盈浦街道的农村居民人均可支配收入均在14000元以上。

至2010年，赵巷镇获全国文明镇、全国环境优美镇、国家卫生镇称号，徐泾镇获国家建设部现代化小城镇试点镇、国家卫生镇称号，华新镇获全国重点镇、全国城镇建设先进镇、全国小城镇建设示范镇、国家卫生镇、全国文明镇称号，白鹤镇获中国民间艺术之乡、中国草莓之乡称号，朱家角镇获全国环境优美镇、国家卫生镇、中国历史文化名镇、国家园林城镇、国际花园城市、全国创建文明村镇工作先进镇称号，练塘镇获中国历史文化名镇称号，金泽镇为全国小城镇改革发展试点镇，夏阳街道获全国群众体育先进集体称号。其中，赵巷镇和重固镇境内分别保留着6000年“崧泽文化”发源地的崧泽古文化遗址和被称为“上海历史年表”的福泉山古文化遗址；朱家角镇境内的上海太阳岛旅游度假区、东方绿舟和练塘镇境内的陈云故居暨青浦革命历史纪念馆、金泽镇境内的上海大观园均为国家AAAA级旅游景点。 (张景琦)

赵巷镇

■概况 赵巷镇位于青浦境域东部，东与徐泾毗邻，西与夏阳、香花桥街道接壤，南与松江区泗泾、佘山镇交界，北与重固、华新镇相依。东距虹桥国际机场12公里。交通便捷，陆路有“二横一纵”贯穿境域：横向有沪渝高速(G50)、318国道，纵向有嘉松公路。河网交错，有能通航百吨级货运船只的油墩港、淀浦河、新通波塘等，是连接苏浙两省重要水上枢纽。全镇总面积27.04平方公里，其中耕地面积1047.6公顷。

赵巷镇历史底蕴深厚，是6000年“崧泽文化”的发源地，享有“上海第一人”、“上海第一房”的美誉。在新形势下，赵巷镇始终坚持“传承崧泽文化、引领现代文明”发展理念，全面推进经济社会和谐发展。为全国文明镇、全国环境优美镇和上海市一级卫生镇，并实现市级卫生村、整洁村全覆盖。12月，被全国爱卫会命名为国家卫生镇。境内基础设施齐全，有程控电话2万门容量，3.5万伏变电站2座，液化气供应站2个，石油加油站7座。银行、医院、学校、超市一应俱全。

6月，在赵巷镇崧泽学校举行的青浦区第三届运动会赵巷杯乒乓球赛，赵巷队获女子团体冠军。11月，全区首家街镇检查室在赵巷镇正式揭牌成立，赵巷镇“安全社区”创建工作全面启动。

下辖方夏、和睦、垂姚、沈泾塘、崧泽、中步、金汇、南崧8个村民委员会和

12月，赵巷镇被全国爱卫会命名为国家卫生镇 (赵巷镇供稿)

赵巷、北崧、新镇、金葫芦4个居民委员会。户籍人口7446户23546人，其中：男性11521人、女性12025人，60岁以上老年人5181人。全镇实现地区增加值（GDP）44.3亿元，比上年增长19.7%。全年财政税收总收入实现12.43亿元，比上年增长24.7%；实现地方财政收入6.2亿元，比上年增长22%。

镇政府机关所在地：赵巷镇赵兴路90号。（毛辉琴）

■加大建设管理力度 年内，全面推进国家卫生镇创建工作，针对集镇、城乡结合部等重点区域及道路沿线，采取堵疏结合方法，加强环境整治，联合整治无证废品收购点、跨门经营、乱设摊、乱堆物、乱倒渣土等现象。完成敬老院改扩建工程，完成农村道路建设3.2公里，维修农村危桥17座，沟通水系河道6处。稳步推进动迁工作，全年完成动迁农户837户，动迁企业22家。其中：青浦新城1站已签约612户、企业21家。拆除各类违法建筑98处、18081平方米，制止各类违法违章搭建42起。（毛辉琴）

■社会民生全面改善 年内，以“充分就业社区”为基础，切实加强就业指导、服务、培训等工作。全年全镇新增就业岗位1384人，外来从业人员参加综合保险人数9025人，完成工资集体协商覆盖劳动者15618人，完成职业技能培训449人，农民工培训完成181人。全年全镇农村合作医疗投保15146人，人均缴费200元，人均支出681.45元；报销总支出1032.12万元。做好新征地人员的镇保安置工作，共安置1512人，上缴镇保基金15867.74万元。（毛辉琴）

4月，赵巷镇综治工作中心落成仪式举行（赵巷镇供稿）

■赵巷镇统战俱乐部揭牌成立 2月3日，赵巷镇统战俱乐部揭牌成立，同时揭牌成立的还有赵巷“侨之家”、商会、民族之家、知识分子联谊会。区政协主席张布尔，区委常委、统战部长陆建铭，市侨联副主席石乃璋等领导及赵巷镇党政领导出席揭牌仪式。（毛辉琴）

■赵巷镇综治工作中心投入使用 4月28日，赵巷镇举行综治工作中心落成仪式暨赵巷镇世博安保誓师大会。市综治办副主任乐惠中，区委常委、区政法委书记李萍，区人武部部长王维立和市、区公安、信访、综治等相关负责人及赵巷镇领导班子全体成员出席仪式。该中心占地面积750平方米，集综合职能于一体，实现窗口对外“一站式”服务，直接面对广大群众开展信访接待、矛盾纠纷受理调处、政策咨询、法律服务等工作，为群众提供便捷的综治服务。（毛辉琴）

■赵兴路综合改造工程顺利完工 该工程于2009年12月开工，2010年4月竣工。改造后的赵兴路全部实现路面“黑化”；街路两侧店招店牌进行统一规格设计，实现牌匾“亮化”；街路两侧建筑墙体粉刷一新，实现墙面“白化”；沿街人行道设置电动车、自行车停车泊位，铺设盲道，绿化带内栽花种树，实现街路两侧“绿化”。此外，地下铺设污水管、煤气管网，整条街道旧貌换新颜。（毛辉琴）

表71　　2010年赵巷镇经济与社会发展基本情况表

项　目	计量单位	数　值	比上年增长(%)	备　注
地区增加值	亿元	44.34	19.7	
第一产业增加值	万元	2317	1.6	
第二产业增加值	万元	121972	11.9	
其中:工业	万元	117309	7.4	
第三产业增加值	万元	319116	23.2	
工业总产值	万元	558617	6.7	
农业总产值	万元	6380	0.1	
财政收入	万元	124303.3	24.7	

续表 71

项　　目	计量单位	数　值	比上年增长(%)	备　注
地方财政收入	万元	62037	22	
镇结算财力收入	万元	31000	17	
合同外资	万美元	1496.5	37.2	
外方到位金额	万美元	1784	333	
新增内资企业注册资金	万元	—	—	
内资到位金额	万元	—	—	
固定资产投资总额	万元	314984	1.2	
社会消费品零售总额	万元	330193	22.7	
主要农副产品产量				
粮食	吨	2600.7	-23.3	
油菜子	吨	0	—	
生猪出栏数	头	8101	-14.7	
家禽	万羽	0.01	-86.5	
鲜蛋	吨	1053	996.9	
淡水产品	吨	789	-19.4	
蔬菜	吨	6516	-6	
教育事业				
其中:成校(职校)	所	1	0	
高中	所	—	—	
初中	所	1	0	
小学	所	1	0	
幼儿园	所	1	0	
在校生(含幼儿园)	人	3235	13.5	
教职工	人	327	3.8	
教育事业财政支出	万元	—	—	
文化事业				
图书馆(室)	个	1	—	
文化馆(室)	个	1	—	
影剧院(场)	个	1	0	
文化事业财政支出	万元	—	—	
医疗、卫生、体育事业				
卫生院(所)	所	1	0	
卫生室	所	13	0	
	张	50	0	
医技人员	人	59	59.5	
体育场馆	座	1	—	
健身苑(点)	个	16	—	
农村居民人均可支配收入	元	14099	11	

（毛辉琴）

徐泾镇

徐泾镇徐安第一、徐安第二和卫家角第二3个社区居委会诞生（徐泾镇供稿）

■概况 徐泾镇位于青浦区东部，东靠沪杭高铁，与虹桥机场为邻；西与赵巷镇毗邻；南傍淀浦河，与松江区九亭镇、泗泾镇交界；北与华新镇、闵行区华漕镇接壤。沪渝高速（G50）、318国道、菘泽大道、北青公路平行横贯全镇，沈海高速（G15）纵向贯通，构成“丰”字形国家级公路网；镇、村级白色路面连接各村和开发区，形成镇外衔接、镇内贯通的交通网络。全镇总面积38.54平方公里，其中耕地面积461.35公顷。

徐泾镇为上海市标兵乡镇、国家建设部现代化小城镇试点镇、国家卫生镇和青浦区“一城两镇”重点推进的经济重镇。辖区内蟠龙古镇历史悠久，有单孔石拱古桥香花桥、程家祠堂和普门教寺遗迹。世博会期间，徐泾镇有8家单位被评为市、区级先进集体，92人被评为市、区级先进个人。结合迎世博工作，全年申报创建市级文明单位8家、市级文明小区9家、市级文明村3家。

镇域内水、电、煤气、通讯等设施齐全，建有日供水量达7万吨的自来水厂、日处理5万吨的污水处理厂、储备量60万立方米的管道煤气储气站、3.5万伏变电站2座、2万门IDD国家程控机房。镇内有4条“村村通”公交线路，分别为：徐泾1号线（金云——二联）、2号线（陆家角——光联）、3号线（宅东——金联）、4号线（地铁2号线——318国道以南房产小区）。

下辖光联、民主、联民、前明、金云、二联、金联、迮庵、陆家角9个村民委员会和徐泾、宅东、蟠龙、京华、龙阳、徐安第一（新建）、徐安第二（新建）、卫家角第二（新建）8个社区居委会。全镇有户籍人口9380户、29114人，其中：男性14242人、女性14872人，60岁以上老人6276人。来沪人员75250人。全年实现地区增加值70.28亿元，比上年增长14.18%。其中：第一产业增加值1303万元，比上年下降3.12%；第二产业增加值341517万元，比上年增加7.6%；第三产业增加值360027万元，比上年增加21.28%。实现镇财政收入189786万元，比上年下降1.33%。全年完成新增就业岗位2163个。

镇政府机关所在地：徐泾镇盈港东路1800号。（孙华军）

7月21日，世博合唱节在上海世博文化中心举行。图为徐泾镇50名社区志愿者组成的合唱团代表青浦区参加演出（区文广影视局供稿）

■推进市、区重大工程 2010年，重点推进二联经适房基地、徐泾北（华新拓展）基地、国家会展中心3大项目的动迁工作。至年底，分别完成居民动迁进度的90%、85%和65%。全年完成民房动迁768户、企业动迁35户，清理兴鑫等遗留基地6个。加快动迁基地建设，二联家园、明珠家园3期、河畔佳苑2期等动迁基地都相继开工建设，并按计划有序推进。全年分配联体安置房69套，发放过渡费2470.95万元，支付动迁补偿款1.26亿元。（孙华军）

■实事工程有效推进 按城镇规划要求，配合市、区级重大工程，修建蟠中路、明珠路北段等道路，改造南庄桥、吴泾桥2座危桥，完善“村村通”工程，开通公交4路，并完成10个候车亭的设置。完成敬老院改造工程，增强养老机构服务能力。加强污水管网建设，新增纳管企业24家，全镇污水管网覆盖率达85%。不断完善动迁小区内配套设施，新建、改建了振新佳苑、迮庵佳苑等小区的事务厅。3月16日，随着轨道交通2号线徐泾东站开始试运营，接驳徐泾东站的徐泾1路、徐泾2路、徐蒸专线、青凤徐等公交配套线路也相应调整，为市民出行提供便利。9月，徐泾小学新校区竣工启用。该校占地3.33公顷，建筑面积近2万平方米。启用首学期开设42个班级，接纳学生1855人。（孙华军）

■加大综合整治力度 年内，加大市容、市貌及偷倒渣土的整治力度，共查处乱倒渣土车辆139辆。全面推进第四轮环保三年行动计划，加强环境建设、整治和保护力度，新建全封闭桶装式垃圾箱房12座，整治黑臭河道12公里，更换和新增道路两侧固定式果皮箱120多只。全年淘汰劣势企业14家，减少工业能耗5043.69吨（标煤）。开展违法建筑专项整治，制定并落实《徐泾镇拆除违法建筑专项整治活动实施意见》，全年拆除违建40660平方米。（孙华军）

■“世博畅想 欢乐星期六”——徐泾镇世博城市文化体验日活动启动仪式举行 5月29日，“世博畅想 欢乐星期六”——徐泾镇世博城市文化体验中心揭幕暨徐泾镇世博城市文化体验日活动启动仪式在徐泾镇文体中心举行。区委常委、宣传部部长孙萍和市群众文化艺术馆副馆长钱伟萍为活动揭幕。体验日活动划为群文活动体验区、少儿乐园体验区、文化交流区、影视体验区、科技卫生体验区、世博志愿者服务区6个区域。首场体验日活动诠释了城市多元文化的融合、城市和乡村互动等多项世博会主题。至10月，该活动共举办10场。活动通过民乐演奏体验交流、民间手工艺展等多种富有地域特色的群文活动，将青浦的人文魅力展现给游客。（阮怡 孙华军）

徐泾镇公共文体设施向市民免费开放 （徐泾镇供稿）

■徐泾镇第八届运动会举行 8月29日，徐泾镇第八届运动会开幕式在徐泾中学举行。该届运动会以“运动、健康、文明、和谐”为主题，共设22个大项、38个小项的竞技、展示和趣味三大类比赛，有61个代表团、3186名运动员参赛，团队、人数、运动项目及规模均创历届运动会之最。该届运动会历时3个月，于11月29日闭幕。（孙华军）

■镇文体中心获全国“双服务”先进集体称号 徐泾镇文化体育服务中心于2007年11月开工，2009年6月26日正式运行。该中心投资5000万元，占地面积13221平方米，建筑面积8745平方米，内设图书馆、琴房、练声房、健身房、排练室、舞蹈室等，所有场所均免费开放。12月21日，徐泾镇文化体育服务中心在北京召开的全国服务农民服务基层先进集体表彰大会上获先进集体称号。是日央视《焦点访谈》栏目以“文化服务惠万家”为题，专题报道了该中心“服务农民，服务基层”的先进事例。（孙华军）

表72 **2010年徐泾镇经济与社会发展基本情况表**

项　目	计量单位	数　值	比上年增长(%)	备　注
地区增加值	万元	702847	14.18%	
第一产业增加值	万元	1303	-3.12%	
第二产业增加值	万元	341517	7.60%	
其中:工业	万元	317002	8.67%	
第三产业增加值	万元	360027	21.28%	
工业总产值	万元	1523861	15.69%	
农副业总产值	万元	4150	0.53%	
财政收入	万元	189786	-1.33%	税收口径
其中:镇财政收入	万元	52350	-1.44%	含教育资金
财政支出	万元	49685	-2.13%	含教育资金
利用外资金额	万美元	27356	159.52%	合同外资
外资到位金额	万美元	24068	376.31%	

续表 72

项　　目	计量单位	数　值	比上年增长(%)	备　注
新增内资企业注册资金	万元	84959	43.50%	
内资到位金额	万元	—	—	
固定资产投资总额	万元	702115	101.00%	
社会消费品零售总额	万元	370018	25.05%	
主要农副产品产量				
粮食	吨	3401	-34.92%	
油菜子	吨	—	—	
生猪出栏数	头	—	—	
家禽	万羽	—	—	
鲜蛋	吨	—	—	
淡水产品	吨	180	1.12%	
蔬菜	吨	11532	-13.23%	
教育事业				
其中:成校(职校)	所	1	—	
高中	所		—	
初中	所	1	—	
小学	所	1	—	
幼儿园	所	1	—	
在校生(含幼儿)	人	4117	13.51%	
教职工	人	435	1.4%	
教育事业财政支出	万元	—	—	
文化事业				
图书馆(室)	座	1	—	
文化馆(室)	座	1	—	
影剧院(场)	座	1	—	
文化事业财政支出	万元	596	-33.70%	
医疗、卫生、体育事业				
社区卫生服务中心(所)	所	1	—	
卫生室	所	13	—	
总床位	张	90	—	
医技人员	人	78	4	
体育场馆	座	—	—	
健身苑(点)	个	23	—	
农村居民人均可支配收入	元	17005	12.02%	

(孙华军)

华新镇

■概况　华新镇位于青浦境域东北部,东与闵行区接壤,西与重固、白鹤镇交界,南与徐泾、赵巷镇相邻,北与嘉定区相望。华新镇水陆交通便捷,基础设施完善。距虹桥国际机场12公里、浦东国际机场38公里。沪宁高速公路、北青公路(机场路)、纪鹤公路横跨全镇东西;嘉松公路、徐华公路、嘉金高速公路贯穿南北,分别与"318"、"312"国道连接,与同三国道相通。沪宁高速公路在华新设有上下匝道口。境内新通坡塘纵贯全镇,内河航运四通八达。全镇总面积47.61平方公里,其中耕地面积1084.4公顷。

华新镇被国务院六部委列为全国

重点镇,被市政府列为上海市郊22个中心镇之一,是全国城镇建设先进镇、小城镇建设示范镇、国家级卫生镇、全国文明镇、全国亿万农民健身活动先进镇、上海市科普示范镇、上海市文明示范标志区域、上海市社区优生优育指导服务示范单位、上海市市容环境规范区域、上海市百万农民健康促进行动试点镇。该镇具有光荣的革命斗争历史,区内最大的烈士墓地——东乡革命烈士陵园坐落于镇内火星村,1990年被确定为县爱国主义教育基地。镇内有35千伏变电站5座。6月26日,上海西郊国际农产品交易中心内上海台湾农产品交易中心正式试运营。7月1日,市委副书记殷一璀、区委书记高亢一行到华新镇视察民办幼儿园于谦书院。8月18日,青浦区知识分子联谊会华新镇分会正式成立。9月27日,上海西郊国际农产品展示直销中心试营业。12月15日,市长韩正一行视察上海经济适用房华新基地。

下辖徐谢、火星、周浜、嵩山、北新、朱长、淮海、新木桥、叙中、陆象、坚强、华益、凌家、白马塘、新谊、马阳、杨家庄、秀龙、叙南19个村民委员会和华新、凤溪2个社区居委会。全镇户籍人口10441户34741人,其中:男性16936人、女性17805人,60岁以上老人7781人。外来人口122414人。2010年,全镇实现增加值63.3亿元,比上年增长12%;实现社会总产值356亿元,比上年增长10%;实现工业总产值218亿元,比上年增长11%(其中规模型企业产值177亿元,比上年增长23%);实现财政收入15.19亿元,比上年增长19%;镇财政收入达3.15亿元,比上年增长4%;实现全社会固定资产投入37.97亿元,比上年增长266%;实现社会消费品零售额11.52亿元,比上年增长22%;农民人均纯收入14530元,比上年净增1563元。

镇政府机关所在地:华新镇华新街318号。（韩　良）

■招商引资成效显著　年内,以“招大、引强、择优”为重点,深化创新招商理念;利用华新工业基础优势,不断推动产业链招商,大力发展现代服务业,着力做优先进制造业,推动区域功能提升和产业结构调整。分赴北京、广州、深圳、哈尔滨、兰州、内蒙古等重点区域,拓展域外招商,成效显著,税源财力增强。全年引进各类企业1120家,其中:实地型企业329家、商贸型企业791家,当年度引进企业启税率60%。（韩　良）

■重大项目有序推进　年内,嘉松中路、徐华路改造工程,华隆路灯光工程,西郊二期道路桥梁工程,凤溪幼儿园迁建和凤溪公园灯光篮球场膜结构工程已竣工;改建农村危桥3座;新凤路南段一期改造工程稳步推进;凤溪派出所迁建项目与华新二号街改造项目全面启动;上海西郊国际农产品交易中心一期和展销中心如期开业;村村通公交路线进一步完善;市保障型住房华新基地、绿地集团房产、国际小商品城综合商场顺利开工,维豪房产、农工商房产即将动工,三友房产(迪利特大酒店)投入使用。配合市、区、镇重大项目和城镇建设,完成居住户动迁307户,企业及非居住户动迁5家。（韩　良）

■民生工作持续改善　2010年,抓重点、求实效,积极推进充分就业,完成新增就业岗位2970个,实现非农就业952个,逐步实现农村劳动力有序转移;城镇登记失业231人,失业率控制在4.5%以内。抓覆盖、强保障,不断完善社会保障体系,办理征地镇保人员退休240人,镇保缓缴资金一次性缴清;农村合作医疗全面覆盖,外来从业人员参加综合保险37996人次。抓预防、保稳定,不断促进和谐劳动关系,有力化解劳资纠纷,努力扩大工资集体协商覆盖率。双拥工作、扶贫帮困扎实开展,老龄工作得到加强,残疾人就业援助力度不断加大,建立“阳光职业康复援助基地”。认真组织参与世博试运行与对口国家馆日活动,全面完成世博赠票赠卡工作。（韩　良）

■维稳机制得到健全　年内,全面落实社会治安综合治理、平安建设工程,实现“两个实有”(即实有人口、实有房屋)全覆盖;建立平安志愿者队伍,共有在册平安志愿者1258人。高度重视和加强信访工作,不断创新信访机制,进一步规范信访秩序和畅通信访渠道,扎实开展矛盾纠纷排查化解工作和领导信访接待,坚持领导预约制,探索信访代理制,及时解决群众反映的信访突出问题。扎实开展人民调解工作,矛盾调处机制得到健全,社会矛盾得到有效化解。应急处置机制不断健全,完善华新镇公共突发事件应急预案,应急处置能力进一步加强,为安全举办世博会,促进社会和谐发展、人民安居乐业提供有力保障。（韩　良）

■上海西郊国际农产品交易中心开业运营　该中心规划总占地110.53公顷,总建筑面积45万平方米,是国内规模最大的农批市场之一,包括批发交易、展示直销、检测服务三大功能区,一次规划、分期建设。其中批发交易区占地40公顷,将建成特大型、综合性的一级批发市场,交易品种覆盖除活禽外的所有食用农产品,设蔬菜、果品、肉类、水产、冻品、南北货、花卉等专业市场及台湾和海外农产品交易厅;展示直销区占地4公顷,为海内外优质农产品常年提供展示、展销、商务、会展等一体化服务;检测服务区面积1万平方米,由市政府在此设立上海农产品安全检测中心,直接管理市场的食品安全。3月,该中心(一期)正式试营业,占地面积22.93公顷,建筑面积约9.5万平方米,来自国内外七大类上万个品种的蔬菜、肉类、冻品、果品、粮油、干货等农产品将在此进行批发交易。上海西郊国际农产品展示展销中心于2008年6月开工建设,2010年9月试营业。该展示展销占地4公顷,建筑面积4万余平方米,分地下一层和地上三层,地下一层主要用于仓库、冷库,地上一、二层为农产品展示直销区,三层为信息综合管理中心。（韩　良）

■开辟“信访代理”群众诉求新通道　4月,《华新镇人民政府关于群众信访代理制度(试点区)的实施意见》出台,在实行领导信访接待预约登记基础上,在华新镇北新村、马阳村试行“信访代理”。“信访代理”是在村(居)委会设立信访代理调处工作站,村(居)委会主任任工作站站长,配备3名专职干部任村级信访代理员,各村民小组长担任信访代理信息员。该模式包括见面登记、签订协议、代理反映、办理反馈和回访巩固,不收取任何费用。“信访代理”实施后，马阳村村民到镇级以上上访的总量比上年同期减少30%，北新村减少50%。年内，华新镇把“信访代理”推广到全镇各村（居）委会。（韩　良）

■村村建立“病历卡”　常“医”常治求长效　在迎接国家卫生区复审工作中，华新镇建立环境卫生、村容村貌和城市管理3个专项督查组，细化13大类的43项任务，实行责任追究制和百分综合考核制，并为每个村、小区、路段等建立环境卫生“病历卡”，将每次检查中发现的“病患”进行记录，开出针对性“方子”进行“医治”。下次检查时，结合前一次存在的问题重点“回头看”，动态跟踪，督促管理措施落实到位，确保“健康”长效。通过巡查、检查等方式，全镇21个村（居）委会发现环境卫生“疾患”2200处，开出整改“方子”2200张，整改达标率达98%，长效巩固率达95%以上。在年内5次卫生大检查评比中，全镇抽样调查1560位市民和来沪居住者，群众对环境整治的满意度达95%以上。（韩　良）

表73　　2010年华新镇经济与社会发展基本情况表

项　　目	计量单位	数　值	比上年增长(%)	备　注
地区增加值	亿元	63.3	12	
第一产业增加值	万元	7220	3	
第二产业增加值	万元	470800	10	
其中:工业	万元	462710	10	
第三产业增加值	万元	155200	21	
工业总产值	万元	2181411	11	
农副业总产值	万元	17550	2	
财政收入	万元	151903	18.6	
其中:镇财政收入	万元	31500	4	
财政支出	万元	26170	2.2	
利用外资金额	万美元	2632	9	
外资到位金额	万美元	1514	-32	
新增内资企业注册资金	万元	136502	3	
内资到位金额	万元	30022	—	为实地型企业
固定资产投资总额	万元	379732	266	
社会消费品零售总额	万元	115193	22	
主要农副产品产量				
粮食	吨	5218	-34	
油菜子	吨	20	-76	
生猪出栏数	头	—	—	
家禽	万羽	1.4	—	
鲜蛋	吨	—	—	
淡水产品	吨	17	-82	
蔬菜	吨	69920	1	
教育事业				
其中:成校(职校)	所	1	—	
高中	所		—	
初中	所	2	—	
小学	所	2	—	
幼儿园	所	2	—	
在校生(含幼儿)	人	5910	—	
教职工	人	590	—	
教育事业财政支出	万元	5046	8	

续表 73

项　目	计量单位	数　值	比上年增长(%)	备　注
文化事业				
图书馆(室)	个	1	—	
文化馆(室)	个	16	—	
影剧院(场)	所	1	—	
文化事业财政支出	万元	480	—	
医疗、卫生、体育事业				
卫生院(所)	所	1	—	
卫生室	所	19	—	
总床位	张	50	—	
医技人员	人	94	—	
体育场馆	座	32	—	
健身苑(点)	个	24	—	
农村居民人均可支配收入	元	14530	12.1	

(韩　良)

重固镇

■**概况**　重固镇位于青浦城东北,东临华新镇,西连工业园区,南接赵巷镇,北靠白鹤镇。水陆交通极为便利。东距上海虹桥国际机场、浦东国际机场分别为15公里、40公里,南靠318国道,北近312国道和沪宁高速公路,有同三国道贯穿南北,苏虹公路横卧东西。位于境内的油墩港,南通黄浦江,北连苏州河,可供300吨级船舶通航。全镇总面积24.01平方公里,其中耕地面积1219.2公顷。

镇境内拥有被称为“上海历史年表”的福泉山古文化遗址,它完整保留了距今6000~7000年前历史的各个时期文化叠压遗存,进一步充实和发展了马家浜、崧泽、河姆渡、良渚时期古文化的遗址,并于2001年6月被国务院命名为国家重点文明保护单位,2009年被列为上海市爱国主义教育基地。

下辖郏店村、毛家角村、中新村、回龙村、新丰村、章埝村、新联村、徐姚村8个村民委员会和福泉社区、泉山社区2个居委会。全镇户籍总人口5382户、15640人,其中:男性7723人、女性7917人,60岁以上老人3826人。来沪流动人口23518人。2010年,全镇实现地区增加值27.67亿元,比上年增长15.1%。其中:第一产业增加值0.54亿元,比上年增长10.8%;第二产业增加值10.97亿元,比上年增长10%;第三产业增加值16.2亿元,比上年增长19.5%。实现财政收入7.14亿元,比上年增长14.8%;实现镇财政收入2.44亿元,比上年下降9.3%。招商引资引进项目565个,比上年增加19个。实现社会消费品零售总额7.18亿元,比上年增长60.6%。

重固镇人民政府驻地:重固镇福泉山路628号。(张永华)

改造后的重固镇福泉山路及两边建筑立面　(重固镇供稿)

■**第三轮环保三年行动计划全面完成**　年内,大力推动污水纳管工作进程,投资1578万元,完成赵重公路崧泽大道南段8.2公里市政污水管网建设。至年底,累计完成工业企业污水纳管127户,日废水排放量2550吨;累计完成居民区生活污水纳管3706户,日废水排放量1583吨。完成全国污染源普查动态更新调查工作任务,顺利通过市、区环保局质量核查。大力推进企业节能减排和清洁生产工作,促进淘汰劣势企业和落后产能,认真组织落实“秸秆禁烧”工作,积极推广农业有机肥使用,加强农业污染面源控制,全面完成

“十一五”期间主要污染物排放总量控制目标。（张永华）

■**集镇建管水平进一步提升** 进一步加大集镇管理和基础设施建设投入力度，方便群众生产生活。年内，投资2408万元，实施集镇道路路面大修工程和泉中路、重固镇大街雨水管道大修工程；投资386万元，实施福泉山路和重固镇大街外立面改造工程；投资135万元，完成章南桥等3座乡村危桥改建工作。投入农村桥梁养护经费20多万元，养护维修农村人行、农耕桥梁14座；投入农村道路养护经费75万元，实施秀横路、徐山路、新丰支路、新重安路等农村公路道路路面养护。网格化管理机制不断完善，加强主要道路和重点区域的综合管理，实施“为民解忧”城管执法联合整治特别行动36次，共查处各类违法行为为204起。全年拆除各类违法建筑249间、19003平方米，有效遏制新违法建筑。（张永华）

4月30日，重固镇第二届运动会开幕式举行（重固镇供稿）

■**群众性文化事业进一步发展** 8月，总投资400多万元的重固影剧院改建工程全面完工，同时完成高清数字电影播放设备的改造投入使用，并通过加入中影院线，实现所有影片与全国各大影院同步上映，使全镇百姓在家门口就可以享受到视听盛宴。年内，新开设重固文化书场，特邀苏浙评弹团的专业演员入驻进行评书表演，让传统书场重新回到百姓生活中，进一步丰富老年人业余文化生活。注重学习型文化团队建设，各类文化活动丰富多彩，成功举办第七届福泉山之韵广场文艺汇演。图书馆功能有效发挥，年内新添图书2000册，新增读者证200张，全年借阅达22056人次，流动103834册次；开展读书活动20次，参与2010人次。农家书屋建设进展顺利，新丰村、中新村、回龙村、新联村、毛家角村、郏店村、徐姚村农家书屋于5月全部完成验收工作。（张永华）

■**民生保障工作进一步加强** 调整完善促进就业政策，加强劳动就业政策宣传，开展职业指导和技能培训，多渠道拓展就业岗位，全年投入促进就业奖励50余万元，实现新增就业岗位1123人。切实完善和落实各项惠农政策，农村居民家庭人均可支配收入达13730元，比上年增长13.1%。稳步推进农村居民医疗保险工作，全镇有7263人参加农村合作医疗保险，参保率达99.7%，基本实现应保尽保。积极开展社会救助工作，进一步增强困难群众的基本生活保障，全年发放各类救助帮困145.6万元，惠及3850人次。（张永华）

重固镇机关人员在做广播操（区爱卫办供稿）

■**镇第二届运动会暨残疾人、老年人运动会成功举办** 4月30日，举行镇第二届运动会暨残疾人、老年人运动会开幕仪式。该届运动会分老年组、残疾人组、成年组3个组别，共设篮球、足球、乒乓球、羽毛球、拔河等27个大项62个单项，参赛运动员达1343人次。整个赛事活动历时5个月，有10个项目打破上届运动会记录。9月21日，结合第七届福泉山之韵文艺汇演举办该届运动会闭幕式。（张永华）

■**市健康镇建设试点工作积极推进** 年内，大力推进上海市健康镇建设试点工作，着力提升城镇与农村健康环境，大力培育城乡健康人群，积极开展以健康知识进机关、学校、工地、企业、社区的“健康知识五进”活动，分期分批开展社区健康巡回大讲堂，提供健康服务，积极构建“人人享有健康”的社区，让群众享受到健康建设的好处。7月16日，镇政府召开上海市健康镇试点工作动员大会暨社区健康大讲堂启动仪式。启动社区卫生服务中心迁建项目，完成立项、土地腾置等前期工作。全年新发展健康单位10个、健康小区2个、健康家庭570家；建立健康自我管理小组34个，组员近600名，重点干预高血压、糖尿病等慢性病人群，定期开展自主活动，切实实现健康自我管理。（张永华）

表74　　2010年重固镇经济与社会发展基本情况表

项　　目	计量单位	数　值	比上年增长(%)	备　注
地区增加值	亿元	27.67	15.1	
第一产业增加值	万元	5470	10.8	
第二产业增加值	万元	109721	10	
其中:工业	万元	86020	13.2	
第三产业增加值	万元	162037	19.5	
工业总产值	万元	471447	23.4	
农副业总产值	万元	13878	8	
财政收入	万元	71439	14.9	
其中:镇财政收入	万元	24382	-9.3	
财政支出	万元	24036	10.4	
利用外资金额	万美元	—	—	
外资到位金额	万美元	—	—	
新增内资企业注册资金	万元	—	—	
内资到位金额	万元	—	—	
固定资产投资总额	万元	144661	187.6	
社会消费品零售总额	万元	71803	60.6	
主要农副产品产量				
粮食	吨	8519	-1.7	
油菜子	吨	37	54.2	
生猪出栏数	头	12610	5.1	
家禽	万羽	2.43	51.9	
鲜蛋	吨	162	102.5	
淡水产品	吨	600	-20	
蔬菜	吨	23000	6.5	
教育事业				
其中:成校(职校)	所	1	—	
高中	所		—	
初中	所	1	—	
小学	所	1	—	
幼儿园	所	2	—	1所民办
在校生(含幼儿)	人	2742	—	民办391人
教职工	人	240	—	民办18人
教育事业财政支出	万元	2216	8	
文化事业				
图书馆(室)	个	1	—	
文化馆(室)	个	1	—	
影剧院(场)	所	1	—	

续表 74

项　　目	计量单位	数　值	比上年增长(%)	备　注
文化事业财政支出	万元	357	44.5	
医疗、卫生、体育事业				
卫生院(所)	所	1	—	
卫生室	所	8	—	
总床位	张	66	—	
医技人员	人	56	—	
体育场馆	座	1	—	
健身苑(点)	个	14	—	
农村居民人均可支配收入	元	13730	13.1	

（张永华）

白鹤镇

■概况　白鹤镇地处上海市与江苏省交界，位于青浦境域北部，东与华新镇、重固镇毗邻，西与昆山市石浦镇、花桥镇交界，南与香花桥街道相接，北与嘉定安亭镇接壤。地理位置优越，交通便捷，距上海虹桥国际机场17公里，北靠312国道和沪宁高速公路，南临苏虹公路和318国道。越镇而过的南北向道路有同三国道、外青松公路、胜利路和青赵公路，东西向有白华路、白石路。水运有大盈江、油墩江和吴淞江。全镇总面积58.74平方公里，其中耕地面积2961公顷。

白鹤镇历史悠久，文化底蕴深厚，物产丰富，民风淳朴，境内有青龙寺、青龙塔以及塘湾桥等名胜古迹。为中国民间艺术之乡和中国草莓之乡。境内基础设施完备，能源供应充沛，能满足全镇居民和各大公司、企业供电供水需求，西气东输上海第一站点也坐落于此。2010年，镇机关作风建设在区作风建设评议中排名第六，较上年上升3位。

下辖朱浦、金项、王泾、新江、白鹤、沈联、鹤联、青龙、塘湾、胜新、杜村、赵屯、江南、南巷、太平、红旗、曙光、梅桥、响新、五里、万狮21个村民委员会和白鹤第一居委会、白鹤第二居委会和赵屯居委会3个居委会。全镇户籍总人口14260户44016人，其中：男性21315人、女性22701人，60岁以上老人11269人。来沪流动人口52106人，其中一年以上来沪流动人口28314人。2010年，全镇实现地区增加值37.18亿元，比上年增长13.5%。其中：第一产业增加值1.96亿元，比上年增18.6%；第二产业增加值18.79亿元，比上年增10.7%；第三产业增加值16.43亿元，比上年增长16.1%。实现财政收入10.43亿元，比上年增长14.0%。完成社会消费品零售总额12.12亿元，比上年增长20.0%；农村居民年人均可支配收入达到13352元，比上年增长12.2%。

镇政府机关所在地：外青松公路2723弄69号。（程　岗）

■加快经济结构调整　年内，根据“调结构、保增长”的经济工作要求，着力加快产业结构调整，做好劣势企业淘汰工作，利用闲置土地引进优质企业。鼓励企业科技创新，积极开展“三个一百”科技服务，全年申报科技专利365件。2010年一、二、三产业在国民经济总产值中的比重为4∶54∶42，第三产业比重持续加大，比“十五”期间增长八个百分点，成为新的经济增长点。产业结构正向“三、二、一”转变。全年完成工业总产值86.33亿元，比上年增长13.3%。

（程　岗）

■成功举办首届草莓节　4月16～18日，由区政府主办，区农委、区旅游局和白鹤镇政府承办的2010年青浦白鹤草莓节在白鹤镇顺利举办。首届草莓节以扩大白鹤草莓的知名度，打造白鹤草莓的品牌形象为宗旨，以“相约白鹤、缤

4月16日，青浦白鹤草莓节开幕式举行　　（白鹤镇供稿）

纷草莓”为主题，开展“新闻发布会”等十项活动。市人大常委会副主任杨定华和市旅游局、市农委以及区四套班子领导出席开幕式。为期3天的草莓节共吸引游客4万多人次，采摘草莓约80吨，草莓销售超过200万元，展示展销销售超过50万元，餐饮等其他消费约150万元，草莓官方网站点击率超过4.5万次。（程　岗）

■镇文体中心改建工程启动　结合社区居民实际需求，镇政府进一步加大社区文化建设力度，于11月对原社区文化活动中心进行改建。该中心规划占地面积16360平方米，室外使用面积1万多平方米；总建筑面积6088平方米，室内使用面积5880平方米。建成后将集行政办公与文化活动于一体，包括文体中心、综合经济党委和党员服务中心的行政办公区域，并设立展览陈列室、社区图书馆、娱乐活动室、健身活动室、电子阅览室、东方信息苑、沪剧沙龙、阳光之家和具有数码电影放映、举办文艺表演、开展联谊活动等的多功能厅。（程　岗）

■积极参与世博服务　白鹤镇结合迎世博600天行动计划，加强重点区域的管理，认真完成环境整治任务。强化窗口服务行业管理，积极开展每月窗口服务日、环境清洁日和公共秩序日活动，认真做好世博志愿者组织工作，进一步提升市民素质，提高服务质量和服务水平。完成世博试运行、世博赠票赠卡等任务，组织参加对口国家馆日和国际组织荣誉日活动。深入推进“平安世博”行动，全面加强口岸查控工作，开展社会治安治理专项行动，配备安全管理队伍，健全突发公共事件应急处置机制。构建“定区域、定任务、定责任”监管网络，加强安全宣传，加大对重点企业的安全生产检查和监管力度，落实整改措施，积极开展“防火墙”工作，企业安全意识和防范措施明显改善。进一步加强交通安全、食品药品安全、消防安全等多方面的检查监管，减少安全隐患，为世博营造稳定、安全的社会环境，年内全镇未出现重大安全和火灾事故。（程　岗）

■全面完成第六次人口普查工作　根据《青浦区第六次人口普查宣传工作考核办法》（青人普组〔2010〕9号）精神，制订《白鹤镇第六次全国人口普查宣传工作方案》，积极开展人口普查咨询宣传，提高普查对象的配合程度，积极营造良好的普查氛围。同时，绘制普查小区图、编制普查小区一览表，对普查小区内所有的普查对象进行“地毯式”清查摸底。11月1日零时，全镇450名普查人员按照清查摸底表，开展第六次人口普查工作。经快速汇总数据显示，全镇登记总人数107991人，其中常住人口92254人，户籍人口44473人，出生人口848人。死亡人口364人。12月，白鹤镇代表青浦区接受国家统计局抽查，顺利通过验收。（程　岗）

■进一步完善农村土地承包关系　年内，按照中央关于“有利于农业经济发展、有利于农村社会稳定、有利于维护农民利益”的“三农”政策精神，以“稳定为前提、完善为手段、权证到户为关键”为工作基调，根据国家、市、区有关完善政策，结合全镇实际，全面梳理各村各组存在的问题，建立工作小组成员分片联系制度，进行业务指导和政策口径解释，有序推进农村土地延包完善工作，实现农村土地承包合同签约率100%，土地承包经营权发放率100%。（程　岗）

表75　2010年白鹤镇经济与社会发展基本情况表

项　目	计量单位	数　值	比上年增长(%)	备　注
地区增加值	亿元	37.18	13.5	
第一产业增加值	万元	19613.7	18.6	
第二产业增加值	万元	187927.9	10.7	
其中：工业	万元	115687.8	10.5	
第三产业增加值	万元	164250	16.1	
工业总产值	万元	863295.1	13.3	
农副业总产值	万元	46979.5	10.9	
财政收入	万元	104253.3	14.0	
其中：镇财政收入	万元	29824.3	8.9	
财政支出	万元	29936.7	9.7	
利用外资金额	万美元	137	-66.0	
外资到位金额	万美元	376	-78.0	
新增内资企业注册资金	万元	—	—	
内资到位金额	万元	—	—	
固定资产投资总额	万元	81526	-19.0	
社会消费品零售总额	万元	121200	20.0	
主要农副产品产量				

续表 75

项　　目	计量单位	数　值	比上年增长(%)	备　注
粮食	吨	16273.1	-3.3	
油菜子	吨	211.1	-21.0	
生猪出栏数	头	39364	113.2	
家禽	万羽	1.68	-29.7	
鲜蛋	吨	615.4	-28.5	
淡水产品	吨	554	15.1	
蔬菜	吨	129715	3.6	
教育事业				
其中:成校(职校)	所	1	—	
高中	所		—	
初中	所	1	—	
小学	所	2	—	
幼儿园	所	2	—	
在校生(含幼儿)	人	4109	—	
教职工	人	485	—	
教育事业财政支出	万元	5824.3	8.0	
文化事业				
图书馆(室)	个	2	—	
文化馆(室)	个	—	—	
影剧院(场)	所	1	—	
文化事业财政支出	万元	347	6.7	
医疗、卫生、体育事业				
卫生院(所)	所	1	—	
卫生室	所	21	—	
总床位	张	50	—	
医技人员	人	66	—	
体育场馆	座	1	—	
健身苑(点)	个	31	—	
农村居民年可支配收入	元	13352	12.2	

（程　岗）

朱家角镇

■**概况**　朱家角镇位于淀山湖畔，东与盈浦街道、夏阳街道、松江天马山镇接壤;西依淀山湖，与金泽镇相连;南与练塘镇、松江科技园区、小昆山镇交界;北与江苏省昆山市淀山湖镇毗邻。交通便利，处于上海市与江苏、浙江交界处，是上海通往江苏、浙江的重要通道。东西向有“318”国道、沪青平高速公路、沈砖公路，南北向有朱枫公路，依傍同三国道，南接沪杭高速公路，北通沪宁高速公路，另有村村通道路。水路交通横有淀浦河，纵有拦路港、西大盈港、朱泖河，均为6级航道，可通行100吨~500吨船只，直通黄浦江，并与太湖水系相通。全镇总面积136.85平方公里(含水域)，其中耕地面积1977.98公顷。

朱家角镇历史悠久，早在1700多年前的三国时期已形成村落，宋、元时形成集市，名朱家村。明万历年间正式建镇，名珠街阁，又称珠溪。曾以布业著称江南，号称“衣被天下”，成为江南巨镇。明末清初，朱家角米业突起，再次带动百业兴旺，时“长街三里，店铺千家”，老店名店林立，南北百货齐全，乡脚遍及苏浙两省百里之外，遂又有“三泾(朱泾、枫泾、泗泾)不如一角(朱家角)”之说。清嘉庆年间编纂的《珠里小志》，把珠里定为镇名，俗称角里。1991年，被列为上海市四大名镇之一，也是上海地区的重要旅游景点之一。2001年，被上海市委、市府列为重点发展的“一城九镇”之一。2002年4月30日，总体规划8.14平方公里的中心镇建设正式启动，至2010年，新镇区道路网格已形成，基本设施建设初具规模。2004年，古镇旅游区顺利通过国家AAAA级景区验收。2006年，先后获得上海市文明镇、“中国最值得外国人去的50个地方”、全国小城镇建设示范镇、全国环境优美镇和国家卫生镇等荣誉称号。2007年，通过中国历史文化名镇评审。2008年，获得国家园林城镇、国际花园城市等荣誉称号。2009年，获得全国创建文明村镇工作先进镇、上海市食品安全宣传示范街（镇）、上海市民族团结进步达标街道（乡镇）等荣誉称号。2010年，获得全国“上海世博会先进集体”和国家卫生镇（复审）等荣誉称号。

境内旅游资源丰富。淀山湖畔的上海水上运动场是具有国际现代化水上设施的活动中心；东方绿舟是全国一流的上海市青少年校外活动营地；上海太阳岛国际俱乐部、上海国际高尔夫乡村俱乐部是集商务、度假、休闲为一体的娱乐旅游基地；古镇区已开发开放课植园、城隍庙、园津禅院、童天和药号、放生桥、北大街、大清邮局、朱家角人文艺术馆、延艺堂等20多个景点。古镇9条老街依水傍河，千余栋民宅临河而建，其中著名的北大街又称“一线街”，是上海市郊保存最完整的明清建筑第一街，其东起放生桥，西至美周弄的300多米，是最富有代表性的明清建筑精华所在。2010年，以古镇旅游为依托的第三产业蓬勃发展，完成增加值25.59亿元，比上年增长21.6%；全年古镇旅游接待320万人次，重大接待63批次1331人次。

境内基础设施完备。供电来源属华东电网，镇内建有22万伏变电站1座，11万伏变电站1座，3.5万伏变电站3座。朱家角处于太湖流域下游，淀山湖水源丰富，水质二级，现有大规模的自来水厂3座，日供水为10万立方米；有污水处理厂2座，日处理污水1.75万吨。有现代化通讯交换机局16处，应用光缆电话通讯总装机容量为3.5万门。西气东运的新疆天然气已通至该镇。

下辖周荡、横江、盛家埭、张家圩、新旺、新华、万隆、小江、周家港、沙家埭、薛间、山湾、庆丰、淀峰、创建、山海桥、淀山湖一村、水产、安庄、先锋、沈巷、张马、李庄、建新、王金、林家、新胜、张巷28个村民委员会和东井街、北大街、大新街、胜利街、东湖街、西湖新村、大淀湖、东大门、沈巷9个社区居委会。全镇户籍总人口19883户、59222人，其中：男性29190人、女性30032人，户籍人口中60岁以上老人14584人，农业人口占39%。来沪流动人口42617人。2010年，全镇完成地区增加值50.17亿元，比上年增长13.98%。其中：第一产业1.52亿元、第二产业23.06亿元、第三产业25.59亿元。完成社会总产值261.55亿元，比上年增长17%。其中：第一产业3.56亿元、第二产业122.69亿元、第三产业135.3亿元。完成固定资产投入49.38亿元，其中工业投入2.99亿元。财政收入10.88亿元，比上年增长19.97%；预算内财力2.72亿元，比上年增长7.42%。合同外资15618万美元，实到外资5205万美元。农村居民家庭人均可支配收入12055元，比上年增长11.9%；城镇居民家庭人均可支配收入达22454元，比上年增长7.7%。

朱家角镇政府机关所在地：沙家埭路18号。（寿晓莉）

■完成上海世博会主题实践区各项工作 朱家角镇是上海世博会市郊唯一的主题实践区。2010年，朱家角镇把世博工作作为压倒一切的首要任务。一是加强组织领导，完善工作体制机制，专门成立镇党委书记为组长的世博工作领导小组，下设安保指挥部、主运行指挥部和办公室，全面负责群防群治、应急管理、市容市貌、宣传文化、嘉宾接待等世博工作。建立世博工作推进制度，每周召开推进协调会议。二是加大宣传力度，提升市民文明素质。投入200多万元增设大型电子显示屏2块，制作大量世博主题宣传广告牌、迎风旗、宣传栏，营造浓厚世博氛围。积极倡导“精彩世博、文明先行”理念，开展世博知识宣讲、文明观博培训等，累计参与6万余人次。三是加强防控安全工作，确保古镇平安有序。针对古镇水乡特点以及街窄巷多、有大量明清木质结构房、游客密集等情况，成立23个安保工作组，组建水上应急分队、古镇巡逻队两支专业队伍；编制工作方案及突发事件处置预案47套；安装实时监控摄像头256只，1875名平安志愿者参与治安值守；与各村各单位签订《安全目标责任书》，坚持群防群治。世博184天，“110”报警类接报数同比下降22.8%，没有发生一起重特大刑事案件，无重大火灾事故、治安和恐怖事件、无群体性事件。四是加强环境卫生整治，展示良好市容市貌。投入近5000万元，改造古镇区道路1.9万平方米、旧公房57幢，墙面白化1.5万平方米，9个居民小区安装天然气，市容绿化环境整治1.5万平方米等。五是加强服务接待工作，展现古镇旅游新形象。世博期间重大接待55批次、1191人次，共接待国内外游客224万人次，比上年同期增长92%。六是引导市民积极参与、形成“奉献世博”良好氛围。全镇5000多名市民热心参与世博志愿服务。4个世博会城市志愿服务站点提供信息咨询服务11282人次、语言翻译服务645人次、文明宣传服务8420人次、应急救援服务7人次。12月被中共中央、国务院授予全国“上海世博会先进集体”称号。

（寿晓莉）

■顺利通过国家卫生镇复审 2006年，朱家角镇取得国家卫生镇荣誉称号后，工作力度不减，在巩固和提高卫生创建成果方面做了大量工作，发挥了国家卫生镇应有的典型示范作用。2010年8～11月，全国爱卫办对该镇进行复审暗访，重点检查卫生基础设施建设与日常卫生管理等巩固、发展情况，特别是旧城区、背街小巷、城中村、城乡结合部、农副产品市场等以及“五小”[即小食品经营及加工单位（含小食品店、卤食店、职工食堂、糕点、冷饮等）、小理发美容店、小旅店（旅社、招待所）、小浴室（含洗浴、沐足）、小歌舞厅（含歌厅、舞厅、影剧院及娱乐场所等）]行业的卫生管理情况。12月，全国爱卫会通报朱家角镇顺利通过国家卫生镇复审考核，获得国家卫生镇（复审）荣誉称号。

（寿晓莉）

■举办第四届“放生桥之声”文化艺术节系列活动 6月22日，朱家角镇第四届“放生桥之声”文化艺术节系列活动之文化“三下乡”文艺巡演首场演出在新华村拉开帷幕。文艺巡演每晚一场，将依次在全镇28个行政村、8个社区居委会进行巡回演出，共计30余场，演职人员达 50 余人。节目内容丰富多彩，深受村民欢迎。文化“三下乡”文艺巡演营造浓厚的世博氛围，丰富村民业余文化生活，全方位展现朱家角水乡古镇的独特韵味。 （阮 怡）

■举办上海・朱家角第十三届古镇旅游节 9 月 10 日晚，由朱家角镇人民政府主办的上海・朱家角第十三届古镇旅游节在朱家角镇北广场开幕。开幕式以“拥抱朱家角”为主题，分“乡情”和“农三天”两大板块。“乡情”板块有歌伴舞、田山歌等表演，“农三天”板块的农耕文化以生动的表演和独特的内涵备受瞩目。古镇旅游节形象大使、电影表演艺术家秦怡和歌唱家廖昌永、电影表演艺术家梁波罗、吴冕等明星登台亮相，给旅游节增光添彩。近万名观众得到美好的视觉享受。旅游节期间，朱家角镇影剧院前还举行旅游节天天演活动，游人在观赏朱家角美景的同时，还可以欣赏到来自上影演员剧团艺术家的文艺节目。是届旅游节至 9 月 16 日结束。 （寿晓莉 阮 怡）

9 月 10 日，上海・朱家角第十三届古镇旅游节开幕式举行 （朱家角镇供稿）

■举办第二届淀山湖捕捞节 9 月 24 日，由朱家角镇人民政府和区农委、旅游局共同承办的第二届淀山湖捕捞节在朱家角大淀湖畔开幕。开幕式内容丰富，有开捕仪式、大淀湖水上捕捞节目展演、民俗乐队表演、“千鱼千寻”亲子捞鱼活动、传统渔具展示、“上海之角”青浦瞬间摄影比赛、鲜活水产品展示展销等，体现“魅力朱家角，鱼跃淀山湖”的“环境保护三年行动计划”治理成果。区委副书记、区长张国洪，区委常委、副区长李跃旗，副区长陈勇章，政协副主席沈红慧等出席仪式。 （寿晓莉）

■完成镇区天然气入户工程 自 2009 年 8 月起，对镇区内居民小区进行第一期天然气纳管，工程建设总投资 800 万元，涉及 5 个居委会 10 个小区（东湖新村、乐湖新村、南湖新村、胜利新村、淀湖新村、祥平小区、溪苑新村、淀湖山庄部分、宝宜苑和教苑新村），共安装 2000 余户，除个别由于私自改变厨房等情况外，覆盖率达 100%。工程于 2010 年 5 月底全部完成，10 个小区内的居民已用上清洁安全的天然气。 （寿晓莉）

捕捞节喜获丰收 （朱家角镇供稿）

■扩建“阳光家园” 朱家角镇“阳光家园”位于镇内祥凝浜路 338 弄 78 号，分“阳光之家”、“阳光心园”和“阳光职业康复援助基地”三部分，建筑面积 460 平方米。年内，在“阳光之家”注册的智障学员 44 人，注册的精障康复者 13 人；在职业康复援助基地参加职业训练的残疾人有 45 人。年内全镇新增持证残疾人 147 人（共有持证残疾人 1975 人），随着入园人数增加，年内，镇政府出资 150 万元收购相邻的 1500 平方米物业，再投资 500 万元进行扩建，让更多的残疾人接受社区康复训练和职业康复援助。 （寿晓莉）

■创建成为上海市学习型社区达标单位 年内，积极开展创建上海市学习型社区达标单位活动，于 12 月接受上海市推进学习型社会指导办公室的评估验收。评估专家等在听取汇报、查阅资料和个别访谈后，一致认为朱家角镇的学习型社区建设工作领导重视、措施有力、特色鲜明、效果显著，特别是“小商铺、大学校”极具推介价值，专门刊发专报，并已列为 2011 年全国社区教育实验项目。

2009 年起，该镇以“小商铺、大学校”为主题，在古镇核心区域的北大街开展题为《社区教育促进社区产业发展》的实验。该项目被列为 2009 年上海市社区教育重点实验项目。该镇在200多家商铺中开展普通话和实用英语、法律法规知识、市场营销等各类培训和以世博为主题的系列教育活动，有效地提升了北大街商铺的整体形象和商铺从业人员的文明素养，改善商铺经营模式，促进北大街产业的发展。

（寿晓莉）

■群众文体活动蓬勃开展 年内，朱家角镇创作的田山歌《插秧天》、歌伴舞《古桥颂》等7个节目参加"璀璨耀浦江·上海世博会城市文化广场'周周演'"活动，在世博园区内外演出60余场。音乐小品《牧牛斗笛》参加"上海之春"国际音乐节少儿音乐舞蹈精品专场，荣获组织奖、创作奖、指导奖、舞蹈类优秀奖。"农耕文化民间行街体验日"活动方案荣获"上海世博城市文化体验日最佳方案"称号。朱家角田山歌《插秧天》代表上海市唯一的参演节目去北京参加世界音乐教育大会"国粹与原生态"专场音乐会。朱家角镇第四届"放生桥之声"文化艺术节荣获青浦区世博文化活动项目奖。承办的上海·朱家角第十三届古镇旅游节开幕式举行。另还参与市体育俱乐部、青浦区第三届运动会等大型体育赛事，组织举办一系列具有水乡风情和特色的全民健身活动。

（寿晓莉）

■"一园三区"健康发展 朱家角"一园三区"（即上海朱家角工业园区经济发展有限公司（市级）和上海朱家角经济发展有限公司、上海欣佳实业公司、上海益田实业公司）全年实现税收收入92740.21万元（含挂钩村、单位14954.71万元），比上年增长22.20%。其中：上海朱家角工业园区经济发展有限公司22829.22万元，上海朱家角经济发展有限公司29677.93万元，上海欣佳实业公司30857.90万元，上海益田实业公司9375.16万元。全年新发展商贸型企业1165户，累计发展商贸型企业7460户。

（寿晓莉）

表76　　2010年朱家角镇经济与社会发展基本情况表

项　　目	计量单位	数　值	比上年增长(%)	备　注
地区增加值	亿元	50.17	13.98	
第一产业增加值	万元	15200	1.33	
第二产业增加值	万元	230600	7.41	
其中：工业	万元	203800	6.7	
第三产业增加值	万元	255900	21.6	
工业总产值	万元	1132784	12.98	
农副业总产值	万元	35597	0.93	
财政收入	万元	108161	21.68	
其中：镇财政收入	万元	30287	14.33	含预算外
财政支出	万元	32936.60	9.42	含预算外
利用外资金额	万美元	15618	53.4	
外资到位金额	万美元	5205	-45.7	
新增内资企业注册资金	万元	780173	1298.4	经济区汇总数
内资到位金额	万元	—	—	
固定资产投资总额	万元	493845	468.6	
社会消费品零售额	万元	253600	23.7	
主要农副产品产量				
粮食	吨	13464	-11.5	
油菜子	吨	168	-40	
生猪出栏数	头	272	-48	
家禽	万羽	4	41.4	
鲜蛋	吨	166	-12.5	
淡水产品	吨	5417	-3.2	
蔬菜	吨	103178	-1.7	
教育事业				
其中：成校（职校）	所	2	—	
高中	所	2	—	
初中	所	2	—	

续表 76

项　　目	计量单位	数　值	比上年增长(%)	备　注
小学	所	2	—	
幼儿园	所	2	—	
在校生(含幼儿)	人	9355	3.9	
教职工	人	871	-0.57	
教育事业财政支出	万元	—	—	
文化事业				
图书馆(室)	个	38	33.3	
文化馆(室)	个	40	900	
影剧院(场)	所	2	—	
文化事业财政支出	万元	383	9.19	
医疗、卫生、体育事业				
卫生院(所)	所	1	—	
卫生室(站)	所	23	-11.5	
总床位	张	20	—	镇卫生院
医技人员	人	57	-8	镇卫生院
体育场馆	座	5	—	
健身苑(点)	个	65	12	
农村居民人均可支配收入	元	12055	11.9	

(寿晓莉)

练塘镇

■**概况**　练塘镇位于青浦境域西南，沪、浙交界地区。镇东与松江区石湖荡镇接壤，西与浙江嘉善丁栅镇相连，南与松江区新浜镇、金山区枫泾镇毗邻，北与朱家角镇、金泽镇依靠。境域内朱枫公路、老朱枫公路贯穿南北，连接318和320国道，申嘉湖高速公路横穿练塘镇。境内河网密布，属太湖流域黄浦江水系，主要航道有红旗塘、大蒸港、俞汇塘、太浦河、拦路港、泖河等。全镇总面积93.88平方公里，其中：耕田面积3284公顷、水面积1572公顷。

练塘镇历史源远流长，文物古迹众多，文化积淀深厚，是老一辈无产阶级革命家陈云的家乡。1985年发掘金山坟遗址，证明5000多年前就有祖先在此繁衍生息；之后发现的泖塔遗址和乐泉村遗址成为东周时期人类生活的历史佐证。练塘古镇建筑群至今保存完好，规划保护区面积达57.5公顷，核心保护区面积16.5公顷，明清以来的建筑群总面积达10.07万平方米。陈云故居和金山坟遗址被确认为省(直辖市)级文物保护单位，颜安小学、农民暴动指挥所、天光寺、顺德桥等9处为区县级文保单位，阜康酱园、陈家米行、圣堂、高氏民宅等8处已登记为不可移动文物。近年来，练塘在壮大经济、促进社会发展的同时，不断加大古镇保护力度，根据练塘古镇历史风貌保护区规划，按照“修旧如旧、以存其真”原则，投入巨资，对古镇的房屋、道路、石桥、河道以及环境卫生进行修复整治。7月，国家住房和城乡建设部、国家文物局命名练塘镇为中国历史文化名镇。

近两年，镇实事工程建设取得新进展：练民新村一期工程顺利竣工，改建农村危桥11座和东三路、顾林路等农村道路，实施蒸淀、小蒸社区部分房屋“平改坡”1.19万平方米，开展泖甸、北庄2个自然村改造，建设3家为农综合服务站。更换练塘镇区自来水管网，四层以下居民楼实施地面水直供，更换老旧水表778只。大力推进污水管网建设，完成太阳岛开发区污水管网工程，开始建设太浦河两侧污水管网输送工程，提高污水管网覆盖率；污水处理厂深度改造项目进入验收，二期扩建顺利竣工，污水日处理能力提高到1.2万吨。申报“村村通”1、2、3路延伸项目，开展前期准备工作。500千伏练漕线、练泗线塔基，朱枫公路四期和220千伏线路改造等重大工程项目已开展动迁和前期准备工作。

下辖练东、泾珠、北埭、金前、泖甸、太北、叶港、朱庄、东泖、东田、联农、双菱、泾花、东淇、长河、大新、东厍、张联、徐练、浦南、蒸浦、东庄、蒸夏、芦潼、星浜25个村民委员会和蒸淀、小蒸、湾塘、下塘4个居委会。全镇户籍数21540户54682人。来沪人员24502人。出生率5.98‰，自然增长率-1.52‰，计划生育符合率99.06%。2010年，全镇实现地区增加值52.57亿元，比上年增长12.7%。其中：第一产业增加值14055万元，比上年增加1.3%；第二产业增加值223056万元，比上年增长11%；第三产业增加值288606万元，比上年增长14.7%。实现财政收入102158万元，比上年增长12.4%。规模以上工业企业产值占全镇工业比重达69.96%，比上年提高7%。年内有11个工业项目开展建设，建筑面积11万平方米，总投资3.46亿元。其中：7个项目已竣工、4个项目跨年度建设；新

上海市青浦区练塘镇人民政府：

经住房和城乡建设部、国家文物局评定，命名你镇为中国历史文化名镇。

二〇一〇年七月二十二日

7月22日，练塘镇被命名为中国历史文化名镇　　（练塘镇供稿）

增9个工业用地储备项目。全年向区广播电台、电视台发稿230篇，录用稿件194篇；向区政府外网发送信息177条，录用97条；继续在《文汇报》推出反映练塘镇经济和社会发展情况的专版。世博会期间，练塘镇田山歌表演唱《水乡故事一筐筐》、《请到练塘来兜一圈》等作为群文节目参加世博广场周周演活动和进入世博园演出。5月，注册练塘工业园区的富民实业（集团）有限公司“F·M”商标首次被认定为“上海市著名商标”。

练塘镇人民政府驻地：章练塘路900号。（朱建祺）

■启动小城镇改革试点工作　3月，被列为上海市小城镇发展改革试点镇。随后，及时成立小城镇发展改革试点工作领导小组及其办公室，认真研读国家和上海市对小城镇发展改革试点镇的有关政策，学习考察部分地区试点镇建设的先进经验和做法；积极推进前期基层调查摸底，了解各村农户、宅基地、集体建筑用地等基本情况；多次召开座谈会，听取各层面意见和建议。按照“规划先行、分步实施”和“群众可接受、财政可承受、发展可持续”的原则，加紧编制城镇开发六大规划，着手研究并初步拟定相关实施办法。（朱建祺）

■民生状况持续改善　年内，新增就业岗位2956个，对2998名“西劳东输、青劳外输”对象发放补贴1131.12万元。提高各类老年人的养老补贴标准和农保养老金标准。新增失地镇保123人，落实农村低保家庭211户、城镇低保家庭170户。解决农民建房536户，帮助20户困难农户翻建房屋。农村居民人均收入11218元，比上年增长10.58%。社会保持和谐稳定，刑事案件立案数同比下降13.9%。

■镇政府机关迁入新址　1月28日，练塘镇人民政府机关从原朱枫公路3501号迁入新址章练塘路900号。新址总占地面积2.14公顷，建筑面积7472平方米，3层，框架结构，含行政办公、直属业务、会议、社会服务及文体等功能。由上海九晟建筑设计院设计、上海市民房地基勘察院勘察和上海三凯建设监理有限公司负责监理，通过公开招标，由上海小蒸建设发展总公司以1535.78万元中标施工。2008年10月开工，2009年12月底竣工并通过验收。该工程获市建筑施工行业协会颁发的上海市建筑行业工程质量最高荣誉奖——白玉兰奖。（朱建祺）

■纪念陈云105周年诞辰活动　2010年6月13日是陈云诞辰105周年纪念日。6月3～4日，配合纪念活动，镇文体中心为全镇居委会及部分村展映反映解放初期陈云工作情况的电影《风起云涌》。7日，镇党委书记徐金明，副书记、镇长董永元参加在虹桥迎宾馆举行“学习陈云同志崇高风范，努力建设马克思主义学习型政党”——纪念陈云105周年诞辰座谈会。8日，练塘镇会同陈云纪念馆举行故乡人民忆陈云活动。中央文献研究室副主任杨胜群、中央文献研究室第三编研部主任龙平平、陈云女儿陈伟华和区委宣传部副部长蔡双琪、镇党委书记徐金明等以及群众代表、学生代表参加活动。中央文献研究室、陈云家属、青浦区和陈云纪念馆领导分别向陈云塑像敬献花篮。陈伟华、徐金明分别在会上讲话。（朱建祺）

■《今日练塘》报成为《新民晚报》首张市郊社区版　7月15日，在《今日练塘》报创办两周年之际，练塘镇与《新民晚

7月15日，庆祝《今日练塘》创刊两周年暨《新民晚报社区版·今日练塘》首发仪式举行　　（练塘镇供稿）

报》社携手，将《今日练塘》合办成《新民晚报》首张市郊社区版。《新民晚报》社党委书记、中国作家协会会员、上海新闻协会副会长吴芝麟，区委常委、宣传部部长孙萍，《新民晚报》社党委副书记韩春培，《新民晚报》社区版社长、高级记者顾龙，区委宣传部副部长、《青浦报》主编蔡双琪，镇党委书记徐金明等出席在练塘镇举行的《新民晚报社区版——今日练塘》首发式。陈云长子陈元为《新民晚报社区版——今日练塘》报题写报名。（朱建祺）

■举办2010年上海时装周第二届“完美演练” 10月23日，由练塘镇、区科委主办，区科技创业中心、上海富民毛纺织发展有限公司、青浦针织创意设计与研究中心、上海中纺科技创业有限公司承办的2010年上海时装周第二届“完美演练”在桥梓湾广场开演。区委常委、宣传部部长孙萍到会并开通“中国毛衫网”，上海国际时装周组委会副秘书长单国炎、镇党委书记徐金明到会并致辞。同时，举行“东华大学研究生社会实践与就业实习基地”揭牌和青浦针织创意设计与研发中心5个设计师工作室授牌。练塘镇有60多位毛纺企业主参加“完美演练”活动。同时，来自全国各地的30多位服装采购商和练塘镇20多位毛衫企业主在青浦宾馆进行交流洽谈。至年底，练塘地区有3500多户2万多人从事毛衫编织，可年产羊毛衫3500多万件，已成为上海郊区最大羊毛衫生产基地和产品集散中心。该届“完美演练”向观众集中展示100多套练塘毛衫企业新设计生产的毛衫款式。上海青浦针织创意设计与研发中心设计师工作室的授牌，有利于吸引更多优秀设计师落户，为区内针织企业注入创新创意活力，引领青浦针织产业走出一条时尚高端可持续发展之路。（朱建祺）

■陶夏芳慰问广州亚运会女子OP帆船赛个人铜牌获得者陆瑜婷父母 12月3日，区副区长陶夏芳与区体育局领导一行由副镇长高峰陪同，到练塘镇练东村亲切慰问2010年广州亚运会女子OP帆船赛个人铜牌获得者陆瑜婷的父母陆春连、陶银英夫妇，祝贺他们的女儿在广州亚运会取得好成绩。（朱建祺）

■完成第六次全国人口普查任务 年内，练塘镇根据第六次全国人口普查工作要求和市、区普查方案，广泛动员社会力量，精心组织、统筹安排、扎实推进，以11月1日零时为标准时点进行第六次全国人口普查。普查主要结果如下：全镇常住人口68506人，比2000年第五次全国人口普查增加11792人，增长20.79%。其中：外省（直辖市）常住人口23802人，占34.74%；比2000年增加16658人，增长2.33倍。有家庭户27065户，家庭户人口63794人，平均每户2.36人。全部人口中，男性为34894人、女性为33612人；60岁以上为12430人，占18.14%。（蔡春梅）

表77　2010年练塘镇经济与社会发展基本情况表

项　目	计量单位	数　值	比上年增长(%)	备　注
地区增加值	万元	525716	12.7	未评估
第一产业	万元	14055	1.3	
第二产业	万元	223056	11	
其中：工业	万元	181121	6.9	
第三产业	万元	288606	14.7	
工业总产值	万元	905606	11	
农副业总产值	万元	40157	7.1	
财政收入	万元	102158	12.4	
其中：镇财政收入	万元	33180	12.54	
财政支出	万元	33159	12.44	
利用外资金额(合同外资)	万美元	145	-72.11	
外资到位金额(外资实到)	万美元	149	-70.78	
新增内资企业注册资金	万元	—	—	
内资到位资金	万元	—	—	
固定资产投资总额	万元	47916	29.8	
社会消费品零售总额	万元	87650	23.9	
年末耕地面积	公顷	3284	-2.35	
户籍户数	户	20579	2.14	
户籍人口	人	54471	3.51	
外来人口	人	24502	22.27	
主要农副产品产量				

续表 77

项　　目	计量单位	数　值	比上年增长(%)	备　注
粮食	吨	22424	3.24	
油菜子	吨	1091.3	6.36	
生猪出栏数	吨	662.3	24.66	
家禽	万只	2.35	-28.79	
鲜蛋	吨	35.6	173.85	
淡水产品	吨	4308	-7.1	
蔬菜	吨	95967	-3.9	
教育事业				
其中:成校	所	1	不变	
高中	所	0		
初中	所	1		
小学	所	3		
幼儿园	所	3		
在校生(含幼儿)	人	4068	—	
教职工	人	483	—	
教育事业财政支出	万元	5930	7.99	
文化事业				
图书馆(室)	个	1	不变	
文化馆(室)	个	1		
影剧院(场)	所	1		
文化事业财政支出	万元	394	5.91	
医疗、卫生、体育事业				
卫生院(所)	个	1	—	
卫生室(村)	个	44	—	村级卫生人员75人
总床位	床	85	—	卫生院
医技人员	人	121	—	卫生院
体院场馆	个	0	—	
健身点	座	67	—	
农村居民人均可支配收入	元	11218	10.58	

(朱建祺)

金泽镇

■概况　金泽镇位于青浦境域西面,东与朱家角镇接壤,西与江苏省吴江市莘塔镇、昆山市周庄镇相连,南与练塘镇,浙江省嘉善县丁栅镇、大舜镇毗邻,北与江苏省昆山市锦溪镇交界。水陆交通便捷,是苏浙沪重要交通枢纽。318国道和沪青平高速公路贯穿全镇。国家级主航道太浦河、急水港是通往苏浙皖等省的重要航道,也是黄浦江的黄金水道。全镇总面积108.42平方公里,其中:耕地面积1811公顷、水面积33.84平方公里。

金泽镇历史悠久,人文景观诸多,是典型的江南水乡古镇,享有"江南第一桥乡"美誉。全镇现存古桥7座,其中普济桥是上海地区保存最完整、年代最早的单孔石拱桥。民俗文化历史悠久,内涵丰富,有市级非物质文化遗产"商榻宣卷"和"商榻阿婆茶";除"宣卷"、"田山歌"、"打莲湘"等民间文化活动外,每逢农历三月二十八和九月初九的庙会更是热闹非凡,是千年古镇金泽的特色民俗。

境内湖泊星罗棋布、河港纵横交错,资源丰富、风景秀丽,盛产香糯、杂交水稻等优质大米,有上海最大的淡水湖——淀山湖,堪称上海市郊品种全、规模大的淡水产品养殖基地。境内上海大观园为国家AAAA级旅游点,环境优雅。有涉外星级饭店5座,其中:三星级有淀山湖森林度假村、淀山湖日月岛度假村;二星级有和欣苑休养所、园湖苑宾馆、淀山湖宾馆。

下辖新港、莲湖、爱国、东天、龚都、任屯、田山庄、钱盛、淀湖、岑卜、西岑、三塘、育田、河祝、徐李、新池、金泽、东西、杨湾、建国、金姚、蔡浜、东星、淀西、王港、双祥、沙港、南新、雪米、陈东30个行政村和西岑、莲盛、金溪、金杨、商榻5个社区居委会。有户籍人口24425户62973人,其中:男性31059人、女性31914人,60岁以上老人14352人。常住来沪流动人口20589人。2010年,全镇实现地区增加值42.8亿元,比上年增长8.15%。其中:第一产业增加值14068万元,比上年增长6.43%;第二产业增加值199168万元,比上年增长6.83%;第三产业增加值169668万元,比上年增长4.37%。完成地区生产总值255.3亿元,比上年增长9.4%。其中工业总产值69.25亿元,比上年增长4.37%;第二产业占全镇地区生产总值的27%。实现财政收入9.38亿元,比上年增长6%。实现镇财政收入3.27亿元,比上年增长11.9%。拥有"环美"(减振器——青浦环新减振器厂)、"淀山湖"(蛋制品——青西禽蛋联合社)、"莲盛"(水泵——莲盛泵业制造有限公司)、"安信"(木地板——安信地板有限公司)、"长安"(商标事务所)5个"上海市著名商标"。

1月17日,召开招商引资工作会议,对上海星河数码、上海美蓓亚、上海东隆等30个企业纳税大户予以表彰。1月20日,召开镇第二届人民代表大会第六次会议。2月25日,召开深入学习实践科学发展观活动总结大会,表彰在学实活动中涌现出来的先进集体和先进个人。3月28日,青浦区私企协会大观园分会成立。9月20日,商榻社区6位中老年吴歌手表演的吴歌《田螺姑娘》获2010年苏浙沪吴歌大赛二等奖。10月,淀西、南新、双祥、钱盛4个村获得"市级农机安全村"称号。

镇政府机关所在地:金泽镇金中路5号。 (张 磊)

■新农村建设继续推进 年内,完成333.33公顷土地复垦指标立项申报工作,其中120公顷完成填土、平整。全镇土地规模化经营面积已达1346.22公顷,占全镇粮田总面积的83%。拥有规模化经营大户119户,比上年增加20%。水产养殖面积达1507.07公顷,产值达18672万元,占农业总产值的50%以上。投资300万元,在岑卜、新港2个村完成设施菜田建设40公顷;投资155万元,完成雪米村20.67公顷露地菜田建设;投资600万元,在王港、双祥2个村完成133.33公顷规模化优质粮食生产示范基地项目建设;分别投资700万元和500万元,完成20公顷新金泽水产良种场和23.33公顷沙田湖生态园二期工程项目建设;分别投资226万元、76万元,完成雪米村30.13公顷和岑卜村10公顷标准化水产养殖场改造项目;总投资90万元,完成钱盛、河祝、金姚3个村的为农综合服务站建设;投资723万元,完成岑卜路、金中路、金溪路白改黑道路5.7公里。投资845万元,完成蔡浜、杨湾、金姚村的道路桥梁改造,共改造危桥17座。

(张 磊)

■社会民生不断改善 2010年,全镇农村人均纯收入11694元,比上年增加10.6%。新增就业人数3111人。参加镇保18184人,参加农保7041人。参加农村合作医疗29330人,占农民应参保人数的99.5%;参保人员全部参加特种大病保险。共募集各界善款528万元。发放各类社会救助资金1349.79万元,受益28923人次。继续实施科教兴镇战略,被立为市级和区级科技项目的各有3项和11项,新增民营科技企业6户,专利授权81件。8月,完成金泽中学改扩建和商榻幼儿园扩建工程。中、小学学龄人口入学率100%。积极探索"户籍制"医生服务模式,社区卫生服务水平进一步提高。中山医院与镇社区卫生服务中心建立远程会诊和远程教育网络,成为区首家开展医疗远程教育的社区卫生服务中心。全年拆除各类违法建筑14710平方米。 (张 磊)

■金泽镇阳光职业康复援助基地建成 7月1日,一个集康复训练、教育培训、劳动生产为一体的新型就业援助机构——金泽镇阳光职业康复援助基地建成并投入运营。该基地于4月开工,6月底月竣工,总投资40万元;建筑面积2237平方米,内有康复训练室、职业培训室、学习休息室和分拣包装工场等设施设备。 (张 磊)

■第四轮自然村落改造完成 9月,启动第四轮自然村落改造工程。共投资1800万元,完成新港、河祝、雪米和淀西4个行政村的8个自然村落的改造,惠及1184户。其间,共改造道路3.69万平方米,改建桥梁1座,新建村级污水处理站4座,整修农宅外墙46.12万平方米,安装路灯69盏,拆除违法建筑800多平方米,清理垃圾200余吨,种植绿化0.81万平方米,实现"墙面白化、路面硬化、村庄绿化、水体净化"的目标。

(张 磊)

7月2日,副区长陈勇章(左),金泽镇党委副书记、镇长曹杰(右)为金泽镇阳光职业康复援助基地揭牌 (区残联供稿)

■新改建金泽中学投入使用 9月，新改建的金泽中学投入使用，同时，原商榻中学和西岑中学并入该校。该校占地面积37977平方米，建筑面积23475平方米，可容纳36个班级，并建有4幢住宿楼，可容纳720名学生住宿。新教学楼抗震设防烈度为7度，并按8度加强工程抗震措施；无障碍设施按《上海市无障碍设计标准》进行设计建造。

（张　磊）

■“金手指”葡萄获金奖 9月，由镇内上海太浦河葡萄种植有限公司选送的“金手指”葡萄，在2010年上海市优质葡萄评比中获葡萄小品种组金奖，成为青浦区唯一获奖的葡萄品种。该公司葡萄种植基地2007年通过无公害认证，2008年通过绿色食品认证并成为区农业标准化生产示范基地。近年来，该公司实施区科委下达的多个科技项目，其优越的地理环境、优质的葡萄品种，加上科学精良的栽培管理，使产出的葡萄糖度高、品质佳，粒数、粒重控制精准，成为优质产品，亩产1000公斤左右，平均销售价格保持在20元/公斤以上，最高可达40元/公斤～50元/公斤。（张　磊）

■举办镇第七届“桥乡之声”文艺晚会 10月13日晚，由镇政府主办的金泽镇第七届“桥乡之声”文艺晚会在金泽中学操场举行。钱程、钱惠丽、柴志星等沪上著名演员和水乡文艺爱好者同台演出，为近千位金泽镇居民群众献上了一台精彩纷呈的文艺晚会。（张　磊）

■商榻污水处理厂迁建工程完工并投入试运行 11月，投资3345万元的商榻污水处理厂迁建工程完工并投入试运行，其服务面积约30平方公里，包括整个商榻集镇区和工业区。工程近期建设规模为处理量2500立方米/日，远期处理量为5000立方米/日。厂区建筑面积1214平方米，包括粗格栅及进水泵房、细格栅及曝气沉砂池、紫外线消毒渠、巴氏计量渠及回用水泵房、鼓风机房及变配电间、加药间、储泥池、污泥脱水机房及堆棚、计量井、MSBR池、纤维布滤池以及综合楼等辅助建筑。

（张　磊）

■“知联会”金泽镇分会成立 11月3日，青浦区知识分子联谊会金泽镇分会成立，并产生分会第一届会长、副会长，秘书长、副秘书长和顾问、名誉会长等人选。分会首批个人会员25人，其中：本科以上学历23人，占总数的92%；非党人士20名，占总数的80%。该会的成立，将为镇内广大知识分子搭建起一个表达政治诉求、施展才干、服务社会的新平台。（张　磊）

表78　2010年金泽镇经济与社会发展基本情况表

项　　目	计量单位	数　值	比上年增长(%)	备　注
地区增加值	亿元	42.8	8.15	
第一产业增加值	万元	14068	6.43	
第二产业增加值	万元	199168	6.83	
其中：工业	万元	169668	4.37	
第三产业增加值	万元	214898	9.52	
工业总产值	万元	692524	4.37	
农副业总产值	万元	38027	6.2	
财政收入	万元	93800	6	
其中：镇财政收入	万元	32692	11.9	
财政支出	万元	26000	-10.9	
利用外资金额	万美元	848	79.28	
外资到位金额	万美元	325	74.73	
新增内资企业注册资金	万元	78685	4.1	
内资到位金额	万元	7890	—	
固定资产投资总额	万元	49538	-1.21	
社会消费品零售总额	万元	117600	21.04	
主要农副产品产量				
粮食	吨	16544.8	2.1	
油菜子	吨	628.8	-16	
生猪出栏数	头	720	15.7	
家禽	万羽	5.1	35	
鲜蛋	吨	169.2	55	
淡水产品	吨	10760	9.9	

续表 78

项　　目	计量单位	数　值	比上年增长(%)	备　注
蔬菜	吨	22978.3	-8.2	
教育事业				
其中:成校(职校)	所	1	—	
高中	所	0		
初中	所	1	—	
小学	所	3	—	
幼儿园	所	3	—	
在校生(含幼儿)	人	3211	—	
教职工	人	569	—	
教育事业财政支出	万元	6904.19	16.6	
文化事业				
图书馆(室)	个	1	—	
文化馆(室)	个		—	
影剧院(场)	所	1	—	
文化事业财政支出	万元	320	540	
医疗、卫生、体育事业				
卫生院(所)	所	1	—	
卫生室	所	41	—	
总床位	张	90	—	
医技人员	人	108	—	
优育场馆	座	2	—	
健身苑(点)	个	88	5	
农村居民人均可支配收入	元	11351	10.2	

（张　磊）

夏阳街道

■概况　夏阳街道位于上海市区西郊、青浦境域中心,东接赵巷镇,西连朱家角镇、盈浦街道,南邻松江区佘山镇、天马山镇,北依香花桥街道。地理位置优越,距上海虹桥国际机场 17 公里。水陆交通便捷,陆路沪渝高速公路(G50,原 A9、沪青平高速)、318 国道横穿东西,上海绕城高速(G1501)、外青松公路纵贯南北,西可通往苏浙两省,北可直通嘉定、苏州、昆山等地;水路有淀浦河、西大盈港和油墩港等航道,皆为六级以上航道,北连苏州河,南接黄浦江,百吨船只可通航上海港及外省市。辖区总面积 48.80 平方公里,其中耕地面积 607.53 公顷。

夏阳街道为青浦区人民政府所在地,是全区政治、经济、文化和教育的中心。辖区内有青浦博物馆、崧泽广场、区科技活动中心、区广电大楼、区信息大楼、青浦体育场、青浦图书馆、中山医院青浦分院、上海工商信息学校、青浦高级中学、青浦第一中学、上海教科院豫英学校和上海毓秀学校等设施,还有万寿塔等名胜古迹和天主教堂、基督教堂等宗教文化场所,上海福寿园也坐落其中。

下辖城南、泰来、金家、塘郁、塔湾、新阳、王仙、枫泾 8 个村民委员会和东盛、东方、章浜、青城、祥龙、界泾港、新青浦、桂花园、华骥苑、青湖、夏阳湖、千步泾、佳乐苑、仓桥、宜达、青平、青松、青华、青乐、青安 20 个社区居委会。户籍人口 19003 户 49756 人,其中:男性 24795、女性 24961 人,60 岁以上老人 7690 人。外来流动人口 48305 人。2010 年实现地区增加值 16.36 亿元,比上年增长 12.2%。其中:第一产业增加值 2294 万元,比上年增长 5.9%;第二产业增加值 43801 万元,比上年增长 26.8%;第三产业增加值 117494 万元,比上年增长 7.7%。财政收入 33519 万元,比上年增加 34.5%。农民人均可支配收入 14304 元,比上年增长 10.3%。年内,该街道获“2008～2009 年度上海市学习型社区”称号和上海市第六届全民终身学习活动周最佳宣传奖。

街道机关所在地:外青松公路 6300 号。

（夏　萍）

■“糯米团”——夏阳青年网络团支部成立　2 月 5 日,夏阳街道团工委与阿拉酷网络论坛联合举行“‘糯米团’——夏阳青年网络团支部成立仪式”,并现场招募社团成员及网络青年志愿者,举

2月28日,夏阳街道举办2010年元宵灯会　　（夏阳街道供稿）

行“欢天喜地闹元宵、文明祥和迎世博”元宵灯会活动。（夏　萍）

■召开市容环境责任区管理达标创建大会　2月21日,召开市容环境责任区管理达标创建工作大会,街道党政班子领导、居民区党支部(总支)书记、主任、迎世博督察劝导组成员和相关职能部门负责人出席会议。会议总结了市容环境达标创建实效工作前3个周期验收的创建经验,部署迎接市市容环境达标创建实效工作第四周期验收的工作,旨在进一步推进辖区市容环境卫生责任区制度的落实,维护市容环境建设成效,以整洁、有序、靓丽的城市环境迎接2010年世博会的召开。（夏　萍）

■举行“欢天喜地闹元宵、文明祥和迎世博”元宵灯会　2月28日晚,“欢天喜地闹元宵,文明祥和迎世博”元宵灯会在夏阳湖畔举行。灯会吸引赏灯游玩群众3万余人。区委常委、宣传部部长孙萍,区委常委、副区长李跃旗,副区长陈勇章和街道党工委书记徐德明等出席活动。灯会上,社区居民结合迎世博主题,充分发挥想象力,利用日常生活中废弃的纸箱、易拉罐等材料制作各式环保灯笼,其中“世博海宝”、“东方之冠——中国馆”等世博主题彩灯,让整个现场尽显世博元素;各式老虎造型彩灯,展现了欢乐迎春氛围;可爱的喜羊羊、灰太狼等卡通形象的彩灯,则吸引了小朋友们的目光。此外,现场还进行世博书画摄影作品展示活动,共展出书画作品100幅、摄影作品100幅;夏阳青年手工DIY社团成员和统战人士则在广场进行手工作品义卖活动,惟妙惟肖的丝网花、串珠灯笼深受群众好评;中心区域的舞龙、舞狮、蚌壳舞、荡湖船等传统表演也吸引很多居民驻足观看。整个灯会欢乐祥和、热闹非凡。（夏　萍）

■举办社区世博优秀志愿者风采宣传展示活动　12月3日,由青浦区志愿者协会、区精神文明建设委员会办公室、共青团青浦区委、夏阳社区(街道)党工委和办事处联合主办的“青浦区志愿者嘉年华——夏阳社区志愿者风采宣传展示活动”在区科技文化活动中心举行。区委书记高亢,上海市文明办巡视员陈振民,区委副书记、区志愿者协会会长胡燕平,区委常委、宣传部部长孙萍和夏阳街道两套班子成员出席活动。宣传活动集中展示了志愿者们忘我奉献、倾情付出的动人风采和良好形象,旨在充分发挥先进典型的示范引领作用。活动现场,街道团工委书记张倩代表社区志愿者向全体青浦市民发出“弘扬上海世博精神,再创城市美好生活”的倡议。（夏　萍）

表79　　2010年夏阳街道经济与社会发展基本情况表

项　目	计量单位	数　值	比上年增长(%)	备　注
地区增加值	亿元	16.36	12.2	
第一产业增加值	万元	2294	5.9	
第二产业增加值	万元	43801	26.8	
其中:工业	万元	39861	27.5	
第三产业增加值	万元	117494	7.7	
工业总产值	万元	227776	22.4	
农副业总产值	万元	8172	23.9	
财政收入	万元	33519	34.5	
其中:街道财政收入	万元	14904	10.9	
财政支出	万元	16371	14.5	
外资到位金额	万美元	450	80.0	
固定资产投资总额	万元	129127	21.8	

续表 79

项 目	计量单位	数 值	比上年增长(%)	备 注
社会消费品零售总额	万元	437578	14.3	
主要农副产品产量				
粮食	吨	2602.3	16.1	
油菜子	吨	0	0	
生猪出栏数	头	5275	21.1	
家禽	万羽	4.7825	17.8	
鲜蛋	吨	145.2	1.1	
淡水产品	吨	1049	4.5	
蔬菜	吨	19314.4	-7.1	
文化事业				
图书馆(室)	座	27	12.5	
文化馆(室)	做	26	8.33	
影剧院(场)	座	0	—	
文化事业财政支出	万元	54	35.6	
医疗、卫生、体育事业				
社区服务中心(所)	所	1	0	
卫生室	所	13	-18.75	
总床位	张	15	0	
医技人员	人	122	-12.86	
体育场馆	座	0	—	
健身苑(点)	个	54	17.39	
农村居民人均可支配收入	元	14304	10.3	

(夏 萍)

盈浦街道

概况 盈浦街道位于青浦境域中部，辖区以原青浦镇城厢老城区为主。东与夏阳街道接界，西与朱家角镇和江苏省昆山市淀山湖镇接壤，南至淀浦河，北与香花桥街道相连。境内交通便捷，邻近的318国道、沪渝高速公路(G50)和苏虹公路与市区及周边省市连接，东、西大盈港和淀浦河贯穿境内。辖区总面积16.52平方公里，占整个青浦城区的1/2，其中耕地面积401公顷。

盈浦街道是青浦城区商业、服务业、行政机关的集聚地，地理位置得天独厚，人文资源非常丰富。注册在街道的中小企业、民营企业达2600多家。区域内的曲水园是上海市五大古典园林之一，距今已有260多年历史；西侧的城隍庙是一座百年古庙；紧邻的百联桥梓湾购物广场则集休闲、购物、餐饮、娱乐为一体，是青浦城区热闹地段之一。盈港路、公园路、城中路和漕盈路、城中南路、青安路构成了三纵三横的主要商业网络。

下辖贺桥、天恩桥、南横、俞家埭、南厍5个村民委员会和庆华、庆新、城北、龙威、复兴、解放、三元河、西部花苑、尚美、万寿、盈港、盈中、盈联、上达、民乐、民佳、绿舟、浩泽、民欣19个社区居委会。户籍人口18537户46658人，其中：男性23640人、女性23018人。60岁以上老人8891人。外来流动人口36826人。2010年，街道实现地区增加值16.92亿元，比上年增长19.6%。其中：第一产业实现500万元，与上年持平；第二产业实现32345万元，比上年增长17.7%；第三产业实现136367万元，比上年增长19.6%。完成财政收入3.73亿元，比上年增长17%；完成地方财政收入1.71亿元，比上年增长17%。注册招商各类企业507户，比上年增长25.1%。实现社会消费品零售总额48.61亿元，比上年增长14.9%。完成全社会固定资产投资18.21亿元，比上年增长75.1%。农村居民人均可支配收入14043元，比上年增长10%。2010年，街道先后获得市文明社区、市和谐社区示范街道、市世博友好结对先进集体、市安全社区、平安社区、市学习型社区及全国群众体育先进集体等荣誉。

街道机关所在地：青浦区环城东路128号。

(谢海华)

加大城市维护管理力度 年内，盈浦街道加大全方位环境综合整治力度，建立市容环境责任区管理工作机制，组建22人组成的社区“门责”联络员队伍和有300多人参加的市容环境指导员、督查员、宣传员队伍。投入130余万元开展环境卫生专项整治，埋设400余米污水管道，平整2248平方米道路。投入店招店牌改造、生活垃圾分类推进、设摊疏导点等各项资金2600万元。整改主要道路两侧店招牌496块、约3400平方米，维修20余块。维修城中村损坏、积水严重的主要道路3694平方米；对17个居委会的部分小区进行补绿43668平方米。完成动迁企业6家，动迁居民410户；拆除老违法建筑66处、14490平方米，新违法建筑22处、602平方米。同时，配合建交委完成村"三室一点"(即村委办公室、卫生室、老年活动室和村民健身点)、街道办公用房、街道社区服务中心及卫生服务中心无障碍设施改建。完成聚星街屋面"平改坡"改造工程。该街道在上海市市容环境责任区管理达标创建工作中，获机制考核全市第一；实效考核连续三个周期位列全市第一，一个周期位列第二。综合考核在全市门责达标责任区考核中，位居第一，为青浦区通过国家卫生区复审作出应有贡献。

（谢海华）

8月7日，盈浦街道第二届文化艺术节开幕式暨社区"全民健身日"启动仪式举行

（盈浦街道供稿）

■社区青年志愿者队伍尽心尽职服务世博 在朱家角皇家金煦花园酒店的世博城市志愿服务站里，有一支盈浦街道社区青年组成的志愿者队伍，为世界各国的人士提供信息查询、语言翻译、文明宣传、应急救援等服务。世博期间，该街道志愿者上岗582人次，接待近3000人。站点获市团队之星和区先进集体称号，1人被评为市世博工作先进个人，4人被评为市优秀志愿者，4人被评为区先进个人，28人荣获区志愿者之星称号。

（谢海华）

■举办盈浦街道第二届文化艺术节 8月7日，盈浦街道第二届文化艺术节开幕式在青浦体育馆举行。该届文化艺术节设立两大类20个比赛项目，其中：体育类比赛有篮球、羽毛球、乒乓等12个项目；艺术类比赛有戏曲、舞蹈、摄影等8个项目。共吸引32个单位、1976人次运动员参赛。该届文化艺术节于11月13日闭幕，盈中社区、万寿社区、西部社区分别取得团体总分前三名。

（谢海华）

9月21日，"世博年，水乡情"社区书画展在青浦图书馆举办（盈浦街道供稿）

■深入开展特色创建活动 年内，继续深入推进形式多样、内容丰富的"一居一品"特色创建活动。城北居委会的"世博年，水乡情"社区书画展、绿舟居委会的科学育儿亲子活动、西部居委会的太极培训班、庆华居委会的"平安世博、和谐你我他"、万寿居委会的广场露天电影等"一居一品"主题活动，社会反响良好。年底，17家社区居委会在社区管理和服务中都形成各自特色。和谐社区创建活动取得明显成效。2009年申报创建"上海市和谐社区居委会"的庆新、复兴、万寿、尚美、盈港、上达、民乐、民佳8个居委会和申报创建"上海市模范居委会"的盈联、绿舟2个居委会顺利通过验收。解放居委会顺利通过全国减灾示范社区创建验收。

（谢海华）

■盈浦社区社会工作站成立 8月，盈浦社区社会工作站正式挂牌成立。该站的成立，旨在大力培育公益性社会组织，充分调动社会力量参与社会公共管理和民生服务的积极性，满足社会居民多元的服务需求。该站年内主要推进3个服务项目，即建立0～3岁婴幼儿社区早期教育活动基地、开展80岁以上老人及弱势群体关爱活动和优化社区文体团队建设。

（谢海华）

■**切实加强社会保障工作** 全年办理农村社会养老保险投保262人。新增退休27人,发放养老金4238人次,累计发放183.56万元。有自行养老(征地养老)85人,累计发放养老金74.5万元。积极推进上海市城镇居民医疗保险和农村合作医疗保险投保工作。2010年参加农村合作医疗保险1616人,占应投保农民的100%;参加2011年农村合作医疗1600人,参加镇保697人。全年街道发放各类困难救助资金480多万元。对重病、大病对象及时给予救济,实施医疗救助41人次,补助21万元。发放慈善医疗卡91张,市民帮困卡31张。街道有68名科级以上干部和区委办局40名领导干部与街道108户贫困家庭帮困结对。广泛开展"蓝天下的至爱"慈善捐助、残疾人世博门票募集、甘肃舟曲山洪泥石流灾害募捐等救灾、救护、救助活动,共募捐230多万元。 (谢海华)

表80　2010年盈浦街道经济与社会发展基本情况表

项　　目	计量单位	数　值	比上年增长(%)	备　注
地区增加值	亿元	16.92	19.6	
第一产业增加值	万元	500	—	
第二产业增加值	万元	32345	17.7	
其中:工业	万元	22538	14.5	
第三产业增加值	万元	136367	19.6	
工业总产值	万元	135534	12.3	
农副业总产值	万元	4830	17.23	
财政收入	万元	37300	17.05	
其中:镇财政收入	万元	17100	17	
财政支出	万元	12200	-0.82	
利用外资金额	万美元	84.4	-65.12	
外资到位金额	万美元	38	58.33	
新增内资企业注册资金	万元	2733.7	12.96	
内资到位金额	万元	2733.7	12.96	
固定资产投资总额	万元	182100	75.1	
社会消费品零售总额	万元	486100	14.9	
主要农副产品产量				
粮食	吨	3343	-6.3	
油菜子	吨	—	—	
生猪出栏数	头	22245	13.46	
家禽	万羽	—	—	
鲜蛋	吨	—	—	
淡水产品	吨	402	-0.50	
蔬菜	吨	924	-44.03	
教育事业				
其中:成校(职校)	所	1	0.0	
高中	所	1	0.0	
初中	所	3	50.0	
小学	所	6	20.0	
幼儿园	所	10	42.86	
在校生(含幼儿)	人	14007	3.90	
教职工	人	1381	16.80	
教育事业财政支出	万元	—	—	

续表 80

项　　目	计量单位	数　值	比上年增长(%)	备　注
文化事业				
图书馆(室)	个	24	4.35	
文化馆(室)	个	24	4.35	
影剧院(场)	所	—	—	
文化事业财政支出	万元	95	241.73	
医疗、卫生、体育事业				
卫生院(所)	所	1	0	
卫生室	所	13	0	
总床位	张	15	0	
医技人员	人	101	1.00	在编
体育场馆	座	—	—	
健身苑(点)	个	50	6.38	
农村居民人均可支配收入	元	14043	10.0	

(谢海华)

香花桥街道

■概况　香花桥街道位于青浦境域中北部紧靠青浦城区,东至重固镇、赵巷镇,西至江苏省昆山市淀山湖镇,南至盈浦街道、夏阳街道、赵巷镇,北至白鹤镇。境域位置优越,交通便捷。境域内横有北青公路、崧泽大道、盈港东路、318 国道,纵有上海绕城高速(G1501)、外青松公路,均可与京沪高速、沈海高速、沪渝高速(G2、G15、G50)相通。水路有油墩港、东大盈港、西大盈港、老通波塘,北通黄浦江、南连淀浦河,四通八达。辖区面积 68.08 平方公里,其中耕地面积 2040.8 公顷。

下辖杨元、袁家、七汇、陈桥、盈中、石西、胜利、天一、新姚、新桥、向阳、郏一、朝阳、曹泾、金星、福泉山、泾阳、大联、金米、爱星、东方、东斜、燕南 23 个村民委员会及青山、大盈、香花桥、金巷、民惠、都汇华庭、民惠二期 7 个居民委员会和 1 个筹备组。户籍人口 12754 户 41503 人,其中:男性 19990 人、女性 21513 人。60 岁以上老人 10072 人。外来流动人口 82943 人。2010 年,街道实现地区增加值 185.41 亿元(包括青浦工业园区),比上年增长 19.49%。其中:第一产业增加值 4744 万元,比上年下降 6.85%;第二产业增加值 1618515 万元(包括青浦工业园区),比上年增长 21.44%;第三产业增加值 230801 万元(包括青浦工业园区),比上年增长 7.97%。全年共完成招商 311 户(其中招商中心 133 户,创业中心 21 户,村居委会 157 户),占全年指标 200 户的 155.5%;实现财政收入 1.60 亿元,比上年增长 94.96%。年内,顺利完成爱星村等 11 个村委会的村级社区事务代理室的建设工作,累计建成街道 27 个村级社区事务代理室。顺利完成"世博大礼包"发放工作,全街道登记 19804 户,其中:户籍家庭 10262 户、持有居住证(临时居住证)家庭 9496 户、境外人员家庭 46 户,实际发放 19052 户。

街道机关所在地:青浦区新桥路 786 号。　(陈　珍)

10 月 22 日,"服务园区 和谐共进"首届香花桥街道文化艺术节举行

(香花桥街道供稿)

■成立 4 个民生工作专题调研小组　年内,成立"十二五"规划编制调研领导小组,拟定街道今后五年的发展规划。成立新农村建设调研领导小组,针对垃圾处置场的现实状况,拟定推进新农村建设的初步设想。500 米之内的农民搬迁工作正有序开展,搬迁基地于 11 月 8

日正式破土动工;500米之外的群众工作,通过工作组走村入户、召开座谈会等宣传、疏导和劝说,群众对立情绪有所缓解。成立社区建设和管理调研领导小组,针对老集镇基础设施差,动迁小区物业管理不到位等情况提出建议措施,并完成民惠物业管理主体的有序平稳交接。成立“四户”(即少房户、无房户、离婚户、危房户)对象调研领导小组,针对街道区域内约300多户“四户”对象,着手进行摸底调查,提出初步操作方案。 (陈 珍)

■关注民生见实效 2010年,街道完成新增就业岗位5752人,完成率达104.6%;职业技能培训完成655人,完成率达109%;失业人数控制登记411人,控制在指标数450人以内。农民建房工作受理171户,复审通过96户,区联席会议审批85户,已开工在建51户。重阳时节,街道出资160万元,慰问困难老人2200人。对香花桥、大盈老社区的基础设施进行改建,增设太阳能路灯,方便社区居民生活。是年,街道新办福利企业1家,安置残疾人10人。全年安置残疾人62人,其中集中安置就业60人,分散安置2人。街道福利企业全年收入17012.75万元,利润610.66万元,安置残疾人355人。上半年,配合区社会福利企业管理办公室的福利企业年检工作,辖区内21家福利企业全部通过年检。 (陈 珍)

■加强干部队伍执政能力培训 年内,抓好短期培训,先后举办以党建创新、统战业务知识为主要内容的“村(居)专职党务干部、统战干部培训班”,参训30人;举办以青浦规划、新农村建设及如何当好村干部为主要内容的“村居班子干部、机关副科以上干部培训班”,参训180多人;举办以廉政教育和礼仪知识为主要内容分别举办的“街道班子领导干部家属培训班”、“机关正科、基层正职干部家属培训班”,参训60多人;8月,香花桥街道纪工委开展廉政文化进企业宣传月活动,并在日立电梯(上海)有限公司举行主题活动之一的“廉政文化进企业赠书仪式”;举办以勤奋工作和出色表现为“世博”提供坚强保证为内容的“街道党政班子成员、村居两委班子成员和机关科级干部的远程‘世博’直播课程专题培训”,参训170多人;举办以政治理论、时势形势、应用文与演讲、廉政建设、动迁安置、来沪人口管理、稳定工作、礼仪知识、“世博”知识、民族宗教知识、社会热点问题等为主要内容的“村居储备人才培训班”,参训27人。同时抓好长期培训,积极抓好干部在线学习,落实专人担任联络员、学习指导员。全年干部在线学习共注册在学39人,注册率、在学率、通过率均为100%。积极鼓励基层干部、机关干部参加在职学历培训,提高学识水平,先后有4人获大专毕业文凭,有5人获本科毕业文凭。 (陈 珍)

■学习实践活动取得成效 该街道参加市第三批学习实践活动的对象主要涉及村、居民区,机关、企事业单位(含已建党组织的“两新”组织党组织)共158个(含街道层面)单位,党员总数2300多名。经过准备、学习调研、分析检查、整改落实及总结测评四个阶段,于2月底全面完成街道学实活动各项任务,实现“提高思想认识、解决突出问题、加强基层组织、促进科学发展”的目标,并认真做好学习实践科学发展观活动后续整改落实情况评估与督促,确保整改方案措施落到实处。 (陈 珍)

■创先争优不松劲 年内,下发《关于深入广泛开展创先争优活动实施意见》,着重围绕“世博”先锋行动,以“岗位行动、家园行动、志愿行动”为载体,加强分类指导,将创先争优活动引向深入。2月底起,积极响应上级关于组织动员广大党员干部认真参与“世博”先锋行动平安志愿服务的号召,组织街道机关事业单位的党员及村(居)委会、企业中层以上党员干部303人作为平安建设志愿服务者;落实各基层党组织安排专人做好驻区单位党员干部志愿服务的接收、登记、安排工作。3月中旬,安排党员服务中心等15个培训点,党工委班子成员及28个村居委会的书记及班子相关成员共274人收看“世博”直播课程。3月下旬,组织村、居企事业单位党组织成员共2183人,分批收看《以勤奋工作和出色表现为世博提供坚强保证》为题的“世博”电视专题片。努力创建“五好”党组织。在基层申报、街道初审的基础上,经区委组织部评审,街道2个村党组织、1个居民区党组织、1个事业单位党组织、5个“两新”组织党组织被评为2006~2009年青浦区“五好”党组织,2个村党组织被评为上海市农村“五好”党组织。为了努力推进农村基层党组织建设的创新,以增强基层党组织的创造力、凝聚力和战斗力,更好发挥基层党员的先锋模范作用,在金巷居民区党支部实施党员目标责任制,开展基层党建工作创新示范点争创活动,并被评为青浦区基层党建工作创新示范点。同时开展“香花”党员看“世博”活动。通过组织广大党员参观世博会,亲身感受“城市,让生活更美好”的“世博”主题,践行立足本职爱岗敬业、服务“世博”争当先锋,全街道各基层党组织组织党员、入党积极分子参观世博会达3000多人;开展“送温暖、聚人心、促和谐”党内关爱活动,慰问困难党员49名,慰问金额24500元;组织党员收看“现代农业园杯”党员教育电视片,以先进典型引导党员干部创先争优;开展各类先进代表座谈活动,努力营造创先争优的良好氛围。 (陈 珍)

■加强宣传服务世博 年内,利用基层阵地宣传,制作世博主题宣传橱窗14块、各类宣传牌250块、横幅92条,发放宣传小礼品1万余件、宣传资料3万余份,开展世博知识版面巡展62次;利用机关电子屏幕,滚动宣传世博和文明礼仪知识;在重要场所,摆放易拉报,布置招贴画,张贴主题海报;在集镇等人群集聚处,开展咨询服务;在内部刊物《香花桥》上,刊登迎世博工作动态和社会新闻,宣传各行各业齐动手、共参与,服务世博、奉献世博的良好局面,并于5~10月每月增加世博专版1.80万份,发送到街道辖区内每家每户及落户企业。结合“世博知识进机关、进学校、进社区、进农村、进企业”的世博知识“五进”活动,依托社区学校师资力量和东方讲坛平台,组建宣讲队,深入开展“文明观博”社会培训活动。3月底,启动以《文明观博200问》为教材的世博知识讲座、专题测试等多种形式培训10038人次。在迎世博倒计时100天等重要时段,在集镇、职工家园等人流密集处,举行宣传咨询活动;组织志愿者,在胜利路、外青松公路、北青公路重要路口,开展“文明讲秩序,世博更和谐”交通秩序志愿服务活动。另外，为配合安全工作，在《香花桥》刊物上刊登安全生产专题报道，印制1.80万份，发放到辖区各村、居、企事业单位；在外青松公路、北青路路口制作安全生产大型广告牌；制作安全展板45块，在全街道安全生产大会上进行展示，并在辖区重点企业中进行巡展。为做好街道巩固国家卫生区创建工作，在香花集镇、胜利路、社区活动中心、重要公共场所、居民小区等处，制作大型宣传广告牌10块，宣传立牌120块，书写墙面宣传广告语10余条，拆除小区内陈旧、破损的宣传牌，改善宣传环境；并在《香花桥》刊物上增加巩固国家卫生区创建复验工作专版，发到辖区每家每户、落户企业、驻区单位。开展推优和典型挖掘，申报12家单位参加市首批企业文化建设示范基地评比，德力西有限公司成为全区唯一一家市首批企业文化建设示范基地。街道司法所沈飞被评为首批市“服务世博、奉献世博”先进个人。

（陈　珍）

■商会工作有起色　年内，贯彻“团结、帮助、引导、教育”方针，开展“爱国、敬业、守法”教育，通过表彰先进等方式，动员非公经济人士积极投身于扶贫帮困事业和捐资助学、建设家乡等活动。经过街道商会推荐，上海德力西、科大重工、富臣化工、安诺其等11家民营企业获“青浦区五十强民营企业”荣誉称号。经商会牵线，有9位非公经济人士与西藏学生结对，资助助学金3.6万元，3年累计资助金额9.48万元。近年来，会员企业亚士漆（上海）有限公司、上海科大重工集团有限公司、上海泽田机械有限公司等分别投资35万元、48万元、40万元在云南永胜县、安徽六安天堂寨、云南屏边县底西乡等援建亚士石湾希望小学、英平希望小学、陈沁菲希望小学。年内，科大重工又投资58万元在四川广安援建君浩希望小学。香花桥街道商会曾获上一届市工商联“优秀基层商会”光荣称号。2010年9月，街道商会秘书长丁霄燕又被评为上海市工商联第四届基层商会工作先进个人。

（陈　珍）

■继续加强社区健康服务　年内，加强卫生监督检查和服务，监督136户次，立案63例（其中：警告52例、一般程序11例，处罚金8800元）。开展4次打击无证行医专项整治，出动681人次，排摸到103处无证行医窝点，取缔43处、立案8例，处罚金52090元；处理举报案件3例。并对辖区内18所村卫生室和1所门诊部、1所诊所的医疗废物处置情况进行监督检查，情况较好。

在社区团队工作基础上，做细做实户籍制医生工作。年内，在以青山居委、郏一村为试点的基础上，增加东斜、大联、东方3个村，发放户籍制医生服务联系卡，对慢性病实施信息化管理。全街道有高血压病人1938人，其中重点管理1723人，随访3645人次；糖尿病病人349人，糖尿病组328人，非糖尿病组21人，随访1128人次，糖尿病病人全部进行档案建卡，实行动态监测；残疾人1398人，有994人参加服务签约，每月组织上门或电话服务，共服务10595人次。80岁以上老人及离休干部结对服务，共服务3542次；对4名离休干部每月按需进行服务。根据群众需求建立家庭病床40只，撤床27只，定期上门服务。每个团队每季度对所管辖的村进行一次健康教育，由社区科统一安排健康教育的内容，共124次。年内，服务中心特设1个中医特色团队，开展以中医药为主的服务。同时，继续对中山医院青浦分院的出院病人进行电话随访或上门随访，共372人次；通过社区团队网络，完成管辖区域23个村、8个居委会的60岁以上老年人免费健康检查，应检人数8690人（农保1132人），实检人数8324人（农保766人），体检率95.8%（农保67.6%）。上半年，完成分中心“医卡通”工程，使全街道农村合作医疗费用实行网上实时结算，极大方便了老百姓就医；并推行惠民政策，做好门诊诊查费减免、药品零差价工作。全年中心诊查费减免55247人次共386729元。药品零差率享受21550人次共86629.26元。村卫生室诊查费减免41713人次共83426元，药品零差率享受41109人次共201687.91元。全街道23个村、7个居委会，已有17个村、4个居委会、5557户建立健康档案，实行信息化管理，动态监测。

（陈　珍）

表81　　2010年香花桥街道经济与社会发展基本情况表

项　　目	计量单位	数　值	比上年增长（%）	备　注
地区增加值	亿元	185.41	19.49	街道园区
第一产业增加值	万元	4744	-6.85	街道园区
第二产业增加值	万元	1618515	21.44	街道园区
其中：工业	万元	1579486	21.63	园区
第三产业增加值	万元	230801	7.97	街道园区
工业总产值	万元	7312434	25.58	园区
农副业总产值	万元	13585	5.44	街道
财政收入	万元	16000	94.96	街道
其中：镇财政收入	万元	—	—	
财政支出	万元	12998.8	57.26	街道
利用外资金额	万美元	26642	14.49	园区
外资到位金额	万美元	14653	-24.16	园区

续表 81

项　　目	计量单位	数　值	比上年增长(%)	备　注
新增内资企业注册资金	万元	—		
内资到位金额	万元	—		
固定资产投资总额	万元	71000	-82.81	
社会消费品零售总额	万元	115181	23.29	街道
主要农副产品产量				
粮食	吨	16811	-5.24	
油菜子	吨	85	3.16	
生猪出栏数	头	39043	7.84	
家禽	万羽	5.1	920	
鲜蛋	吨	67	-92.80	
淡水产品	吨	288	-28	
蔬菜	吨	12063	77.82	
教育事业				
其中:成校(职校)	所	1	—	
高中	所	—	—	
初中	所	1	—	
小学	所	2	—	
幼儿园	所	3	—	
在校生(含幼儿)	人	2540	—	
教职工	人	301	—	
教育事业财政支出	万元	—	—	
文化事业				
图书馆(室)	个	—	—	
文化馆(室)	个	—	—	
影剧院(场)	所	—	—	
文化事业财政支出	万元	34.99	—	
医疗、卫生、体育事业				
卫生院(所)	所	1	—	
卫生室	所	19	—	
总床位	张	40	—	
医技人员	人	70	—	
体育场馆	座	/	—	
健身苑(点)	个	28	—	
农村居民人均可支配收入	元	13983	11.07	

(陈　珍)

国家部、委级先进集体

获奖单位(项目)	奖项名称	颁奖单位及时间
青浦区	国家卫生区(2010~2013)	全国爱国卫生委员会,2010年12月14日
赵巷镇	国家卫生镇(2010~2013)	全国爱国卫生委员会,2010年12月17日
朱家角镇	国家卫生镇(2010~2013)	全国爱国卫生委员会,2010年12月
朱家角镇	上海世博会先进集体	中共中央、国务院,2010年12月
公安青浦分局交警支队白鹤检查站	上海世博会先进集体	中共中央、国务院,2010年12月27日
中共青浦区地方海事处支部委员会	上海世博会先进集体	中共中央、国务院,2010年12月
区地方海事处	2010年上海世博会水上交通安全保障工作集体二等功	国家海事局,2010年12月
白鹤镇	全国社区教育示范镇	教育部,2010年12月
华新镇	全国创建学习型家庭示范社区	全国妇联、民政部、文化部、环境保护部、国家广电总局,2010年5月
华新镇妇联	全国妇女健身示范站点	中华全国妇女联合会,2010年8月
区妇联	全国维护妇女儿童权益先进集体	中华全国妇女联合会,2010年3月
区发改委	2009~2010年度全国农产品成本调查工作优秀集体	国家发展改革委员会,2011年1月5日
工商青浦分局	全国工商系统法制工作先进单位	国家工商总局,2010年9月
区文广影视局	全国广播影视系统法制宣传教育先进集体	国家广电总局,2011年4月20日
区规划和土地管理局	全国国土资源信访工作先进集体	国土资源部,2010年12月
区体育局	2010年全民健身活动优秀组织奖	国家体育总局,2010年12月
青浦工业园区发展(集团)有限公司	2010中国服务业企业500强(第391名)	中国企业联合会、中国企业家协会,2010年8月
区民政局	全国农村五保供养先进单位	民政部,2010年11月
区民政局基政科	全国城乡社区建设宣传工作先进单位	民政部,2010年8月
民进青浦区支部	全国先进基层组织	民进中央委员会,2010年11月
区图书馆	地市级"一级图书馆"	文化部,2010年3月31日
区博物馆	2010~2014年全国科普教育基地	中国科学技术协会,2010年5月17日
区地震局	2009年度全国市(地)防震减灾工作综合评比地震应急救援单项奖	中国地震局,2010年7月
区地震局	2009年度全国市(地)防震减灾工作综合评比优秀奖	中国地震局,2010年7月

获奖单位(项目)	奖项名称	颁奖单位及时间
徐泾镇文体指导中心	全国"服务农民、服务基层"文化建设先进集体	中宣部、文化部、国家广电总局、国家新闻出版总署,2010年12月
金泽镇农业服务中心上海青浦岑湖特种水产公司	金泽镇沙田湖水产养殖国家标准化示范区	国家标准化管理委员会,2011年3月24日
区外来人员就业管理中心	全国2008~2010年度人力资源和社会保障系统优质服务窗口	人力资源和社会保障部,2010年12月
青浦实验研究所	全国基础教育课程改革研究成果一等奖	教育部,2010年12月
区安置三峡库区移民工作领导小组办公室	全国水库移民后期扶持工作先进集体	人力资源和社会保障部、国家发改委、财政部、水利部,2011年1月5日
河道水闸管理所东大盈水利枢纽管理站	全国水利系统模范职工小家	中国农林水利工会全国委员会,2010年9月

国家部、委级先进个人

获奖者(单位)	奖项名称	颁奖单位及时间
李　平(上海科大重工集团有限公司)	2010年全国劳动模范	国务院,2010年4月
俞正娟(华新镇马阳村)	2010年全国劳动模范	国务院,2010年4月
刘建林(白鹤镇综治办)	上海世博会先进个人	中共中央、国务院,2010年12月
陈永强(徐泾派出所)	上海世博会先进个人	中共中央、国务院,2010年12月27日
衣伟昌(区残联)	2006~2010全国特奥工作先进个人	中国残疾人联合会、国家体育总局,2010年9月
陆　涛(公安青浦分局经侦支队)	2010年世博会知识产权保护工作先进个人	国家知识产权局、公安部、海关总署、国家工商总局、版权局、高检院、贸促会、新闻办,2010年12月
许红莲(盈浦街道)	第一次全国污染源普查工作先进个人	国务院第一次全国污染源普查领导小组办公室、环境保护部、国家统计局、农业部,2010年3月19日
杨巧新(区地方海事处)	2010年上海世博会水上交通安全保障工作个人二等功	国家海事局,2010年11月30日
王耀辉(区规土局规划管理监督检查队)	国土资源部推进依法行政先进个人	国土资源部,2011年3月17日
沈红慧(区水务局)	九三学社全国优秀社员	九三学社中央委员会,2010年9月
彭润中(国家会计学院)	九三学社全国优秀社员	九三学社中央委员会,2010年9月
汪大海(区民政局基政科)	全国城乡社区建设宣传工作先进个人	民政部,2010年8月
金　华(区民防办)	全国第六次人防会议人防系统先进个人	国家人防办,2011年2月
张水英(区计生委)	全国计划生育协会先进个人	中国计划生育协会,2010年12月
潘金兴(区检察院)	全国模范人民调解员	司法部,2010年5月
王钟萍(区质量技术监督局)	全国质量监督检验检疫系统上海世博会保障工作先进个人	国家质量监督检验检疫总局,2010年11月26日
姚湘如(区红十字会)	优秀红十字志愿者	中国红十字会总会,2011年1月
周敏华(致公党青浦区支部)	树立和践行社会主义核心价值体系、推进基层组织建设中央先进个人	致公党中央委员会,2010年12月

市级先进集体

获奖单位(项目)	奖项名称	颁奖单位及时间
朱家角镇	上海世博工作优秀集体	市委、市政府,2010 年 8 月
区委政法委	上海世博工作优秀集体	市委、市政府,2010 年 9 月
区建筑管理所	上海世博工作优秀集体	市委、市政府,2010 年 9 月
区残联	上海世博工作优秀集体	市委、市政府,2010 年 12 月
区食品药品监督所	上海世博工作优秀集体	市委、市政府,2010 年 12 月
公安青浦分局交警支队西岑检查站	上海世博工作优秀集体	市委、市政府,2010 年 12 月 29 日
徐泾派出所	上海世博工作优秀集体	市委、市政府,2010 年 12 月 29 日
区世博志愿者工作站	上海世博工作优秀集体	市委、市政府,2010 年 12 月
赵巷居委会平安家庭志愿者队	上海世博工作优秀集体	市委、市政府,2010 年 12 月
公安青浦分局交警支队白鹤检查站	上海市"服务世博、奉献世博"立功竞赛活动第一批优秀集体	市委、市政府,2010 年 8 月 8 日
朱家角派出所	上海市"服务世博、奉献世博"立功竞赛活动第二批优秀集体	市委、市政府,2010 年 9 月 30 日
水务行政执法支队党支部	上海市创先争优,世博先锋行动"五好"基层党组织	市委,2010 年 9 月
致公党青浦区支部	树立和践行社会主义核心价值体系、推进基层组织建设先进集体	致公党上海市委,2010 年 12 月
区世博志愿者(区文明办、团区委)	中国 2010 年上海世博会志愿工作优秀组织奖	上海世博会执行委员会,2010 年 12 月

市级先进个人

获奖者(单位)	奖项名称	颁奖单位及时间
郭爱民(公安青浦分局交警支队)	上海市"服务世博、奉献世博"立功竞赛个人一等功	市委、市政府,2010 年 8 月 8 日
陈永强(徐泾派出所)	上海市"服务世博、奉献世博"立功竞赛个人一等功	市委、市政府,2010 年 9 月 30 日
沈　飞(香花桥司法所)	上海市"服务世博、奉献世博"立功竞赛个人二等功	市委、市政府,2010 年 8 月
章伟军(区民防办)	上海市"服务世博、奉献世博"立功竞赛个人二等功	市委、市政府,2010 年 8 月
范　荣(公安青浦分局刑侦支队)	上海市"服务世博、奉献世博"立功竞赛个人二等功	市委、市政府,2010 年 8 月 8 日
吴　强(区地方海事处)	上海市"服务世博、奉献世博"立功竞赛个人二等功	市委、市政府,2010 年 9 月
刘建林(白鹤镇综治办)	上海市"服务世博、奉献世博"立功竞赛个人二等功	市委、市政府,2010 年 9 月
朱磊明(朱家角镇)	上海市"服务世博、奉献世博"立功竞赛个人二等功	市委、市政府,2010 年 9 月
陈国兴(公安青浦分局治安支队)	上海市"服务世博、奉献世博"立功竞赛个人二等功	市委、市政府,2010 年 9 月 30 日
藏洪顺(区地方海事处)	上海世博工作优秀个人	市委、市政府,2010 年 7 月
蔡载蓉(徐泾镇龙阳居委会)	上海世博工作优秀个人	市委、市政府,2010 年 7 月

获奖者(单位)	奖项名称	颁奖单位及时间
许建和(河道水闸管理所)	上海世博工作优秀个人	市委、市政府,2010年8月
吴　伟(区市容环境卫生管理所)	上海世博工作优秀个人	市委、市政府,2010年9月
陈　娟(水务行政执法支队)	上海世博工作优秀个人	市委、市政府,2010年9月
沈桂珍(朱家角镇)	上海世博工作优秀个人	市委、市政府,2010年9月
李　亚(区安监局)	上海世博工作优秀个人	市委、市政府,2010年9月
冯炉兵(金泽镇)	上海世博工作优秀个人	市委、市政府,2010年9月
曹边防(青浦报社)	上海世博工作优秀个人	市委、市政府,2010年12月
吴培尧(区救助站)	上海世博工作优秀个人	市委、市政府,2010年12月
李品龙(徐泾镇文体中心)	上海世博工作优秀个人	市委、市政府,2010年12月
马罡民(公安青浦分局交警支队)	上海世博工作优秀个人	市委、市政府,2010年12月29日
尤建华(夏阳派出所)	上海世博工作优秀个人	市委、市政府,2010年12月29日
倪秀峰(凤溪派出所)	上海世博工作优秀个人	市委、市政府,2010年12月29日
赵香兰(徐泾镇团委)	中国2010年上海世博会志愿者工作先进个人	上海世博会执行委员会,2010年12月
杨益民(区民政局)	中国2010年上海世博会志愿者工作先进个人	上海世博会执行委员会,2010年12月
刘成涛(团区委)	中国2010年上海世博会志愿者工作先进个人	上海世博会执行委员会,2010年12月
杜　敏(团区委)	中国2010年上海世博会志愿者工作先进个人	上海世博会执行委员会,2010年12月
沈　敏(团区委)	中国2010年上海世博会志愿者工作先进个人	上海世博会执行委员会,2010年12月
王叶峰(徐泾镇信息办)	中国2010年上海世博会优秀志愿者	市委、市政府,2010年9月
王　丽(区殡仪馆)	中国2010年上海世博会优秀志愿者	上海世博会执行委员会,2010年12月
杨卫辉(区婚姻登记管理中心)	中国2010年上海世博会优秀志愿者	上海世博会执行委员会,2010年12月
吴建鑫(徐泾镇金云村)	中国2010年上海世博会优秀志愿者	上海世博会执行委员会,2010年12月
金玲玲(徐泾经济城)	中国2010年上海世博会优秀志愿者	上海世博会执行委员会,2010年12月
陆　凤(徐泾镇机关支部)	中国2010年上海世博会优秀志愿者	上海世博会执行委员会,2010年12月
金圣君(团区委)	中国2010年上海世博会优秀志愿者	上海世博会执行委员会,2010年12月
马云伟(团区委)	中国2010年上海世博会优秀志愿者	上海世博会执行委员会,2010年12月
朱春芳(区税务局第六税务所)	中国2010年上海世博会优秀志愿者	上海世博会执行委员会,2010年12月
张　欣(区税务局综合科)	中国2010年上海世博会优秀志愿者	上海世博会执行委员会,2010年12月
仲吉宇(中山医院青浦分院)	上海市创先争优,世博先锋行动“五带头”共产党员	市委,2010年7月
高中群(静园公墓)	上海市创先争优,世博先锋行动“五带头”共产党员	市委,2010年9月
宋国平(河道水闸管理所)	上海市创先争优,世博先锋行动“五带头”共产党员	市委,2010年9月
张　炜(区发改委)	上海市创先争优,世博先锋行动“五带头”共产党员	市委,2010年9月
沈琳梅(区检察院)	上海市创先争优,世博先锋行动“五带头”共产党员	市委,2010年9月
任泉林(上海西部经济城有限公司)	上海市创先争优,世博先锋行动“五带头”共产党员	市委,2010年9月
倪俭春(盈浦街道)	上海警备区优秀“十佳专武干部”	上海市警备区,2010年12月
吴卫东(区人武部)	优秀人武干部	上海市警备区,2010年12月17日
闵宏伟(致公党青浦区支部)	树立和践行社会主义核心价值体系、推进基层组织建设上海市先进个人	致公党上海市委,2010年12月
高晓生(民盟青浦区委)	民盟上海市委社情民意先进个人	民盟上海市委,2010年5月

2009～2010 年度上海市文明单位

获奖单位	颁奖单位及时间
上海青浦爱思箱包有限公司	市政府,2011 年 3 月
上海丝绸进出口公司淀山湖真丝针织厂	市政府,2011 年 3 月
上海信谊九福药业有限公司	市政府,2011 年 3 月
复旦大学附属中山医院青浦分院	市政府,2011 年 3 月
上海福寿园实业发展有限公司	市政府,2011 年 3 月
青浦区国家税务局第一税务所	市政府,2011 年 3 月
上海新城投资(集团)有限公司	市政府,2011 年 3 月
青浦区实验幼儿园	市政府,2011 年 3 月
青浦高级中学	市政府,2011 年 3 月
青浦区实验小学	市政府,2011 年 3 月
朱家角中学	市政府,2011 年 3 月
青浦区实验中学	市政府,2011 年 3 月
中华人民共和国青浦海关	市政府,2011 年 3 月
青浦区人民检察院	市政府,2011 年 3 月
青浦区人口和计划生育委员会	市政府,2011 年 3 月
青浦区人民法院	市政府,2011 年 3 月
上海西部经济城有限公司	市政府,2011 年 3 月
青浦区气象局	市政府,2011 年 3 月
上海青平药业有限公司	市政府,2011 年 3 月
朱家角经济发展有限公司	市政府,2011 年 3 月
上海宏城经济发展公司	市政府,2011 年 3 月
上海安盛汽车船务有限公司	市政府,2011 年 3 月
青浦区崧泽学校	市政府,2011 年 3 月
青浦区卫生局卫生监督所	市政府,2011 年 3 月
中国电信股份有限公司上海青浦电信局	市政府,2011 年 3 月
上海德力西集团有限公司	市政府,2011 年 3 月
上海华新建设(集团)有限公司	市政府,2011 年 3 月
上海市电力公司青浦供电公司	市政府,2011 年 3 月
青浦区博物馆	市政府,2011 年 3 月
青浦区庆华小学	市政府,2011 年 3 月
上海晨兴希姆通电子科技有限公司	市政府,2011 年 3 月
上海银利木业(集团)总公司	市政府,2011 年 3 月
上海西部市政工程有限公司	市政府,2011 年 3 月
青浦环新减振器厂	市政府,2011 年 3 月
青浦区东方中学	市政府,2011 年 3 月
青浦工业园区创业中心有限公司	市政府,2011 年 3 月
上海西郊徐泾经济发展有限公司	市政府,2011 年 3 月
青浦区徐泾幼儿园	市政府,2011 年 3 月
赵巷镇文化体育服务中心	市政府,2011 年 3 月
上海华民经济城开发公司	市政府,2011 年 3 月
青浦区华新小学	市政府,2011 年 3 月
上海城郊经济发展有限公司	市政府,2011 年 3 月
上海淀山湖归园公墓	市政府,2011 年 3 月
盈浦街道社区卫生服务中心	市政府,2011 年 3 月
青浦区第一中学	市政府,2011 年 3 月
青浦区教师进修学院	市政府,2011 年 3 月

获奖单位	颁奖单位及时间
青浦区疾病预防控制中心	市政府,2011 年 3 月
青浦区国家税务局第八税务所	市政府,2011 年 3 月
上海淀山湖新城发展有限公司	市政府,2011 年 3 月
上海国家会计学院	市政府,2011 年 3 月
青浦工业园区发展(集团)有限公司总部	市政府,2011 年 3 月
青浦区图书馆	市政府,2011 年 3 月
青浦区大盈幼儿园	市政府,2011 年 3 月
青浦区体育中心	市政府,2011 年 3 月
青浦区农业技术推广服务中心	市政府,2011 年 3 月
青浦区食品药品监督所	市政府,2011 年 3 月
上海博大企业(集团)有限公司	市政府,2011 年 3 月
上海自来水青东设备工程有限公司	市政府,2011 年 3 月
重固镇社会保障服务中心	市政府,2011 年 3 月
白鹤镇文化体育服务中心	市政府,2011 年 3 月
香花桥街道社区卫生服务中心	市政府,2011 年 3 月
青浦区莲盛泵业公司	市政府,2011 年 3 月
朱家角工业园区经济发展有限公司	市政府,2011 年 3 月
徐泾镇文化体育服务中心	市政府,2011 年 3 月
上海工商信息学校	市政府,2011 年 3 月
上海五天实业有限公司	市政府,2011 年 3 月
上海德真工贸有限公司	市政府,2011 年 3 月
上海奥特莱斯品牌直销广场	市政府,2011 年 3 月
重固镇农业综合服务中心	市政府,2011 年 3 月
白鹤赵屯草莓研究所	市政府,2011 年 3 月
朱家角镇文化体育服务中心	市政府,2011 年 3 月
上海富民实业(集团)有限公司	市政府,2011 年 3 月
上海沪工电焊机(集团)有限公司	市政府,2011 年 3 月
上海众兴汽车旅游客运有限公司	市政府,2011 年 3 月
上海科大重工集团有限公司	市政府,2011 年 3 月
青浦房地产交易中心	市政府,2011 年 3 月
青浦区东湖中学	市政府,2011 年 3 月
青浦区妇幼保健所	市政府,2011 年 3 月
青浦区文化馆	市政府,2011 年 3 月
青浦区邮政局	市政府,2011 年 3 月
上海移动青浦分公司	市政府,2011 年 3 月
青浦佳佳幼儿园	市政府,2011 年 3 月

2009～2010 年度上海市文明小区

获奖单位	颁奖单位及时间
徐泾镇海天花园	市政府,2011 年 3 月
徐泾镇西郊华城	市政府,2011 年 3 月
徐泾镇九溪十八岛	市政府,2011 年 3 月
徐泾镇安盛花苑	市政府,2011 年 3 月
徐泾镇西郊园中园	市政府,2011 年 3 月
徐泾镇新虹桥亚洲花园	市政府,2011 年 3 月
徐泾镇西郊大公馆	市政府,2011 年 3 月

获奖单位	颁奖单位及时间
徐泾镇久事西郊花园	市政府,2011 年 3 月
徐泾镇康虹园	市政府,2011 年 3 月
赵巷镇崧泽公寓二区	市政府,2011 年 3 月
赵巷镇巷欧华苑	市政府,2011 年 3 月
赵巷镇金葫芦二、三区	市政府,2011 年 3 月
赵巷镇镇中小区	市政府,2011 年 3 月
华新镇明珠苑小区	市政府,2011 年 3 月
华新镇新大洲华新家苑	市政府,2011 年 3 月
重固镇福泉二区	市政府,2011 年 3 月
白鹤镇屯北小区	市政府,2011 年 3 月
白鹤镇二居委镇北小区	市政府,2011 年 3 月
朱家角镇万步小区	市政府,2011 年 3 月
朱家角镇乐湖新村小区	市政府,2011 年 3 月
朱家角镇淀湖新村小区	市政府,2011 年 3 月
朱家角镇泖溪苑小区	市政府,2011 年 3 月
练塘镇练北小区	市政府,2011 年 3 月
练塘镇富民小区	市政府,2011 年 3 月
金泽镇淀滨小区	市政府,2011 年 3 月
金泽镇金华小区	市政府,2011 年 3 月
夏阳街道城东新村二村小区	市政府,2011 年 3 月
夏阳街道城东新村一村小区	市政府,2011 年 3 月
夏阳街道晨兴公寓小区	市政府,2011 年 3 月
夏阳街道亲水半岛小区	市政府,2011 年 3 月
夏阳街道锦泽苑小区	市政府,2011 年 3 月
夏阳街道淞浦花园小区	市政府,2011 年 3 月
夏阳街道晨兴花园小区	市政府,2011 年 3 月
夏阳街道新青浦佳园小区	市政府,2011 年 3 月
夏阳街道新城逸境小区	市政府,2011 年 3 月
夏阳街道青水湾小区	市政府,2011 年 3 月
夏阳街道公园大观小区	市政府,2011 年 3 月
盈浦街道盈中小区	市政府,2011 年 3 月
盈浦街道庆华小区	市政府,2011 年 3 月
盈浦街道西部花苑小区	市政府,2011 年 3 月
盈浦街道庆华四村小区	市政府,2011 年 3 月
盈浦街道万寿小区	市政府,2011 年 3 月
盈浦街道城北新村小区	市政府,2011 年 3 月
盈浦街道诚中城小区	市政府,2011 年 3 月
盈浦街道新锦港小区	市政府,2011 年 3 月
盈浦街道侨兴公寓小区	市政府,2011 年 3 月
盈浦街道民乐一期小区	市政府,2011 年 3 月
盈浦街道民乐二期小区	市政府,2011 年 3 月
盈浦街道新青浦世纪苑小区	市政府,2011 年 3 月
盈浦街道金域水岸小区	市政府,2011 年 3 月
香花桥街道香花新村南区小区	市政府,2011 年 3 月
香花桥街道香花新村东区小区	市政府,2011 年 3 月

2009～2010 年度上海市文明村

获奖单位	颁奖单位及时间
徐泾镇金联村	市政府,2011 年 3 月
徐泾镇迮庵村	市政府,2011 年 3 月
赵巷镇垂姚村	市政府,2011 年 3 月
赵巷镇崧泽村	市政府,2011 年 3 月
赵巷镇和睦村	市政府,2011 年 3 月
华新镇凌家村	市政府,2011 年 3 月
华新镇马阳村	市政府,2011 年 3 月
重固镇郏店村	市政府,2011 年 3 月
重固镇新联村	市政府,2011 年 3 月
重固镇中新村	市政府,2011 年 3 月
白鹤镇鹤联村	市政府,2011 年 3 月
白鹤镇曙光村	市政府,2011 年 3 月
白鹤镇胜新村	市政府,2011 年 3 月
白鹤镇王泾村	市政府,2011 年 3 月
朱家角镇沈巷村	市政府,2011 年 3 月
朱家角镇淀山湖一村	市政府,2011 年 3 月
朱家角镇安庄村	市政府,2011 年 3 月
朱家角镇创建村	市政府,2011 年 3 月
朱家角镇万隆村	市政府,2011 年 3 月
朱家角镇山湾村	市政府,2011 年 3 月
朱家角镇横江村	市政府,2011 年 3 月
练塘镇东庄村	市政府,2011 年 3 月
练塘镇大新村	市政府,2011 年 3 月
练塘镇东库村	市政府,2011 年 3 月
金泽镇蔡浜村	市政府,2011 年 3 月
金泽镇河祝村	市政府,2011 年 3 月
金泽镇岑卜村	市政府,2011 年 3 月
金泽镇育田村	市政府,2011 年 3 月
金泽镇西岑村	市政府,2011 年 3 月
金泽镇淀湖村	市政府,2011 年 3 月
夏阳街道塘郁村	市政府,2011 年 3 月
夏阳街道塔湾村	市政府,2011 年 3 月

中共上海市青浦区委员会文件目录

青委〔2010〕1号	关于给予王敏悌开除党籍、开除公职处分的批复
青委〔2010〕2号	印发《关于贯彻落实〈中共上海市委关于贯彻中共中央关于加强和改进新形势下党的建设若干重大问题的决定的实施意见〉的实施方案》的通知
青委〔2010〕6号	中共青浦区委常委会开展深入学习实践科学发展观活动整改落实后续工作自查报告
青委〔2010〕7号	关于补选青浦区人民政府区长选举结果情况的报告
青委〔2010〕8号	关于补选青浦区人民代表大会常务委员会副主任选举结果的情况报告
青委〔2010〕10号	关于增补青浦区世博安全保卫工作指挥部常务副总指挥的通知
青委〔2010〕11号	关于青浦区委巡视工作领导小组更名及组成人员调整的通知
青委〔2010〕26号	关于2010年重点工作安排的通知
青委〔2010〕27号	关于组织开展重点课题调研的意见
青委〔2010〕28号	关于建立上海淀山湖新城发展有限公司党委、纪委及鲁千林等同志任职的通知
青委〔2010〕29号	关于上海淀山湖地区开发有限公司联合党委、纪委过渡为上海湖区建设开发有限公司联合党委、纪委及沈金华等同志任职的通知
青委〔2010〕30号	关于建立上海西虹桥商务开发有限公司党委、纪委及顾连云等同志任职的通知
青委〔2010〕38号	批转区纪委、区监察局《关于明确青浦区2010年贯彻落实惩防体系建设实施细则暨党风廉政建设和反腐败工作责任分工的请示》的通知
青委〔2010〕39号	关于成立青浦区世博工作领导小组及其有关工作机构的通知
青委〔2010〕40号	关于成立《中国共产党上海市青浦区组织史资料(1987~2010)》编纂工作领导小组的通知
青委〔2010〕41号	关于同意召开青浦区红十字会第三次会员代表大会及有关候选人的批复
青委〔2010〕42号	关于成立中共青浦区委农村工作办公室及钱决华等同志任职的通知
青委〔2010〕46号	关于调整区委台湾工作领导小组的通知
青委〔2010〕47号	关于调整青浦区公务网管理领导小组的通知
青委〔2010〕48号	关于调整青浦区网络与信息安全协调小组的通知
青委〔2010〕49号	关于建立青浦区国有资产监督管理委员会党委、纪委及李子骏等同志任职的通知
青委〔2010〕50号	关于给予孙军开除党籍处分的批复
青委〔2010〕51号	关于调整中共青浦区委保密委员会组成人员的通知
青委〔2010〕52号	关于调整青浦区厂务公开工作领导小组组成人员的通知
青委〔2010〕53号	关于调整青浦区非公经济组织组建工会联席会议组成人员的通知
青委〔2010〕64号	关于调整青浦区国防动员委员会的通知
青委〔2010〕65号	关于公布青浦区红十字会第三届理事会人员名单的通知
青委〔2010〕67号	关于建立青浦区社会建设工作领导小组及其组成人员的通知
青委〔2010〕68号	关于增补青浦区维护社会稳定领导小组组成成员的通知
青委〔2010〕78号	关于表彰2006~2009年度青浦区“五好党组织”的决定
青委〔2010〕79号	批转区青联《关于召开青浦区青年联合会第三届委员会第一次全体会议的请示》的通知

青委〔2010〕84 号　关于建立中共青浦区中心医院纪委及仲吉宇同志任职的通知
青委〔2010〕89 号　批转区人大常委会党组《关于召开青浦区第三届人民代表大会第七次会议的请示》的通知
青委〔2010〕90 号　关于调整青浦区科普工作联席会议(公民科学素质工作领导小组)的通知
青委〔2010〕94 号　关于成立青浦区三届人大七次会议临时党委的通知
青委〔2010〕97 号　关于青浦区人民检察院检察长选举结果的情况报告
青委〔2010〕98 号　关于表彰青浦区"服务世博、奉献世博"立功竞赛活动第一批先进集体和记功、嘉奖、优秀个人的决定
青委〔2010〕99 号　关于调整《青浦年鉴》编纂委员会组成人员的通知
青委〔2010〕100 号　关于调整青浦区依法治区领导小组组成人员的通知
青委〔2010〕105 号　关于成立青浦区国家安全领导小组的通知
青委〔2010〕106 号　关于召开 2010 年度青浦区委常委会专题民主生活会的请示
青委〔2010〕107 号　关于中共青浦区委常委会召开民主生活会的邀请函
青委〔2010〕108 号　批转《区人大常委会党组关于召开青浦区第三届人民代表大会第八次会议若干问题的请示》的通知
青委〔2010〕109 号　关于同意区政协党组《关于召开中国人民政治协商会议上海市青浦区第三届委员会第五次会议的请示》的批复
青委〔2010〕114 号　关于 2010 年贯彻落实《关于实行党风廉政建设责任制的规定》的情况报告
青委〔2010〕116 号　关于青浦区青年联合会第三届委员会主席、副主席候选人提议名单的通知
青委〔2010〕126 号　关于公布区青年联合会第三届主席、副主席名单的通知
青委发〔2010〕1 号　中共青浦区委常委会 2010 年工作要点
青委发〔2010〕2 号　中共青浦区委关于进一步加强人大工作的若干意见
青委发〔2010〕3 号　关于制定青浦区国民经济和社会发展第十二个五年规划的建议

中共上海市青浦区委员会办公室文件目录

青委办〔2010〕1 号　开展深入学习实践科学发展观活动整改落实后续工作自查报告
青委办〔2010〕2 号　关于做好 2010 年本区春节期间帮困送温暖专项补助工作的意见
青委办〔2010〕3 号　转发《中共青浦区委党史研究室关于开展革命遗址普查工作的请示》的通知
青委办〔2010〕4 号　关于印发《中共青浦区委巡察工作实施办法》的通知
青委办〔2010〕5 号　关于对区规划土地局等单位开展巡察工作的通知
青委办〔2010〕6 号　关于印发《青浦区推进企业协会政社分开工作实施意见》的通知
青委办〔2010〕7 号　转发《区综治委关于 2010 年青浦平安建设实事项目安排的意见》的通知
青委办〔2010〕8 号　转发《区纠风办关于 2010 年青浦区机关作风评议实施意见》的通知
青委办〔2010〕9 号　转发《关于进一步加强文化市场管理(扫黄打非)工作意见》的通知
青委办〔2010〕11 号　关于加强世博会前后及期间我区信访稳定工作的通知
青委办〔2010〕12 号　印发《世博期间开展领导干部集中接访和包案化解信访突出问题》的通知
青委办〔2010〕14 号　关于印发《青浦区区管国有企业领导人员管理暂行办法》的通知
青委办〔2010〕15 号　认真学习宣传贯彻《中国共产党党员领导干部廉洁从政若干准则》的通知
青委办〔2010〕16 号　转发《关于广泛深入开展创先争优活动实施意见》的通知
青委办〔2010〕17 号　关于转发《2010 年区级机关绩效考核工作的意见》的通知
青委办〔2010〕18 号　印发《青浦区信访稳定工作例会制度实施办法》的通知
青委办〔2010〕20 号　转发《2010 ~ 2012 年开展创建青浦区劳动关系和谐企业活动的意见》的通知
青委办〔2010〕21 号　印发《关于做好世博期间本区双拥工作的意见》的通知
青委办〔2010〕22 号　关于 2010 年度对各镇(街道)工作目标考核的意见
青委办〔2010〕23 号　印发《重大决策、重点建设项目社会稳定风险分析和评估实施细则》的通知
青委办〔2010〕24 号　印发《青浦区大规模群体性事件专项应急预案》的通知
青委办〔2010〕25 号　印发《中共上海市青浦区委农村工作办公室三定方案》的通知
青委办〔2010〕28 号　关于开展青浦区世博工作立功竞赛评比表彰活动的通知
青委办〔2010〕30 号　印发《关于建立青浦区青年工作联席会议制度的若干意见》和《青浦区青年工作联席会议各成员单位及其职责》的通知

青委办〔2010〕31 号　转发《召开 2010 年度党政机关党员领导干部民主生活会的通知》的通知
青委办〔2010〕32 号　关于印发《青浦区问责问效实施办法（试行）》的通知
青委办〔2010〕33 号　关于落实 2010 年党风廉政建设责任制情况的报告
青委办〔2010〕34 号　转发《关于表彰双拥模范（先进）单位和个人施行方案》的通知
青委办〔2010〕35 号　关于印发《青浦区基层党组织实行党务公开的实施意见（试行）》的通知

上海市青浦区人民代表大会常务委员会文件目录

青会〔2010〕3 号　关于青浦区第三届人民代表大会第六次会议情况的汇报
青会〔2010〕4 号　青浦区人大常委会 2010 年度工作要点
青会〔2010〕9 号　关于区三届人大六次会议主席团交付审议的关于大力扶持文化创意产业的代表议案审议结果的报告
青会〔2010〕10 号　关于区三届人大六次会议主席团交付审议的关于加强群众文化建设促进社会和谐的代表议案审议结果的报告
青会〔2010〕20 号　关于同意上报审批《青浦城区总体规划优化》的决议
青会〔2010〕24 号　关于召开青浦区第三届人民代表大会第七次会议的决定
青会〔2010〕31 号　关于批准青浦区 2009 年决算的决议
青会〔2010〕32 号　关于同意区人民政府调整 2010 年政府性项目安排的决议
青会〔2010〕33 号　关于召开青浦区第三届人民代表大会第八次会议的决定

上海市青浦区人民代表大会常务委员会办公室文件目录

青会办〔2010〕2 号　关于组织部分区人大代表向选民报告履行代表职务情况并接受评议的实施意见
青会办〔2010〕3 号　关于印发《关于补选青浦区第三届人民代表大会代表办法》的通知
青会办〔2010〕6 号　关于对本区贯彻实施《中华人民共和国老年人权益保障法》情况进行执法检查的实施意见
青会办〔2010〕7 号　关于青浦区优秀人大代表、先进人大代表小组和优秀人大代表书面建议的评选办法
青会办〔2010〕8 号　关于调整区人大常委会主任、副主任、驻会委员联系镇人大和街道区人大代表联络处安排的通知
青会办〔2010〕9 号　关于探索建立人大代表工作室的意见
青会办〔2010〕10 号　关于印发《关于补选青浦区第三届人民代表大会代表办法》的通知
青会办〔2010〕11 号　关于撤销对“城中村”环境管理和整治问题重点督办的函
青会办〔2010〕12 号　关于转送《区人大代表在区三届人大七次会议上和其他有关活动中对区政府工作提出的主要意见建议》的函
青会办〔2010〕13 号　关于对本区贯彻实施《中华人民共和国老年人权益保障法》执法检查整改意见的函

上海市青浦区人民政府文件目录

青府发〔2010〕1 号　关于成立青浦区医疗卫生体制改革领导小组的通知
青府发〔2010〕2 号　关于成立青浦农村土地承包仲裁委员会的通知
青府发〔2010〕5 号　关于评选 2007～2009 年度市劳动模范、先进工作者和模范集体工作意见的通知
青府发〔2010〕6 号　关于成立青浦区评选劳动模范委员会的通知
青府发〔2010〕7 号　关于授予妮维雅（上海）有限公司等 50 户企业“2009 年度青浦区纳税 50 强企业”荣誉称号的通知
青府发〔2010〕9 号　关于成立青浦区第三届运动会组委会的通知
青府发〔2010〕11 号　关于调整青浦区巩固国家卫生区领导小组成员的通知
青府发〔2010〕12 号　关于成立青浦区开展第六次全国人口普查领导小组的通知
青府发〔2010〕13 号　关于开展第六次全国人口普查工作的通知
青府发〔2010〕20 号　批转区人力资源和社会保障局关于调整本区征地养老人员生活费发放标准的意见的通知
青府发〔2010〕23 号　批转区人力资源和社会保障局关于调整 2010 年度本区农村社会养老保险缴费标准和养老金标准的意见的通知

青府发〔2010〕24 号　关于表彰 2009 年度青浦区科学技术奖获奖人员（项目）的通报
青府发〔2010〕25 号　关于同意赵巷镇和夏阳街道行政区域局部调整的批复
青府发〔2010〕27 号　关于表彰青浦区五十强民营企业的通报
青府发〔2010〕29 号　关于批转区研究室等四部门关于调整本区未参保老年农民、自理口粮户老年人养老补贴标准的实施意见的通知
青府发〔2010〕30 号　关于批转区人力资源和社会保障局关于调整本区原乡镇办企业中原居民户口退休（职）人员 2010 年养老金标准的意见的通知
青府发〔2010〕33 号　关于同意夏阳街道新建青乐社区居委会的批复
青府发〔2010〕38 号　关于命名青浦区劳动关系和谐企业的决定
青府发〔2010〕40 号　印发关于本区养老机构管理实施办法的通知
青府发〔2010〕43 号　关于批转区安委会办公室关于继续深入开展“安全生产年”活动实施方案的通知
青府发〔2010〕44 号　关于同意盈浦街道建立浩泽、民欣社区居民委员会的批复
青府发〔2010〕52 号　关于同意成立上海市第十四届运动会青浦区代表团的批复
青府发〔2010〕68 号　关于同意撤销杨元村一组村民小组行政建制的批复
青府发〔2010〕73 号　关于印发青浦区小城镇发展改革试点镇相关政策扶持意见的通知
青府发〔2010〕74 号　关于同意香花桥街道建立民惠第二社区居民委员会和都汇华庭社区居民委员会的批复
青府发〔2010〕75 号　关于同意徐泾镇建立徐安第一社区居民委员会等五个社区居民委员会的批复
青府发〔2010〕78 号　关于同意撤销香花桥街道七汇村第十二组村民小组行政建制的批复
青府发〔2010〕79 号　关于同意撤销香花桥街道石西村第十一组村民小组行政建制的批复

上海市青浦区人民政府办公室文件目录

青府办发〔2010〕1 号　转发区经委关于青浦区贯彻落实国务院和市政府有关文件精神利用闲置工业厂房发展现代服务业的实施意见的通知
青府办发〔2010〕2 号　关于进一步做好冬春水利工作的通知
青府办发〔2010〕3 号　转发区民政局关于做好 2010 年春节期间拥军优属工作的意见的通知
青府办发〔2010〕5 号　关于进一步加强农村保洁工作实施意见的通知
青府办发〔2010〕6 号　关于青浦区污染源普查动态更新调查工作方案的通知
青府办发〔2010〕9 号　关于转发区卫生局 2010 年青浦区无偿献血工作实施意见的通知
青府办发〔2010〕12 号　转发区人力资源和社会保障局关于 2010 年本区人力资源社会保障工作考核指标和考核统计事项的意见的通知
青府办发〔2010〕13 号　转发区民政局关于加强清明和冬至祭扫管理工作实施方案的通知
青府办发〔2010〕14 号　关于成立青浦区虹桥商务区开发建设领导小组的通知
青府办发〔2010〕15 号　关于成立青浦淀山湖新城建设领导小组的通知
青府办发〔2010〕16 号　关于转发区教育局关于青浦区中小学校舍安全工程规划的通知
青府办发〔2010〕17 号　关于转发区农委等部门关于青浦区推进农业旅游发展试行意见的通知
青府办发〔2010〕18 号　关于转发区农委关于进一步提升农业产业化水平实施意见的通知
青府办发〔2010〕19 号　关于组织编制上海市青浦区国民经济和社会发展第十二个五年规划的通知
青府办发〔2010〕20 号　转发区行政投诉中心关于进一步加强行政投诉工作实施意见的通知
青府办发〔2010〕21 号　关于调整区爱国卫生运动委员会（健康促进委员会）成员的通知
青府办发〔2010〕22 号　关于成立青浦区湖区经济发展领导小组的通知
青府办发〔2010〕24 号　关于成立青浦区“十二五”规划编制领导小组的通知
青府办发〔2010〕26 号　关于转发区人力资源和社会保障局、区总工会关于在全区开展劳动合同签订和履行情况专项检查活动的实施意见的通知
青府办发〔2010〕29 号　关于成立青浦区推进农民宅基地置换试点工作联席会议的通知
青府办发〔2010〕30 号　关于调整青浦区安全生产委员会组成人员的通知
青府办发〔2010〕31 号　关于成立青浦区夏阳青年创业园领导小组的通知
青府办发〔2010〕32 号　关于成立区防治艾滋病工作委员会的通知
青府办发〔2010〕33 号　关于成立青浦区闲置土地处置领导小组的通知
青府办发〔2010〕34 号　转发区建设交通委关于青浦区农村公路管理养护体制改革实施方案的通知

青府办发〔2010〕35 号　关于调整青浦区残疾人康复工作领导小组成员的通知
青府办发〔2010〕36 号　关于调整青浦区人民政府残疾人工作委员会组成人员的通知
青府办发〔2010〕38 号　关于印发 2009 年度青浦区政府信息公开检查评估结果的通知
青府办发〔2010〕40 号　关于调整青浦区政务公开(政府信息公开)工作联席会议的通知
青府办发〔2010〕41 号　转发区集资委关于青浦区贯彻《中华人民共和国农村土地承包经营纠纷调解仲裁法》工作方案的通知
青府办发〔2010〕42 号　关于调整区推进农业保险委员会成员的通知
青府办发〔2010〕43 号　关于调整区防汛指挥部组成人员的通知
青府办发〔2010〕44 号　关于调整区重大项目建设领导小组成员的通知
青府办发〔2010〕46 号　关于调整青浦区文物管理委员会成员的通知
青府办发〔2010〕47 号　关于做好区人大议案办理工作有关意见的通知
青府办发〔2010〕48 号　转发区科委等单位关于 2010 年青浦科技活动周安排的通知
青府办发〔2010〕49 号　关于调整区拆除违法建筑领导小组成员的通知
青府办发〔2010〕50 号　转发区统计局关于加强统计基础规范化建设的实施意见的通知
青府办发〔2010〕51 号　转发区国资委关于进一步加强区属公司监事会工作的指导意见的通知
青府办发〔2010〕54 号　关于调整区政府台侨事务工作协调小组组成人员的通知
青府办发〔2010〕55 号　转发区统计局关于建立健全本区服务业统计制度实施意见的通知
青府办发〔2010〕56 号　转发区规划土地局、区财政局关于本区占补平衡指标结算实施办法的通知
青府办发〔2010〕58 号　转发区规划土地局关于本区城乡建设用地增减挂钩工作意见的通知
青府办发〔2010〕64 号　转发区住房保障和房屋管理局关于青浦城区配套商品房物业服务“达标补贴”实施办法的通知
青府办发〔2010〕65 号　关于成立青浦区旅游工作领导小组的通知
青府办发〔2010〕66 号　转发区审改办、区监察局、工商青浦分局关于我区企业设立并联审批实施方案等文件的通知
青府办发〔2010〕69 号　关于转发工商青浦分局关于开展无证无照经营综合整治工作意见的通知
青府办发〔2010〕89 号　关于调整上海青浦工业园区管委会组成人员的通知
青府办发〔2010〕90 号　关于调整上海青浦出口加工区管委会的通知
青府办发〔2010〕91 号　关于成立上海张江高新技术产业开发区青浦园区管委会的通知
青府办发〔2010〕93 号　转发区环保局关于 2010 年本区整治违法排污企业保障群众健康环保专项行动实施方案的通知
青府办发〔2010〕96 号　转发区民政局关于认真做好“八一”建军节期间拥军优属工作意见的通知
青府办发〔2010〕97 号　转发区教育局等八部门关于青浦区特殊教育三年行动计划(2010～2012)的通知
青府办发〔2010〕98 号　关于印发青浦区政府投资项目稽查暂行办法的通知
青府办发〔2010〕99 号　关于成立青浦区劳动人事争议仲裁委员会的通知
青府办发〔2010〕100 号　转发区人力资源和社会保障局关于用人单位吸纳就业困难人员给予就业岗位补贴的实施意见的通知
青府办发〔2010〕101 号　转发区人力资源和社会保障局关于进一步加强本区促进创业带动就业的实施意见的通知
青府办发〔2010〕102 号　转发区人力资源和社会保障局关于进一步推进本区青年职业见习和创业见习工作的实施意见的通知
青府办发〔2010〕103 号　转发区人力资源和社会保障局关于进一步加强本区职业技能培训工作的实施意见的通知
青府办发〔2010〕105 号　转发区统计局关于进一步加强和规范我区工业统计实施意见的通知
青府办发〔2010〕113 号　关于成立青浦区旧住房综合整治工作领导小组的通知
青府办发〔2010〕114 号　转发区人力资源和社会保障局等四部门关于继续做好本区低收入农户家庭人员实现就业后给予专项就业补贴实施意见的通知
青府办发〔2010〕116 号　关于调整青浦区审计结果整改督办联席会议成员的通知
青府办发〔2010〕117 号　关于成立练塘农业标准化综合示范镇工作领导小组的通知
青府办发〔2010〕119 号　转发区财政局等四部门关于青浦区开展强农惠农资金专项清理和检查工作的实施意见的通知
青府办发〔2010〕122 号　关于成立青浦区强农惠农资金专项清理和检查工作领导小组的通知
青府办发〔2010〕123 号　印发关于调整青浦新城规划区内农民迁居安置核审工作小组成员的通知
青府办发〔2010〕124 号　印发关于成立青浦区第一次全国水利普查领导小组的通知
青府办发〔2010〕126 号　转发区人力资源社会保障局关于对征地养老人员死亡后增发一次性经济补助的意见的通知
青府办发〔2010〕127 号　转发区财政局关于进一步加强青浦区财政预算管理意见的通知
青府办发〔2010〕129 号　关于做好三届人大七次会议书面意见办理工作及 2010 年区人大代表书面意见和政协提案“二次答复”的通知

青府办发〔2010〕131 号　关于印发加强街道社区管理与服务财政保障的实施意见的通知
青府办发〔2010〕132 号　转发区卫生局关于《2011 年青浦区新型农村合作医疗实施意见》的通知
青府办发〔2010〕133 号　关于成立青浦区农业旅游发展联席会议的通知
青府办发〔2010〕134 号　转发区老龄办关于组织开展庆祝 2010 年上海市敬老日暨首次“敬老月”活动的意见的通知
青府办发〔2010〕135 号　关于调整青浦区语言文字工作委员会成员的通知
青府办发〔2010〕137 号　转发区发展改革委关于青浦区循环经济专项资金使用和管理暂行办法补充规定的通知
青府办发〔2010〕138 号　关于做好区人大代表在区三届人大七次会议上和其他有关活动中对区政府工作提出的主要意见建议办理工作的通知
青府办发〔2010〕139 号　转发区规划土地局关于进一步规范青浦区农村村民建房管理若干意见的通知
青府办发〔2010〕140 号　转发区发展改革委关于开展青浦区 2011 年经济社会发展思路和年度计划研究工作的意见的通知
青府办发〔2010〕141 号　转发区民政局关于本区开展 2010 年“送温暖、献爱心”社会捐助活动的意见的通知
青府办发〔2010〕142 号　转发区经委关于公布全区各镇、街道、区属公司招商引资情况的意见的通知
青府办发〔2010〕143 号　转发区国资委关于青浦区区属国有企业负责人经营业绩考核与薪酬管理暂行办法等三个文件的通知
青府办发〔2010〕145 号　关于成立青浦区打击非法金融活动领导小组的通知
青府办发〔2010〕146 号　关于成立青浦区自然资源和生态环境统计监测调查领导小组的通知
青府办发〔2010〕147 号　关于建立青浦区打击传销违法和犯罪活动联席会议的通知
青府办发〔2010〕150 号　关于做好区三届人大八次会议和区政协三届五次会议有关准备工作的通知
青府办发〔2010〕153 号　关于转发青浦区打击侵犯知识产权和制售假冒伪劣商品专项行动实施方案的通知

政协上海市青浦区委员会文件目录

青协〔2010〕1 号　关于表彰 2009 年度优秀提案和优秀提案提名奖的决定
青协〔2010〕3 号　青浦区政协 2010 年工作要点
青协〔2010〕4 号　关于调整区政协各专门委员会对口联系单位的通知
青协〔2010〕5 号　青浦区政协关于建设学习型政协的实施意见

政协上海市青浦区委员会办公室文件目录

青协办〔2010〕1 号　关于政协委员讨论区政府工作报告所提意见建议情况的报告
青协办〔2010〕2 号　关于印发区政协 2010 年重点提案的通知
青协办〔2010〕7 号　关于政协委员讨论区政府上半年工作报告所提意见建议情况的报告
青协办〔2010〕10 号　关于区政协三届二十二次常委的（扩大）会议专题协商《上海市青浦区国民经济和社会发展第十二个五年规划纲要（征求意见稿）》意见建议汇总情况的报告
青协办〔2010〕11 号　关于 2010 年度区政协机关党风廉政建设责任制自查情况的汇报

2010年青浦区经济社会主要指标情况表

指　　标	单位	2010年	2009年	比上年增长%
地区生产总值	万元	5897130	5214895	13.1
第一产业	万元	90108	84044	7.2
第二产业	万元	3586654	3057154	17.3
其中:工业	万元	3466016	2957222	17.2
第三产业	万元	2220368	2073697	7.1
工业总产值	万元	16337016	14022402	16.5
农业总产值	万元	226337	216289	4.6
社会消费品零售总额	万元	2506121	2077382	20.6
全社会固定资产投资	万元	2779703	1731638	60.5
财政总收入	万元	1886969	1645049	14.7
其中:区级财政收入	万元	589510	487863	20.8
财政支出	万元	883951	786446	12.4
新批外资项目数	个	78	86	-9.3
合同外资总额	万美元	75091	51806	44.9
实到外资总额	万美元	49338	39374	25.3
外贸进出口总额	万美元	1171197	972051	20.5
外贸出口总额	万美元	653939	557844	17.2
外贸进口总额	万美元	517257	414208	24.9
金融机构存款余额	万元	7980266	6340582	25.9
金融机构贷款余额	万元	4541240	3669028	23.8
居民储蓄存款年末余额	万元	3207665	2715859	18.1
城镇居民人均可支配收入	元	25152	22848	10.1
农村居民人均可支配收入	元	12936	11594	11.6

2010 年青浦区经济发展情况表

指　标	数　值	比 1980 年增长倍数	比 1990 年增长倍数	比 2000 年增长倍数
地区生产总值	5897130 万元	216.0 倍	42.4 倍	3.7 倍
财政收入	1886969 万元	247.4 倍	75.4 倍	7.0 倍
工农业总产值(现行价)	16563353 万元	314.0 倍	44.5 倍	3.3 倍
工业总产值(现行价)	16337016 万元	461.3 倍	53.8 倍	3.6 倍
农业总产值(现行价)	226337 万元	12.1 倍	2.4 倍	—
社会消费品零售总额	2506121 万元	174.7 倍	35.8 倍	4.3 倍
年末人均储蓄存款	69452 元	1585.1 倍	63.9 倍	4.5 倍

2010 年青浦区相关行业一天的产值、产出量等情况表

地区生产总值	16157 万元
工农业总产值(现行价)	45379 万元
其中:工业总产值	44759 万元
财政收入	5170 万元
社会消费品零售总额	6866 万元
外贸出口创汇	1792 万美元
全社会固定资产投资额	7616 万元
全社会用电量	1305 万千瓦时
交寄函件(出口)	21359 件
自来水供水量	40 万吨
门急诊人次	9992 人次
出生人口	8 人
死亡人口	9 人
结婚人数	10 对

2010 年青浦区行政区划面积情况表

镇(街道)名称	区域面积(平方公里)	居委会数(个)	村委会数(个)
合　计	668.49	85	184
夏阳街道	48.80	20	8
盈浦街道	16.52	19	5
香花桥街道	68.08	7	23
赵　巷　镇	27.04	4	8
徐　泾　镇	38.54	10	9
华　新　镇	47.61	2	19
重　固　镇	24.01	2	8
白　鹤　镇	58.74	3	21
朱家角镇	136.85	9	28
练　塘　镇	93.88	4	25
金　泽　镇	108.42	5	30

2010年末青浦区户籍总户数、总人口情况表

单位：户、人

镇(街道)名称	年末总户数	年末总人口							总人口中：		年平均人口	平均每户人口
			男	女	18岁以下	18～35岁	35～60岁	60岁以上	非农业人口	未落常住户口的人员		
合　计	163051	461851	227525	234326	53886	98745	206539	102681	309098	188	460601	2.83
夏阳街道	19003	49756	24795	24961	7937	13834	20295	7690	43364	5	49891	2.62
盈浦街道	18537	46658	23640	23018	7974	10427	19366	8891	44468	7	47766	2.52
香花桥街道	12754	41503	19990	21513	4176	8189	19066	10072	29820	2	41545	3.25
赵巷镇	7446	23546	11521	12025	2862	4949	10554	5181	16516	2	23469	3.16
徐泾镇	9380	29114	14242	14872	3880	6172	12786	6276	27915	8	28872	3.10
华新镇	10441	34741	16936	17805	4153	7249	15558	7781	24659	34	34719	3.33
重固镇	5382	15640	7723	7917	1584	3060	7170	3826	6647	2	15620	2.91
白鹤镇	14260	44016	21315	22701	3967	8533	20247	11269	18920	17	44093	3.09
朱家角镇	19883	59222	29190	30032	5771	12080	26787	14584	36101	33	59260	2.98
练塘镇	21540	54682	27114	27568	5465	11121	25337	12759	27744	34	53653	2.54
金泽镇	24425	62973	31059	31914	6117	13131	29373	14352	32944	44	61716	2.58

2010年青浦区户籍人口变动情况表

单位：人

镇(街道)名称	出生人口			死亡人口			迁入人口			迁出人口			出生率(‰)	死亡率(‰)	自然增长率(‰)
		男	女		男	女		市内迁入	市外迁入		迁往市内	迁往市外			
合　计	2949	1489	1460	3321	1760	1561	1967	21	1946	478	32	446	6.40	7.21	-0.81
夏阳街道	396	209	187	220	117	103	1080	3	1077	297	12	285	7.94	4.41	3.53
盈浦街道	367	198	169	285	155	130	106	1	105	18	2	16	7.68	5.97	1.72
香花桥街道	224	121	103	319	160	159	51	2	49	3	0	3	5.39	7.68	-2.29
赵巷镇	144	73	71	187	97	90	70	0	70	21	2	19	6.14	7.97	-1.83
徐泾镇	237	135	102	202	105	97	85	1	84	16	3	13	8.21	7.00	1.21
华新镇	248	126	122	271	132	139	73	2	71	15	0	15	7.14	7.81	-0.66
重固镇	84	45	39	132	72	60	45	2	43	14	5	9	5.38	8.45	-3.07
白鹤镇	226	99	127	370	215	155	67	0	67	21	2	19	5.13	8.39	-3.27
朱家角镇	329	159	170	472	257	215	129	3	126	26	3	23	5.55	7.96	-2.41
练塘镇	321	161	160	402	209	193	112	3	109	5	2	3	5.98	7.49	-1.51
金泽镇	373	163	210	461	241	220	149	4	145	42	1	41	6.04	7.47	-1.43

2010年青浦区地区生产总值(GDP)情况表

单位:万元

指　　标	2010年	比上年增长(%)	可比价增长(%)
总　　计	5897130	13.1	11.0
第一产业	90108	7.2	1.1
第二产业	3586654	17.3	16.0
工　业	3466016	17.2	16.0
建筑业	120638	20.7	15.1
第三产业	2220368	7.1	3.9
交通运输、仓储和邮政业	122516	16.3	9.7
信息传输、计算机服务和软件业	135521	8.8	8.8
批发零售业	682748	18.4	16.6
住宿和餐饮业	125217	28.5	16.0
金融业	254541	5.4	2.3
房地产业	298875	-29.4	-33.4
居民服务和其他服务业	148367	27.3	24.8
其他服务业	452583	16.4	14.2

2010年青浦区工农业总产值情况表

单位:万元

指　　标	2010年	比上年增长(%)
总　　计	16563353	16.3
一、工业总产值	16337016	16.5
国有工业	175362	24.0
集体工业	735995	12.8
三资工业	8775970	26.6
私营工业	6649688	5.6
二、农业总产值	226337	4.6
种植业	148001	4.7
林　业	3624	-3.7
牧　业	22549	15.1
渔　业	44663	3.9
农林牧渔服务业	7500	-12.4

2010 年青浦区国民经济主要比例关系情况表

单位:%

指　　标	2010 年	2009 年
一、地区生产总值(GDP)	100.0	100.0
第一产业	1.5	1.6
第二产业	60.8	58.6
第三产业	37.7	39.8
二、工业总产值	100.0	100.0
国有工业	1.1	1.0
集体工业	4.5	4.7
三资工业	53.7	49.4
私营工业	40.7	44.9
三、农业总产值	100.0	100.0
种植业	65.4	65.3
林　业	1.6	1.7
牧　业	10.0	9.1
渔　业	19.7	19.9
农林牧渔服务业	3.3	4.0
四、全社会固定资产投资	100.0	100.0
第一产业	0.1	0.4
第二产业	18.4	27.9
第三产业	81.5	71.7
五、财政收入与地区生产总值的比例	32.0	31.5

2010 年青浦区固定资产投资完成情况表

单位:万元

指　　标	本年投资项目数(个)	投资完成额		
		2010 年	2009 年	比上年增长(%)
合　　计	529	2779703	1731638	60.5
一、建设项目分类				
基本建设	240	559248	584980	-4.4
更新改造	85	122831	106963	14.8
房地产开发建设项目	113	1902646	834479	128.0
其他固定资产投资	91	194978	205216	-5.0
二、建设项目产业分类				
第一产业	9	3567	7212	-50.5
第二产业	281	512369	483495	6.0

（续表）

指　　标	本年投资项目数（个）	投资完成额		
		2010 年	2009 年	比上年增长（%）
其中：工业	280	512144	483470	5.9
第三产业	239	2263767	1240931	82.4
其中：商贸业	13	131566	140540	-6.4
房地产投资	113	1902646	834479	128.0
公共基础设施	100	226153	252558	-10.5
三、建设项目性质分类				
新　建	251	2272981	1256220	80.9
扩　建	102	188913	133703	41.3
改　建	85	122831	106963	14.8
其　他	91	194978	234752	-16.9

注：表中所指为投资在青浦区的固定资产。

2010 年青浦区社会消费品零售总额情况表

单位：万元

指　　标	2010 年	2009 年	比上年增长（%）
社会消费品零售总额	2506121	2077382	20.6
一、按商品用途分			
吃的商品	846979	700078	21.0
穿的商品	430156	347961	23.6
用的商品	1151672	968060	19.0
烧的商品	77314	61283	26.2
二、按经济类型分			
国有经济	56918	44098	29.1
集体经济	304954	284128	7.3
私营经济	1299677	1042846	24.6
其　　他	844572	706310	19.6
三、按企业标准分			
国家标准企业零售额	488298	392414	24.4
上海标准企业零售额	107413	66749	60.9
商品交易市场零售额	193670	176470	9.7
市级连锁企业零售额	321926	277158	16.2
个体户零售额	749846	624038	20.2
上海标准限额以下零售额	559375	464479	20.4
其　　他	85594	76074	12.5

2010年青浦区限额以上住宿业基本情况表

指　　标	单　位	2010年	2009年
一、经营状况			
单位数	户	14	15
期末客房	间	1446	1383
期末客房床位数	张	2644	2619
营业额	万元	20946	15325
其中:客房收入	万元	7748	4870
餐费收入	万元	8250	5814
商品销售额	万元	1549	2511
其他收入	万元	3399	2130
二、财务状况			
主营业务收入	万元	20969	15372
主营业务成本	万元	12324	9335
主营业务利润	万元	7606	5313
主营业务税金及附加	万元	1007	724
营业利润	万元	-2278	-1891
利润总额	万元	-1034	-2204
营业费用	万元	3583	2662
管理费用	万元	5549	4413
其中:税金	万元	76	117
财务费用	万元	799	163
其中:利息支出	万元	500	128
流动资产合计	万元	16984	14818
固定资产合计	万元	23206	25897
固定资产原价	万元	37016	42292
累计折旧	万元	16064	16396
其中:本年折旧	万元	1650	1613
资产总计	万元	58373	59959
负债合计	万元	39148	36903
所有者权益合计	万元	19225	23056
三、从业人员及报酬状况			
期末从业人员数	人	1519	1170
本年应付工资总额	万元	4531	3170
四、年末拥有餐位数	个	4632	4203
年末餐饮营业面积	平方米	9036	7456

2010 年青浦区旅行社接待经营情况表

指　　标	单　位	2010 年	2009 年	比上年增长(%)
组织接待人次	人	445272	356502	24.9
营业收入	万元	39831	25151	58.4
利润总额	万元	49	-24	—
净利润	万元	18	-92	—

2010 年青浦区旅游星级宾馆基本情况表

指　　标	单　位	合　计		
			三星级	二星级
饭店数	个	14	7	7
客房数	间	1030	682	348
床位数	张	1887	1243	644
客房平均出租率	%	48.2	51.7	41.3
营业收入	万元	15276	11588	3688

2010 年青浦区城镇居民家庭收支情况表

指　　标	单　位	2010 年	2009 年	比上年增长(%)
人均可支配收入	元	25152	22848	10.1
工资性收入	元	17722	15599	13.6
经营性收入	元	594	646	-8.1
财产性收入	元	758	727	4.3
其中:出租房屋收入	元	686	680	0.8
转移性收入	元	6078	5876	3.4
其中:离退休金	元	5414	4839	11.9
人均生活消费支出	元	14553	13740	5.9
人均食品消费支出	元	6392	5852	9.2
人均衣着消费支出	元	1251	1133	10.4
人均居住支出	元	1361	1217	11.9
人均家庭设备用品支出	元	977	906	7.8
人均医疗保健支出	元	761	801	-4.9
人均交通信息支出	元	1783	1831	-2.6
人均教育文化娱乐支出	元	1525	1604	-4.9
人均其他商品和服务支出	元	503	397	26.6

注:本表数据为 500 户城镇住户抽样调查网点日记账数据。

2010年青浦区农村居民家庭收支情况表

指　　标	单　位	2010年	2009年	比上年增长(%)
人均可支配收入	元	12936	11594	11.6
工资性收入	元	8917	7989	11.6
家庭经营纯收入	元	958	975	-1.8
转移性收入	元	1695	1419	19.4
财产性收入	元	1366	1211	12.8
人均年总支出	元	10272	11486	-10.6
家庭经营费用支出	元	188	238	-21.0
购置生产固定资产支出	元	9	22	-59.1
缴纳税款	元	—	—	—
生活消费支出	元	9048	10302	-12.2
其中:食　品	元	3344	3241	3.2
衣　着	元	494	466	6.1
住　房	元	1954	2890	-32.4
家庭设备用品及服务	元	553	552	0.2
医疗保健	元	823	905	-9.1
交通和通讯	元	973	1342	-27.5
文教娱乐用品及服务	元	760	782	-2.8
其他商品及服务	元	147	124	19.0
其他非借贷性支出	元	1027	924	11.1

注:本表数据为900户农村住户抽样调查网点日记账数据。

说 明

(1)本索引分条目索引、表格索引和串文图片索引三个部分。

(2)条目索引采用主题分析索引方法,按主题词汉语拼音字母顺序排列。索引名称后的数字表示内容所在的页码,数字后面的 a、b、c 表示每页中栏别排序,其中:页面上有两列的,左为 a,右为 b;页面上有三列的,左为 a,中为 b,右为 c。

(3)在主题分析索引下,为便于读者检索,在青浦的党政机关、企事业单位和在青浦发生的事件名称前的"上海"、"青浦"字样,除易产生歧义者外一般予以省略;内容有交叉的,将重复出现。

(4)表格索引和串文图片索引按页码顺序排列。

条目索引

A

B

C

D

E

F

G

H

J

K

L

M

N

O

P

Q

R

T

W

X

Y

表格索引

照片索引